Atlas geograficzny

liceum

Wydawnictwo DEMART

Nowy Sącz 16.09.2004

from [signature] and Gabriele

Planeta Ziemia

Budowa Wszechświata

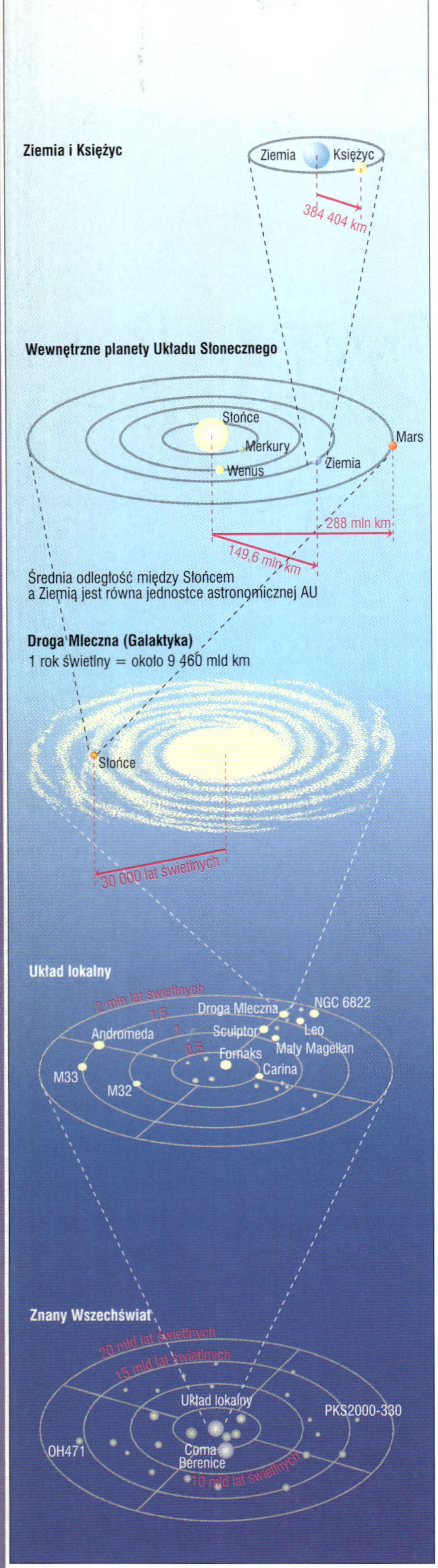

Planety Układu Słonecznego

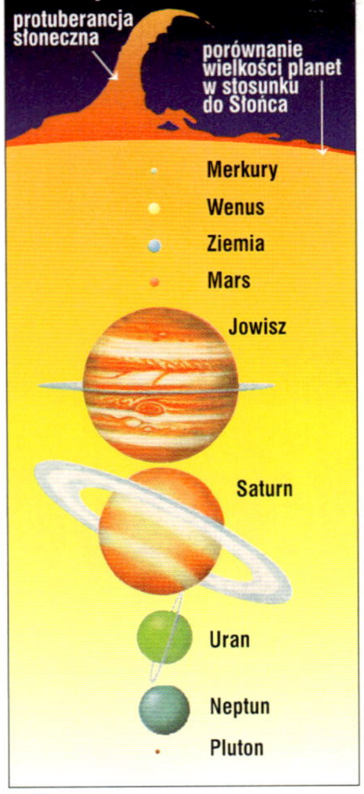

Widoczna strona Księżyca

Fazy Księżyca

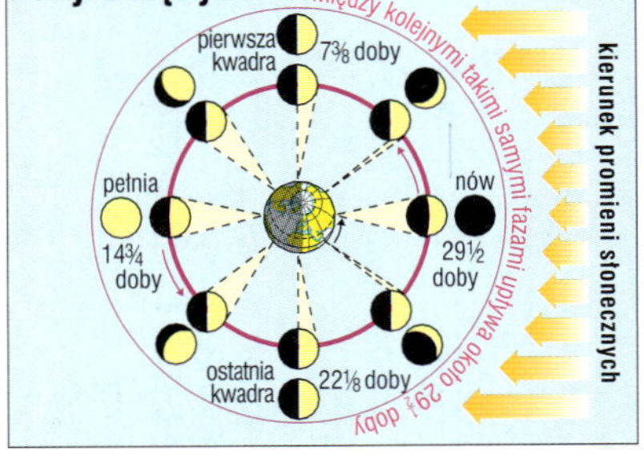

Zaćmienie Słońca i Księżyca

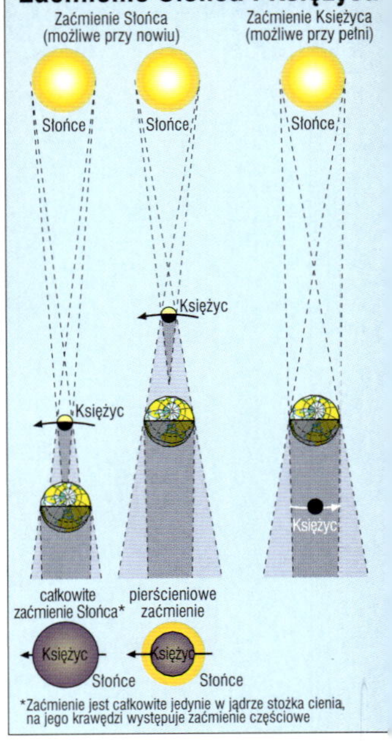

Ruch Księżyca wokół Ziemi

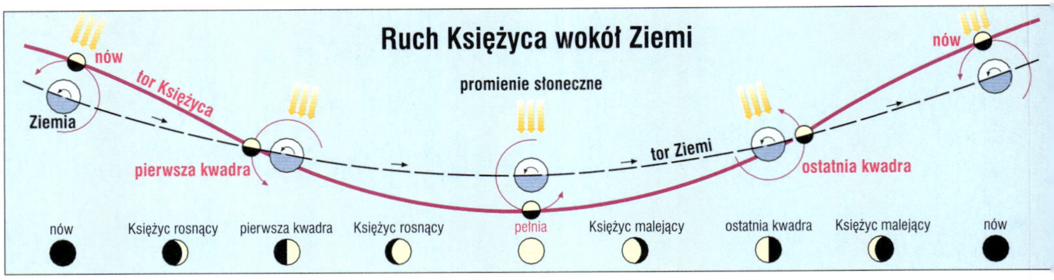

Ruch Ziemi wokół Słońca

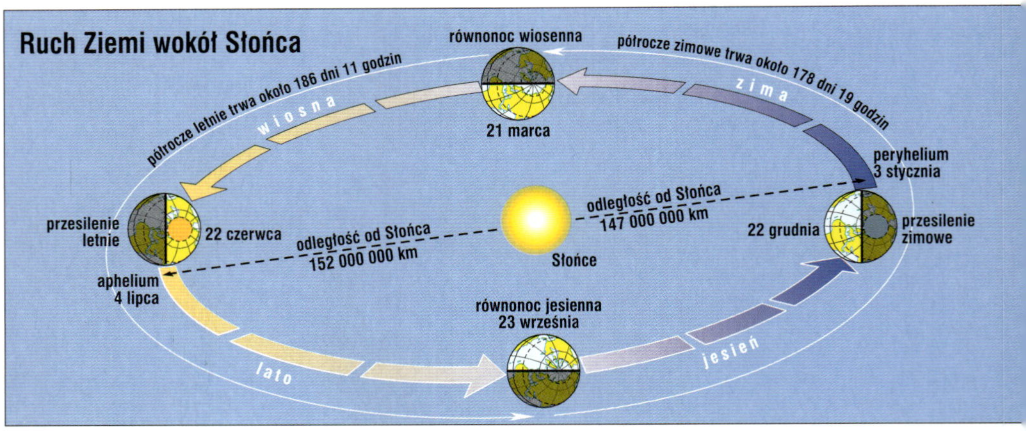

Oświetlenie Ziemi

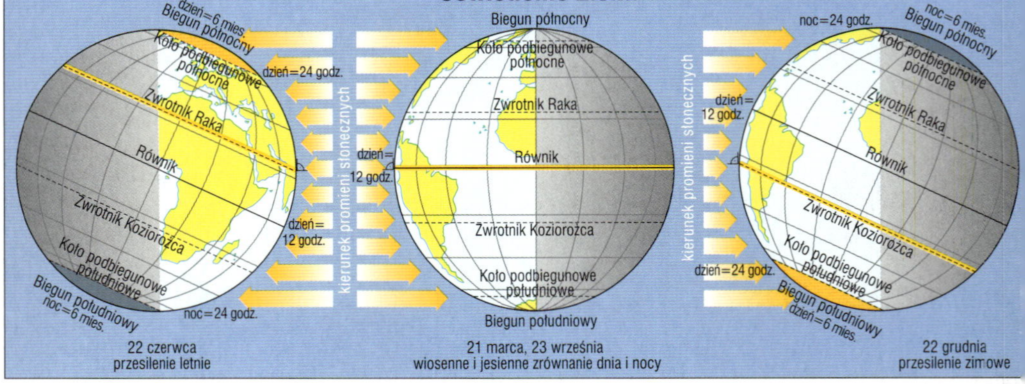

Droga Mleczna (Galaktyka) – rzut z boku

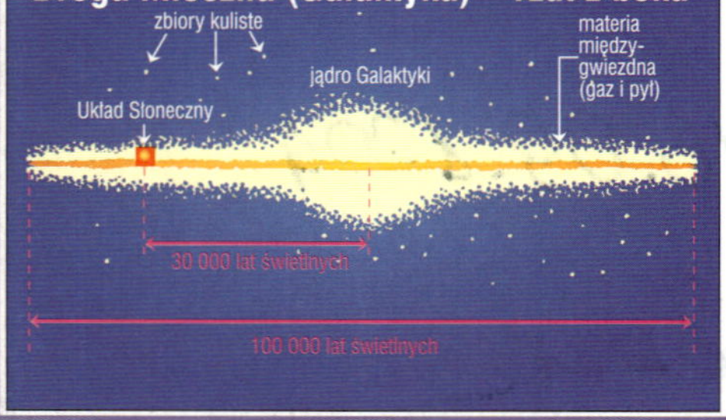

Pozorne ruchy Słońca

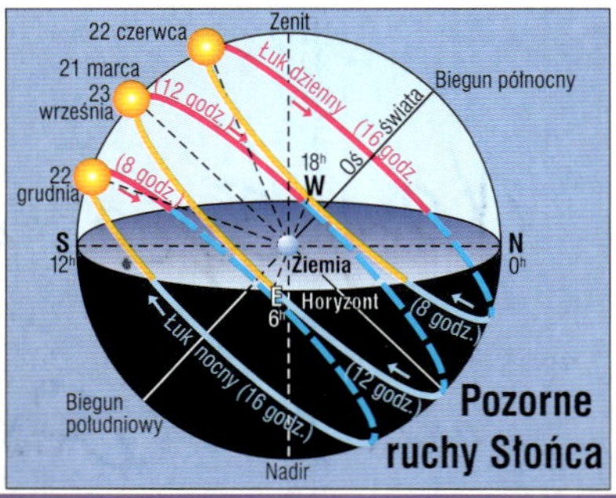

Kształt Ziemi

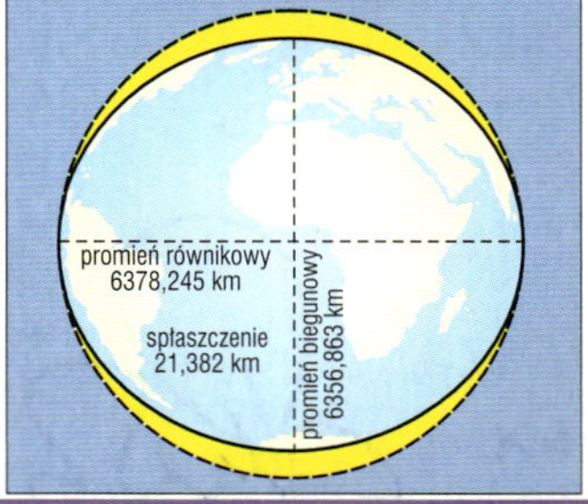

Widok Ziemi z Księżyca

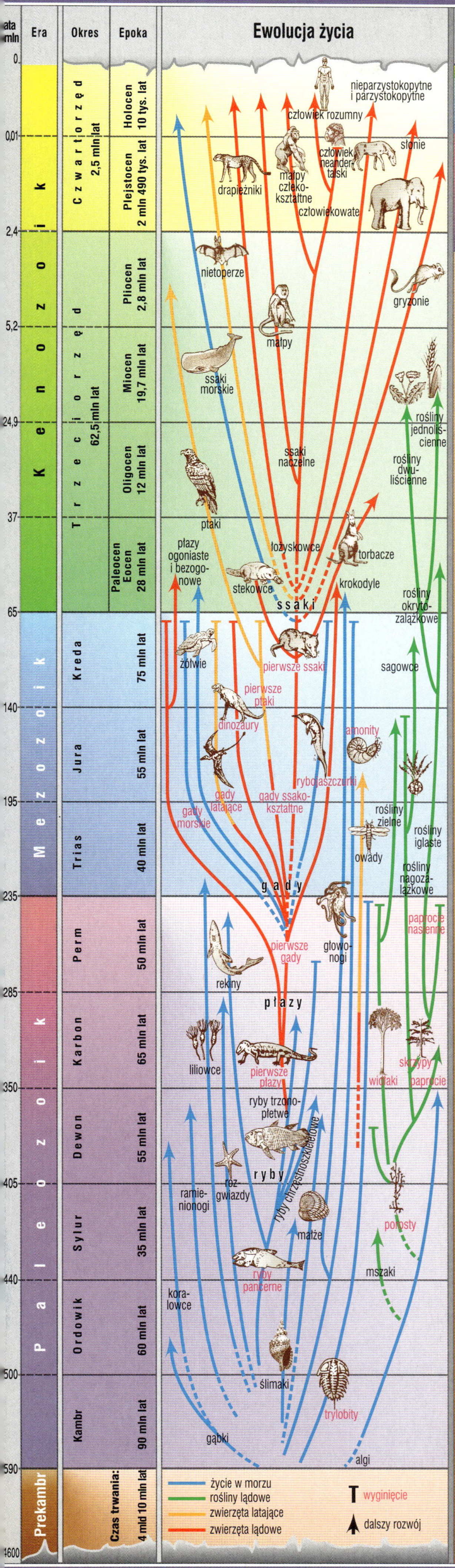
Ewolucja życia
Data mln
Era
Okres
Epoka
Udział w dziejach Ziemi %
0
0,01
2,4
5,2
24,9
37
65
140
195
235
285
350
405
440
500
590
4600
Kenozoik
Mezozoik
Paleozoik
Prekambr
Czwartorzęd 2,5 mln lat
Trzeciorzęd 62,5 mln lat
Kreda
Jura
Trias
Perm
Karbon
Dewon
Sylur
Ordowik
Kambr
Czas trwania: 4 mld 10 mln lat
Holocen 10 tys. lat
Plejstocen 2 mln 490 tys. lat
Pliocen 2,8 mln lat
Miocen 19,7 mln lat
Oligocen 12 mln lat
Paleocen Eocen 28 mln lat
75 mln lat
55 mln lat
40 mln lat
50 mln lat
65 mln lat
55 mln lat
35 mln lat
60 mln lat
90 mln lat
nieparzystokopytne i parzystokopytne
człowiek rozumny
człowiek neandertalski
słonie
drapieżniki
małpy człekokształtne
człowiekowate
nietoperze
gryzonie
małpy
ssaki morskie
rośliny jednoliścienne
ssaki naczelne
rośliny dwuliścienne
ptaki
płazy ogoniaste i bezogonowe
stekowce
torbacze
łożyskowce
krokodyle
ssaki
rośliny okrytozalążkowe
żółwie
pierwsze ssaki
sagowce
pierwsze ptaki
dinozaury
amonity
gady latające
rybojaszczurki
gady morskie
gady ssakokształtne
rośliny zielne
owady
rośliny iglaste
rośliny nagozalążkowe
gady
paprocie nasienne
pierwsze gady
głowonogi
rekiny
płazy
liliowce
pierwsze płazy
widłaki
skrzypy
paprocie
ryby trzonopłetwe
ryby chrzęstnoszkieletowe
ryby
ramienionogi
rozgwiazdy
porosty
małże
ryby pancerne
mszaki
koralowce
ślimaki
trylobity
gąbki
algi
Mezozoik
Paleozoik
Prekambr
100
90
80
70
60
50
40
30
20
10
0
życie w morzu
rośliny lądowe
zwierzęta latające
zwierzęta lądowe
wyginięcie
dalszy rozwój

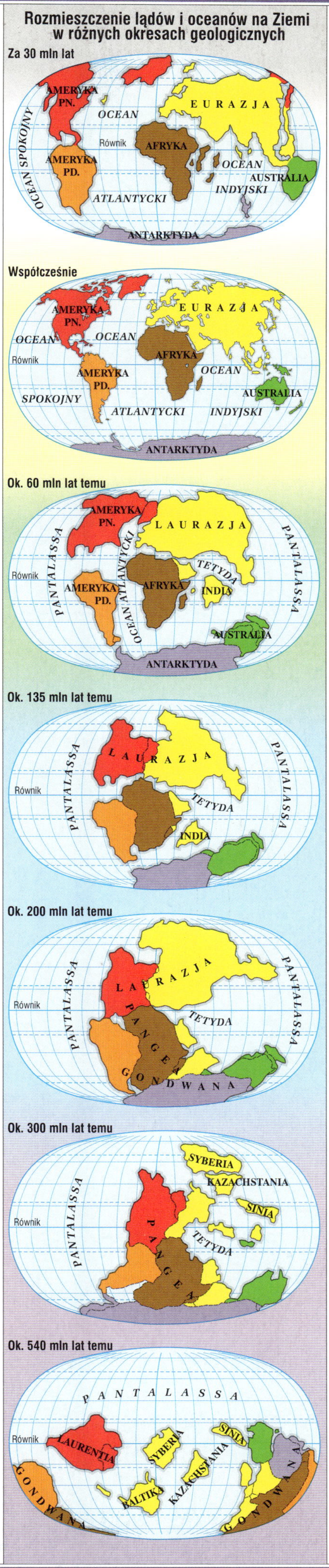
Rozmieszczenie lądów i oceanów na Ziemi w różnych okresach geologicznych
Za 30 mln lat
AMERYKA PN.
OCEAN
EURAZJA
Równik
AFRYKA
AMERYKA PD.
OCEAN SPOKOJNY
OCEAN
AUSTRALIA
INDYJSKI
ATLANTYCKI
ANTARKTYDA
Współcześnie
AMERYKA PN.
EURAZJA
OCEAN
OCEAN
Równik
AFRYKA
AMERYKA PD.
OCEAN
AUSTRALIA
SPOKOJNY
ATLANTYCKI
INDYJSKI
ANTARKTYDA
Ok. 60 mln lat temu
AMERYKA PN.
LAURAZJA
PANTALASSA
OCEAN ATLANTYCKI
TETYDA
Równik
AFRYKA
AMERYKA PD.
INDIA
PANTALASSA
AUSTRALIA
ANTARKTYDA
Ok. 135 mln lat temu
LAURAZJA
PANTALASSA
PANTALASSA
Równik
TETYDA
INDIA
Ok. 200 mln lat temu
LAURAZJA
PANTALASSA
PANTALASSA
Równik
PANGEA
TETYDA
GONDWANA
Ok. 300 mln lat temu
SYBERIA
KAZACHSTANIA
PANTALASSA
SINIA
Równik
PANGEA
TETYDA
Ok. 540 mln lat temu
PANTALASSA
Równik
LAURENTIA
SYBERIA
SINIA
KAZACHSTANIA
BAŁTYKA
GONDWANA
GONDWANA

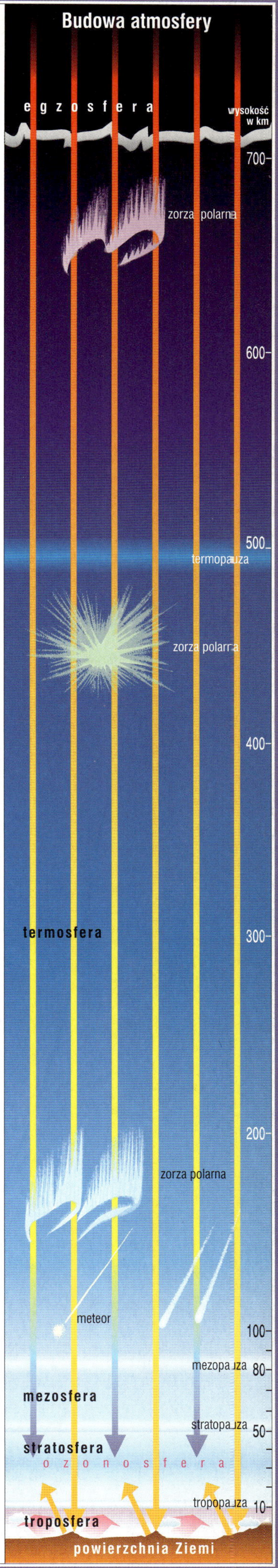
Budowa atmosfery
egzosfera
wysokość w km
700
zorza polarna
600
500
termopauza
zorza polarna
400
300
termosfera
200
zorza polarna
100
meteor
mezopauza
80
mezosfera
stratopauza
50
stratosfera
ozonosfera
tropopauza
10
troposfera
powierzchnia Ziemi

ŚWIAT Krajobrazy

- obszary stałego lodu, lodowce
- lodowce kontynentalne i górskie
- obszary zlodzone zimą
- występowanie gór lodowych
- krajobrazy wysokogórskie, skały
- tundra
- tajga
- lasy stref umiarkowanych i podzwrotnikowych
- lasy suche, makia, busz

1 : 100 000 000

- lasy równikowe i monsunowe
- lasy namorzynowe
- suche obszary trawiaste, stepy, prerie
- sawanny suche
- sawanny wilgotne
- pustynie
- obszary uprawne
- wulkany
- rafy koralowe

ŚWIAT Ukształtowanie powierzchni

Udział kontynentów i oceanów w powierzchni Ziemi

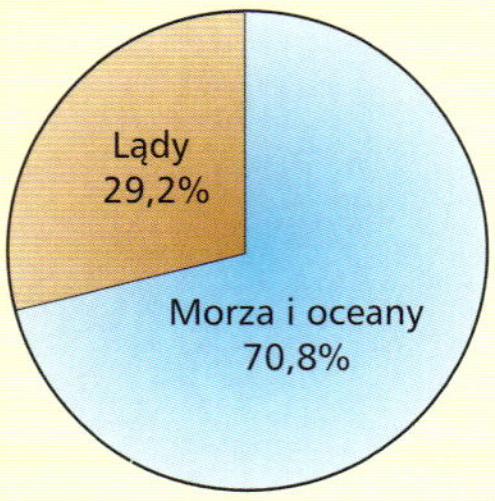

Udział oceanów w powierzchni wszechoceanu

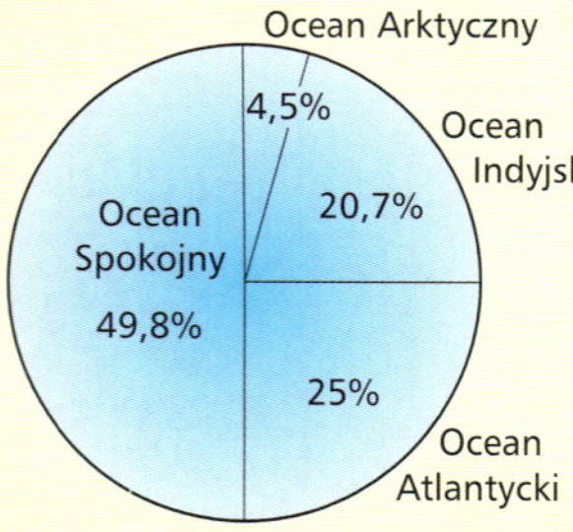

Przekrój wzdłuż równika (1mm – 100 km)

skala pozioma 1:100 000 000 skala pionowa 1: 1 000 000

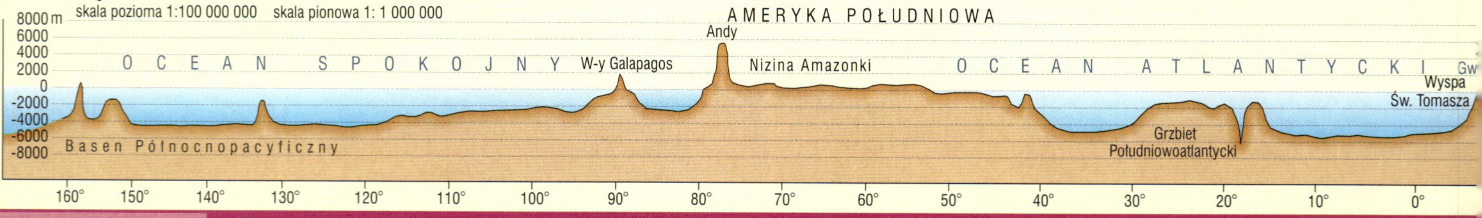

1 : 100 000 000

m n.p.m.
Ziemia Północna
Ziemia Franciszka Józefa
Nowa Ziemia
MORZE BARENTSA
MORZE KARSKIE
MORZE LAPTIEWÓW
MORZE WSCHODNIO-SYBERYJSKIE
Przyl. Czeluskin
W-y Nowosyberyjskie
W.Wrangla
Płw. Tajmyr
Wyżyna Środkowo-syberyjska
G.Wierchojańskie
G.Kołymskie
Nizina Wschodnio-europejska
Nizina Zachodnio-syberyjska
S y b e r i a
Ural
Karpaty
M. CZARNE
Kaukaz
Elbrus 5642
Płw. Bałkański
Płw. Azja Mniejsza
M. KASPIJSKIE
J. Aralskie
J. Bałchasz
Ałtaj
Bielucha 4506
Sajany
Bajkał
G.Stanowe
Pasmo Stanowe
G.Jabłonowe
Wielki Chingan
MORZE OCHOCKIE
Płw. Kamczatka
MORZE BERINGA
Aleuty
Sachalin
Hokkaido
Wyspy Kurylskie
MORZE JAPOŃSKIE
Honsiu
Płw. Koreański
Rów Japoński
Basen Północno-Zachodni
Tien-szan
Kotl. Dżungarska
Pust. Takla Makan
Gobi
Kunlun
Pamir
Hindukusz
Elburs 5670
Zagros
Wyżyna Irańska
Wyżyna Tybetańska
Himalaje
Czomolungma 8848
Niz. Chińska
G. Południowochińskie
MORZE ŻÓŁTE
Tajwan
W-y Riukiu
Filipiny
Rów Filipiński
Rów Mariański
Mariany
Mikronezja
Midway
Basen Środkowo-pacyficzny
Polinezja
Płw. Indochiński
Hajnan
Płw. Indyjski
Dekan
Zatoka Bengalska
MORZE ARABSKIE
Półwysep Arabski
Pust. Ar-Rub al-Chali
Zat. Adeńska
Sokotra
Lakkadiwy
Malediwy
Cejlon
Andamany
Nikobary
Sumatra
Borneo
Celebes
Archipelag Malajski
Jawa
W-y Sundajskie
Timor
Nowa Gwinea
Puncak Jaya 5030
Melanezja
W-y Salomona
Nowe Hebrydy
Fidżi
Tonga
Nowa Kaledonia
MORZE KORALOWE
Wielka Pust. Piaszczysta
Wielka Pust. Wiktorii
Wielkie Góry Wododziałowe
G.Kościuszki 2230
MORZE TASMANA
Tasmania
Nowa Zelandia
G. Cooka 3764
Norfolk
Rów Kermadec
Wyżyna Abisyńska
Płw. Somalijski
Ruwenzori 5119
Kenia 5199
Kilimandżaro 5895
Kotlina Kongo
Shaba (Katanga)
Kotlina Kalahari
G.Smocze
Madagaskar
Komory
Seszele
Maskareny
Mauritius
Reunion
W-y Czagos
OCEAN INDYJSKI
Basen Środkowo-indyjski
Grzbiet Środkowoindyjski
W-y Kokosowe
Basen Zachodnio-australijski
Nowy Amsterdam
St. Paul
W-y Kerguelena
W-y Crozeta
W-y Księcia Edwarda
W-y McDonalda
Heard
Grzbiet Zachodnioindyjski
Grzbiet Australijsko-Antarktyczny
Basen Australijsko-Antarktyczny
Ziemia Enderby
Ziemia Wilkesa
Ziemia Wiktorii
biegun magnetyczny
OCEAN SPOKOJNY
Auckland
W-y Antypodów

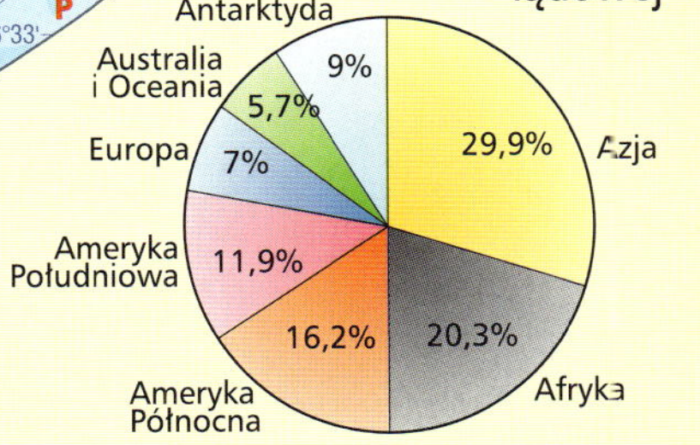
Udział kontynentów w powierzchni lądowej
Azja 29,9%
Afryka 20,3%
Ameryka Północna 16,2%
Ameryka Południowa 11,9%
Europa 7%
Australia i Oceania 5,7%
Antarktyda 9%

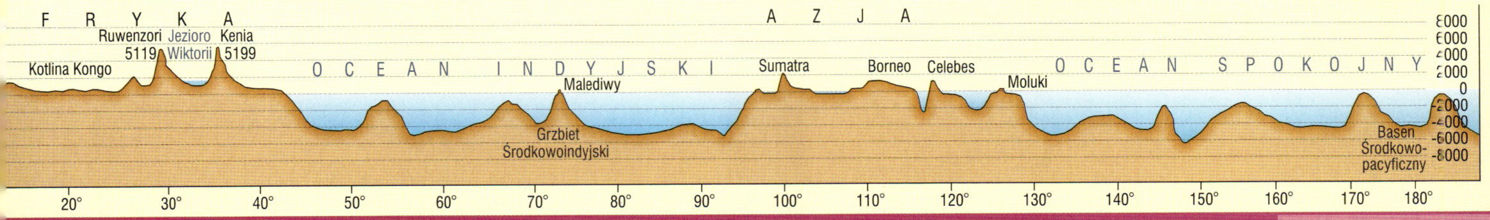
AFRYKA
AZJA
Kotlina Kongo
Ruwenzori 5119
Jezioro Wiktorii
Kenia 5199
OCEAN INDYJSKI
Malediwy
Grzbiet Środkowoindyjski
Sumatra
Borneo
Celebes
Moluki
OCEAN SPOKOJNY
Basen Środkowo-pacyficzny
20°
30°
40°
50°
60°
70°
80°
90°
100°
110°
120°
130°
140°
150°
160°
170°
180°

Klimaty Ziemi

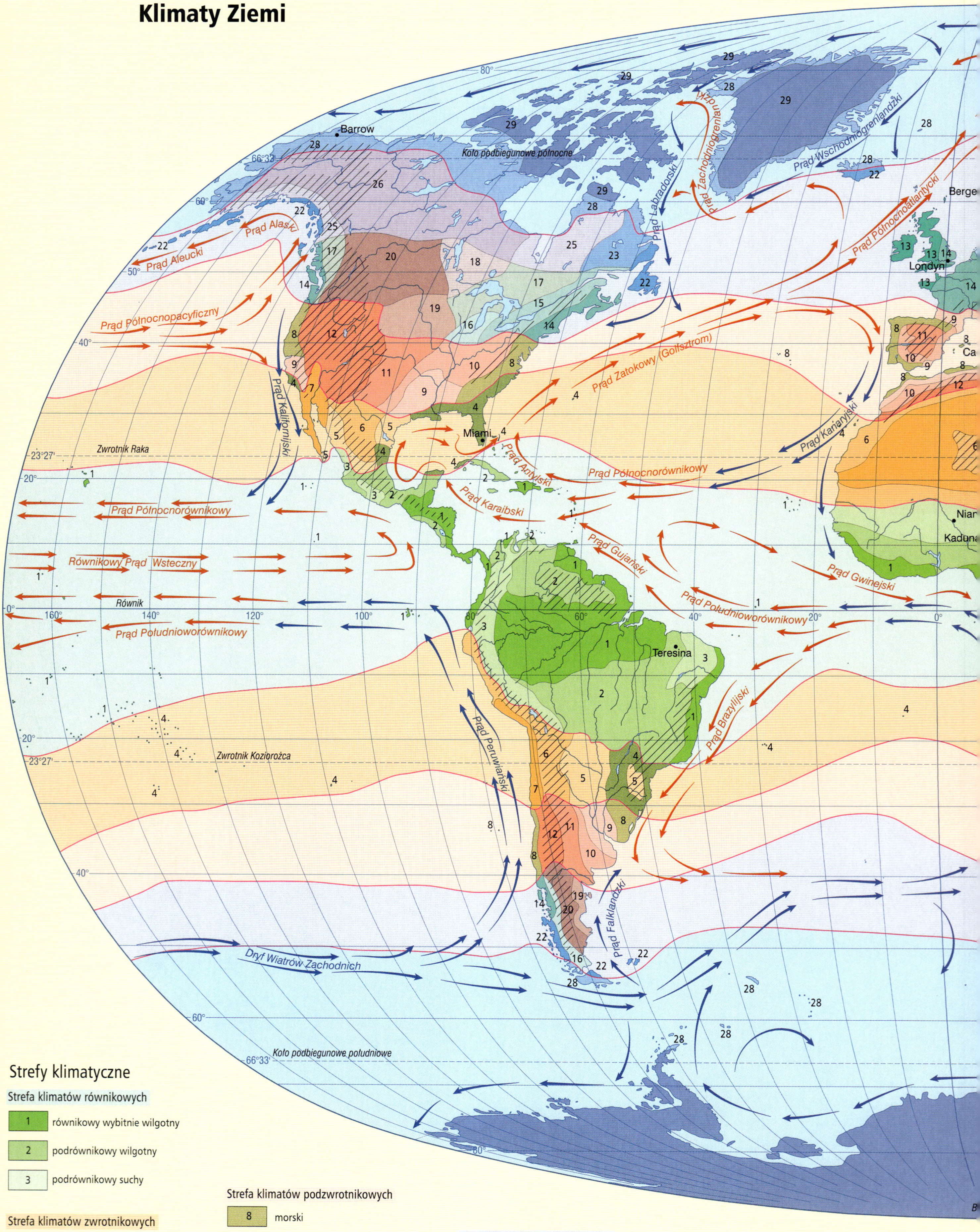

Strefy klimatyczne

Strefa klimatów równikowych
- 1 równikowy wybitnie wilgotny
- 2 podrównikowy wilgotny
- 3 podrównikowy suchy

Strefa klimatów zwrotnikowych
- 4 wilgotny
- 5 pośredni
- 6 kontynentalny suchy
- 7 skrajnie suchy

Strefa klimatów podzwrotnikowych
- 8 morski
- 9 pośredni
- 10 kontynentalny
- 11 kontynentalny suchy
- 12 kontynentalny skrajnie suchy

Strefa klimatów umiarkowanych

Klimaty umiarkowane ciepłe
- 13 wybitnie morski
- 14 morski
- 15 przejściowy
- 16 ciepły
- 17 kontynentalny
- 18 wybitnie kontynentalny
- 19 kontynentalny suchy
- 20 kontynentalny wybitnie suchy
- 21 kontynentalny skrajnie suchy

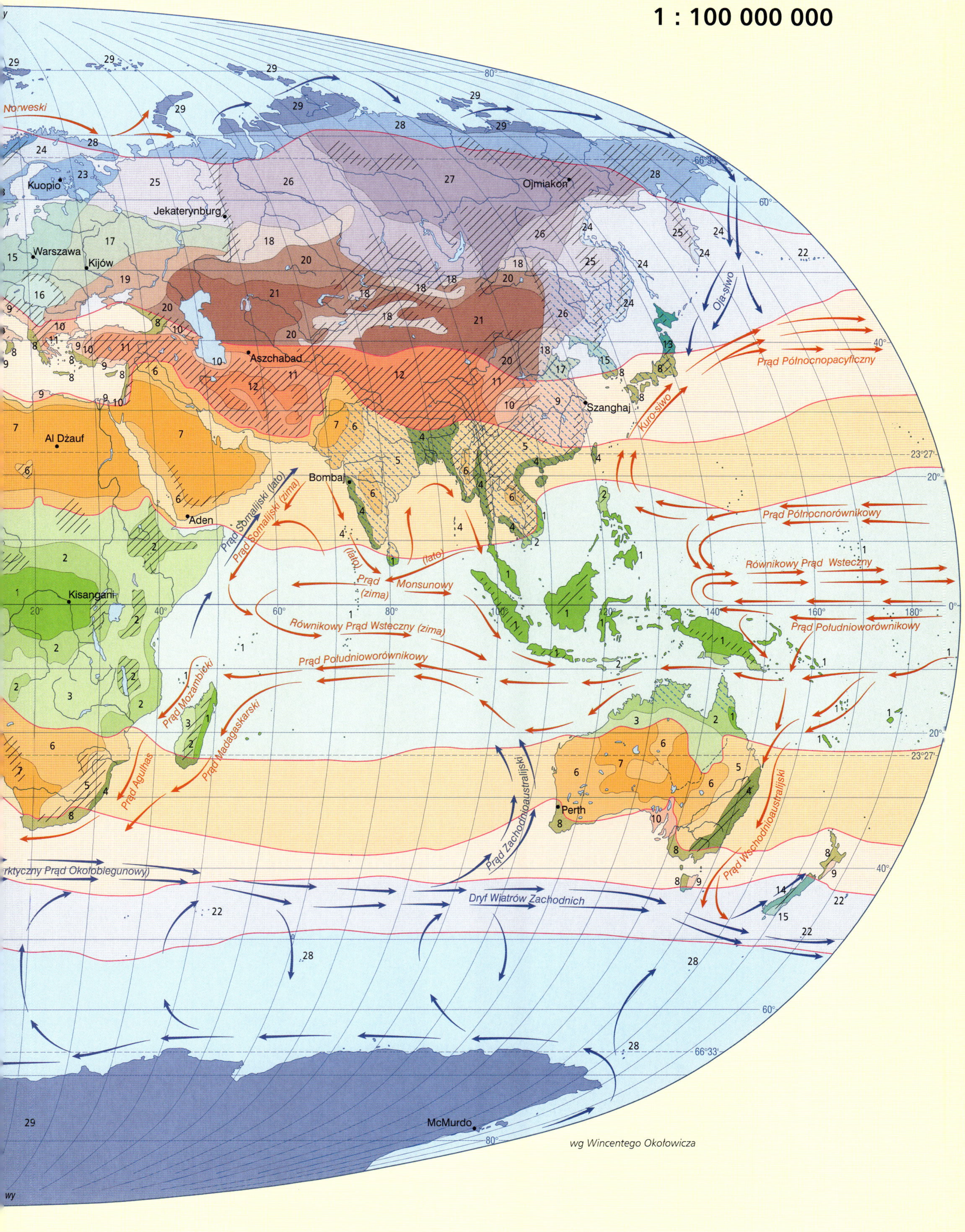

Klimaty umiarkowane chłodne

- 22 morski
- 23 przejściowy
- 24 chłodny
- 25 kontynentalny
- 26 wybitnie kontynentalny
- 27 skrajnie kontynentalny

Strefa klimatów okołobiegunowych

- 28 subpolarny
- 29 polarny

Astrefowe odmiany klimatów

- klimaty górskie i wyżynne
- klimaty monsunowe

Prądy morskie*

- ciepłe
- zimne

* pory roku podano w odniesieniu do półkuli północnej

Kuopio • stacja meteorologiczna

Temperatura powietrza w styczniu

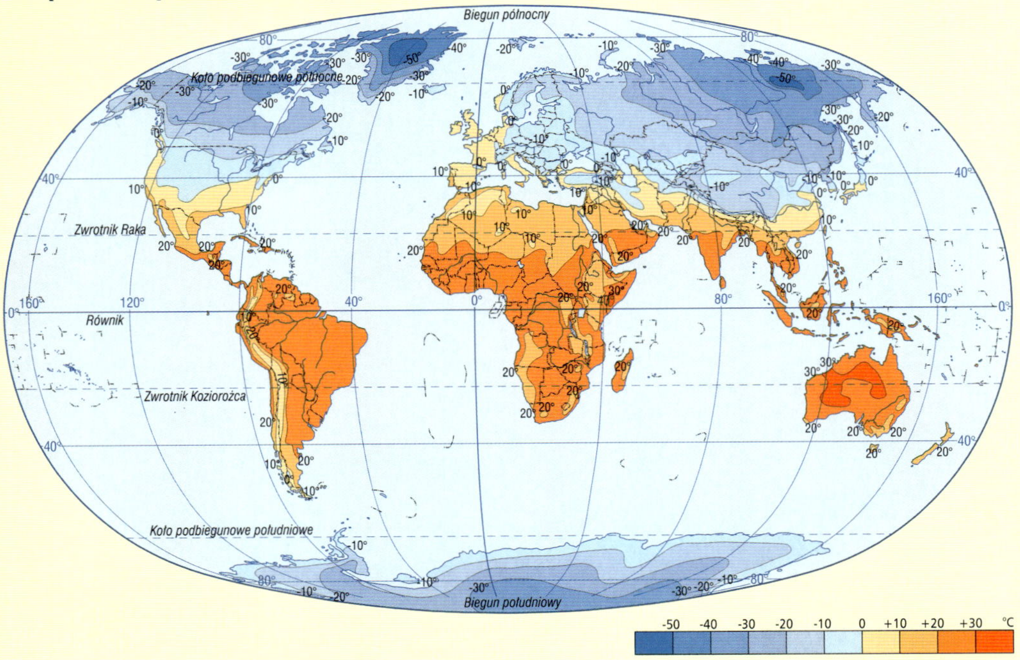

Temperatura powietrza w lipcu

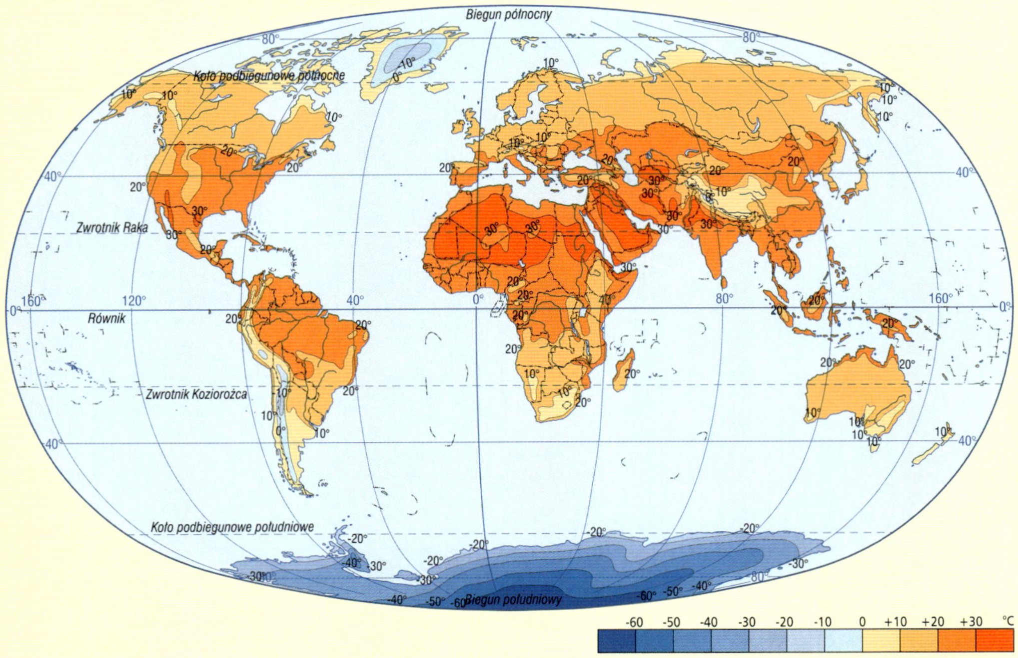

Opady roczne

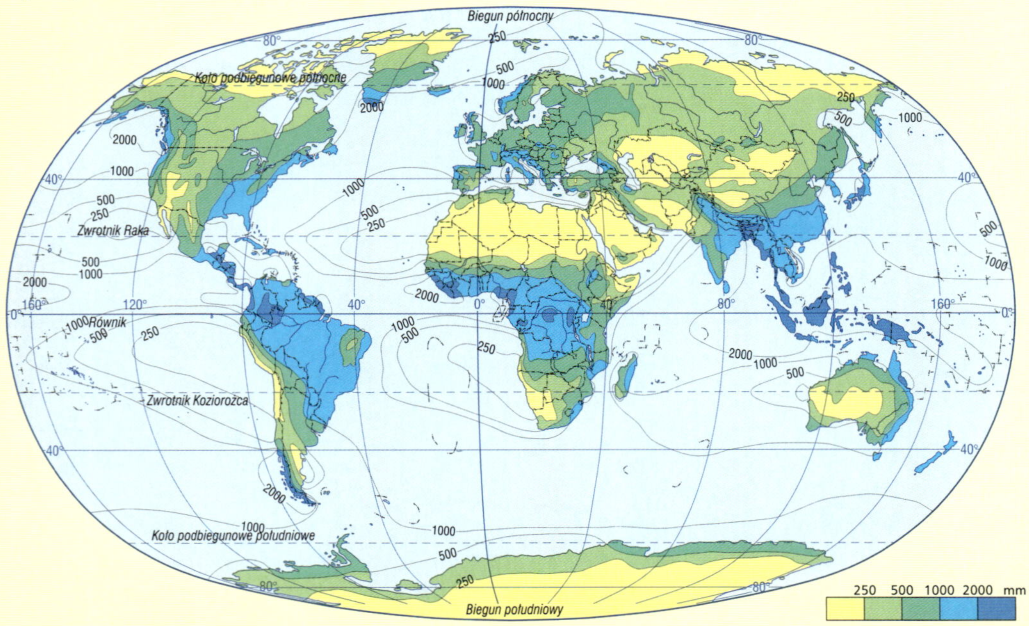

Strefa klimatów równikowych

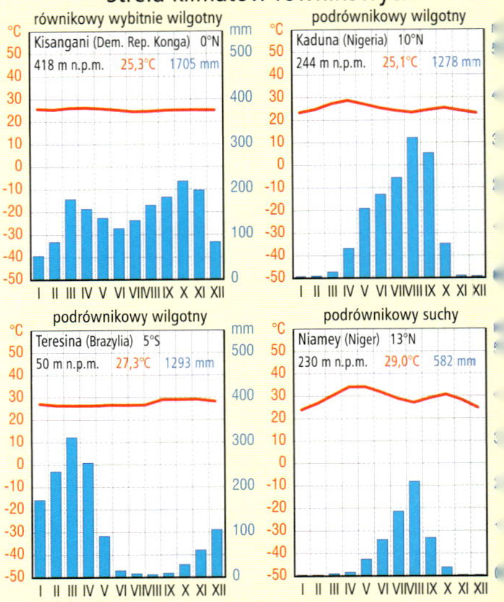

Strefa klimatów zwrotnikowych

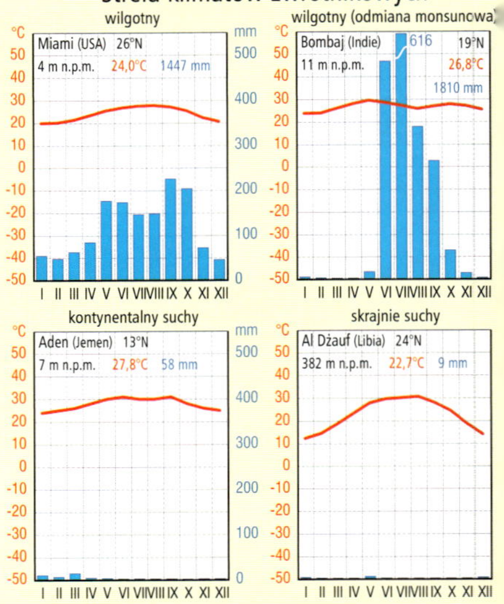

Strefa klimatów podzwrotnikowych

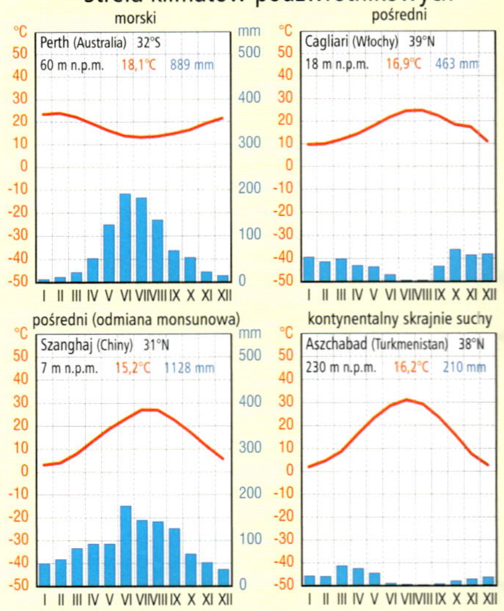

Strefa klimatów umiarkowanych

Klimaty umiarkowane ciepłe

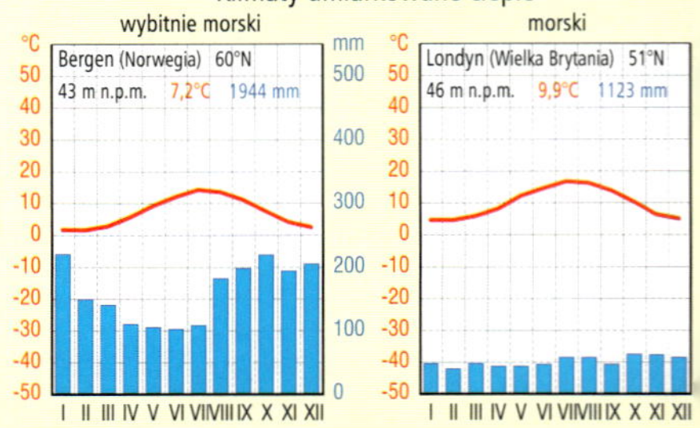

iśnienie atmosferyczne w styczniu

1 : 300 000 000

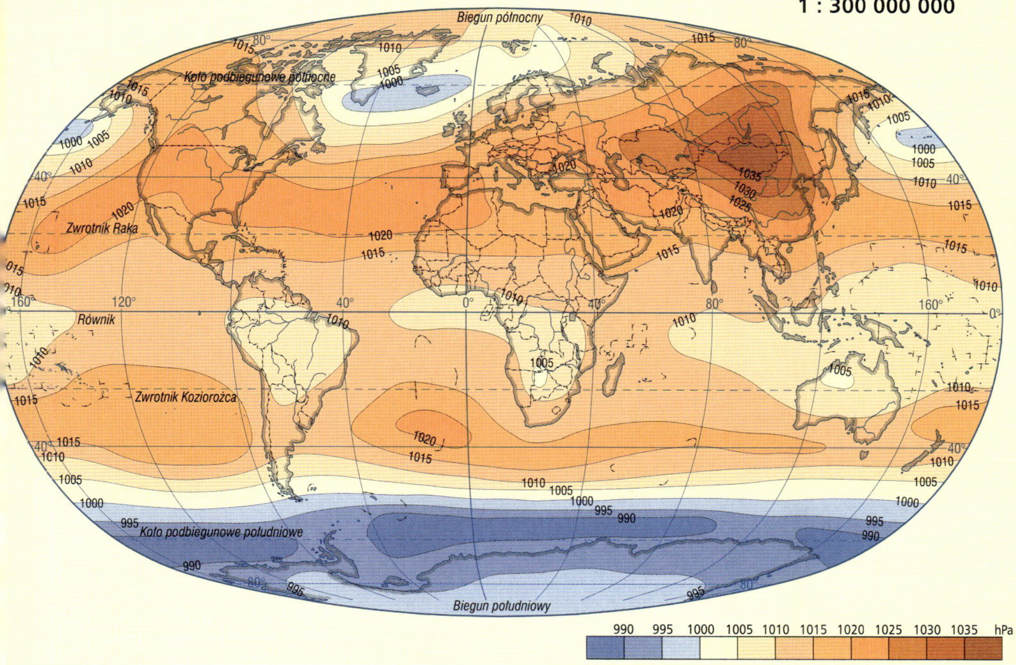

iśnienie atmosferyczne w lipcu

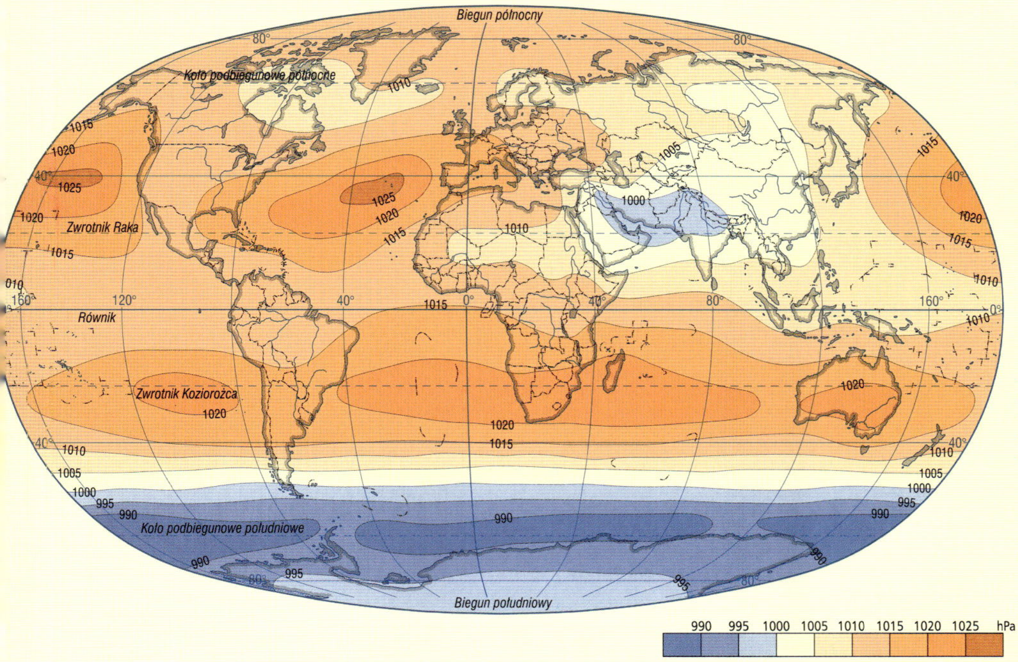

ory opadów

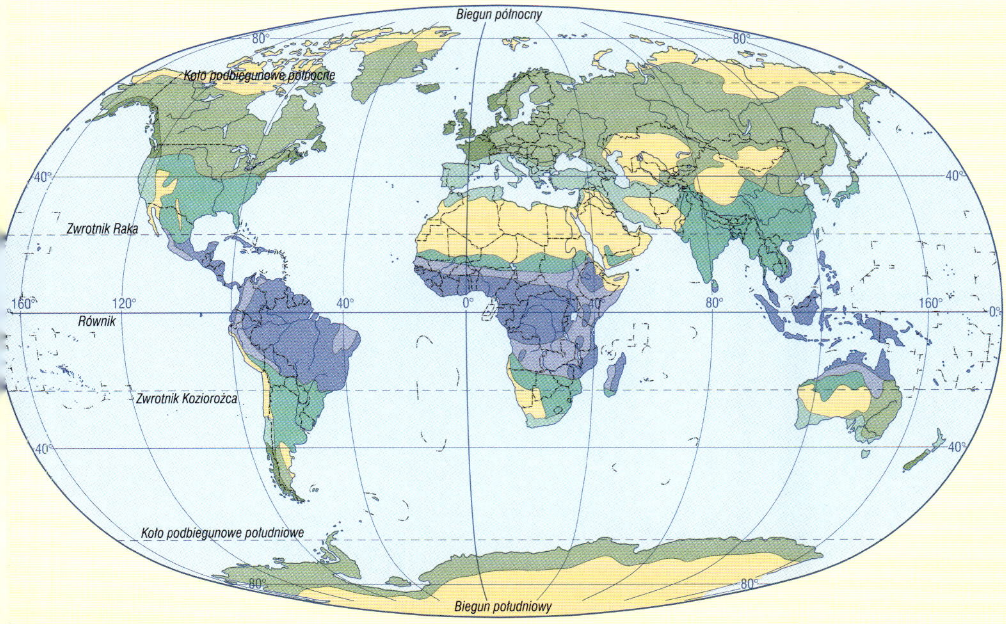

Strefa klimatów umiarkowanych
Klimaty umiarkowane ciepłe

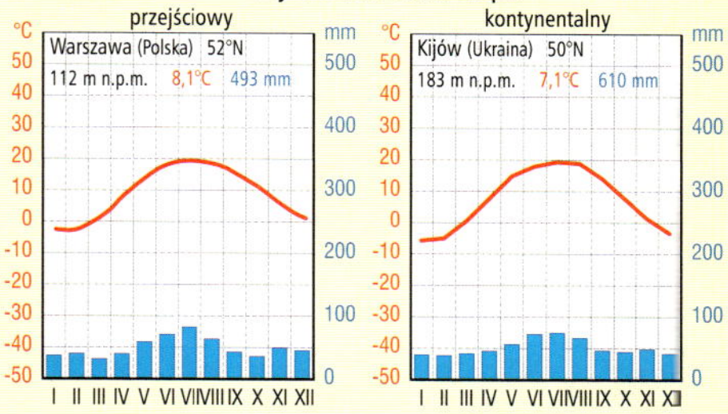

Strefa klimatów umiarkowanych
Klimaty umiarkowane chłodne

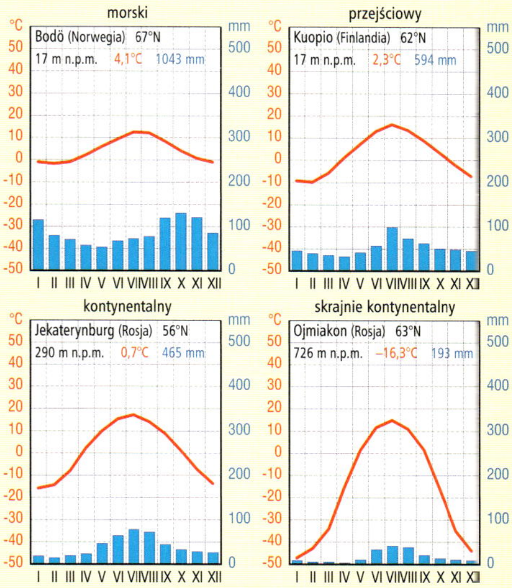

Strefa klimatów okołobiegunowych

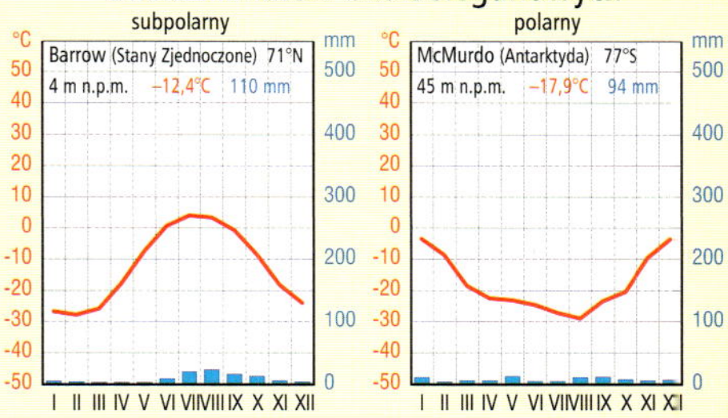

McMurdo – stacja klimatyczna

77°S – szerokość geograficzna stacji klimatycznej

45 m n.p.m. – wysokość bezwzględna stacji klimatycznej

średnie miesięczne opady

średnia miesięczna temperatura powietrza

94 mm – średnie roczne opady

-17,9°C – średnia roczna temperatura powietrza

Opady w strefie równikowej i podrównikowej:

- obfite, całoroczne lub z krótką porą suchą wyraźniej zaznaczoną na obszarach oddalonych od równika
- jedna pora deszczowa

Opady w strefie zwrotnikowej i podzwrotnikowej:

- przeważnie lub wyłącznie latem
- przeważnie lub wyłącznie zimą

Opady w strefie umiarkowanej i okołobiegunowej:

- całoroczne z przewagą w półroczu chłodnym
- całoroczne z przewagą w półroczu ciepłym

- opady skąpe (poniżej 250 mm rocznie) lub brak opadów

Oceany

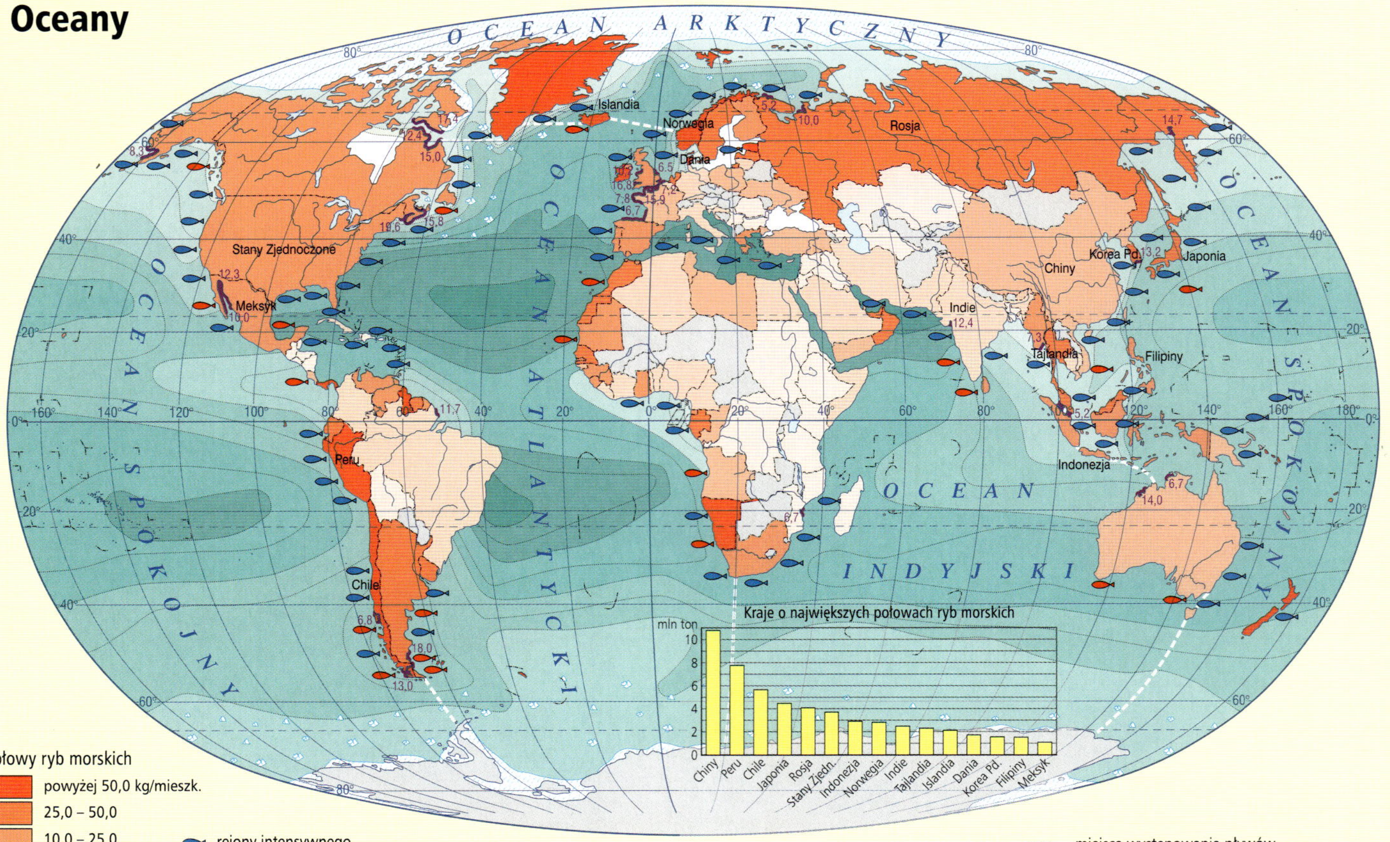

Połowy ryb morskich

- powyżej 50,0 kg/mieszk.
- 25,0 – 50,0
- 10,0 – 25,0
- 5,0 – 10,0
- 1,5 – 5,0
- 0 – 1,5
- brak połowów

- rejony intensywnego rybołówstwa morskiego
- rejony konfliktów w użytkowaniu łowisk
- Peru – państwa o połowach ryb morskich pow. 1 mln ton

Średnie roczne zasolenie w ‰

30 31 32 32,5 33 33,5 34 34,5 35 35,5 36 36,5 37 38

- 18,0 – miejsca występowania pływów o największych amplitudach (wartość maks. w m)
- obszary stałego lodu
- strefa gór lodowych
- umowne granice oceanów

Leśnictwo

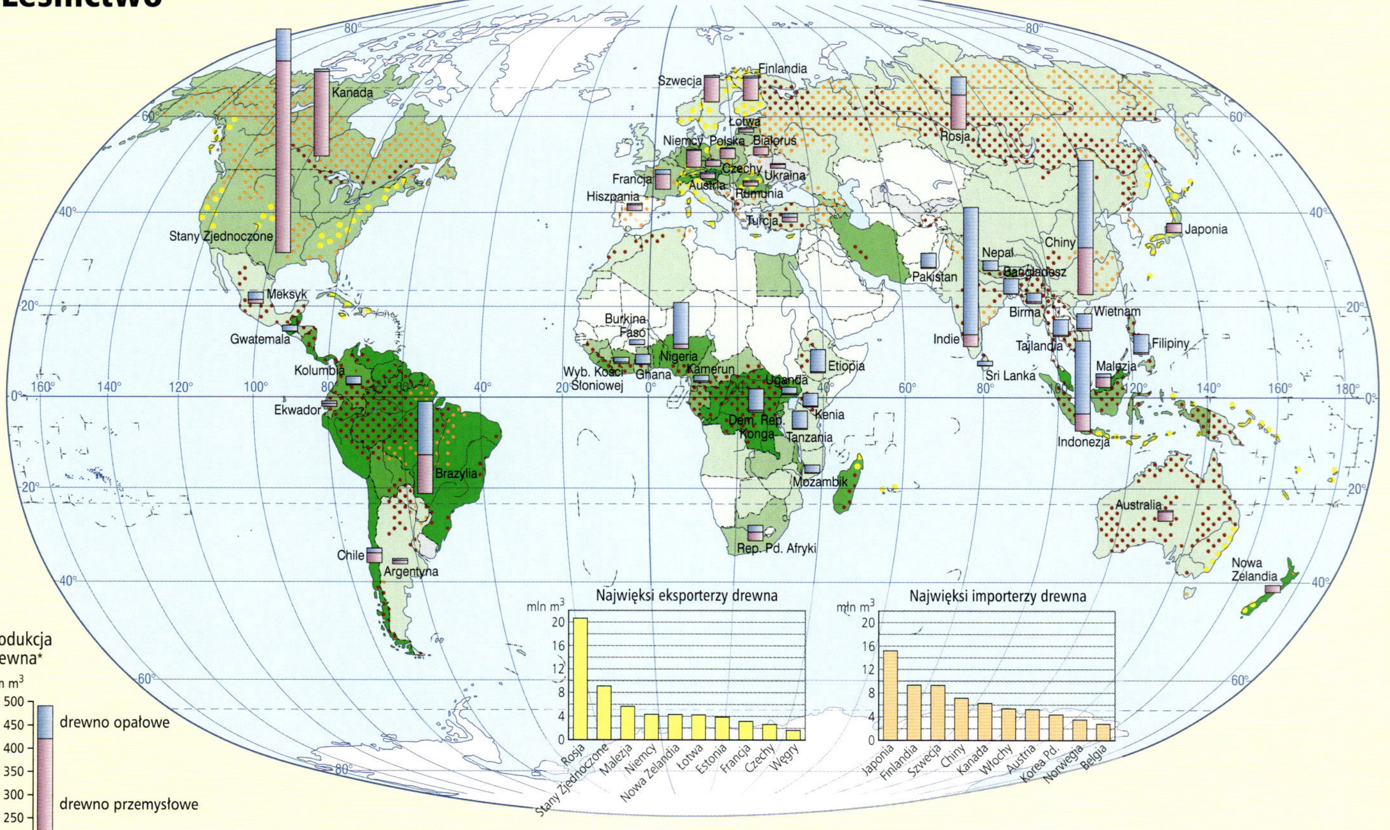

Produkcja drewna*

mln m³ (0 – 500)

- drewno opałowe
- drewno przemysłowe

*przedstawiono kraje z produkcją pow. 10 mln m³

Gospodarka leśna

- zrównoważona
- zmierzająca do zrównoważonej
- nieracjonalna rabunkowa

Roczna produkcja biomasy w lasach

- pow. 200 t/ha
- 160 – 200
- 120 – 160
- 80 – 120
- 40 – 80
- 0 – 40
- brak danych
- brak lasów

Ochrona przyrody

1 : 220 000 000

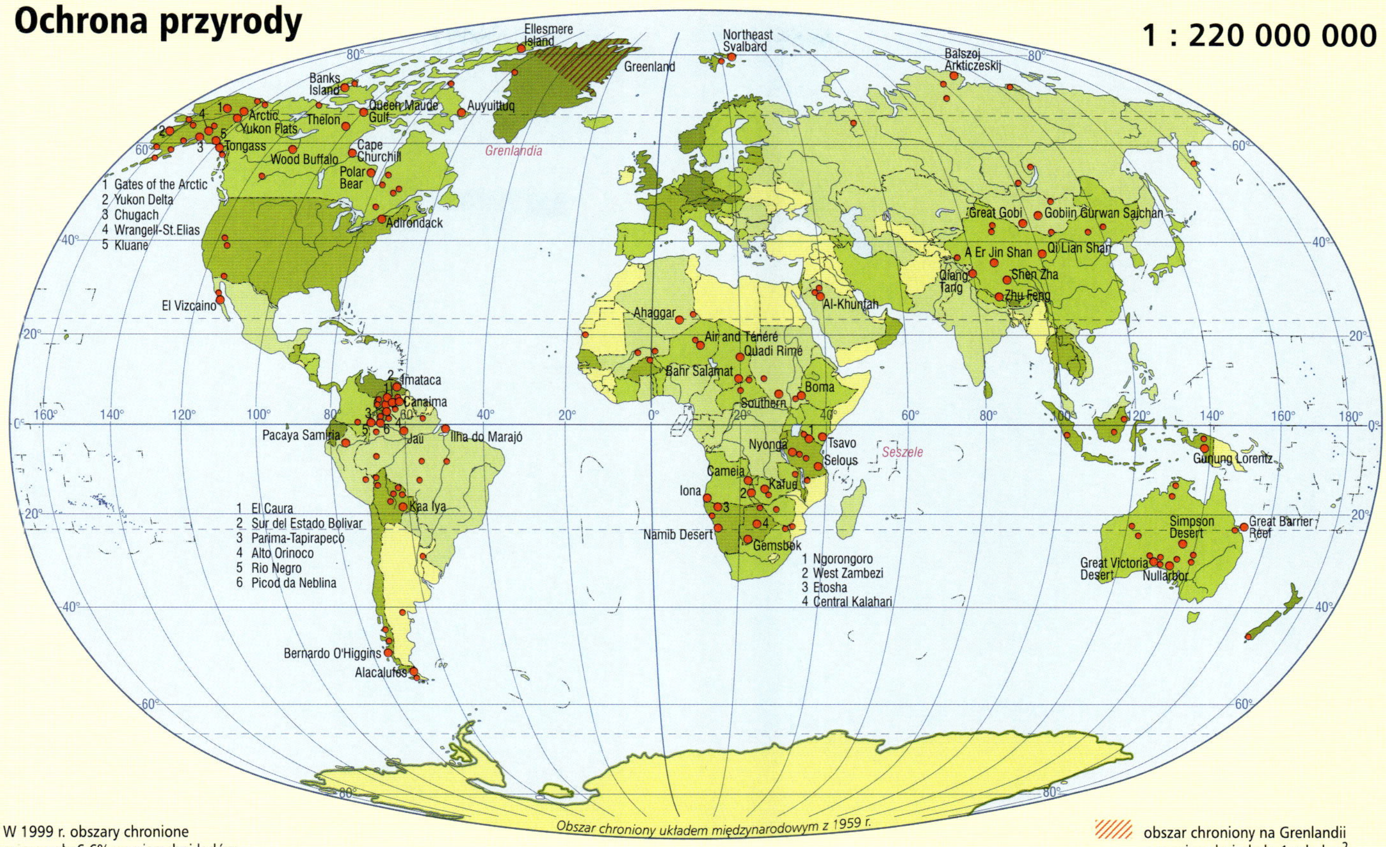

W 1999 r. obszary chronione zajmowały 6,6% powierzchni lądów. Relatywnie najwięcej obszarów chronionych miały: Seszele 93,8%, Grenlandia 45%.

Udział procentowy obszarów chronionych w powierzchni państw (1999 r.)

pow. 20 | 10 – 20 | 5 – 10 | 2 – 5 | pon. 2%

obszar chroniony na Grenlandii o powierzchni około 1 mln km²

Iona – obszary chronione o powierzchni powyżej 20 000 km²

obszary chronione o powierzchni 10 000 km² – 20 000 km²

Degradacja środowiska

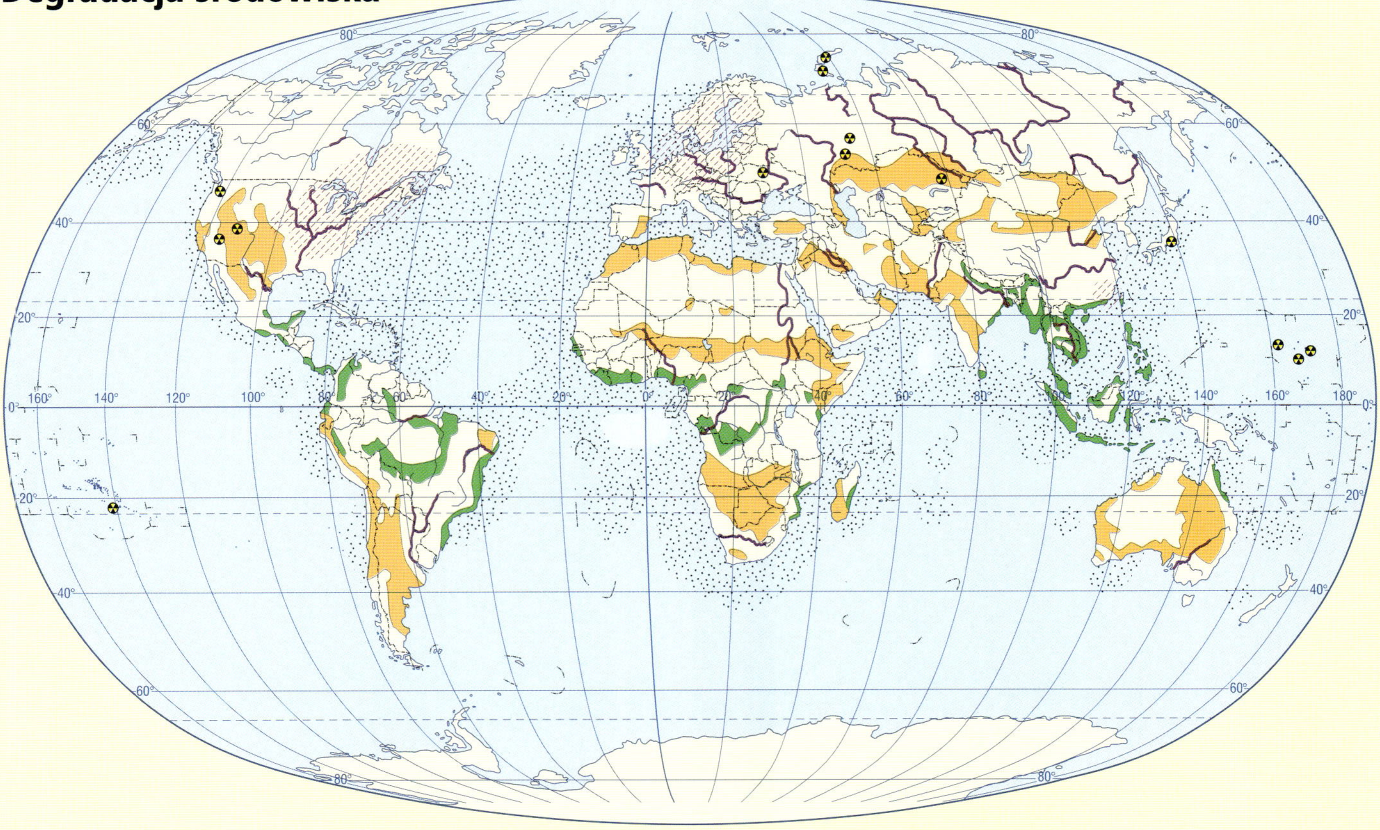

lasy równikowe zniszczone po 1940 r.

obszary o różnym stopniu pustynnienia

obszary opadu kwaśnych deszczów (ph poniżej 5,0)

obszary mórz o różnym stopniu zanieczyszczenia ropą naftową

rejony skażeń promieniotwórczych spowodowane awariami reaktorów i próbami jądrowymi

silnie zanieczyszczone rzeki

Produkcja roślinna I

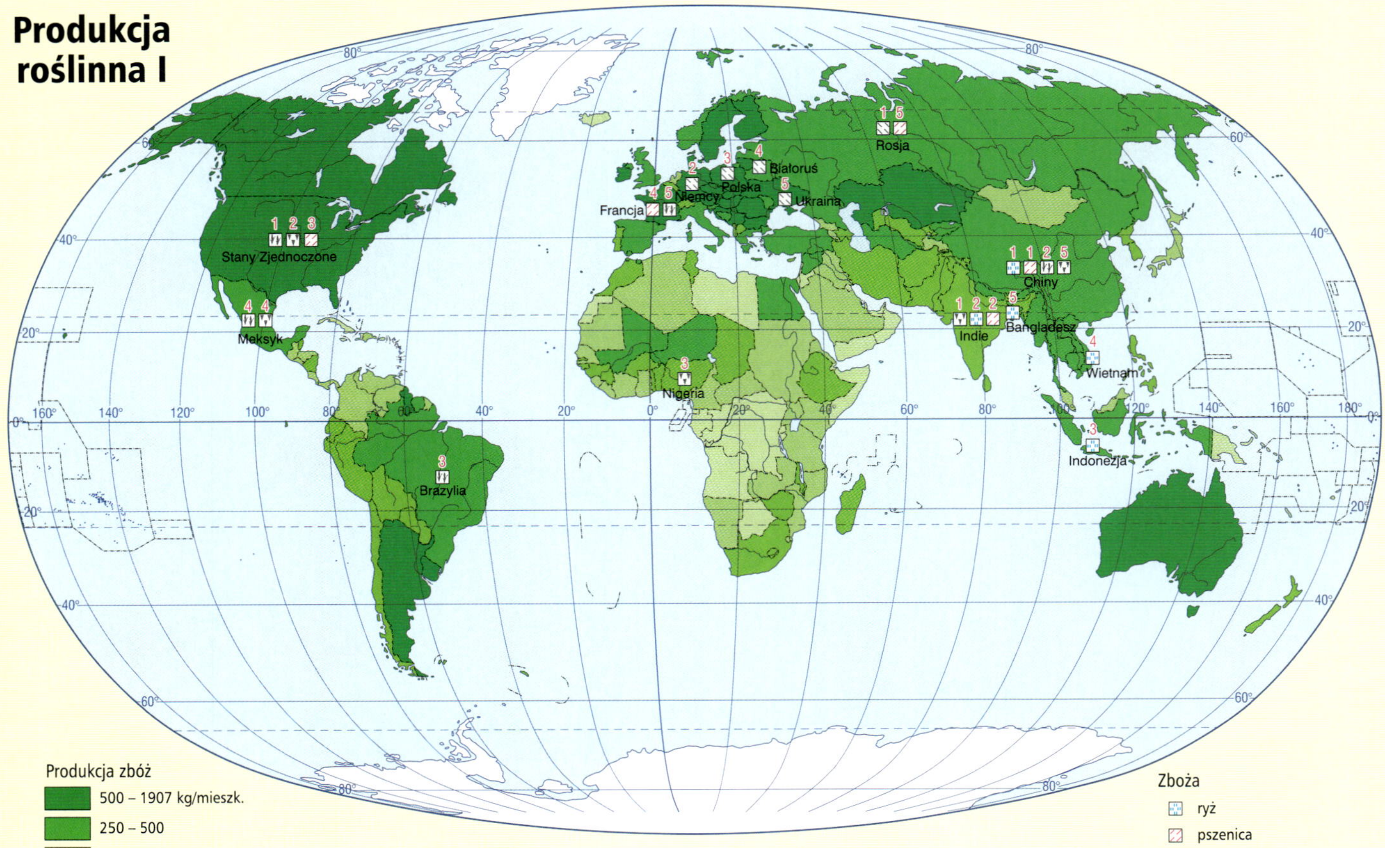

Produkcja zbóż
- 500 – 1907 kg/mieszk.
- 250 – 500
- 125 – 250
- 50 – 125
- 0 – 50
- brak upraw

1 miejsce kraju w światowej produkcji zbóż (uwzględniono 5-ciu największych producentów)

Zboża
- ryż
- pszenica
- kukurydza
- żyto
- proso i sorgo

Stan: 2000 r.

Produkcja roślinna II

Rośliny bulwiaste
- batały
- maniok
- ziemniaki

Rośliny cukrodajne
- trzcina cukrowa
- buraki cukrowe

Rośliny oleiste
- soja
- rzepak i rzepik
- orzeszki ziemne

Owoce
- owoce cytrusowe
- banany
- daktyle
- winogrona

Używki
- kawa
- kakao
- herbata
- tytoń

Rośliny włókniste
- bawełna
- juta

1 miejsce kraju w światowej produkcji poszczególnych upraw (uwzględniono 5-ciu największych producentów)

Udział gruntów ornych w powierzchni krajów
- 30 – 67%
- 15 – 30
- 5 – 15
- 0 – 5
- brak gruntów ornych

Stan: 2000 r.

Produkcja zwierzęca

1 : 220 000 000

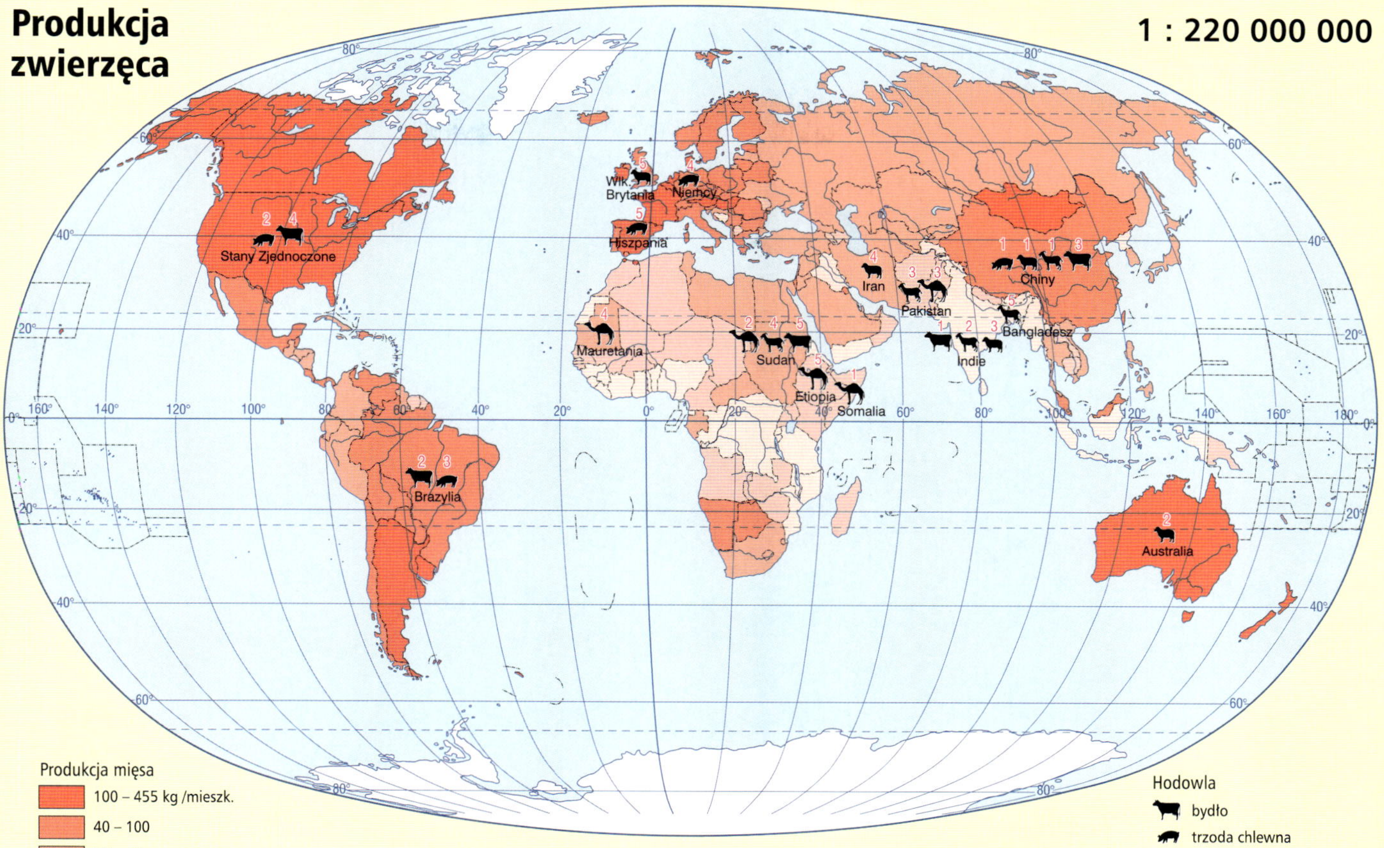

Produkcja mięsa

- 100 – 455 kg /mieszk.
- 40 – 100
- 20 – 40
- 10 – 20
- 0 – 10
- brak hodowli

1 miejsce kraju w światowej hodowli (uwzględniono 5-ciu największych producentów)

Hodowla

- bydło
- trzoda chlewna
- owce
- kozy
- wielbłądy

Stan: 2000 r.

Zatrudnienie Produktywność

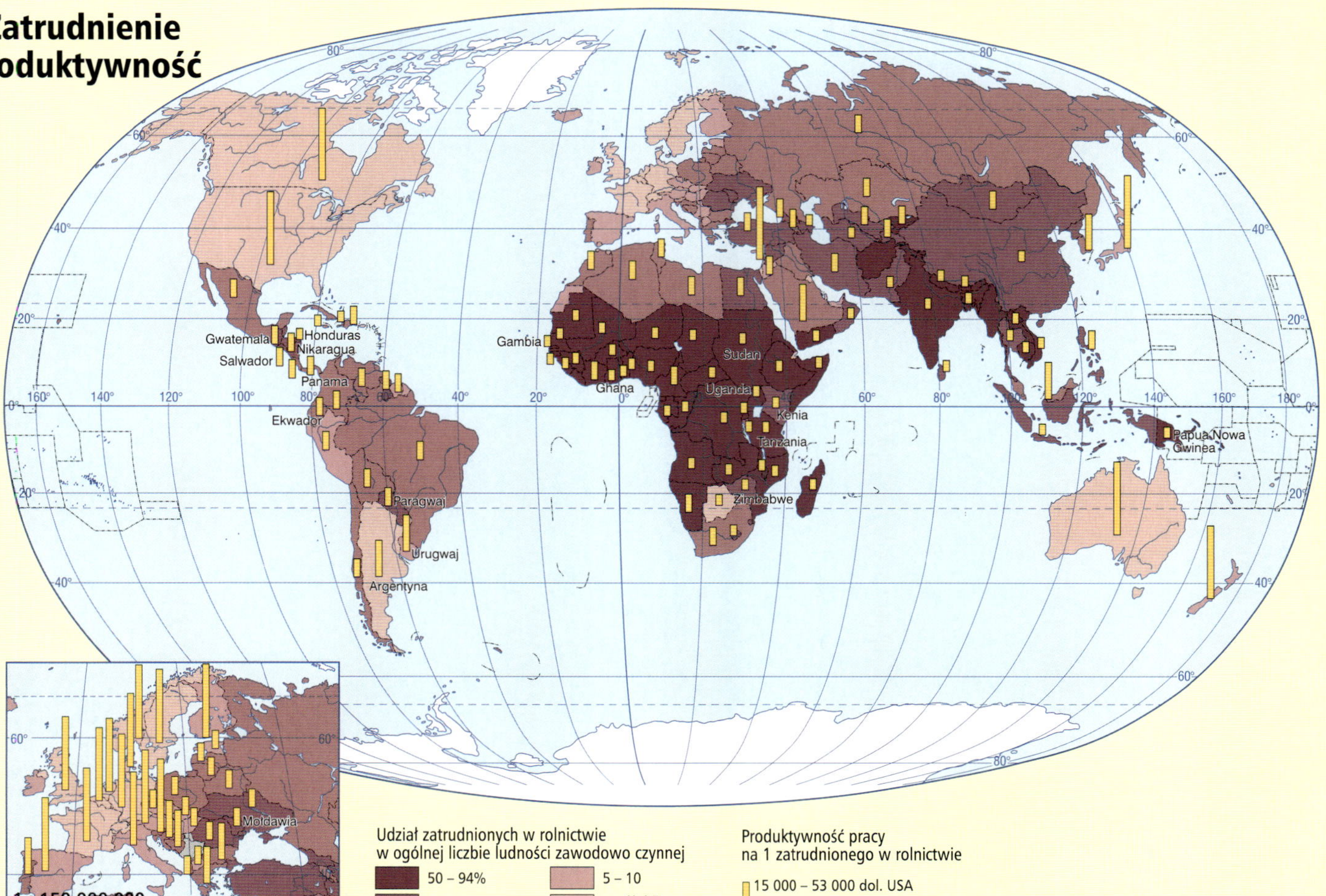

Udział zatrudnionych w rolnictwie w ogólnej liczbie ludności zawodowo czynnej

- 50 – 94%
- 25 – 50
- 10 – 25
- 5 – 10
- poniżej 5
- gospodarka rolna nie występuje

Produktywność pracy na 1 zatrudnionego w rolnictwie

- 15 000 – 53 000 dol. USA
- 5000 – 15 000
- 1000 – 5000
- 0 – 1000

Panama podpisano państwa, w których towary rolno-spożywcze stanowią ponad 50% eksportu

Stan: 1999 r.

Geologia
Surowce mineralne

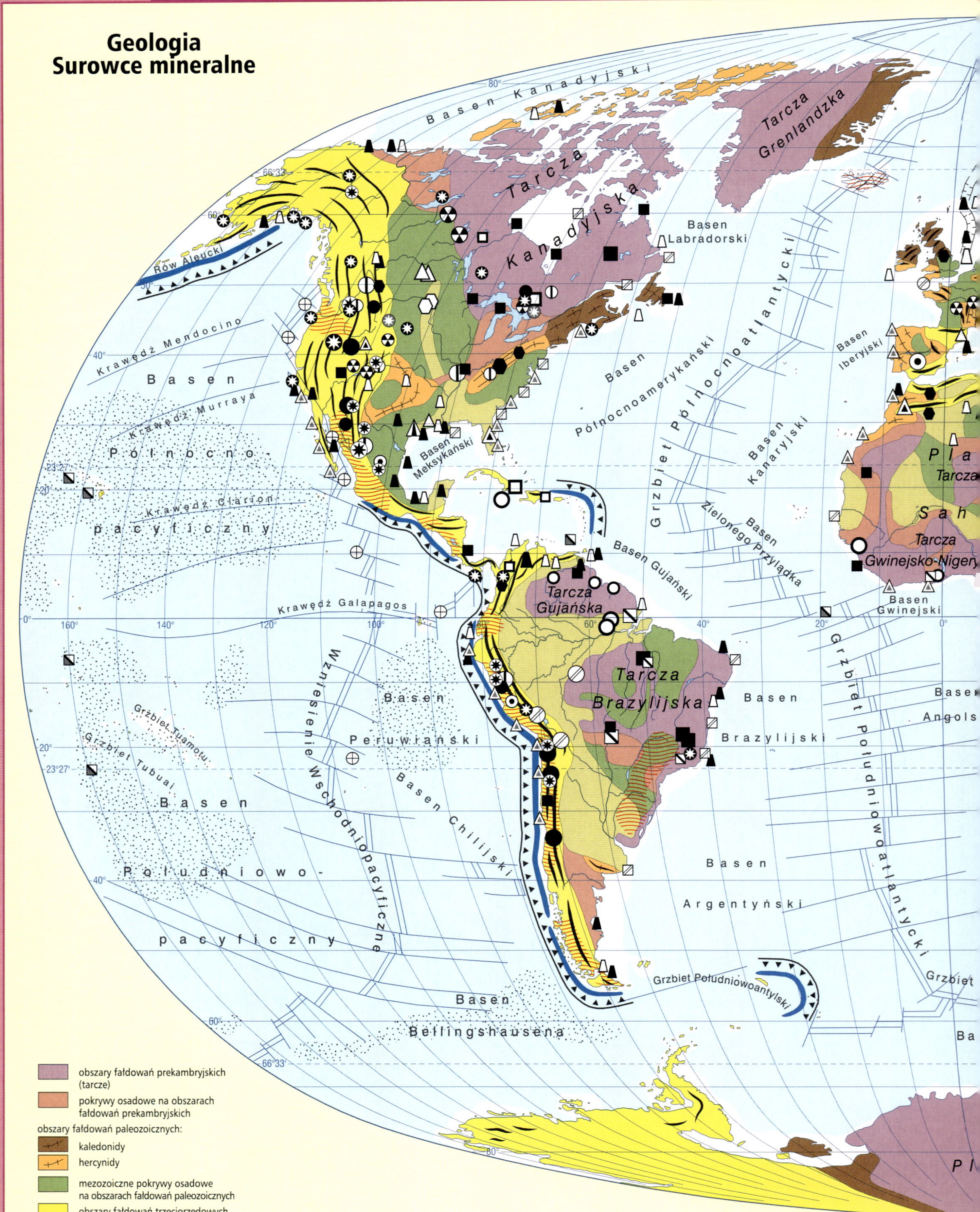

- obszary fałdowań prekambryjskich (tarcze)
- pokrywy osadowe na obszarach fałdowań prekambryjskich

obszary fałdowań paleozoicznych:

- kaledonidy
- hercynidy
- mezozoiczne pokrywy osadowe na obszarach fałdowań paleozoicznych
- obszary fałdowań trzeciorzędowych (alpidy)
- trzeciorzędowe i czwartorzędowe pokrywy osadowe
- skały wylewne
- rowy tektoniczne
- rowy oceaniczne
- kierunki struktur fałdowych (pasma górskie)
- krawędzie płyt kontynentalnych
- strefa ryftowa

Występowanie złóż

- węgla kamiennego
- węgla brunatnego
- rud uranu
- ropy naftowej
- gazu ziemnego
- rud żelaza
- rud manganu
- rud chromu
- rud niklu
- rud tytanu i cyrkonu
- rud miedzi
- rud cynku i ołowiu
- rud cyny
- rtęci
- boksytów
- złota
- srebra
- platyny
- rud polimetalicznych
- diamentów
- soli potasowych
- fosforytów i apatytów
- siarki
- złoża fosforytowe na szelfach oceanicznych
- złoża fosforytowe i konkrecje żelazowo-manganowe na wzniesieniach podmorskich
- oceaniczne konkrecje manganowe

Wielkość zasobów

- duże
- wielkie

1 : 100 000 000

Tektonika płyt litosfery

1 : 300 000 000

- obszary fałdowań trzeciorzędowych (alpidy)
- strefy sejsmiczne
- miejsca trzęsień ziemi
- wulkany
- kierunki ruchu płyt

Ropa naftowa i gaz ziemny

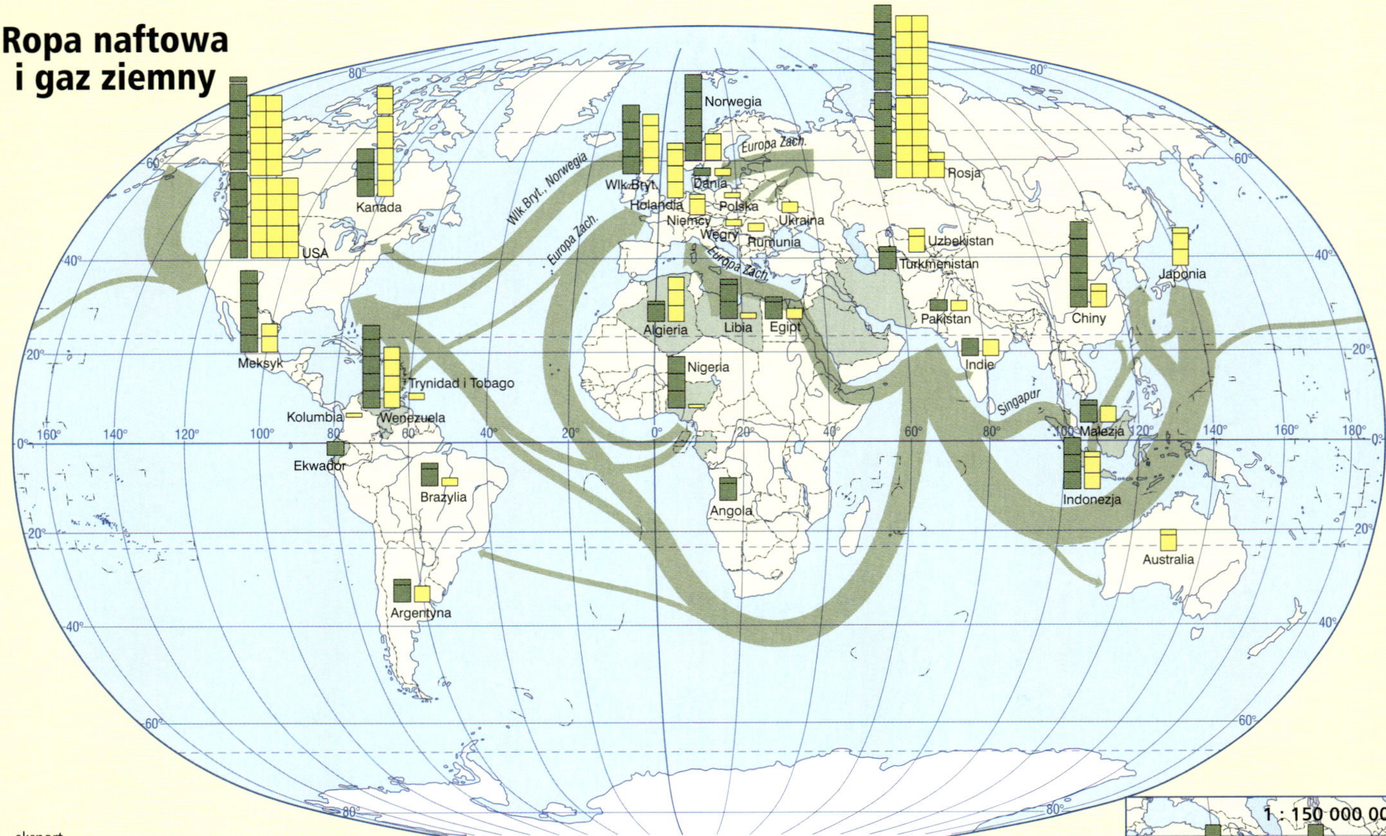

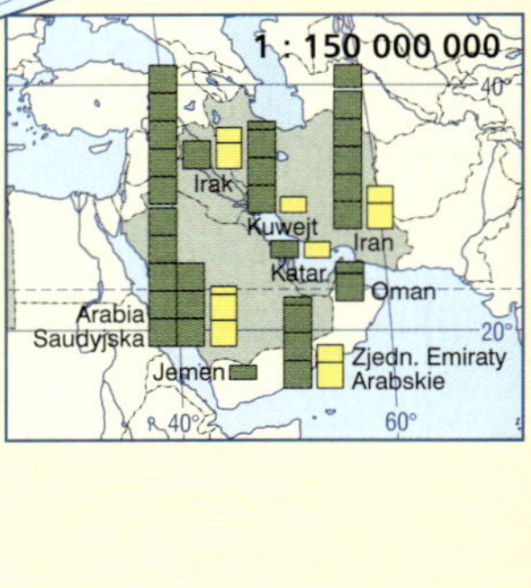

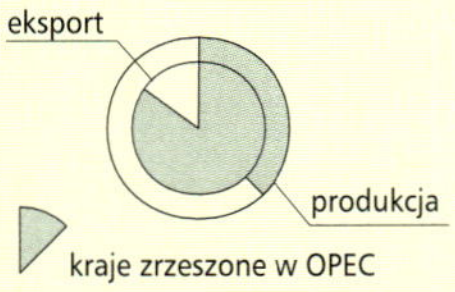

Udział krajów zrzeszonych w OPEC w światowej produkcji i eksporcie ropy naftowej (2001 r.)

- 1% światowego wydobycia ropy naftowej (ok. 31 mln ton)
- 1% światowego wydobycia gazu ziemnego (ok. 1050 petadżuli, tj. ok. 28 mld m³)

Wielkość sygnatur wyraża różnicę kaloryczności ropy naftowej i gazu ziemnego w stosunku do węgla kamiennego. Dla ropy naftowej ekwiwalent ten wynosi 1,5, a dla gazu ziemnego 1,4.

Przewozy ropy naftowej

- pow. 120 mln ton
- 80 – 120
- 40 – 80
- 20 – 40
- 5 – 20

Węgiel kamienny i brunatny

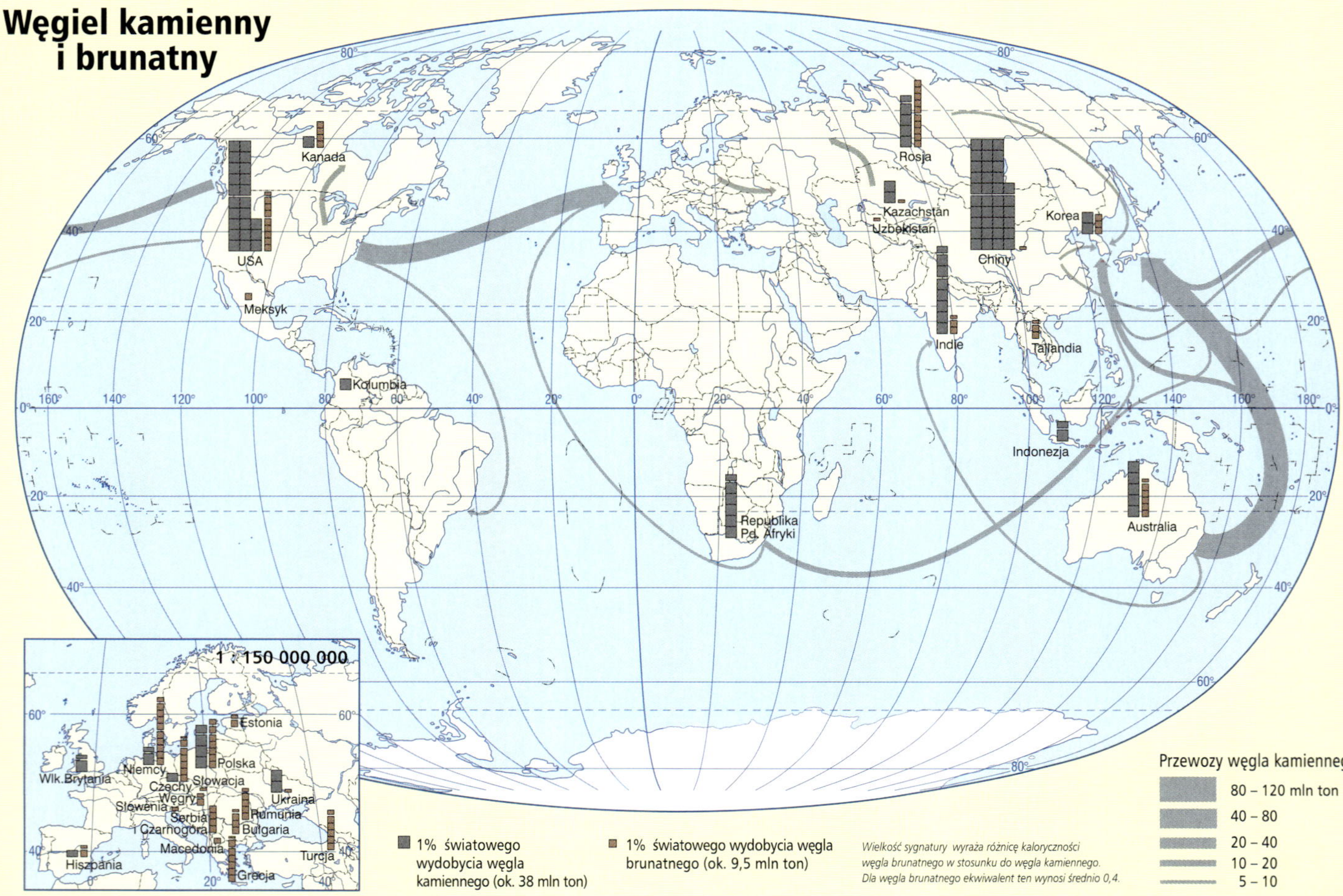

- 1% światowego wydobycia węgla kamiennego (ok. 38 mln ton)
- 1% światowego wydobycia węgla brunatnego (ok. 9,5 mln ton)

Wielkość sygnatury wyraża różnicę kaloryczności węgla brunatnego w stosunku do węgla kamiennego. Dla węgla brunatnego ekwiwalent ten wynosi średnio 0,4.

Przewozy węgla kamiennego

- 80 – 120 mln ton
- 40 – 80
- 20 – 40
- 10 – 20
- 5 – 10

Metale

1 : 220 000 000

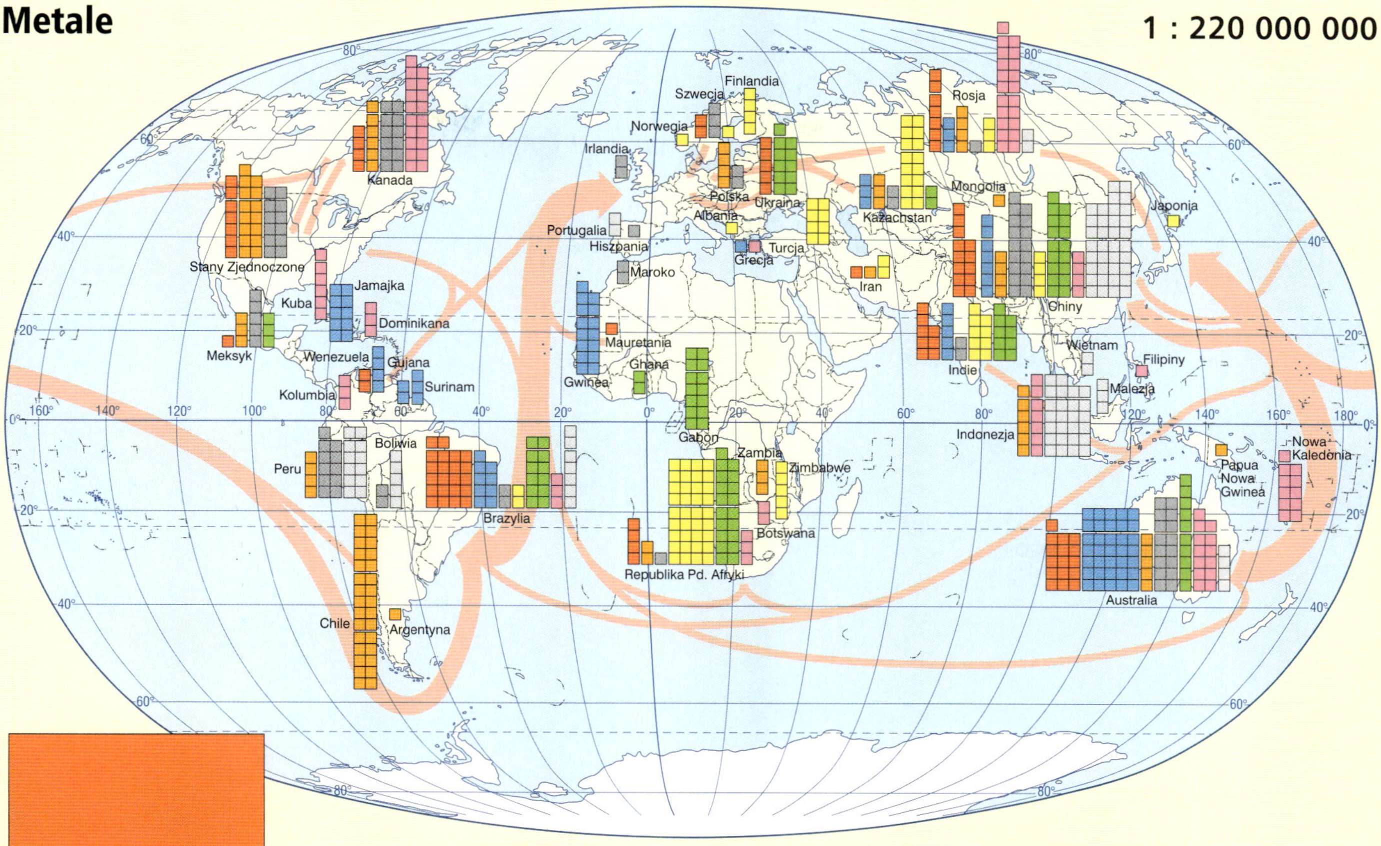

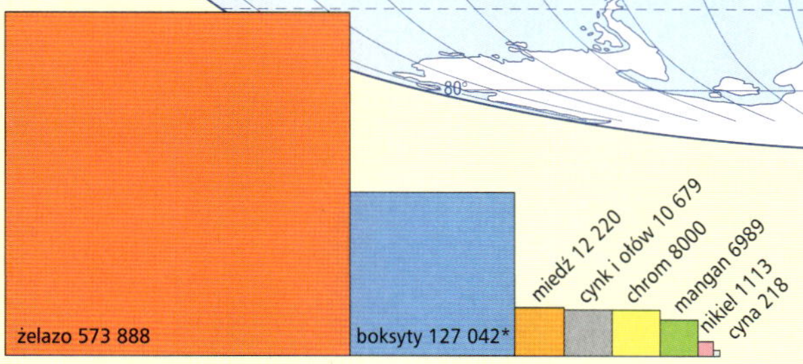

Wydobycia rud metali (w przeliczeniu na czysty metal w tys. t)

Wydobycie rud metali
(w przeliczeniu na czysty metal)

- 1% światowego wydobycia
- żelaza (ok. 5 700 tys. t)
- boksytów* (ok. 1300 tys. t)
- miedzi (ok. 120 tys. t)
- cynku i ołowiu (ok. 110 tys. t)
- chromu (ok. 80 tys. t)
- manganu (ok. 70 tys. t)
- niklu (ok. 10 tys. t)
- cyny (ok. 2 tys. t)

*rudy

Przewozy rud i koncentratów żelaza

- duże
- średnie
- małe

Hutnictwo

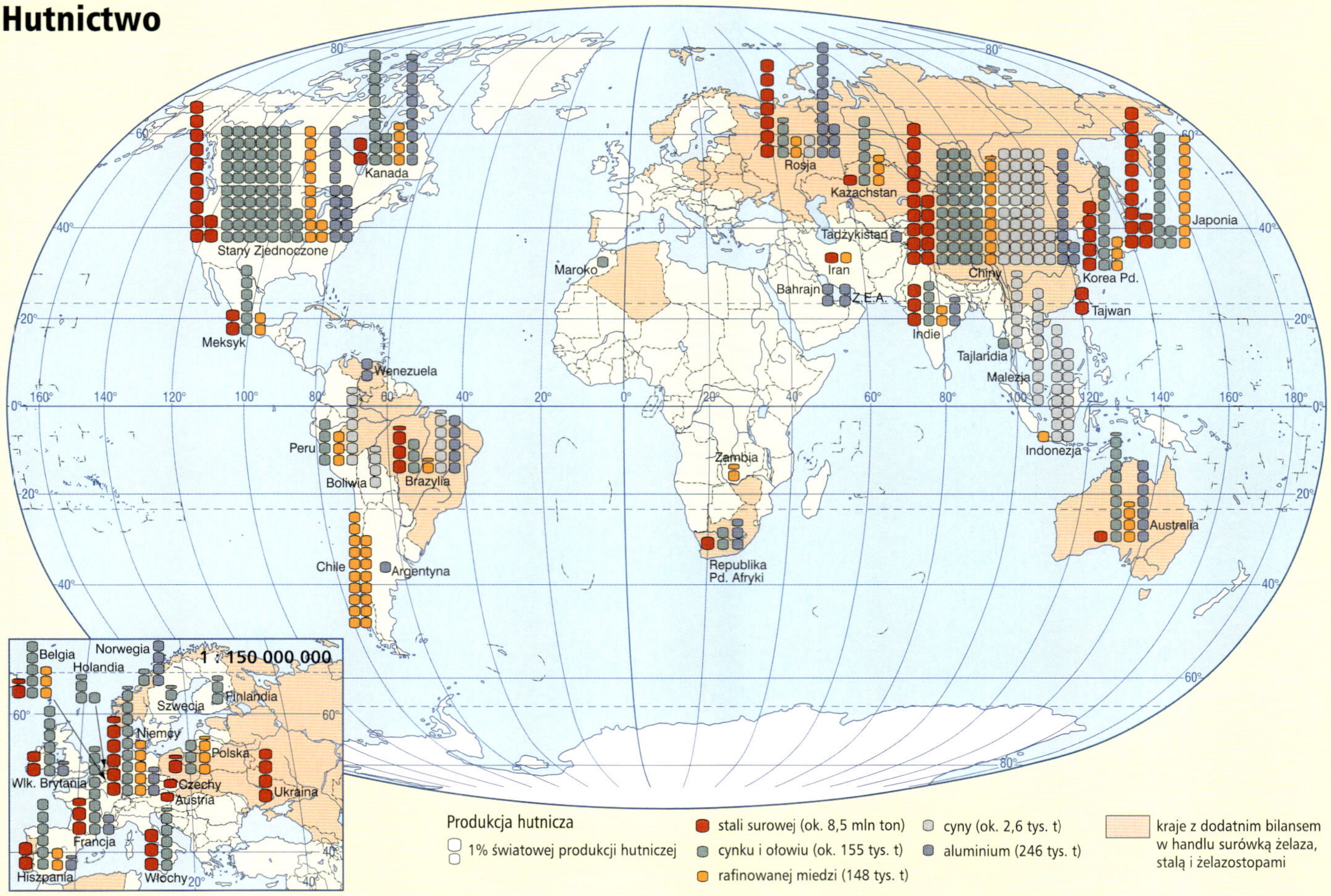

Produkcja hutnicza

- 1% światowej produkcji hutniczej
- stali surowej (ok. 8,5 mln ton)
- cynku i ołowiu (ok. 155 tys. t)
- rafinowanej miedzi (148 tys. t)
- cyny (ok. 2,6 tys. t)
- aluminium (246 tys. t)
- kraje z dodatnim bilansem w handlu surówką żelaza, stalą i żelazostopami

Zróżnicowanie społeczno-gospodarcze

Skróty:

A. - Austria	B. - Bruksela	D. - Detroit	Mo. - Monachium
H. - Holandia	Ba. - Barcelona	F. - Frankfurt n. Menem	N. - Nicea
L. - Luksemburg	C. - Cleveland	L.M. - Lloret de Mar	P. - Pittsburgh
Sz. - Szwajcaria	C.S. - Cyklady i Sporady	M. - Manchester	P.M. - Palma de Mallorca
			W. - Wiedeń
			Z. - Zurych
			Z.R. - Zagłębie Ruhry

Wskaźnik rozwoju społecznego (HDI - Human Development Index*)
- wysoki
- średni
- niski

Produkt krajowy brutto na 1 mieszkańca
- **Dania** pow 20 000 dol. USA
- **Sudan** pon 300 dol. USA

Organizacje gospodarcze
- G-7**
- OECD**

* HDI, opracowany przez ekspertów ONZ, oblicza się na podstawie następujących mierni...
- % dorosłych umiejących czytać i pisać,
- % dzieci uczęszczających do szkoły,
- średnia długość życia,
- PKB na 1 mieszkańca

Transport

1 : 300 000 000

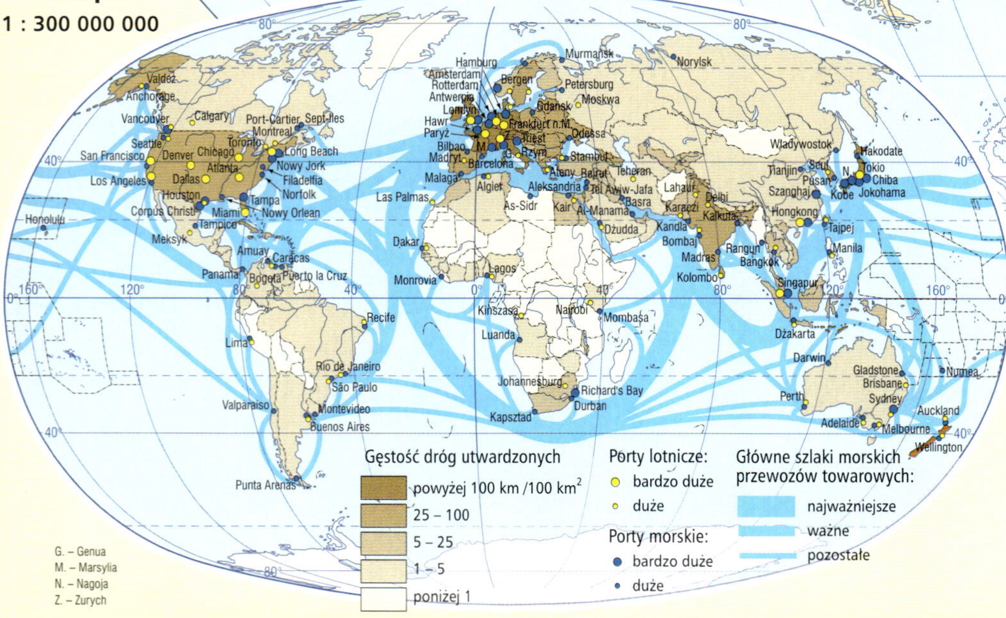

Gęstość dróg utwardzonych
- powyżej 100 km /100 km²
- 25 – 100
- 5 – 25
- 1 – 5
- poniżej 1

Porty lotnicze:
- bardzo duże
- duże

Porty morskie:
- bardzo duże
- duże

Główne szlaki morskich przewozów towarowych:
- najważniejsze
- ważne
- pozostałe

G. – Genua
M. – Marsylia
N. – Nagoja
Z. – Zurych

1 : 100 000 000

Udział krajów w tworzeniu produktu światowego brutto

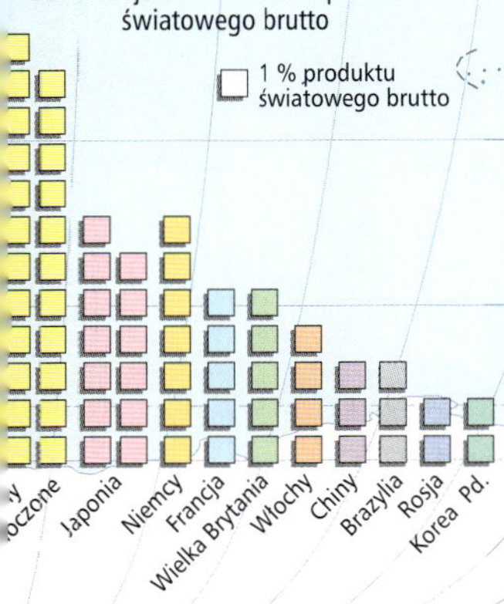

Energetyka

1 : 300 000 000

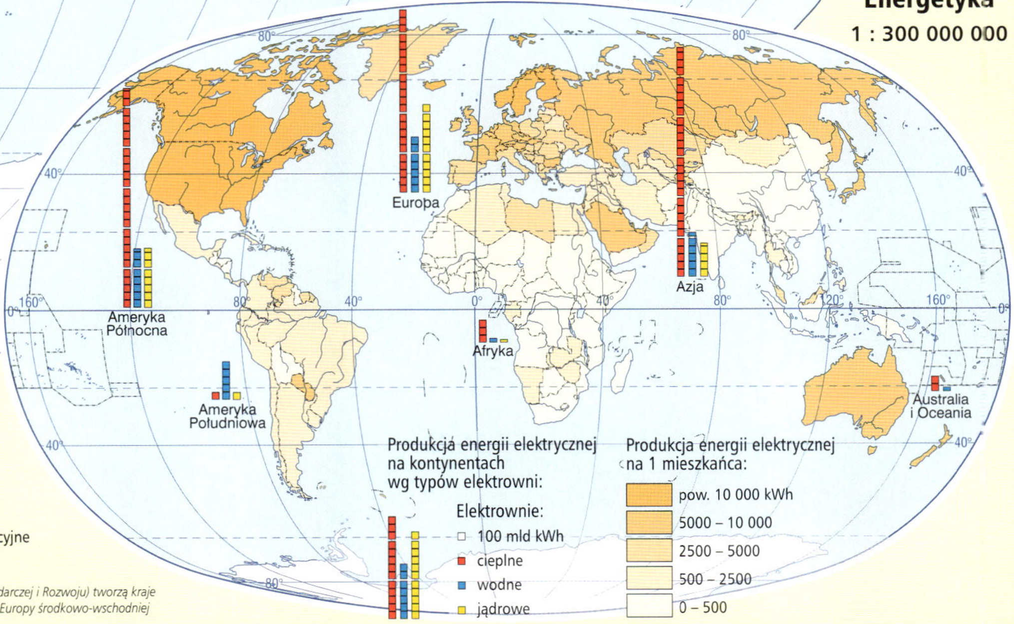

Produkcja energii elektrycznej na kontynentach wg typów elektrowni:

Elektrownie:
- 100 mld kWh
- cieplne
- wodne
- jądrowe

Produkcja energii elektrycznej na 1 mieszkańca:
- pow. 10 000 kWh
- 5000 – 10 000
- 2500 – 5000
- 500 – 2500
- 0 – 500

Środki gospodarcze

oddziaływanie:
- światowe
- ważniejsze regionalne
- regionalne (wybrane)

funkcje:
- wielofunkcyjne
- przemysłowe i górnicze
- innowacyjne
- transportowe
- handlowe, finansowe i administracyjne
- turystyczne i kulturalne

7 najbogatszych krajów świata i Rosja

*** OECD - (Organizacja Współpracy Gospodarczej i Rozwoju) tworzą kraje rozwinięte gospodarczo i niektóre kraje Europy środkowo-wschodniej

Liczba ludności na świecie w porównaniu z Europą

Europa 1,0 = 730 mln osób

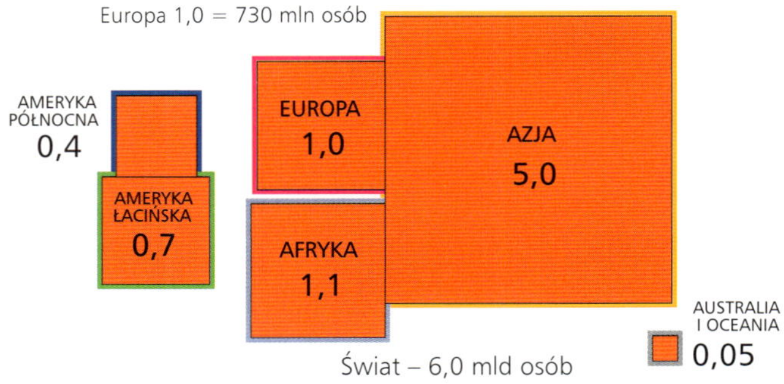

Świat – 6,0 mld osób

Produkt krajowy brutto na świecie w porównaniu z Europą

Europa 1,0 = 9789 mld dol. USA

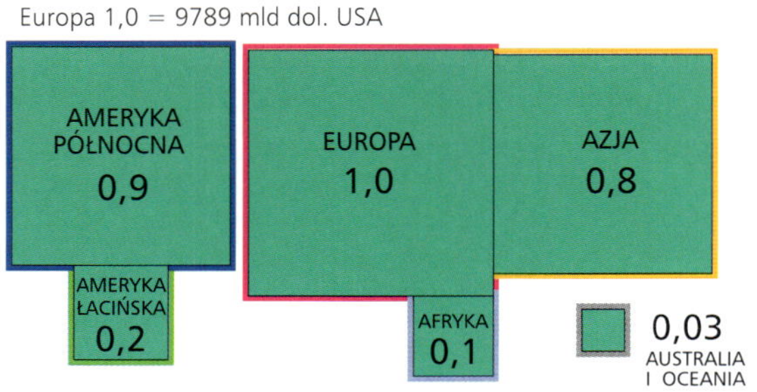

Świat – 28 834 mld dol. USA

Stan 1999 r.

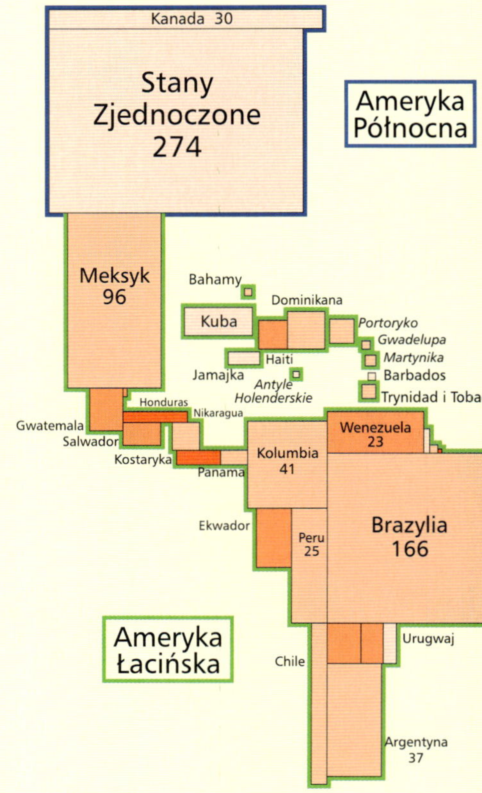

Legenda do map:

(I) Przyrost naturalny

- pon. 0 ubytek ludności
- 0 – 0,9
- 1 – 1,9
- 2 – 2,9
- pow. 3%

(II) Produkt krajowy brutto w dol. USA/1 mieszk.

- 36 – 300
- 300 – 1000
- 1000 – 2500
- 2500 – 10 000
- 10 000 – 42 416

Urbanizacja

1 : 300 000 000

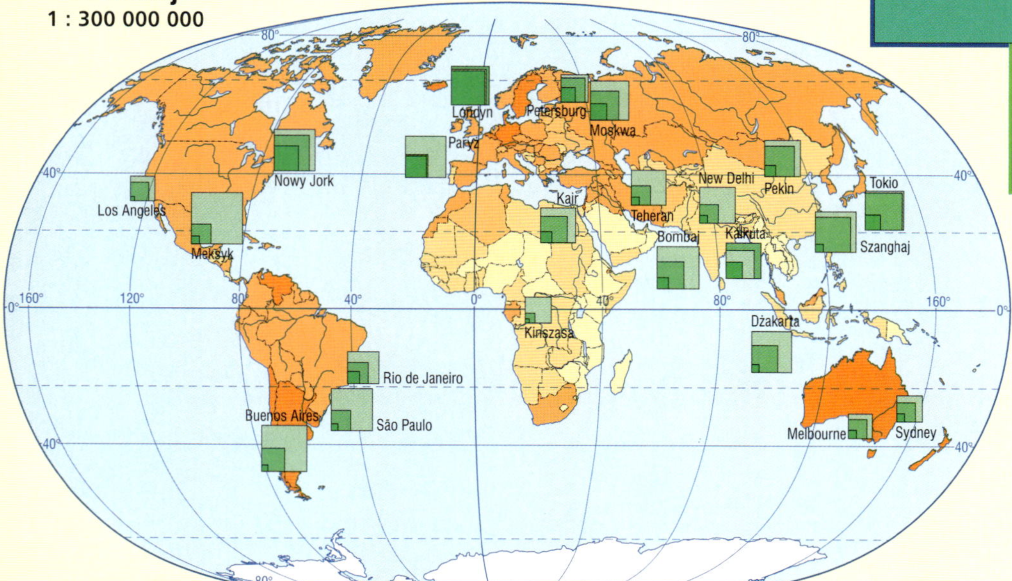

Udział ludności miejskiej w ogólnej liczbie ludności

- 80 – 91%
- 70 – 80
- 50 – 70
- 20 – 50
- 5 – 20

Liczba ludności miasta w latach:

1900 1950 1998

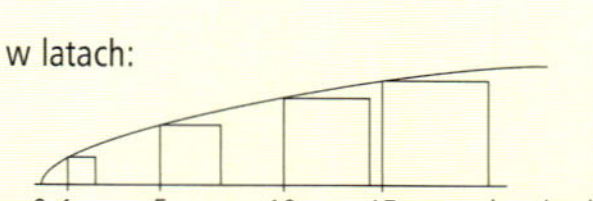

Liczba ludności (w mln osób) i przyrost naturalny

I

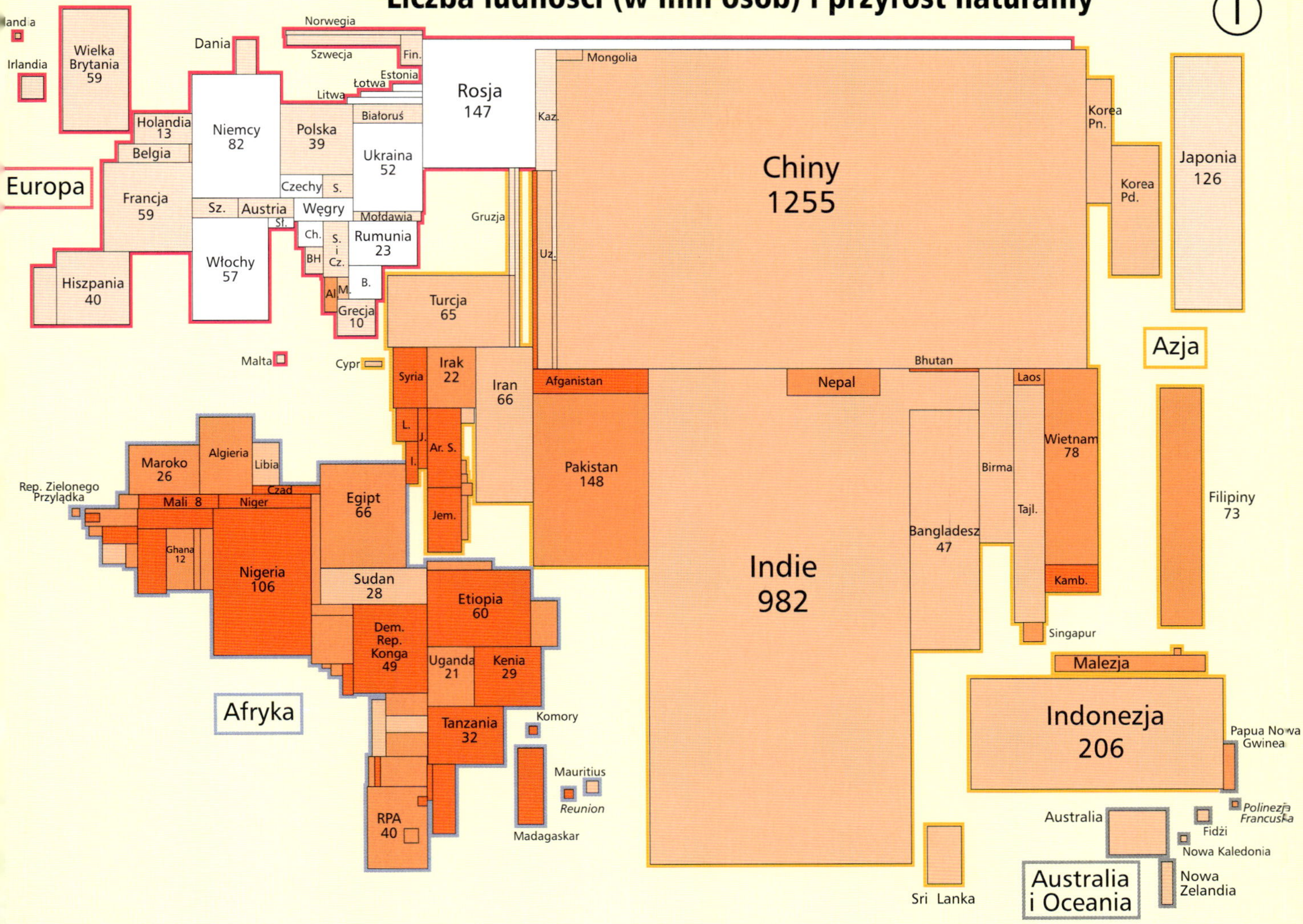

Produkt krajowy brutto (w mld dol. USA)

II

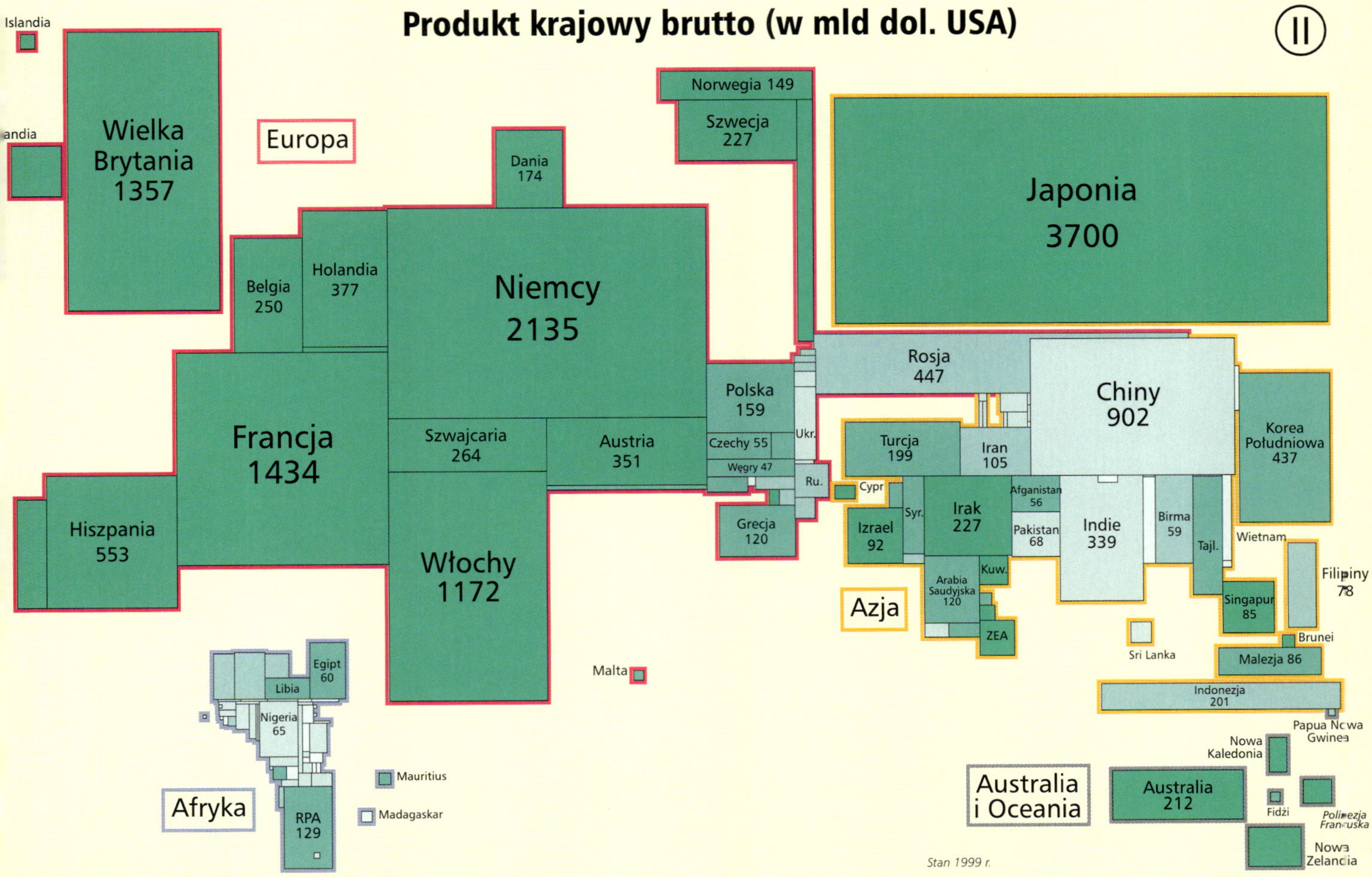

Wyżywienie

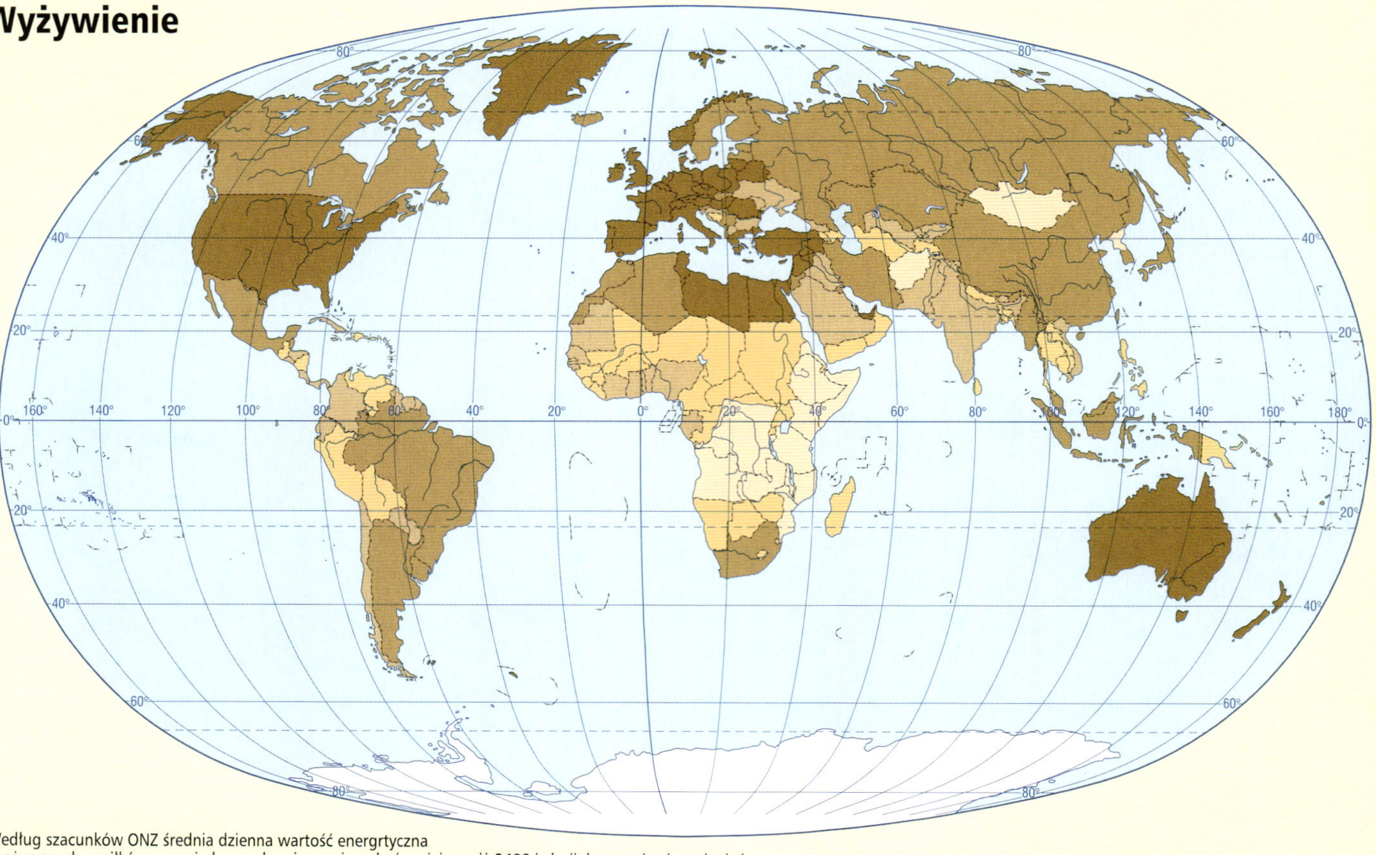

Według szacunków ONZ średnia dzienna wartość energrtyczna spożywanych posiłków przez jedną osobę nie powinna być mniejsza niż 2400 kalorii, lecz może się zmieniać w zależności od warunków naturalnych. Na przykład na dalekiej północy, przy bardzo niskiej temperaturze i niedoborze światła, do prawidłowego funkcjonowania organizmu konieczne jest spożycie posiłków o wartości 3000 kalorii dziennie, natomiast w klimacie suchym i gorącym niewiele ponad 2000 kalorii.

Dzienna wartość kaloryczna spożywanych posiłków przez jedną osobę w 1997 roku

poniżej 2000 | 2000 – 2400 | 2400 – 2800 | 2800 – 3200 | 3200 – 3700

Długość życia

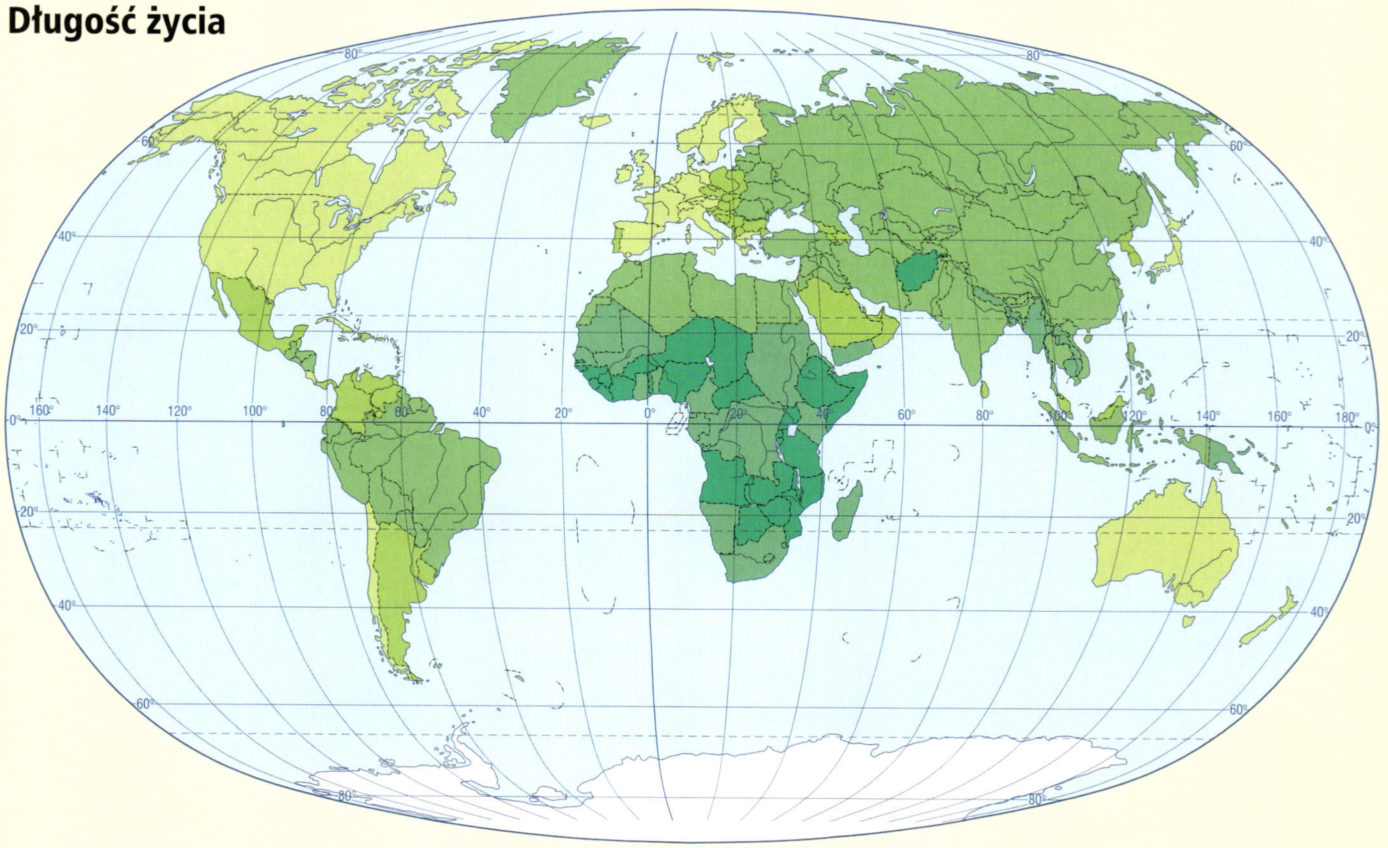

Przeciętna długość życia (1995 – 2000)

poniżej 50 | 50 – 60 | 60 – 70 | 70 – 75 | 75 – 80 lat

Średnia długość życia na świecie wynosi 66 lat

Analfabetyzm
Studenci

1 : 220 000 000

Udział analfabetów wśród ludności powyżej 14 roku życia

- powyżej 60%
- 45 – 60
- 25 – 45
- 5 – 25
- poniżej 5

Liczba studentów przypadająca na 100 000 mieszkańców (w wybranych krajach)

- powyżej 3500
- 2000 – 3500
- 1000 – 2000
- poniżej 1000

AIDS

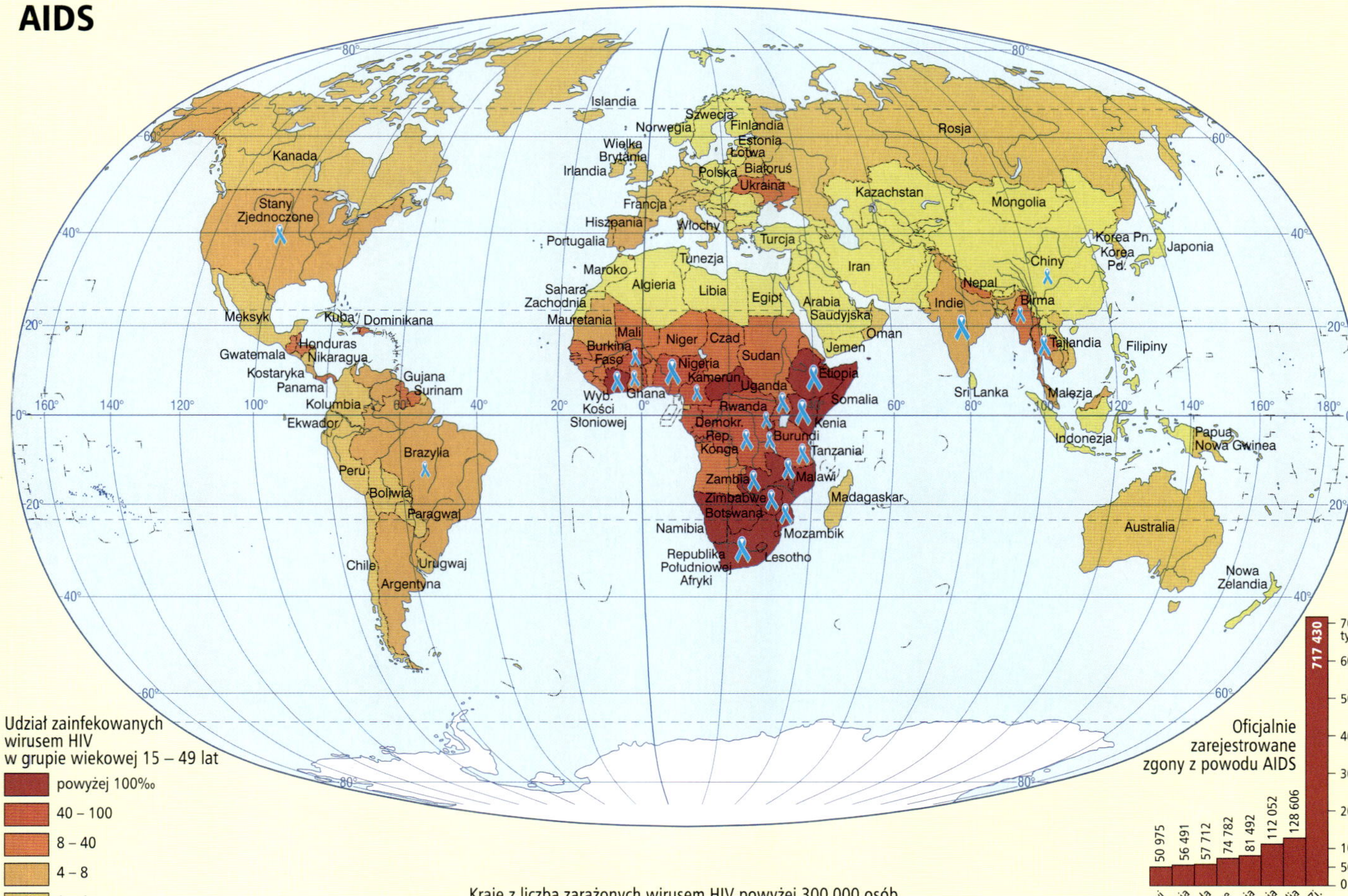

Udział zainfekowanych wirusem HIV w grupie wiekowej 15 – 49 lat

- powyżej 100‰
- 40 – 100
- 8 – 40
- 4 – 8
- 1 – 4
- poniżej 1‰
- zjawisko nie występuje

Kraje z liczbą zarażonych wirusem HIV powyżej 300 000 osób

- powyżej 1 500 000
- 600 000 – 1 500 000
- 300 000 – 600 000

Stan: 2002 r.

Rasy

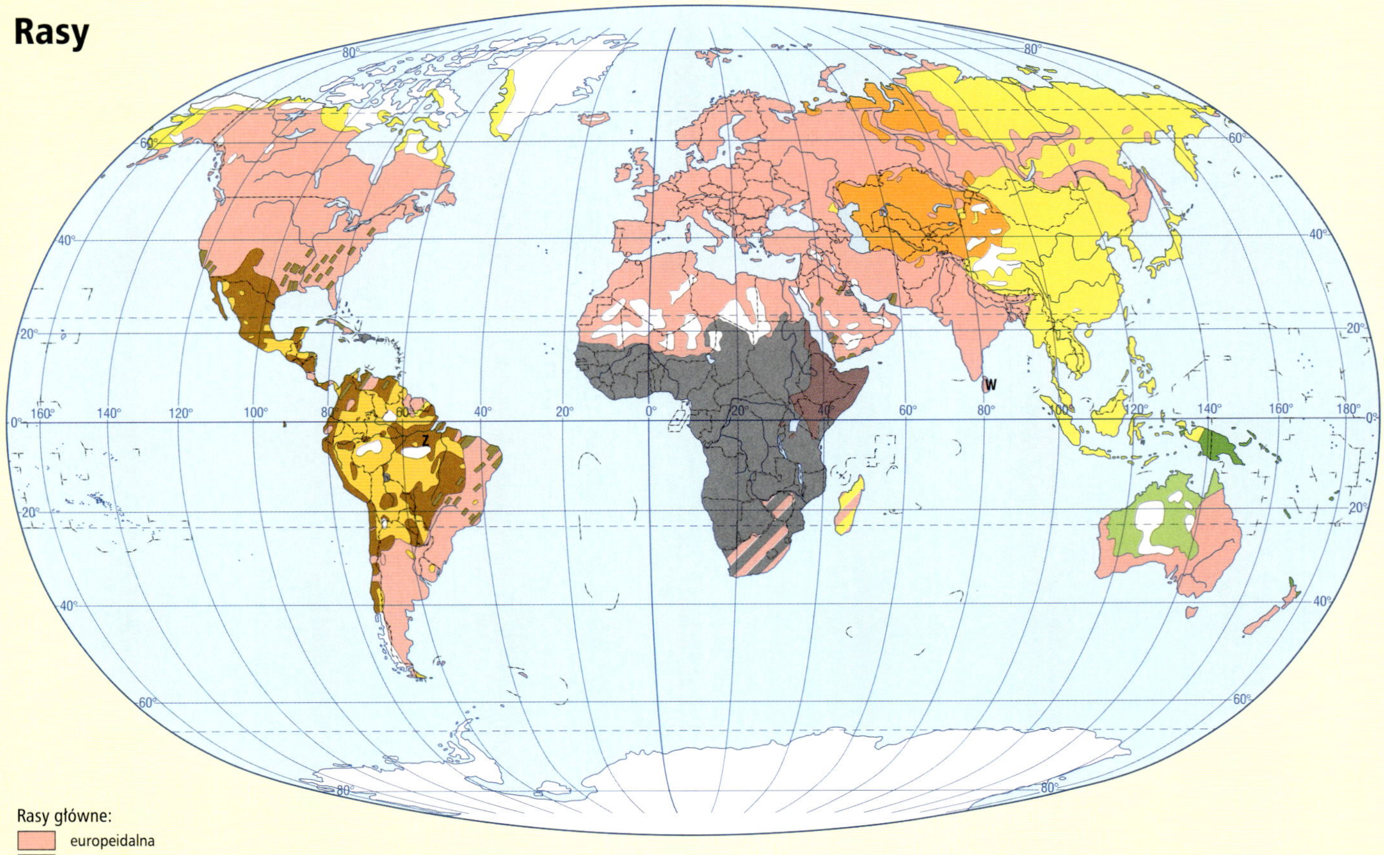

Rasy główne:
- europeidalna
- negroidalna
- mongoloidalna azjatycka
- mongoloidalna amerykańska
- australoidalna

Formy przejściowe między rasami:
- europeidalną a negroidalną
- europeidalną a mongoloidalną
- tubylcy Polinezji i Malezji
- Mulaci
- Metysi

- Z Zambo
- W Weddowie
- obszary niezamieszkane

Języki rodzime

Indoeuropejskie:
- romańskie
- germańskie
- słowiańskie
- indoirańskie
- inne

Uralskie:
- ugrofińskie
- samojedzkie

Semito-chamickie:
- semickie
- berberyjskie
- kuszyckie
- czadyjskie

Ałtajskie:
- tureckie
- mongolskie
- mandżu-tunguskie

- Kaukaskie i baskijski

Chińsko-tybetańskie:
- chińskie
- tybetańsko-birmańskie

- Tajskie
- Japoński i koreański
- Drawidyjskie
- Zindż
- Nilo-saharyjskie
- Khoisan
- Paleoazjatyckie
- Indiańskie

Austroazjatyckie:
- mon-khmerskie
- munda

Austronezyjskie:
- indonezyjskie
- oceaniczne

- Australijskie i papuaskie
- obszary niezamieszkane

Wyznania

1 : 220 000 000

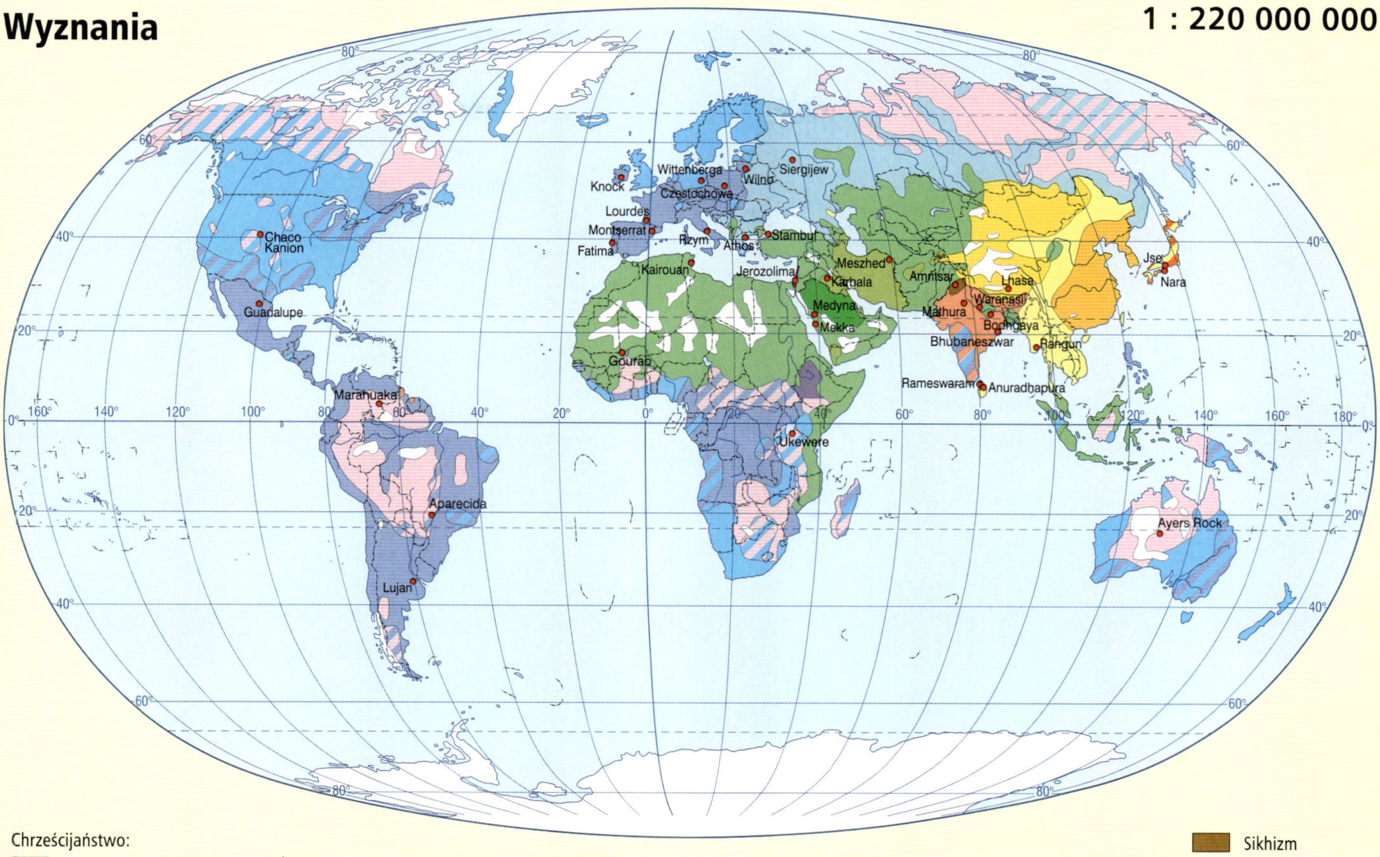

Chrześcijaństwo:
- katolicy
- protestanci
- prawosławni
- monofizyci (Koptowie)

Islam:
- sunnici
- szyici
- wahhabici

Buddyzm:
- buddyści
- lamaiści

- Konfucjanizm, taoizm
- Shintoizm
- Hinduizm
- Judaizm
- Sikhizm
- religie naturalne
- ważniejsze ośrodki kultu religijnego
- obszary niezamieszkane

Zaludnienie

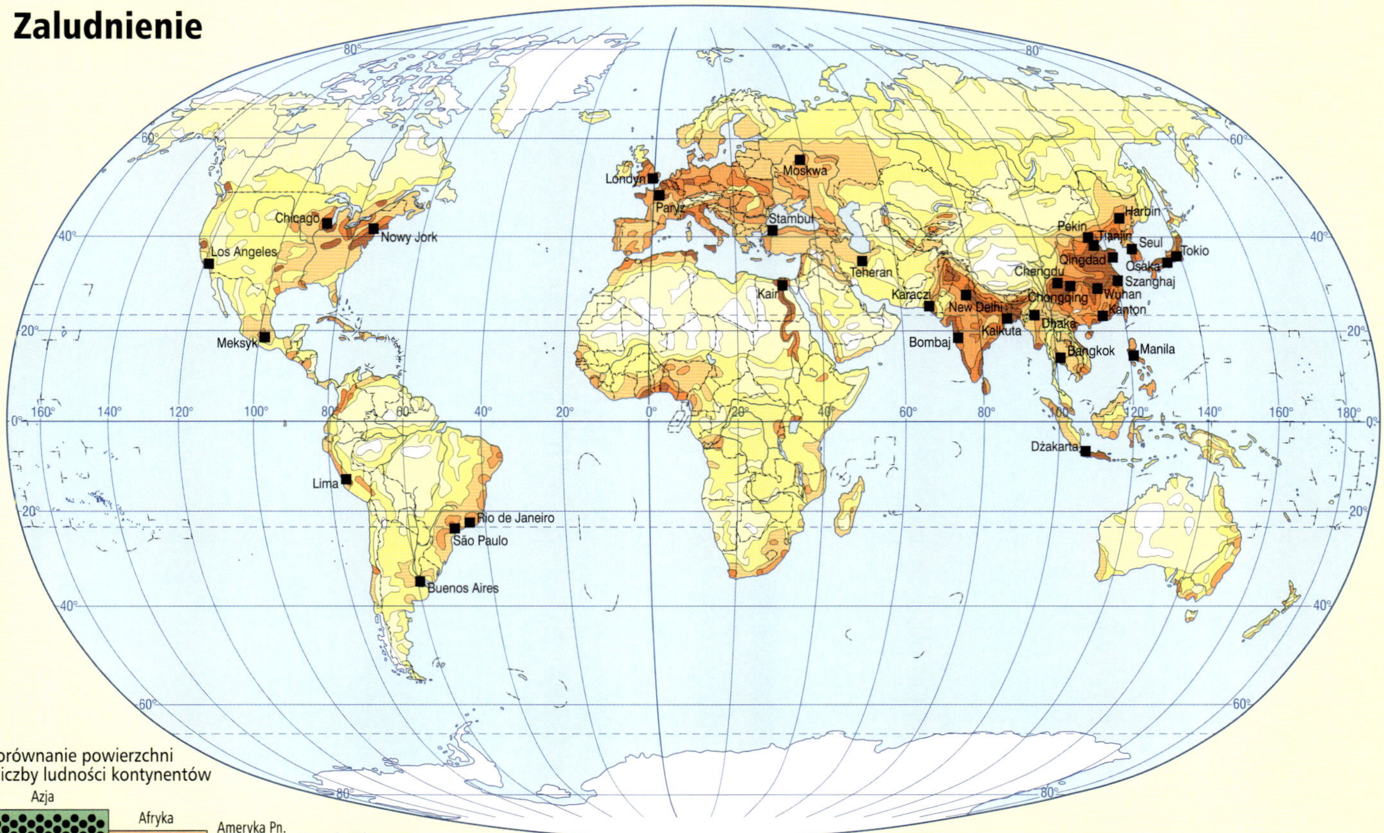

Porównanie powierzchni i liczby ludności kontynentów

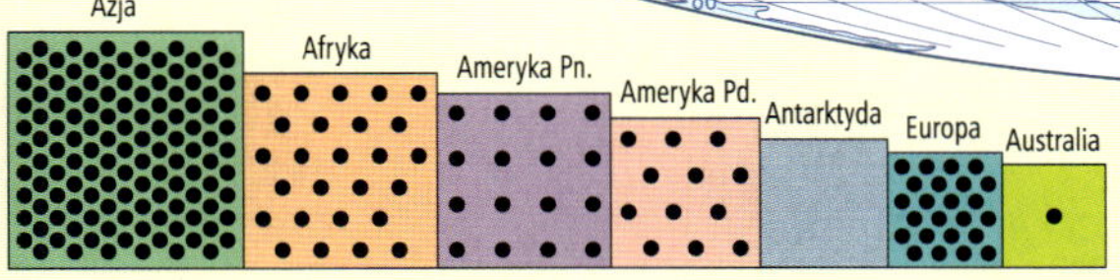

- 30 mln mieszkańców
- 1 mln km^2

	Azja	Afryka	Ameryka Pn.	Ameryka Pd.	Antarktyda	Europa	Australia
powierzchnia (mln km^2)	44,4	30,3	24,2	17,8	13,1	10,5	8,5
liczba ludności (mln mieszkańców)	3684	784	482	346	–	729	30
gęstość zaludnienia (mieszk./km^2)	83	26	20	19	–	69	4

Liczba mieszkańców na 1 km^2
- pow. 200
- 100 – 200
- 50 – 100
- 10 – 50
- 1 – 10
- pon. 1

- Tokio ■ miasta pow. 7 mln mieszkańców
- obszary niezamieszkane

Stan: 2000 r.

Internet

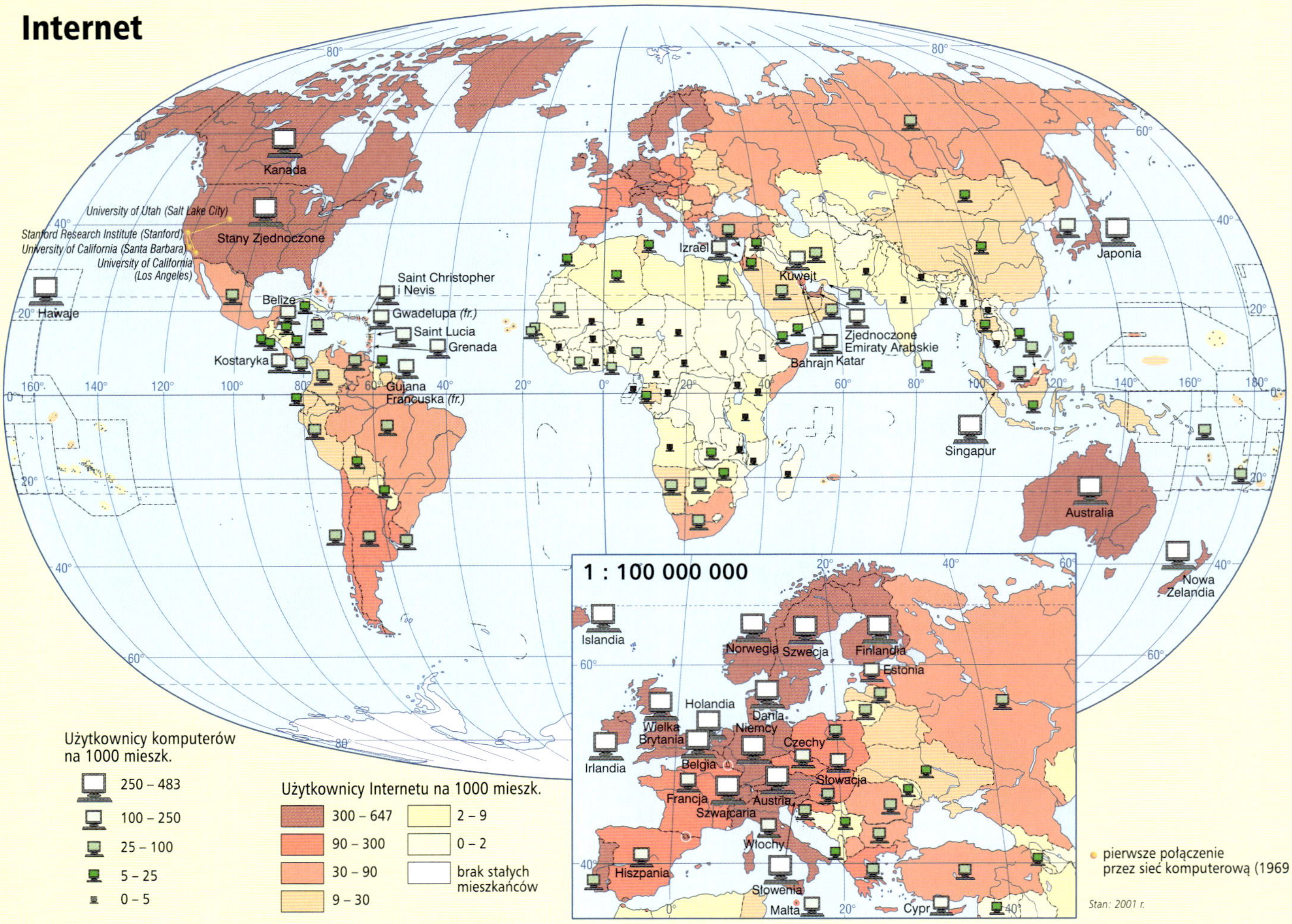

Kanada
University of Utah (Salt Lake City)
Stanford Research Institute (Stanford)
University of California (Santa Barbara)
University of California (Los Angeles)
Stany Zjednoczone
Hawaje
Belize
Kostaryka
Saint Christopher i Nevis
Gwadelupa (fr.)
Saint Lucia
Grenada
Gujana Francuska (fr.)
Izrael
Kuwejt
Bahrajn
Katar
Zjednoczone Emiraty Arabskie
Japonia
Singapur
Australia
Nowa Zelandia
1 : 100 000 000
Islandia
Norwegia
Szwecja
Finlandia
Estonia
Holandia
Dania
Wielka Brytania
Niemcy
Irlandia
Belgia
Czechy
Francja
Austria
Słowacja
Szwajcaria
Włochy
Hiszpania
Słowenia
Malta
Cypr
Użytkownicy komputerów na 1000 mieszk.
250 – 483
100 – 250
25 – 100
5 – 25
0 – 5
Użytkownicy Internetu na 1000 mieszk.
300 – 647
90 – 300
30 – 90
9 – 30
2 – 9
0 – 2
brak stałych mieszkańców
pierwsze połączenie przez sieć komputerową (1969 r.)
Stan: 2001 r.

Telefony

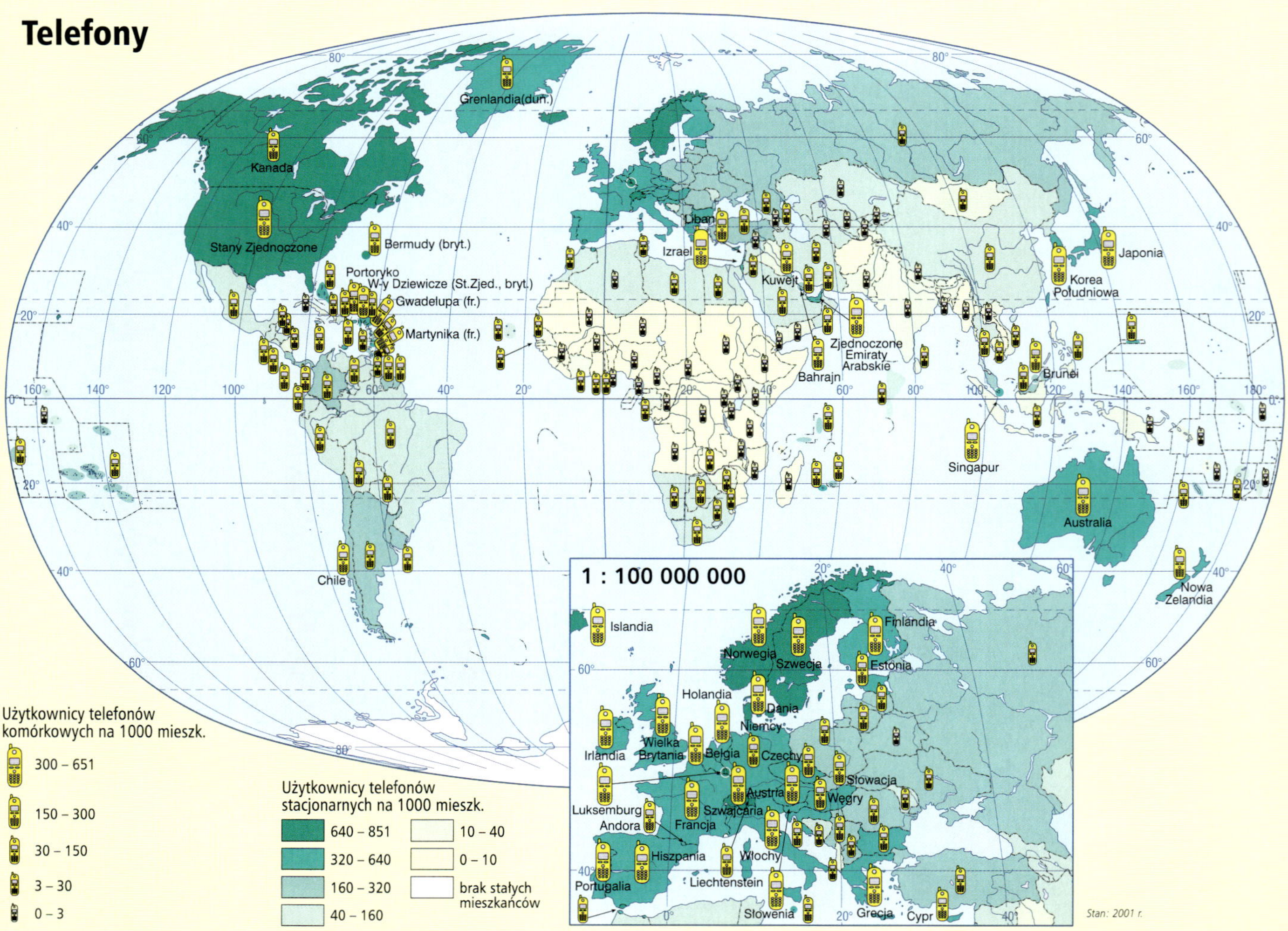

Grenlandia (duń.)
Kanada
Stany Zjednoczone
Bermudy (bryt.)
Portoryko
W-y Dziewicze (St.Zjed., bryt.)
Gwadelupa (fr.)
Martynika (fr.)
Izrael
Liban
Kuwejt
Bahrajn
Zjednoczone Emiraty Arabskie
Japonia
Korea Południowa
Brunei
Singapur
Chile
Australia
Nowa Zelandia
1 : 100 000 000
Islandia
Norwegia
Szwecja
Finlandia
Estonia
Holandia
Dania
Niemcy
Irlandia
Wielka Brytania
Belgia
Czechy
Słowacja
Luksemburg
Austria
Węgry
Andora
Szwajcaria
Francja
Hiszpania
Włochy
Portugalia
Liechtenstein
Słowenia
Grecja
Cypr
Użytkownicy telefonów komórkowych na 1000 mieszk.
300 – 651
150 – 300
30 – 150
3 – 30
0 – 3
Użytkownicy telefonów stacjonarnych na 1000 mieszk.
640 – 851
320 – 640
160 – 320
40 – 160
10 – 40
0 – 10
brak stałych mieszkańców
Stan: 2001 r.

Turystyka

1 : 220 000 000

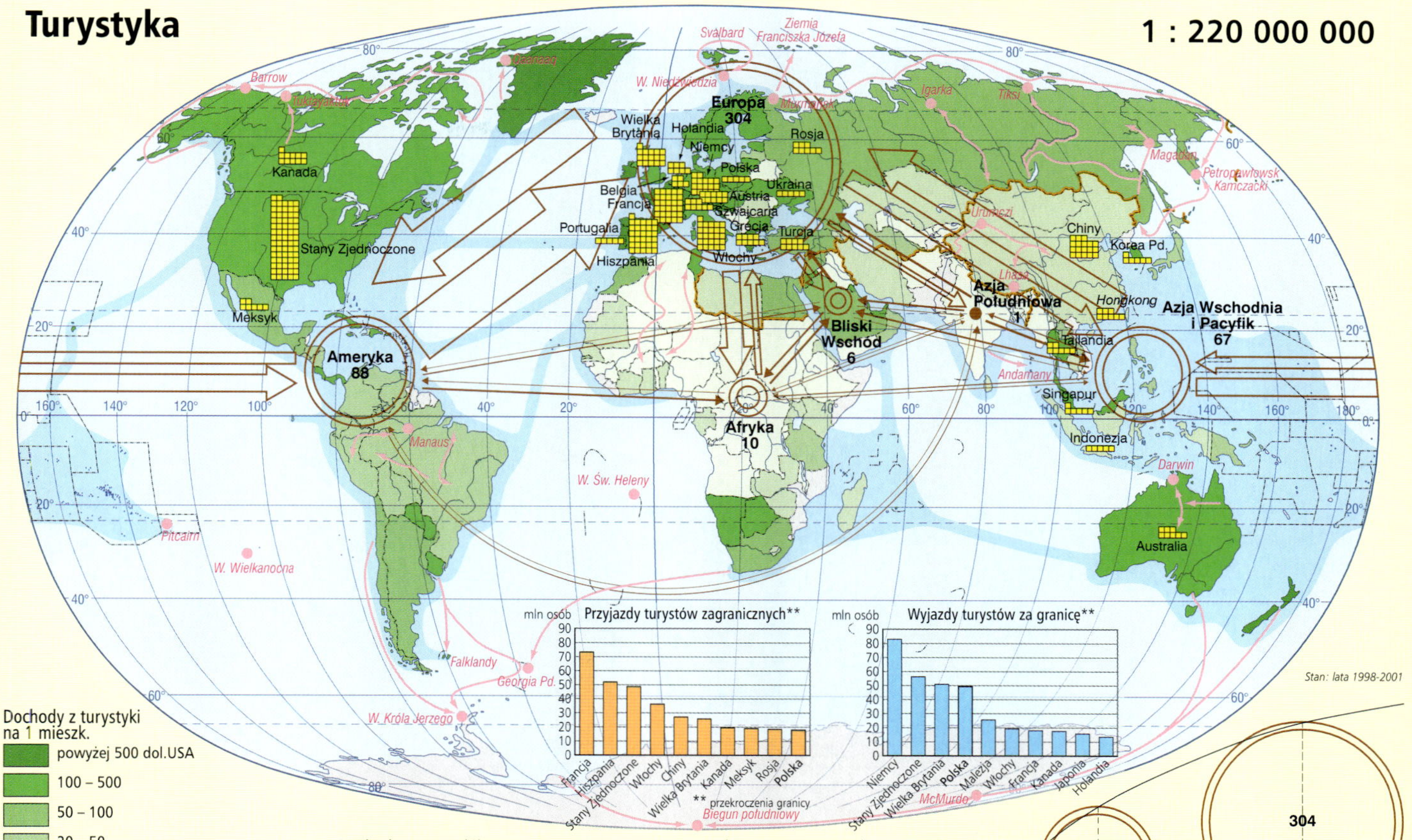

Dochody z turystyki na 1 mieszk.

- powyżej 500 dol.USA
- 100 – 500
- 50 – 100
- 20 – 50
- 5 – 20
- 0 – 5
- brak danych
- Obszary morskiej turystyki jachtowej

Dochody z turystyki*

- 1 mld dolarów USA

*pokazano kraje o wpływach z turystyki powyżej 5 mld dolarów USA

Regionalizacja turystyki**

- granice regionów
- Lhasa – trasy i cele wielkich ekspedycji podróżniczych

Przepływy turystów między regionami**

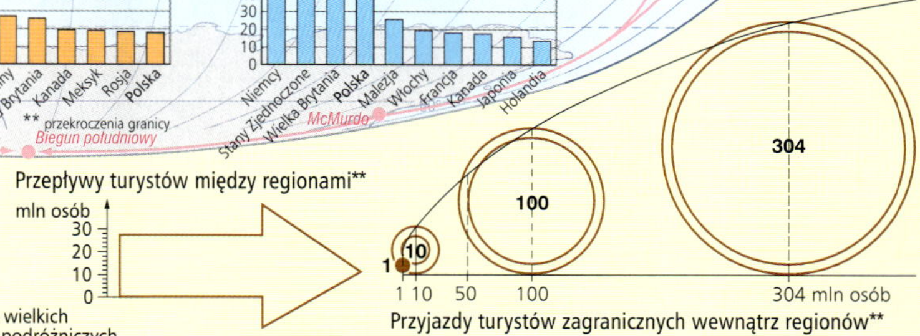

Przyjazdy turystów zagranicznych wewnątrz regionów**

**Regionalizacja turystyki według Światowej Organizacji Turystyki (World Tourism Organisation – WTO)

Strefy czasowe

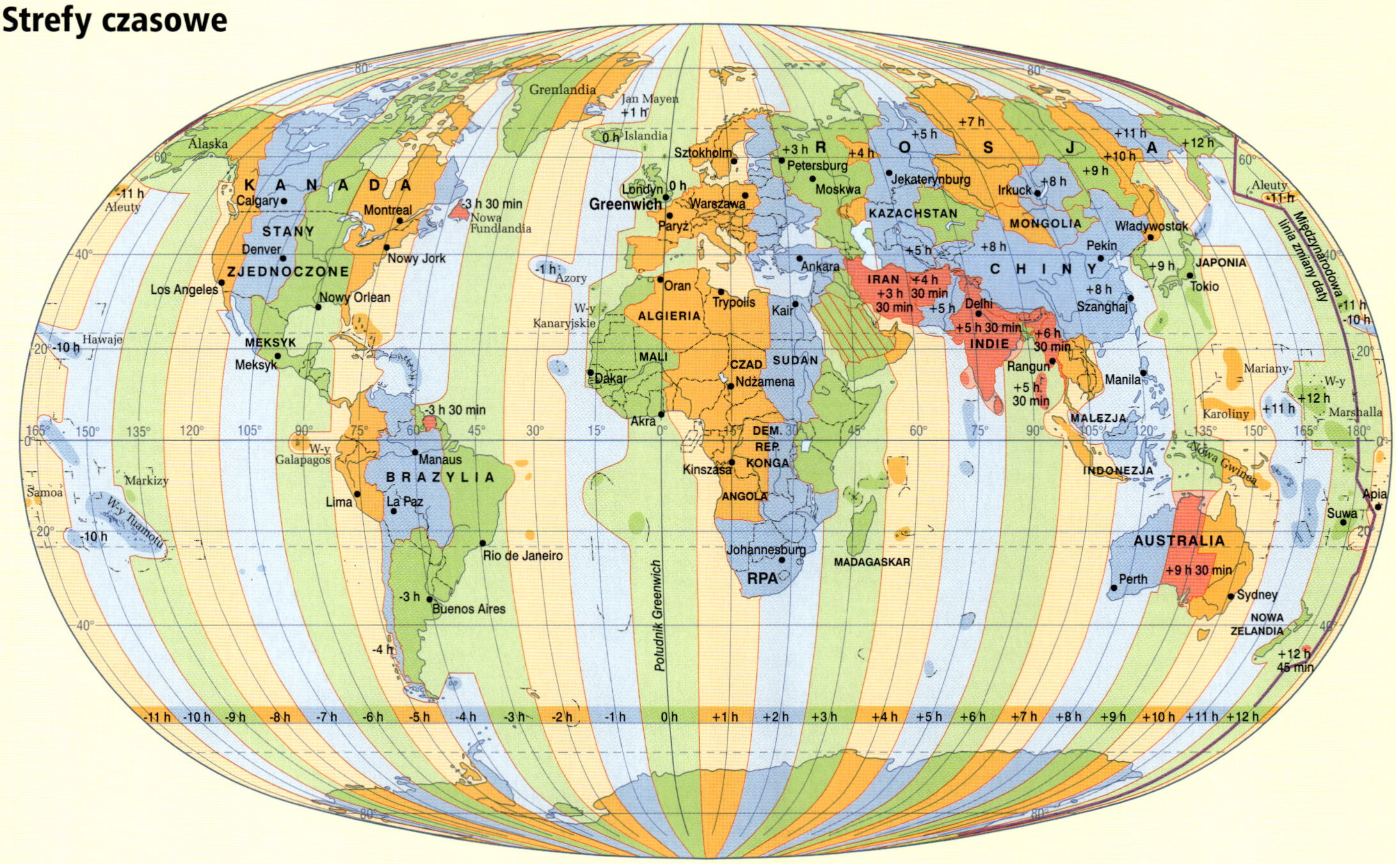

- strefy czasowe na lądzie
- strefy czasowe na morzach
- obszary, na których obowiązuje czas przesunięty o pół godziny w stosunku do czasu strefowego
- czas lokalny, określany na podstawie pozycji Słońca
- +4 h – różnica między czasem danej strefy a czasem południka Greenwich
- międzynarodowa linia zmiany daty

ŚWIAT Podział polityczny

1	ALBANIA	12	MACEDONIA
2	ANDORA	13	MOŁDAWIA
3	AUSTRIA	14	MONAKO
4	BELGIA	15	ROSJA
5	BOŚNIA I HERCEGOWINA	16	SAN MARINO
6	CHORWACJA	17	SERBIA I CZARNOGÓRA
7	CZECHY	18	SŁOWACJA
8	HOLANDIA	19	SŁOWENIA
9	LIECHTENSTEIN	20	SZWAJCARIA
10	LITWA	21	WATYKAN
11	LUKSEMBURG	22	WĘGRY

Organizacje polityczne

1 : 300 000 000

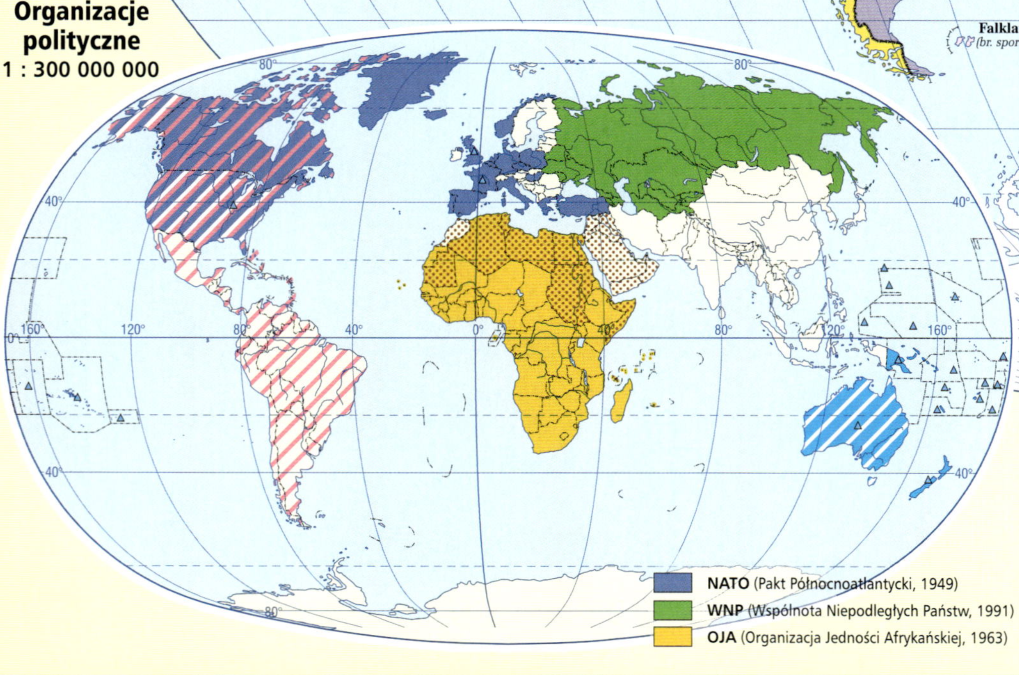

- NATO (Pakt Północnoatlantycki, 1949)
- WNP (Wspólnota Niepodległych Państw, 1991)
- OJA (Organizacja Jedności Afrykańskiej, 1963)
- OPA (Organizacja Państw Amerykańskich, 1948)
- ANZUS (Pakt Bezpieczeństwa Australia – USA, 1951)
- SPF (Forum Południowego Pacyfiku, 1971)
- LPA (Liga Państw Arabskich, 1945)
- SPC (Komisja Południowopacyficzna, 1947)

1 : 100 000 000

23 AZERBEJDŻAN
24 BAHRAJN
25 KIRGISTAN
26 TADŻYKISTAN
27 BURUNDI
28 DŻIBUTI
29 GWINEA RÓWNIKOWA
30 RWANDA

Konflikty po 1945 r.
Zbrojenia
1 : 300 000 000

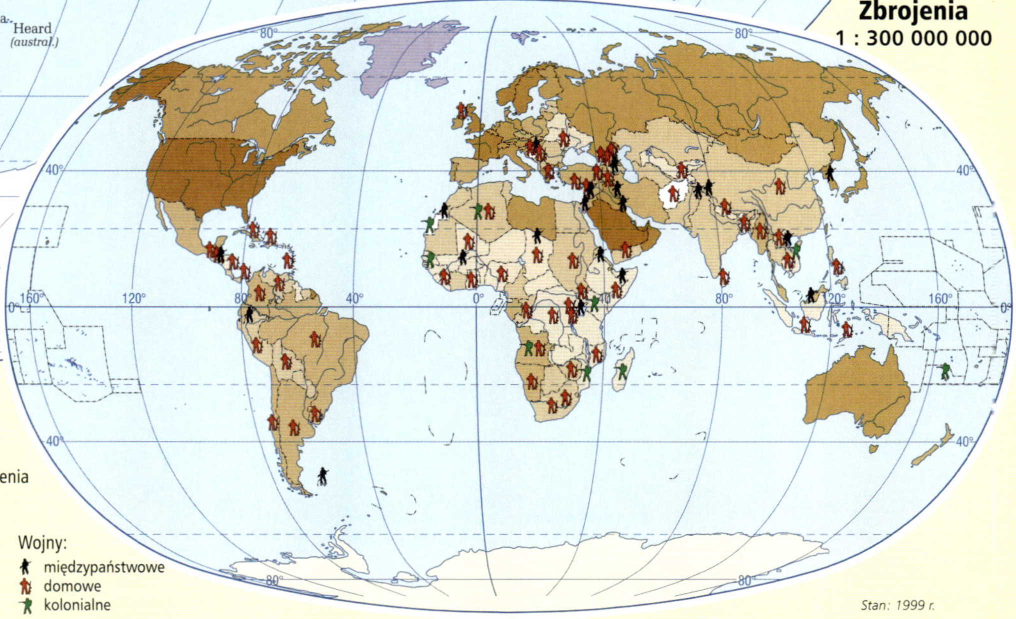

Wydatki z budżetu państwa przeznaczane na zbrojenia (w dolarach USA na 1 mieszkańca):

- 750 – 1513
- 500 – 750
- 200 – 500
- 50 – 200
- 10 – 50
- 0,5 – 10
- brak armii
- brak danych

Wojny:
- międzypaństwowe
- domowe
- kolonialne

Stan: 1999 r.

Organizacje gospodarcze
1 : 300 000 000

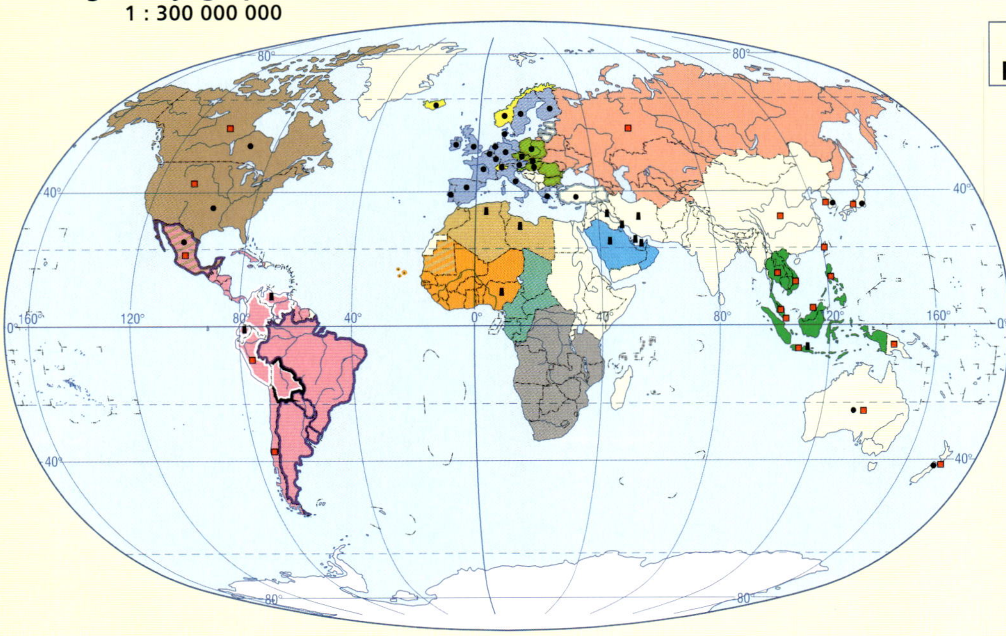

- UE (Unia Europejska 1993; dawniej EWG 1958)
- państwa stowarzyszone z Unią Europejską
- CEFTA (Środkowoeuropejskie Stowarzyszenie Wolnego Handlu, 1992)
- EFTA (Europejskie Stowarzyszenie Wolnego Handlu, 1960)
- WNP (Wspólnota Niepodległych Państw, 1991)
- OECD (Organizacja Współpracy Gospodarczej i Rozwoju, 1961)
- ASEAN (Stowarzyszenie Narodów Azji Pd.-Wsch., 1967)
- APEC (Współpraca Gospodarcza Azji i Pacyfiku, 1989)
- GCC (Rada Współpracy Zatoki Perskiej, 1981)
- OPEC (Organizacja Państw Eksporterów Ropy Naftowej, 1960)
- SELA (Latynoamerykański System Gospodarczy, 1975)
- ACM (Andyjski Wspólny Rynek, 1969)
- MERCOSUR (Wspólny Rynek Południa, 1991)
- NAFTA (Północnoamerykańskie Stowarzyszenie Wolnego Handlu, 1994)
- ECOWAS (Wspólnota Gospodarcza Państw Afryki Zachodniej, 1975)
- SADC (Współpraca Rozwoju Pd. Afryki, 1980)
- CEMAC (Środkowoafrykańska Wspólnota Gospodarcza i Walutowa, 1994)
- UMA (Unia Arabskiego Maghrebu, 1989)

Organizacje gospodarcze w Europie
1 : 40 000 000

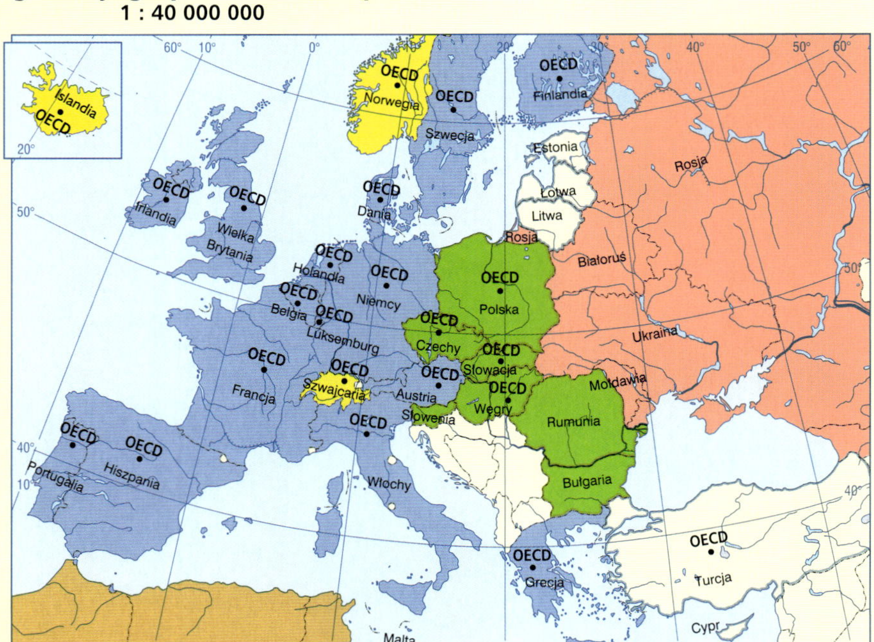

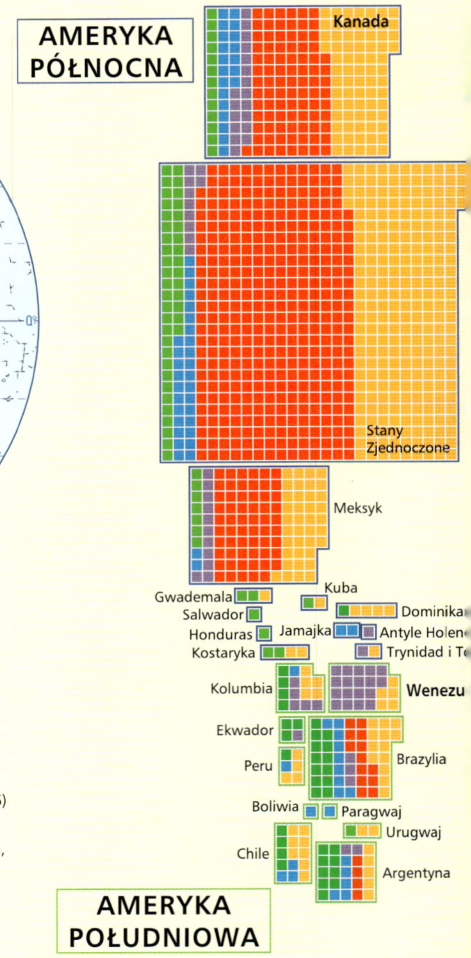

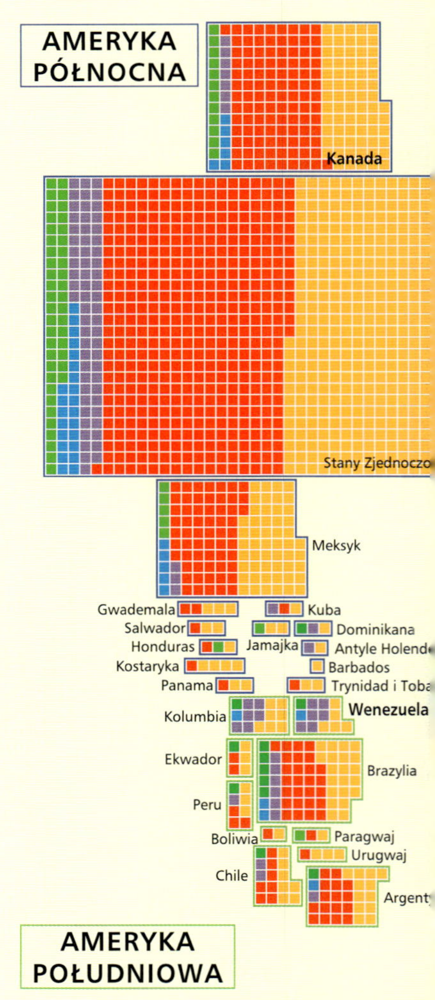

Handel zagraniczny

Wielkość i struktura eksportu i importu według grup towarów

- towary rolno-spożywcze
- surowce mineralne z wyjątkiem paliw
- paliwa mineralne
- maszyny i sprzęt transportowy
- inne produkty przetwórstwa przemysłowego
- brak danych

Przedstawiono kraje, których eksport lub import przekroczył 1 mld dol. USA

- 1 mld dol. USA

Kanada większą i pogrubioną czcionką opisano kraje, które miały dodatni bilans handlu zagranicznego

Stan: 1998 r.

Świat – eksport towarów

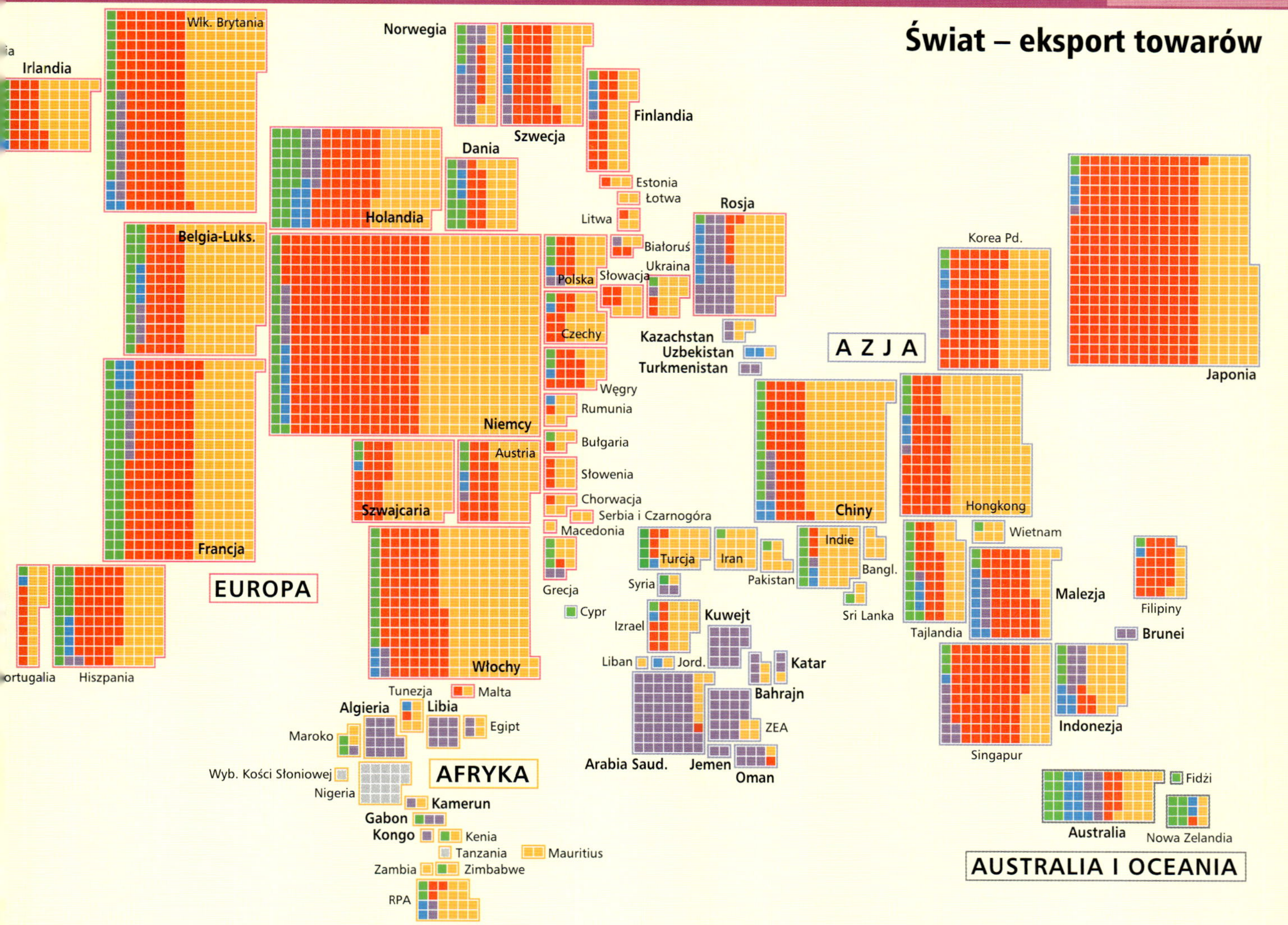
Irlandia
Wlk. Brytania
Norwegia
Szwecja
Finlandia
Dania
Holandia
Estonia
Łotwa
Litwa
Rosja
Belgia-Luks.
Białoruś
Ukraina
Polska
Słowacja
Czechy
Kazachstan
Uzbekistan
Turkmenistan
Korea Pd.
Japonia
AZJA
Niemcy
Węgry
Rumunia
Bułgaria
Słowenia
Chorwacja
Serbia i Czarnogóra
Macedonia
Austria
Szwajcaria
Francja
Chiny
Hongkong
EUROPA
Grecja
Cypr
Turcja
Iran
Pakistan
Indie
Bangl.
Sri Lanka
Wietnam
Syria
Izrael
Liban
Jord.
Kuwejt
Tajlandia
Malezja
Filipiny
Brunei
Włochy
Portugalia
Hiszpania
Katar
Bahrajn
ZEA
Arabia Saud.
Jemen
Oman
Singapur
Indonezja
Tunezja
Malta
Algieria
Libia
Maroko
Egipt
Wyb. Kości Słoniowej
Nigeria
AFRYKA
Kamerun
Gabon
Kongo
Kenia
Tanzania
Mauritius
Zambia
Zimbabwe
RPA
Fidżi
Australia
Nowa Zelandia
AUSTRALIA I OCEANIA

Świat – import towarów

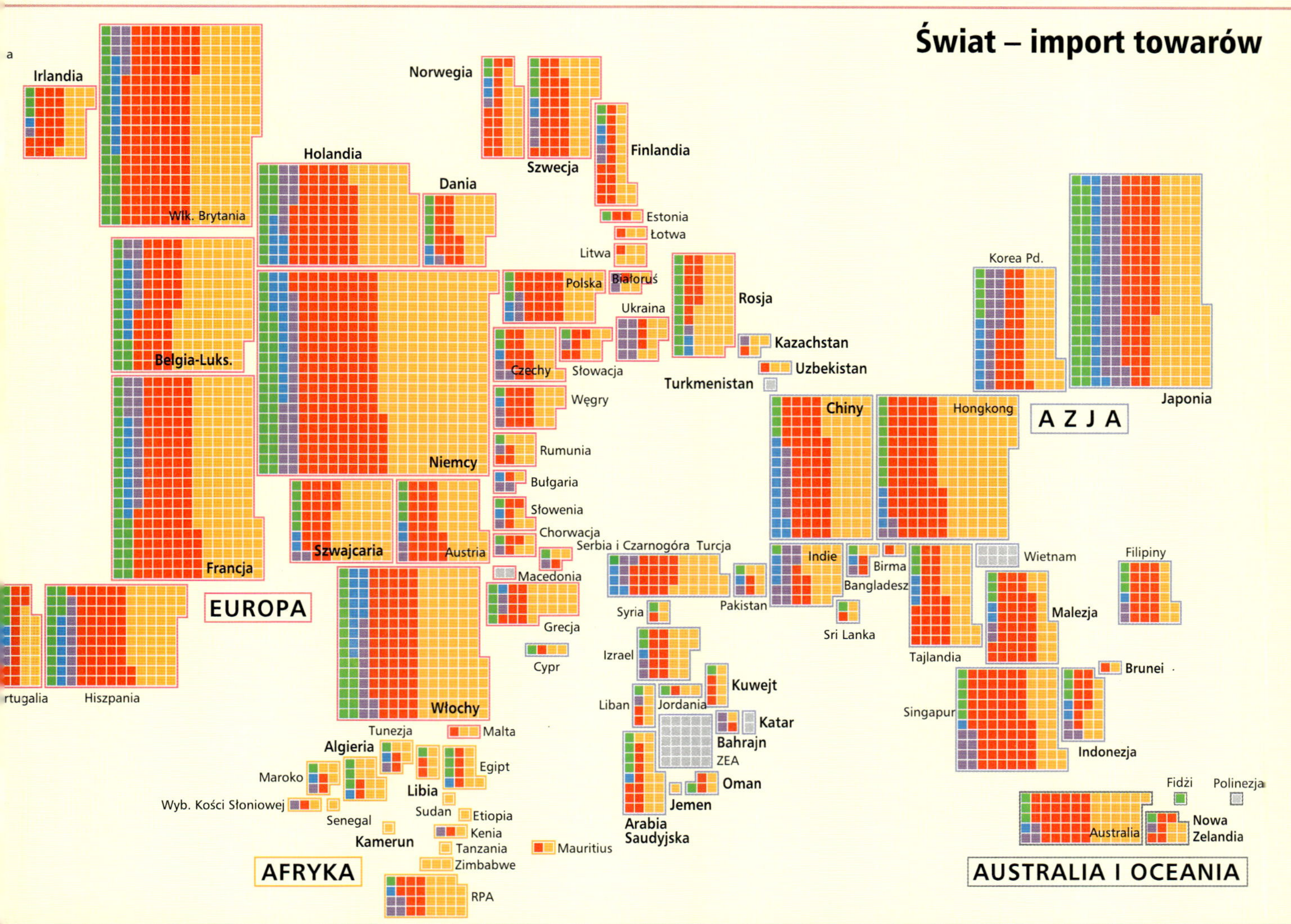
Irlandia
Norwegia
Szwecja
Finlandia
Holandia
Dania
Wlk. Brytania
Estonia
Łotwa
Litwa
Polska
Białoruś
Ukraina
Rosja
Korea Pd.
Belgia-Luks.
Czechy
Słowacja
Kazachstan
Uzbekistan
Turkmenistan
Japonia
Węgry
Chiny
Hongkong
AZJA
Rumunia
Niemcy
Bułgaria
Słowenia
Chorwacja
Szwajcaria
Austria
Serbia i Czarnogóra
Turcja
Francja
Macedonia
Indie
Birma
Bangladesz
Wietnam
Filipiny
EUROPA
Pakistan
Syria
Grecja
Sri Lanka
Malezja
Tajlandia
Cypr
Izrael
Brunei
Liban
Jordania
Kuwejt
Singapur
Portugalia
Hiszpania
Włochy
Katar
Bahrajn
ZEA
Indonezja
Tunezja
Malta
Algieria
Oman
Jemen
Maroko
Egipt
Libia
Wyb. Kości Słoniowej
Sudan
Etiopia
Senegal
Kenia
Kamerun
Tanzania
Mauritius
Arabia Saudyjska
Zimbabwe
Fidżi
Polinezja
Australia
Nowa Zelandia
AFRYKA
AUSTRALIA I OCEANIA
RPA

Polacy za granicą

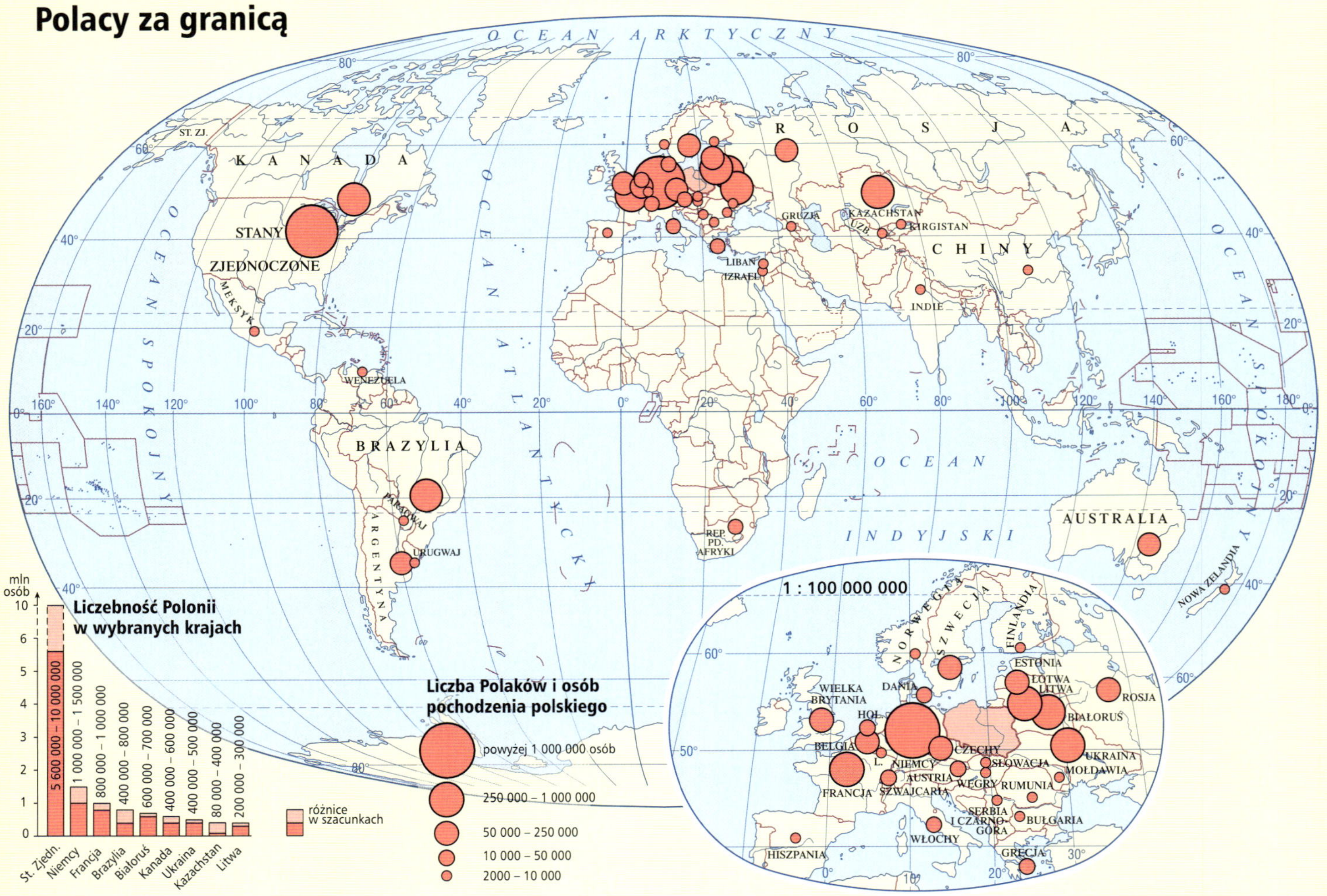

Stosunki dyplomatyczne

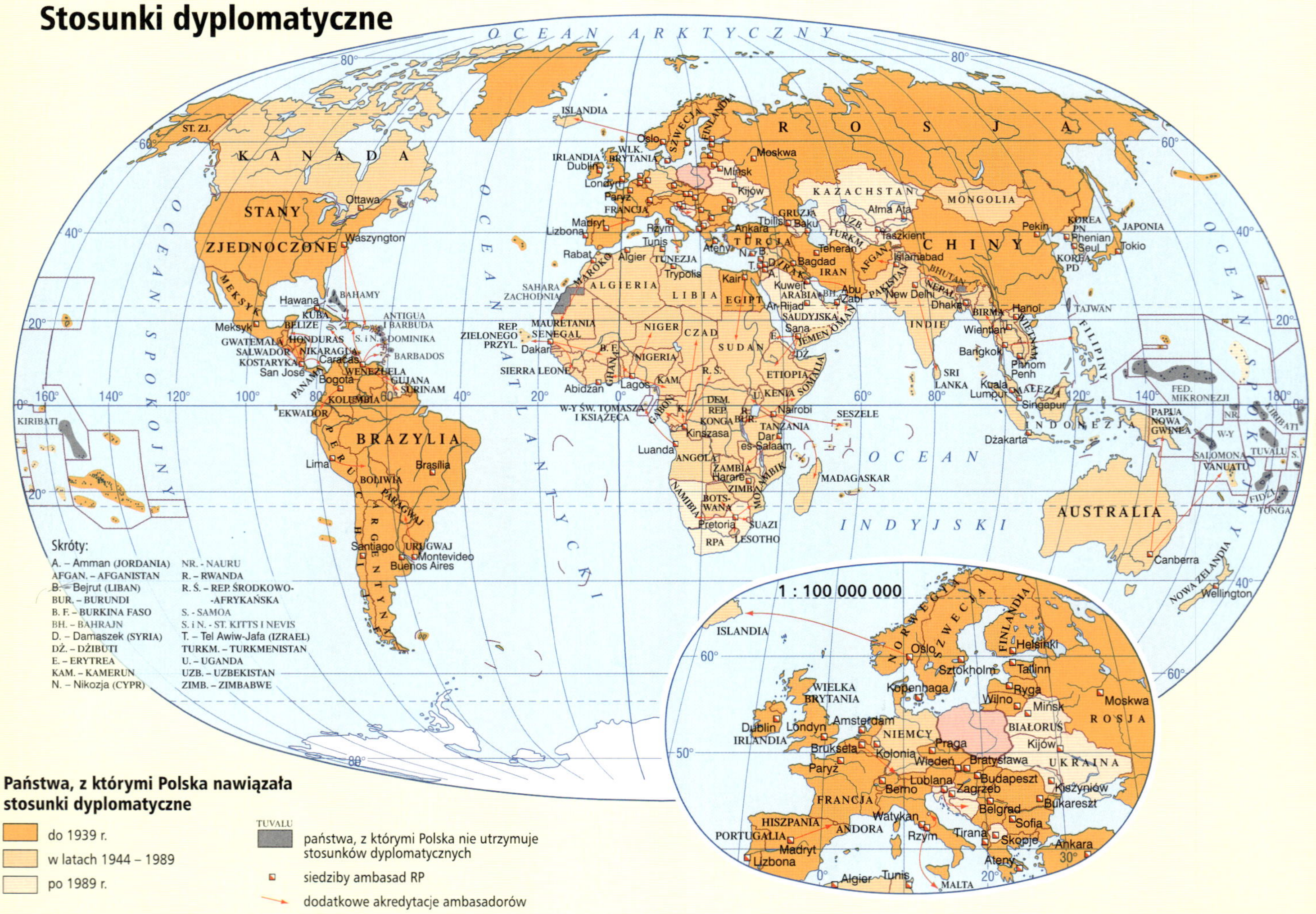

Państwa, z którymi Polska nawiązała stosunki dyplomatyczne

- do 1939 r.
- w latach 1944 – 1989
- po 1989 r.
- państwa, z którymi Polska nie utrzymuje stosunków dyplomatycznych
- siedziby ambasad RP
- dodatkowe akredytacje ambasadorów

Handel zagraniczny Polski

1 : 210 000 000

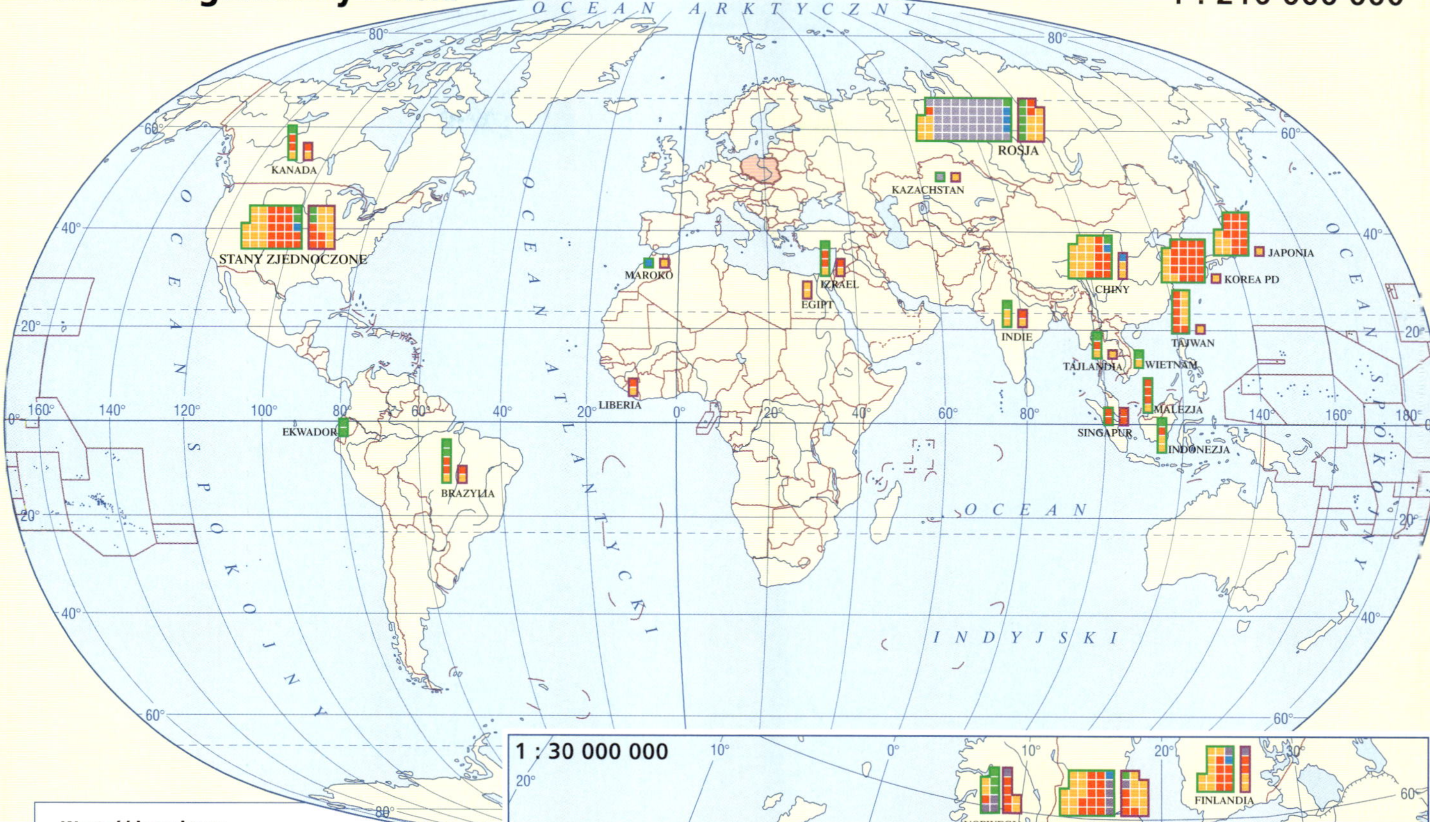

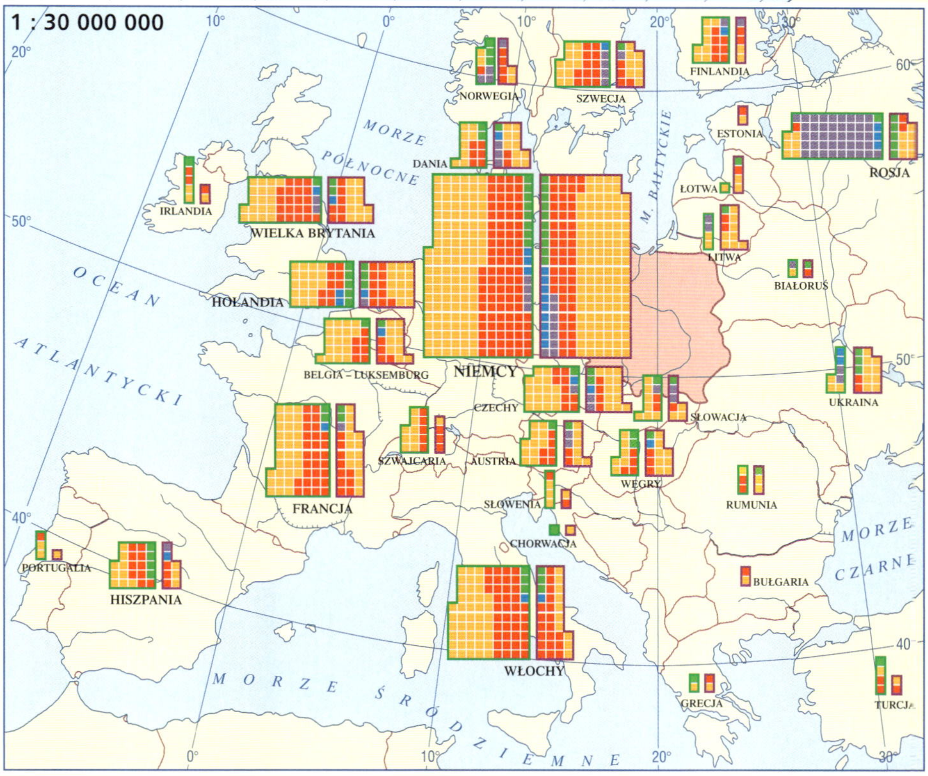

Wartość i struktura polskiego importu i eksportu
z krajami, których obroty handlowe z Polską przekroczyły 50 mln dol. USA

import – eksport – ■ 50 mln dol. USA

- towary rolno-spożywcze
- surowce mineralne z wyjątkiem paliw
- paliwa mineralne
- maszyny i sprzęt transportowy
- inne produkty przetwórstwa przemysłowego

Stan: 1999 r.

Struktura importu i eksportu według grup towarów

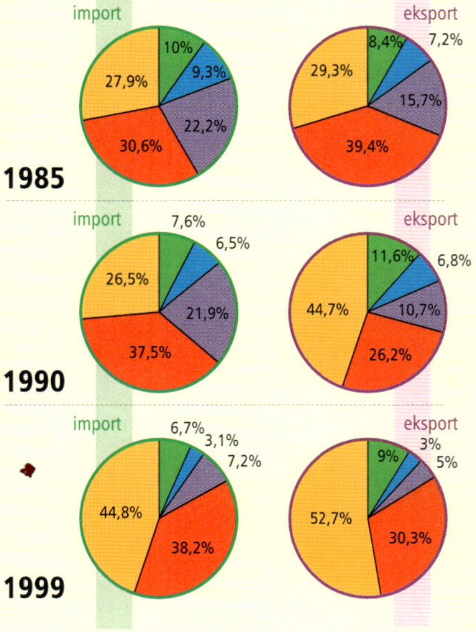

- towary rolno-spożywcze
- surowce mineralne z wyjątkiem paliw
- paliwa mineralne
- maszyny i sprzęt transportowy
- inne produkty przetwórstwa przemysłowego

Obroty handlu zagranicznego według grup krajów oraz główni partnerzy Polski

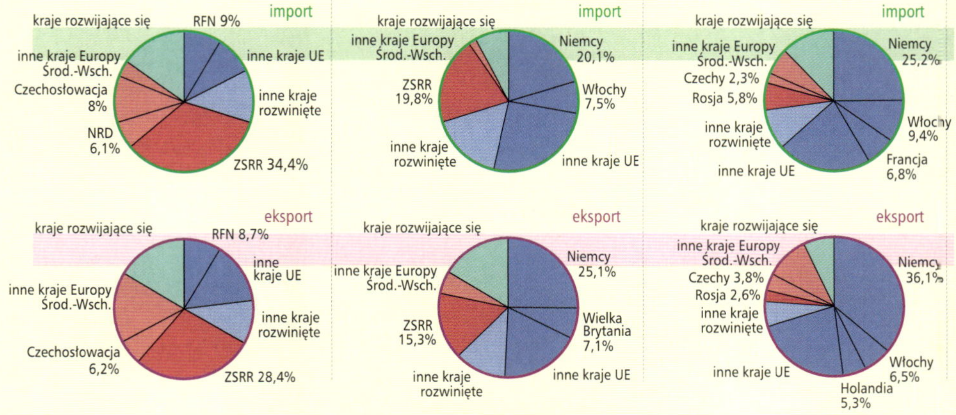

Województwa i powiaty
1 : 2 500 000
MORZE BAŁTYCKIE
ZACHODNIO-POMORSKIE
POMORSKIE
WARMIŃSK
KUJAWSKO-POMORSKIE
LUBUSKIE
WIELKOPOLSKIE
MAZO
ŁÓDZKIE
DOLNOŚLĄSKIE
OPOLSKIE
ŚLĄSKIE
ŚWIĘTO
MAŁOPOLSK
SZCZECIN
GDAŃSK
OLSZTYN
BYDGOSZCZ
TORUŃ
GORZÓW WLKP.
ZIELONA GÓRA
POZNAŃ
ŁÓDŹ
WROCŁAW
OPOLE
KATOWICE
KRAKÓW
Górny Śląsk
1 : 1 250 000
WARSZAWA stolica państwa
KATOWICE siedziby urzędów wojewódzkich
Gdynia siedziby powiatów
granice państw
granice województw
granice powiatów ziemskich
granice powiatów grodzkich
Jednostki terytorialne kraju
województwa 16
powiaty ziemskie 315
powiaty grodzkie 65
gminy 2489

1 : 8 000 000

1946
14 województw

1950
17 województw

1975
49 województw

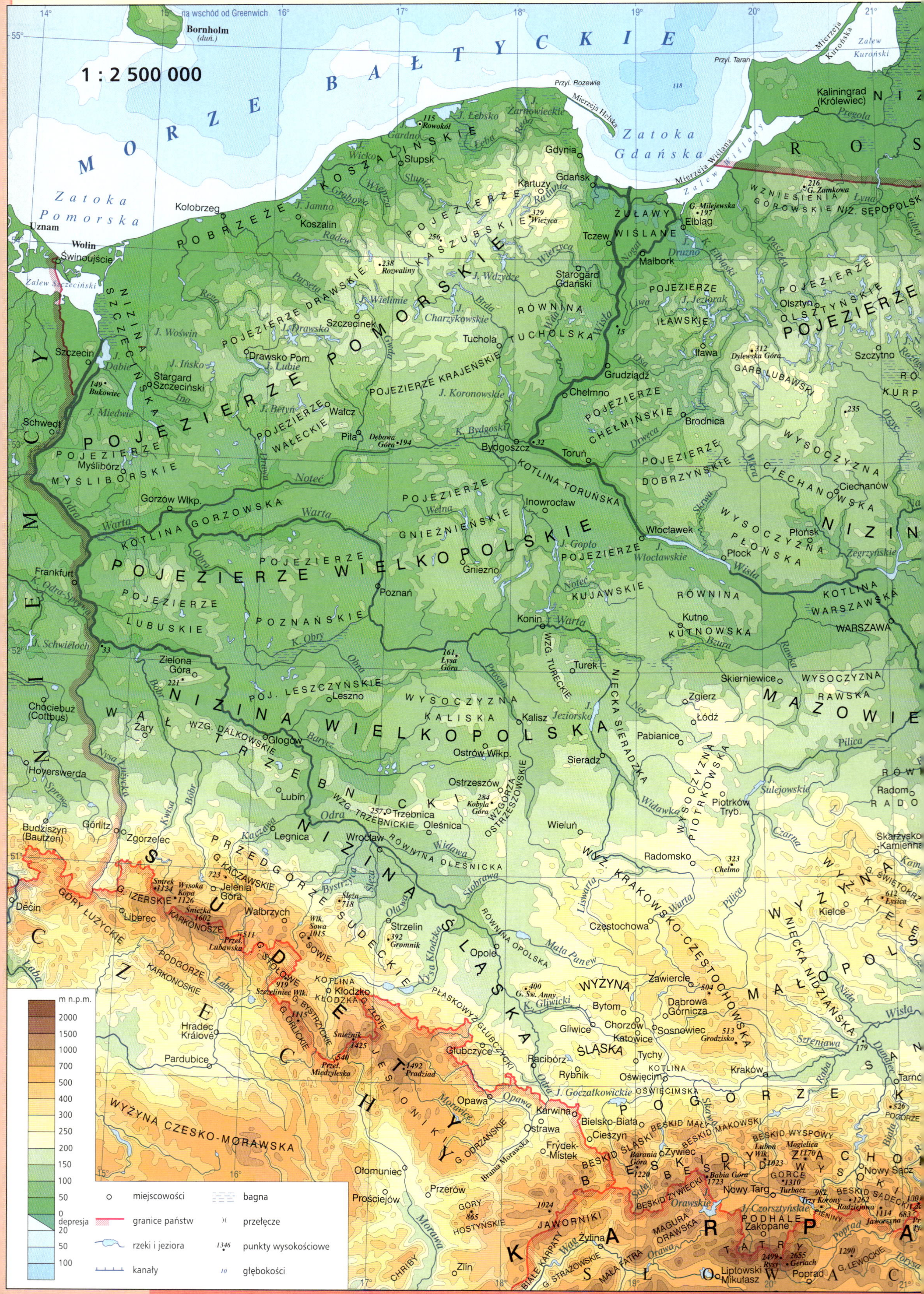
1 : 2 500 000
na wschód od Greenwich
MORZE BAŁTYCKIE
Zatoka Pomorska
Zatoka Gdańska
Bornholm (duń.)
Uznam
Wolin
Świnoujście
Zalew Szczeciński
Szczecin
Kołobrzeg
Koszalin
Słupsk
Gdynia
Gdańsk
Kartuzy
Tczew
Malbork
Elbląg
Kaliningrad (Królewiec)
Mierzeja Helska
Mierzeja Wiślana
Mierzeja Kurońska
Zalew Kuroński
Zalew Wiślany
Przyl. Rozewie
Przyl. Taran
ŻUŁAWY WIŚLANE
POBRZEŻE KOSZALIŃSKIE
POJEZIERZE KASZUBSKIE
POJEZIERZE DRAWSKIE
POJEZIERZE POMORSKIE
NIZINA SZCZECIŃSKA
POJEZIERZE MYŚLIBORSKIE
POJEZIERZE WAŁECKIE
POJEZIERZE KRAJEŃSKIE
RÓWNINA TUCHOLSKA
POJEZIERZE IŁAWSKIE
POJEZIERZE OLSZTYŃSKIE
POJEZIERZE CHEŁMIŃSKIE
POJEZIERZE DOBRZYŃSKIE
WYSOCZYZNA CIECHANOWSKA
WYSOCZYZNA PŁOŃSKA
KOTLINA TORUŃSKA
KOTLINA GORZOWSKA
POJEZIERZE WIELKOPOLSKIE
POJEZIERZE GNIEŹNIEŃSKIE
POJEZIERZE LUBUSKIE
POJEZIERZE POZNAŃSKIE
POJEZIERZE KUJAWSKIE
RÓWNINA KUTNOWSKA
KOTLINA WARSZAWSKA
NIZINA MAZOWIECKA
WYSOCZYZNA RAWSKA
NIZINA WIELKOPOLSKA
WYSOCZYZNA KALISKA
NIECKA SIERADZKA
WZG. TURECKIE
POJ. LESZCZYŃSKIE
WAŁ TRZEBNICKI
WZG. DALKOWSKIE
WZG. TRZEBNICKIE
RÓWNINA OLEŚNICKA
NIZINA ŚLĄSKA
WYSOCZYZNA PIOTRKOWSKA
WYŻYNA KRAKOWSKO-CZĘSTOCHOWSKA
WYŻYNA ŚLĄSKA
WYŻYNA KIELECKA
NIECKA NIDZIAŃSKA
WYŻYNA MAŁOPOLSKA
PRZEDGÓRZE SUDECKIE
SUDETY
KARPATY
POGÓRZE
PODHALE
TATRY
Szczecinek
Drawsko Pom.
Stargard Szczeciński
Wałcz
Piła
Chojnice
Tuchola
Bydgoszcz
Toruń
Grudziądz
Chełmno
Brodnica
Iława
Olsztyn
Szczytno
Ciechanów
Płońsk
Płock
Włocławek
Inowrocław
Gniezno
Poznań
Konin
Kutno
Turek
Warszawa
Skierniewice
Łódź
Zgierz
Pabianice
Sieradz
Kalisz
Ostrów Wlkp.
Ostrzeszów
Wieluń
Piotrków Tryb.
Radomsko
Radom
Skarżysko-Kamienna
Kielce
Częstochowa
Zawiercie
Bytom
Chorzów
Katowice
Gliwice
Sosnowiec
Dąbrowa Górnicza
Tychy
Oświęcim
Kraków
Tarnów
Nowy Sącz
Zakopane
Bielsko-Biała
Cieszyn
Żywiec
Racibórz
Rybnik
Opole
Głubczyce
Strzelin
Wrocław
Oleśnica
Trzebnica
Legnica
Lubin
Głogów
Leszno
Zielona Góra
Żary
Gorzów Wlkp.
Frankfurt
Schwedt
Myślibórz
Cottbus
Hoyerswerda
Görlitz
Zgorzelec
Budziszyn (Bautzen)
Liberec
Jelenia Góra
Wałbrzych
Kłodzko
Děčín
Hradec Králové
Pardubice
Ołomuniec
Prościejów
Opawa
Ostrawa
Karwina
Frýdek-Místek
Przerów
Zlín
Żylina
Poprad
Liptowski Mikułasz
Śnieżka 1602
Śnieżnik 1425
Pradziad 1492
Babia Góra 1723
Rysy 2499
Gerlach 2655
Ślęża 718
Łysica 612
Łysa Góra 161
Rowokół 115
Wieżyca 329
Dylewska Góra 312
m n.p.m.
2000
1500
1000
700
500
400
300
250
200
150
100
50
0
depresja
20
50
100
miejscowości
granice państw
rzeki i jeziora
kanały
bagna
przełęcze
punkty wysokościowe
głębokości

Niemen
Wilia
Kowno
Zb. Kowieński
P R U S K A
L I T W A
Czerniachowsk (Wystruć)
Pisa
Szeszupa
Mariampol
Olita
POJEZIERZE LITEWSKIE
J. Wisztynieckie
J. Duś
Niemen
Mereczanka
POJ. SUWALSKIE
Krzemieniucha 289
Suwałki
Czarna Hańcza
J. Wigry
WZG. SZESKIE 309
POJEZIERZE EŁCKIE
J. Niegocin
Ełk
Augustów
K. Augustowski
J. Selmęt Wlk.
Śniardwy
J. Roś
Grodno
214
KOTLINA BIEBRZAŃSKA
229 Karpackie Góry
Biebrza
Świsłocz
WYSOCZYZNA KOLNEŃSKA
WYSOCZYZNA BIAŁOSTOCKA
Supraśl
211
Białystok
WYSOCZYZNA WOŁKOWYSKA
Wołkowysk
Łomża
225
Narew
J. Siemianówskie
Bielsk Podlaski
Nurzec
WYSOCZYZNA BIELSKA
G. Uszeczna 204
Liwiec
WYSOCZYZNA SIEDLECKA
Leśna
Muchawiec
Kobryń
Brześć
Siedlce
Biała Podlaska
Krzna
Łuków
Radzyń Podlaski
POLESIE LUBELSKIE
Tyśmienica
Wieprz-Krzna
Włodawa
J. Świtaź
166
Wieprz
Puławy
Lublin
Bug
WYŻYNA LUBELSKA
274
Chełm
Bystrzyca
Zamość
138
Huczwa
Nowowołyńsk
Dąbrowa 342
Wieprz
ROZTOCZE
Tarnobrzeg
Tanew
Biłgoraj
Solokija
Czerwonogród
KOTLINA SANDOMIERSKA
San
390 Wlk. Dział
Lubaczówka
Wisłok
393
Rzeszów
Lwów
Brama Przemyska
Wisznia
Przemyśl
Krosno
Sanok
671 Słonny
Strwiąż
Sambor
Dniestr
Drohobycz
BESKIDY WSCHODNIE
BESZCZADY
BESKID NISKI
500 Przeł. Dukielska
Przeł. Łupkowska 640
J. Solińskie
San
Stryj
1346 Tarnica
Opołoniek 1028
BIAŁORUŚ
POLESIE
UKRAINA
KARPATY

Pasy rzeźby
1 : 6 000 000
MORZE BAŁTYCKIE
J. Łebsko
Zatoka Gdańska
Pregoła
Gdańsk
POBRZEŻA
J. Mamry
J. Wigry
Olsztyn
J. Jeziorak
Śniardwy
Szczecin
J. Koronowskie
Bydgoszcz
Toruń
Noteć
Wisła
Narew
Białystok
POJEZIERZA
Gorzów Wlkp.
Odra
Warta
J. Gopło
Poznań
Bug
Warszawa
NIZINY ŚRODKOWOPOLSKIE
Zielona Góra
Łódź
Pilica
Lublin
Wrocław
Kielce
SUDETY
WYŻYNY
Opole
KOTLINY PODKARPACKIE
Katowice
Kraków
Rzeszów
San
Dniestr
KARPATY
Morawa
Łaba

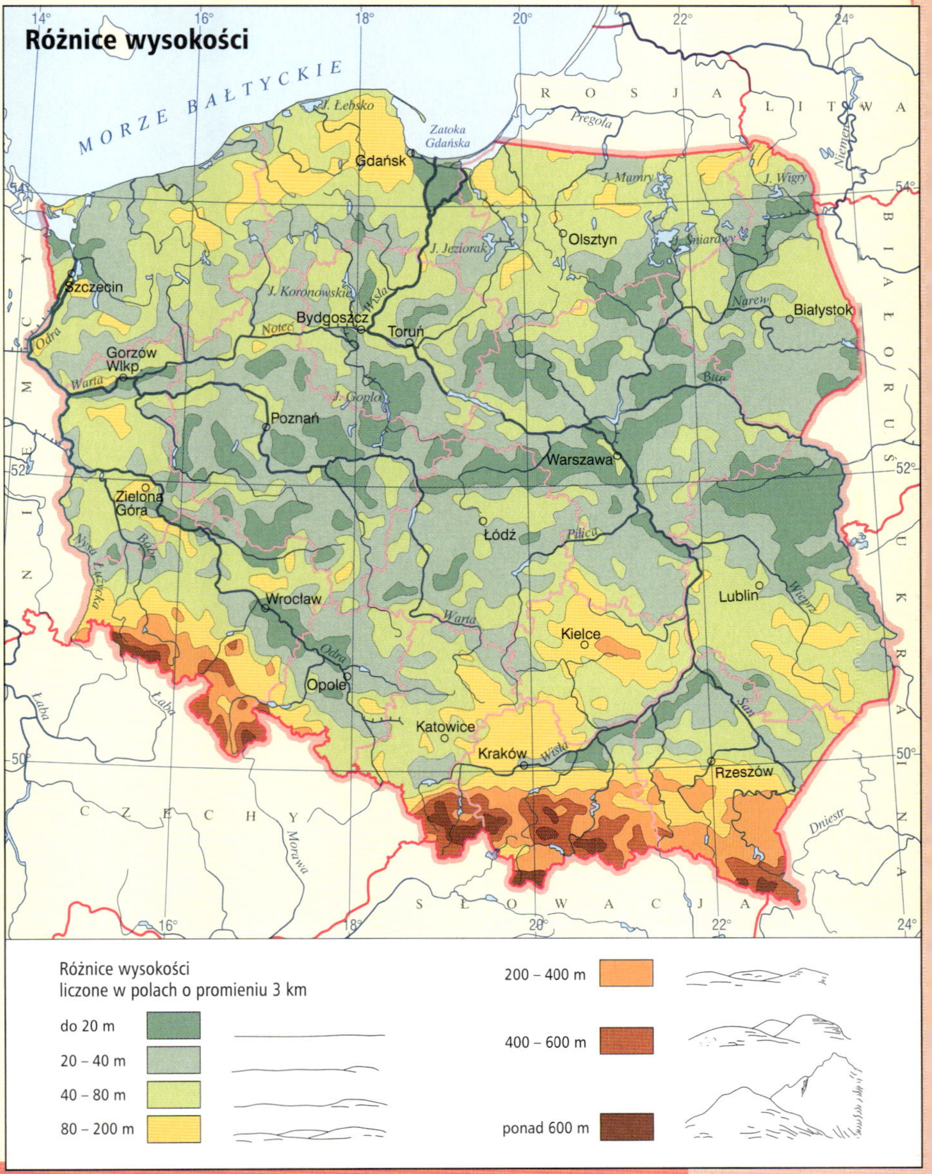
Różnice wysokości
MORZE BAŁTYCKIE
J. Łebsko
Zatoka Gdańska
R O S J A
L I T W A
Pregoła
Gdańsk
J. Mamry
J. Wigry
Olsztyn
J. Jeziorak
Śniardwy
Szczecin
J. Koronowskie
Bydgoszcz
Toruń
Białystok
Gorzów Wlkp.
Poznań
J. Gopło
Warszawa
Zielona Góra
Łódź
Pilica
Wrocław
Lublin
Kielce
Opole
Katowice
Kraków
Rzeszów
C Z E C H Y
S Ł O W A C J A
B I A Ł O R U Ś
U K R A I N A
N I E M C Y
Różnice wysokości liczone w polach o promieniu 3 km
do 20 m
20 – 40 m
40 – 80 m
80 – 200 m
200 – 400 m
400 – 600 m
ponad 600 m

Zlewiska i dorzecza

Zlewisko Morza Bałtyckiego – 311 821 km² *
- dorzecze Wisły – 172 587 km²
- dorzecze Odry – 106 056 km²
- rzeki Przymorza – 23 146 km²
- dorzecze Pregoły – 7520 km²
- dorzecze Niemna – 2512 km²

Zlewisko Morza Czarnego – 616 km²
- dorzecze Dunaju – 383 km²
- dorzecze Dniestru – 233 km²
- dorzecze Dniepru

Zlewisko Morza Północnego – 240 km²
- dorzecze Łaby – 240 km²

Działy wodne
- zlewisk
- wybranych dorzeczy głównych
- obszary bezodpływowe

* Podano powierzchnie zlewisk i dorzeczy w granicach Polski

Długość rzek

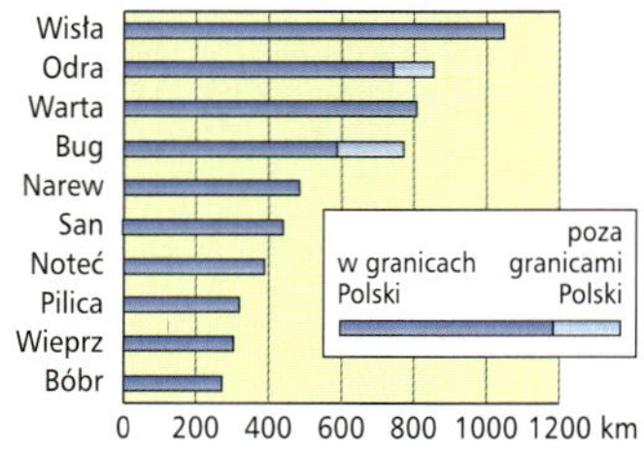

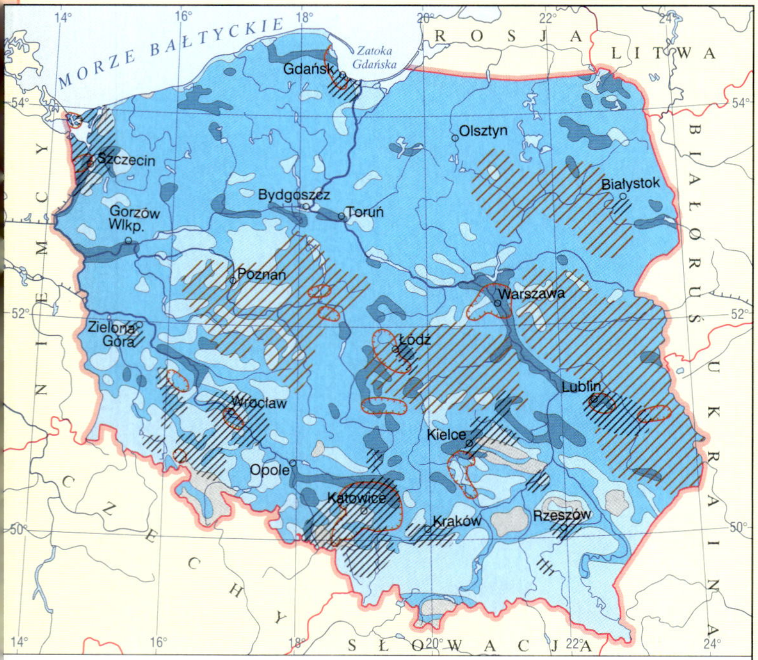

Wody podziemne

1 : 8 000 000

Zasobność wód podziemnych:
- duża
- średnia
- mała
- brak formacji wodonośnych

Deficyt wód podziemnych:
- wykorzystywanych w rolnictwie
- wykorzystywanych w przemyśle i gospodarce komunalnej
- obszary intensywnej eksploatacji wód podziemnych

Wody mineralne i termalne

1 : 8 000 000

Wody mineralne:
- wody swoiste
- wody chlorkowe (solanki)
- wody siarczkowe
- szczawy

Regiony występowania wód mineralnych:
- niżowy
- świętokrzyski
- przedkarpacki
- karpacki
- podhalańsko-tatrzański
- sudecki

–1,5– głębokość występowania wód o temperaturze 50°C (w km)

Pyrzyce – cieplice (termy) o temperaturze pow. 50°C, eksploatowane lub przewidziane jako źródło energii cieplnej

Ustroń – uzdrowiska z wodami mineralnymi

1. Szczawnica
2. Piwniczna-Zdrój
3. Żegiestów-Zdrój
4. Krynica-Zdrój
5. Wysowa

Klimat

Strefa klimatów zwrotnikowych
- 1 kontynentalne: suchy i wybitnie suchy

Strefa klimatów podzwrotnikowych
- 2 morski
- 3 pośredni
- 4 kontynentalny
- 5 kontynentalne: suchy i wybitnie suchy

Strefa klimatów umiarkowanych

Klimaty umiarkowane ciepłe
- 6 wybitnie morski i morski
- 7 przejściowy
- 8 ciepły i kontynentalny
- 9 kontynentalne: suchy, wybitnie suchy i skrajnie suchy

Klimaty umiarkowane chłodne
- 10 morski
- 11 przejściowy
- 12 chłodny i kontynentalny
- 13 wybitnie kontynentalny

Strefa klimatów okołobiegunowych
- 14 subpolarny i polarny

odmiany górskie i wyżynne

Szlaki napływu nad Polskę mas powietrza w półroczu:
chłodnym · ciepłym

Masy powietrza napływające nad Polskę
- **PA** powietrze arktyczne
- **PPm c** powietrze polarne morskie ciepłe
- **PPm ch** powietrze polarne morskie chłodne
- **PPk c** powietrze polarne kontynentalne ciepłe
- **PPk ch** powietrze polarne kontynentalne chłodne
- **PZm** powietrze zwrotnikowe morskie
- **PZk** powietrze zwrotnikowe kontynentalne

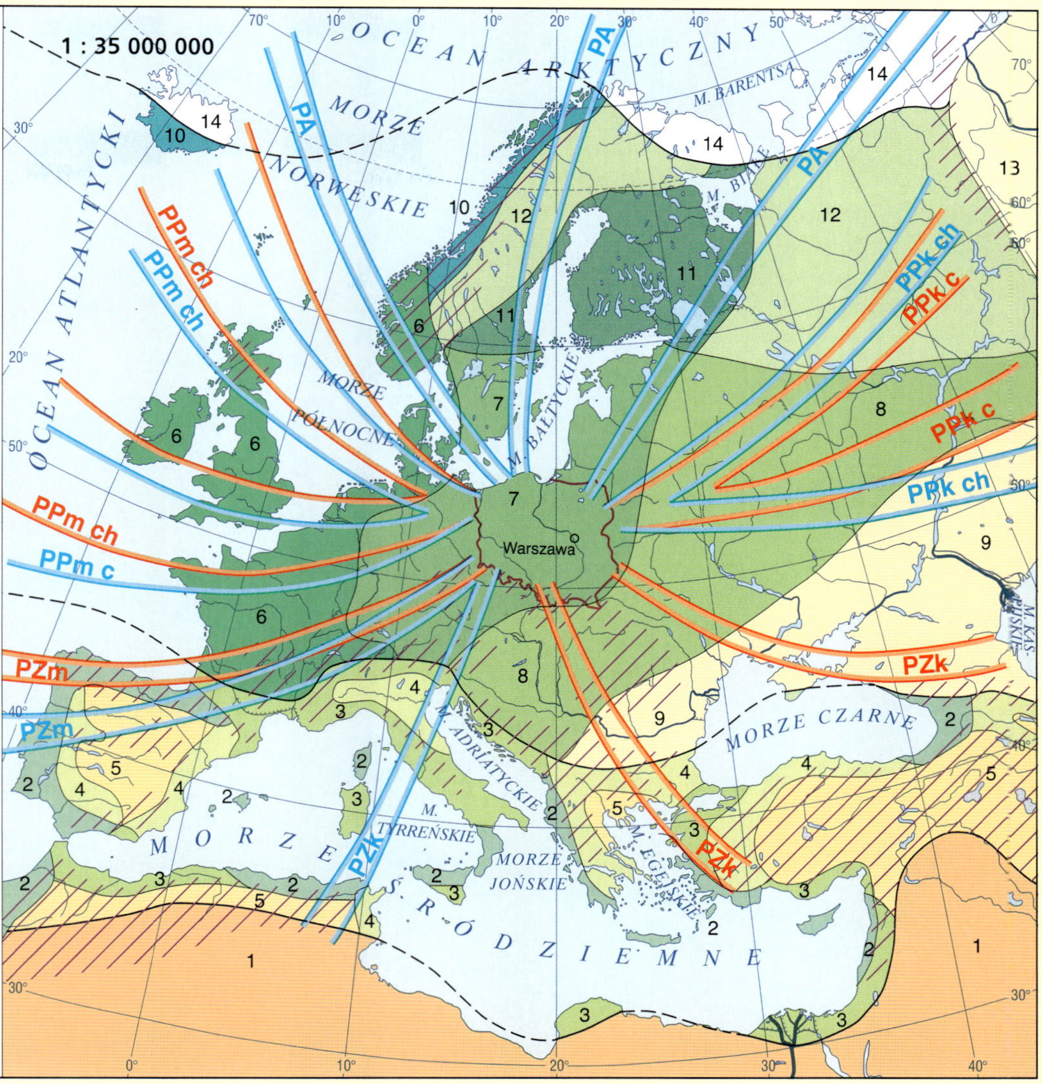

1 : 12 000 000

Temperatura powietrza w styczniu

Temperatura powietrza w lipcu

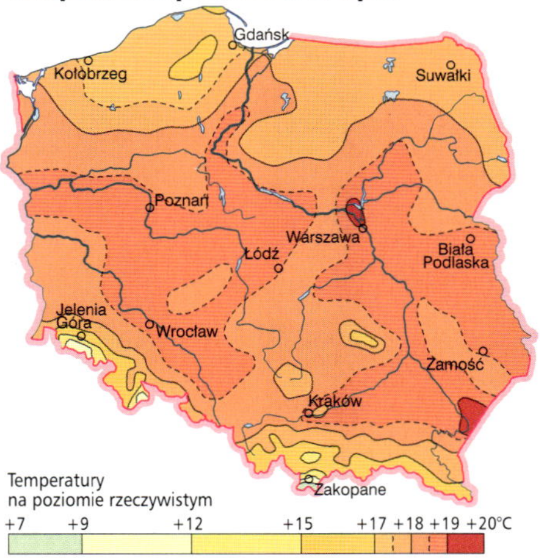

Opady roczne

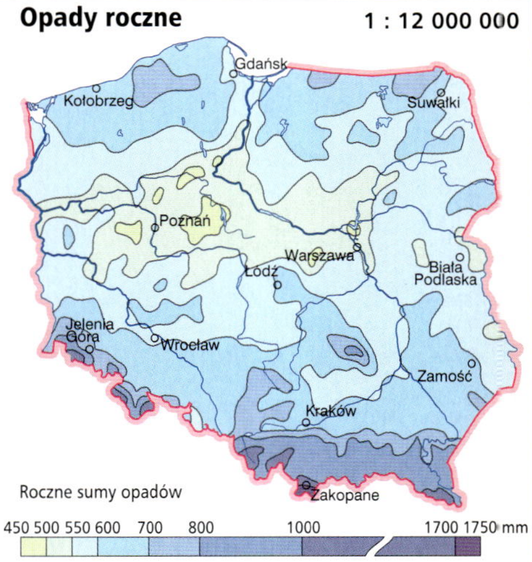

Pokrywa śnieżna

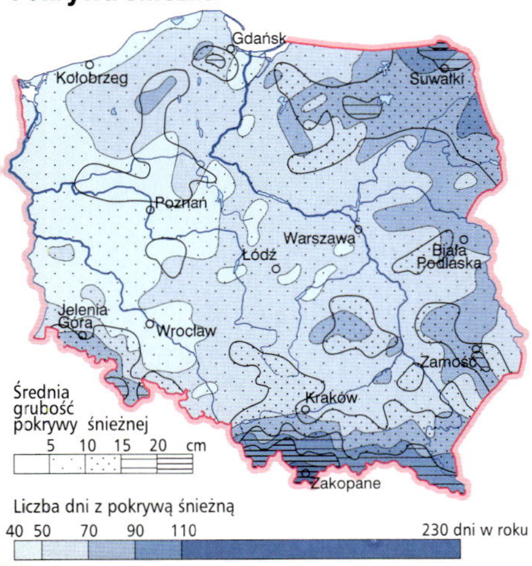

Burze i gradobicia

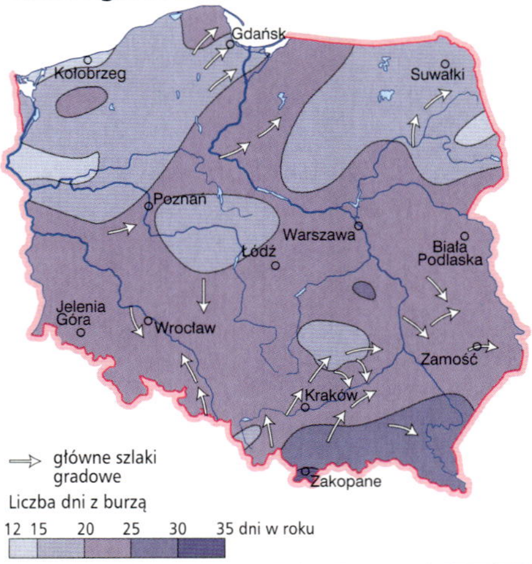

Rekordy meteorologiczne

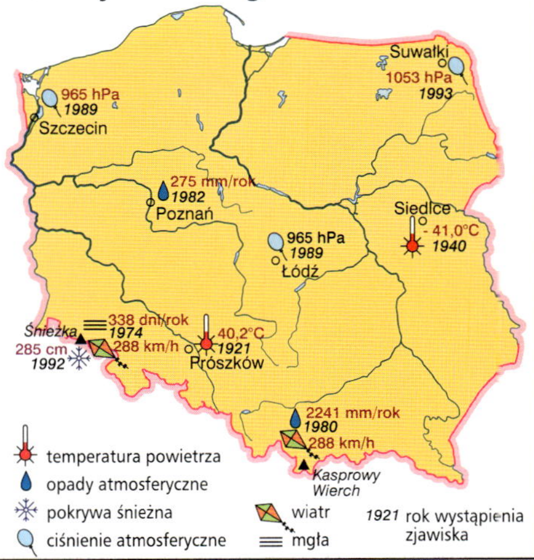

Rzeźba

Obszary nizinne
- pradoliny i doliny dużych rzek
- tarasy rzeczne
- pagórkowate wysoczyzny młodoglacjalne
- równiny zastoiskowe
- równiny sandrowe
- zdenudowane wysoczyzny staroglacjalne
- pokrywy lessowe

Obszary wyżynne i górskie
- wyżyny zbudowane ze skał osadowych
- pokrywy lessowe
- poziom wierzchowinowy trzeciorzędowy wraz z pokrywą plejstoceńską
- masywy krystaliczne i metamorficzne
- stare góry
- młode góry fałdowe

- kras
- klify
- wydmy
- mierzeje

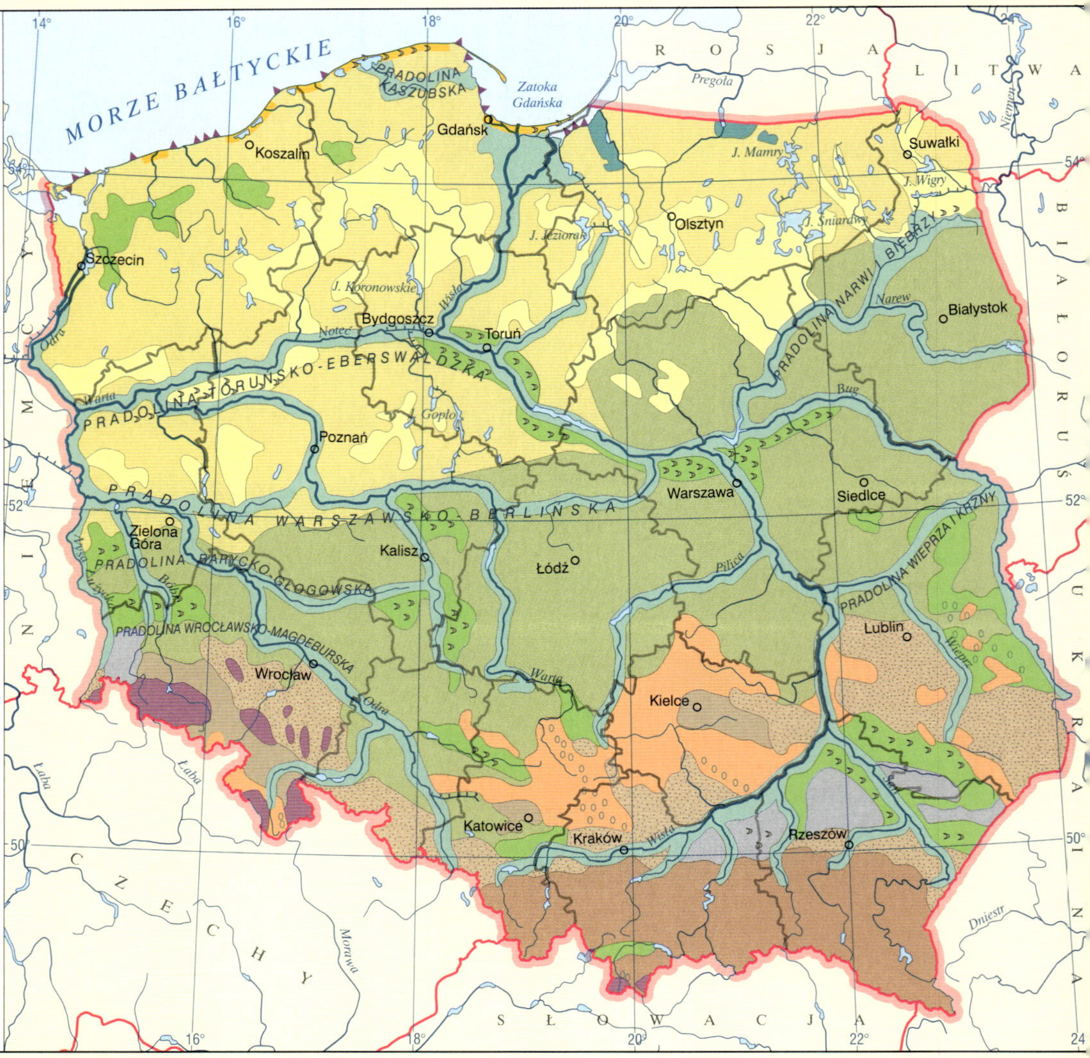

Zasięgi zlodowaceń

1 : 15 000 000

Granice zlodowaceń skandynawskich
- Wisły (bałtyckie, północnopolskie), faza pomorska
- Wisły (bałtyckie, północnopolskie), faza leszczyńska
- Warty (środkowopolskie)
- Odry (środkowopolskie)
- Sanu (krakowskie, południowopolskie)

Gleby

- inicjalne i słabo wykształcone
- rędziny i pararędziny
- czarnoziemy
- brunatne właściwe
- brunatne kwaśne
- płowe
- rdzawe
- bielicowe i bielice
- czarne ziemie
- opadowo-glejowe
- mułowe i mułowo-glejowe
- torfowe i murszowe
- mady rzeczne
- antropogeniczne

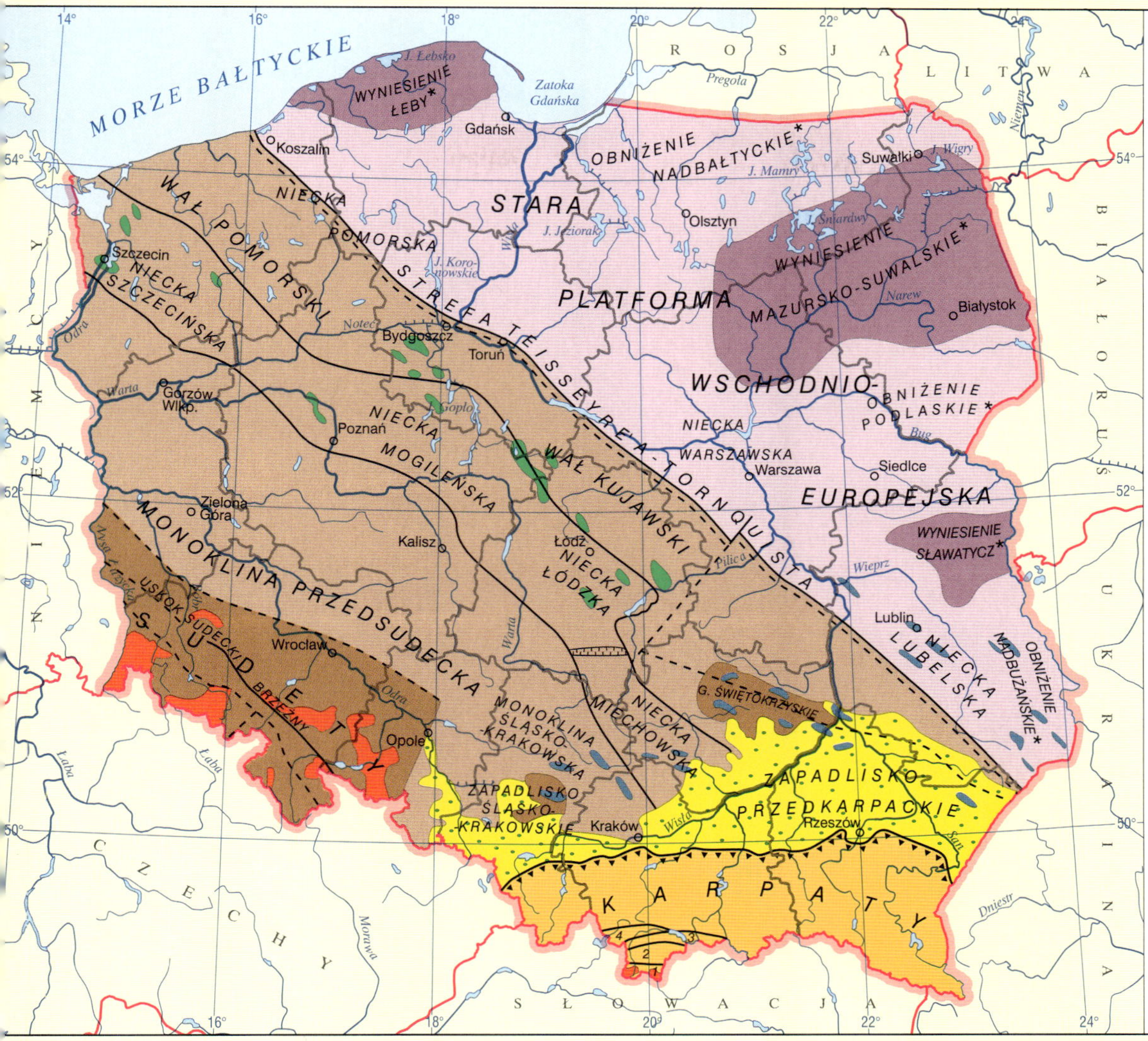

Tektonika

Prekambr

Obszary fałdowań prekambryjskich
Platforma prekambryjska

- wyniesienia w obrębie platformy z cienką pokrywą skał osadowych
- obniżenia w obrębie platformy z grubą pokrywą skał osadowych

Paleozoik

Obszary fałdowań paleozoicznych (kaledońskie i hercyńskie)

- górotwory paleozoiczne
- platforma paleozoiczna
- granitoidy hercyńskie
- struktury kaledońskie i hercyńskie

Mezozoik i kenozoik

- obszary fałdowań alpejskich
- granica nasunięcia karpackiego
- morska pokrywa mezozoiczna Zapadliska Przedkarpackiego i jego przedpola
- mezozoiczne struktury solne

- granice jednostek tektonicznych
- uskoki
- rowy tektoniczne

Oznaczenia na mapie:

1 Struktury mezozoiczne Tatr
2 Niecka Podhalańska (flisz podhalański)
3 Pieniński Pas Skałkowy
4 Molasa Orawska

WYNIESIENIE ŁEBY* – prekambryjskie jednostki strukturalne

Surowce mineralne

Obszary występowania najważniejszych surowców mineralnych

Złoża surowców energetycznych

- węgla kamiennego
- węgla brunatnego
- ropy naftowej i gazu ziemnego

Złoża rud metali

- żelaza
- miedzi
- cynku i ołowiu
- niklu
- cyny
- arsenu z domieszką złota

Złoża surowców chemicznych

- siarki
- soli kamiennej i potasowo-magnezowej
- fosforytów
- barytu

Złoża surowców skalnych

- granitów
- kwarcytów
- kredy piszącej
- wapieni, margli, opok i dolomitów
- gipsów
- piaskowców
- kaolinu
- piasków szklarskich
- piasków i żwirów

POLSKA Lasy

Drzewostany
1 : 4 000 000

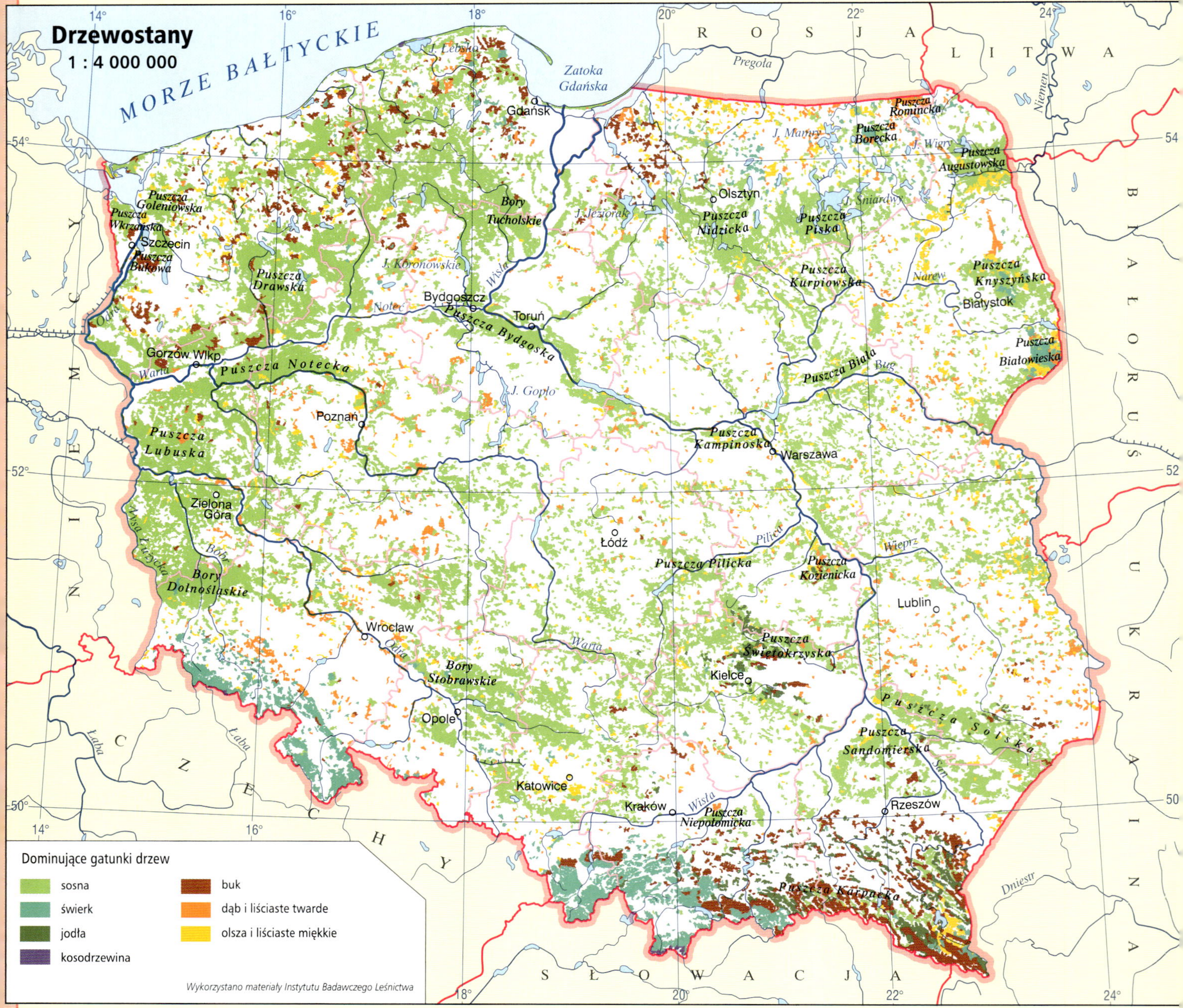

Dominujące gatunki drzew

- sosna
- świerk
- jodła
- kosodrzewina
- buk
- dąb i liściaste twarde
- olsza i liściaste miękkie

Wykorzystano materiały Instytutu Badawczego Leśnictwa

Zasięgi wybranych gatunków drzew
1 : 8 000 000

- buk europejski
- jarząb szwedzki
- dąb bezszypułkowy
- sosna zwyczajna
- świerk europejski
- jodła europejska
- cis europejski

Lesistość
1 : 8 000 000

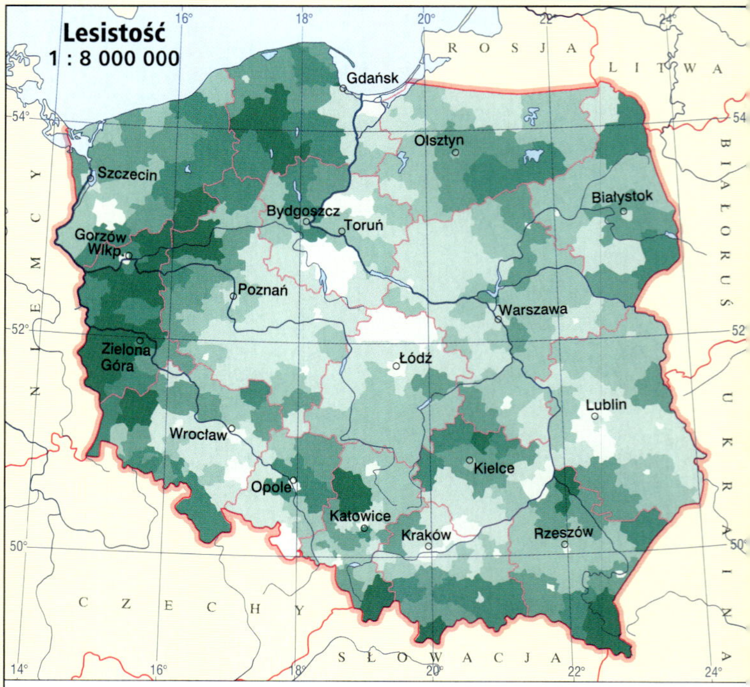

Udział lasów w ogólnej powierzchni powiatów

- 50 – 68,8%
- 40 – 50
- 30 – 40
- 20 – 30
- 10 – 20
- 0,3 – 10

Obszary chronione
1 : 4 000 000

Parki narodowe

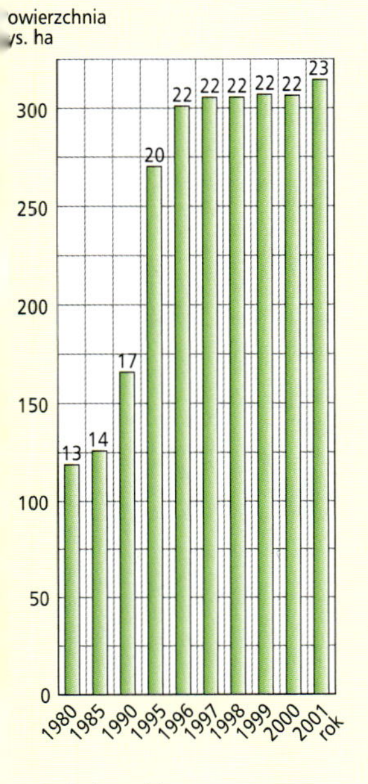

23 – liczba parków

Białowieski Park Narodowy
1 : 150 000

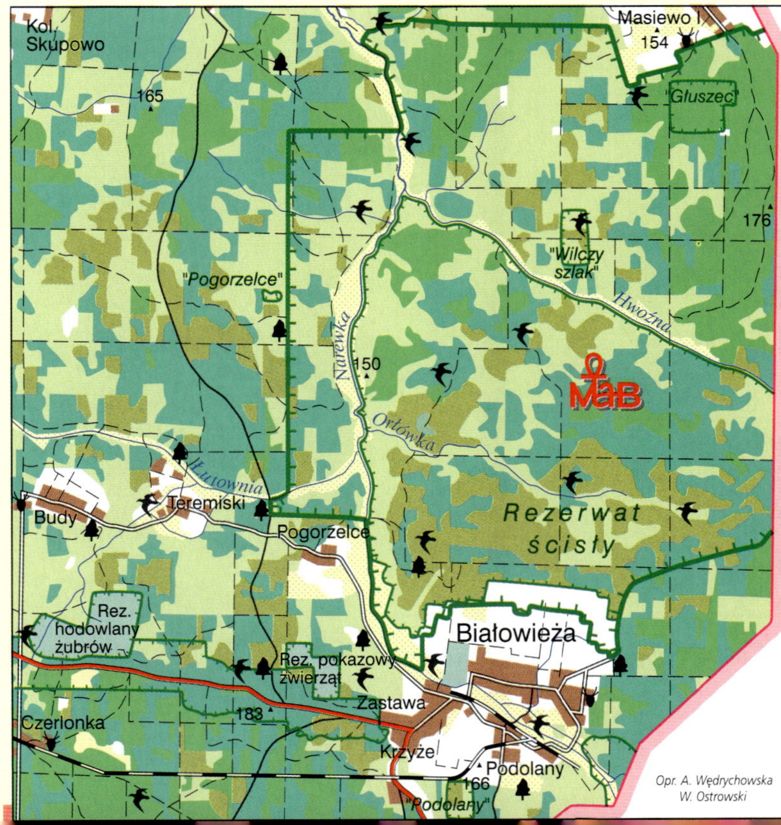

drogi główne
drogi dopuszczone do ruchu kołowego
pozostałe drogi
ważniejsze dukty leśne
koleje
granica państwa
granica parku
granica rezerwatu

świerk
sosna
dąb, grab
olsza, brzoza, jesion, osika
lasy bez określenia dominującego gatunku drzew
łąki
zabudowa

MaB Światowe Rezerwaty Biosfery UNESCO
leśniczówki i gajówki
zabytkowe drzewa
miejsca obserwacji ptaków
183 punkty wysokościowe

Przepływ związków siarki w powietrzu

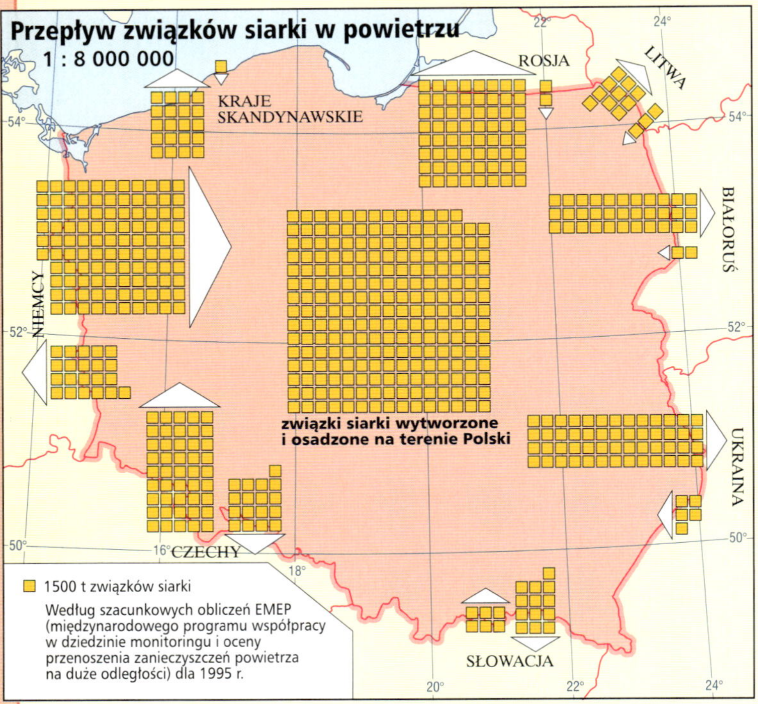

Przepływ tlenków azotu w powietrzu

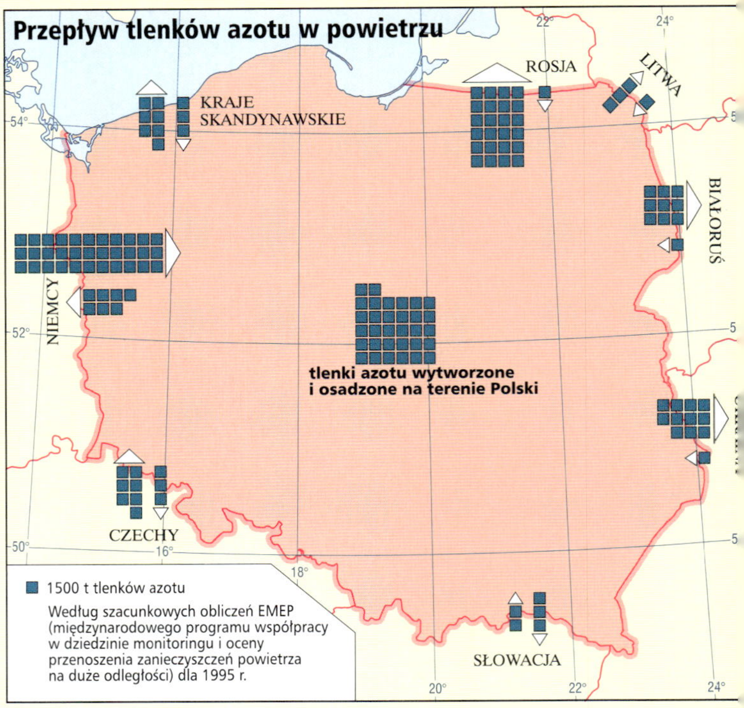

Oczyszczalnie ścieków

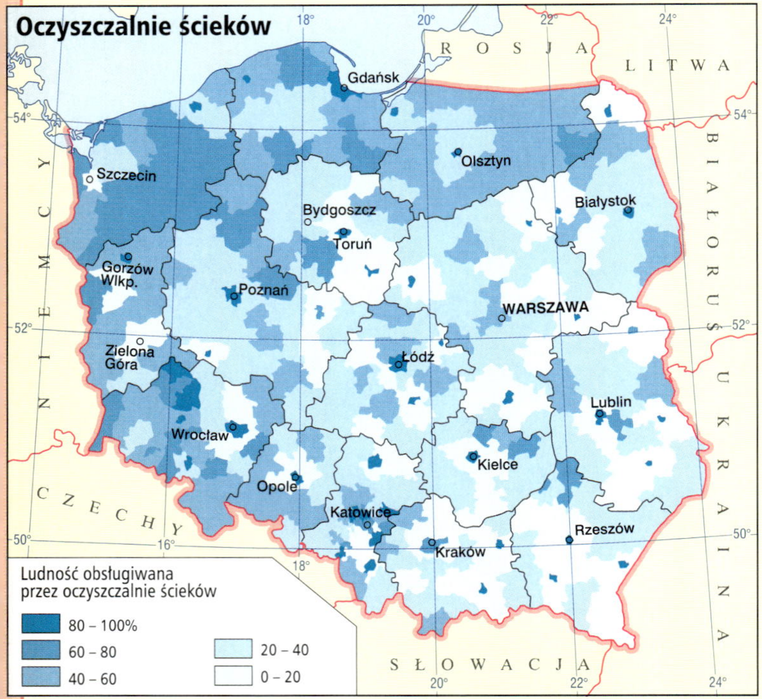

Ścieki przemysłowe i komunalne

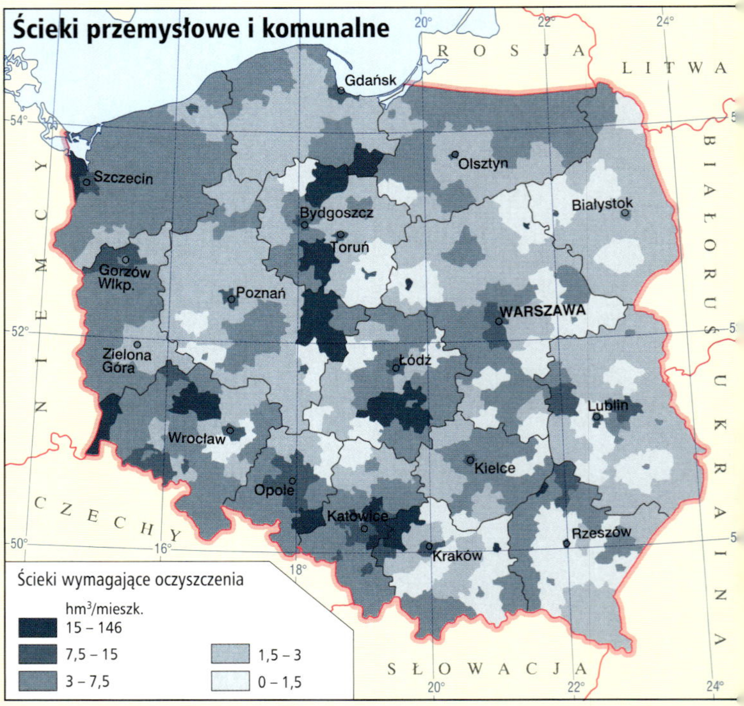

Odpady komunalne

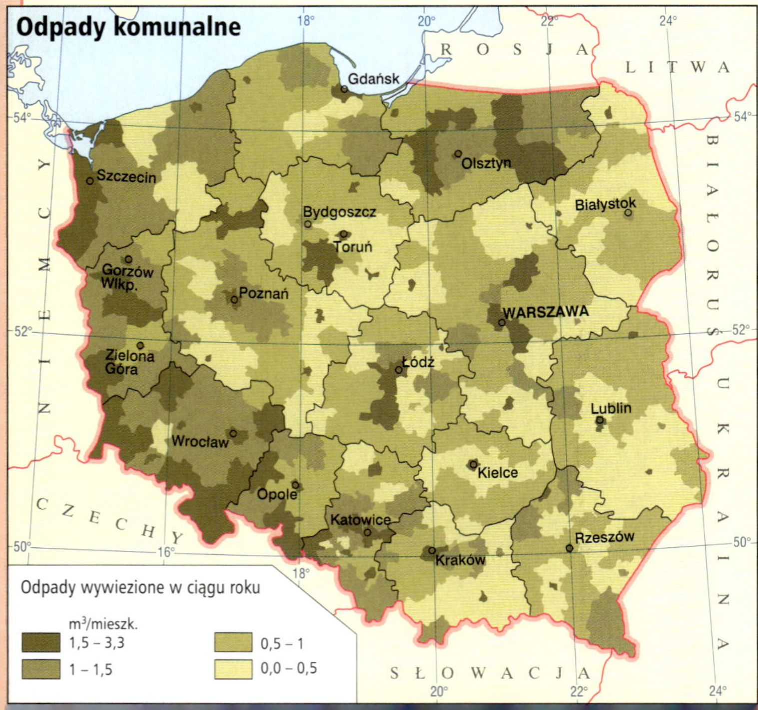

Odpady przemysłowe

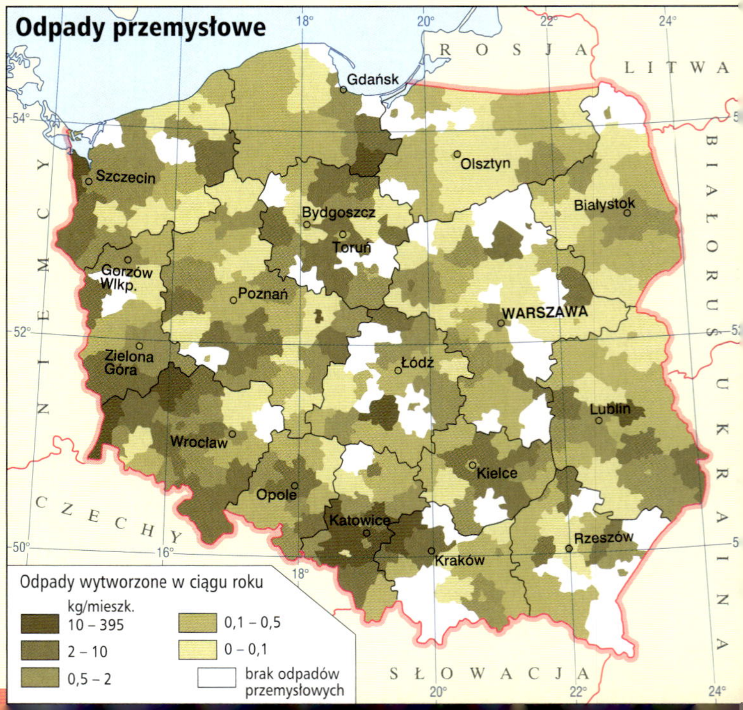

Zanieczyszczenie środowiska

1 : 4 000 000

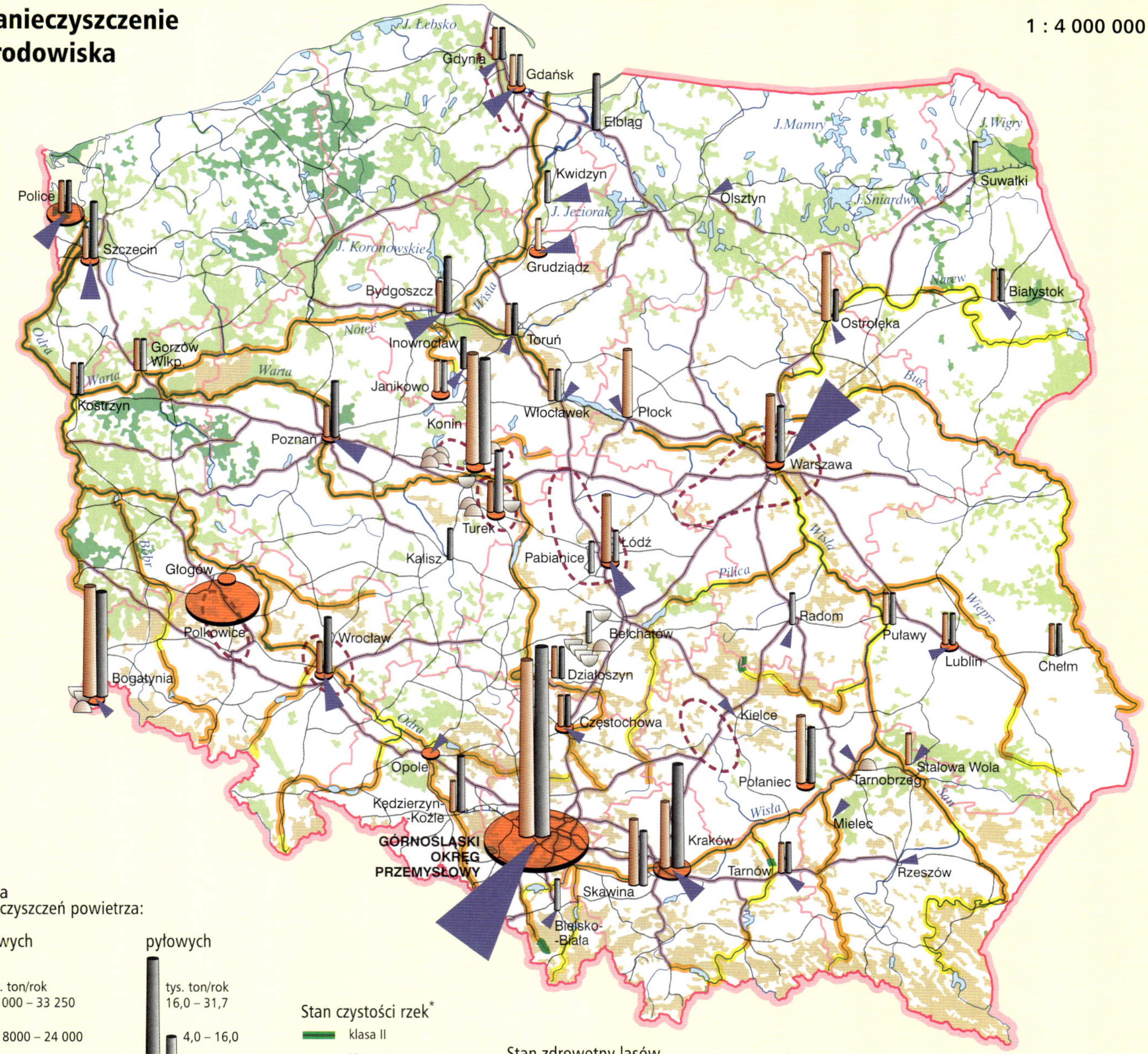

Emisja zanieczyszczeń powietrza:

gazowych: tys. ton/rok 24 000 – 33 250; 8000 – 24 000; 2000 – 8000; 1000 – 2000

pyłowych: tys. ton/rok 16,0 – 31,7; 4,0 – 16,0; 2,0 – 4,0; 0,9 – 2,0

Stan czystości rzek*
- klasa II
- klasa III
- rzeki pozaklasowe
- rzeki nie badane

*klasa I nie występuje

Stan zdrowotny lasów
- lasy zdrowe
- lasy osłabione
- lasy uszkodzone

Natężenie hałasu komunikacyjnego (dopuszczalny poziom 75 dB)
- powyżej 75 dB

- granica państwa
- granice województw

Odpady wytworzone

0,3 – 2; 2 – 8; 8 – 32; 32 – 47 mln ton/rok

Zrzuty ścieków przemysłowych i komunalnych

0 – 30; 30 – 90; 90 – 270; 270 – 502 hm³/rok

Przekształcenia powierzchni ziemi
- zwałowiska o powierzchni powyżej 25 ha
- wyrobiska o powierzchni powyżej 25 ha

Leje depresyjne w obszarze intensywnej eksploatacji wód podziemnych

obszary zabudowane (na mapie Górnego Śląska)

Stan: 1999 r.

Górny Śląsk

1 : 500 000

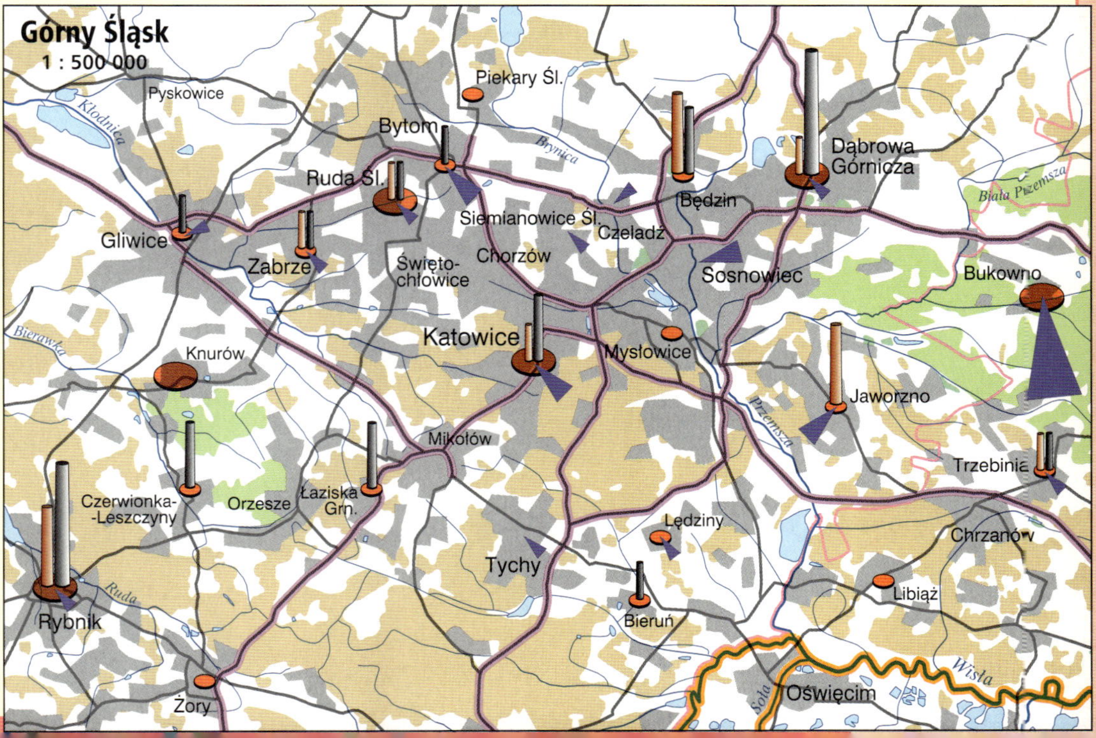

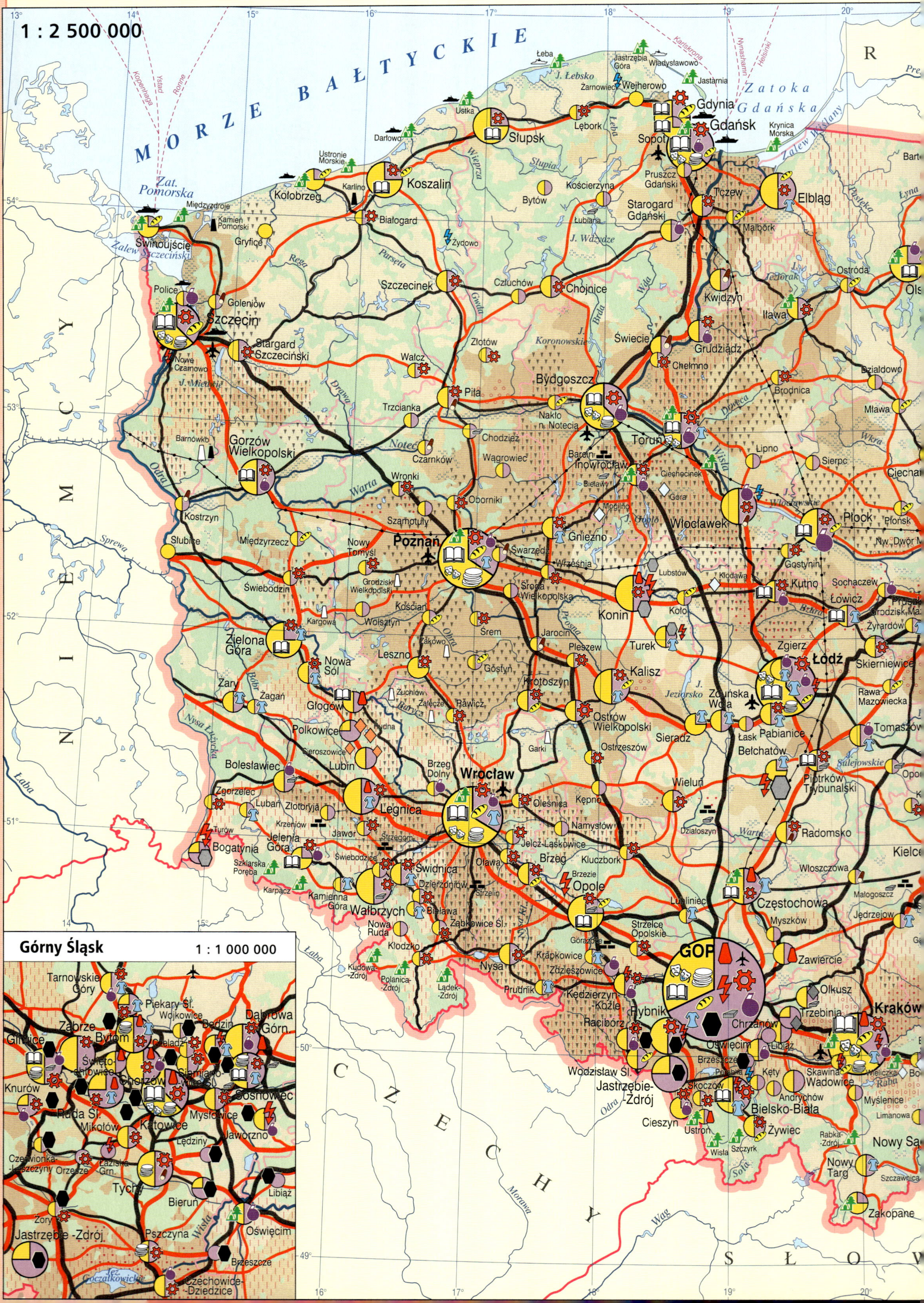
1 : 2 500 000
MORZE BAŁTYCKIE
Zatoka Gdańska
Zalew Wiślany
Zat. Pomorska
Zalew Szczeciński
Kopenhaga
Ystad
Ronne
Karlskrona
Nynashamn
Helsinki
NIEMCY
CZECHY
SŁOW
R
Łeba
J. Łebsko
Jastrzębia Góra
Władysławowo
Jastarnia
Żarnowiec
Wejherowo
Gdynia
Gdańsk
Krynica Morska
Sopot
Ustka
Darłowo
Słupsk
Lębork
Ustronie Morskie
Karlino
Koszalin
Kołobrzeg
Międzyzdroje
Kamień Pomorski
Świnoujście
Gryfice
Białogard
Bytów
Kościerzyna
Pruszcz Gdański
Tczew
Elbląg
Starogard Gdański
Malbork
Żydowo
Szczecinek
Człuchów
Chojnice
Police
Goleniów
Szczecin
Stargard Szczeciński
Nowe Czarnowo
Kwidzyn
Iława
Ostróda
Świecie
Grudziądz
Chełmno
Złotów
Wałcz
Piła
Trzcianka
Bydgoszcz
Nakło n. Notecią
Toruń
Brodnica
Działdowo
Mława
Barnówko
Gorzów Wielkopolski
Czarnków
Chodzież
Wągrowiec
Inowrocław
Ciechocinek
Lipno
Sierpc
Włocławek
Płock
Płońsk
Kostrzyn
Wronki
Oborniki
Szamotuły
Słubice
Międzyrzecz
Nowy Tomyśl
Poznań
Swarzędz
Gniezno
Września
Środa Wielkopolska
Konin
Kutno
Gostynin
Łowicz
Sochaczew
Żyrardów
Świebodzin
Grodzisk Wielkopolski
Kościan
Wolsztyn
Śrem
Koło
Turek
Zielona Góra
Nowa Sól
Leszno
Gostyń
Jarocin
Pleszew
Kalisz
Zgierz
Łódź
Skierniewice
Żary
Żagań
Głogów
Krotoszyn
Rawicz
Ostrów Wielkopolski
Zduńska Wola
Pabianice
Sieradz
Łask
Bełchatów
Rawa Mazowiecka
Tomaszów
Polkowice
Lubin
Bolesławiec
Zgorzelec
Legnica
Złotoryja
Jawor
Wrocław
Oleśnica
Oława
Brzeg Dolny
Kępno
Ostrzeszów
Wieluń
Piotrków Trybunalski
Radomsko
Namysłów
Jelcz-Laskowice
Brzeg
Kluczbork
Opole
Bogatynia
Jelenia Góra
Szklarska Poręba
Karpacz
Kamienna Góra
Wałbrzych
Świdnica
Dzierżoniów
Strzelin
Ząbkowice Śl.
Nowa Ruda
Kłodzko
Kudowa-Zdrój
Polanica-Zdrój
Lądek-Zdrój
Nysa
Prudnik
Krapkowice
Zdzieszowice
Kędzierzyn-Koźle
Strzelce Opolskie
Lubliniec
Częstochowa
Włoszczowa
Myszków
Zawiercie
Olkusz
Trzebinia
Chrzanów
Kraków
GOP
Racibórz
Rybnik
Wodzisław Śl.
Jastrzębie-Zdrój
Oświęcim
Brzeszcze
Kęty
Skawina
Wadowice
Myślenice
Bielsko-Biała
Andrychów
Cieszyn
Ustroń
Wisła
Szczyrk
Żywiec
Rabka-Zdrój
Nowy Targ
Zakopane
Nowy Sącz
Kielce
Górny Śląsk
1 : 1 000 000
Tarnowskie Góry
Piekary Śl.
Zabrze
Bytom
Gliwice
Dąbrowa Górn.
Będzin
Czeladź
Świętochłowice
Chorzów
Siemianowice Śl.
Sosnowiec
Knurów
Ruda Śl.
Mikołów
Katowice
Mysłowice
Jaworzno
Łaziska Grn.
Orzesze
Tychy
Lędziny
Bieruń
Libiąż
Żory
Jastrzębie-Zdrój
Pszczyna
Oświęcim
Brzeszcze
Czechowice-Dziedzice
Odra
Wisła
Warta
Noteć
Laba
Nysa Łużycka
Bóbr
Morawa
Wag
Sprewa

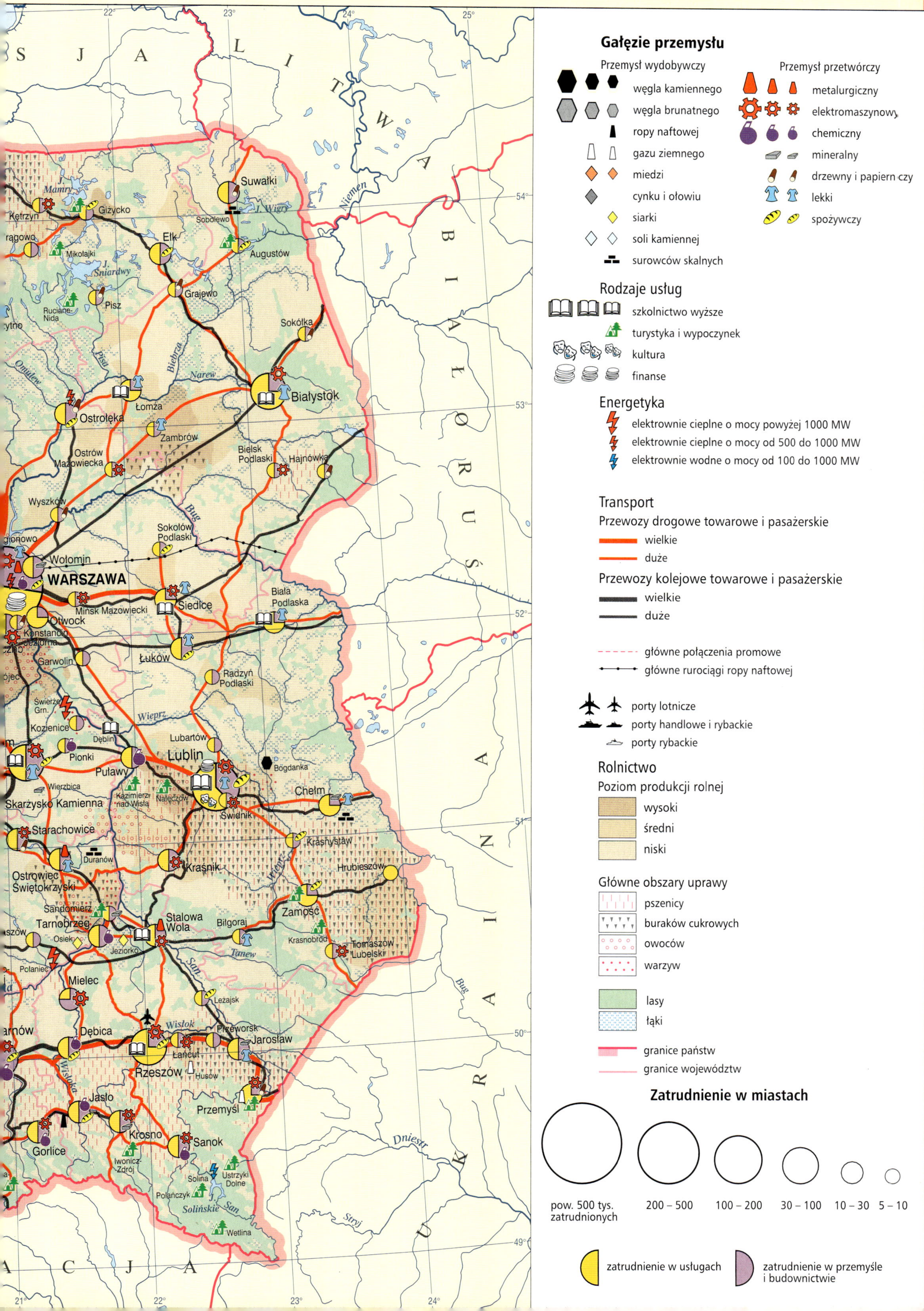
Gałęzie przemysłu
Przemysł wydobywczy
węgla kamiennego
węgla brunatnego
ropy naftowej
gazu ziemnego
miedzi
cynku i ołowiu
siarki
soli kamiennej
surowców skalnych
Przemysł przetwórczy
metalurgiczny
elektromaszynowy
chemiczny
mineralny
drzewny i papierniczy
lekki
spożywczy
Rodzaje usług
szkolnictwo wyższe
turystyka i wypoczynek
kultura
finanse
Energetyka
elektrownie cieplne o mocy powyżej 1000 MW
elektrownie cieplne o mocy od 500 do 1000 MW
elektrownie wodne o mocy od 100 do 1000 MW
Transport
Przewozy drogowe towarowe i pasażerskie
wielkie
duże
Przewozy kolejowe towarowe i pasażerskie
wielkie
duże
główne połączenia promowe
główne rurociągi ropy naftowej
porty lotnicze
porty handlowe i rybackie
porty rybackie
Rolnictwo
Poziom produkcji rolnej
wysoki
średni
niski
Główne obszary uprawy
pszenicy
buraków cukrowych
owoców
warzyw
lasy
łąki
granice państw
granice województw
Zatrudnienie w miastach
pow. 500 tys. zatrudnionych
200 – 500
100 – 200
30 – 100
10 – 30
5 – 10
zatrudnienie w usługach
zatrudnienie w przemyśle i budownictwie
ROSJA
LITWA
BIAŁORUŚ
UKRAINA
SŁOWACJA
Suwałki
Sobolewo
J. Wigry
Niemen
Kętrzyn
J. Mamry
Giżycko
Mrągowo
Mikołajki
J. Śniardwy
Ełk
Augustów
Grajewo
Pisz
Ruciane-Nida
Sokółka
Biebrza
Narew
Omulew
Pisa
Łomża
Białystok
Ostrołęka
Zambrów
Ostrów Mazowiecka
Bielsk Podlaski
Hajnówka
Wyszków
Bug
Sokołów Podlaski
Wołomin
WARSZAWA
Mińsk Mazowiecki
Siedlce
Biała Podlaska
Otwock
Konstancin-Jeziorna
Garwolin
Łuków
Radzyń Podlaski
Świerże Grn.
Kozienice
Dęblin
Wieprz
Pionki
Lubartów
Lublin
Puławy
Bogdanka
Wierzbica
Kazimierz nad Wisłą
Nałęczów
Skarżysko Kamienna
Chełm
Świdnik
Starachowice
Krasnystaw
Duranów
Kraśnik
Hrubieszów
Ostrowiec Świętokrzyski
Sandomierz
Zamość
Tarnobrzeg
Stalowa Wola
Biłgoraj
Osiek
Jeziórko
Krasnobród
Tomaszów Lubelski
Tanew
Połaniec
San
Mielec
Leżajsk
Wisłok
Dębica
Przeworsk
Jarosław
Łańcut
Tarnów
Wisłoka
Rzeszów
Husów
Jasło
Przemyśl
Gorlice
Krosno
Sanok
Dniestr
Iwonicz-Zdrój
Solina
Ustrzyki Dolne
Polańczyk
J. Solińskie
Stryj
Wetlina
22°
23°
24°
25°
21°
54°
53°
52°
51°
50°
49°

POLSKA Transport

Transport kolejowy

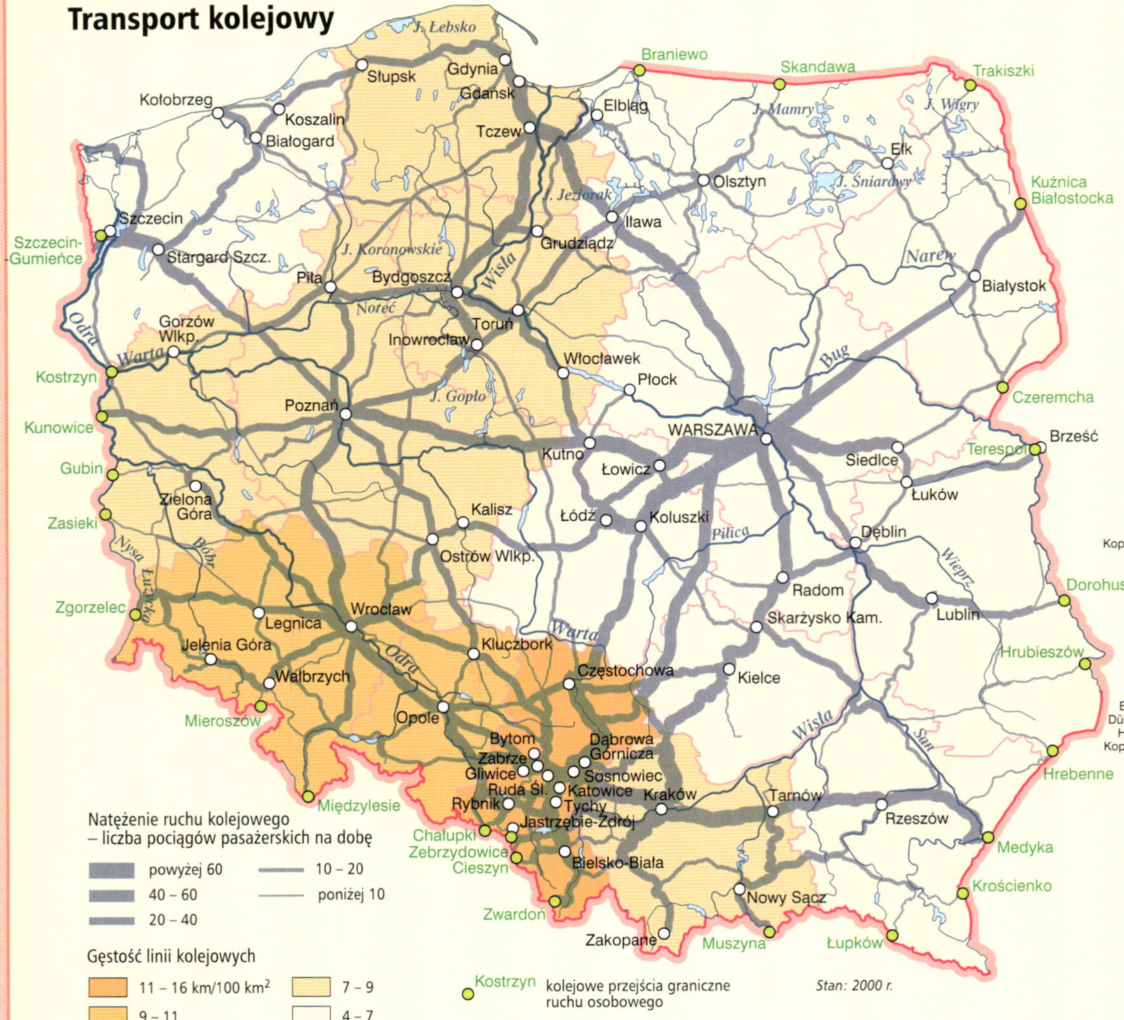

Drogi wodne

1 : 15 000 000

Połączenia lotnicze z portów krajowych

Długość szlaków transportowych

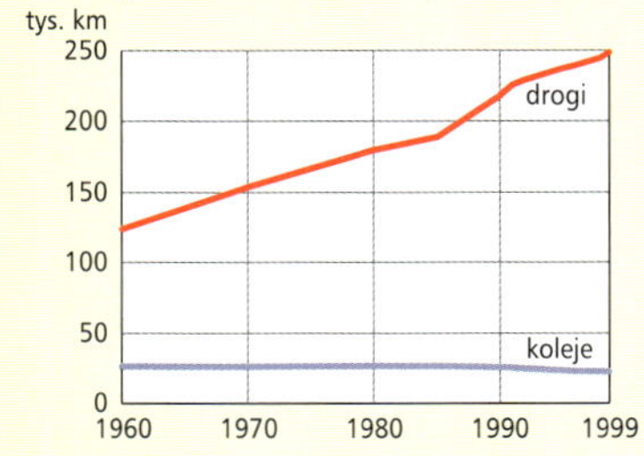

Przewozy ładunków

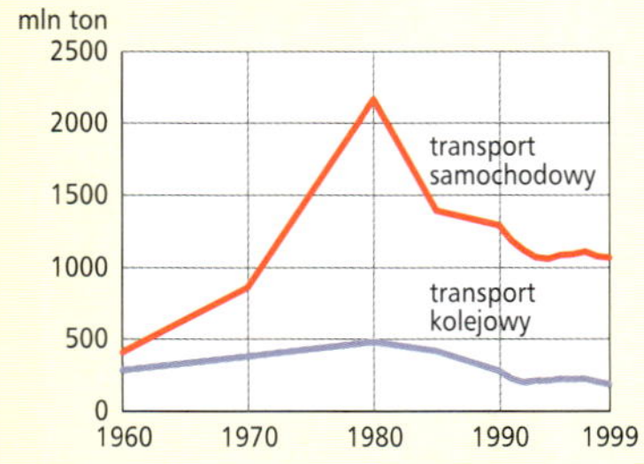

Przewozy pasażerów

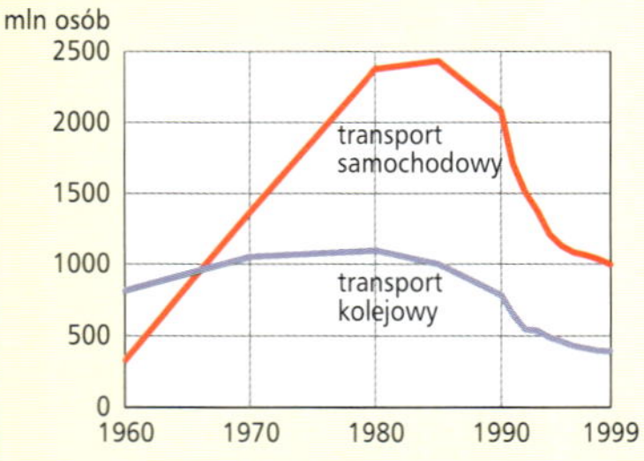

Transport drogowy

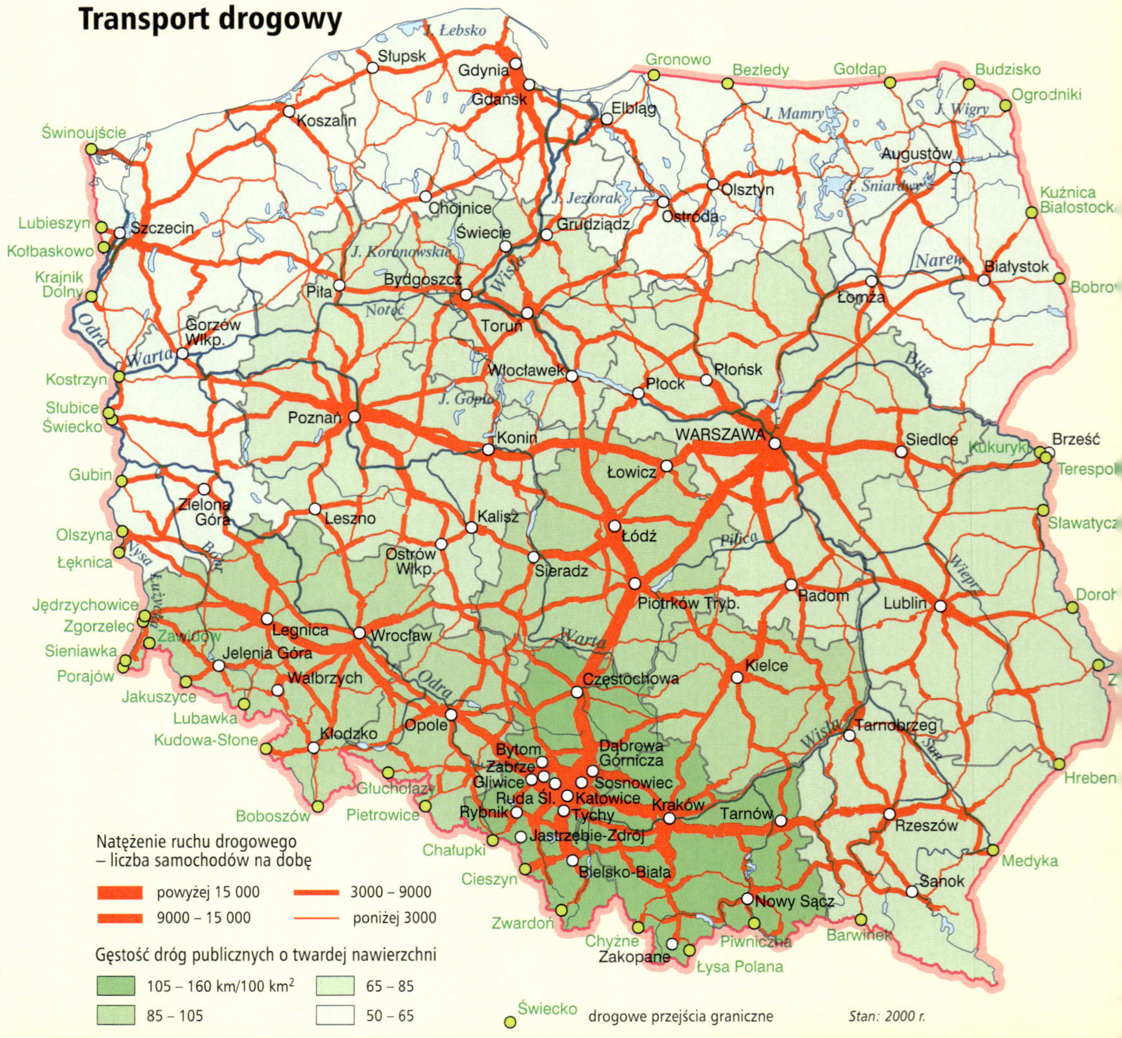

Ośrodki przemysłowe

1 : 5 000 000

Wielkość ośrodków przemysłowych

wielkie, b. duże, duże, średnie, małe

- ośrodki przemysłowe z wyraźną przewagą przemysłu ciężkiego
- ośrodki przemysłowe z wyraźną przewagą przemysłu lekkiego
- ośrodki przemysłowe bez wyraźnej przewagi przemysłu ciężkiego lub lekkiego
- okręgi przemysłowe

Skróty:
An. – Andrychów
Ch. – Chrzanów
Cz. – Czechowice-Dziedzice
Grodz. – Grodzisk Mazowiecki
Trzeb. – Trzebinia
W. – Wadowice

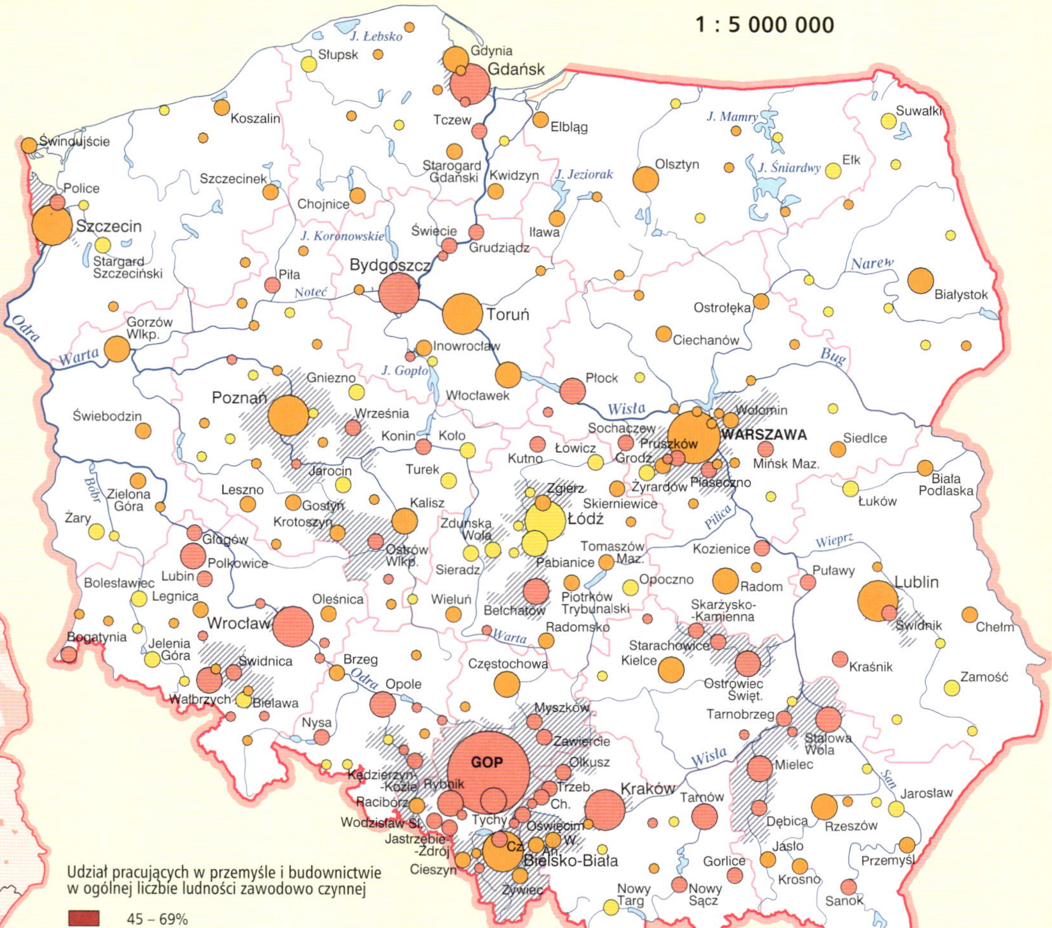

Zatrudnienie w przemyśle

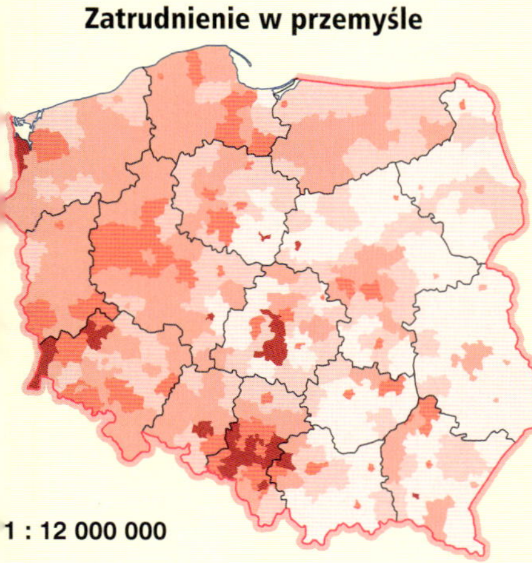

1 : 12 000 000

Udział pracujących w przemyśle i budownictwie w ogólnej liczbie ludności zawodowo czynnej

- 45 – 69%
- 35 – 45
- 25 – 35
- 15 – 25
- 2,2 – 15

Przemysł wydobywczy

Górnictwo

- węgla kamiennego
- węgla brunatnego
- rud miedzi
- rud cynku i ołowiu
- surowców szklarskich
- surowców ceramiki budowlanej i szlachetnej
- kamieni i kruszyw budowlanych i drogowych
- surowców dla przemysłu materiałów budowlanych
- ropy naftowej
- gazu ziemnego
- soli kamiennej
- siarki
- gipsu i anhydrytu

Wielkość ośrodków wydobycia

wielkie, duże, średnie, małe

Skróty:
D. – Dubie
J. – Jaworzno
K. – Kostomłoty
Kow. – Kowala
L. – Lędziny
M. – Męcinka
N. – Nowogrodziec
T. – Trzebinia
W. – Wiśniówka
Z. – Zaręba

Surowce mineralne w polskim handlu zagranicznym

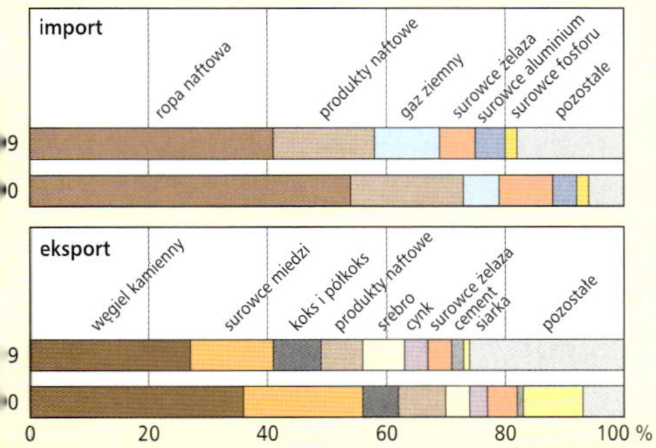

Elektrownie, rafinerie

Huty metali

1 : 8 000 000

Wytwórnie środków transportu

Fabryki maszyn, urządzeń i wyrobów precyzyjnych

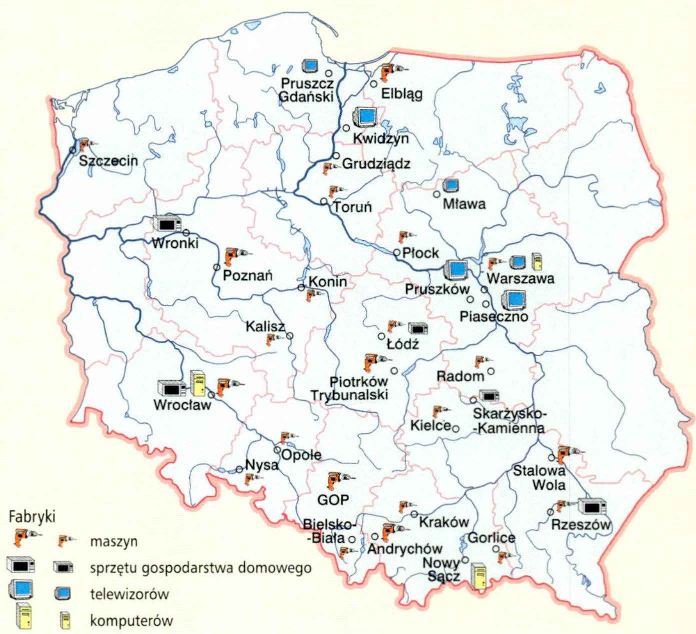

Zakłady chemiczne I

Zakłady chemiczne II

Cementownie, huty szkła i zakłady ceramiczne

Fabryki mebli, celulozy i papieru

1 : 8 000 000

Zakłady włókiennicze i odzieżowe

Zakłady mięsne i rybne

Cukrownie i zakłady wyrobów cukierniczych

Browary, fabryki papierosów

Rolnicza przydatność gleb
1 : 5 000 000

- przewaga gleb kompleksów pszennych bardzo dobrego i dobrego
- przewaga gleb kompleksów żytnich bardzo dobrego i dobrego
- przewaga gleb kompleksów żytnich dobrego i słabego
- przewaga gleb kompleksów żytnich słabego i bardzo słabego
- przewaga gleb kompleksu zbożowego górskiego
- przewaga gleb kompleksu owsiano--ziemniaczanego i owsiano-pastewnego (górskich)
- przewaga użytków zielonych
- obszary leśne (z niewielkim udziałem użytków rolnych)

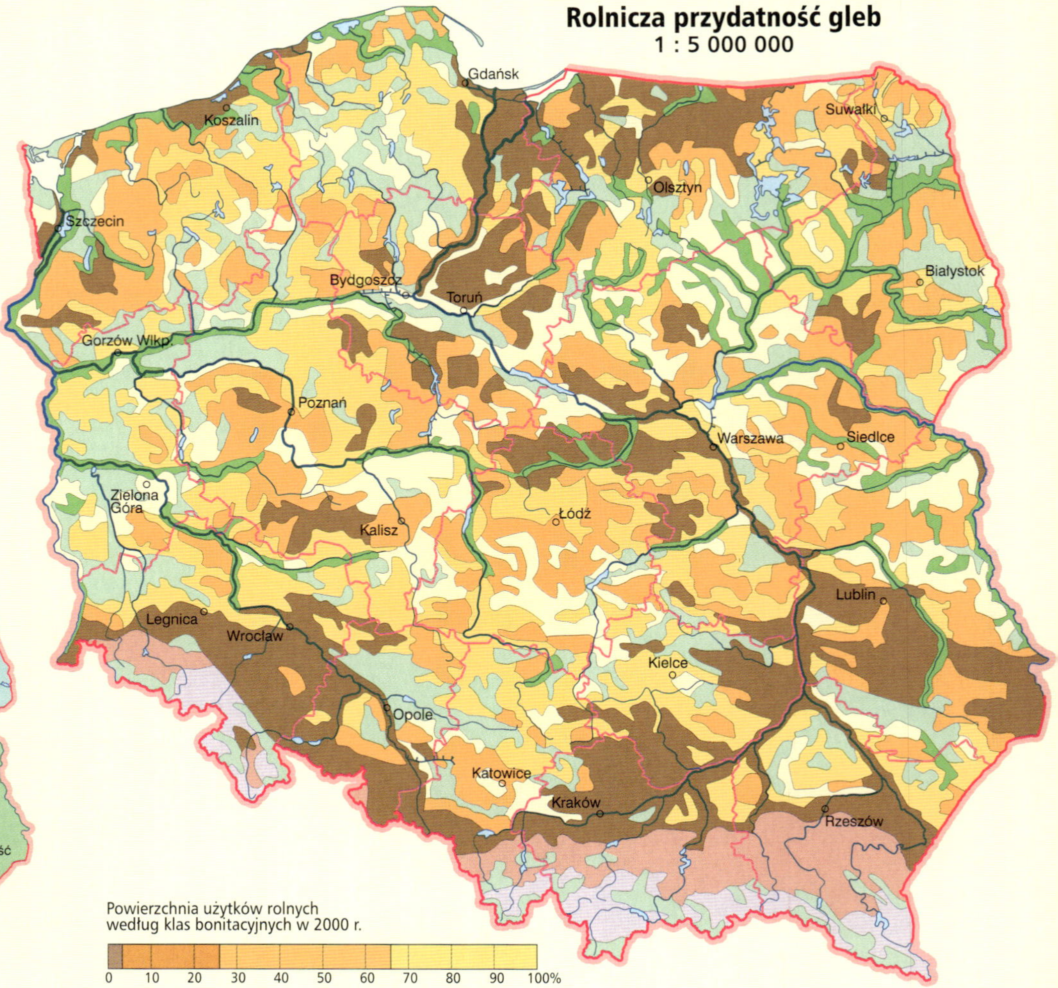

Powierzchnia użytków rolnych według klas bonitacyjnych w 2000 r.

0 10 20 30 40 50 60 70 80 90 100%

- klasa I i II
- klasa III
- klasa IV
- klasa V i VI

Okres wegetacji roślin

1 : 12 000 000

Zatrudnienie w rolnictwie

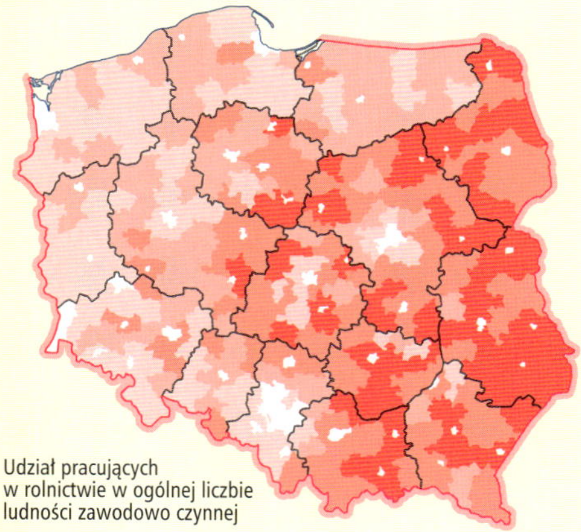

Udział pracujących w rolnictwie w ogólnej liczbie ludności zawodowo czynnej

- 70 – 86%
- 50 – 70
- 35 – 50
- 15 – 35
- 0,4 – 15

Wielkość gospodarstw rolnych

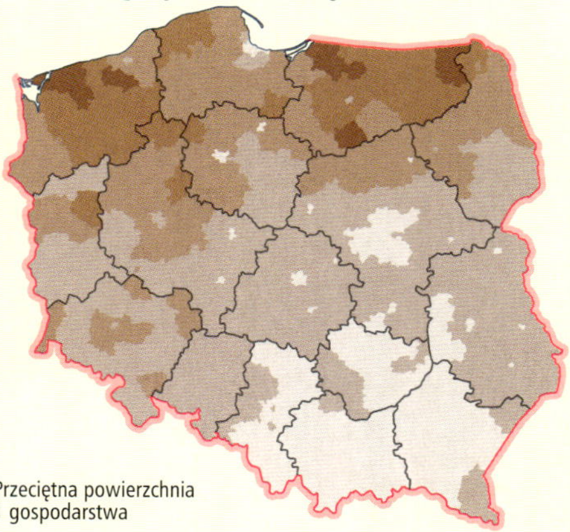

Przeciętna powierzchnia 1 gospodarstwa

- 20 – 24 ha
- 15 – 20
- 10 – 15
- 5 – 10
- 1,7 – 5

Nawozy sztuczne i wapniowe

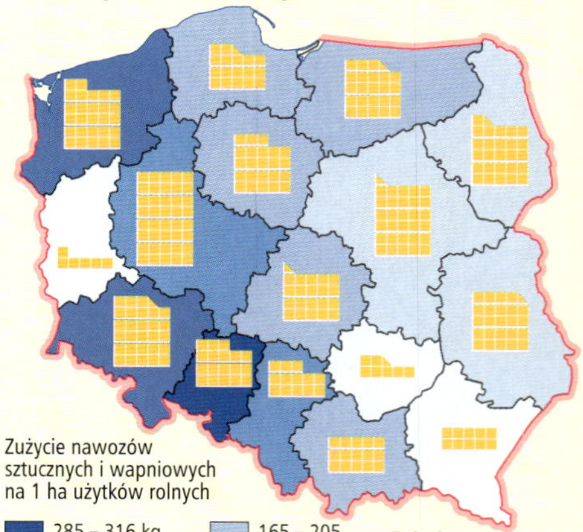

Zużycie nawozów sztucznych i wapniowych na 1 ha użytków rolnych

- 285 – 316 kg
- 245 – 285
- 205 – 245
- 165 – 205
- 125 – 165
- 104 – 125

Zużycie nawozów sztucznych i wapniowych
- 10 000 t

Mechanizacja

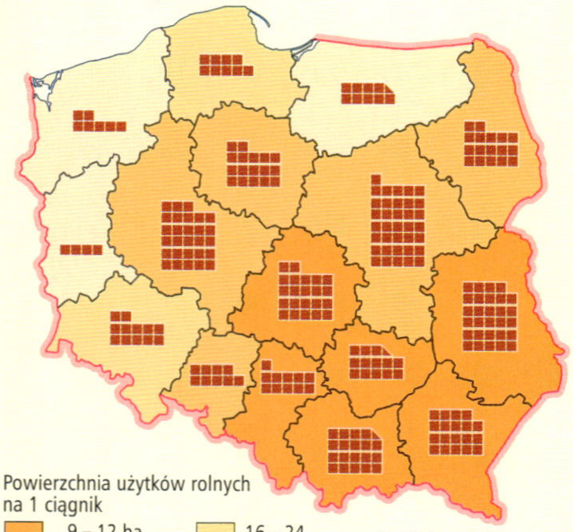

Powierzchnia użytków rolnych na 1 ciągnik

- 9 – 12 ha
- 12 – 16
- 16 – 24
- 24 – 30

Ilość ciągników
- 5000 szt.

Stan: 1999 r.

Produktywność

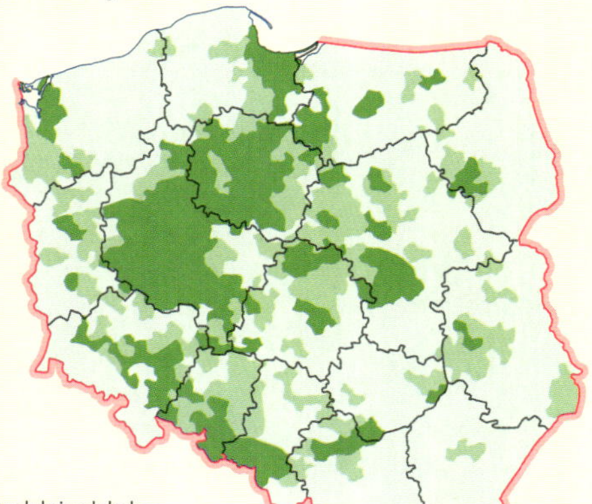

Produkcja globalna na 1 ha użytków rolnych

- wysoka
- średnia
- niska

Stopień towarowości

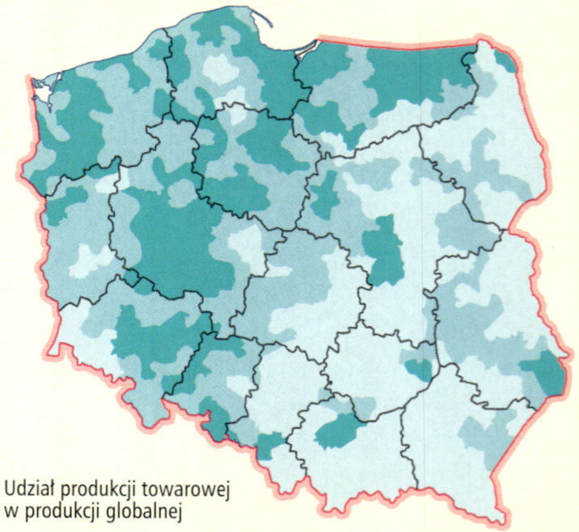

Udział produkcji towarowej w produkcji globalnej

- wysoki
- średni
- niski

1 : 12 000 000

4 zboża

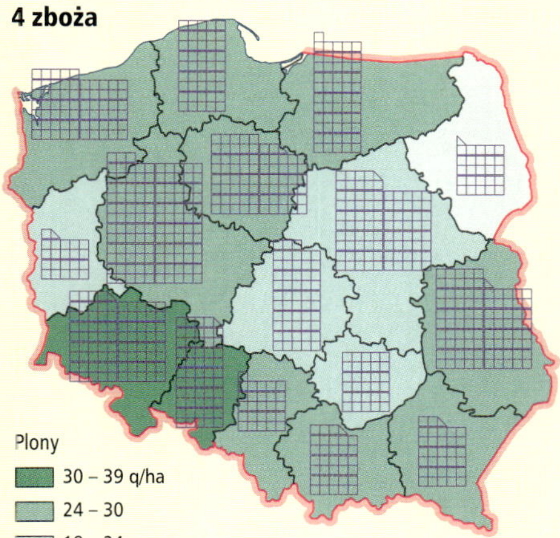

Plony
- 30 – 39 q/ha
- 24 – 30
- 18 – 24
- 16 – 18

Zbiory
- 200 000 q

Pszenica

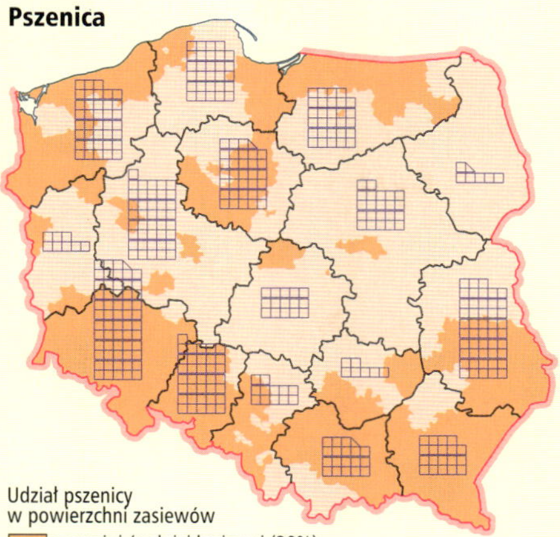

Udział pszenicy w powierzchni zasiewów
- powyżej średniej krajowej (20%)
- poniżej średniej krajowej

Zbiory
- 200 000 q

Żyto

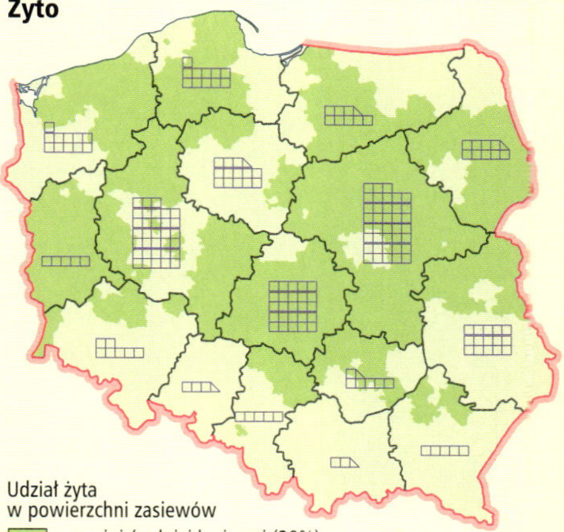

Udział żyta w powierzchni zasiewów
- powyżej średniej krajowej (20%)
- poniżej średniej krajowej

Zbiory
- 200 000 q

Jęczmień

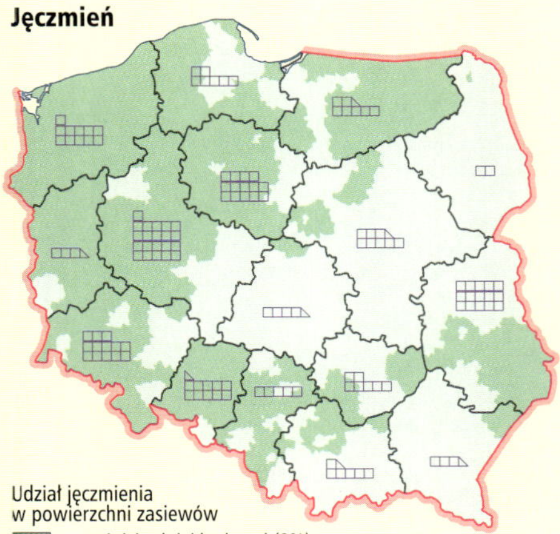

Udział jęczmienia w powierzchni zasiewów
- powyżej średniej krajowej (9%)
- poniżej średniej krajowej

Zbiory
- 200 000 q

Owies

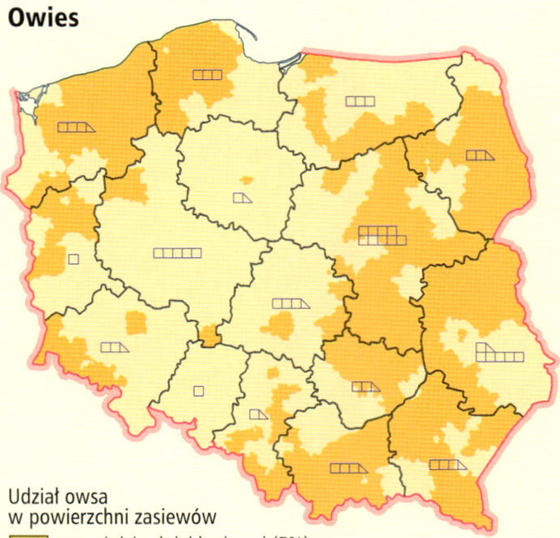

Udział owsa w powierzchni zasiewów
- powyżej średniej krajowej (5%)
- poniżej średniej krajowej

Zbiory
- 200 000 q

Warzywa i owoce

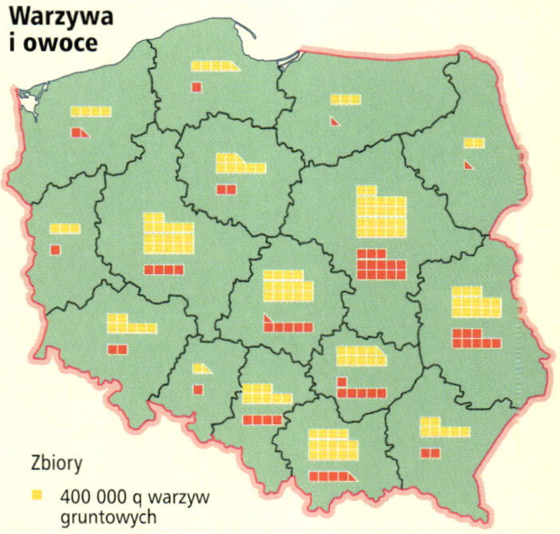

Zbiory
- 400 000 q warzyw gruntowych
- 400 000 q owoców

Ziemniaki

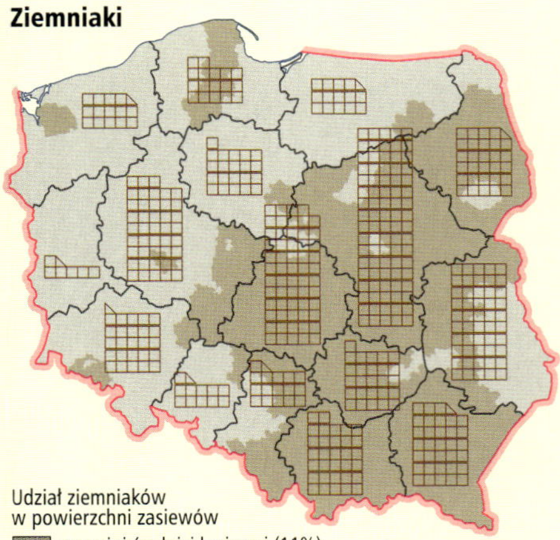

Udział ziemniaków w powierzchni zasiewów
- powyżej średniej krajowej (11%)
- poniżej średniej krajowej

Zbiory
- 500 000 q

Buraki cukrowe

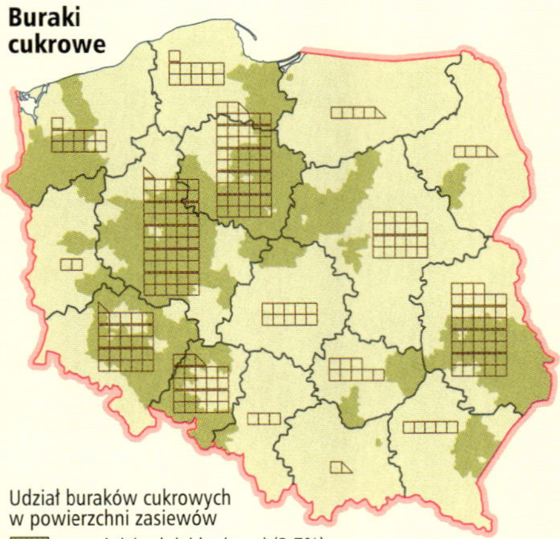

Udział buraków cukrowych w powierzchni zasiewów
- powyżej średniej krajowej (3,7%)
- poniżej średniej krajowej

Zbiory
- 500 000 q

Bydło

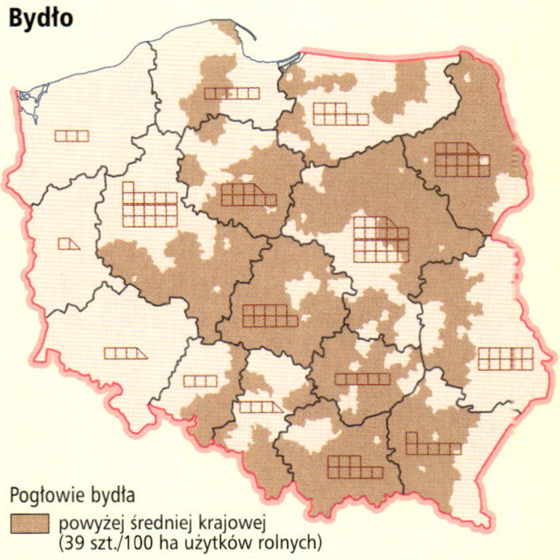

Pogłowie bydła
- powyżej średniej krajowej (39 szt./100 ha użytków rolnych)
- poniżej średniej krajowej
- 50 000 szt.

Trzoda chlewna

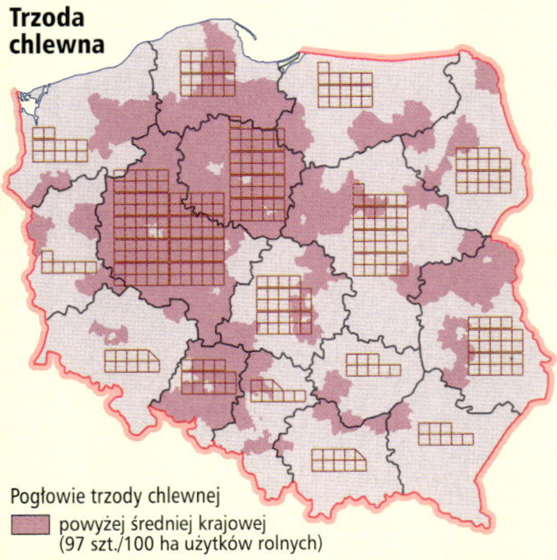

Pogłowie trzody chlewnej
- powyżej średniej krajowej (97 szt./100 ha użytków rolnych)
- poniżej średniej krajowej
- 50 000 szt.

Żywiec

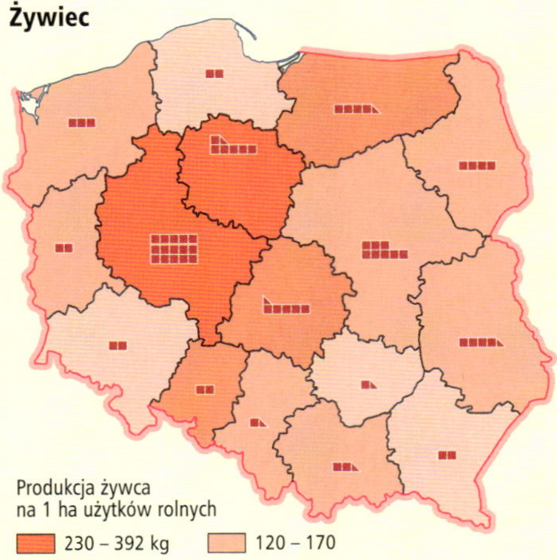

Produkcja żywca na 1 ha użytków rolnych
- 230 – 392 kg
- 170 – 230
- 120 – 170
- 93 – 120
- 50 000 t

Mleko

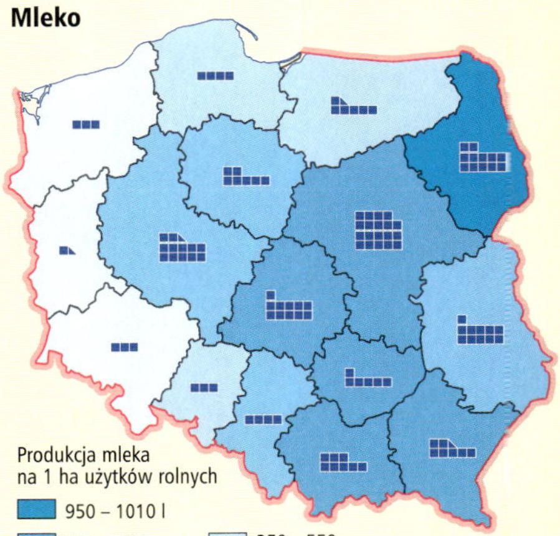

Produkcja mleka na 1 ha użytków rolnych
- 950 – 1010 l
- 750 – 950
- 550 – 750
- 350 – 550
- 250 – 350
- 100 000 000 l

Największe firmy wg przychodów

1 : 4 000 000

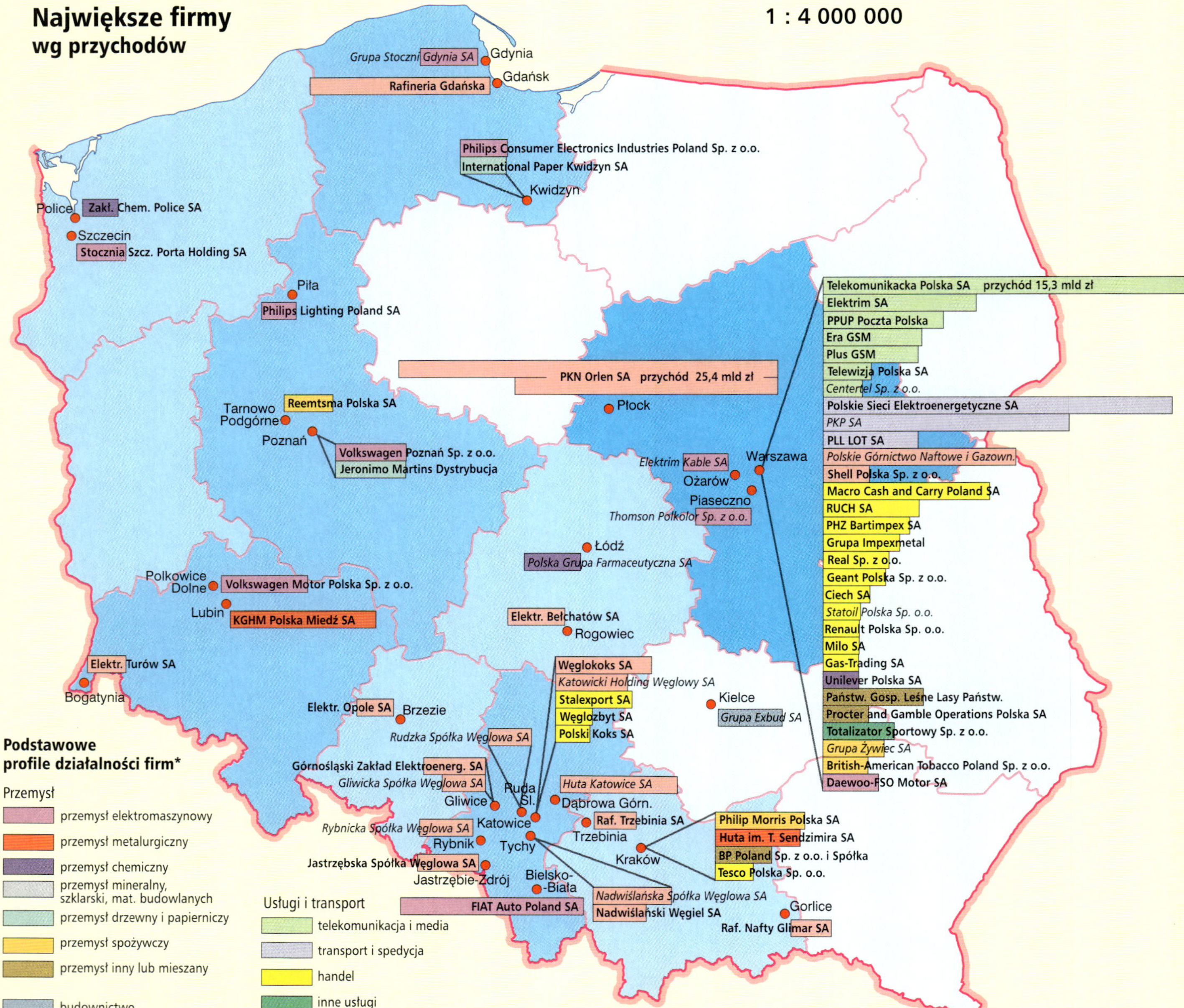

Podstawowe profile działalności firm*

Przemysł
- przemysł elektromaszynowy
- przemysł metalurgiczny
- przemysł chemiczny
- przemysł mineralny, szklarski, mat. budowlanych
- przemysł drzewny i papierniczy
- przemysł spożywczy
- przemysł inny lub mieszany
- budownictwo
- energetyka i paliwa

Usługi i transport
- telekomunikacja i media
- transport i spedycja
- handel
- inne usługi

Huta Katowice SA przedsiębiorstwa deficytowe

Nakłady inwestycyjne na środki trwałe przeliczone na 1 mieszkańca
- 3600 – 8270 zł
- 3000 – 3600
- 2400 – 3000
- 1800 – 2400

Wielkość przychodów firm: 0, 5, 10, 15 mld zł

*Uwzględnionio 70 największych firm, z wyłączeniem banków, o przychodach powyżej 1,3 mld zł w 2000 r.

Największe spółki giełdowe

1 : 8 000 000

Pierwsza sesja Giełdy Papierów Wartościowych odbyła się 16.04.1991 r. Jednak tradycje rynku kapitałowego w Polsce sięgają 1817 r., kiedy to powołano w Warszawie Giełdę Kupiecką.

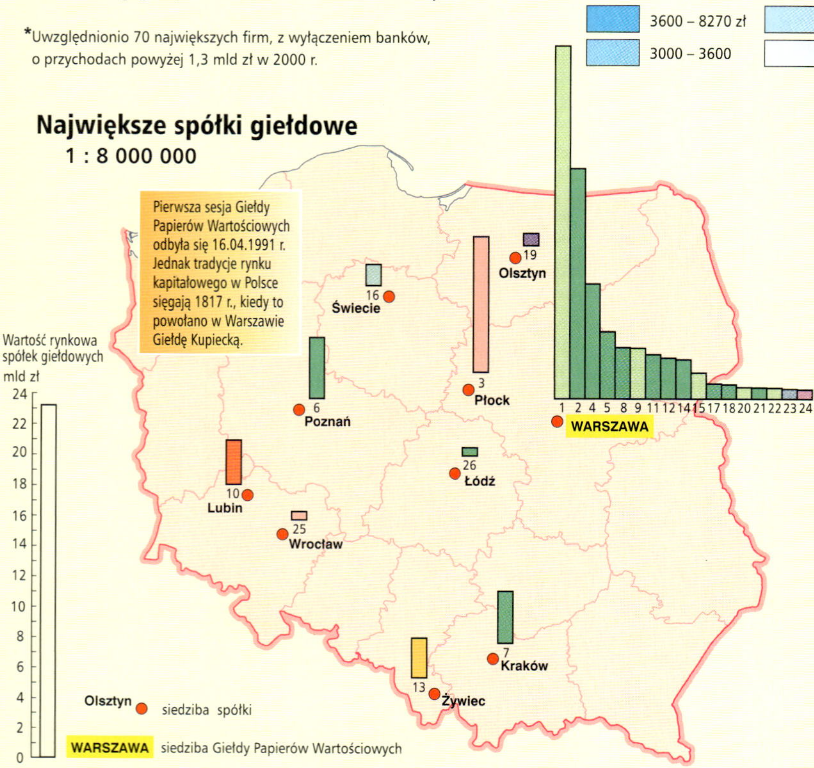

Olsztyn — siedziba spółki

WARSZAWA — siedziba Giełdy Papierów Wartościowych

Spółki giełdowe o największej wartości rynkowej w styczniu 2002 r.

1 Telekomunikacja Polska SA
2 PEKAO SA
3 PKN ORLEN SA
4 BANK HANDLOWY SA
5 ING Bank Śląski SA
6 BZ WBK SA
7 BANK PRZEMYSŁOWO-HANDLOWY SA
8 Powszechny Bank Kredytowy SA
9 AGORA SA
10 *KGHM Polska Miedź SA*
11 BRE BANK SA
12 Kredyt Bank SA
13 BROWARY ŻYWIEC SA
14 BIG BANK GDAŃSKI SA
15 PROKOM Software SA
16 Frantschach Świecie SA
17 WARTA SA
18 *ORBIS SA*
19 STOMIL-OLSZTYN SA
20 COMPUTERLAND SA
21 Bank Ochrony Środowiska SA
22 *ELEKTRIM SA*
23 BUDIMEX SA
24 *KABLEHOLD SA*
25 *KOGENERACJA SA*
26 LG Petro Bank SA

Liczby w zestawieniu i pod słupkami na mapie odpowiadają miejscu spółki giełdowej w rankingu według ich wartości rynkowej

ELEKTRIM SA spółki, których cena akcji (styczeń 2002 r.) była niższa niż ich wartość księgowa pod koniec 2001 r.

Banki

Największe polskie banki aktywa pow. 5 mld zł w 2000 r.

1 - Powszechna Kasa Oszczędności BP
2 - Bank Pekao SA
11 - Powszechny Bank Kredytowy
10 - Bank Handlowy
16 - Bank Śląski
12 - Bank Gospodarki Żywnościowej
15 - Bank Przemysłowo-Handlowy
17 - Kredyt Bank
19 - BRE Bank
9 - BIG Bank Gdański
23 - Wielkopolski Bank Kredytowy BIG Bank
27 - Citibank Poland
25 - Bank Zachodni
50 - ING Bank N. V. Polski Kredyt Bank

1 - pozycja na liście "100 najlepszych banków w Europie Środkowej" w 1999 r.

Kapitał bankowy

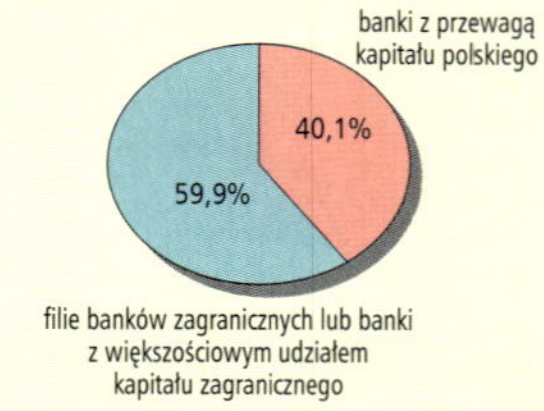

Opracowano na podstawie listy 500 największych przedsiębiorstw „Polityki", raportów gospodarczych „Rzeczpospolitej" i „Parkietu" oraz „Rocznika giełdowego 2001"

Walory przyrodnicze

1 : 4 000 000

Stopień urozmaicenia krajobrazu:
- bardzo wysoki
- wysoki
- średni
- niski
- lasy

- parki narodowe
- osobliwości flory
- osobliwości fauny – rezerwaty pokazowe
- formy wysokogórskie
- większe zgrupowania skałek
- jaskinie i groty
- źródła, wywierzyska
- wodospady
- wąwozy, przełomy rzeczne
- klify nadmorskie
- inne obiekty geologiczne
- akweny o dużej przydatności dla żeglarstwa

Szlaki kajakowe o znaczeniu:
- międzynarodowym
- krajowym

- główne szlaki wędrówek pieszych
- tereny narciarstwa zjazdowego
- tereny wspinaczkowe
- tereny łowieckie
- plaże

Parki narodowe:
1. Babiogórski
2. Tatrzański
3. Gorczański
4. Pieniński
5. Magurski

Sezonowa baza noclegowa

1 : 8 000 000

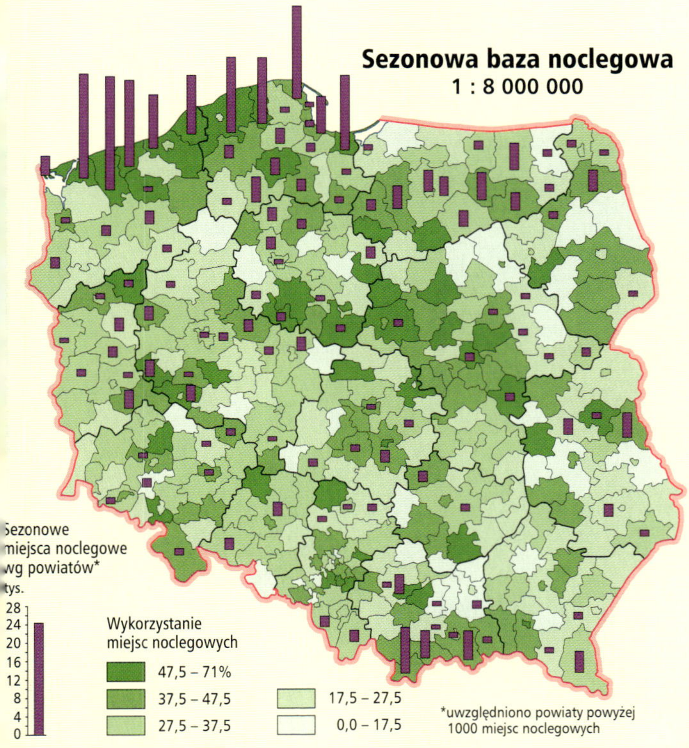

Sezonowe miejsca noclegowe wg powiatów*

tys.: 28, 24, 20, 16, 12, 8, 4, 0

Wykorzystanie miejsc noclegowych
- 47,5 – 71%
- 37,5 – 47,5
- 27,5 – 37,5
- 17,5 – 27,5
- 0,0 – 17,5

*uwzględniono powiaty powyżej 1000 miejsc noclegowych

Całoroczna baza noclegowa

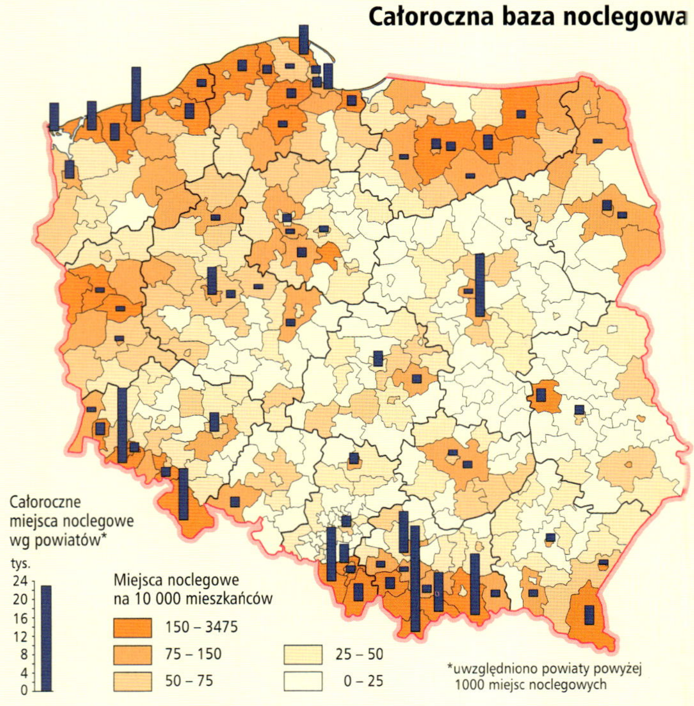

Całoroczne miejsca noclegowe wg powiatów*

tys.: 24, 20, 16, 12, 8, 4, 0

Miejsca noclegowe na 10 000 mieszkańców
- 150 – 3475
- 75 – 150
- 50 – 75
- 25 – 50
- 0 – 25

*uwzględniono powiaty powyżej 1000 miejsc noclegowych

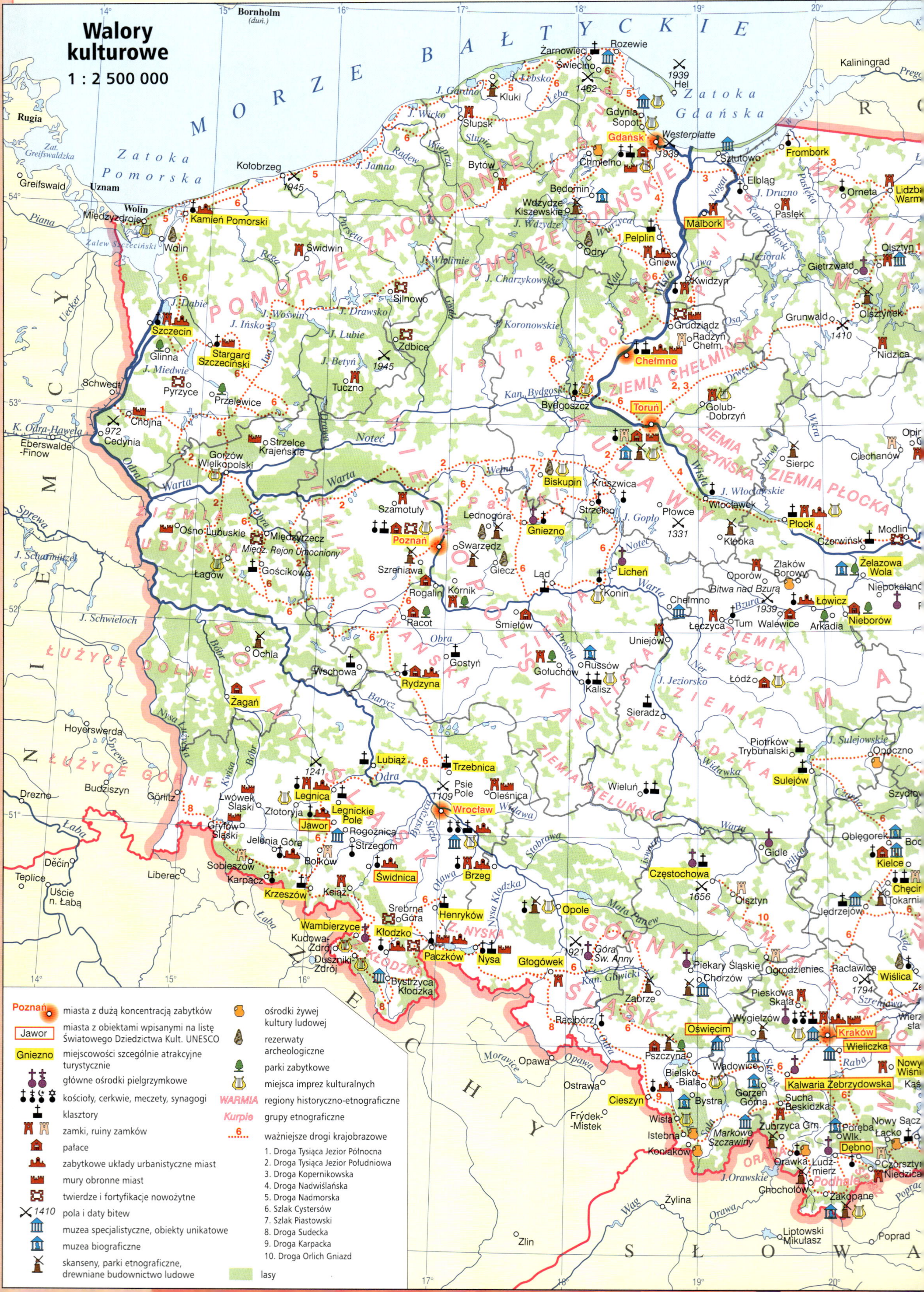
Walory kulturowe
1 : 2 500 000
MORZE BAŁTYCKIE
Zatoka Pomorska
Zatoka Gdańska
Bornholm (duń.)
Rugia
Uznam
Wolin
Kaliningrad
Gdańsk
Westerplatte
Malbork
Frombork
Pelplin
Chełmno
Toruń
Kamień Pomorski
Szczecin
Stargard Szczeciński
Biskupin
Gniezno
Poznań
Licheń
Żelazowa Wola
Nieborów
Łowicz
Płock
Rydzyna
Żagań
Lubiąż
Trzebnica
Legnica
Legnickie Pole
Jawor
Wrocław
Świdnica
Krzeszów
Brzeg
Henryków
Opole
Kłodzko
Wambierzyce
Paczków
Nysa
Głogówek
Częstochowa
Sulejów
Kielce
Wiślica
Oświęcim
Kraków
Wieliczka
Kalwaria Zebrzydowska
Cieszyn
Dębno
Zakopane
Bydgoszcz
Kalisz
Łódź
POMORZE ZACHODNIE
POMORZE GDAŃSKIE
KRAJNA
KUJAWY
ZIEMIA CHEŁMIŃSKA
ZIEMIA DOBRZYŃSKA
ZIEMIA PŁOCKA
ZIEMIA LUBUSKA
WIELKOPOLSKA
ZIEMIA ŁĘCZYCKA
ZIEMIA SIERADZKA
ZIEMIA KALISKA
ZIEMIA WIELUŃSKA
ŁUŻYCE DOLNE
ŁUŻYCE GÓRNE
DOLNY ŚLĄSK
GÓRNY ŚLĄSK
WARMIA
MAZURY
MAŁOPOLSKA
CZECHY
SŁOWACJA
NIEMCY
Poznań – miasta z dużą koncentracją zabytków
Jawor – miasta z obiektami wpisanymi na listę Światowego Dziedzictwa Kult. UNESCO
Gniezno – miejscowości szczególnie atrakcyjne turystycznie
główne ośrodki pielgrzymkowe
kościoły, cerkwie, meczety, synagogi
klasztory
zamki, ruiny zamków
pałace
zabytkowe układy urbanistyczne miast
mury obronne miast
twierdze i fortyfikacje nowożytne
1410 pola i daty bitew
muzea specjalistyczne, obiekty unikatowe
muzea biograficzne
skanseny, parki etnograficzne, drewniane budownictwo ludowe
ośrodki żywej kultury ludowej
rezerwaty archeologiczne
parki zabytkowe
miejsca imprez kulturalnych
WARMIA regiony historyczno-etnograficzne
Kurpie grupy etnograficzne
6 ważniejsze drogi krajobrazowe
1. Droga Tysiąca Jezior Północna
2. Droga Tysiąca Jezior Południowa
3. Droga Kopernikowska
4. Droga Nadwiślańska
5. Droga Nadmorska
6. Szlak Cystersów
7. Szlak Piastowski
8. Droga Sudecka
9. Droga Karpacka
10. Droga Orlich Gniazd
lasy

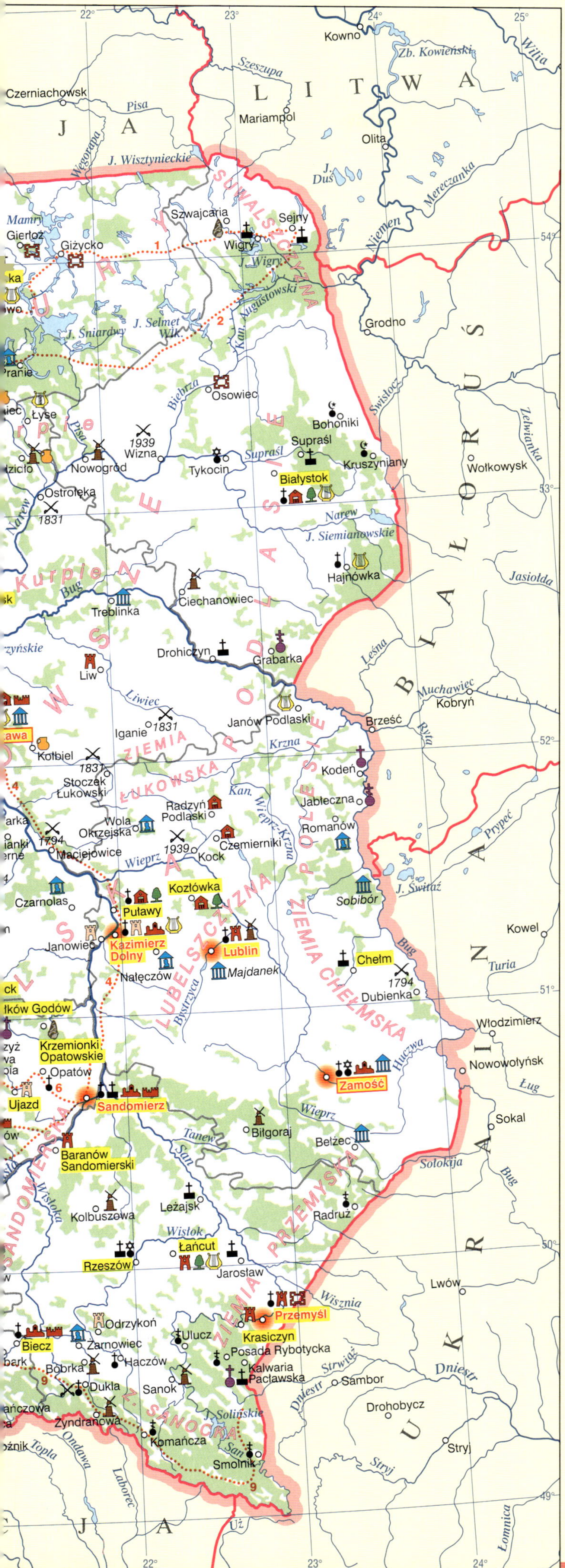

Turystyka
Przyjazdy do Polski
1 : 40 000 000

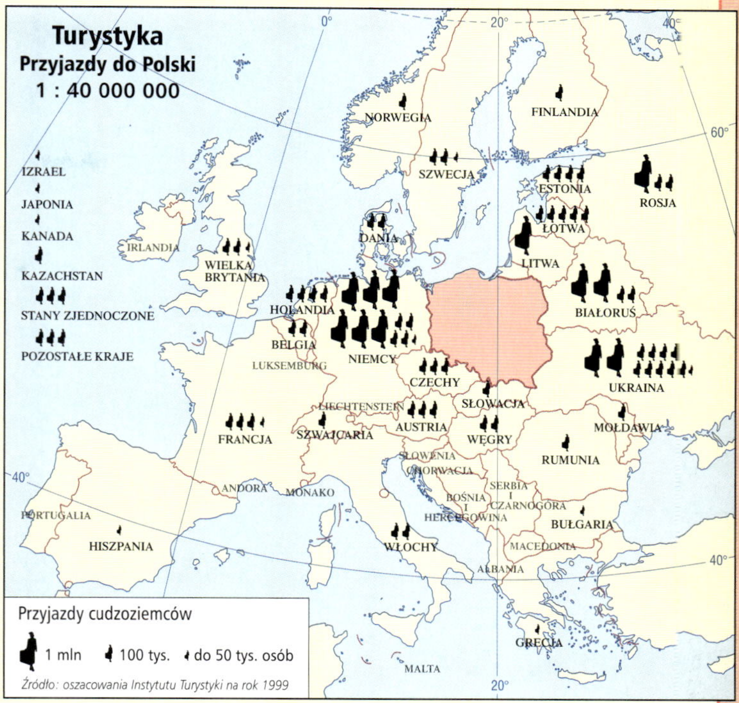

Przyjazdy cudzoziemców

1 mln · 100 tys. · do 50 tys. osób

Źródło: oszacowania Instytutu Turystyki na rok 1999

Turystyka
Wyjazdy z Polski

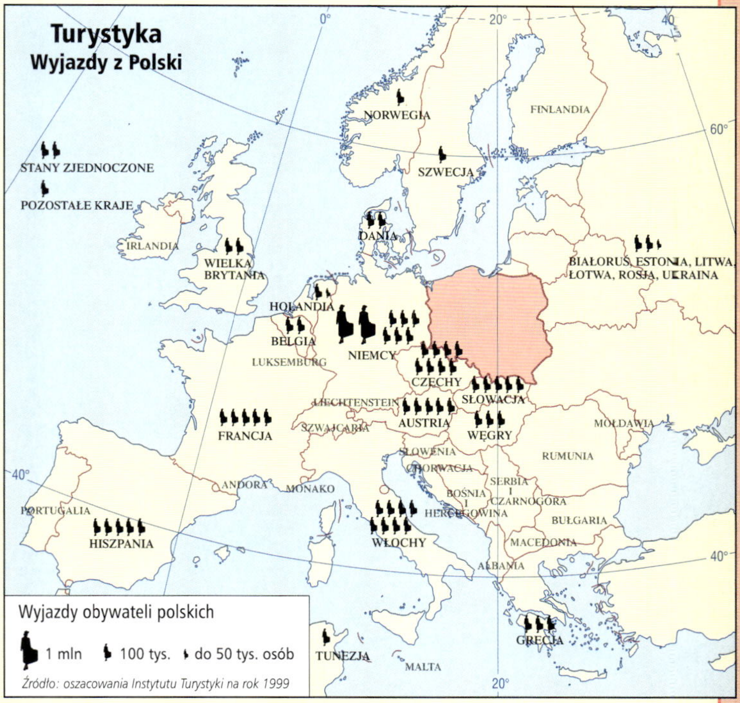

Wyjazdy obywateli polskich

1 mln · 100 tys. · do 50 tys. osób

Źródło: oszacowania Instytutu Turystyki na rok 1999

Ruch graniczny

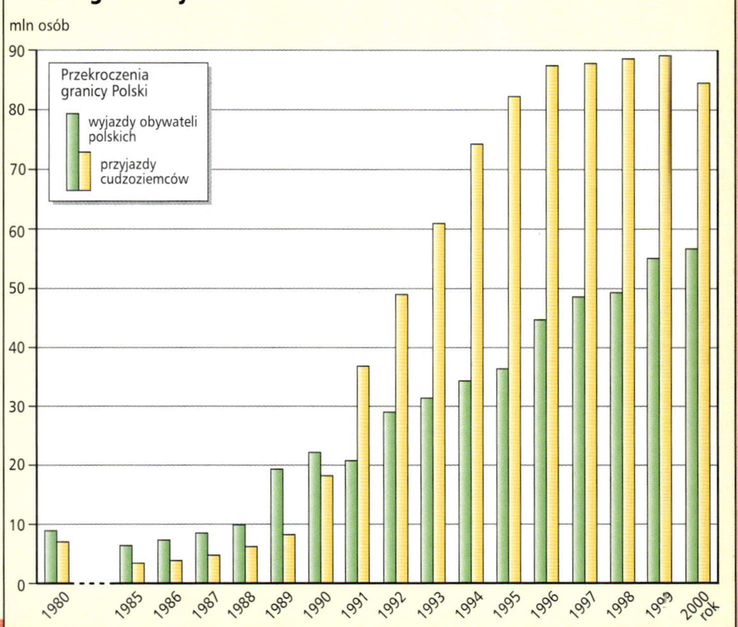

Legenda do map regionów turystycznych

Miejscowości
- powyżej 100 000 mieszkańców
- 50 000 – 100 000
- 25 000 – 50 000
- 10 000 – 25 000
- 2000 – 10 000
- 1000 – 2000
- poniżej 1000
- zabytkowe układy urbanistyczne miast
- zabudowa miejscowości powyżej 2000 mieszkańców (na mapach 1 : 500 000)
- WISŁA miasta
- JURATA części miast
- Pawłów wsie
- Ojców miejscowości szczególnie atrakcyjne turystycznie

- autostrady
- drogi krajowe dwujezdniowe i jednojezdniowe
- drogi wojewódzkie
- drogi inne
- koleje główne
- pozostałe koleje
- kolejki górskie
- wyciągi krzesełkowe
- granice państw
- granice parków narodowych
- granice parków krajobrazowych

- Jaskinia Raj obiekty o wybitnych walorach turystycznych
- rezerwaty biosfery UNESCO
- uzdrowiska
- kościoły i kaplice, cerkwie, klasztory
- pałace, zamki, ruiny zamków
- twierdze, mury miejskie
- muzea, skanseny
- pola bitew
- rezerwaty
- osobliwości fauny, osobliwości flory
- jaskinie, skałki
- wodospady, wywierzyska i źródła

- schroniska
- szałasy
- latarnie morskie, porty morskie
- skocznie narciarskie
- główne i turystyczne przejścia graniczne
- Klimczok 1117 szczyty z wysokościami w m n.p.m.
- Przeł. Kubalonka 761 przełęcze z wysokościami w m n.p.m.
- lasy
- kosodrzewina, hale
- 25 poziomice co 25 m str. 45
- 50 poziomice co 50 m str. 44, 54, 55
- 100 poziomice co 100 m str. 42, 43, 57

Regiony turystyczne – skorowidz map

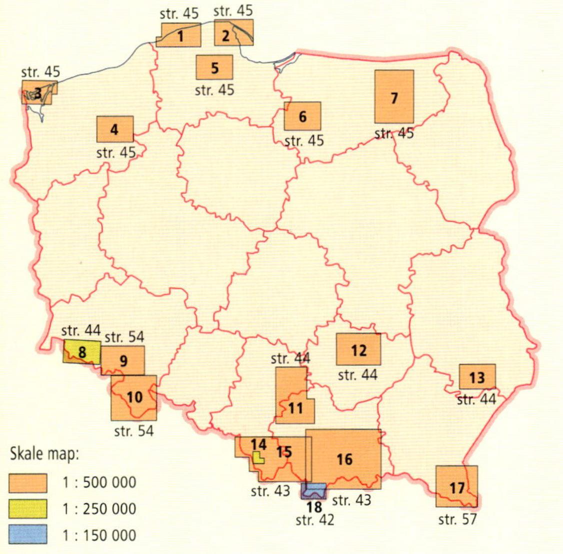

1 Wybrzeże Słowińskie
2 Pobrzeże Kaszubskie
3 Wyspa Wolin
4 Pojezierze Drawskie
5 Szwajcaria Kaszubska
6 Pojezierze Iławskie
7 Kraina Wielkich Jezior
8 Karkonosze
9 Okolice Wałbrzycha
10 Kotlina Kłodzka
11 Jura Krakowsko-Częstochowska
12 Góry Świętokrzyskie
13 Środkowe Roztocze
14 Źródła Wisły
15 Beskid Śląski i Żywiecki
16 Gorce i Beskid Sądecki
17 Bieszczady
18 Tatry

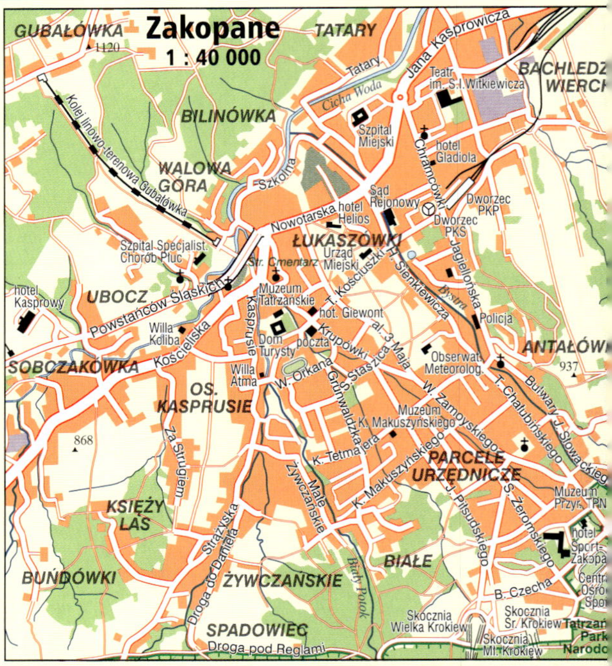

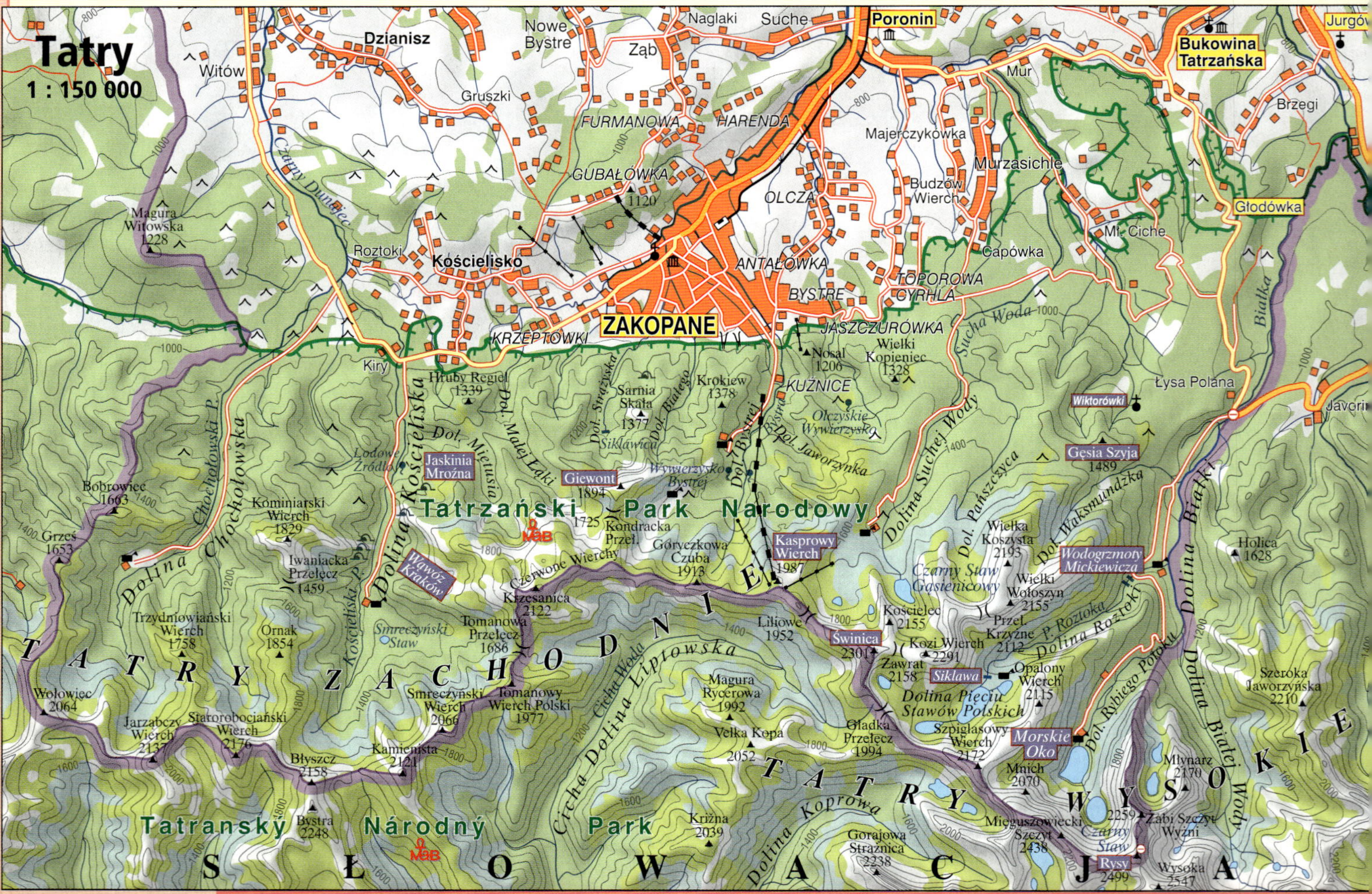

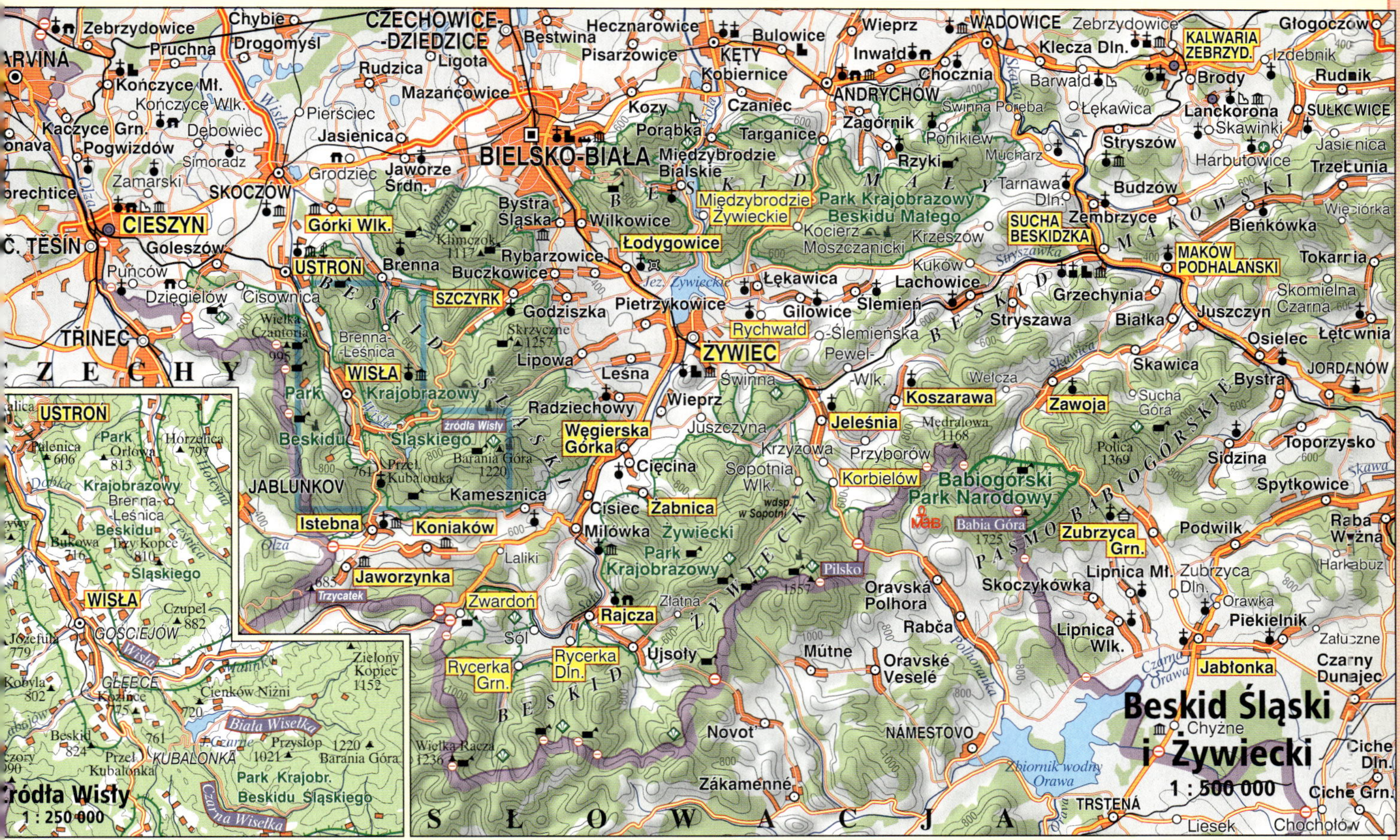
Beskid Śląski i Żywiecki
1 : 500 000
Źródła Wisły
1 : 250 000
BIELSKO-BIAŁA
CZECHOWICE-DZIEDZICE
CIESZYN
Č. TĚŠÍN
USTROŃ
WISŁA
SZCZYRK
ŻYWIEC
SUCHA BESKIDZKA
MAKÓW PODHALAŃSKI
KALWARIA ZEBRZYD.
WADOWICE
KĘTY
ANDRYCHÓW
SKOCZÓW
TRINEC
JABLUNKOV
Zebrzydowice
Chybie
Drogomyśl
Rudzica
Ligota
Mazańcowice
Bestwina
Pisarzowice
Hecznarowice
Bulowice
Kobiernice
Kozy
Czaniec
Porąbka
Międzybrodzie Bialskie
Międzybrodzie Żywieckie
Targanice
Zagórnik
Rzyki
Wieprz
Inwałd
Chocznia
Zebrzydowice
Klecza Dln.
Barwałd
Łękawica
Brody
Lanckorona
Sułkowice
Głogoczów
Izdebnik
Rudnik
Stryszów
Skawinki
Harbutowice
Jasienica
Trzebunia
Budzów
Zembrzyce
Bieńkówka
Tokarnia
Skomielna Czarna
Łętownia
Osielec
Juszczyn
Białka
Grzechynia
Stryszawa
Kuków
Lachowice
Krzeszów
Ślemień
Gilowice
Łękawica
Ślemieńska
Pewel
Wlk.
Koszarawa
Zawoja
Skawica
Sucha Góra
Bystra
Jordanów
Toporzysko
Sidzina
Spytkowice
Raba Wyżna
Harkabuz
Podwilk
Zubrzyca Dln.
Orawka
Piekielnik
Załuzne
Czarny Dunajec
Jabłonka
Chyżne
Ciche Dln.
Ciche Grn.
Chochołów
Liesek
TRSTENÁ
NÁMESTOVO
Zbiornik wodny Orawa
Lipnica Ml.
Lipnica Wlk.
Zubrzyca Grn.
Skoczykówka
Babiogórski Park Narodowy
Babia Góra 1725
Pasmo Babiogórskie
Korbielów
Przyborów
Krzyżowa
Jeleśnia
Mędralowa 1168
Pilsko
Oravska Polhora
Rabča
Mútne
Oravské Veselé
Novot
Zákamenné
Soblówka
Ujsoły
Rajcza
Rycerka Dln.
Rycerka Grn.
Zwardoń
Sól
Jaworzynka
Koniaków
Istebna
Milówka
Cisiec
Żabnica
Żywiecki Park Krajobrazowy
Cięcina
Węgierska Górka
Radziechowy
Juszczyna
Sopotnia Wlk.
Kamesznica
Lipowa
Leśna
Wieprz
Świnna
Pietrzykowice
Godziszka
Buczkowice
Rybarzowice
Łodygowice
Wilkowice
Bystra Śląska
Brenna
Jaworze
Górki Wlk.
Grodziec
Pierściec
Jasienica
Goleszów
Dzięgielów
Cisownica
Puńców
Pogwizdów
Zamarski
Simoradz
Dębowiec
Kaczyce Grn.
Kończyce Mł.
Kończyce Wlk.
Pruchna
Park Krajobrazowy Beskidu Śląskiego
Park Krajobrazowy Beskidu Małego
Rychwałd
Tarnawa Dln.
Mucharz
Ponikiew
Kocierz Moszczanicki
Czernichów
Z E C H Y
S Ł O W A C J A
Czupel 882
Kubalonka
Przysłop
Barania Góra
Park Krajobr. Beskidu Śląskiego
Biała Wisełka
Czarna Wisełka
Gościejów
Krajobrazowy
Zielony Kopiec 1152

Gorce i Beskid Sądecki
1 : 500 000
WIELICZKA
BOCHNIA
BRZESKO
Wojnicz
MYŚLENICE
DOBCZYCE
LIMANOWA
NOWY SĄCZ
STR. SĄCZ
NOWY TARG
ZAKOPANE
RABKA-ZDRÓJ
MSZANA DLN.
KRYNICA-ZDRÓJ
MUSZYNA
PIWNICZNA-ZDRÓJ
SZCZAWNICA
Krościenko n. Dunajcem
GRYBÓW
GORLICE
CIĘŻKOWICE
TUCHÓW
RYGLICE
STARA ĽUBOVŇA
SPISSKA ST. VES
Łapczyca
Sierczа
Kożmice Wlk.
Rzeszotary
Mogilany
Świątniki Grn.
Siepraw
Krzyszkowice
Gdów
Niegowić
Raciborsko
Dziekanowice
Stadniki
Łapanów
Sobolów
Królówka
Nw. Wiśnicz
Wiśnicko-Lipnicki Park Krajobrazowy
Lipnica Murowana
Tymowa
Gnojnik
Okocim
Porąbka Uszewska
Uszew
Złota
Melsztyn
Zakliczyn
Jadowniki
Łysa Góra
Szczepanowice
Pleśna
Zalasowa
Siedliska
Park Krajobraz. Pasma Brzanki
Jodłówka
Tuchowska
Rzepiennik Strzyżewski
Bobowa
Szalowa
Ropica Polska
Szymbark
Bielanka
Łosie
Kunkowa
Uście Gorlickie
Brunary Wyżne
Śnietnica
Berest
Florynka
Kamianna
Piorunka
Hańczowa
Banica
Tylicz
Muszynka
Powroźnik
Wojkowa
Dubne
Malcov
Andrzejówka
Żegiestów Zdrój
Złockie
Szczawnik
Wierchomla
Łomnica Zdrój
Rytro
Popradzki Park Krajobrazowy
Barcice
Przysietnica
Obidza
Jazowsko
Łącko
Maszkowice
Zabrzeż
Kamienica
Szczawa
Ochotnica Dln.
Ochotnica Grn.
Gorczański Park Narodowy
Tylmanowa
Kłodne
Grywałd
Harklowa
Dębno
Maniowy
Czorsztyn
Frydman
Krempachy
Niedzica
Pieniński Park Nar.
Przełom Dunajca
Jaworki
Wąwóz Homole
Sromowce Wyż.
Sromowce Niżne
Červený Kláštor
Spišské Hanušovce
Vyšné Ružbachy
Kamienka
Chmelnica
Lubotín
Kacwin
Łapsze Niżne
Czarna Góra
Jurgów
Białka Tatrz.
Bukowina Tatrzańska
Murzasichle
Poronin
Biały Dunajec
Ratułów
Ciche Grn.
Nw. Bystre
Dzianisz
Kościelisko
Kiry
Tatrzański Park Nar.
Chochołów
Ciche Dln.
Czarny Dunajec
Ludźmierz
Ostrowsko
Łopuszna
Szaflary
Gronków
Bustryk
Trybsz
Lesnica
Maruszyna
Czerwienne
Str. Bystre
Zaskale
Długopole
Załuczne
Waksmund
Klikuszowa
Lasek
Sieniawa
Raba Wyżna
Rdzawka
Chabówka
Olszówka
Poręba Wlk.
Niedźwiedź
Konina
Lubomierz
Skomielna Biała
Mszana Grn.
Łętowe
Raba Niżna
Tenczyn
Krzeczów
Kasinka Mł.
Kasina Wlk.
Lubień
Łętownia
Tokarnia
Pcim
Trzebunia
Stróża
Poręba
Kudłacze
Jawornik
Sułkowice
Bysina
Trzemeśnia
Droginia
Borzęta
Wiśniowa
Szczyrzyc
Jodłownik
Lipnik
Skrzydlna
Wilkowisko
Podłopień
Tymbark
Dobra
Słopnice
Wola
Mordarka
Pisarzowa
Męcina
Str. Wieś
Siekierczyna
Przyszowa
Łukowica
Chełmiec
Świniarsko
Brzezna
Podegrodzie
Kamionka Wlk.
Nawojowa
Frycowa
Łabowa
Binczarowa
Ptaszkowa
Kąclowa
Ropa
Biała Niżna
Gródek
Stróże
Krużlowa Wyżna
Wojnarowa
Librantowa
Korzenna
Koniuszowa
Piątkowa
Paszyn
Mystków
Wielogłowy
Marcinkowice
Chomranice
Tęgoborze
Jelna
Łososina Dln.
Jez. Rożnowskie
Rożnów
Gródek n. Dunajcem
Przydonica
Jasienna
Brusnik
Zborowice
Jastrzębia
Ciężkowicko-Rożnowski Park Krajobraz.
Skamieniałe Miasto
Bogoniowice
Staszkówka
Moszczenica
Łużna
Zagórzany
Rozdziele
Wojakowa
Iwkowa
Czchów
Jurków
Rajbrot
Łąkta Grn.
Żegocina
Trzciana
Laskowa
Ujanowice
Młynne
Rupniów
Kobyle
Spytkowice
Poręba
Sitnica
Biskupice
Rzepiennik
Szczytniki
S Ł O W A C J A

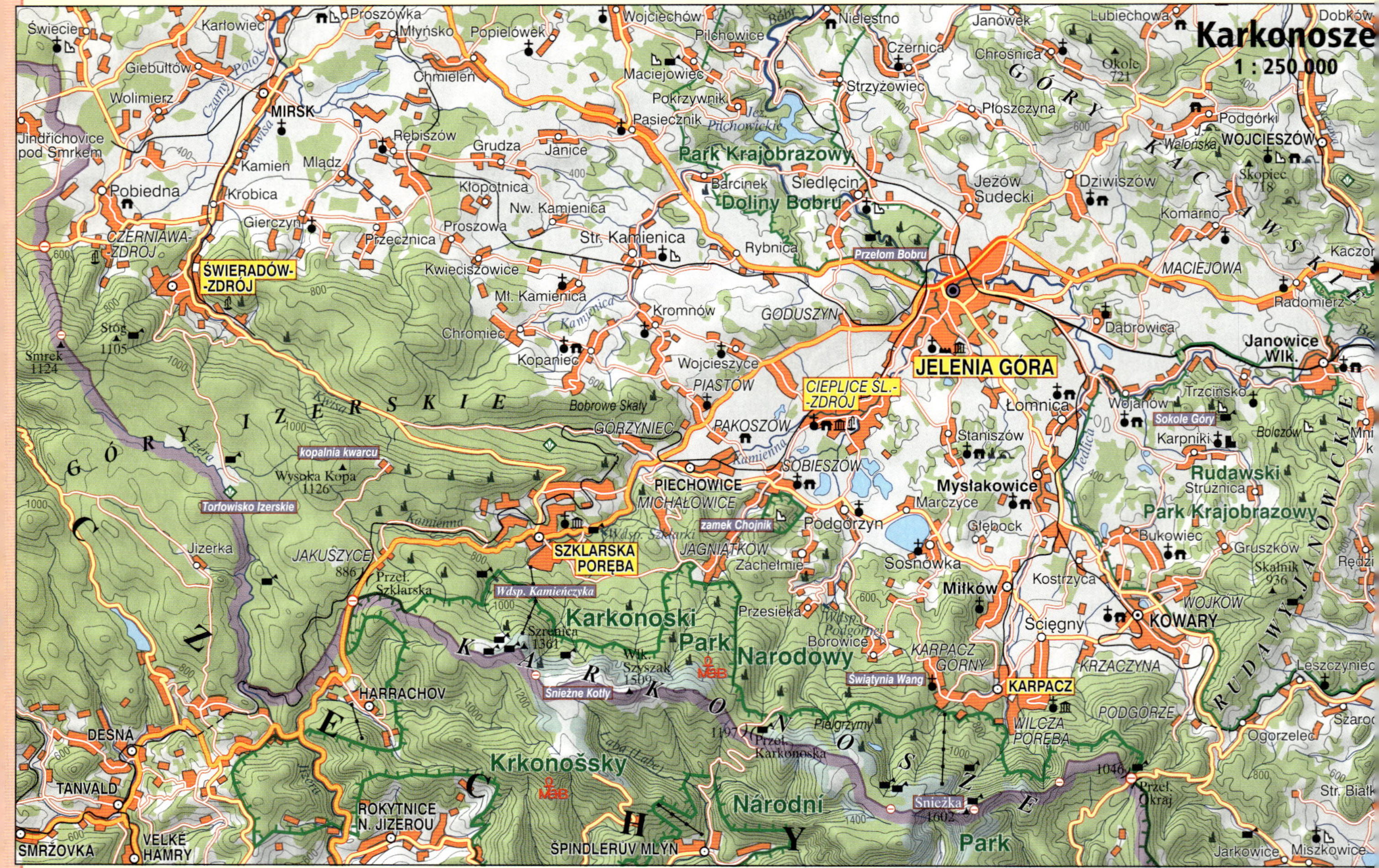
Karkonosze
1 : 250 000
JELENIA GÓRA
CIEPLICE ŚL.-ZDRÓJ
SZKLARSKA PORĘBA
ŚWIERADÓW-ZDRÓJ
KARPACZ
KOWARY
MIRSK
Karkonoski Park Narodowy
Krkonošský Národní Park
GÓRY IZERSKIE
GÓRY KACZAWSKIE
RUDAWY JANOWICKIE
Rudawski Park Krajobrazowy
Park Krajobrazowy Doliny Bobru
HARRACHOV
TANVALD
DESNÁ
SMRŽOVKA
ŠPINDLERŮV MLÝN
Śnieżka 1602
Mysłakowice
Podgórzyn
Miłków
Janowice Wlk.
WOJCIESZÓW

Jura Krakowsko-Częstochowska
1 : 500 000
KRAKÓW
OLKUSZ
ZAWIERCIE
MYSZKÓW
DĄBROWA GÓRNICZA
JAWORZNO
CHRZANÓW
SZCZEKOCINY
WOLBROM
PILICA
OGRODZIENIEC
Ojcowski Park Narodowy
Park Krajobrazowy Orlich Gniazd
Dłubniański Park Krajobrazowy
KRZESZOWICE
ALWERNIA
SKAŁA
TRZEBINIA

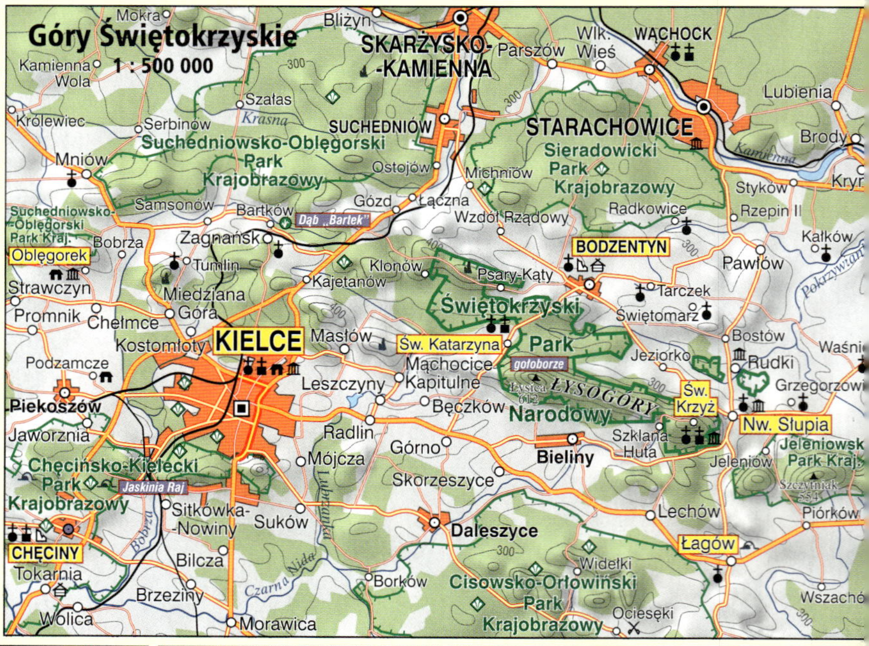
Góry Świętokrzyskie
1 : 500 000
KIELCE
SKARŻYSKO-KAMIENNA
STARACHOWICE
WĄCHOCK
SUCHEDNIÓW
BODZENTYN
CHĘCINY
Świętokrzyski Park Narodowy
Suchedniowsko-Oblęgorski Park Krajobrazowy
Sieradowicki Park Krajobrazowy
Cisowsko-Orłowiński Park Krajobrazowy
Chęcińsko-Kielecki Park Krajobrazowy
ŁYSOGÓRY
Nw. Słupia
Łagów
Daleszyce
Bieliny

Roztocze Środkowe
1 : 500 000
BIŁGORAJ
ZWIERZYNIEC
JÓZEFÓW
KRAŚNOBRÓD
Roztoczański Park Narodowy
Szczebrzeszyński Park Krajobraz.
Krasnobrodzki Park Krajobr.
Park Krajobrazowy Puszczy Solskiej
PUSZCZA SOLSKA
Susiec
Suchowola
Łabunie

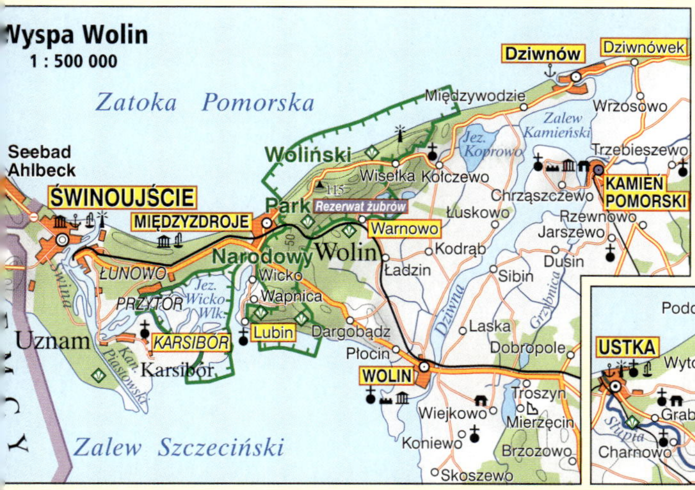
Wyspa Wolin
1 : 500 000
Zatoka Pomorska
ŚWINOUJŚCIE
MIĘDZYZDROJE
Woliński Park Narodowy
Dziwnów
Dziwnówek
KAMIEŃ POMORSKI
Wolin
WOLIN
Karsibór
Lubin
Warnowo
Uznam
Zalew Szczeciński
Seebad Ahlbeck

Wybrzeże Słowińskie
1 : 500 000
MORZE BAŁTYCKIE
Słowiński Park Narodowy
Jez. Łebsko
ŁEBA
Kluki
Rowokół
Jez. Gardno
USTKA
LĘBORK
Ruchome wydmy

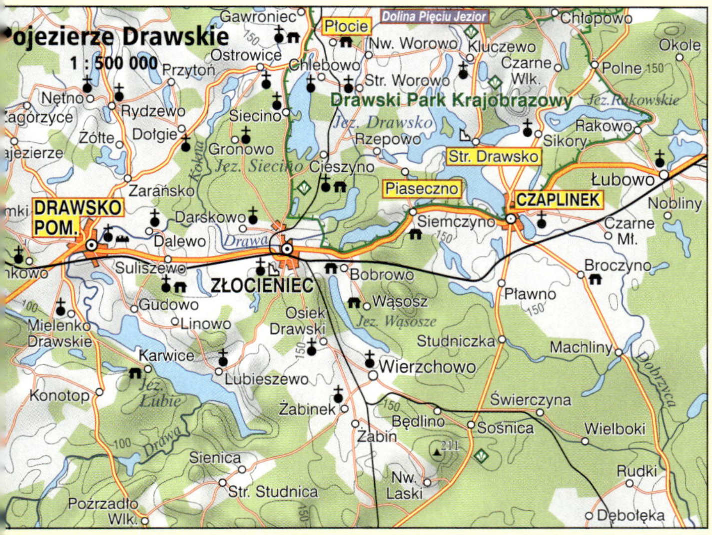
Pojezierze Drawskie
1 : 500 000
Drawski Park Krajobrazowy
DRAWSKO POM.
ZŁOCIENIEC
CZAPLINEK
Str. Drawsko
Piaseczno
Płocie
Dolina Pięciu Jezior

Pobrzeże Kaszubskie
1 : 500 000
MORZE BAŁTYCKIE
Nadmorski Park Krajobrazowy
WŁADYSŁAWOWO
JASTRZĘBIA GÓRA
Żarnowiec
Krokowa
PUCK
Swarzewo
JASTARNIA
HEL
Zatoka Pucka
Mierzeja Helska
WEJHEROWO
REDA
RUMIA
GDYNIA
Trójmiejski Park Krajobrazowy

Szwajcaria Kaszubska
1 : 500 000
Kaszubski Park Krajobraz.
KARTUZY
ŻUKOWO
Chmielno
Szymbark
Wieżyca
Sierakowice
Somonino

Kraina Wielkich Jezior
1 : 500 000
WĘGORZEWO
Sztynort
Jez. Mamry
Jez. Dargin
Jez. Niegocin
GIŻYCKO
KĘTRZYN
Gierłoż
Wilkasy
RYN
MRĄGOWO
MIKOŁAJKI
Jez. Łuknajno
Jezioro Śniardwy
Mazurski Park Krajobrazowy
Wojnowo
RUCIANE-NIDA
PISZ
ORZYSZ
Piecki

Pojezierze Iławskie
1 : 500 000
ZALEWO
MIŁOMŁYN
Śluza Miłomłyn
Piławki
OSTRÓDA
IŁAWA
Jez. Jeziorak
Park Krajobraz. Pojezierza Iławskiego
Park Krajobraz. Wzgórz Dylewskich
Rez. Rzeka Drwęca

Legenda do map miast i aglomeracji miejskich w skalach 1 : 200 000 i 1 : 250 000

- centra administracyjno-usługowe
- zabudowa wielorodzinna
- zabudowa jednorodzinna
- tereny przemysłowe, kolejowe i portowe
- tereny zdegradowane (hałdy, wyrobiska)
- lasy
- parki i tereny sportowe
- cmentarze
- sady i ogródki działkowe
- łąki i pastwiska
- granice administracyjne miast
- granice parków narodowych
- granice parków krajobrazowych
- autostrady
- drogi i ulice główne
- pozostałe drogi i ulice
- koleje, stacje i przystanki kolejowe
- dworce autobusowe,
- porty lotnicze, porty morskie
- kościoły, klasztory
- inne najważniejsze obiekty

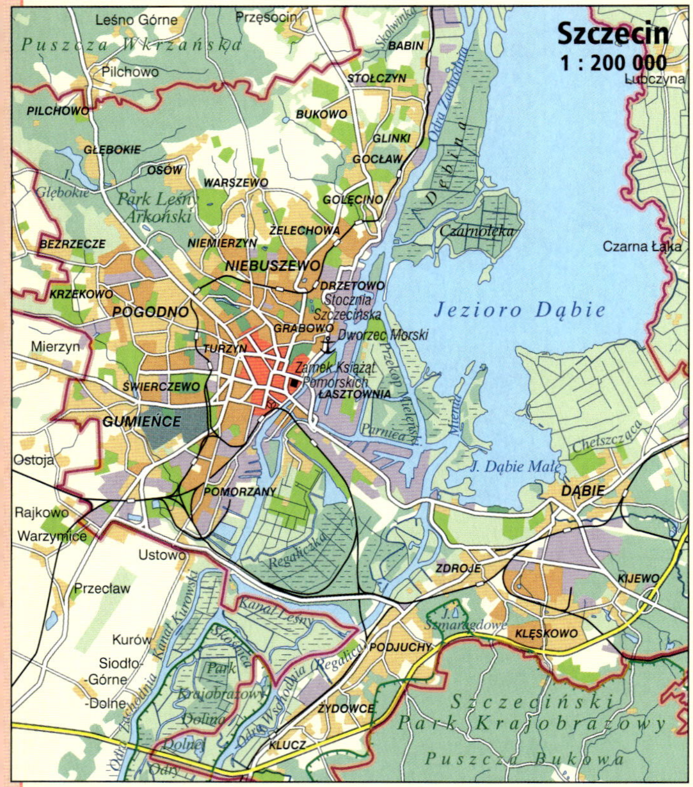

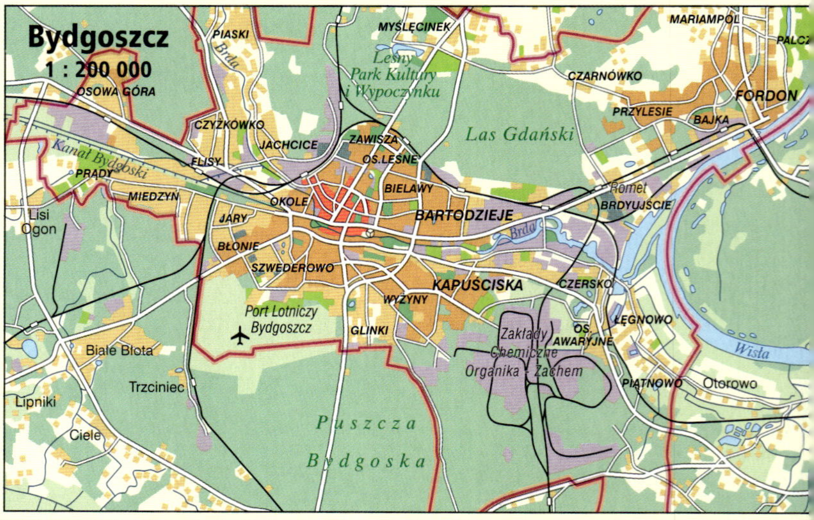

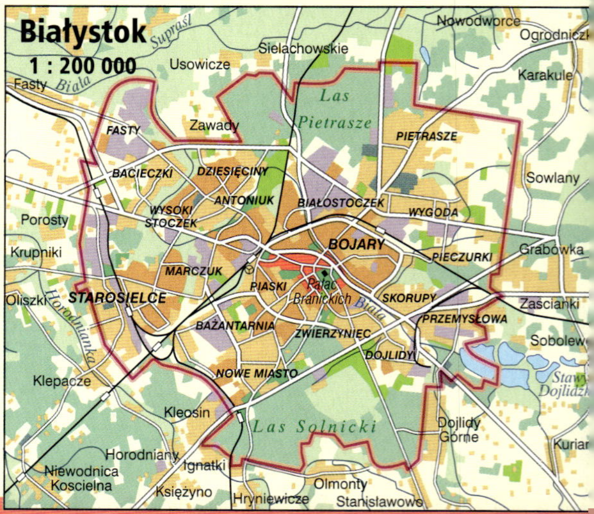

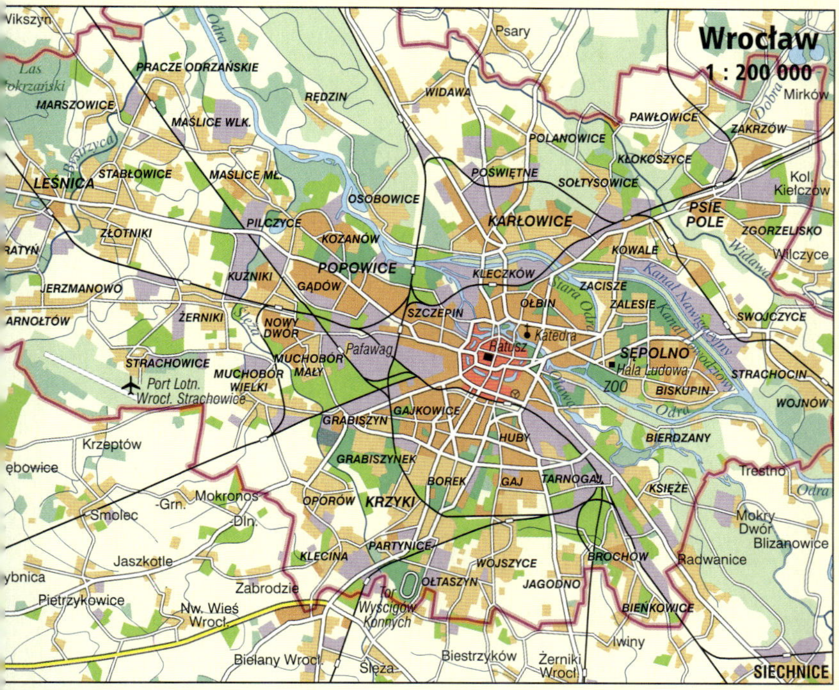

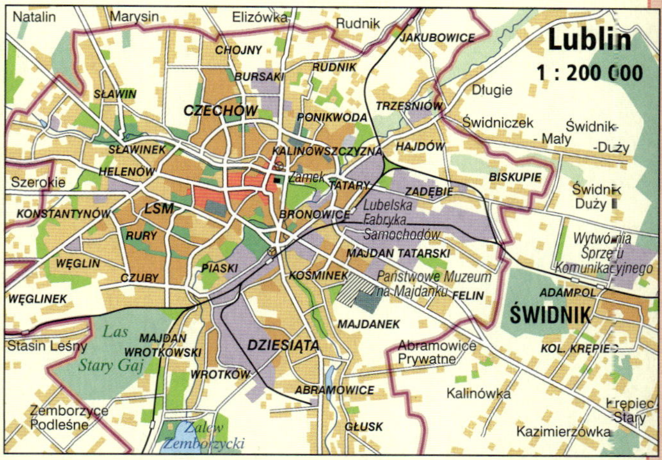

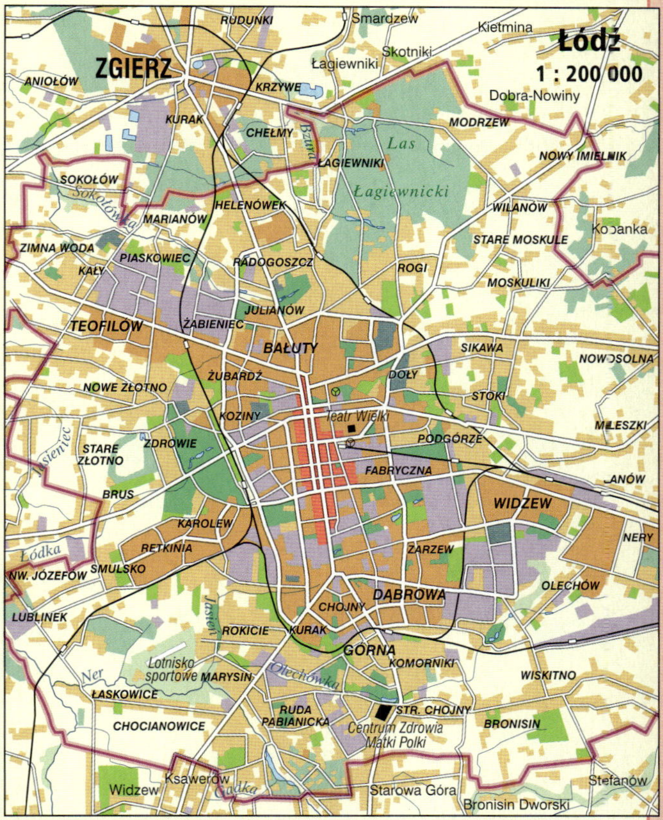

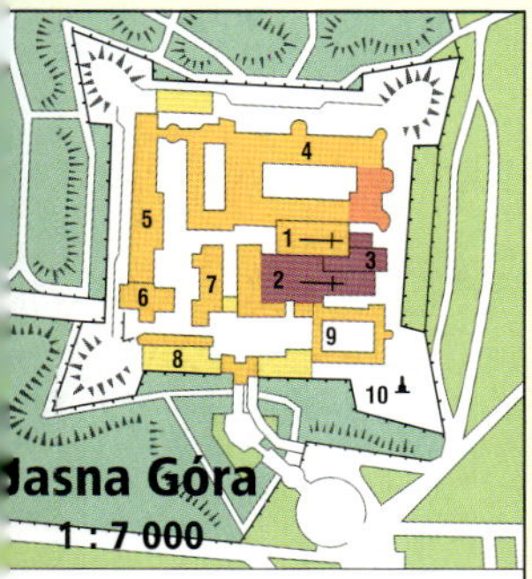

1. Kaplica Cudownego Obrazu
2. Bazylika
3. Skarbiec wotywny NMP
4. Klasztor
5. Muzeum Sześćsetlecia
6. Arsenał
7. Pokoje Królewskie
8. Sala Papieska
9. Wieczernik
10. Pomnik o. Kordeckiego

Wiek zabudowy

- XV
- XVI
- XVII i XVIII
- XIX i XX

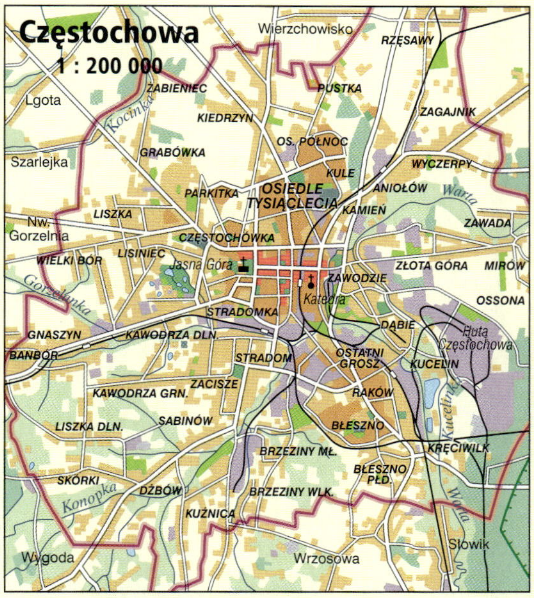

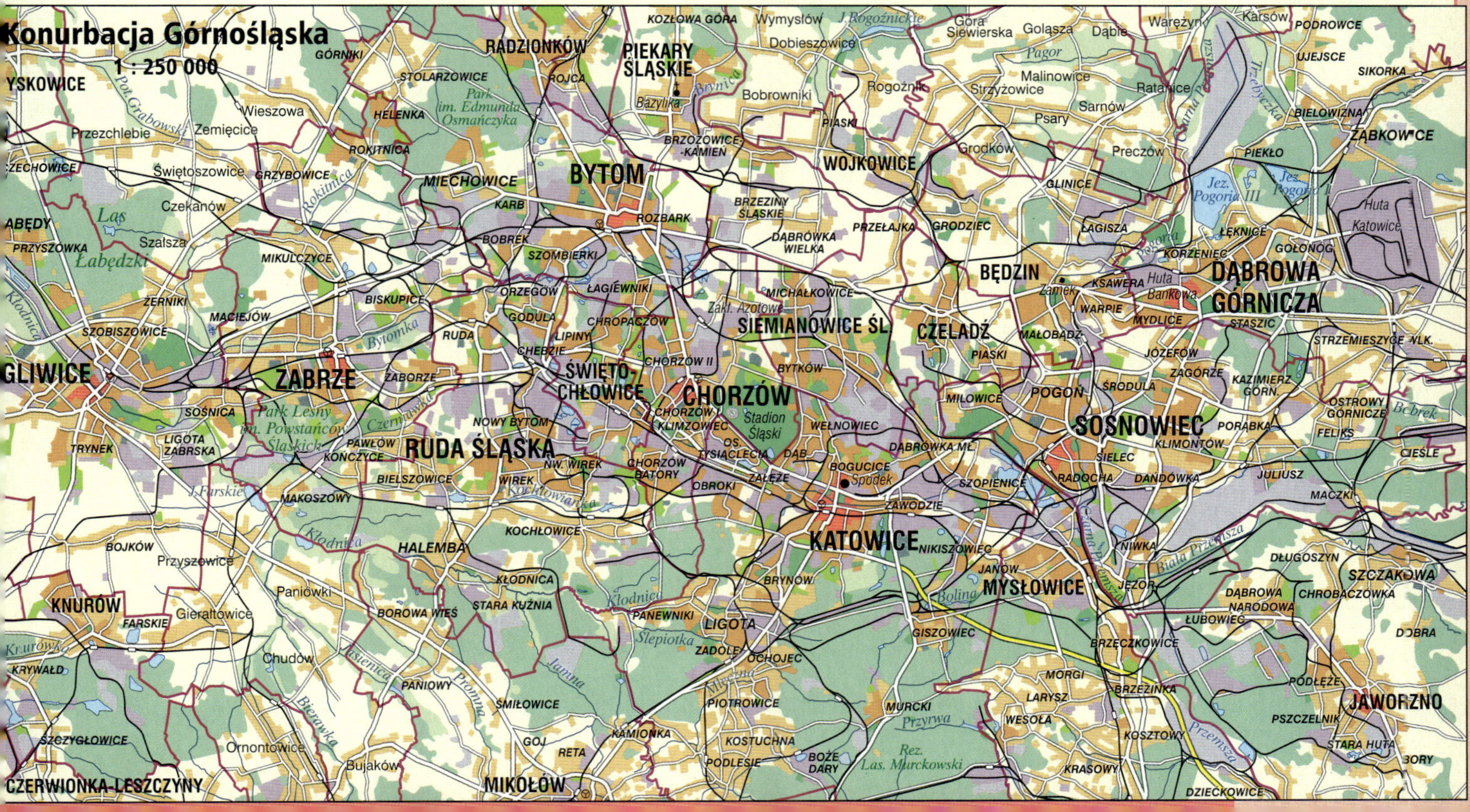

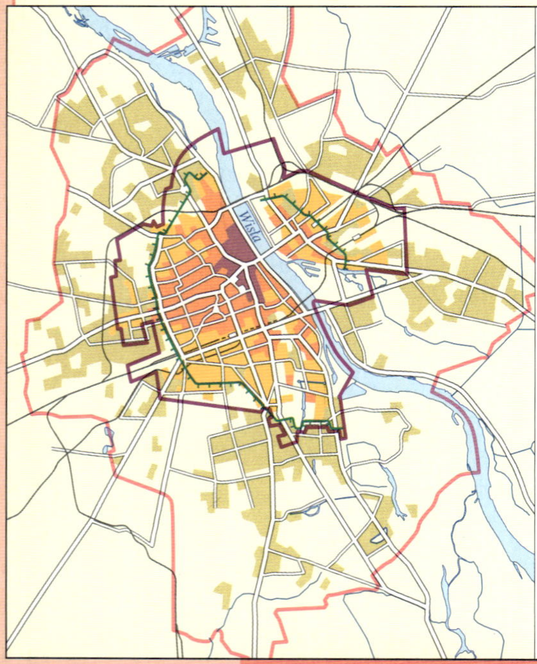

Rozwój terytorialny do 1939 r.

1 : 200 000

granica miasta
- w 1939 r.
- w 1914 r.
- wały z 1770 r.

Przyrost obszaru zabudowy do roku:
1939
1914
1800
1700

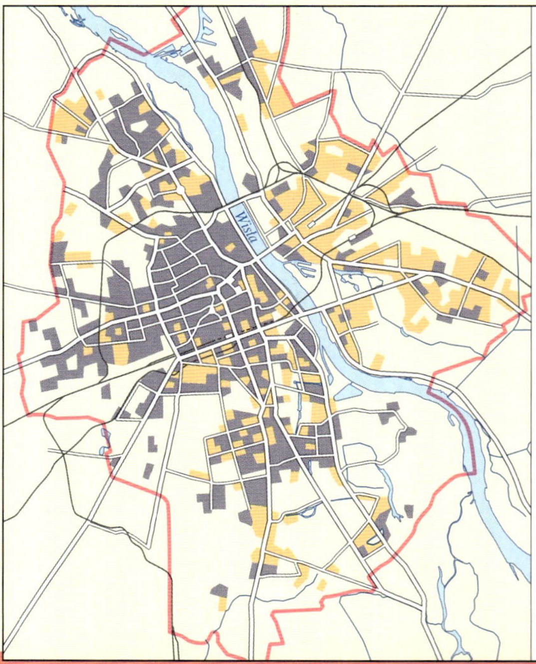

Zniszczenia zabudowy w latach 1939–1944

1 : 200 000

- zabudowa zniszczona
- zabudowa zachowana
- granica miasta w 1939 r.

Etapy niszczenia zabudowy

% kubatury budynków

zabudowa zachowana: 28%

zabudowa zniszczona:
- 45% — 1944 r. w czasie i po Powstaniu Warszawskim
- 15% — 1943 r. w czasie i po powstaniu w Getcie
- 12% — 1939 r. podczas Kampanii Wrześniowej

- administracja i finanse
  1. Błękitny Wieżowiec
  2. Ministerstwo Zdrowia
  3. Pałac Prymasowski (USC)
  4. Prokuratura Generalna
  5. Min. Kultury i Dziedz. Narod.
  6. Ambasada Włoch
  7. Ministerstwo Finansów
  8. Narodowy Bank Polski
  9. Saski Business Park
  10. Telekomunikacja Polska
  11. Warszawskie Centrum Finansowe
  12. Sienna Center
  13. Warta SA
  14. Fim Tower
  15. Ministerstwo Infrastruktury
  16. Urząd Dzielnicy Śródmieście
  17. Ministerstwo Rolnictwa
  18. Ministerstwo Skarbu Państwa
  19. Ministerstwo Gospodarki
  20. Polska Agencja Prasowa
  21. Centrum Bankowo-Finansowe
  22. Amb. Stanów Zjednoczonych
  23. Ambasada Wielkiej Brytanii
  24. Min. Oświaty i Wychowania i Min. Spraw Zagranicznych
  25. Focus Filtrowa
  26. Ministerstwo Środowiska
  27. Urząd Dzielnicy Ochota
  28. Urząd Dzielnicy Praga Północ
- nauka i kultura
  29. Muzeum Więzienia Pawiak
  30. Mazowieckie Centrum Kultury
  31. Muz. Malarstwa Europejskiego
  32. Muzeum Archeologiczne
  33. Pałac Krasińskich
  34. Akademia Teatralna
  35. Chrześcijańska Akad. Teol.
  36. Galeria Zachęta
  37. Muzeum Etnograficzne
  38. Pałac Staszica (PAN)
  39. Muzeum Przemysłu
  40. Muzeum Kolejnictwa
  41. Teatr Ochoty
  42. Biblioteka m. st. Warszawy
  43. Obserwatorium Astronomiczne
  44. Wielka Oficyna
- hotele
  45. Harenda
  46. Warszawa
  47. Holiday Inn
  48. Polonia i Metropol
  49. Forum
  50. Grand
- obiekty sakralne
  51. Kaplica Matki Boskiej Loretańskiej
  52. Cerkiew św. Marii Magdaleny
  53. Kościół św. Michała i św. Floriana
  54. Kościół Nawiedzenia NMP
  55. Kościół Sakramentek
  56. Kościół św. Jacka
  57. Katedra Polowa WP
  58. Kościół św. Marcina
  59. Bazylika Archikatedralna
  60. Kościół św. Anny
  61. Kościół św. Jacka
  62. Kościół Wniebowstąpienia NMP i św. Józefa
  63. Kościół Wizytek
  64. Kościół ewangelicko-augsburski
  65. Kościół Św. Krzyża
  66. Kościół Wszystkich Świętych
  67. Synagoga Ortodoksów
  68. Kościół św. Aleksandra
  69. Kościół Najświętszego Zbawiciela

- handel
- szpitale
- dworce kolejowe i autobusowe
- ważniejsze obiekty zabytkowe
- stacje metra
- obszary z dominacją zabudowy mieszkaniowej
- tereny przemysłowo-składowe
- parki i skwery
- ogródki działkowe i sady
- koleje
- budynki użyteczności publicznej (na mapach **Centrum**)
- pozostałe budynki (na mapach **Centrum**)

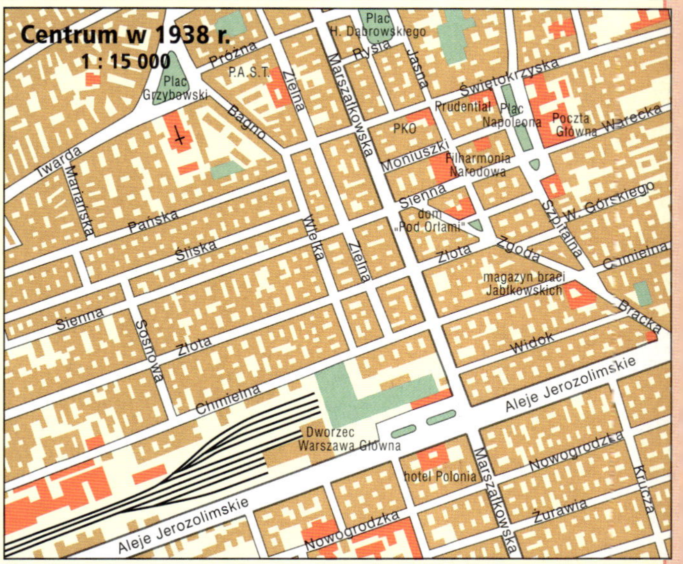

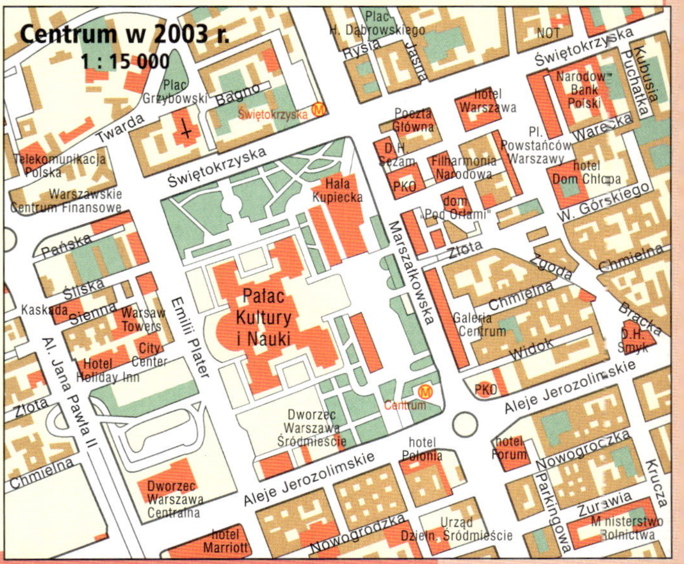

Rozmieszczenie ludności w Warszawie

1 : 300 000

- obszary zabudowane
- granica miasta
- 5000 mieszkańców

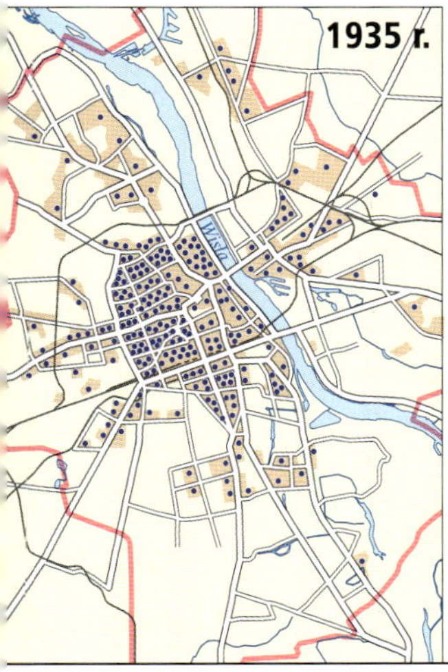

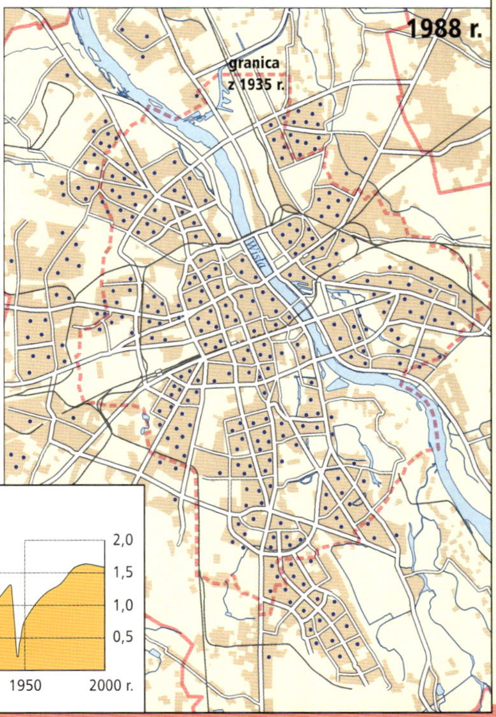

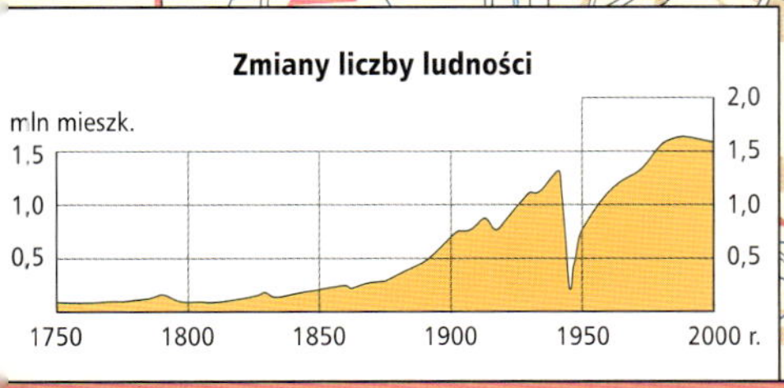

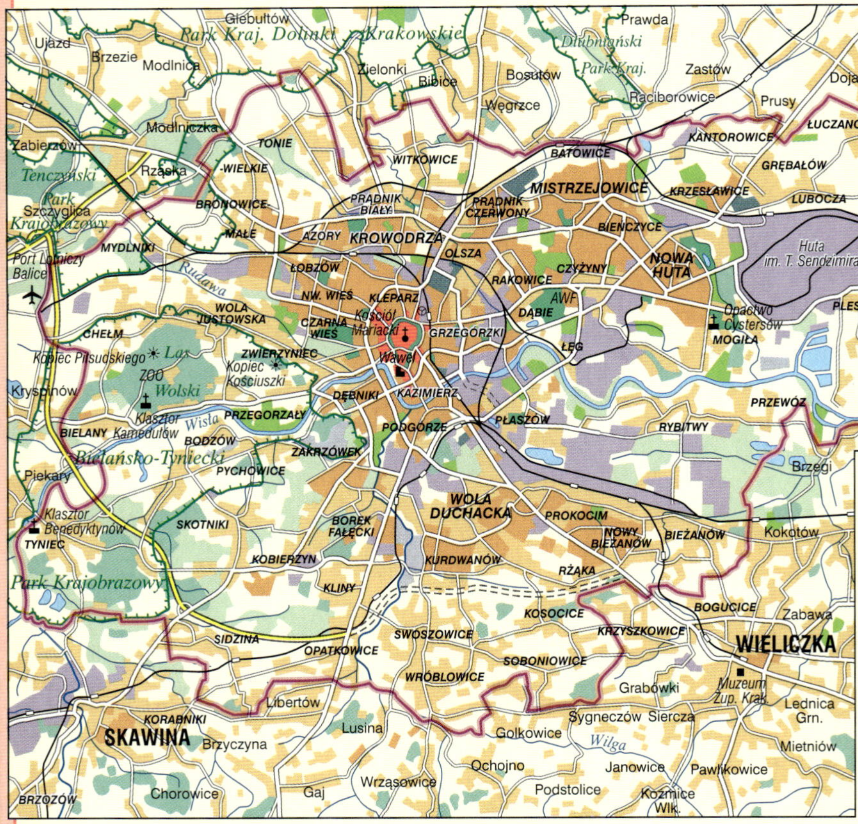

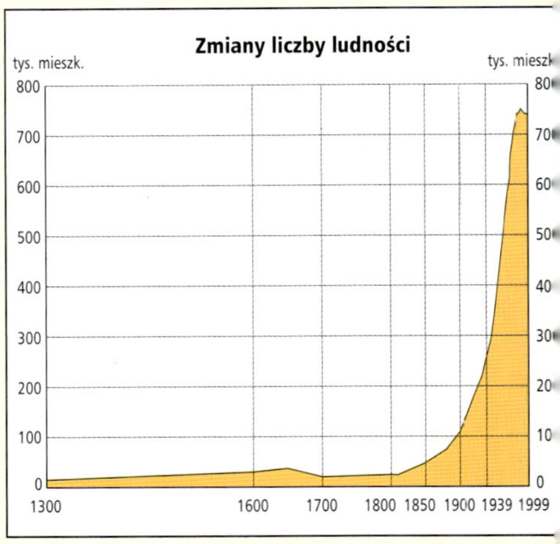

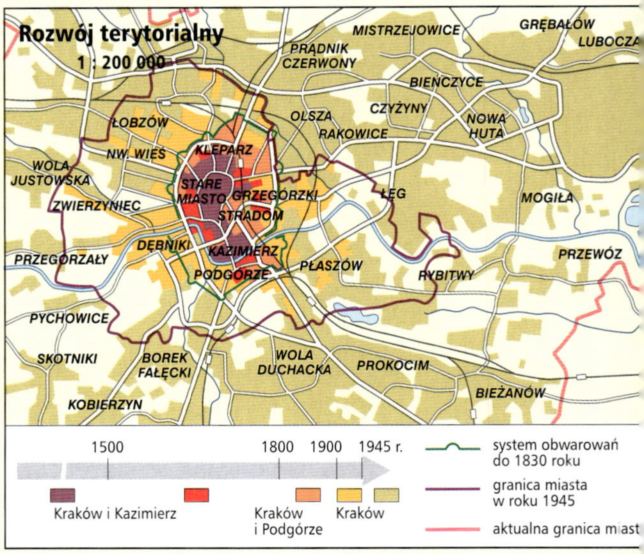

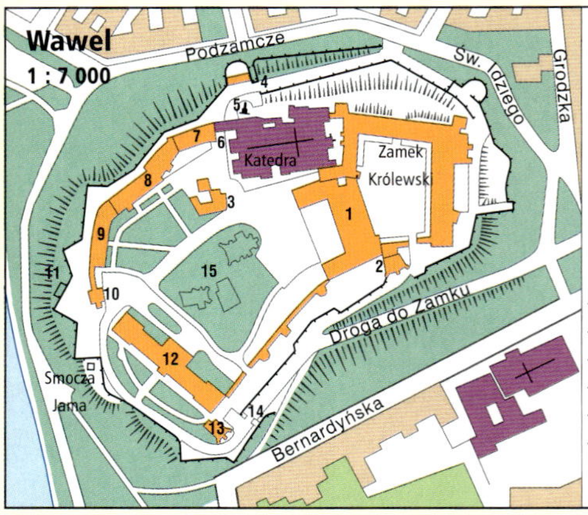

1. Dawne kuchnie królewsk
2. Baszta Senatorska
3. Wiktorówka
4. Brama Herbowa
5. Pomnik T. Kościuszki
6. Brama Wazów
7. Muzeum Katedralne
8. Dawne seminarium duchowne
9. Nowy budynek
10. Baszta Złodziejska
11. Schody do Smoczej Jamy
12. Dawny szpital austriacki
13. Baszta Sandomierska
14. Brama Bernardyńska
15. Fundamenty dawnych budowli

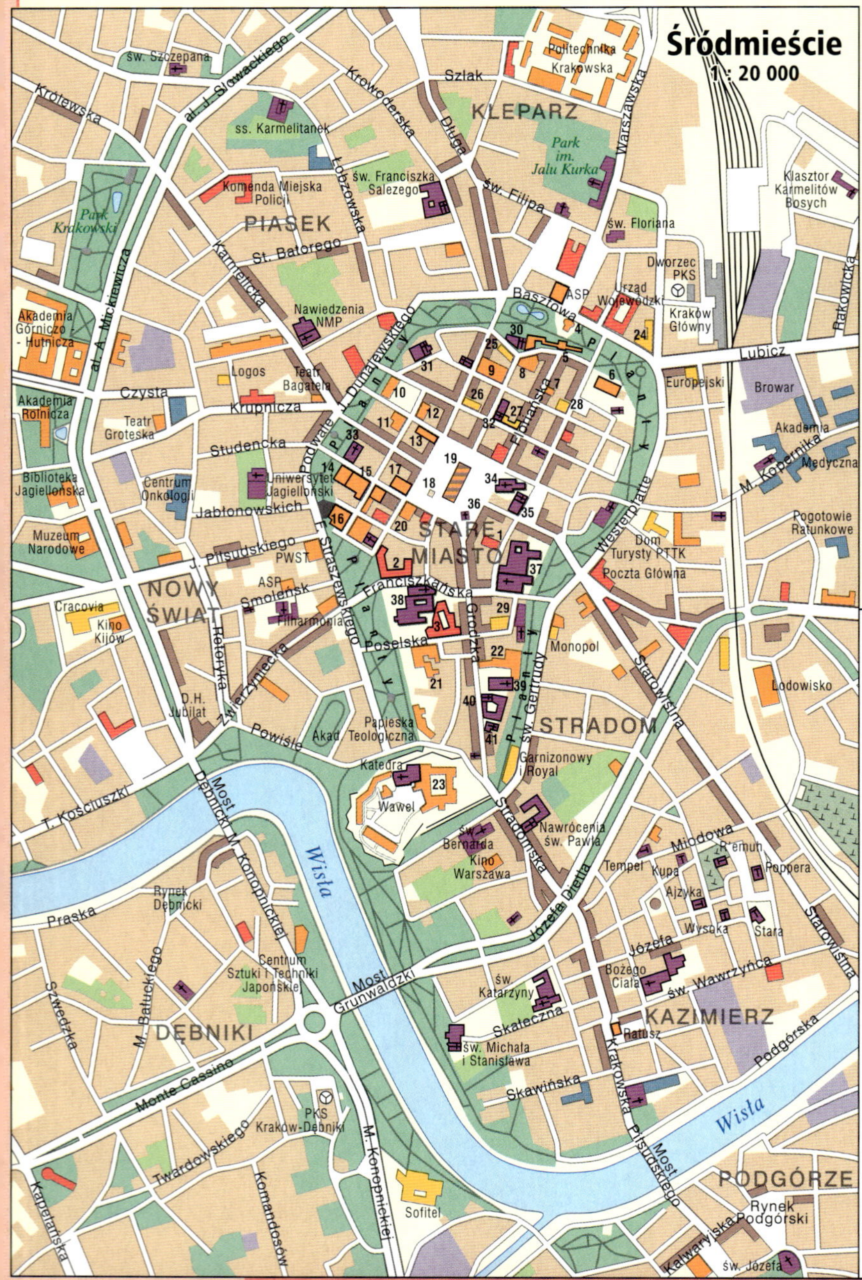

administracja i finanse

1. Konsulat Stanów Zjednoczonych
2. Pałac Arcybiskupi
3. Urząd miasta Krakowa

nauka i kultura

4. Barbakan
5. Brama Floriańska
6. Teatr im. Słowackiego
7. Dom Jana Matejki
8. Muzeum Czartoryskich
9. Polska Akademia Nauk
10. Pałac Sztuki
11. Teatr im. H. Modrzejewskiej (Stary)
12. Dom Szołayskich
13. Pałac Pod Krzysztofory
14. Collegium Medicum
15. Collegium Maius (Muzeum Uniwersytetu Jagiellońskiego)
16. Collegium Novum
17. Pałac Pod Baranami
18. Wieża Ratuszowa
19. Sukiennice
20. Międzynarodowe Centrum Kultury
21. Dawne więzienie św. Michała (Muzeum Archeologiczne)
22. Dawny Klasztor Jezuitów
23. Zamek Królewski

hotele

24. Warszawski i Polonia
25. Francuski
26. Grand
27. Pod Różą
28. Pollera
29. Wawel - Tourist

obiekty sakralne

30. Klasztor Pijarów i Kościół Przemienienia Pańskiego
31. Klasztor Reformatów i Kościół św. Kazimierza
32. Klasztor Prezentek i Kościół św. Jana
33. Kościół św. Anny
34. Kościół Najświętszej Panny Marii (Mariacki)
35. Kościół św. Barbary
36. Kościół św. Wojciecha
37. Klasztor Dominikanów i Kościół Św. Trójcy
38. Kościół Franciszkanów i Kościół św. Franciszka
39. Kościół św. Piotra i Pawła
40. Klasztor Klarysek i Kościół św. Andrzeja
41. Kościół św. Marcina

handel · szpitale · dworce kolejowe i autobusowe · ważniejsze obiekty zabytkowe

obszary z dominacją zabudowy mieszkaniowej · tereny przemysłowo-składowe · parki i skwery · sady i ogrody · cm. żydowski · koleje

Druga Rzeczpospolita - narodowości ok. 1930 r.
1 : 11 000 000

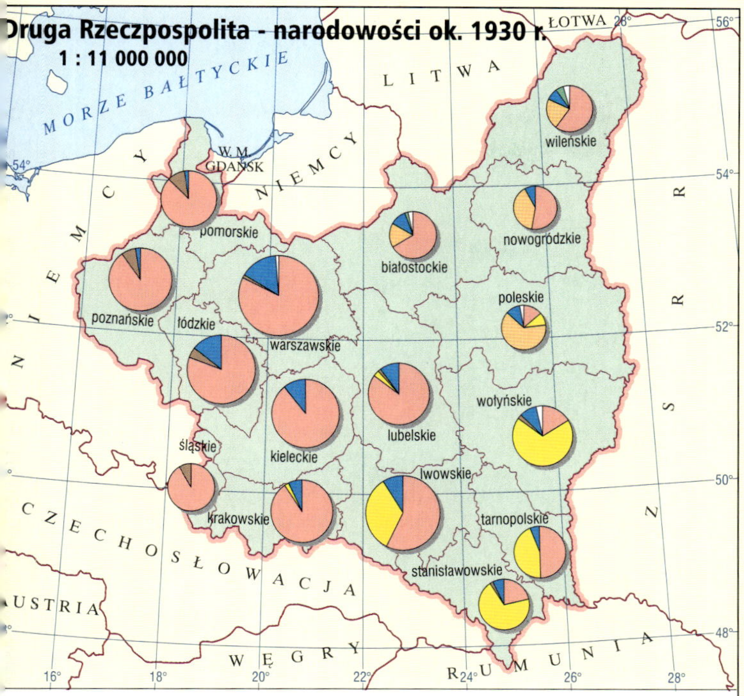

Narodowości
- Polacy
- Ukraińcy
- Białorusini
- Niemcy
- Żydzi
- Litwini
- inni

Liczba ludności w województwach

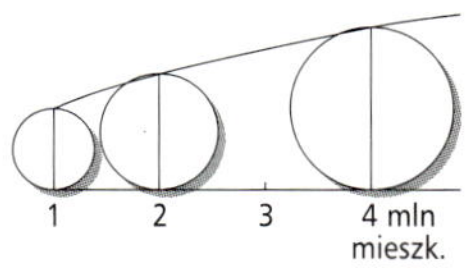

Skład narodowościowy w 1930 r.

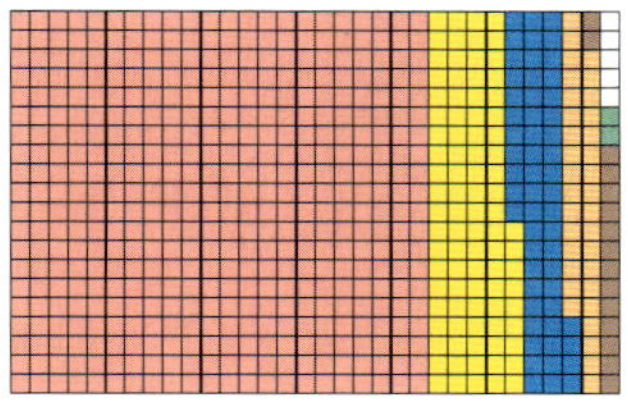

□ 50 tys. mieszk.

- granice państw
- granice województw

Przemieszczenia ludności w latach 1939 – 1945
1 : 11 000 000

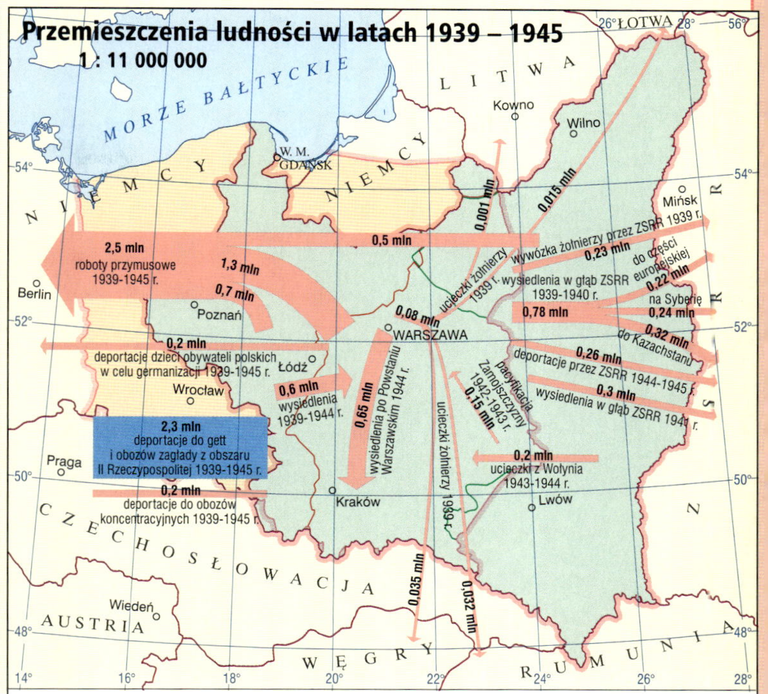

Przemieszczenia ludności
- Polacy
- Niemcy
- Żydzi

- granice państw w 1939 r.
- granica Polski w 1945 r.
- granica niemiecko-radziecka z 28 IX 1939 r.
- granica ziem polskich wcielonych do Rzeszy Niemieckiej

Skład narodowościowy w połowie 1945 r.

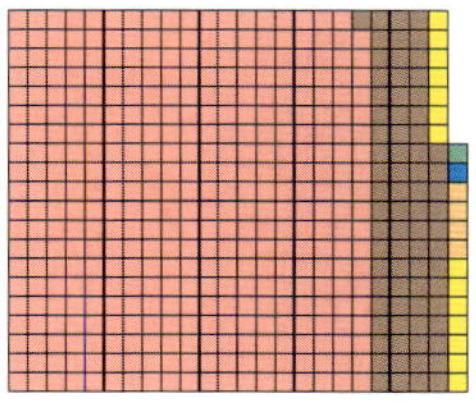

□ 50 tys. mieszk.

Przemieszczenia ludności w latach 1945 – 1959
1 : 11 000 000

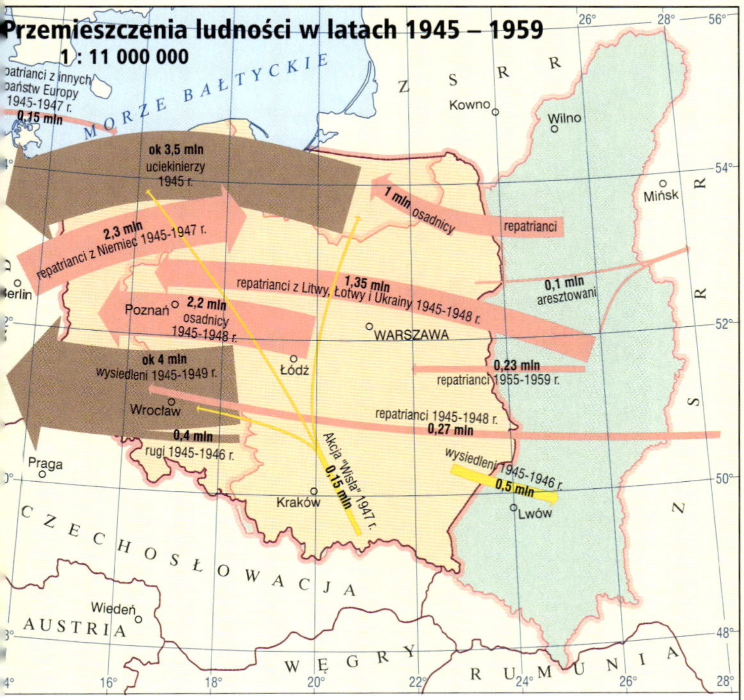

Przemieszczenia ludności
- Polacy
- Niemcy
- Ukraińcy

- granice Polski w 1939 r.
- granica państw w 1959 r.

Skład narodowościowy w końcu 1949 r.

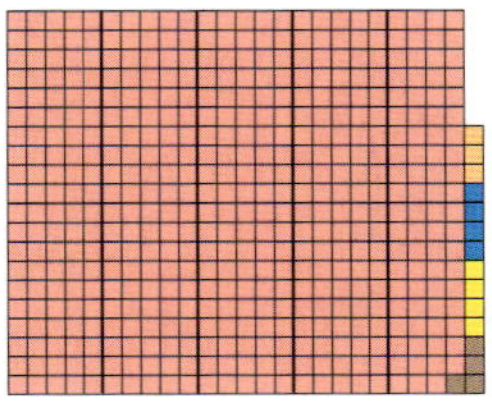

□ 50 tys. mieszk.

Ludność ziem zachodnich i północnych, 1950 r.
1 : 8 000 000

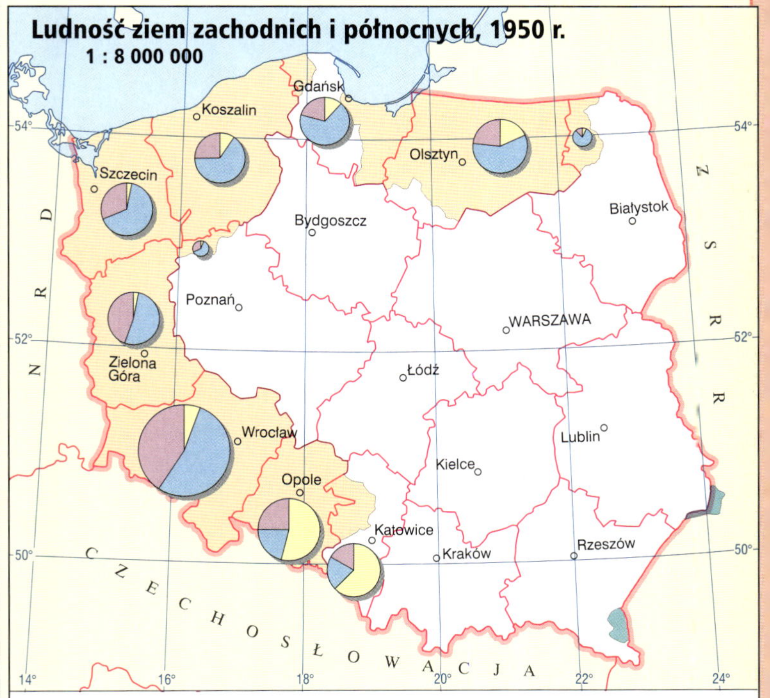

Pochodzenie ludności ziem zachodnich i północnych wg województw:
- ludność autochtoniczna
- przesiedleńcy
- repatrianci i reemigranci

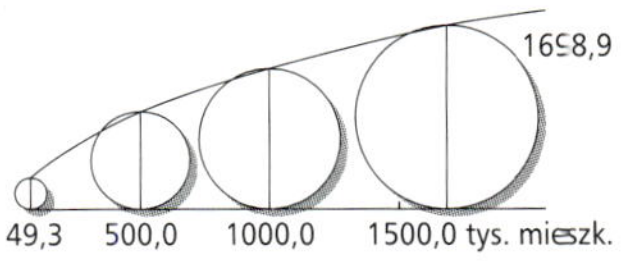

- granice województw w 1950 r.
- ziemie zachodnie i północne odzyskane po II wojnie światowej
- obszar wymieniony z ZSRR w1951 r.

Gęstość zaludnienia i miasta

1 : 5 000 000

Liczba mieszkańców na 1 km^2

- powyżej 200
- 100 – 200
- 60 – 100
- 40 – 60
- 20 – 40
- poniżej 20

Liczba mieszkańców w miastach

- powyżej 1 000 000
- 500 000 – 1 000 000
- 250 000 – 500 000
- 100 000 – 250 000
- 50 000 – 100 000
- 25 000 – 50 000
- 10 000 – 25 000

Stan: 1998 r.

Skróty:
B. – Będzin
C. – Czeladź
Ch. – Chorzów
Cz.L. – Czerwionka-Leszczyny
R.Śl. – Ruda Śląska
S.Śl. – Siemianowice Śląskie
Ś. – Świętochłowice

Urbanizacja

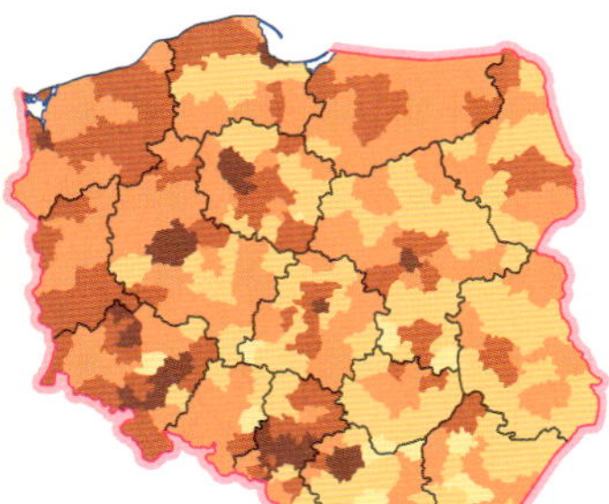

1 : 15 000 000

Ludność w miastach w stosunku do ogółu ludności

- 80 – 100%
- 60 – 80
- 40 – 60
- 20 – 40
- 12 – 20

Stan: 1999 r.

Mniejszości narodowe i grupy etnograficzne

1 : 5 000 000

Mniejszości narodowe	szacunkowa liczebność w tys.
Niemcy	250 – 400
Ukraińcy	200 – 300
Białorusini	200 – 300
Łemkowie	50 – 65
Cyganie (Romowie)	ok. 25
Słowacy	ok. 20
Litwini	ok. 20
Rosjanie	7 – 15
Żydzi	5 – 15
Ormianie	ok. 8
Grecy i Macedończycy	ok. 5
Tatarzy	2,5 – 5
Starowiercy	2,5 – 3
Czesi i Morawianie	2 – 3
Karaimi	ok. 0,2

Kurpie grupy etnograficzne

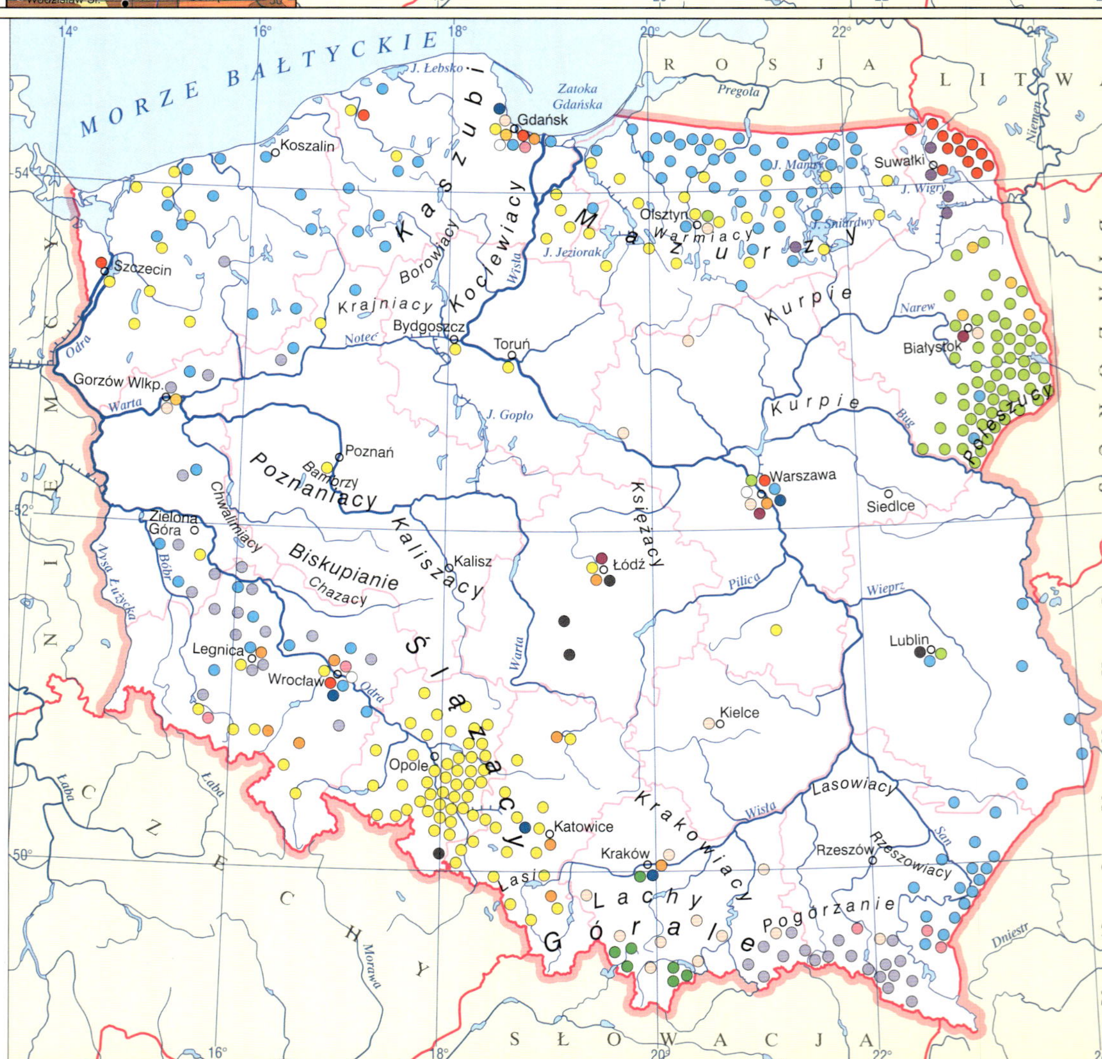

Dialekty polskie

1 : 15 000 000

Zmiany w zaludnieniu miast i wsi
w latach 1988 – 1998
1 : 5 000 000

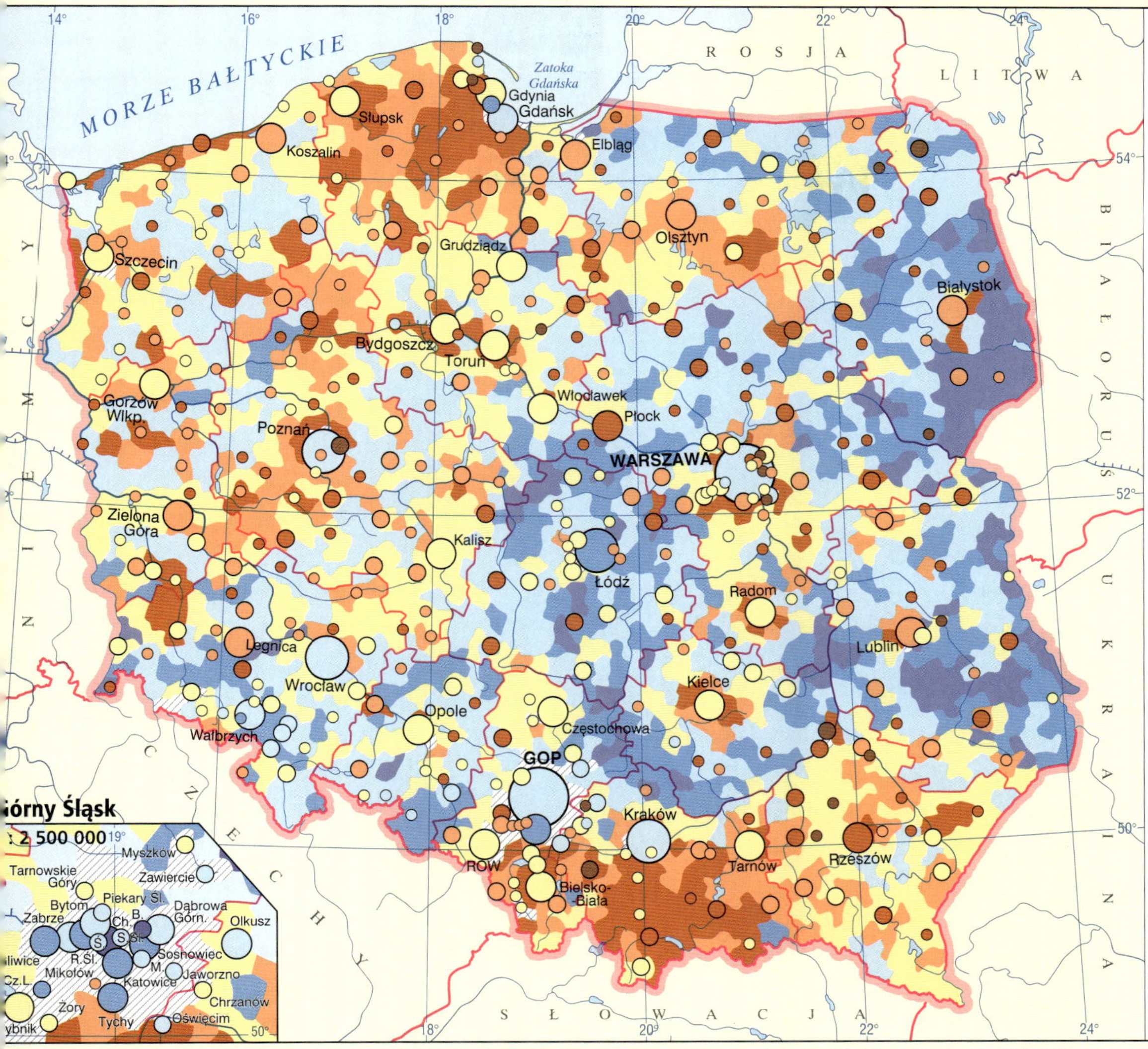

Miasto | Wieś

przyrost:
- pow. 16%
- 8 – 16
- 4 – 8
- 0 – 4

ubytek:
- 0 – 4
- 4 – 8
- pow. 8

Liczba mieszkańców w miastach
- powyżej 1 mln
- 500 tys. - 1 mln
- 100 - 500 tys.
- 25 - 100 tys.
- 10 - 25 tys.

większe obszary miejskie

Skróty:
B. – Będzin
Ch. – Chorzów
Cz.L. – Czerwionka-Leszczyny
M. – Mysłowice
R.Śl. – Ruda Śląska
S.Śl. – Siemianowice Śląskie
Ś. – Świętochłowice

Ruch naturalny ludności
1 : 8 000 000

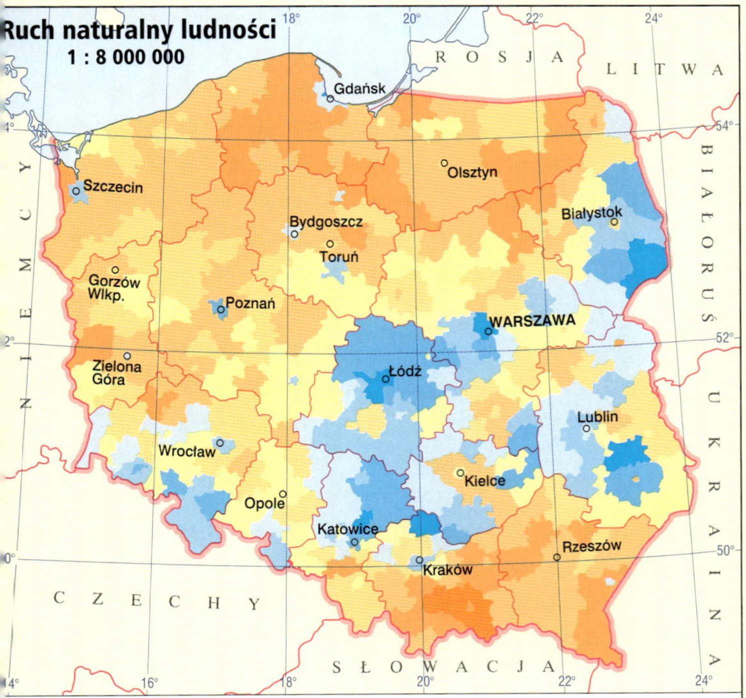

Przyrost naturalny przeliczony na 1000 mieszkańców

ujemny: pon. 4 | 2 – 4 | 1 – 2 | 0 – 1

dodatni: 0 – 1 | 1 – 2 | 2 – 4 | 4 – 8 | pow. 8 osób

Stan: 1999 r.

Ruch naturalny ludności w latach 1946 – 2000

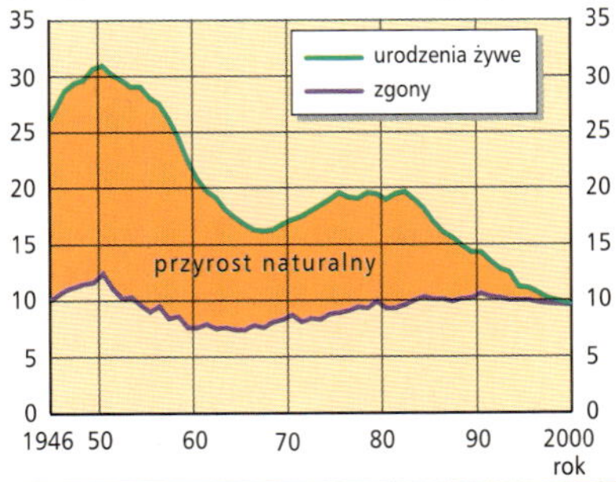

Migracje krajowe i zagraniczne
1 : 8 000 000

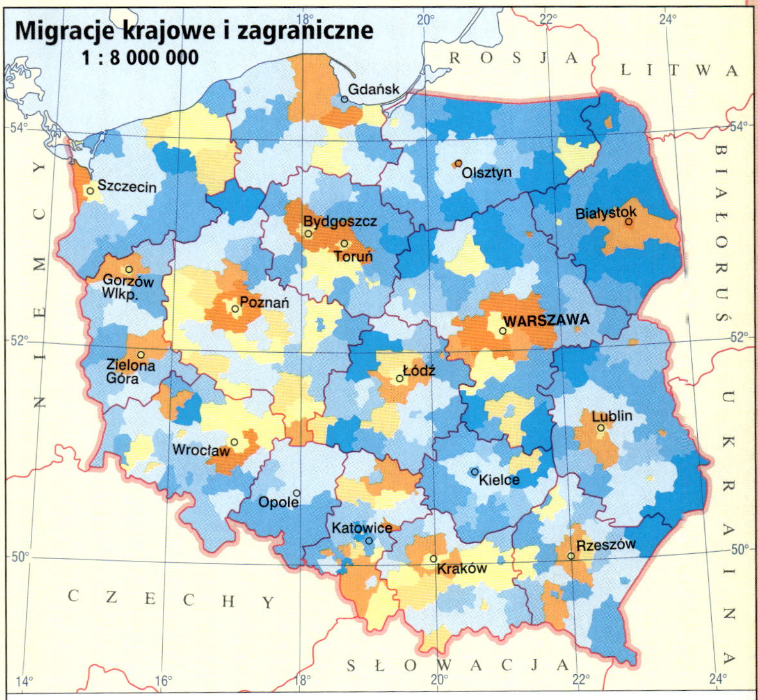

Saldo migracji na 1000 mieszkańców

ujemne: pon. 4 | 2 – 4 | 1 – 2 | 0 – 1

dodatnie: 0 – 1 | 1 – 2 | 2 – 4 | pow. 4 osób

Stan: 1999 r.

Saldo migracji zagranicznych w latach 1946 – 2000

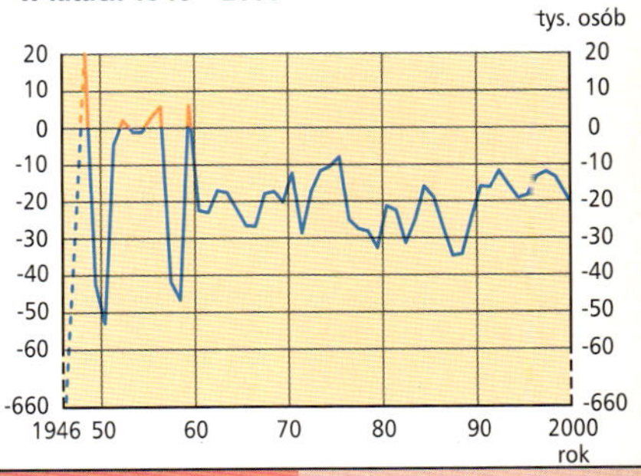

Produkt krajowy brutto 1 : 12 000 000

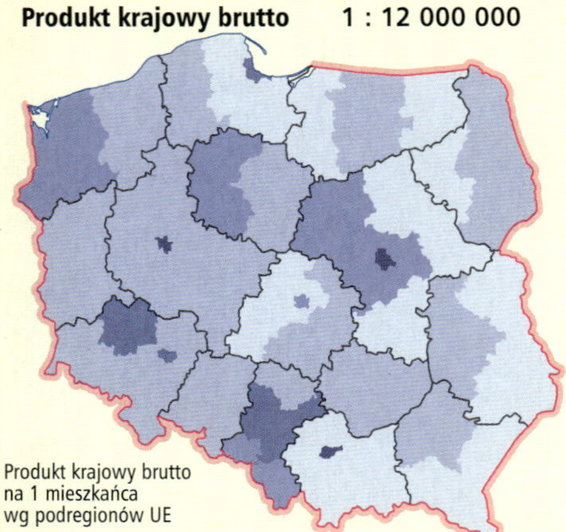

Produkt krajowy brutto na 1 mieszkańca wg podregionów UE

- 28,0 – 52,6 tys. zł
- 22,0 – 28,0
- 17,0 – 22,0
- 13,0 – 17,0
- 10,2 – 13,0

Stan: 2000 r.

Dochody

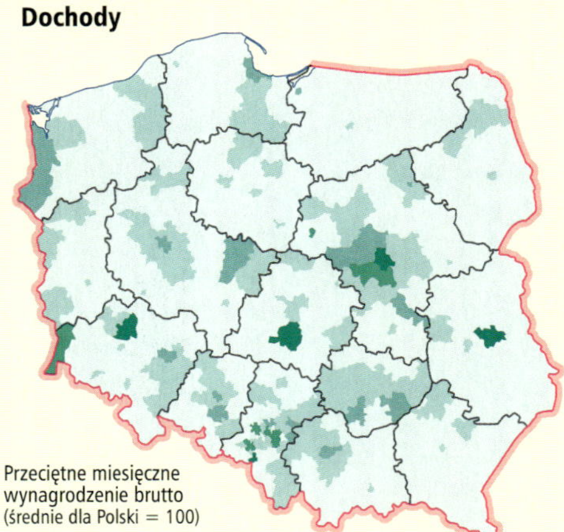

Przeciętne miesięczne wynagrodzenie brutto (średnie dla Polski = 100)

- 130 – 155
- 115 – 130
- 100 – 115
- 85 – 100
- 60 – 85

Stan: 2002 r.

Bezrobocie

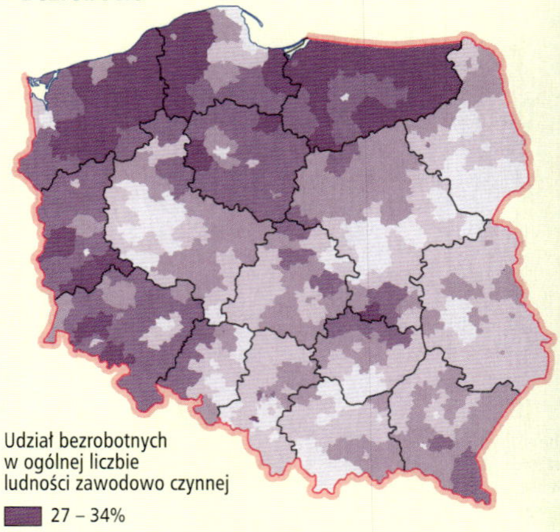

Udział bezrobotnych w ogólnej liczbie ludności zawodowo czynnej

- 27 – 34%
- 21 – 27
- 16 – 21
- 12 – 16
- 4 – 12

Stan: czerwiec 2001 r.

Bezrobocie młodzieży

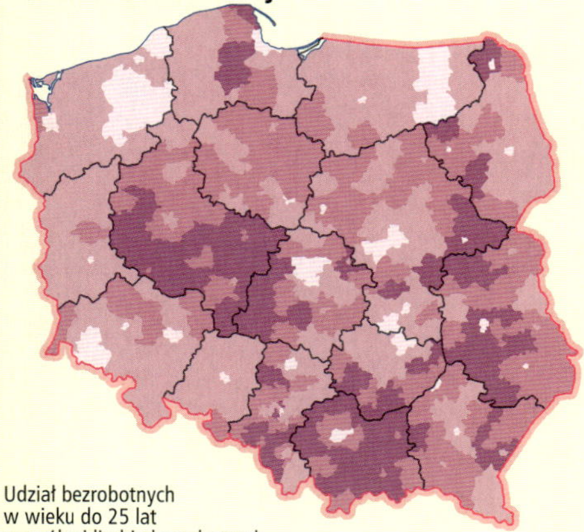

Udział bezrobotnych w wieku do 25 lat w ogólnej liczbie bezrobotnych

- 35 – 47
- 25 – 30
- 25 – 30
- 16 – 25

Stan: 2001 r.

Szkoły wyższe

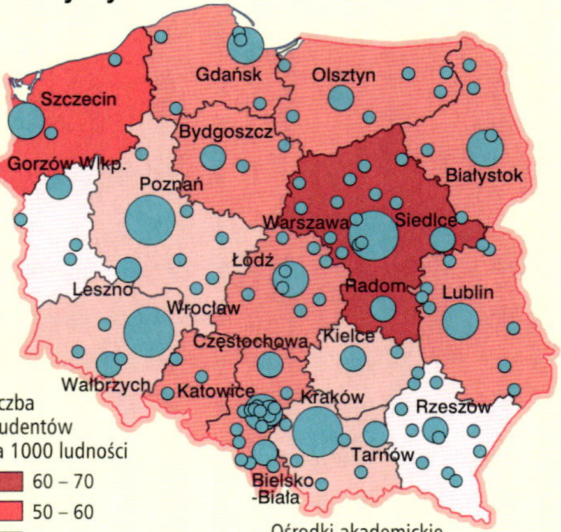

Liczba studentów na 1000 ludności

- 60 – 70
- 50 – 60
- 40 – 50
- 30 – 40
- 29 – 30

Ośrodki akademickie

- 19 – 65 uczelni
- 10 – 18
- 4 – 9
- 1 – 3

Liczba studentów

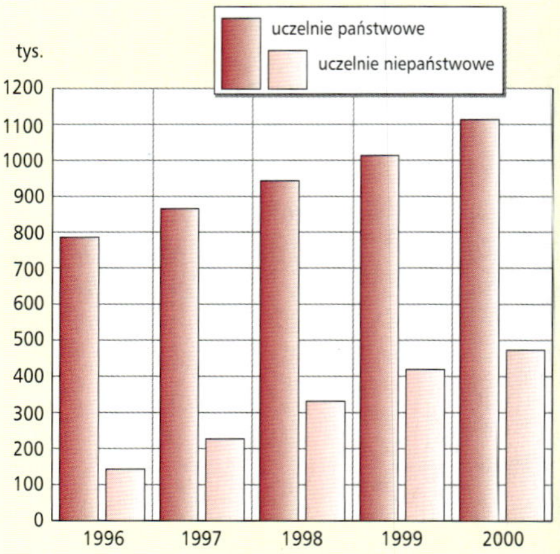

Działalność gospodarcza

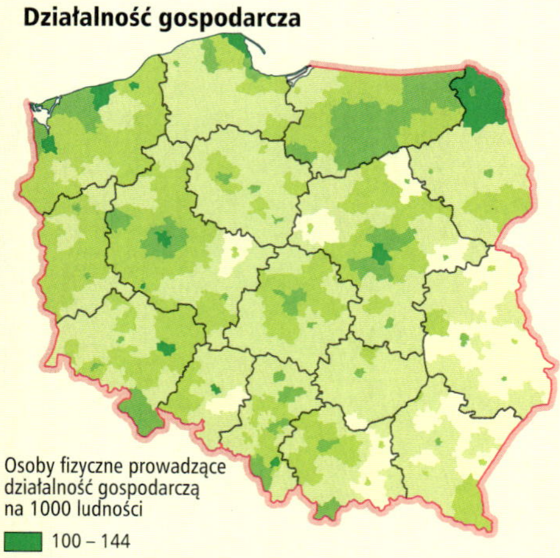

Osoby fizyczne prowadzące działalność gospodarczą na 1000 ludności

- 100 – 144
- 80 – 100
- 60 – 80
- 40 – 60
- 24 – 40

Stan: 2000 r.

Warunki mieszkaniowe

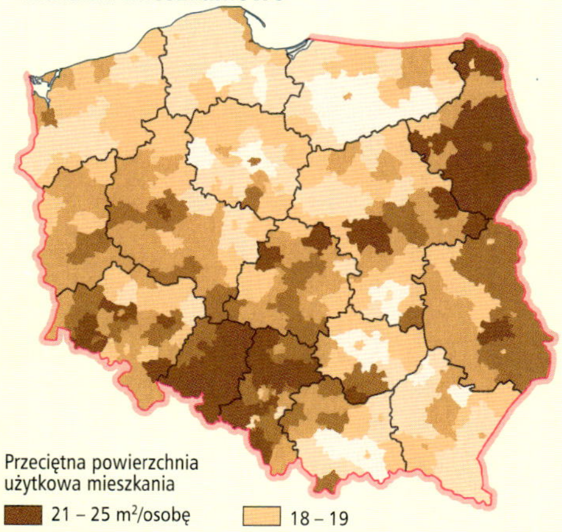

Przeciętna powierzchnia użytkowa mieszkania

- 21 – 25 m²/osobę
- 20 – 21
- 19 – 20
- 18 – 19
- 17 – 18
- 14 – 17

Stan: 2002 r.

Budownictwo mieszkaniowe

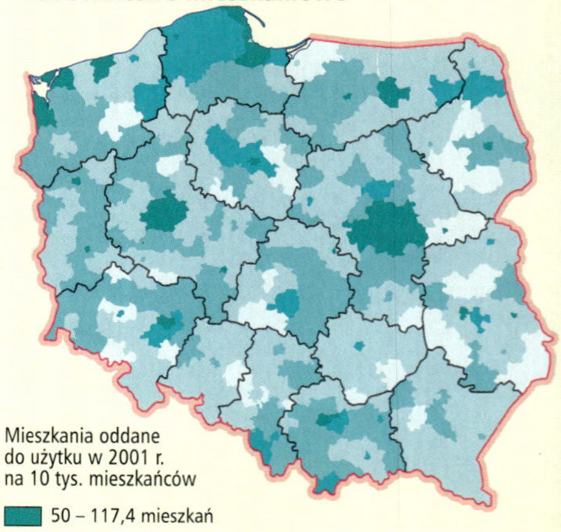

Mieszkania oddane do użytku w 2001 r. na 10 tys. mieszkańców

- 50 – 117,4 mieszkań
- 30 – 50
- 15 – 30
- 5 – 15
- 0,2 – 5

Stan: grudzień 2001 r.

Centra usług rynkowych

Udział pracujących w usługach rynkowych* w ogólnej liczbie zatrudnionych

- 33,0 – 37,9%
- 23,0 – 33,0
- 18,4 – 23,0

Centra usług rynkowych

- wielkie
- duże
- średnie

* nie finansowanych z budżetu państwa

Motoryzacja

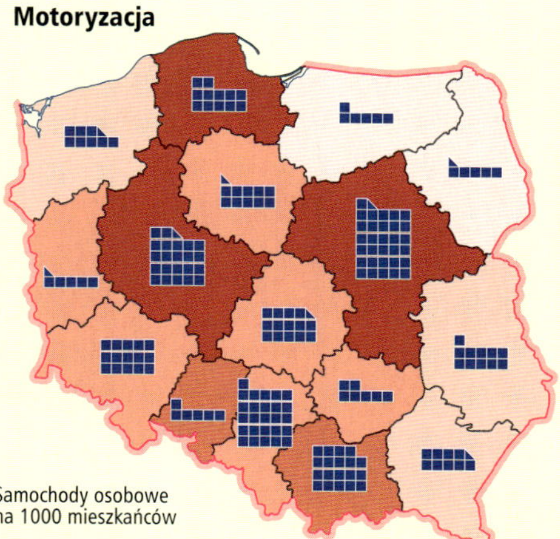

Samochody osobowe na 1000 mieszkańców

- 300 – 333 szt.
- 275 – 300
- 250 – 275
- 225 – 250
- 200 – 225

Liczba samochodów

- ■ 50 000 szt.

Stan: 2001 r.

Gospodarstwa domowe

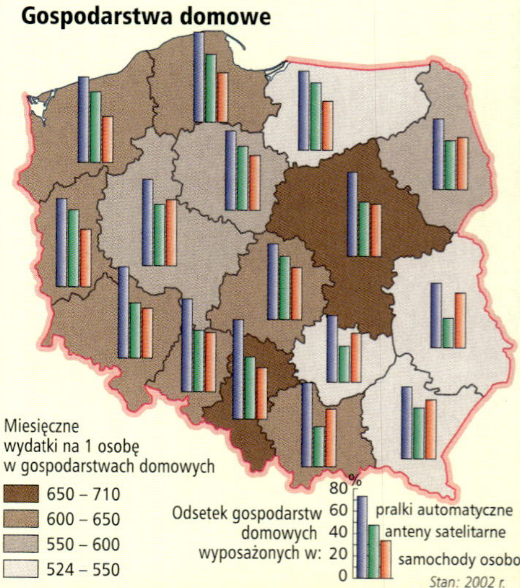

Miesięczne wydatki na 1 osobę w gospodarstwach domowych

- 650 – 710
- 600 – 650
- 550 – 600
- 524 – 550

Odsetek gospodarstw domowych wyposażonych w: (% 0–80)

- pralki automatyczne
- anteny satelitarne
- samochody osobowe

Stan: 2002 r.

Telefony

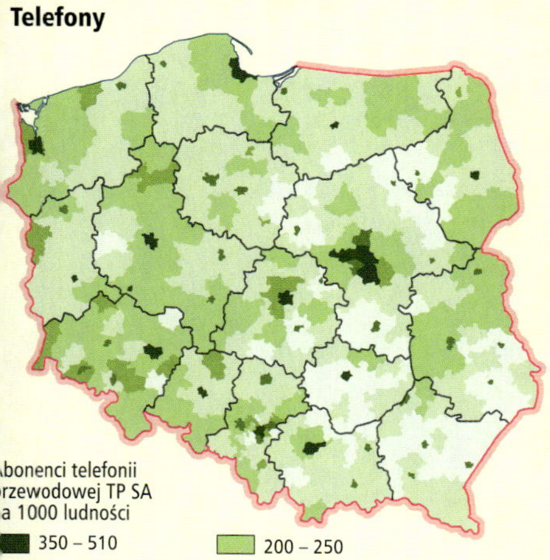

abonenci telefonii przewodowej TP SA na 1000 ludności
- 350 – 510
- 300 – 350
- 250 – 300
- 200 – 250
- 150 – 200
- 92 – 150

Komputeryzacja

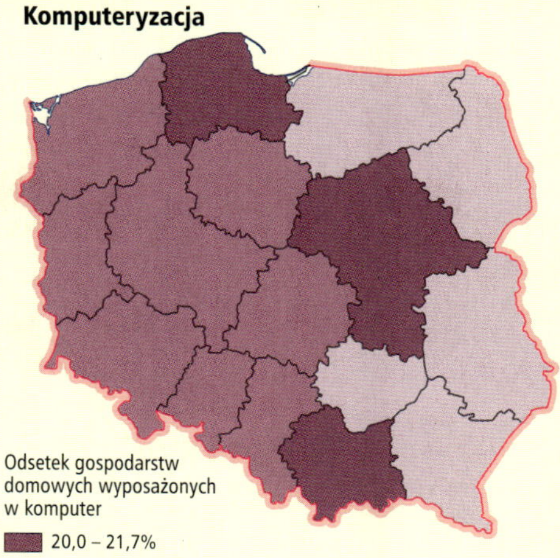

Odsetek gospodarstw domowych wyposażonych w komputer
- 20,0 – 21,7%
- 16,0 – 20,0
- 12,2 – 16,0

Stan: 2001 r.

Służba zdrowia

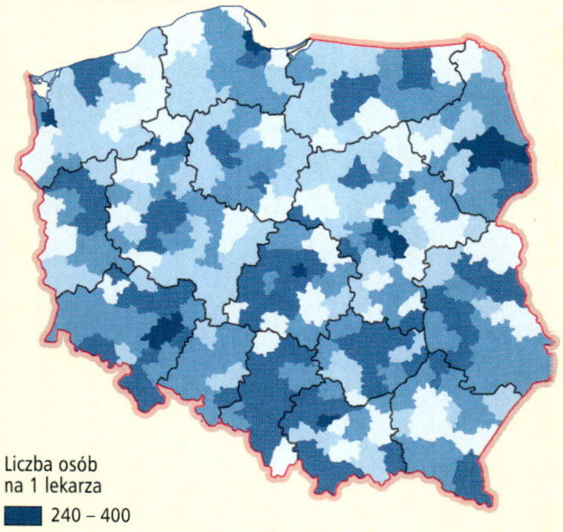

Liczba osób na 1 lekarza
- 240 – 400
- 400 – 600
- 600 – 800
- 800 – 1000
- 1000 – 1600

Główne przyczyny zgonów

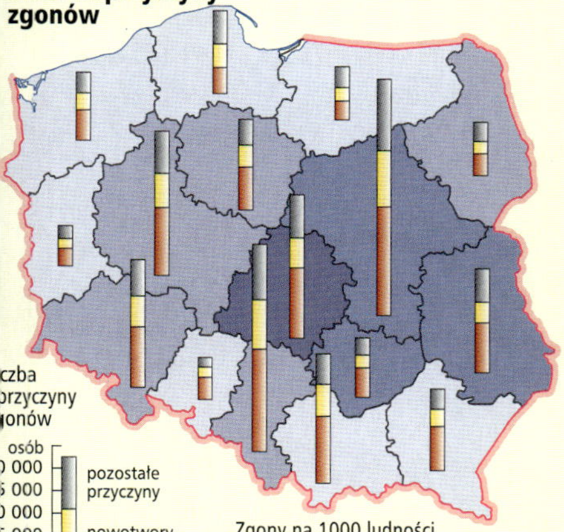

Liczba przyczyny zgonów
osób
0 000
5 000
0 000
5 000
0 000
5 000
0
- pozostałe przyczyny
- nowotwory
- choroby układu krążenia

Zgony na 1000 ludności
- 11 – 12
- 10 – 11
- 9 – 10
- 8 – 9

Stan: 2001 r.

Przeciętna długość życia

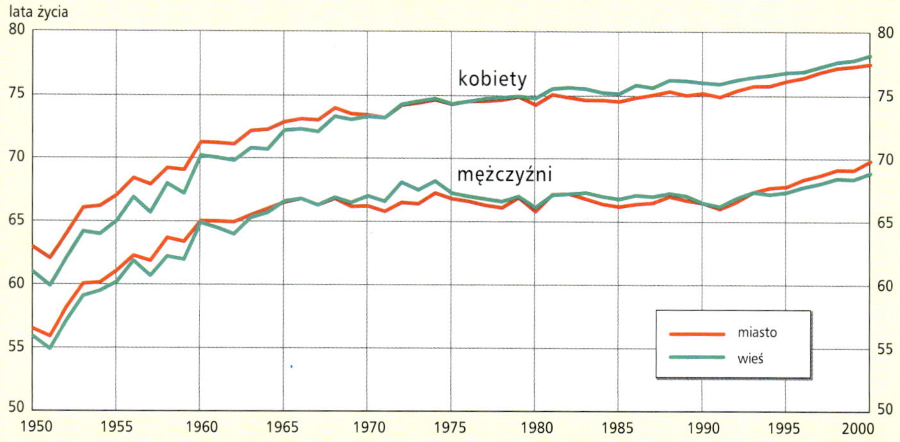

Czytelnicy bibliotek publicznych

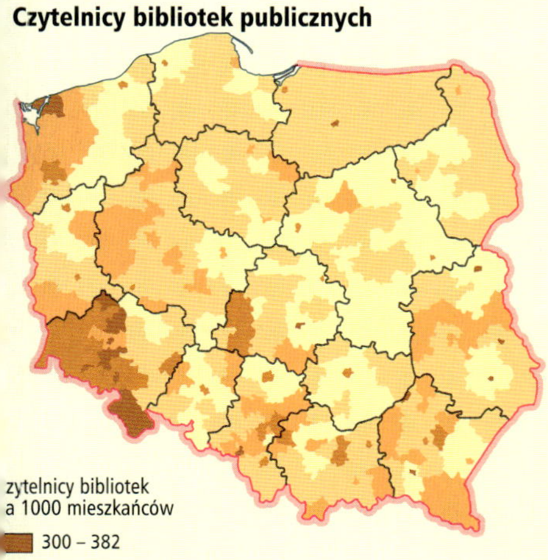

Czytelnicy bibliotek na 1000 mieszkańców
- 300 – 382
- 250 – 300
- 200 – 250
- 150 – 200
- 105 – 150

Stan: 2000 r.

Kultura

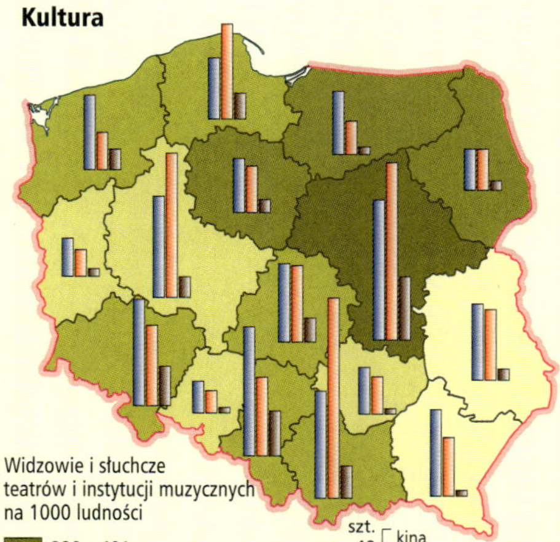

Widzowie i słuchacze teatrów i instytucji muzycznych na 1000 ludności
- 320 – 491
- 270 – 320
- 220 – 270
- 170 – 220
- 130 – 170

szt.
40
30
20
10
kina
muzea
teatry

Stan: 2002 r.

Wybory do Sejmu 23 IX 2001 r.

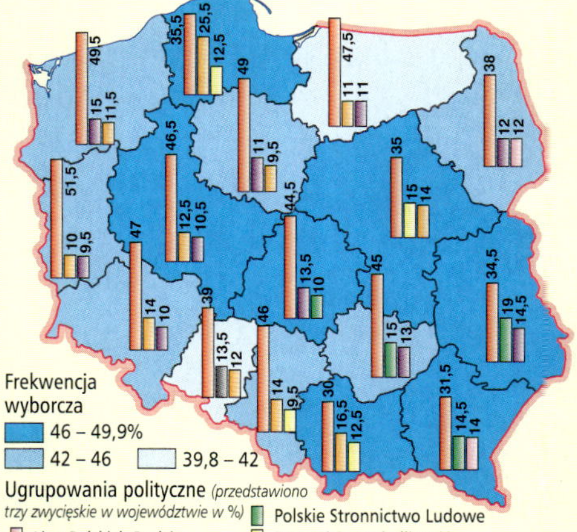

Frekwencja wyborcza
- 46 – 49,9%
- 42 – 46
- 39,8 – 42

Ugrupowania polityczne (przedstawiono trzy zwycięskie w województwie w %)
- Liga Polskich Rodzin
- Mniejszość Niemiecka
- Platforma Obywatelska
- Polskie Stronnictwo Ludowe
- Prawo i Sprawiedliwość
- Samoobrona Rzeczpospolitej Polskiej
- Sojusz Lewicy Demokratycznej - Unia Pracy

Wybory prezydenckie 8 X 2000 r.

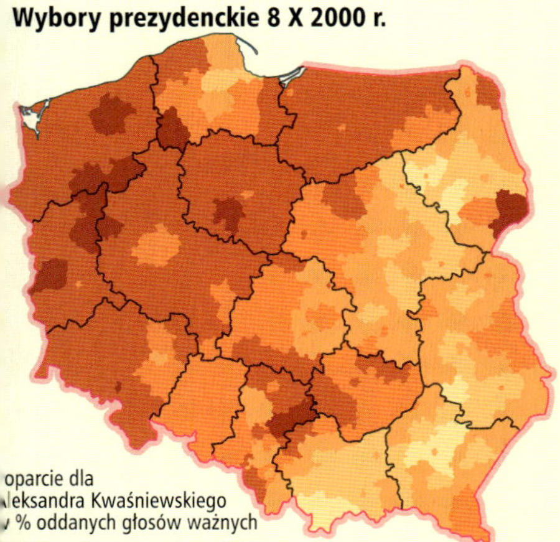

Poparcie dla Aleksandra Kwaśniewskiego w % oddanych głosów ważnych
- 70 – 79,9
- 60 – 70
- 50 – 60
- 40 – 50
- 30 – 40
- 22,5 – 30

Wyznania religijne

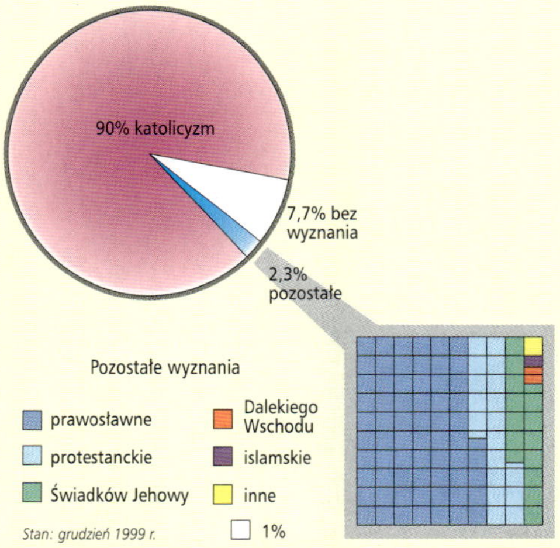

Pozostałe wyznania
- prawosławne
- protestanckie
- Świadków Jehowy
- Dalekiego Wschodu
- islamskie
- inne
- 1%

Stan: grudzień 1999 r.

Kościół Rzymskokatolicki

Stan: 2001 r.

Udział wyznawców (wiernych) w ogólnej liczbie ludności w diecezjach
- 97 – 99%
- 95 – 97
- 93 – 95
- 91 – 93
- 71 – 91

ŁÓDZKA metropolie
granice metropolii
granice diecezji

1 : 1 000 000

10 0 10 20 30 40 50 km

Miejscowości
- 250 000 – 500 000 mieszk.
- 100 000 – 250 000
- 50 000 – 100 000
- 25 000 – 50 000
- 10 000 – 25 000
- 5 000 – 10 000
- poniżej 5 000

GDAŃSK	miasta wojewódzkie
SŁUPSK	siedziby powiatów grodzkich
PIŁA	siedziby powiatów ziemskich
Ustka	inne miasta
Mielno	wsie gminne
Kluki	pozostałe wsie
26	liczba mieszk. miast w tys.
STARGARD SZCZECIŃSKI	miejscowości z licznymi, cennymi zabytkami

- granice państw
- granice województw
- granice powiatów
- granice gmin
- granice parków narodowych
- granice parków krajobrazowych
- koleje
- koleje wąskotorowe

- autostrady
- drogi główne dwujezdniowe (krajowe)
- drogi główne jednojezdniowe (krajowe)
- drogi drugorzędne (wojewódzkie)
- zabudowa mieszkalna i usługowa
- zabudowa przemysłowa
- lasy
- łąki i pastwiska
- sady
- tereny zdegradowane

- bagna
- kościoły, klasztory
- zamki, pałace, ruiny
- mury obronne, fortyfikacje
- skanseny, inne zabytki architektu
- latarnie morskie
- szczyty, punkty wysokościowe
- zapory wodne, przeprawy prom
- porty morskie, porty lotnicze
- przejścia graniczne

B A Ł T Y C K I E
Zatoka Gdańska
Zatoka Pucka
Mierzeja Helska
Mierzeja Wiślana
Zalew Wiślany
Nadmorski P.K.
Przyl. Rozewie
Władysławowo
Nadmorski Park Krajobrazowy
Jastarnia
Jurata
Hel
Puck
Łeba
Słowiński Park Narodowy
Smołdzino
Choczewo
Żarnowiec
Krokowa
Dębki
Jastrzębia Góra
Białogóra
Gniewino
Wicko
Główczyce
Reda
Kosakowo
Wejherowo
Rumia
Gdynia
Sopot
Gdańsk
Trójmiejski P.K.
Luzino
Łęczyce
Nw.Wieś Lęborska
Lębork
Potęgowo
Damnica
Słupsk
Kobylnica
Dębnica Kaszubska
Cewice
Linia
Szemud
Chwaszczyno
Kaszubski Park Krajobrazowy
Przodkowo
Sierakowice
Czarna Dąbrówka
Park Krajobrazowy Dolina Słupi
Chmielno
Kartuzy
Żukowo
Somonino
Kolbudy Grn.
Pruszcz Gdański
Sulęczyno
Parchowo
Stężyca
Szymbark
Kołczygłowy
Trzebielino
Borzytuchom
Bytów
Kościerzyna
Przywidz
Trąbki Wlk.
Pszczółki
Cedry Wlk.
Suchy Dąb
Nw.Karczma
Skarszewy
Tczew
Lichnowy
Nowy Staw
Stare Pole
Malbork
Miłoradz
Tuchomie
Studzienice
Lipusz
Dziemiany
Wdzydzki P.K.
Liniewo
Starogard Gdański
Str. Kiszewa
Subkowy
Pelplin
Sztum
Dzierzgoń
Miastko
Lipnica
Koczała
Zaborski Park Krajobrazowy
Brusy
Karsin
Kaliska
Czarna Woda
Bobowo
Lubichowo
Morzeszczyn
Gniew
Ryjewo
Mikołajki Pomorskie
Str. Dzierzgoń
Prabuty
Kwidzyn
Konarzyny
Przechlewo
Czersk
P.N. Bory Tucholskie
Chojnice
Człuchów
Osieczna
Bory Tucholskie
Skórcz
Osiek
Smętowo Graniczne
Śliwice
Tucholski Park Krajobrazowy
Wdecki P.K.
Nowe
Sadlinki
Gardeja
Kisielice
Susz
Iława
Tuchola
Cekcyn
Warlubie
Nadwiślański Park Krajobrazowy
Grudziądz
Rogóźno
Łasin
Debrzno
Kamień Krajeński
Sępólno Krajeńskie
Kęsowo
Gostycyn
Lniano
Drzycim
Jeżewo
Dragacz
Gruta
Świecie n. Osą
Biskupiec
Nw. Miasto Lubawskie
Lubawa
Lipka
Zakrzewo
Krajeński Park Krajobrazowy
Więcbork
Sośno
Lubiewo
Świekatowo
Bukowiec
Świecie
Chełmno
Stolno
Radzyń Chełmiński
Jabłonowo Pomorskie
Brodnicki P.K.
Brodnica
Zbiczno
Brzozie
Welski P.K.
Lidzbark
Złotów
Krajenka
Łobżenica
Koronowo
Pruszcz
Lisewo
Płużnica
Papowo Biskupie
Kijewo Królewskie
Unisław
Chełmża
Wąbrzeźno
Dębowa Łąka
Książki
Bobrowo
Grążawy
Górzno
Górznieńsko-Lidzbarski Park Krajobrazowy
Wysoka
Wyrzysk
Mrocza
Nakło n. Notecią
Sadki
Sicienko
Dobrcz
Osielsko
Dąbrowa Chełmińska
Łubianka
Golub-Dobrzyń
Kowalewo Pomorskie
Wąpielsk
Osiek
Świedziebnia
Bydgoszcz
Zławieś Wlk.
Toruń
Lysomice
Lubicz
Obrowo
Ciechocin
Radomin
Rypin
Żuromin
Białośliwie
Solec Kujawski
Szamocin
Kcynia
Szubin
Łabiszyn
Zbójno
Brzuze
Skrwilno
Lutocin
Bieżuń
Wlk. Nieszawka
Czernikowo
Chrostkowo
Rogowo
Szczutowo
Rościszewo
Margonin
Gołańcz
Wapno
Złotniki Kujawskie
Gniewkowo
Ciechocinek
Raciążek
Kikół
Skępe
Sierpc
Budzyń
Damasławek
Żnin
Barcin
Rojewo
Aleksandrów Kujawski
Nieszawa
Waganiec
Lipno
Wągrowiec
Janowiec Wlkp.
Gąsawa
Pakość
Inowrocław
Dąbrowa Biskupia
Zakrzewo
Koneck
Bobrowniki
Tłuchowo
Mochowo
Rogoźno
Mieścisko
Rogowo
Dąbrowa
Janikowo
Bądkowo
Fabianki
Wielgie
Brudzeń Duży
Brudzeński P.K.
Gozdowo
Bielsk
Krynica Morska
Kąty Rybackie
Stegna
Sztutowo
Nw.Dwór Gdański
Ostaszewo
Elbląg
Frombork
Tolkmicko
Braniewo
Mamonowo
Bałtyjsk
P.K. Wysoczyzny Elbląskiej
Milejewo
Młynary
Pasłęk
Gronowo
Markusy
Rychliki
Godkowo
Morąg
Małdyty
Zalewo
Miłomłyn
Ostróda
Park Krajobrazowy Pojezierza Iławskiego
Kurzętnik
Grodziczno
Rybno
Mszanowo

Zatoka Gdańska
Zatoka Pucka
Mierzeja Helska
Mierzeja Wiślana
Zalew Wiślany
KALININGRAD
GDAŃSK
GDYNIA
SOPOT
Władysławowo
PUCK
Jastarnia
Hel
Reda
WEJHEROWO
Rumia
KARTUZY
Żukowo
PRUSZCZ GDAŃSKI
TCZEW
STAROGARD GDAŃSKI
Skarszewy
Pelplin
Czarna Woda
Skórcz
Gniew
NW.DWÓR GDAŃSKI
ELBLĄG
Frombork
BRANIEWO
Tolkmicko
Młynary
Pasłęk
MALBORK
SZTUM
Dzierzgoń
Prabuty
KWIDZYN
Susz
Zalewo
Morąg
Miłakowo
Orneta
LIDZBARK WARMIŃSKI
BARTOSZYCE
Górowo Iławeckie
Pieniężno
Dobre Miasto
Jeziorany
Barczewo
OLSZTYN
Olsztynek
OSTRÓDA
Miłomłyn
IŁAWA
Kisielice
Lubawa
NW. MIASTO LUBAWSKIE
GRUDZIĄDZ
ŚWIECIE
CHEŁMNO
Chełmża
WĄBRZEŹNO
Jabłonowo Pomorskie
BRODNICA
Górzno
Lidzbark
DZIAŁDOWO
NIDZICA
MŁAWA
BYDGOSZCZ
TORUŃ
Solec Kujawski
GOLUB-DOBRZYŃ
Kowalewo Pomorskie
RYPIN
ŻUROMIN
Biezuń
Ciechocinek
ALEKSANDRÓW KUJAWSKI
INOWROCŁAW
Gniewkowo
Nieszawa
LIPNO
Skępe
SIERPC
Raciąż
Glinojeck
CIECHANÓW
WŁOCŁAWEK
Kruszwica
Strzelno
RADZIEJÓW
Brześć Kujawski
Lubraniec
Dobrzyń n. Wisłą
Drobin
PŁOCK
PŁOŃSK
Nasielsk
GOSTYNIN
Izbica Kujawska
Zakroczym
NW.DWÓR MAZ.
Bory Tucholskie
Wisła
Ladushkin
Mamonowo
Bagrationowsk
Bałtyjsk
Kaszubski Park Krajobrazowy
Trójmiejski P.K.
Nadmorski P.K.
Nadmorski Park Krajobrazowy
P.K. Mierzeja Wiślana
P.K. Wysoczyzny Elbląskiej
Park Krajobrazowy Pojezierza Iławskiego
P.K. Wzgórz Dylewskich
Welski P.K.
Górznieńsko-Lidzbarski Park Krajobrazowy
Brodnicki P.K.
Nadwiślański Park Krajobrazowy
Gostynińsko-Włocławski Park Krajobrazowy
Brudzeński P.K.
Nadgopłański Park Tysiąclecia
6
7
8
A
B
C

1 : 1 000 000

10 0 10 20 30 40 50 km

zowości	
50 000 – 500 000 mieszk.	
00 000 – 250 000	
0 000 – 100 000	
5 000 – 50 000	
0 000 – 25 000	
000 – 10 000	
oniżej 5 000	

OLSZTYN	miasta wojewódzkie
SUWAŁKI	siedziby powiatów grodzkich
SZCZYTNO	siedziby powiatów ziemskich
Mikołajki	inne miasta
Gierzwałd	wsie gminne
Grunwald	pozostałe wsie
26	liczba mieszk. miast w tys.
PŁOCK	miejscowości z licznymi, cennymi zabytkami

- granice państw
- granice województw
- granice powiatów
- granice gmin
- granice parków narodowych
- granice parków krajobrazowych
- koleje
- koleje wyłącznie z ruchem towarowym
- koleje wąskotorowe
- drogi główne dwujezdniowe (krajowe)
- drogi główne jednojezdniowe (krajowe)
- drogi drugorzędne (wojewódzkie)
- zabudowa mieszkalna i usługowa
- zabudowa przemysłowa
- lasy
- łąki i pastwiska
- sady
- bagna
- kościoły, klasztory
- cerkwie, synagogi, meczety
- zamki, pałace, ruiny
- mury obronne, fortyfikacje
- skanseny, inne zabytki architektury
- latarnie morskie
- szczyty, punkty wysokościowe
- zapory wodne, przeprawy promowe
- porty morskie, porty lotnicze
- przejścia graniczne

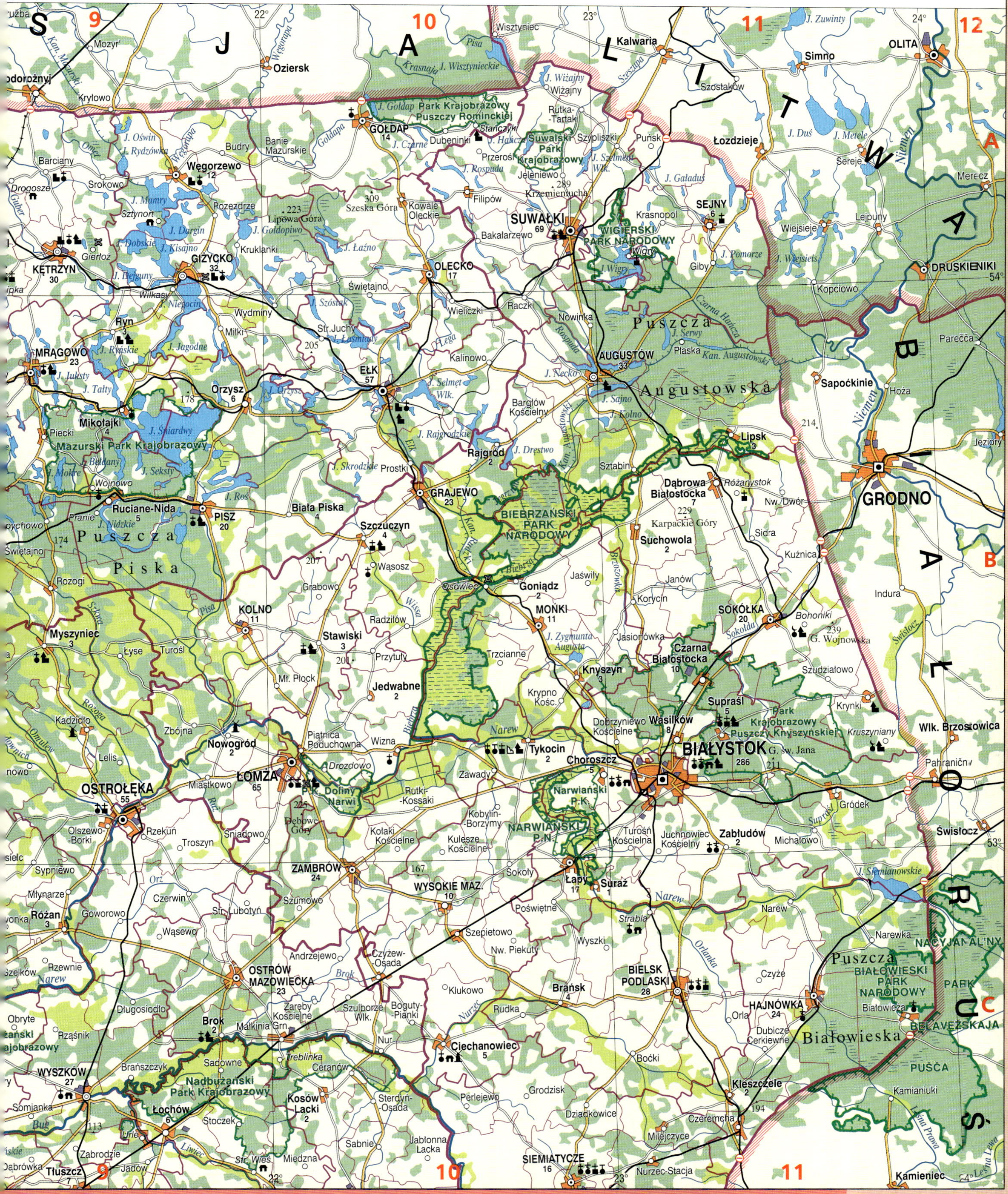

POLSKA Wielkopolska i Kujawy

1 : 1 000 000

10 0 10 20 30 40 50 km

Miejscowości
- powyżej 500 000 mieszk.
- 250 000 – 500 000
- 100 000 – 250 000
- 50 000 – 100 000
- 25 000 – 50 000
- 10 000 – 25 000
- 5 000 – 10 000
- poniżej 5 000

POZNAŃ	miasta wojewódzkie
KALISZ	siedziby powiatów grodzkich
JAROCIN	siedziby powiatów ziemskich
Wronki	inne miasta
Kotlin	wsie gminne
Rogalin	pozostałe wsie
26	liczba mieszk. miast w tys.
KALISZ	miejscowości z licznymi, cennymi zabytkami

- granice państw
- granice województw
- granice powiatów
- granice gmin
- granice parków narodowych
- granice parków krajobrazowych
- koleje
- koleje wyłącznie z ruchem towarowym

- koleje wąskotorowe
- autostrady
- drogi główne dwujezdniowe (krajowe)
- drogi główne jednojezdniowe (krajowe)
- drogi drugorzędne (wojewódzkie)
- zabudowa mieszkalna i usługowa
- zabudowa przemysłowa
- lasy
- łąki i pastwiska
- sady

- tereny zdegradowane
- bagna
- kościoły, klasztory
- zamki, pałace, ruiny
- mury obronne, fortyfikacje
- skanseny, inne zabytki architekt
- 612 szczyty, punkty wysokościowe
- zapory wodne, przeprawy prom
- porty lotnicze
- przejścia graniczne

5
6
7
8
B
C
D
CZŁUCHÓW
TUCHOLA
Kamień Krajeński
SĘPÓLNO KRAJEŃSKIE
Krajeński Park Krajobrazowy
Więcbork
Koronowo
Łobżenica
Mrocza
Wyrzysk
NAKŁO N. NOTECIĄ
BYDGOSZCZ
Solec Kujawski
Kcynia
Szubin
Łabiszyn
Gołańcz
ŻNIN
WĄGROWIEC
Janowiec Wlkp.
Barcin
Pakość
INOWROCŁAW
Janikowo
Kruszwica
Strzelno
MOGILNO
Kłecko
GNIEZNO
Trzemeszno
Witkowo
Czerniejewo
Kostrzyn
Nekla
WRZEŚNIA
SŁUPCA
ŚRODA WLKP.
Miłosław
Pyzdry
Zagórów
KONIN
Golina
Kleczew
Ślesin
Sompolno
Kazimierz Biskupi
Nadwarciański P.K.
Powidzki P.K.
Gopło
RADZIEJÓW
Piotrków Kujawski
Izbica Kujawska
Chodecz
Przedecz
Kłodawa
KOŁO
Dąbie
Uniejów
TUREK
Tuliszków
Rychwał
Dobra
JAROCIN
Żerków
Kotlin
PLESZEW
Borek Wlkp.
Koźmin Wlkp.
Dobrzyca
Stawiszyn
KALISZ
Nowe Skalmierzyce
KROTOSZYN
Raszków
OSTRÓW WLKP.
Zduny
Sulmierzyce
Odolanów
Mikstat
Grabów n. Prosną
OSTRZESZÓW
Międzybórz
Twardogóra
Syców
KĘPNO
WIERUSZÓW
OLEŚNICA
Baranów
WIELUŃ
Złoczew
SIERADZ
Błaszki
Warta
ZDUŃSKA WOLA
ŁASK
Szadek
PABIANICE
ŁÓDŹ
ZGIERZ
Aleksandrów Łódzki
Konstantynów Łódzki
Ozorków
Stryków
BRZEZINY
Koluszki
Tuszyn
Zelów
BEŁCHATÓW
PIOTRKÓW TRYB.
Sulejów
Kamieńsk
TOMASZÓW MAZ.
PODDĘBICE
ŁĘCZYCA
Głowno
ŁOWICZ
KUTNO
Żychlin
Krośniewice
GOSTYNIN
Gąbin
PŁOCK
WŁOCŁAWEK
Brześć Kujawski
Lubraniec
Kowal
Lubień Kujawski
ALEKSANDRÓW KUJAWSKI
Ciechocinek
Nieszawa
TORUŃ
Chełmża
CHEŁMNO
ŚWIECIE
GRUDZIĄDZ
Radzyń Chełmiński
WĄBRZEŹNO
Kowalewo Pomorskie
GOLUB-DOBRZYŃ
Łasin
Kisielice
IŁAWA
Lubawa
NW. MIASTO LUBAWSKIE
Jabłonowo Pomorskie
BRODNICA
Górzno
Lidzbark
RYPIN
ŻUROMIN
Bieżuń
Lipno
Skępe
SIERPC
Drobin
Dobrzyń n. Wisłą
Gostynińsko-Włocławski Park Krajobrazowy
Wisła
Warta

POLSKA Mazowsze i Podlasie

1 : 1 000 000

10 0 10 20 30 40 50 km

Miejscowości

- powyżej 500 000 mieszk.
- 250 000 – 500 000
- 100 000 – 250 000
- 50 000 – 100 000
- 25 000 – 50 000
- 10 000 – 25 000
- 5 000 – 10 000
- poniżej 5 000

ŁÓDŹ	miasta wojewódzkie
RADOM	siedziby powiatów grodzkich
MŁAWA	siedziby powiatów ziemskich
Sulejów	inne miasta
Wilga	wsie gminne
Czersk	pozostałe wsie
26	liczba mieszk. miast w tys.
PŁOCK	miejscowości z licznymi, cennymi zabytkami

- granice państw
- granice województw
- granice powiatów
- granice gmin
- granice parków narodowych
- granice parków krajobrazowych
- koleje
- koleje wyłącznie z ruchem towarowym
- koleje wąskotorowe

- autostrady
- drogi główne dwujezdniowe (krajowe)
- drogi główne jednojezdniowe (krajowe)
- drogi drugorzędne (wojewódzkie)
- zabudowa mieszkalna i usługowa
- zabudowa przemysłowa
- lasy
- łąki i pastwiska
- sady
- tereny zdegradowane

- bagna
- kościoły, klasztory
- cerkwie, synagogi, meczety
- zamki, pałace, ruiny
- mury obronne, fortyfikacje
- skanseny, inne zabytki architektury
- 612 szczyty, punkty wysokościowe
- zapory wodne
- porty lotnicze, przejścia graniczne

P.L. - Podkowa Leśna

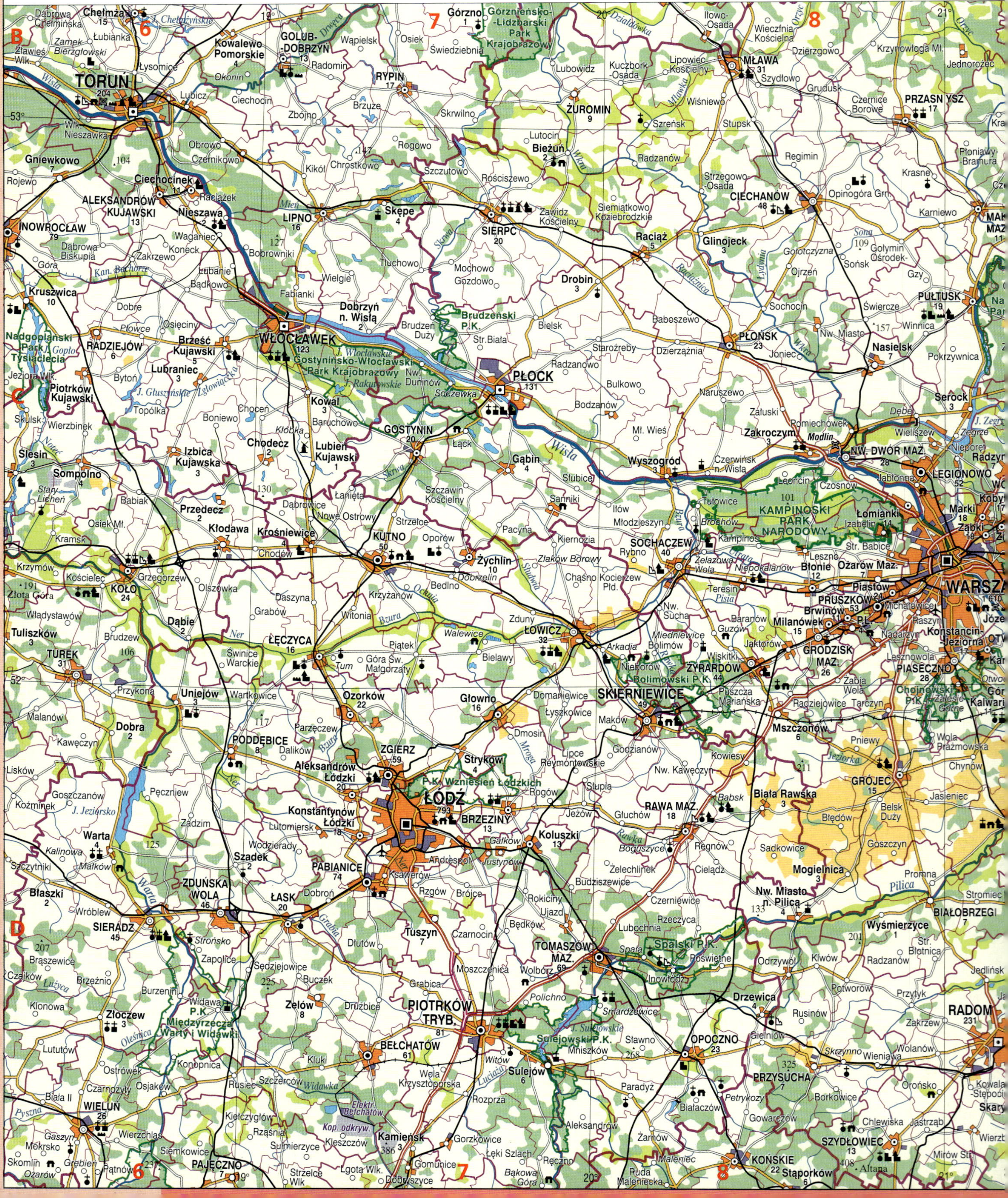

Puszcza
Piska
PISZ
Biała Piska
Szczuczyn
BIEBRZAŃSKI PARK NARODOWY
Karpackie Góry
Suchowola
Sidra
Kuźnica
Sk'del
Wąsosz
Grabowo
Goniądz
Jaświły
Janów
Korycin
Indura
Lunna
KOLNO
Radziłów
Osowiec
MOŃKI
SOKÓŁKA
Bohoniki
G. Wojnowska
Stawiski
Przytuły
Trzcianne
Jasionówka
Czarna Białostocka
Turośl
Lyse
Mł. Płock
Jedwabne
Knyszyn
Krypno Kośc.
Szudziałowo
Krynki
Supraśl
Park Krajobrazowy Puszczy Knyszyńskiej
Kruszyniany
Nowogród
Piątnica Poduchowna
Wizna
Dobrzyniewo Kościelne
Wasilków
BIAŁYSTOK
G. św. Jana
Wlk. Brzostowica
Pahraniczny
Lelis
OSTROŁĘKA
ŁOMŻA
Miastkowo
Drozdowo
P.K. Doliny Narwi
Zawady
Tykocin
Choroszcz
Narwiański P.K.
Gródek
Rutki-Kossaki
Kobylin-Borzymy
Kulesze Kościelne
NARWIAŃSKI P.N.
Turośń Kościelna
Juchnowiec Kościelny
Zabłudów
Michałowo
Świsłocz
Olszewo-Borki
Rzekuń
Troszyn
Śniadowo
Dębowa Góra
Kołaki Kościelne
ZAMBRÓW
WYSOKIE MAZ.
Sokoły
Łapy
Suraż
J. Siemianowskie
Czerwin
Szumowo
Stary Lubotyń
Poświętne
Narew
Goworowo
Wąsewo
Szepietowo
Nw. Piekuty
Wyszki
Strabla
Narewka
Andrzejewo
Czyżew-Osada
Klukowo
BIELSK PODLASKI
Czyże
Puszcza
BIAŁOWIESKI PARK NARODOWY
NACYJANALNY PARK
OSTRÓW MAZOWIECKA
Zaręby Kościelne
Szulborze Wlk.
Boguty-Pianki
Brańsk
Rudka
HAJNÓWKA
Orla
Dubicze Cerkiewne
Białowieża
Białowieska
BELAVEŽSKAJA PUŠČA
Długosiodło
Brok
Małkinia Grn.
Nur
Ciechanowiec
Sadowne
Treblinka
Ceranów
Bocki
Kleszczele
Kamianiuki
Nadbużański Park Krajobrazowy
Łochów
Stoczek
Kosów Lacki
Sterdyń-Osada
Perlejewo
Grodzisk
Dziadkowice
Czeremcha
Milejczyce
Zabrodzie
Sabnie
Jabłonna Lacka
Str. Wieś
Miedzna
SIEMIATYCZE
Nurzec-Stacja
Jadów
Strachówka
SOKOŁÓW PODLASKI
Drohiczyn
Grabarka
Kamieniec Litewski
Tłuszcz
Korytnica
WĘGRÓW
Repki
Korczew
G. Uszeczna
Mielnik
Wysokie Litewskie
Poświętne
Dobre
Wierzbno
Bielany-Żyłaki
Paprotnia
Przesmyki
Sarnaki
Platerów
Park Krajobrazowy Podlaski Przełom Bugu
Stanisławów
Grębków
Mokobody
Suchożebry
Jakubów
MIŃSK MAZ.
Kałuszyn
Kotuń
SIEDLCE
Mordy
ŁOSICE
Str. Kornica
Konstantynów
Janów Podlaski
Pratulin
BRZEŚĆ
Mrozy
Cegłów
Iganie
Skórzec
Olszanka
Huszlew
Lesna Podlaska
Rokitno
Siennica
Zbuczyn Poduchowny
BIAŁA PODLASKA
Terespol
Zalesie
Wiśniew
Latowicz
Wodynie
Domanice
Międzyrzec Podlaski
Małaszewicze
Kostomłoty
Parysów
Stoczek Łukowski
Trzebieszów
Piszczac
Pilawa
Żdżary
Ortel Królewski
Borowie
Miastków Kościelny
Trąbki
ŁUKÓW
Kąkolewnica Wsch.
Drelów
Łomazy
Koden
GARWOLIN
Górzno
Wola Mysłowska
Stanin
Ulan-Majorat
Rossosz
Tuczna
Żelechów
Huta Dąbrowa
Krzywda
Komarówka Podlaska
Wisznice
Jabłeczna
Małoryta
Łaskarzew
Wola Okrzejska
Wojcieszków
RADZYŃ PODLASKI
Wohyń
Sosnówka
Sławatycze
Domaczów
Sobolew
Kłoczew
Adamów
Borki
Milanów
Jabłoń
Romanów
Hanna
Maciejowice
Trojanów
Wola Gułowska
Serokomla
Kock
Czemierniki
PARCZEW
Podedwórze
Nowodwór
RYKI
Jeziorzany
Ostrówek
Siemień
Dębowa Kłoda
WŁODAWA
Tomaszewka
Szack
Stężyca
Dęblin
Ułęż
Niedźwiada
P.K. Pojezierze Łęczyńskie
Wyryki-Połód
Kozienicki P.K.
Sieciechów
Baranów
Michów
Firlej
Sosnowica
Str. Brus
Okuninka
Gołąb
Żyrzyn
LUBARTÓW
Ostrów Lubelski
J. Świtaź
Pionki
Garbatka-Letnisko
Gniewoszów
PUŁAWY
Abramów
Kamionka
Uścimów
POLESKI P.N.
Sobibór
Policzna
Czarnolas
Końskowola
Kozłówka
Serniki
Hańsk
Sobiborski P.K.
ZWOLEŃ
Kazimierski Park Krajobrazowy
Kurów
Markuszów
Kozłowiecki P.K.
Urszulin
Przyłęk
Janowiec
Garbów
Niemce
Ludwin
Wola Uhruska
Tczów
Kazimierz Dln.
Jastków
Spiczyn
Puchaczów
Cyców
Kazanów
Nałęczów
Wąwolnica
LUBLIN
ŁĘCZNA
Nadwieprzański P.K.
Wierzbica
Sawin
Chełmski P.K.
Ruda-Huta
Luboml
Chotcza-Józefów
Wilków
Karczmiska
Wojciechów
Wólka
Mełgiew
Milejów
Siedliszcze
Ciepielów
Poniatowa
Konopnica
Kozubszczyzna
ŚWIDNIK
CHEŁM
LIPSKO
OPOLE LUBELSKIE
Łaziska
Bełżyce
Piaski
Trawniki
Dorohusk
B
C
D
BIAŁORUŚ
UKRAINA
Narew
Biebrza
Bug
Wieprz
Wisła
Krzna
Liwiec

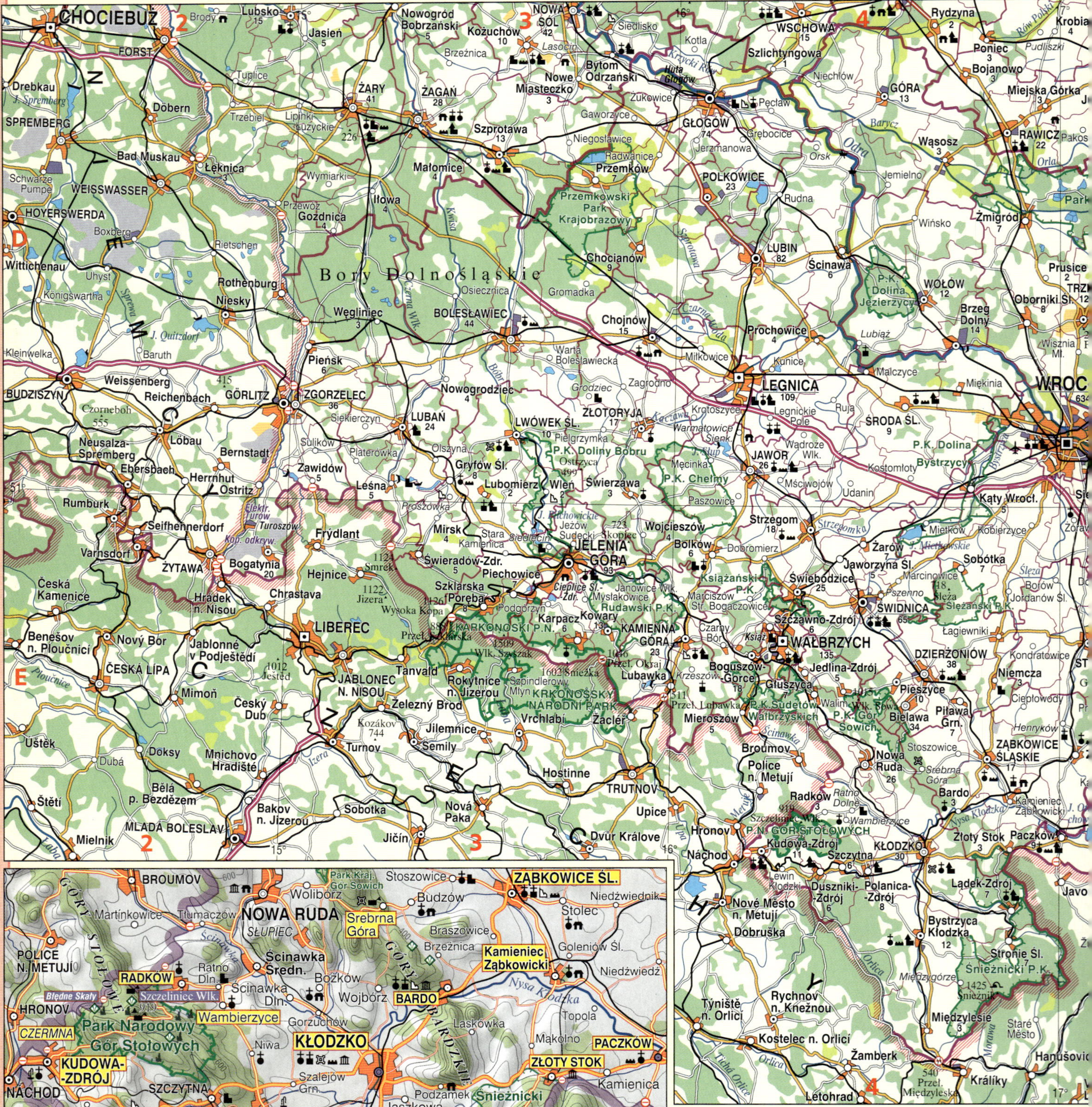
CHOCIEBUŻ
Lubsko
Jasień
Nowogród Bobrzański
Kożuchów
NOWA SÓL
Siedlisko
Kotla
WSCHOWA
Rydzyna
Krobia
FORST
Brzeźnica
Bytom Odrzański
Szlichtyngowa
Poniec
Bojanowo
Drebkau
Tuplice
ŻARY
ŻAGAŃ
Nowe Miasteczko
GŁOGÓW
Pęcław
GÓRA
Miejska Górka
SPREMBERG
Döbern
Szprotawa
Niegosławice
Grębocice
Wąsosz
RAWICZ
Bad Muskau
Łęknica
Małomice
Przemków
Jerzmanowa
Odra
WEISSWASSER
Przemkowski Park Krajobrazowy
POLKOWICE
Jemielno
HOYERSWERDA
Gozdnica
Iłowa
Rudna
Żmigród
Wińsko
LUBIN
Chocianów
Ścinawa
Prusice
Wittichenau
Bory Dolnośląskie
Rothenburg
Niesky
Osiecznica
Gromadka
P.K. Dolina Jezierzycy
Wołów
Oborniki Śl.
Brzeg Dolny
Węgliniec
BOLESŁAWIEC
Chojnów
Prochowice
Lubiąż
Pieńsk
Warta Bolesławiecka
Miłkowice
Malczyce
Wisznia Mł.
Weissenberg
Reichenbach
GÖRLITZ
ZGORZELEC
Nowogrodziec
LEGNICA
Miękinia
WROCŁAW
BUDZISZYN
LUBAŃ
LWÓWEK ŚL.
ZŁOTORYJA
ŚRODA ŚL.
Löbau
Neusalza-Spremberg
Ebersbach
Bernstadt
Sulików
Olszyna
Gryfów Śl.
P.K. Doliny Bobru
JAWOR
P.K. Dolina Bystrzycy
Herrnhut
Ostritz
Zawidów
Leśna
Lubomierz
Wleń
Świerzawa
P.K. Chełmy
Kostomłoty
Rumburk
Seifhennersdorf
Kąty Wrocł.
Strzegom
Varnsdorf
Frýdlant
Mirsk
JELENIA GÓRA
Wojcieszów
Żarów
Kobierzyce
ŻYTAWA
Bogatynia
Świeradów-Zdr.
Bolków
Jaworzyna Śl.
Sobótka
Česká Kamenice
Hrádek n. Nisou
Chrastava
Hejnice
Piechowice
Szklarska Poręba
Karpacz
Kowary
Świebodzice
ŚWIDNICA
LIBEREC
KARKONOSKI P.N.
KAMIENNA GÓRA
Szczawno-Zdrój
WAŁBRZYCH
Benešov n. Ploučnicí
Nový Bor
Jablonné v Podještědí
ČESKÁ LÍPA
Tanvald
Lubawka
Boguszów-Gorce
Jedlina-Zdrój
DZIERŻONIÓW
Niemcza
Mimoň
JABLONEC N. NISOU
Rokytnice n. Jizerou
KRKONOŠSKÝ NÁRODNÍ PARK
Głuszyca
Pieszyce
Piława Grn.
Český Dub
Železný Brod
Vrchlabí
Žacléř
Mieroszów
Bielawa
Úštěk
Jilemnice
Semily
Broumov
Nowa Ruda
ZĄBKOWICE ŚLĄSKIE
Doksy
Mnichovo Hradiště
Turnov
Police n. Metují
Hostinne
Radków
Bardo
Štětí
Bělá p. Bezdězem
TRUTNOV
Kamieniec Ząbkowicki
Bakov n. Jizerou
Sobotka
Nová Paka
Upice
Mielnik
MLADÁ BOLESLAV
Jičín
Dvůr Králové
Hronov
P.N. GÓR STOŁOWYCH
Kudowa-Zdrój
Szczytna
KŁODZKO
Złoty Stok
Paczków
Náchod
Duszniki-Zdrój
Polanica-Zdrój
Lądek-Zdrój
Javorník
Nové Město n. Metují
Dobruška
Bystrzyca Kłodzka
Stronie Śl.
Śnieżnicki P.K.
Týniště n. Orlicí
Rychnov n. Kněžnou
Międzylesie
Staré Město
Kostelec n. Orlicí
Žamberk
Králíky
Hanušovice
Letohrad

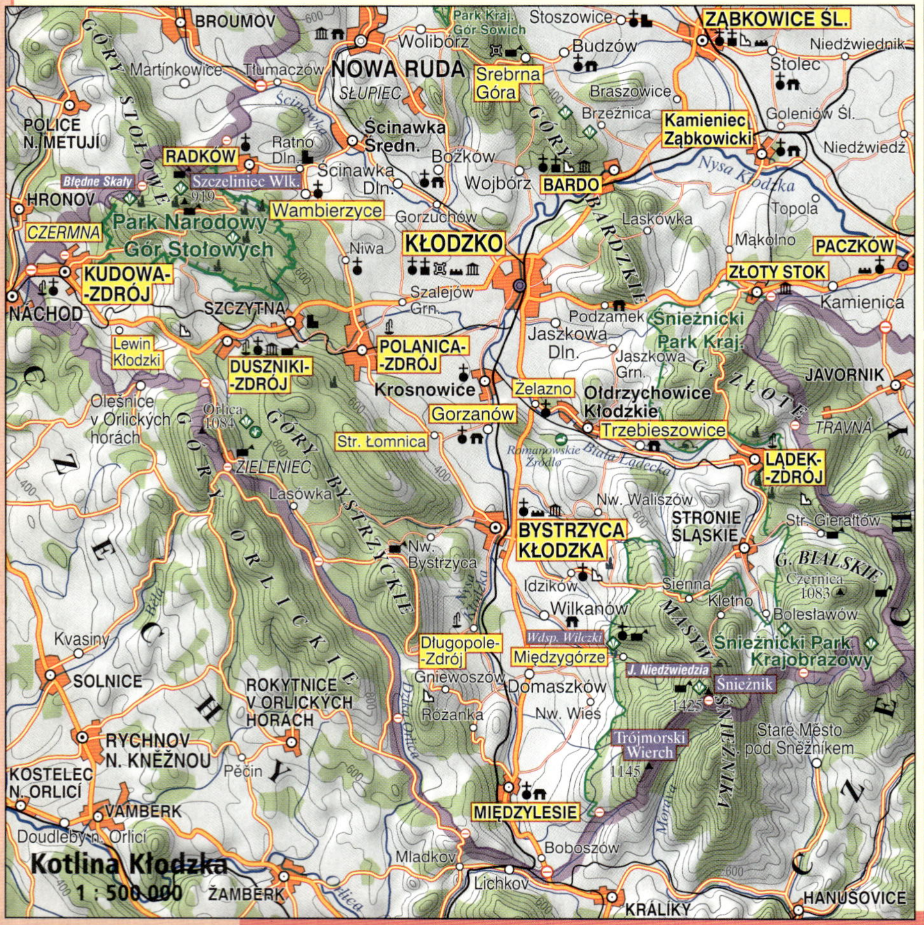
BROUMOV
Stoszowice
ZĄBKOWICE ŚL.
Martínkovice
NOWA RUDA
Woliborz
Budzów
Niedźwiednik
Srebrna Góra
Stolec
SŁUPIEC
Braszowice
Brzeźnica
Goleniów Śl.
POLICE N. METUJÍ
Scinawka Śred.
Kamieniec Ząbkowicki
RADKÓW
Ratno Dln.
Niedźwiedź
Szczeliniec Wlk.
HRONOV
Scinawka Dln.
Wojbórz
BARDO
CZERMNA
Park Narodowy Gór Stołowych
Wambierzyce
Gorzuchów
Topola
Łaskówka
KŁODZKO
Mąkolno
PACZKÓW
KUDOWA-ZDRÓJ
Niwa
ZŁOTY STOK
NÁCHOD
Szalejów Grn.
Kamienica
SZCZYTNA
Podzamek
Śnieżnicki Park Kraj.
Lewin Kłodzki
Jaszkowa Dln.
DUSZNIKI-ZDRÓJ
POLANICA-ZDRÓJ
Jaszkowa Grn.
JAVORNIK
Krosnowice
Żelazno
Ołdrzychowice Kłodzkie
Olešnice v Orlických horách
Gorzanów
Trzebieszowice
Str. Łomnica
ZIELENIEC
LĄDEK-ZDRÓJ
Łasówka
Nw. Waliszów
Str. Gierałtów
BYSTRZYCA KŁODZKA
STRONIE ŚLĄSKIE
Nw. Bystrzyca
Idzików
Wilkanów
Kletno
Bolesławów
Kvasiny
Długopole-Zdrój
Międzygórze
Śnieżnicki Park Krajobrazowy
SOLNICE
Gniewoszów
Domaszków
Śnieżnik
ROKYTNICE V ORLICKÝCH HORÁCH
Rózanka
Nw. Wieś
Trójmorski Wierch
Staré Město pod Sněžníkem
RYCHNOV N. KNĚŽNOU
Pěčín
KOSTELEC N. ORLICÍ
VAMBERK
MIĘDZYLESIE
Doudleby n. Orlicí
Boboszów
Kotlina Kłodzka
1 : 500 000
ŽAMBERK
Mladkov
Lichkov
KRÁLÍKY
HANUŠOVICE

Mysłów
BOLKÓW
Kłaczyna
Jugowa
Stanowice
Piotrowice Świdn.
JAWORZYNA ŚL.
Płonina
Dobromierz
Olszany
Świdnik
Sady
Bolesławice
Ciechanowice
Domanów
Chwaliszów
ŚWIEBODZICE
Marciszów
KSIĄŻ
Bogaczowice
Książański Park Kraj.
Mokrzeszów
ŚWIDNICA
Rudawski Park K.
Gostków
Debrznik
SZCZAWNO-ZDRÓJ
Witoszów Dln.
Witków
Lubomin
KAMIENNA GÓRA
WAŁBRZYCH
Czarny Bór
Dziećmorowice
Błażkowa
Zagórze Śl.
BOGUSZÓW-GORCE
JEDLINA-ZDRÓJ
Lutomia Grn.
Krzeszów
Park Krajobrazowy Sudetów Wałbrzyskich
LUBAWKA
Kochanów
Walim
Olszyny
Łączna
GŁUSZYCA
Rzeczka
G. Sowich
Chełmsko Śl.
MIEROSZÓW
Głuszyca Grn.
Sokolec
Okolice Wałbrzycha
1 : 500 000
CZECHY
BROUMOV
Ludwikowice Kłodzkie

1 : 1 000 000
10 0 10 20 30 40 50 km
Miejscowości
powyżej 500 000 mieszk.
250 000 – 500 000
100 000 – 250 000
50 000 – 100 000
25 000 – 50 000
10 000 – 25 000
5 000 – 10 000
poniżej 5 000
OPOLE miasta wojewódzkie
LEGNICA siedziby powiatów grodzkich
NYSA siedziby powiatów ziemskich
Karpacz inne miasta
Lubsza wsie gminne
Krzeszów pozostałe wsie
26 liczba mieszk. miast w tys.
ŚWIDNICA miejscowości z licznymi, cennymi zabytkami
granice państw
granice województw
granice powiatów
granice gmin
granice parków narodowych
granice parków krajobrazowych
koleje
koleje wyłącznie z ruchem towarowym
koleje wąskotorowe
autostrady
drogi główne dwujezdniowe (krajowe)
drogi główne jednojezdniowe (krajowe)
drogi drugorzędne (wojewódzkie)
zabudowa mieszkalna i usługowa
zabudowa przemysłowa
lasy
łąki i pastwiska
sady
tereny zdegradowane
bagna
kościoły, klasztory, synagogi
zamki, pałace, ruiny
mury obronne, fortyfikacje
skanseny, inne zabytki architektury
jaskinie, przełęcze
szczyty, punkty wysokościowe
zapory wodne, przeprawy promowe
porty lotnicze, przejścia graniczne
Cz. - Czeladź S.ŚL. - SIEMIANOWICE ŚL. Ś. - ŚWIĘTOCHŁOWICE
OJC. P.N. - OJCOWSKI PARK NARODOWY
P.K. Cyst. - Park Krajobrazowy Cysterskie Kompozycje Rud Wielkich
KROTOSZYN
OSTRÓW WLKP.
OLEŚNICA
KĘPNO
WIERUSZÓW
WIELUŃ
NAMYSŁÓW
KLUCZBORK
OLESNO
OŁAWA
BRZEG
OPOLE
KRAPKOWICE
STRZELCE OPOLSKIE
NYSA
PRUDNIK
GŁUBCZYCE
KĘDZIERZYN-KOŹLE
RACIBÓRZ
GLIWICE
TARNOWSKIE GÓRY
BYTOM
ZABRZE
PIEKARY ŚL.
KATOWICE
CHORZÓW
RUDA ŚL.
MYSŁOWICE
SOSNOWIEC
DĄBROWA GÓRNICZA
JAWORZNO
TYCHY
MIKOŁÓW
RYBNIK
ŻORY
WODZISŁAW ŚL.
JASTRZĘBIE ZDRÓJ
PSZCZYNA
OŚWIĘCIM
CHRZANÓW
OLKUSZ
ZAWIERCIE
MYSZKÓW
CZĘSTOCHOWA
KŁOBUCK
PAJĘCZNO
RADOMSKO
WŁOSZCZOWA
LUBLINIEC
KRAKÓW
WADOWICE
BIELSKO-BIAŁA
CIESZYN
ŻYWIEC
SUCHA BESKIDZKA
MYŚLENICE
OSTRAVA
OPAVA
KARVINÁ
HAVÍŘOV
FRÝDEK-MÍSTEK
DZIERŻONIÓW
BIELAWA
SŁOWACJA

BEŁCHATÓW
PIOTRKÓW TRYB.
OPOCZNO
RADOM
PUŁAWY
ZWOLEŃ
PRZYSUCHA
SZYDŁOWIEC
KOŃSKIE
SKARŻYSKO-KAMIENNA
STARACHOWICE
LIPSKO
RADOMSKO
OSTROWIEC ŚWIĘTOKRZYSKI
KIELCE
WŁOSZCZOWA
OPATÓW
SANDOMIERZ
JĘDRZEJÓW
MYSZKÓW
ZAWIERCIE
PIŃCZÓW
STASZÓW
TARNOBRZEG
STALOWA WOLA
BUSKO-ZDRÓJ
MIECHÓW
OLKUSZ
MIELEC
KAZIMIERZA WIELKA
PROSZOWICE
KOLBUSZOWA
DĄBROWA TARNOWSKA
CHRZANÓW
KRAKÓW
TARNÓW
RZESZÓW
WIELICZKA
BOCHNIA
BRZESKO
DĘBICA
ROPCZYCE
WADOWICE
MYŚLENICE
SUCHA BESKIDZKA
LIMANOWA
GORLICE
JASŁO
KROSNO
NOWY SĄCZ
NOWY TARG
ZAKOPANE
BARDEJOV
LIPTOWSKI MIKULÁŠ
POPRAD
NOWA WIEŚ SPISKA
PRESZÓW
S Ł O W A C J A
Wisła
Pilica
Nida
TATRZAŃSKI P.N.
PIENIŃSKI P.N.
MAGURSKI PARK NARODOWY
GORCZAŃSKI P.N.
BABIOGÓRSKI P.N.
ŚWIĘTOKRZYSKI P.N.
OJC. P.N.
TATRANSKÝ NÁRODNÝ PARK

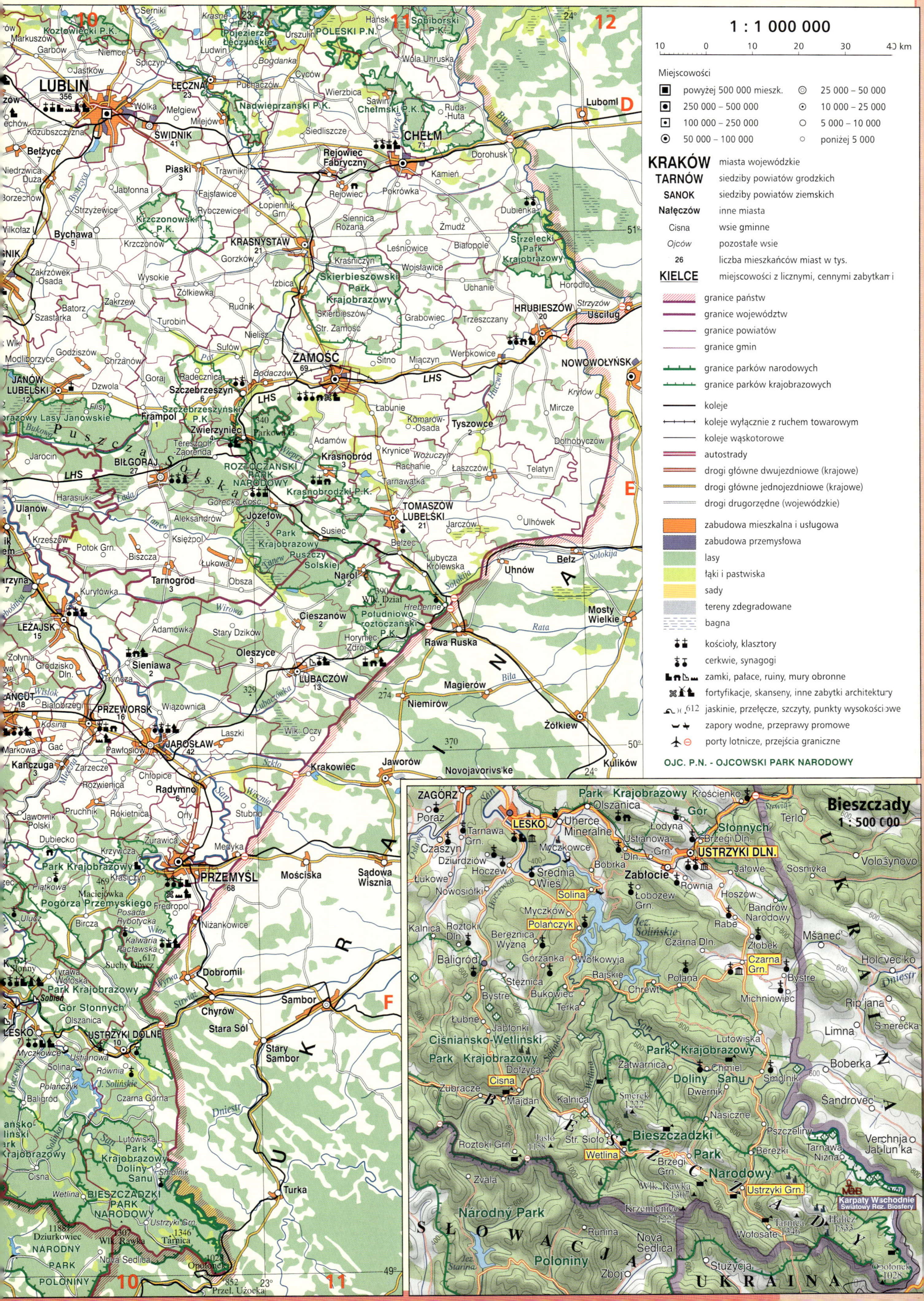
1 : 1 000 000
10 0 10 20 30 40 km
Miejscowości
powyżej 500 000 mieszk.
250 000 – 500 000
100 000 – 250 000
50 000 – 100 000
25 000 – 50 000
10 000 – 25 000
5 000 – 10 000
poniżej 5 000
KRAKÓW miasta wojewódzkie
TARNÓW siedziby powiatów grodzkich
SANOK siedziby powiatów ziemskich
Nałęczów inne miasta
Cisna wsie gminne
Ojców pozostałe wsie
26 liczba mieszkańców miast w tys.
KIELCE miejscowości z licznymi, cennymi zabytkami
granice państw
granice województw
granice powiatów
granice gmin
granice parków narodowych
granice parków krajobrazowych
koleje
koleje wyłącznie z ruchem towarowym
koleje wąskotorowe
autostrady
drogi główne dwujezdniowe (krajowe)
drogi główne jednojezdniowe (krajowe)
drogi drugorzędne (wojewódzkie)
zabudowa mieszkalna i usługowa
zabudowa przemysłowa
lasy
łąki i pastwiska
sady
tereny zdegradowane
bagna
kościoły, klasztory
cerkwie, synagogi
zamki, pałace, ruiny, mury obronne
fortyfikacje, skanseny, inne zabytki architektury
jaskinie, przełęcze, szczyty, punkty wysokościowe
zapory wodne, przeprawy promowe
porty lotnicze, przejścia graniczne
OJC. P.N. - OJCOWSKI PARK NARODOWY
LUBLIN
CHEŁM
KRASNYSTAW
ZAMOŚĆ
HRUBIESZÓW
BIŁGORAJ
TOMASZÓW LUBELSKI
LUBACZÓW
JAROSŁAW
PRZEWORSK
PRZEMYŚL
USTRZYKI DOLNE
LESKO
Bieszczady
1 : 500 000
USTRZYKI DLN.
Bieszczadzki Park Narodowy
Karpaty Wschodnie Światowy Rez. Biosfery
SŁOWACJA
UKRAINA

1 : 20 000 000

Grenlandia
Cieśnina Duńska
Jan Mayen
Nowa Ziemia
MORZE BARENTSA
Cieśn. Karska
Przyl. Północny
Kołgujew
Plw. Kanin
Przyl. Horn
Islandia
REYKJAVIK
Hekla 1491
2119
Koło podbiegunowe północne
MORZE NORWESKIE
Murmańsk
Plw. Kolski
1191
M. BIAŁE
Archangielsk
Dwina
OCEAN ATLANTYCKI
W-y Owcze
Góry Skandynawskie
Płw. Skandynawski
2111
Tornio
Zatoka Botnicka
Pojezierze Fińskie
J. Onega
J. Ładoga
Nizina
Suchona
Szetlandy
Rockall
Wyspy Brytyjskie
Hebrydy
Orkady
2470
OSLO
SZTOKHOLM
HELSINKI
Zat. Fińska
Petersburg
TALLINN
J. Pejpus
Jarosław
Ben Nevis 1343
Glasgow
Wielka Brytania
MORZE PÓŁNOCNE
Skagerrak
Kattegat
J. Wener
J. Wetter
Göteborg
Gotlandia
Sarema
RYGA
343
Wołga
MOSKWA
Belfast
Irlandia
M. IRLANDZKIE
DUBLIN
1041
Manchester
Newcastle upon Tyne
Leeds
Liverpool
Sheffield
Płw. Jutlandzki
KOPENHAGA
Malmö
Olandia
Zelandia
MORZE BAŁTYCKIE
Dźwina
WILNO
MIŃSK
Dniepr
Tuła
Wyżyna
Środkowo-
rosyjska
Kursk
Kanał Św. Jerzego
Birmingham
LONDYN
621
Southampton
AMSTERDAM
Haga
Rotterdam
Brema
Hamburg
Łaba
Kaliningrad
Gdańsk
Szczecin
Nizina Niemiecka
Nizina Polska
Wisła
Odra
Homel
Prypeć
BERLIN
Hanower
Poznań
WARSZAWA
Brześć
La Manche
Cieśn. Kaletańska
BRUKSELA
Dortmund
Kolonia
Bonn
1142
Lipsk
Łódź
Wrocław
Sudety
1602
Kraków
KIJÓW
Charków
Przyl. Św. Mateusza
Hawr
PARYŻ
Luksemburg
Frankfurt nad Menem
Strasburg
Ren
Stuttgart
PRAGA
Karpaty
2655 Gerlach
Lwów
Podole
Dniestr
Prut
Boh
Dniepropetrowsk
Krzywy Róg
Mikołajów
Zaporoże
Don
Nizina Francuska
Loara
Nantes
Zatoka Biskajska
Sekwana
Dunaj
1456
Monachium
WIEDEŃ
BRATYSŁAWA
1015
Wlk. Nizina Węgierska
Masyw Centralny
1885
Bordeaux
Alpy
Zurych
BERNO
4049
3797
2863
Mont Blanc 4807
Drawa
LUBLANA
BUDAPESZT
Cisa
Maruszka
KISZYNIÓW
Odessa
Lyon
Rodan
Garonna
G. Kantabryjskie
Bilbao
Porto
Duero
Płw. Iberyjski
Ebro
G. Iberyjskie
Tuluza
Pireneje
P. de Aneto 3404
ANDORA
Saragossa
Turyn
Mediolan
Pad
Triest
Rijeka
ZAGRZEB
Góry Dynarskie
Sawa
2543
BUKARESZT
Nizina Wołoska
Konstanca
Sewastopol
1545
Nicea
MONAKO
Genua
Marsylia
SAN MARINO
Apeniny
MORZE ADRIATYCKIE
SARAJEWO
BELGRAD
Bałkany
Warna
MORZE CZARNE
Przyl. Roca
LIZBONA
2592
MADRYT
Walencja
Barcelona
Korsyka
MORZE TYRREŃSKIE
WATYKAN
RZYM
Płw. Apeniński
2914
2522
Podgorica
SOFIA
Płw. Bałkański
2925 Musala
Stambuł
Bosfor
Góry Pontyjskie
Tag
Gwadalkiwir
Sewilla
Baleary
Minorka
Sardynia
Neapol
Bari
Wezuwiusz 1279
SKOPJE
Tirana
M. MARMARA
Bursa
ANKARA
Kızılırmak
Kadyks
Przyl. Marroqui
Góry Betyckie
Mulhacén 3478
Ibiza
Majorka
Olimp 2917
Saloniki
Dardanele
MORZE EGEJSKIE
Azja Mniejsza
Cieśnina Gibraltarska
Gibraltar
Malaga
Tanger
Tetuan
MORZE ŚRÓDZIEMNE
Stromboli 924
Wyspy Jońskie
Izmir
Konya
Taurus
RABAT
Melilla
Oran
ALGIER
Annaba
Przyl. Biały
Palermo
Etna 3323
Mesyna
MORZE JOŃSKIE
Patras
ATENY
Peloponez
3069
Antalya
Fez
Meknes
2456
Atlas Tellski
Wadżda
TUNIS
Sycylia
Malta
Przyl. Matapan
Kreta
2456
Rodos
Cypr
Nikozja
Atlas
3737
Atlas Saharyjski
2328
Biskira
Safakis
Zat. Kabis
Kabis
Szott Malghir
Wielki Szott
Baszszar
Tughghurt
TRYPOLIS
Zat. Wielka Syrta
Bengazi
878
Płw. Barka
Tobruk
Aleksandria
Port Said
KAIR
Suez
Giza
Heluan
Wielki Erg Zachodni
Al-Kulaja
Oaza Gouara
Wyżyna Tadmait
Wielki Erg Wschodni
Al-Hamada al-Hamra
Ghadamis
Oaza Dżofra
Siwa
-133
Al-Kattara
Pustynia Libijska
Erg Igidi
Erg Szesz
Oazy Touat
Ain Salah
Hamada Tinghirt
66°33'
60°
50°
40°
30°
20°
10°
0°

1 : 60 000 000

Opady roczne

mm
- 2000
- 1000
- 500
- 250
- 100

Najwyższa zmierzona suma rocznych opadów atmosferycznych: Cerkwice (Chorwacja) 4643 mm

Najniższa zmierzona suma rocznych opadów atmosferycznych: Astrachań (Rosja) 163 mm

Gleby

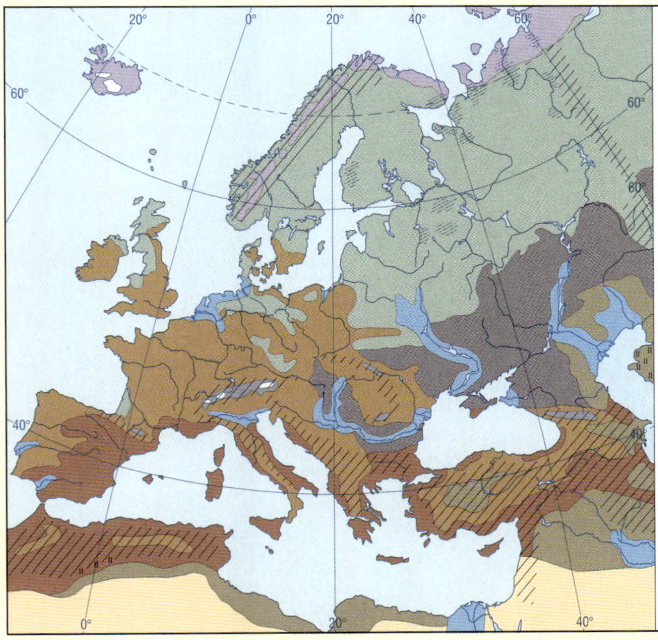

- tundrowe
- bielicowe i bielice
- brunatne i płowe
- szare gleby leśne, czarnoziemy i gleby czarnoziemne
- brązowe i szarobrązowe (cynamonowe)
- buroziemy i szaroziemy
- inicjalne pustyń
- inicjalne skaliste i słabo wykształcone
- mady rzeczne i morskie
- bagienne
- słone
- górskie
- lodowce

Potencjalna roślinność naturalna

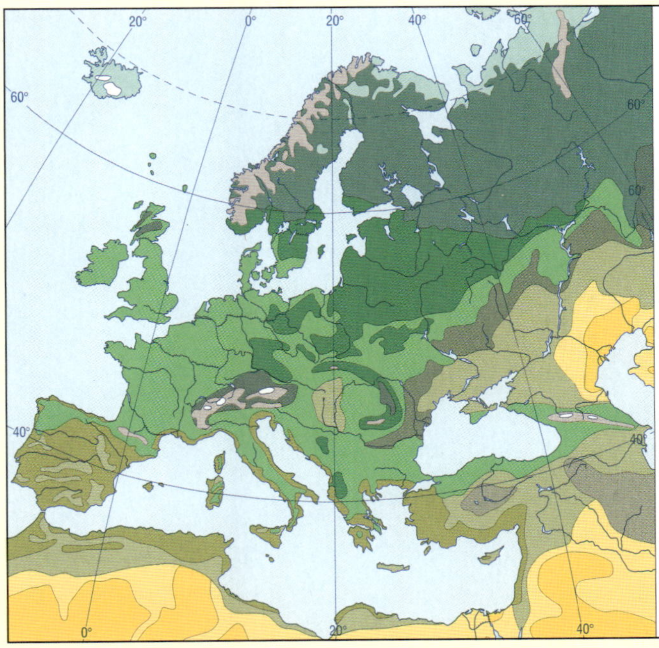

- lodowce
- tundra
- roślinność wysokogórska
- tajga
- lasy mieszane strefy umiarkowanej
- lasy liściaste strefy umiarkowanej
- lasy iglaste strefy umiarkowanej
- roślinność śródziemnomorska
- lasostepy
- stepy
- półpustynie
- pustynie
- stepy, półpustynie i pustynie górskie

1 : 20 000 000

Grenlandia
Cieśnina Duńska
Jan Mayen
Islandia
Reykjavik
Hekla 1491
2119
Przyl. Horn
Koło podbiegunowe północne
MORZE NORWESKIE
W-y Owcze
Prąd Norweski
OCEAN ATLANTYCKI
Wyspy Brytyjskie
Hebrydy
Rockall
Prąd Północnoatlantycki
Szetlandy
Orkady
Ben Nevis 1343
Grampiany
Glasgow
Wielka Brytania
G. Penińskie
Irlandia
Dublin
1041
MORZE IRLANDZKIE
Kanał Św. Jerzego
Niz. Angielska
Londyn
Tamiza
621
La Manche
Cieśn. Kaletańska
MORZE PÓŁNOCNE
Przyl. Św. Mateusza
Płw. Bretoński
Zatoka Biskajska
Nizina Francuska
Paryż
Loara
Sekwana
Masyw Centralny
1885
Garonna
Rodan
Lyon
G. Kantabryjskie
Pireneje
P. de Aneto 3404
G. Iberyjskie
Płw. Iberyjski
Kordyliera Centr.
2592
Madryt
Duero
Tag
Ebro
Lizbona
Przyl. Roca
Gwadalkiwir
G. Betyckie
3478 Mulhacén
Marroqui
Gibraltar
Cieśnina Gibraltarska
Baleary
Ibiza
Majorka
Minorka
Barcelona
Zat. Lwia
Marsylia
Monako
Korsyka
Sardynia
MORZE LIGURYJSKIE
MORZE ŚRÓDZIEMNE
Algier
Rabat
Rif
2456
Atlas Tellski
Atlas Saharyjski
2328
Atlas
3737
Szott Melghir
Wielki Szott
Tunis
Przyl. Biały
Zat. Kabis
Trypolis
Hasi Masud
Wielki Erg Zachodni
Wielki Erg Wschodni
Zat. Wielka Syrta
Płw. Barka
878
Pustynia Libijska
Aleksandria
Kair
Nil
Cypr
Rodos
Kreta
2456
Malta
Sycylia
Etna 3323
W-y Liparyjskie
Stromboli 924
Cieśn. Mesyńska
MORZE JOŃSKIE
Przyl. Matapan
Peloponez
Ateny
W-y Jońskie
MORZE TYRREŃSKIE
Wezuwiusz 1279
Neapol
Rzym
Elba
Apeniny
Płw. Apeniński
2914
Niz. Padańska
Mediolan
Pad
Alpy
Mont Blanc 4807
4049
Berno
Jura
3797
Monachium
Inn
MORZE ADRIATYCKIE
Tirana
Kras
Lublana
Zagrzeb
Sawa
G. Dynarskie
Sarajewo
2522
Belgrad
Drawa
Dunaj
Wiedeń
Bratysława
Budapeszt
Wlk. Nizina Węgierska
Cisa
Marusza
1015
Karpaty
2655 Gerlach
Karpaty Pd.
Moldoveanu 2543
Bukareszt
Nizina Wołoska
Bałkany
Sofia
Skopje
Musala 2925
Rodopy
Płw. Bałkański
Olimp 2917
Pindos
Stambuł
Bosfor
Dardanele
M. MARMARA
MORZE EGEJSKIE
MORZE CZARNE
Krym 1545
Odessa
Kiszyniów
Prut
Dniestr
Boh
Dniepr
Podole
Wyżyna Wołyńska
Kijów
Charków
Polesie
Prypeć
Warszawa
Bug
Wisła
Odra
Nizina Polska
Sudety 1602
Łaba
Praga
1456
Dunaj
Ren
Bonn
Bruksela
Moza
Amsterdam
Berlin
1142
Hamburg
Nizina Niemiecka
Gdańsk
Wilno
Niemen
Wyżyna Białoruska
Mińsk
Dniepr
MORZE BAŁTYCKIE
Zelandia
Kopenhaga
Płw. Jutlandzki
Kattegat
Skagerrak
Olandia
Gotlandia
Ryga
Dźwina
Sarema
Hiuma
Tallinn
J. Pejpus
Zat. Fińska
Helsinki
Sztokholm
J. Wener
J. Wetter
Oslo
Bergen
Góry Skandynawskie
2470
2111
Glomma
Dal
Kiła
Zatoka Botnicka
Pojezierze Fińskie
J. Ładoga
J. Onega
Petersburg
Wałdaj
343
Wołga
Moskwa
Suchona
Dwina
Archangielsk
M. BIAŁE
Płw. Kolski
1191
Murmańsk
Wyż. Laponska
J. Inari
Tornio
Lofoty
Vesterålen
Hammerfest
Przyl. Północny
Prąd Norweski
MORZE BARENTSA
W. Niedźwiedzia
Nowa Ziemia
Cieśn. Karska
Kołgujew
Płw. Kanin
Wsc...
Wyżyna Środkoworosyjska
Góry Pontyjskie
Ankara
Wyżyna Anatolijska
Płw. Azja Mniejsza
Taurus
3069
1 2 3 4 5 6 7 8 9 10
A B C D E F
66°33' 30° 10° 0° 10° 20° 30° 40° 50°
60° 50° 40° 30°
3255 3970 310 90 725 470 13 5463 5100 2875 3830 1230 4300 5121 4480 2210
m n.p.m.
3000
2000
1000
500
200
0
200
2000
4000

1 : 60 000 000

Nizina Zachodniosyberyjska
Ural
Narodnaja 1894
1569
Jekaterynburg
Jamantau 1640
Samara
Wyżyna Nadwołżańska
Nizina Nadkaspijska
MORZE KASPIJSKIE
Wołgograd
Ustiurt
Kaukaz
Elbrus 5642
Kazbek 5033
Tbilisi
Baku
Mały Kaukaz
Erewań
Ararat 5165
Elburs
Demawend 5670
Teheran
Zagros
Nizina Mezopotamska
Bagdad
Pustynia Syryjska
Damaszek
Amman
Kuwejt
Zatoka Perska
Półwysep Arabski
Wielki Nefud

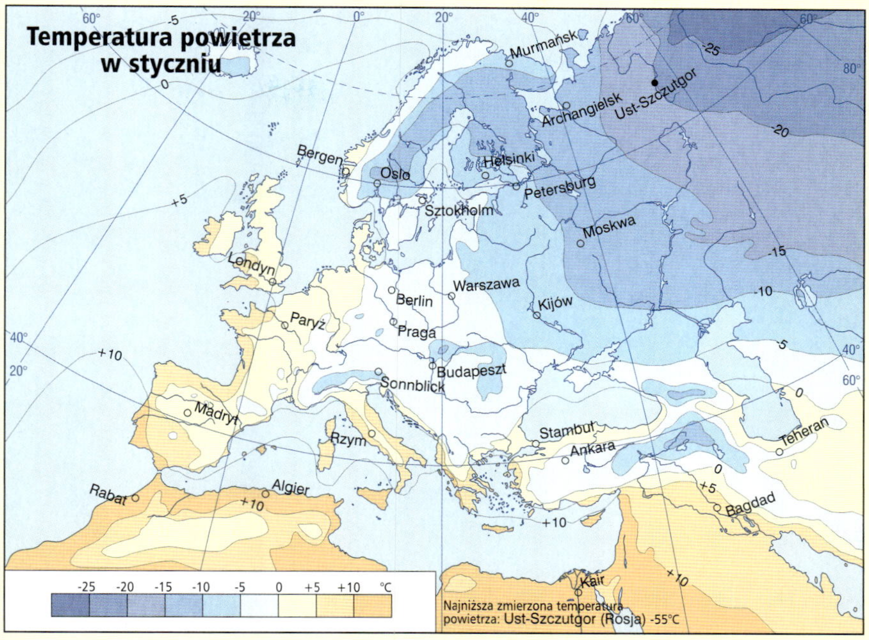

Temperatura powietrza w styczniu
Murmańsk
Archangielsk
Ust-Szczugor
Bergen
Oslo
Helsinki
Petersburg
Sztokholm
Moskwa
Londyn
Berlin
Warszawa
Kijów
Paryż
Praga
Budapeszt
Sonnblick
Madryt
Rzym
Stambuł
Ankara
Teheran
Rabat
Algier
Bagdad
Kair
-25 -20 -15 -10 -5 0 +5 +10 °C
Najniższa zmierzona temperatura powietrza: Ust-Szczugor (Rosja) -55°C

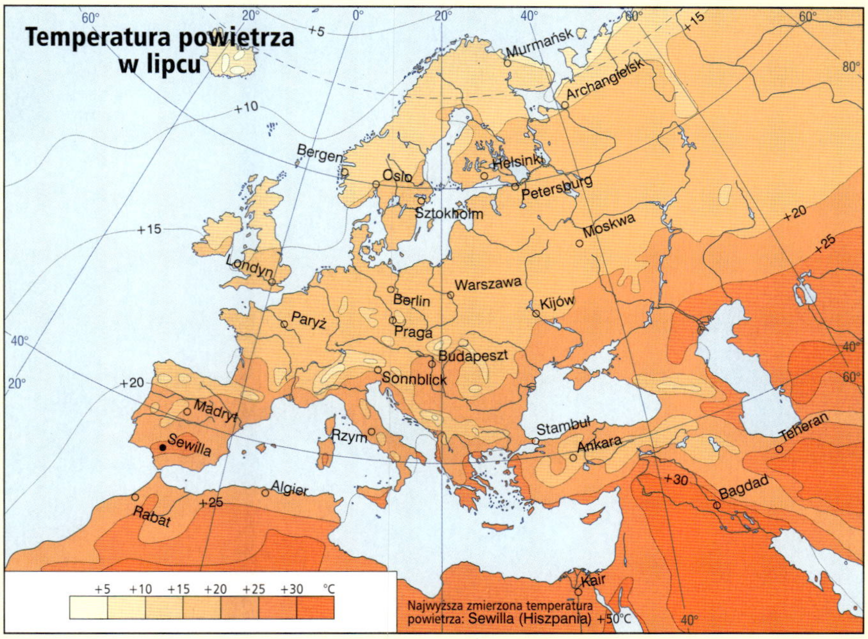

Temperatura powietrza w lipcu
Murmańsk
Archangielsk
Bergen
Oslo
Helsinki
Petersburg
Sztokholm
Moskwa
Londyn
Berlin
Warszawa
Kijów
Paryż
Praga
Budapeszt
Sonnblick
Madryt
Sewilla
Rzym
Stambuł
Ankara
Teheran
Algier
Rabat
Bagdad
Kair
+5 +10 +15 +20 +25 +30 °C
Najwyższa zmierzona temperatura powietrza: Sewilla (Hiszpania) +50°C

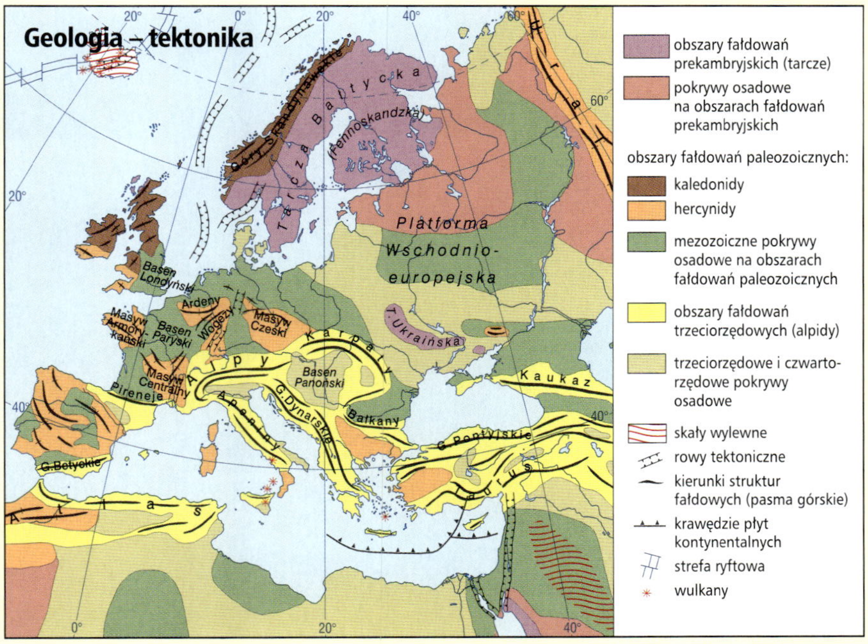

Geologia – tektonika
Tarcza Bałtycka
Fennoskandzka
Platforma Wschodnioeuropejska
T. Ukraińska
Basen Londyński
Ardeny
Masyw Armorykański
Basen Paryski
Wogezy
Masyw Czeski
Karpaty
Alpy
Basen Panoński
Masyw Centralny
Pireneje
Apeniny
G. Dynarskie
Bałkany
G. Pontyjskie
Kaukaz
G. Betyckie
Atlas
Ural
obszary fałdowań prekambryjskich (tarcze)
pokrywy osadowe na obszarach fałdowań prekambryjskich
obszary fałdowań paleozoicznych:
kaledonidy
hercynidy
mezozoiczne pokrywy osadowe na obszarach fałdowań paleozoicznych
obszary fałdowań trzeciorzędowych (alpidy)
trzeciorzędowe i czwartorzędowe pokrywy osadowe
skały wylewne
rowy tektoniczne
kierunki struktur fałdowych (pasma górskie)
krawędzie płyt kontynentalnych
strefa ryftowa
wulkany

1 : 20 000 000

Grenlandia (duń.)
Koło podbiegunowe północne
Jan Mayen (norw.)
W. Niedźwiedzia (norw.)
Nowa Ziemia
MORZE BARENTSA
Murmańsk–Władywostok 11 110 km
Kołgujew
Hammerfest
Murmańsk
MORZE BIAŁE
Archangielsk
Dwina
ISLANDIA
REYKJAVIK
Rejkiawik – Kopenhaga 2370 km
MORZE NORWESKIE
Wyspy Owcze (duń.)
Londyn – Murmańsk 3150 km
OCEAN ATLANTYCKI
Rockall (br.)
Orkady
Szetlandy
Hebrydy
NORWEGIA
SZWECJA
FINLANDIA
Zatoka Botnicka
J. Onega
J. Ładoga
OSLO
HELSINKI
Petersburg
SZTOKHOLM
Zatoka Fińska
TALLINN
ESTONIA
J. Peipus
Jarosław
Gotlandia
Göteborg
Olandia
MORZE PÓŁNOCNE
Londyn – Petersburg 2260 km
Glasgow
Belfast
WIELKA BRYTANIA
Newcastle upon Tyne
IRLANDIA
DUBLIN
Manchester
Liverpool
Leeds
Sheffield
Birmingham
LONDYN
Southampton
KOPENHAGA
DANIA
Malmö
MORZE BAŁTYCKIE
RYGA
ŁOTWA
LITWA
WILNO
MOSKWA
Wołga
Tuła
Kaliningrad
ROSJA
Gdańsk
Londyn – Hamburg 790 km
AMSTERDAM
Haga
Rotterdam
HOLANDIA
Brema
Hamburg
Hanower
Łaba
BERLIN
Szczecin
MIŃSK
BIAŁORUŚ
Kursk
Woronez
Dniepr
Nowy Jork – Londyn 6140 km
Las Palmas – Londyn 3200 km
Lizbona – Londyn 2060 km
La Manche
Wyspy Normandzkie (br.)
Hawr
BRUKSELA
BELGIA
LUKSEMBURG
Kolonia
Bonn
Dortmund
NIEMCY
Lipsk
Poznań
WARSZAWA
POLSKA
Wrocław
Łódź
Wisła
Odra
Brześć
Prypeć
Homel
KIJÓW
Charków
UKRAINA
Dniepropetrowsk
Krzywy Róg
Zaporoże
Mikołajów
Odessa
Dniestr
PARYŻ
Sekwana
Frankfurt nad Menem
Stuttgart
Strasburg
PRAGA
CZECHY
Kraków
Lwów
SŁOWACJA
BRATYSŁAWA
FRANCJA
Loara
Nantes
Zatoka Biskajska
Monachium
WIEDEŃ
Dunaj
Zurych
VADUZ
LIECHTENSTEIN
SZWAJCARIA
BERNO
AUSTRIA
BUDAPESZT
WĘGRY
MOŁDAWIA
KISZYNIÓW
Prut
Lyon
Rodan
Bordeaux
Garonna
Tuluza
Bilbao
Porto
PORTUGALIA
HISZPANIA
MADRYT
Saragossa
Ebro
Tag
ANDORA
Nicea
MONAKO
Marsylia
Mediolan
Turyn
Genua
Pad
Triest
LUBLANA
SŁOWENIA
ZAGRZEB
Rijeka
CHORWACJA
Drawa
Sawa
Marusza
RUMUNIA
BUKARESZT
Konstanca
Sewastopol
BELGRAD
SERBIA
BOŚNIA I HERCEGOWINA
SARAJEWO
SAN MARINO
MORZE ADRIATYCKIE
WŁOCHY
LIZBONA
Walencja
Barcelona
Baleary
Korsyka
Sardynia
WATYKAN
RZYM
Neapol
Bari
CZARNOGÓRA
Podgorica
TIRANA
ALBANIA
SKOPJE
MACEDONIA
SOFIA
BUŁGARIA
Warna
MORZE CZARNE
Bosfor
STAMBUŁ
ANKARA
TURCJA
Bursa
İzmir
Konya
Antalya
Dardanele
Saloniki
GRECJA
MORZE EGEJSKIE
Patras
ATENY
Rodos
Kreta
NIKOZJA
CYPR
Sewilla
Kadyks
Málaga
Gibraltar (br.)
Cieśnina Gibraltarska
Tanger
Ceuta (hiszp.)
Tetuan
Melilla (hiszp.)
MORZE ŚRÓDZIEMNE
RABAT
Fez
Meknes
Wadżda
MAROKO
Oran
ALGIER
Annaba
ALGIERIA
Biskira
Tughghurt
Baszszar
TUNIS
TUNEZJA
Safakis
Kabis
MORZE TYRREŃSKIE
Palermo
Sycylia
Mesyna
MORZE JOŃSKIE
VALLETTA
MALTA
TRYPOLIS
LIBIA
Bengazi
Tobruk
Aleksandria
Port Said
KAIR
Giza
Heluan
EGIPT
Nil
480 km
340 km
760 km
950 km
1570 km
850 km
620 km
1820 km
1810 km
2040 km
2400 km
1490 km
1760 km
940 km
630 km

Workuta
Koło podbiegunowe północne
Ob
Irtysz
J
A
S
Perm
Jekaterynburg
Czelabińsk
Iżewsk
Nabiereżne Czełny
Kazań
Ufa
Uljanowsk
Togliatti
Samara
Orenburg
Penza
Saratów
Aktobe
Ural
Emba
KAZACHSTAN
Atyrau
J. Aralskie
UZBEKISTAN
Wołgograd
Wołga
Astrachań
MORZE KASPIJSKIE
Grozny
TURKMENISTAN
Turkmenbaszy
GRUZJA
TBILISI
Batumi
ARMENIA
AZERBEJDŻAN
BAKU
EREWAŃ
Tebriz
TEHERAN
Diyarbakır
Mosul
Kirkuk
Bachtaran
Kom
Isfahan
IRAN
SYRIA
Halab
DAMASZEK
Eufrat
Tygrys
BAGDAD
IRAK
Ahwaz
Abadan
Basra
KUWEJT
Zatoka Perska
ARABIA SAUDYJSKA
AMMAN

1 : 60 000 000

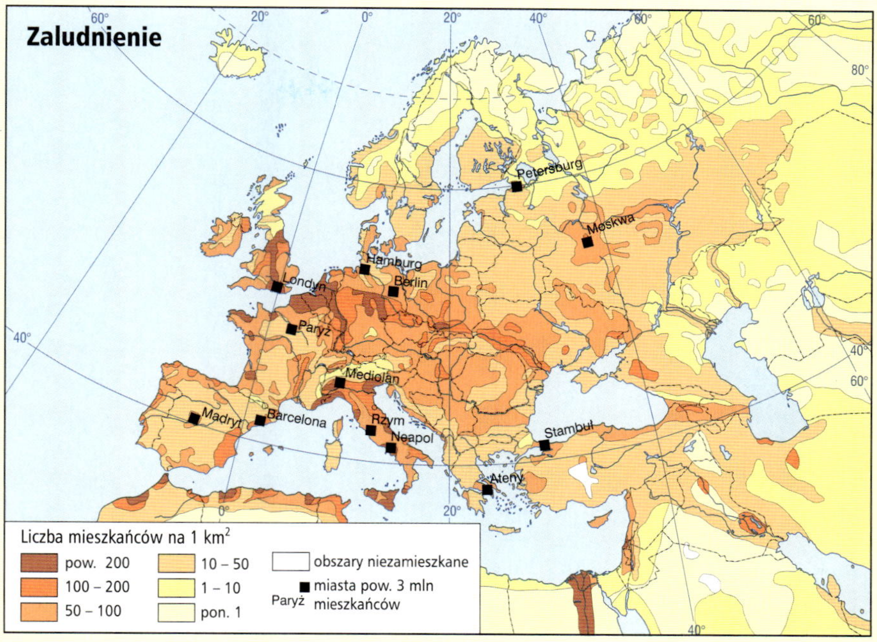
Zaludnienie
Petersburg
Moskwa
Hamburg
Londyn
Berlin
Paryż
Mediolan
Madryt
Barcelona
Rzym
Neapol
Stambuł
Ateny
Liczba mieszkańców na 1 km²
pow. 200
100 – 200
50 – 100
10 – 50
1 – 10
pon. 1
obszary niezamieszkane
miasta pow. 3 mln mieszkańców
Paryż

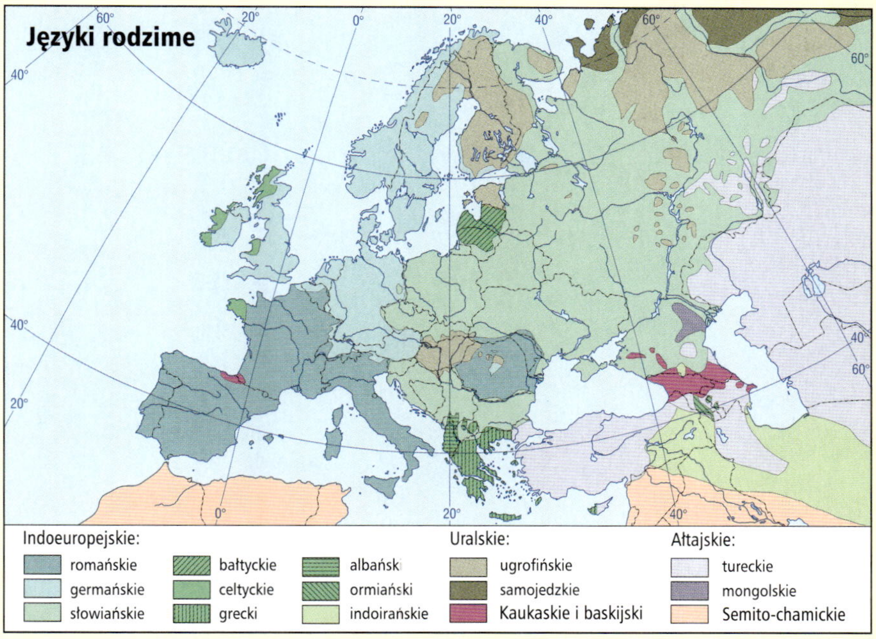
Języki rodzime
Indoeuropejskie:
romańskie
germańskie
słowiańskie
bałtyckie
celtyckie
grecki
albański
ormiański
indoirańskie
Uralskie:
ugrofińskie
samojedzkie
Kaukaskie i baskijski
Ałtajskie:
tureckie
mongolskie
Semito-chamickie

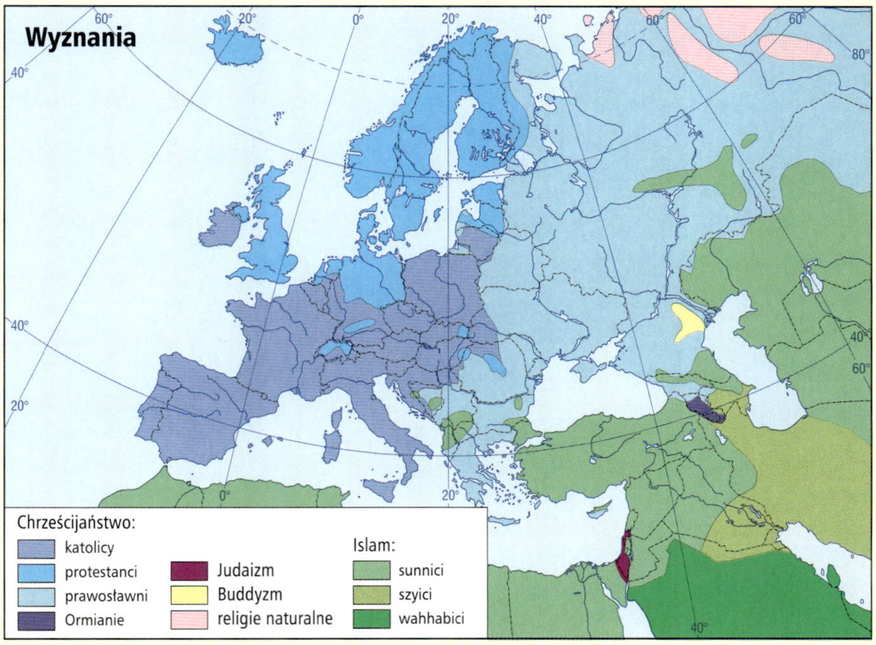
Wyznania
Chrześcijaństwo:
katolicy
protestanci
prawosławni
Ormianie
Judaizm
Buddyzm
religie naturalne
Islam:
sunnici
szyici
wahhabici

EUROPA Gospodarka

1 : 20 000 000

Zatrudnienie w:

rolnictwie	przemyśle	usługach
wyraźna dominacja	wyraźna dominacja	z udziałem rolnictwa
z udziałem przemysłu	z udziałem rolnictwa	z udziałem przemysłu
z udziałem usług	z udziałem usług	

obszary niezagospodarowane lub słabo zagospodarowane

Ośrodki gospodarcze

oddziaływanie:	funkcje:
światowe	wielofunkcyjne
ważniejsze regionalne	przemysłowe i górnicze
	innowacyjne
	transportowe
regionalne	handlowe, finansowe i administracyjne
lokalne	turystyczne i kulturalne

Górnictwo

ropy naftowej	rud chromu	srebra
gazu ziemnego	rud niklu	platyny
węgla kamiennego	rud miedzi	soli potasowych
węgla brunatnego	rud cynku i ołowiu	fosforytów i apa
rud uranu	rud cyny	siarki
rud żelaza	rtęci	
rud manganu	boksytów	

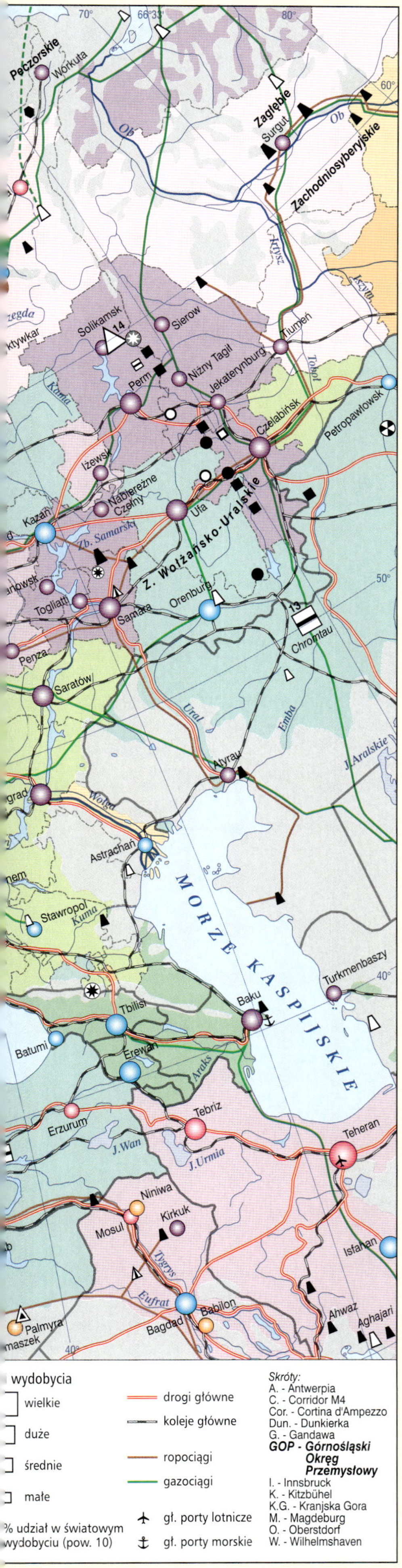
MORZE KASPIJSKIE
Z. Wołżańsko-Uralskie
Zachodniosyberyjskie
wydobycia
wielkie
duże
średnie
małe
% udział w światowym wydobyciu (pow. 10)
drogi główne
koleje główne
ropociągi
gazociągi
gł. porty lotnicze
gł. porty morskie
Skróty:
A. - Antwerpia
C. - Corridor M4
Cor. - Cortina d'Ampezzo
Dun. - Dunkierka
G. - Gandawa
GOP - Górnośląski Okręg Przemysłowy
I. - Innsbruck
K. - Kitzbühel
K.G. - Kranjska Gora
M. - Magdeburg
O. - Oberstdorf
W. - Wilhelmshaven

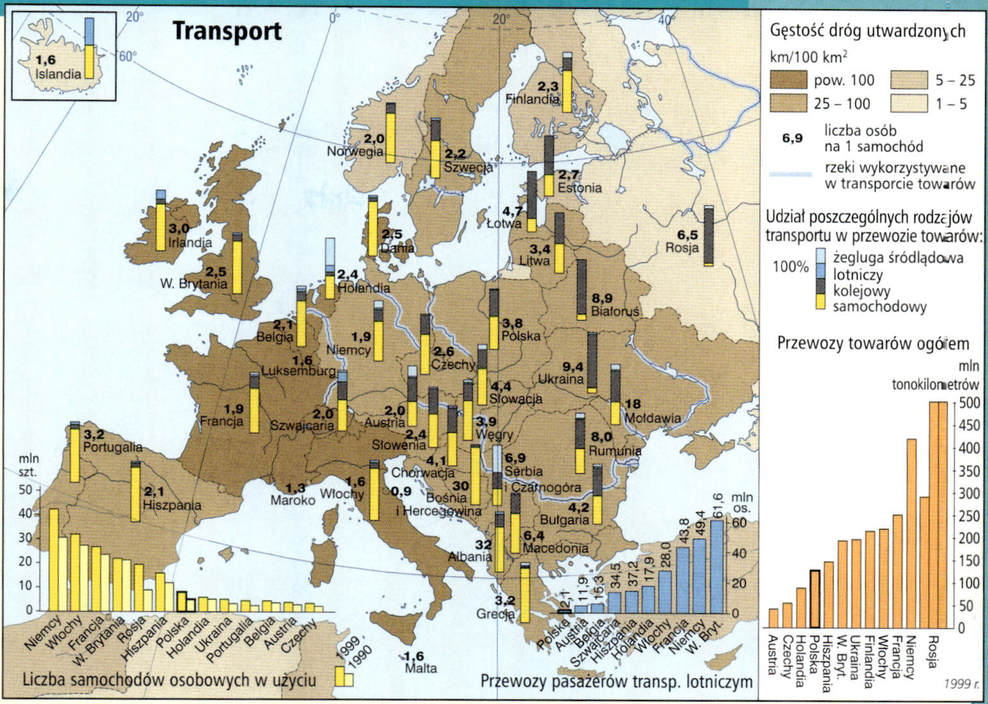
Transport
Gęstość dróg utwardzonych
km/100 km²
pow. 100
25 – 100
5 – 25
1 – 5
6,9 liczba osób na 1 samochód
rzeki wykorzystywane w transporcie towarów
Udział poszczególnych rodzajów transportu w przewozie towarów:
100%
żegluga śródlądowa
lotniczy
kolejowy
samochodowy
Przewozy towarów ogółem
mln tonokilometrów
1999 r.
Liczba samochodów osobowych w użyciu
1999
1990
Przewozy pasażerów transp. lotniczym
mln szt.
mln os.

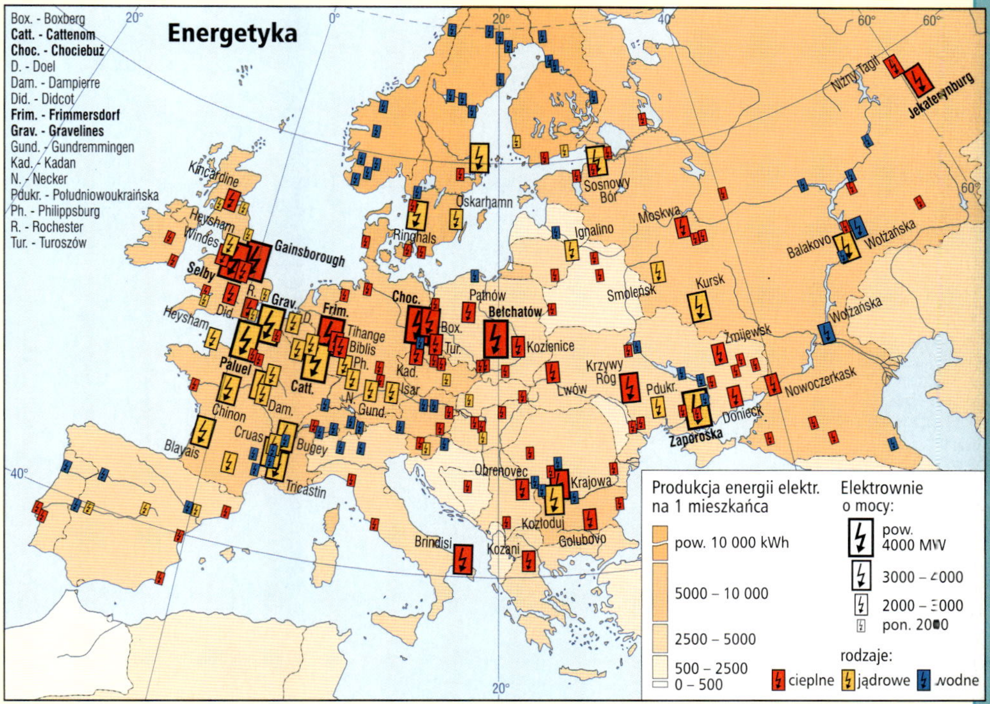
Energetyka
Box. - Boxberg
Catt. - Cattenom
Choc. - Chociebuż
D. - Doel
Dam. - Dampierre
Did. - Didcot
Frim. - Frimmersdorf
Grav. - Gravelines
Gund. - Gundremmingen
Kad. - Kadan
N. - Necker
Pdukr. - Południowoukraińska
Ph. - Philippsburg
R. - Rochester
Tur. - Turoszów
Produkcja energii elektr. na 1 mieszkańca
pow. 10 000 kWh
5000 – 10 000
2500 – 5000
500 – 2500
0 – 500
Elektrownie o mocy:
pow. 4000 MW
3000 – 4000
2000 – 3000
pon. 2000
rodzaje:
cieplne
jądrowe
wodne

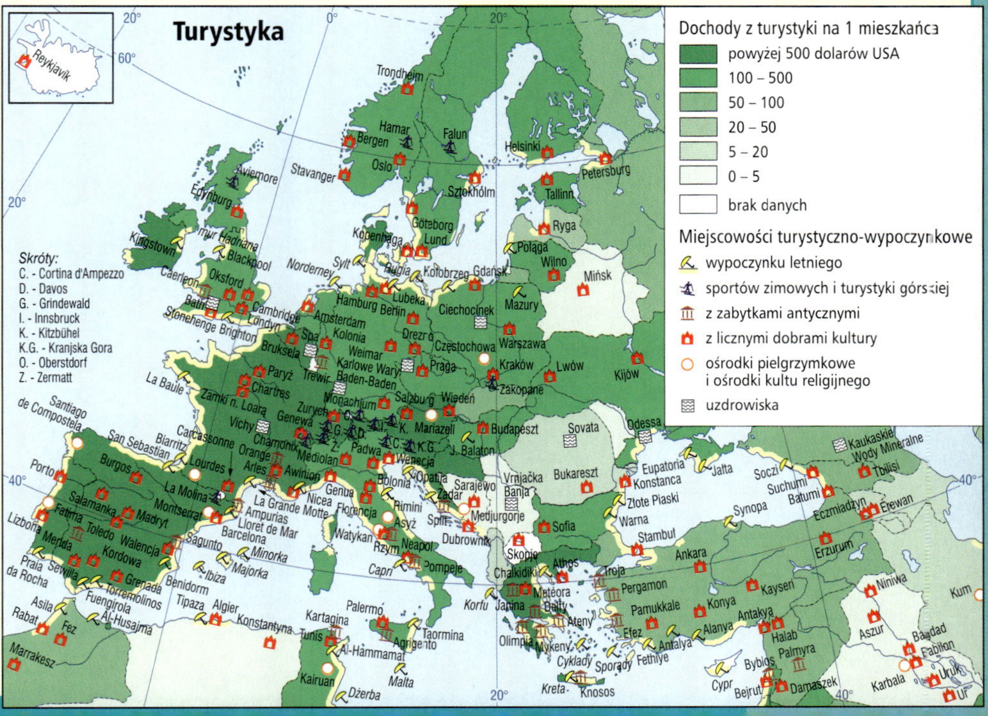
Turystyka
Dochody z turystyki na 1 mieszkańca
powyżej 500 dolarów USA
100 – 500
50 – 100
20 – 50
5 – 20
0 – 5
brak danych
Miejscowości turystyczno-wypoczynkowe
wypoczynku letniego
sportów zimowych i turystyki górskiej
z zabytkami antycznymi
z licznymi dobrami kultury
ośrodki pielgrzymkowe i ośrodki kultu religijnego
uzdrowiska
Skróty:
C. - Cortina d'Ampezzo
D. - Davos
G. - Grindewald
I. - Innsbruck
K. - Kitzbühel
K.G. - Kranjska Gora
O. - Oberstdorf
Z. - Zermatt

EUROPA Rolnictwo

1 : 20 000 000

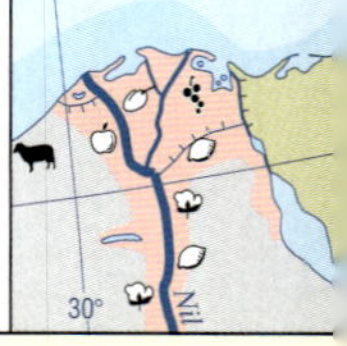

Typy gospodarki rolnej
- rolnictwo mieszane zmechanizowane (miejscami wysoko rozwinięte)
- gospodarka zbożowa wielkoobszarowa
- rolnictwo mieszane intensywne (miejscami nawadniane)
- rolnictwo śródziemnomorskie
- rolnictwo w oazach, wyspecjalizowane
- gospodarka hodowlana mleczna
- hodowla pastwiskowa
- pasterstwo koczownicze
- lasy (leśnictwo, łowiectwo, zbieractwo)
- obszary słabo lub niewykorzystane rolniczo
- obszary łowiskowe

Uprawy
- pszenica
- kukurydza
- ryż
- żyto
- ziemniaki
- buraki cukrowe
- rzepak i rzepik
- słonecznik
- oliwki
- palma daktylowa
- owoce i warzywa
- owoce cytrusowe
- winorośl
- herbata
- tytoń
- chmiel
- bawełna
- len
- dąb korkowy

Hodowla
- bydło
- trzoda chlewna
- owce
- kozy
- wielbłądy
- renifery

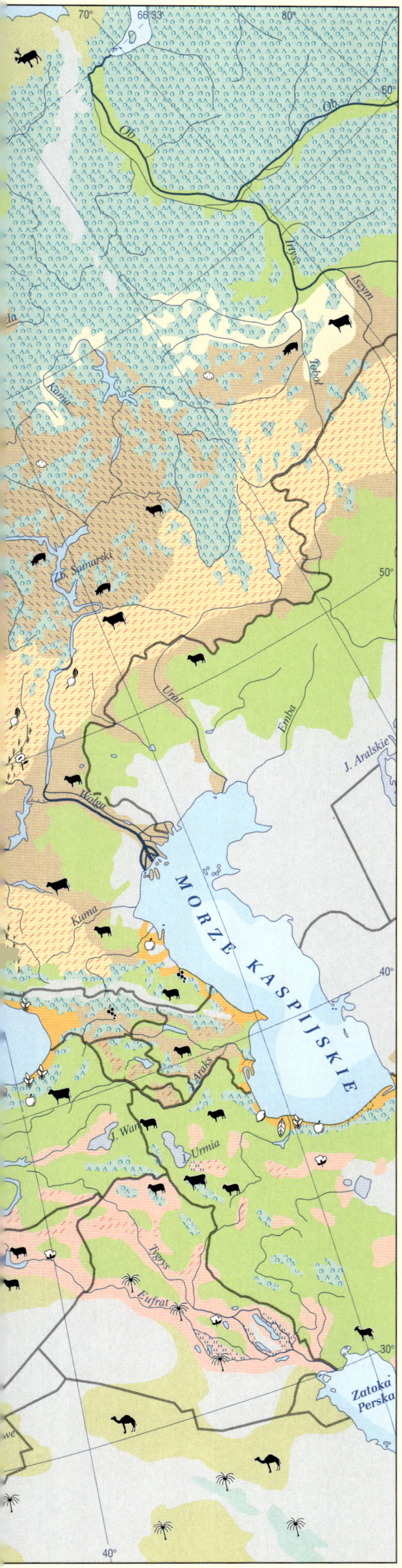
Ob
Irtysz
Iszym
Tobol
Kama
Zb. Samarski
Ural
Emba
J. Aralskie
Wołga
MORZE KASPIJSKIE
Kuma
Araks
J. Wan
Urmia
Tygrys
Eufrat
Zatoka Perska

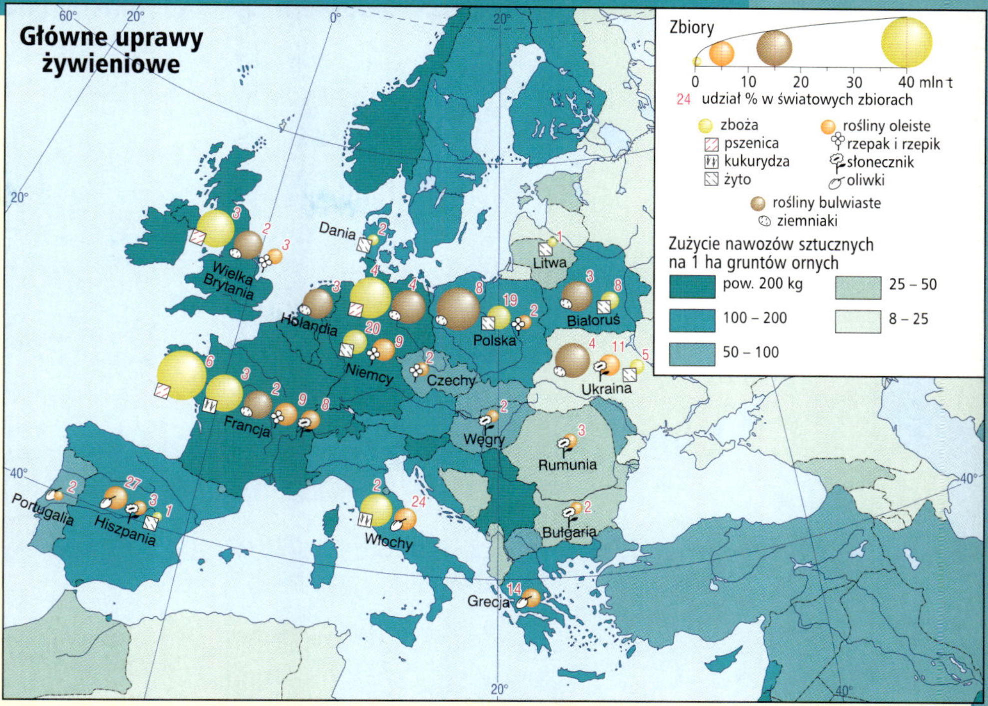
Zbiory
0 10 20 30 40 mln t
24 udział % w światowych zbiorach
zboża
pszenica
kukurydza
żyto
rośliny oleiste
rzepak i rzepik
słonecznik
oliwki
rośliny bulwiaste
ziemniaki
Zużycie nawozów sztucznych na 1 ha gruntów ornych
pow. 200 kg
100 – 200
50 – 100
25 – 50
8 – 25
Wielka Brytania
Dania
Litwa
Holandia
Polska
Białoruś
Niemcy
Czechy
Ukraina
Francja
Węgry
Rumunia
Portugalia
Hiszpania
Włochy
Bułgaria
Grecja
Główne uprawy żywieniowe

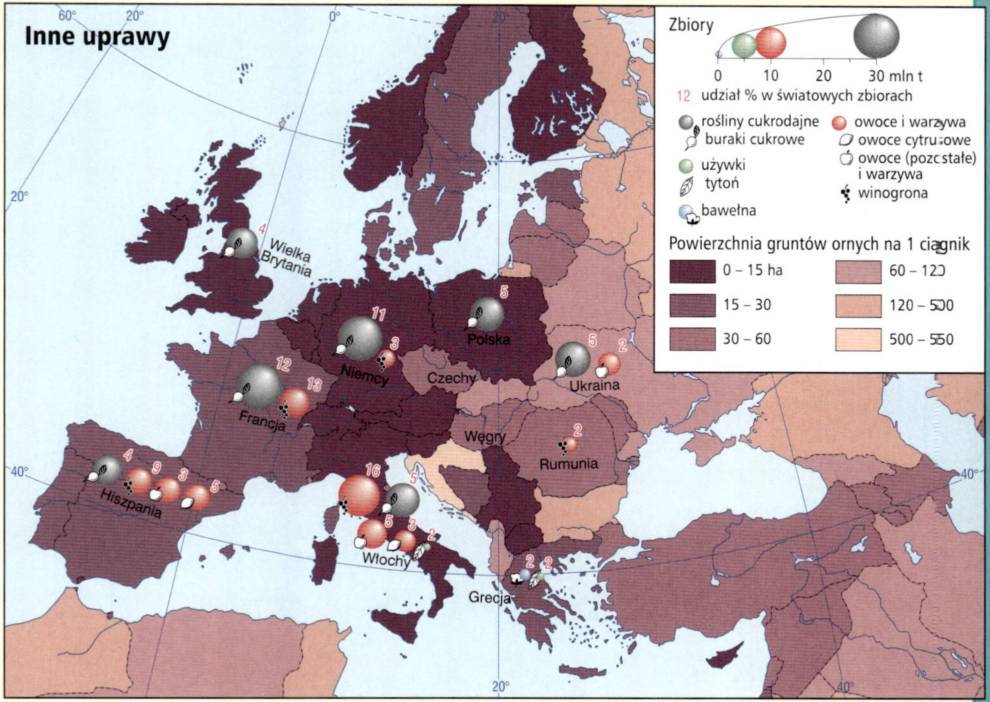
Zbiory
0 10 20 30 mln t
12 udział % w światowych zbiorach
rośliny cukrodajne
buraki cukrowe
używki
tytoń
bawełna
owoce i warzywa
owoce cytrusowe
owoce (pozostałe) i warzywa
winogrona
Powierzchnia gruntów ornych na 1 ciągnik
0 – 15 ha
15 – 30
30 – 60
60 – 120
120 – 500
500 – 550
Wielka Brytania
Polska
Niemcy
Czechy
Ukraina
Francja
Węgry
Rumunia
Hiszpania
Włochy
Grecja
Inne uprawy

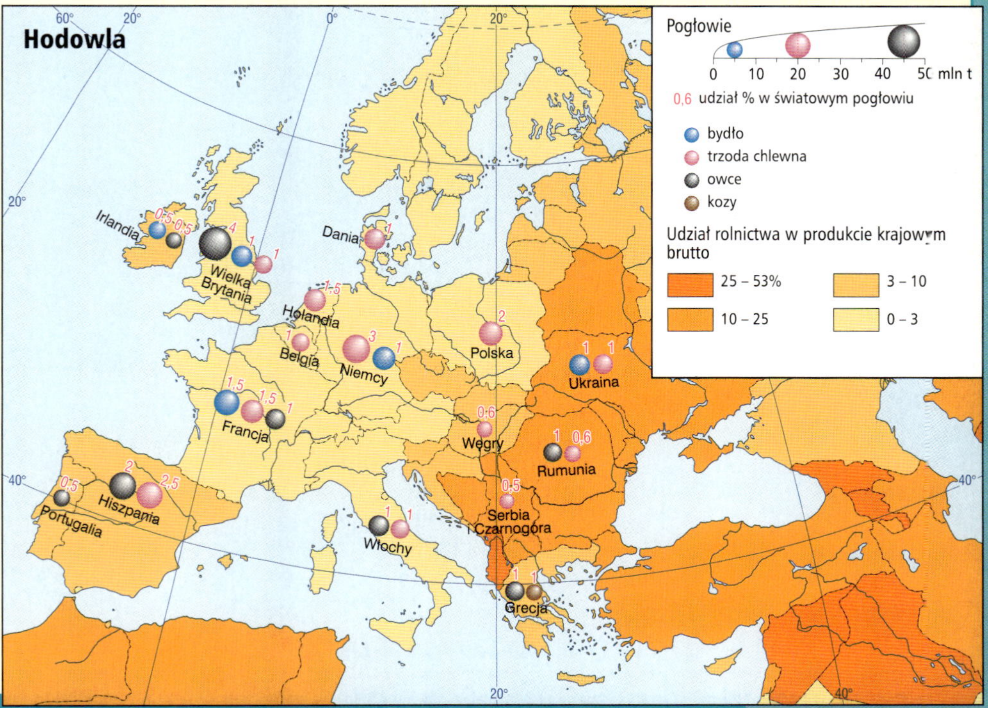
Pogłowie
0 10 20 30 40 50 mln t
0,6 udział % w światowym pogłowiu
bydło
trzoda chlewna
owce
kozy
Udział rolnictwa w produkcji krajowym brutto
25 – 53%
10 – 25
3 – 10
0 – 3
Irlandia
Wielka Brytania
Dania
Holandia
Belgia
Niemcy
Polska
Ukraina
Francja
Węgry
Rumunia
Serbia Czarnogóra
Hiszpania
Portugalia
Włochy
Grecja
Hodowla

Komunikacja

1 : 30 000 000

Linie komunikacyjne o znaczeniu międzynarodowym
- autostrady
- główne drogi
- główne linie kolejowe
- ważniejsze linie żeglugowe

- ⚓ wielkie porty morskie
- ⚓ duże porty morskie
- ✈ wielkie porty lotnicze

Gęstość dróg kołowych
- 180 – 624 km/100 km^2
- 120 – 180
- 60 – 120
- 30 – 60
- 5 – 30

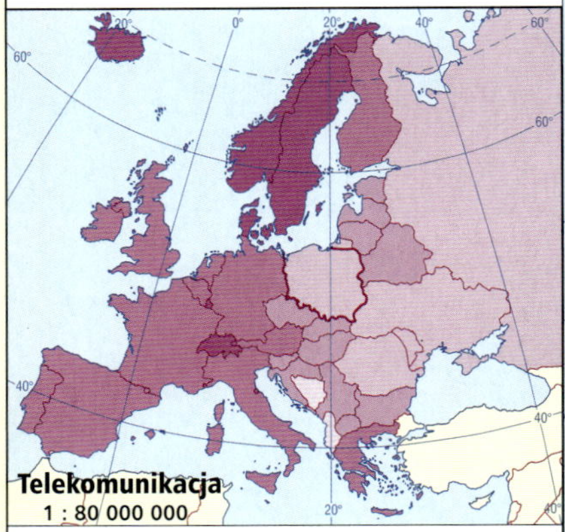

Telekomunikacja

1 : 80 000 000

Abonenci telefonii przewodowej na 1000 mieszkańców
- 600 – 1018
- 400 – 600
- 200 – 400
- 100 – 200
- 0 – 100

Stan: 1997 r.

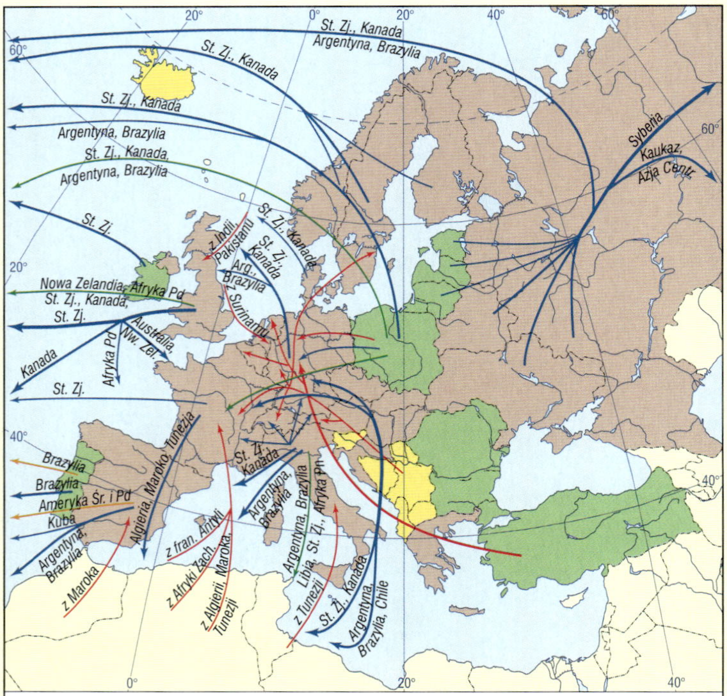

Migracje

1 : 55 000 000

Migracje ludności w latach:

1500 – 1814
- 100 tys. – 1 mln

1815 – 1914
- pow. 5 mln
- 1 mln – 5 mln
- 100 tys. – 1 mln

1919 – 1939
- 100 tys. – 1 mln

1945 – 1985
- 1 mln – 5 mln
- 100 tys. – 1 mln

Migracje ludności w poszczególnych państwach w latach 1986 – 1995:
- l. emigrantów > l. imigrantów
- l. emigrantów = l. imigrantów
- l. emigrantów < l. imigrantów

Przedstawiono długoterminowe migracje dobrowolne

Zmiany polityczne w Europie po 1989 r.

1 : 55 000 000

Nowopowstałe państwa w wyniku:
- rozpadu Jugosławii 1990 – 1992 r.
- rozpadu Czechosłowacji w 1993 r.
- rozpadu ZSRR (Związku Socjalistycznych Republik Radzieckich) 1990 – 1991 r.
- Scalenie Niemiec przez przyłączenie NRD (Niemieckiej Republiki Demokratycznej) w 1991 r.

- NATO – Organizacja Paktu Północnoatlantyckiego
- WNP – Wspólnota Niepodległych Państw
- ★ Układ Warszawski zlikwidowany po rozpadzie ZSRR w 1991 r.

Integracja europejska

Unia Europejska – UE (1993), powstała po przekształceniu Europejskiej Wspólnoty Gospodarczej – EWG (1958)
- kraje założycielskie UE
- pozostałe kraje członkowskie UE
- kraje stowarzyszone z UE

1990 rok przystąpienia lub stowarzyszenia z UE
2004 przewidywany rok przystąpienia do UE
Bruksela siedziby instytucji UE

Europejskie Stowarzyszenie Wolnego Handlu – EFTA (1960)
- kraje EFTA

Środkowoeuropejskie Porozumienie o Wolnym Handlu – CEFTA (1992)
- kraje CEFTA

Wspólnota Niepodległych Państw – WNP (1991)
- kraje WNP

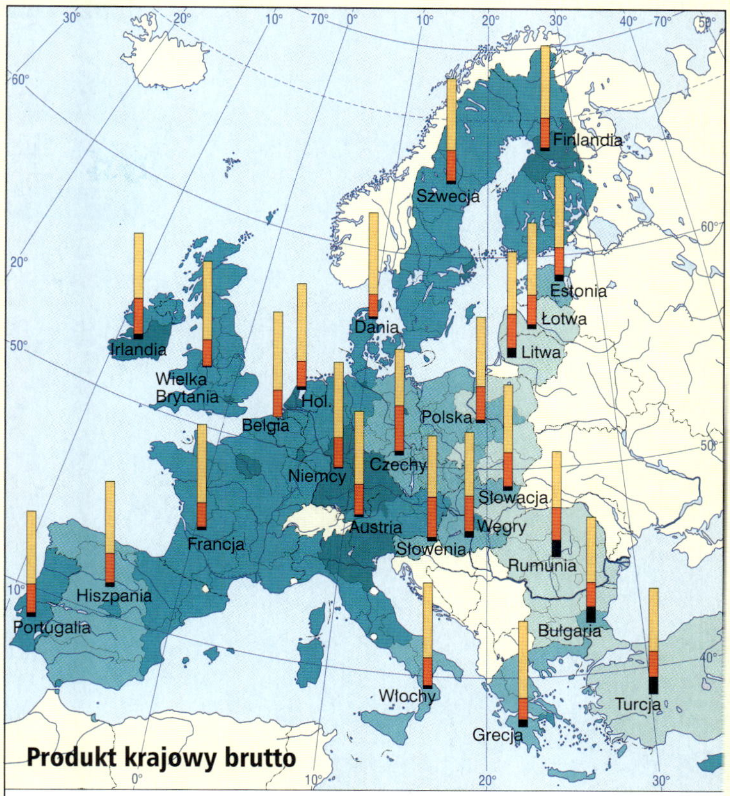

Produkt krajowy brutto

Wielkość rocznego produktu krajowego brutto na 1 mieszkańca*
- pow. 25 000 euro
- 15 000 – 25 000
- 7500 – 15 000
- pon. 7500

Produkt krajowy brutto według działów gospodarki (100%)
- usługi
- przemysł i budownictwo
- rolnictwo

* w regionach UE i krajów stowarzyszonych

Stan: 1999 r.

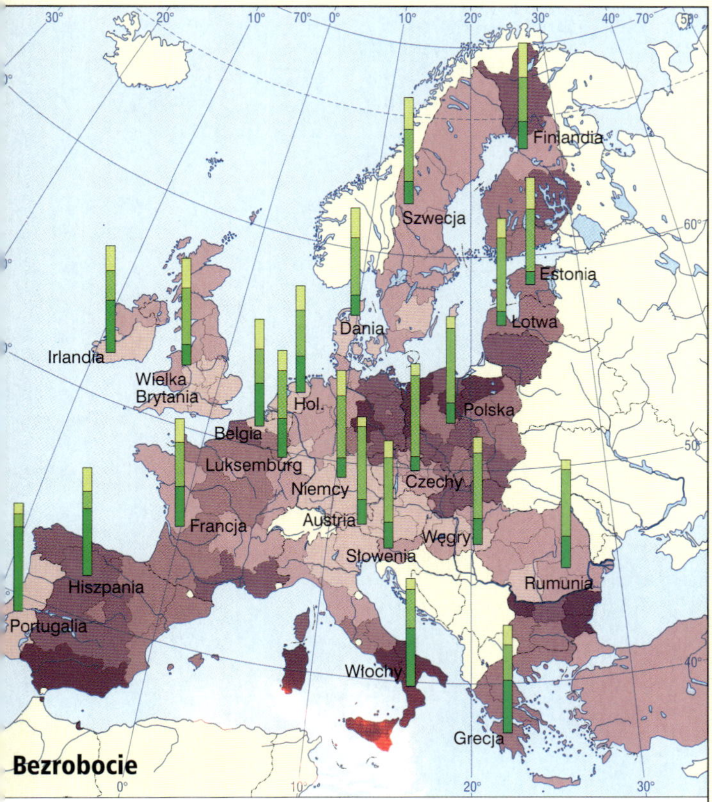

Bezrobocie

Udział bezrobotnych w ogólnej liczbie ludności zawodowo czynnej*
- 18 – 28%
- 14 – 18
- 10 – 14
- 6 – 10
- pon. 6

Wykształcenie (100%)
- wyższe
- średnie
- podstawowe

* w regionach UE i krajów stowarzyszonych

Stan: 1999 r.

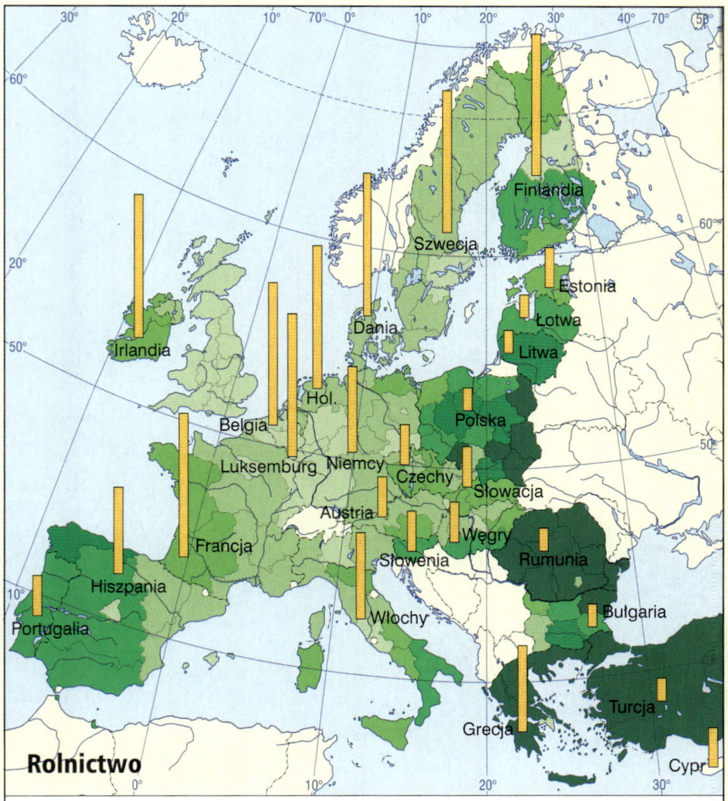

Rolnictwo

Udział pracujących w rolnictwie w ogólnej liczbie ludności zawodowo czynnej*
- pow. 21%
- 15 – 21
- 9 – 15
- 6 – 9
- 3 – 6
- pon. 3

Wartość produkcji rolniczej na 1 zatrudnionego
- 27 000 – 41 300 Euro
- 9000 – 27 000
- 3000 – 9000
- 1300 – 3000

* w regionach UE i krajów stowarzyszonych

Stan: 1999 r.

EUROPA Część środkowa

MORZE PÓŁNOCNE
MORZE BAŁ
DANIA
Zat. Helgolandzka
Zat. Kilońska
Zat. Meklemburska
Zat. Pomorska
W-y Zachodniofryzyjskie
W-y Wschodniofryzyjskie
W-y Północnofryzyjskie
Helgoland
Texel
Den Helder
Haarlem
Edam
AMSTERDAM
Haga
Utrecht
ROTTERDAM
Arnhem
Nijmegen
Tilburg
Breda
Eindhoven
Antwerpia
Bruksela
Brabancja
Namur
Charleroi
Liège
Maastricht
Akwizgran
Kolonia
Bonn
Düsseldorf
Duisburg
Essen
Dortmund
Bochum
Hagen
Wuppertal
Solingen
Leverkusen
Krefeld
Mönchengladbach
Recklinghausen
Gelsenkirchen
Münster
Hamm
Osnabrück
Enschede
Groningen
Leeuwarden
Zwolle
Emden
Wilhelmshaven
Oldenburg
Delmenhorst
Brema
Bremerhaven
Cuxhaven
Hamburg
Lüneburg
Uelzen
Flensburg
Kilonia
Neumünster
Lubeka
Schwerin
Rostock
Stralsund
Sassnitz
Rugia
Uznam
Świnoujście
Szczecin
Kołobrzeg
Koszalin
Słupsk
Bornholm
Rønne
Fiona
Langeland
Lolland
Falster
Zelandia
Møn
Gedser
Fehmarn
Ærø
Als
Warnemünde
Teterow
Neubrandenburg
Neustrelitz
Schwedt
Eberswalde
BERLIN
Poczdam
Frankfurt
Eisenhüttenstadt
Zielona Góra
Gorzów Wielkopolski
Poznań
Leszno
Piła
Wittenberge
Stendal
Salzwedel
Celle
Hanower
Wolfsburg
Brunszwik
Salzgitter
Hildesheim
Bielefeld
Paderborn
Magdeburg
Stassfurt
Halberstadt
Brocken
Getynga
Eisleben
Nordhausen
Halle
Dessau
Wittenberga
Wolfen
Lipsk
Chociebuż
Riesa
Drezno
Miśnia
Budziszyn
Görlitz
Legnica
Jelenia Góra
Śnieżka 1602
Wałbrzych
Liberec
Jablonec n.N.
Mlada Boleslav
Hradec Králové
Pardubice
Ústí n.L.
Teplice
Most
Chemnitz
Zwickau
Plauen
Gera
Jena
Weimar
Erfurt
Gotha
Mühlhausen
Eisenach
Kassel
Marburg
Giessen
Siegen
Fulda
Suhl
Saalfeld
Altenburg
Koburg
Schweinfurt
Bamberg
Würzburg
Erlangen
Fürth
Norymberga
Ansbach
Amberg
Weiden
Cheb
Karlowe Wary
Kladno
PRAGA
Pilzno
Tabor
Jihlava
Brno
Znojmo
Czeskie Budziejowice
Ratyzbona
Ingolstadt
Augsburg
Ulm
MONACHIUM
Landshut
Pasawa
Linz
Wels
Steyr
Krems
St. Pölten
WIEDEŃ
Schwechat
Wiener Neustadt
Sopron
Frankfurt n.M.
Offenbach am Main
Darmstadt
Wiesbaden
Moguncja
Mannheim
Heidelberg
Ludwigshafen
Kaiserslautern
Saarbrücken
Trewir
Koblencja
Luksemburg
Arlon
Thionville
Metz
Nancy
Epinal
Strasburg
Karlsruhe
Heilbronn
Stuttgart
Esslingen
Baden-Baden
Tybinga
Fryburg
Miluza
Bazylea
Belfort
Besançon
Dijon
Langres
Charleville-Mézières
Tuttlingen
Konstancja
Winterthur
Zurych
St. Gallen
Säntis 2501
Vaduz
LIECHTENSTEIN
Chur
Davos
Lucerna
Berno
Thun
Biel
Neuchâtel
La Chaux-de-Fonds
Fryburg
Lozanna
Montreux
Genewa
Interlaken
Jungfrau
Przeł. St. Gotthard
Przeł. Splügen
Przeł. Simplon
Brig
Locarno
Lugano
Monte Rosa 4637
Matterhorn 4478
Mont Blanc 4807
Przeł. Wielka Św. Bernarda
Przeł. Mała Św. Bernarda
Aosta
Gran Paradiso
Przeł. Mont Cenis
Annecy
Chambéry
Grenoble
Barre des Ecrins 4102
Crêt de la Neige 1718
Bourg-en-Bresse
TURYN
Asti
Biella
Novara
Ivrea
Varese
Como
Monza
Bergamo
MEDIOLAN
Brescia
Lodi
Cremona
Piacenza
Pavia
Alessandria
Mantua
Parma
Reggio nell'Emilia
Modena
Bolonia
Ferrara
Ostiglia
Werona
Vicenza
Padwa
Wenecja
Chioggia
Treviso
Trydent
Bolzano
Merano
Sondrio
Ortles 3899
Bernina 4050
Przeł. St. Moritz
Przeł. Brenner
Innsbruck
Zugspitze 2963
Garmisch-Partenkirchen
Kempten
Bregencja
Landeck
Kitzbühel
Rosenheim
Salzburg
Bischofshofen
Grossglockner 3797
Lienz
Villach
Spittal
Klagenfurt
Cortina d'Ampezzo
Marmolada 3343
Belluno
Udine
Gorycja
Triest
Lublana
Kranj
Triglav 2863
Celje
Maribor
Graz
Leoben
Judenburg
Eisenerz
Zagrzeb
Karlovac
Rijeka
Opatija
Pula
Rab
Krk
Senj
Lošinj
Zadar
Dugi Otok
Knin
Bihać
Sisak
Varaždin
Nagykanizsa
Zalaegerszeg
Szombathely
Genua
Savona
Imperia
San Remo
Monako
Nicea
Cannes
Mont Pelat 3051
Argentera 3297
Cuneo
La Spezia
Rapallo
Viareggio
Lukka
Pistoia
Prato
Florencja
Piza
Forli
Cesena
Rawenna
Rimini
SAN MARINO
Pesaro
Argenta
Valli di Comacchio
Zatoka Wenecka
M. ADRIATYCKIE
Zat. Genueńska
Nizina Niemiecka
Nizina Padańska
Nizina Wielkopolska
Nizina Śląska
Nizina Połabska
Pojezierze Pomorskie
Pomorze
Meklemburgia
Brandenburgia
Dolna Saksonia
Westfalia
Harz
Las Turyński
Saksonia
Rudawy
Sudety
Łużyce
Las Czeski
Szumawa
Las Bawarski
Wyżyna Frankońska
Wyżyna Szwabska
Wyżyna Bawarska
Wyż. Czesko-Morawska
Eifel
Hunsrück
Ardeny
Argonny
Szampania
Lotaryngia
Wogezy
Schwarzwald
Jura
Szwajcaria
Alpy Zachodnie
Alpy Wschodnie
Dolomity
Karawanki
Karyntia
Styria
Austria
Słowenia
Kras
Istria
Chorwacja
Welebit
G. Dynarskie
Apenin Liguryjski
Apenin
Emilia
Lombardia
Wenecja Euganejska
Liguria
Prowansja
Francja
Belgia
Czechy
Czechy
Niemcy
Polska
Włochy
Holandia
Luksemburg
Fryzja
Zuid Holland
M. Wattowe
IJsselmeer
m n.p.m.
3000
2000
1000
500
200
100
0
200
2000

1 : 5 000 000

Zatoka Gdańska
Zalew Wiślany
Kaliningrad
Czerniachowsk
Sowieck
Kowno
Wilno
Wilejka
Mołodeczno
Borysów
Orsza
Mohylew
MIŃSK
LITWA
Olita
ROSJA
Suwałki
Grodno
Elbląg
Malbork
Kwidzyn
Iława
Olsztyn
Ełk
Grudziądz
Toruń
Białystok
Łomża
Ciechanów
Płock
Włocławek
WARSZAWA
Siedlce
Brześć
Kobryń
Pińsk
Baranowicze
Soligorsk
Bobrujsk
Żłobin
Homel
Kalinkowicze
Mozyrz
Czernihów
Czarnobyl
KIJÓW
Białoruś
Pojezierze Mazurskie
Nizina Mazowiecka
Wyżyna Białoruska
Polesie
Polesie Wołyńskie
Polesie Żytomierskie
Łódź
Kalisz
Piotrków Trybunalski
Radom
Lublin
Chełm
Kowel
Łuck
Równe
Nowogród Wołyński
Żytomierz
Berdyczów
Biała Cerkiew
Kielce
Częstochowa
612 Łysica
Zamość
Wyżyna Lubelska
Wyżyna Małopolska
Kotlina Sandomierska
Roztocze
Tarnobrzeg
Rzeszów
Bytom
Chorzów
Katowice
GOP
Kraków
Tarnów
Dębica
Przemyśl
Lwów
Złoczów
Tarnopol
Ostróg
Chmielnicki
Winnica
Koziatyn
UKRAINA
Wyżyna Wołyńska
Wyżyna Naddnieprzańska
Podole
Bielsko-Biała
Ostrawa
Nowy Sącz
Krynica
Zakopane
Gerlach 2655
Beskidy Zachodnie
Karpaty Zachodnie
Tatry
Sambor
Drohobycz
Stryj
Borysław
Iwano-Frankowsk
Kamieniec Podolski
Mohylów Podolski
Kołomyja
Czerniowce
Żylina
Preszów
Humenne
Koszyce
Użhorod
Mukaczewo
Chust
Bańska Bystrzyca
Dobszyna
Rożniawa
Łuczeniec
SŁOWACJA
Salgótarján
Miszkolc
Tokaj
Nyíregyháza
Mátra
Eger
Debreczyn
Satu Mare
Baia Mare
Sighet
Karpaty Wschodnie
Beskidy Wschodnie
Radowce
Botoszany
Suczawa
Pașcani
Jassy
Bielce
Sorokі
Rybnica
Orgiejew
Kiszyniów
Tyraspol
Bendery
MOŁDAWIA
BUDAPESZT
Tatabánya
Százhalombatta
Szekesfehérvár
Cegléd
Kecskemét
Dunaújváros
Szolnok
Békéscsaba
Hódmezővásárhely
Segedyn
Baja
Pecz
Subotica
Sombor
Nizina Węgierska
Wielka Nizina Węgierska
Oradea
Salonta
Carei
Kluż-Napoka
Turda
Bistrița
Piatra-Neamț
Roman
Bacău
Birlad
Vatra Dornei
Wyżyna Samoszu
G. Bihorskie
Wyżyna Transylwańska
Tirgu Mureș
Sighișoara
Miercurea Ciuc
Arad
Aiud
Alba Iulia
Sfintu Gheorghe
Braszów
Karpaty Mołdawskie
Tecuci
Focșani
Rimnicu Sărat
Gałacz
Braiła
Reni
Izmaił
Kilia
Tulcza
Sulina
Timișoara
Lugoj
Hunedoara
Deva
Sybin
Petroszany
Moldoveanu 2543
Karpaty Południowe
Caransebeș
Reșița
Pitești
Tirgoviște
Cimpina
Ploeszti
Buzău
Rimnicu Vilcea
Nizina Wołoska
Muntenia
BUKARESZT
Călărași
Feteşti
Cernavodă
Konstanca
Mamaja
MORZE CZARNE
Dobrudża
Silistra
Ruse
Giurgiu
Nikopol
Razgrad
Dobricz
Krajowa
Rosiori de Vede
Calafat
Widin
Turnu Severin
Drobeta-
Orszowa
Osijek
Vinkovci
Nowy Sad
Zrenjanin
Kikinda
Vršac
Pančevo
BELGRAD
Šabac
Tuzla
Sarajewo
Valjevo
Kragujevac
Čačak
Zajecar
Łom
SERBIA I CZARNOGÓRA
BUŁGARIA
RUMUNIA
Wisła
Dunaj
Dniestr
Prypeć
Bug
Narew
Niemen
Dniepr
Cisa
Prut
Seret
Olt

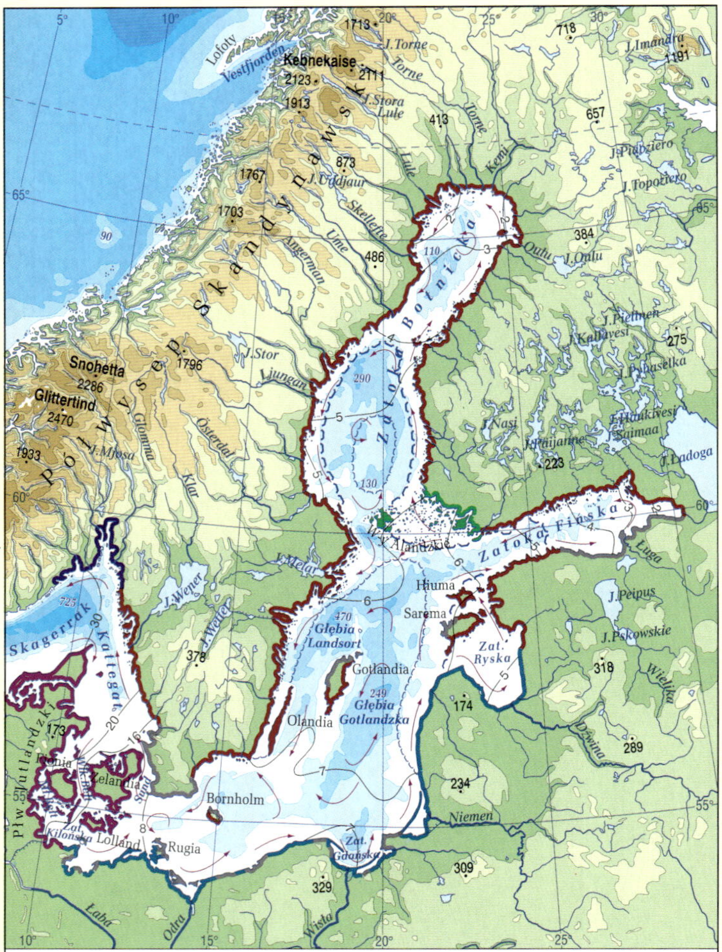

Charakterystyka hydrologiczna Morza Bałtyckiego

1 : 14 000 000

Główne typy wybrzeży
- zalewowo-mierzejowe
- klifowe
- szkierowe
- fiordowe
- föhrdowe
- fierdowo-szkierowe

- prądy morskie
- izohaliny (izolinie zasolenia)

Zasięg występowania:
- lodu stałego
- kry lodowej

Hipsometria: m n.p.m. 2000, 1500, 1000, 500, 200, 0, 100

Batymetria: 0, 50, 100, 200, 500, 2000 m p.p.m.

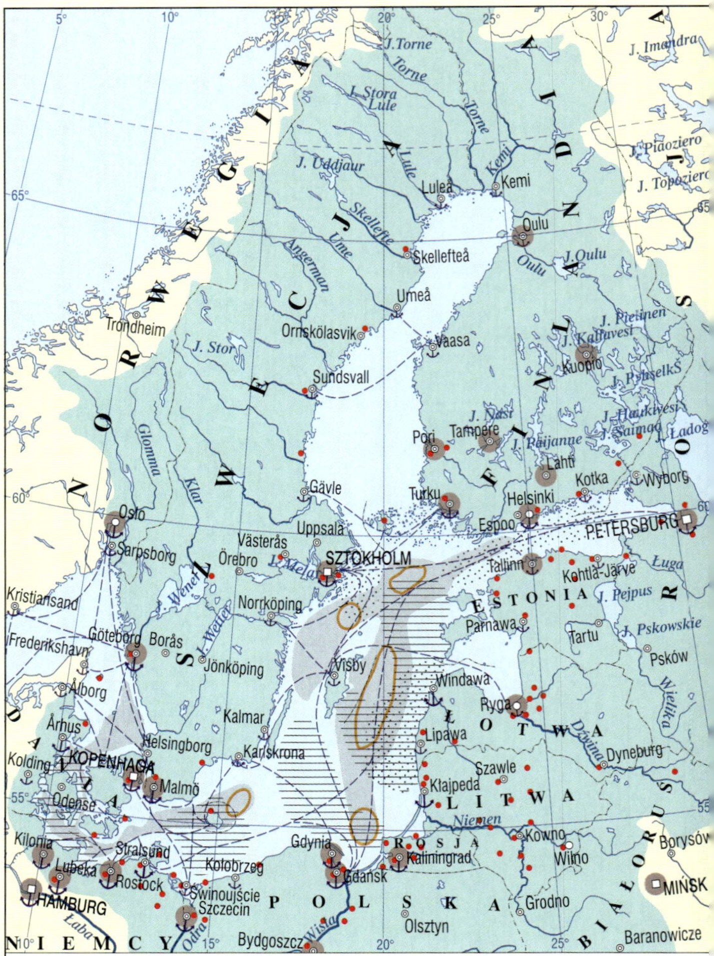

Zanieczyszczenie Morza Bałtyckiego

1 : 14 000 000

- obszar zlewiska
- główne ośrodki przemysłowe
- główne porty (przeładunek pow. 10 mln ton/rok)
- pozostałe porty
- główne szlaki promowe

Zanieczyszczenia wód morskich
- obszary o podwyższonym poziomie stężenia azotanów
- obszary o podwyższonym poziomie stężenia fosforanów
- obszary o deficycie tlenu w wodach przydennych
- głębinowe pustynie siarkowodorowe
- miasta i zakłady szczególnie uciążliwe wg raportu HELCOM

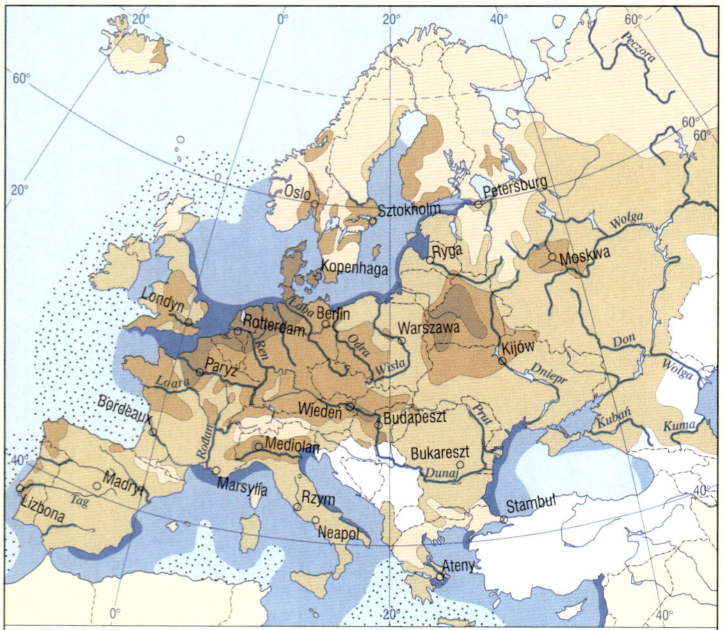

Zanieczyszczenie wód

1 : 50 000 000

- zanieczyszczone odcinki rzek
- wody przybrzeżne silnie zanieczyszczone
- wody stale zanieczyszczone
- wody z plamami olejów i ropy naftowej

Stopień zanieczyszczenia związkami azotu:
- czyste
- mało zanieczyszczone
- silnie zanieczyszczone
- bardzo silnie zanieczyszczone
- brak danych

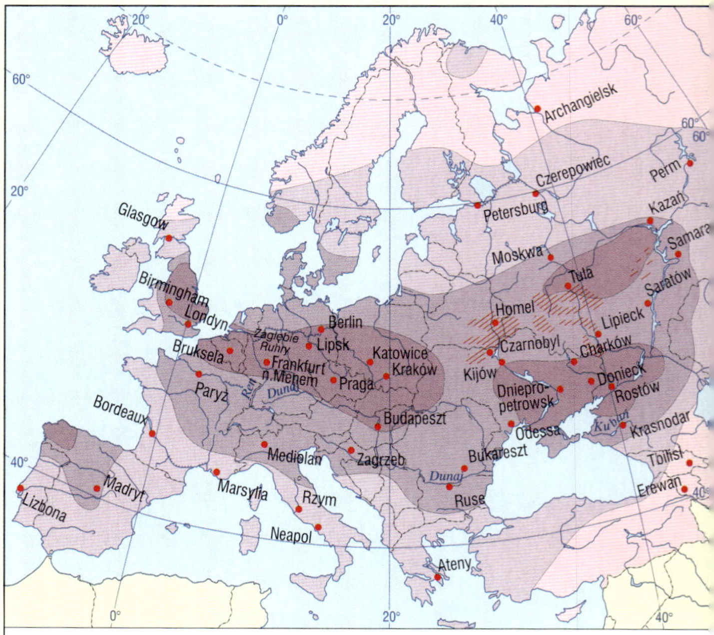

Zanieczyszczenie powietrza

1 : 50 000 000

Stopień zanieczyszczenia gazami i pyłami:
- czyste
- mało zanieczyszczone
- silnie zanieczyszczone
- bardzo silnie zanieczyszczone
- miasta o wysokim stopniu skażenia powietrza
- obszary skażone radioaktywnie

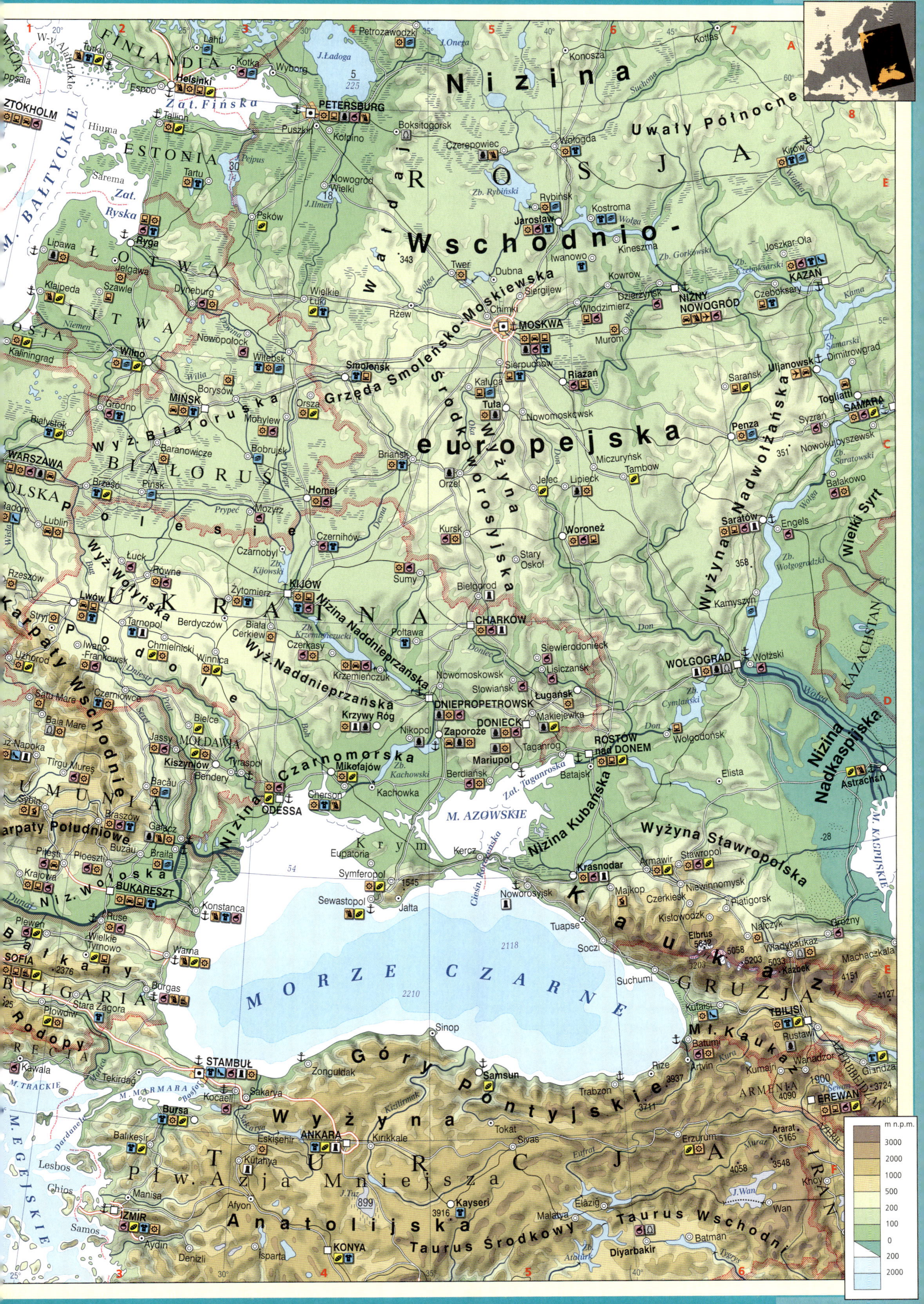

Nizina Wschodnioeuropejska
R O S J A
Uwały Północne
Wałdaj
Grzęda Smoleńsko-Moskiewska
Wyżyna Środkoworosyjska
Wyżyna Nadwołżańska
Wyż. Białoruska
BIAŁORUŚ
Polesie
UKRAINA
Wyż. Wołyńska
Podole
Wyż. Naddnieprzańska
Nizina Naddnieprzańska
Nizina Czarnomorska
Karpaty Wschodnie
Karpaty Południowe
RUMUNIA
MOŁDAWIA
Niz. Wołoska
Bałkany
BUŁGARIA
Rodopy
FINLANDIA
ESTONIA
ŁOTWA
LITWA
POLSKA
Krym
M. AZOWSKIE
MORZE CZARNE
Nizina Kubańska
Wyżyna Stawropolska
Kaukaz
GRUZJA
Mł. Kaukaz
ARMENIA
AZERBEJDŻAN
Nizina Nadkaspijska
M. KASPIJSKIE
KAZACHSTAN
Wielki Syrt
Góry Pontyjskie
Wyżyna Anatolijska
TURCJA
Płw. Azja Mniejsza
Taurus Środkowy
Taurus Wschodni
IRAN
M. EGEJSKIE
M. MARMARA
M. BAŁTYCKIE
Zat. Fińska
Zat. Ryska
J. Ładoga
J. Onega
J. Pejpus
J. Ilmen
Zb. Rybińskie
Zb. Kujbyszewskie
Zb. Saratowskie
Zb. Wołgogradzkie
Zb. Cymlańskie
Zb. Kachowskie
Zb. Kijowskie
Zb. Krzemieńczuckie
Zat. Taganroska
Cieśn. Kerczeńska
J. Wan
J. Tuz
Wołga
Don
Dniepr
Dunaj
Kama
Oka
Desna
Prypeć
Dniestr
Boh
Doniec
Suchona
Wiatka
Kura
Eufrat
Tygrys
Niemen
Dźwina
Kyzyłırmak
Helsinki
Espoo
Turku
Lahti
Kotka
Wyborg
Tallinn
Hiuma
Sarema
Tartu
Ryga
Lipawa
Jełgawa
Kłajpeda
Szawle
Dyneburg
Kaliningrad
Wilno
Grodno
Białystok
WARSZAWA
Lublin
Rzeszów
Brześć
Pińsk
Baranowicze
MIŃSK
Borysów
Nowopołock
Witebsk
Mohylew
Bobrujsk
Homel
Mozyrz
Orsza
Smoleńsk
Pskow
Nowogród Wielki
PETERSBURG
Puszkin
Kołpino
Petrozawodsk
Boksitogorsk
Czerepowiec
Wołogda
Kotłas
Konosza
Kirow
Rybińsk
Jarosław
Kostroma
Kineszma
Iwanowo
Twer
Dubna
Siergijew
Chimki
MOSKWA
Rżew
Wielkie Łuki
Włodzimierz
Murom
Dzierżyńsk
NIŻNY NOWOGRÓD
Kowrow
Joszkar-Oła
KAZAŃ
Czeboksary
Dimitrowgrad
Uljanowsk
Sarańsk
Togliatti
SAMARA
Syzrań
Penza
Nowokujbyszewsk
Bałakowo
Saratów
Engels
Kamyszyn
Tambow
Miczurińsk
Lipieck
Jelec
Woroneż
Stary Oskoł
Biełgorod
Kursk
Sumy
Orzeł
Briańsk
Kaługa
Tuła
Nowomoskowsk
Sierpuchow
Riazań
CHARKÓW
Połtawa
Czernihów
Czarnobyl
KIJÓW
Żytomierz
Biała Cerkiew
Czerkasy
Krzemieńczuk
Winnica
Berdyczów
Równe
Łuck
Lwów
Tarnopol
Stryj
Iwano-Frankowsk
Chmielnicki
Użhorod
Czerniowce
Satu Mare
Baia Mare
Cluj-Napoca
Tirgu Mures
Sybin
Braszów
Bacău
Jassy
Kiszyniów
Bendery
Tyraspol
Bielce
Gałacz
Braiła
Buzău
Ploeszti
Pitești
Krajowa
BUKARESZT
Konstanca
Ruse
Plewen
Wielkie Tyrnowo
Warna
Burgas
SOFIA
Stara Zagora
Płowdiw
Kawala
ODESSA
Mikołajów
Chersoń
Kachowka
Krzywy Róg
Nikopol
Zaporoże
DNIEPROPETROWSK
Nowomoskowsk
Słowiańsk
Siewierodonieck
Lisiczańsk
Ługańsk
Makiejewka
DONIECK
Mariupol
Berdiańsk
Taganrog
ROSTÓW nad DONEM
Batajsk
Wołgodońsk
WOŁGOGRAD
Wołżski
Elista
Astrachań
Eupatoria
Symferopol
Sewastopol
Jałta
Kercz
Noworosyjsk
Krasnodar
Majkop
Tuapse
Soczi
Suchumi
Armawir
Stawropol
Niewinnomysk
Czerkiesk
Piatigorsk
Kisłowodzk
Nalczyk
Władykaukaz
Groźny
Machaczkała
Elbrus
Kazbek
Kutaisi
TBILISI
Batumi
Rustawi
Gandża
EREWAN
Ararat
Wanadzor
Giumri
Sewan
Istambuł (STAMBUŁ)
Tekirdağ
Kocaeli
Sakarya
Zonguldak
Sinop
Samsun
Trabzon
Rize
Artvin
Bursa
Balıkesir
Eskişehir
ANKARA
Kırıkkale
Kütahya
Tokat
Sivas
Erzurum
Kayseri
Malatya
Elazığ
Diyarbakır
Batman
Wan
IZMIR
Manisa
Aydın
Denizli
Isparta
Afyon
KONYA
Samos
Chios
Lesbos
Dardanele
Bosfor
Kurum
Khoy

m n.p.m.

3000

2000

1000

500

200

100

0

200

2000

Morze Północne Przemysł naftowy

1 : 8 000 000

- pola roponośne
- pola gazonośne

Przemysł wydobywczy z najważniejszych pól:

- ropy naftowej
- gazu ziemnego
- ropociągi
- gazociągi
- Argyll platformy wiertnicze
- porty
- rafinerie
- granice sektorów

Wydobycie ropy naftowej w Europie*

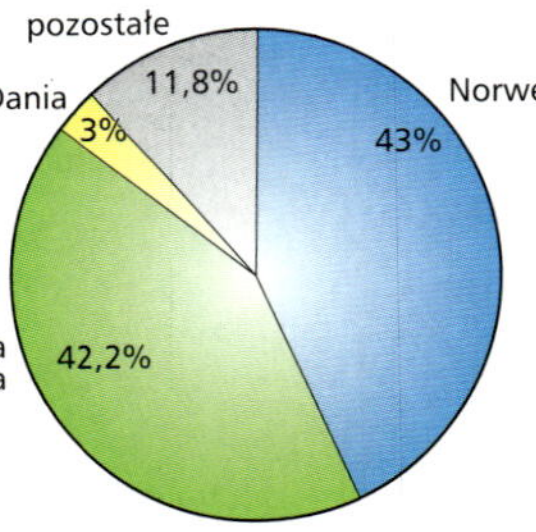

Wydobycie gazu ziemnego w Europie*

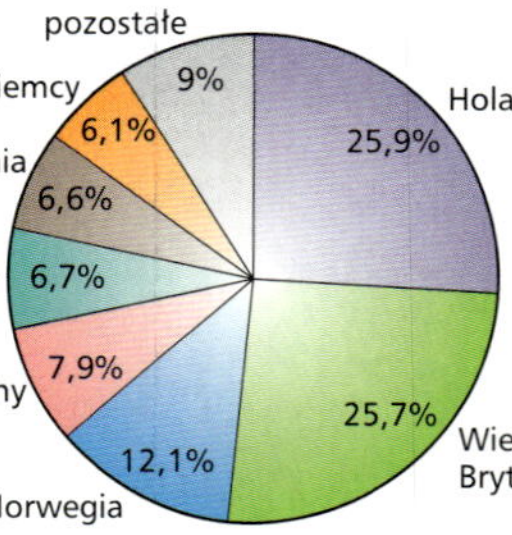

*bez Rosji

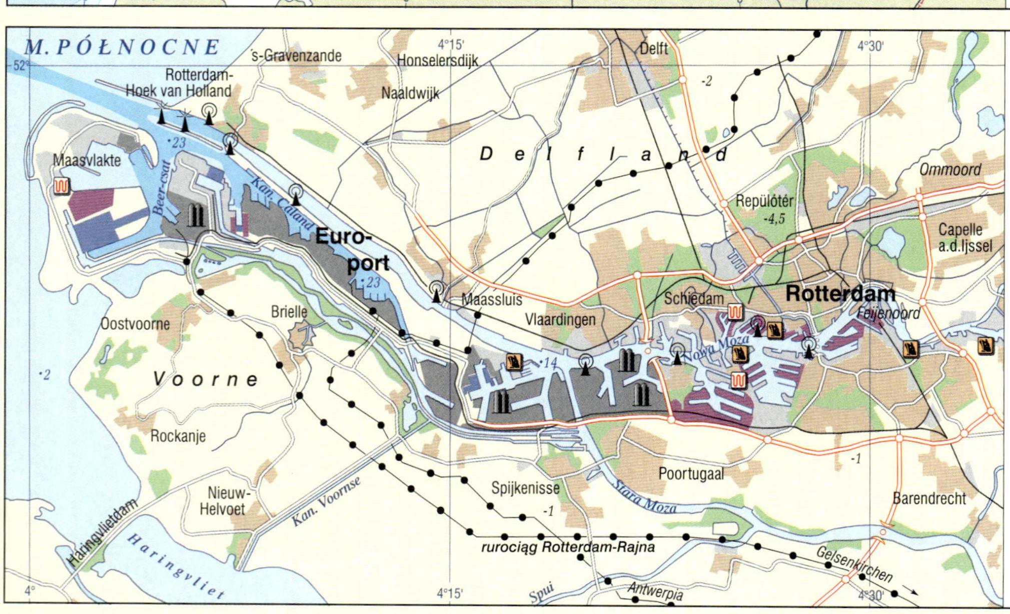

Rotterdam – Europort

1 : 300 000

- tereny zamieszkane
- zieleń miejska
- terminale kontenerowe
- terminale towarów masowych
- terminale ropy naftowej
- pozostałe tereny przemysłowe
- autostrady
- drogi główne
- koleje
- ropociągi
- rafinerie
- stocznie
- elektrociepłownie
- pogłębione tory wodne
- radiolatarnie, latarnie morskie
- ·23 głębokość (w metrach)
- -6,2 wysokość terenu względem poziomu morza (w metrach)

1 : 8 000 000
Islandia
1 : 8 000 000
MORZE GRENLANDZKIE
M. NORWESKIE
OCEAN ATLANTYCKI
Koło podbiegunowe północne
Przyl. Horn
Isafjördur
Siglufjördur
Akureyri
Zat. Húna
Zat. Breidhafjördhur
Zat. Faxaflói
Langjökull
Hofsjökull
Vatnajökull
Hvannadalshnúkur
2119
Reykjavik
Hekla
1491
M. BARENTSA
Przyl. Północny
Hammerfest
Sørøya
Alta
Vardø
Varangerfjorden
Plw. Varanger
Kirkenes
Pieczenga
Plw. Rybacki
Murmańsk
Nikiel
Tromsø
Narwik
Kiruna
Kebnekaise
2123
Gällivare
Lofoty
Vesterålen
Vestfjorden
Bodø
Mo i Rana
Mosjøen
J. Inari
Inari
Ivalo
Wyżyna Laponńska
Kolari
Kittilä
Rovaniemi
Kemijärvi
Kemi
Tornio
Luleå
Boden
Laponia
Góry Skandynawskie
MORZE NORWESKIE
J. Imandra
Kirowsk
Kandałaksza
J. Topozero
J. Piaozero
Oulu
Raahe
Kajaani
Skellefteå
Umeå
Pietarsaari
Kokkola
Vaasa
Örnsköldsvik
Namsos
Steinkjer
Trondheimsfjorden
Trondheim
Kristiansund
Ålesund
Nordfjorden
Snøhetta
2286
Glittertind
2470
Jotunheimen
Sognefjorden
Bergen
Hardangervidda
Hardangerfjorden
Haugesund
Stavanger
Bokna-fjorden
Kristiansand
Drammen
Oslo
Oslofjorden
Notodden
Sarpsborg
Hamar
J. Mjøsa
Gjøvik
Östersund
Härnösand
Sundsvall
J. Storsjön
J. Siljan
Falun
Gävle
Uppsala
SZTOKHOLM
Västerås
Örebro
Eskilstuna
Karlstad
J. Wener
J. Wetter
Trollhättan
Motala
Norrköping
Linköping
Oxelösund
Södertälje
Göteborg
Borås
Jönköping
Kalmar
Olandia
Karlskrona
Gotlandia
Visby
Głębia Gotlandzka
Głębia Landsort
Zatoka Botnicka
Wyspy Alandzkie
Pojezierze Fińskie
FINLANDIA
SZWECJA
NORWEGIA
ROSJA
Kuopio
Joensuu
Jyväskylä
Tampere
Pori
Rauma
Uusikaupunki
Turku
Hanko
Espoo
Helsinki
Porvoo
Kotka
Lahti
Imatra
Wyborg
Sortawala
J. Ładoga
J. Saimaa
J. Päijänne
Zatoka Fińska
PETERSBURG
Narwa
Tallinn
Kohtla-Järve
Keila
Hiuma
Sarema
Parnawa
Tartu
J. Pejpus
J. Pskowskie
Psków
ESTONIA
Zatoka Ryska
Valmiera
Ryga
Olaine
Jelgawa
Windawa
Lipawa
ŁOTWA
Rzeżyca
Dyneburg
Kłajpeda
Szawle
Poniewież
Kiejdany
LITWA
Kowno
Janów
Wilno
Olita
BIAŁORUŚ
MIŃSK
Kaliningrad
Zatoka Gdańska
Gdynia
Gdańsk
Słupsk
Kołobrzeg
Świnoujście
POLSKA
MORZE BAŁTYCKIE
Bornholm
Skagerrak
Kattegat
Hjørring
Frederikshavn
Ålborg
Limfjorden
Jutlandia
Århus
Vejle
Esbjerg
Kolding
Odense
Fionia
KOPENHAGA
Zelandia
Lolland
Falster
Helsingborg
Lund
Malmö
Trelleborg
DANIA
Flensburg
Kilonia
Lubeka
Rostock
Stralsund
Sassnitz
Rugia
HAMBURG
Cuxhaven
NIEMCY
Helgoland
m n.p.m.
2000
1500
1000
500
200
100
0
200
2000

Posiadłości brytyjskie w 1920 r.

1 : 5 000 000

Kanada
WIELKA BRYTANIA
Irlandia
OCEAN
OCEAN
SPOKOJNY
ATLANTYCKI
Sudan Anglo-Egipski
Indie Bryt.
OCEAN
SPOKOJNY
OCEAN
INDYJSKI
Zw. Pd. Afryki
Australia
Nowa Zelandia
OCEAN ATLANTYCKI
MORZE PÓŁNOCNE
WIELKA BRYTANIA
MORZE IRLANDZKIE
MORZE CELTYCKIE
La Manche
Szetlandy
Orkady
Hebrydy
M. SZKOCKIE
M. HEBRYDZKIE
Skye
Przyl. Wrath
Thurso
Przyl. Duncansby
Wick
Moray Firth
Przyl. Kinnairds
Góry Kaledońskie
Kanał Kaledoński
J. Loch Ness
Ben Nevis 1343
1109
Grampiany
Aberdeen
Dundee
Firth of Forth
Greenock
Glasgow
Edynburg
Firth of Clyde
Kanał Północny
Cheviot
842
Newcastle-upon-Tyne
Sunderland
Middlesbrough
Carlisle
Cross Fell 893
Góry Pennińskie
Sellafield
Man
Lancaster
Blackpool
Preston
Bradford
Leeds
Halifax
Kingston-upon-Hull
Grimsby
MANCHESTER
LIVERPOOL
Sheffield
Anglesey
1085 Snowdon
Stoke-on-Trent
Derby
Nottingham
The Wash
Nizina Angielska
Shrewsbury
Leicester
Wolverhampton
Coventry
BIRMINGHAM
Northampton
Norwich
Cambridge
Ipswich
Góry Kambryjskie
Walia
Fishguard
Swansea
Cardiff
Newport
Severn
Oksford
Tamiza
Basen Londyński
LONDYN
GREENWICH
Southend-on-Sea
Chatham
Dover
Eurotunel
Hastings
Brighton
Bristol
Kanał Bristolski
Southampton
Portsmouth
Bournemouth
Wight
Exeter
621
Plymouth
Zat. Lyme
Płw. Kornwalijski
Land's End
W-y Scilly
Przyl. Malin
Londonderry
Irlandia Pn.
J. Neagh
Belfast
852
Zat. Donegal
Béal an Átha
Nizina Środkowoirlandzka
J. Loch Coirib
Gaillimh
Dublin (Baile Átha Cliath)
926
G. Wicklow
Kanał Św. Jerzego
Sionna
Luimneach
1041
IRLANDIA
Corcaigh
Przyl. Mizen
Ostenda
Dunkierka
Calais
Cieśnina Kaletańska
Artois
Somma
Dieppe
Amiens
FRANCJA
Hawr
Zat. Sekwany
Cherbourg
Przyl. La Hague
Płw. Cotentin
W-y Normandzkie
Guernsey
Jersey
Caen
m n.p.m.
1000
500
200
100
0
50
200
2000

Posiadłości francuskie w 1920 r.

1 : 5 000 000
FRANCJA
Maroko
Tunezja
Syria
Algieria
Fr. Afryka Zach.
Fr. Afryka Równikowa
Indochiny
Madagaskar
OCEAN SPOKOJNY
OCEAN ATLANTYCKI
OCEAN INDYJSKI
MORZE PÓŁNOCNE
La Manche
Zatoka Sekwany
Zat. Lyme
Zat. St Malo
Cieśnina Kaletańska
OCEAN ATLANTYCKI
Zatoka Biskajska
Zatoka Lwia
MORZE ŚRÓDZIEMNE
FRANCJA
HOLANDIA
BELGIA
NIEMCY
LUKSEMBURG
SZWAJCARIA
WŁOCHY
HISZPANIA
ANDORA
MONAKO
PARYŻ
AMSTERDAM
ROTTERDAM
Bruksela
Antwerpia
Lille
Rouen
Hawr
Cherbourg
Caen
Rennes
Nantes
St-Nazaire
Le Mans
Orlean
Tours
Angers
Poitiers
La Rochelle
Bordeaux
Limoges
Clermont-Ferrand
Puy de Dôme 1464
Masyw Centralny
Basen Paryski
Basen Akwitański
Bretania
Normandia
Wandea
Gaskonia
Pireneje
Alpy
Jura
Wogezy
Wandea
Reims
Strasburg
Metz
Nancy
Dijon
Besançon
LYON
Grenoble
St-Étienne
Valence
Awinion
Nîmes
Montpellier
MARSYLIA
Tulon
Cannes
Nicea
Tuluza
Bajonna
Biarritz
Pau
Tarbes
Lourdes
Perpignan
Narbonne
Béziers
Carcassonne
Montauban
Agen
Angoulême
Périgueux
Brive-la-Gaillarde
Vichy
Nevers
Bourges
Vierzon
Troyes
Amiens
Dunkierka
Calais
Dover
Southampton
Portsmouth
Brighton
Plymouth
Exeter
Bournemouth
Chatham
Ipswich
Norwich
Genewa
Lozanna
Bazylea
Mont Blanc 4807
Przeł. Mont Cenis
Rodan
Loara
Sekwana
Garonna
Dordogne
Moza
Ren
Bilbao
San Sebastian
Pampeluna
Vitoria
Logroño
Burgos
Gerona
BARCELONA
Kotlina Aragońska
Pico de Aneto 3404
m n.p.m.
3000
2000
1500
1000
500
200
100
0
50
200
2000

Zatoka Biskajska
OCEAN ATLANTYCKI
Góry Kantabryjskie
Galicia
Pireneje
Kotlina Aragońska
Góry Iberyjskie
Kordyliera Centralna
Stara Kastylia
Nowa Kastylia
Estremadura
Estrela
Kordyliera
G. Toledańskie
La Mancha
Sierra Morena
Góry Betyckie
Sierra Nevada
Murcja
Andaluzja
Katalonia
Baskonia
PORTUGALIA
FRANCJA
Gaskonia
Zatoka Kadyksu
Zatoka Walencka
Cieśnina Gibraltarska
MORZE ŚRÓDZIEMNE
MAROKO
ALGIERIA
Alborán
W-y Columbretes
W-y Gomera
W-y Alhucemas
W-y Chafarinas
Przyl. Finisterre
Przyl. Peñas
Przyl. Roca
Przyl. Św. Wincentego
Przyl. Marroqui
Przyl. Gata
Przyl. Palos
Przyl. Nao
Przyl. Carbon
Przyl. Trois Fourches
El Ferrol
La Coruña
Santiago de Compostela
Lugo
Oviedo
Gijón
Sama de Langreo
Santander
Bilbao
San Sebastian
Bajonna
Biarritz
Lacq
Pau
Tarbes
Lourdes
Tuluza
Pic d'Anie 2504
Przeł. Somport
Perdu 3355
Pico de Aneto Maladeta 3404
Pontevedra
Vigo
Orense
León
Teleno 2188
Torre Cerredo 2648
2417
Vitoria
Pampeluna
Logroño
Burgos
Urbión 2228
Soria
Palencia
Valladolid
Zamora
Bragança
Chaves
Braga
1318
1415
Vila Real
PORTO
Salamanka
Segowia
Peñalara 2430
Ávila
MADRYT
Vallecas
Guadalajara
Saragossa
Lérida
Reus
Tortosa
Peñarroya 2024
Javalambre 2020
Castellón de la Plana
Sagunto
Walencja
Cuenca
Viseu
Coimbra
Estrela 1991
Covilhã
Castelo Branco
1723
Almanzor 2592
Toledo
Cáceres
Santarém
LIZBONA
Barreiro
Setúbal
Évora
Badajoz
Mérida
Ciudad Real
Almadén
Albacete
Alcoy
Alicante
Elche
Orihuela
Almenaras 1797
Bañuela 1323
Peñarroya-Pueblonuevo
Linares
Úbeda
Jaén
Kordowa
Sagra 2381
1110
Sines
Beja
Minas de Riotinto
902
577
Lagos
Faro
Huelva
Palos de la Frontera
Sewilla
Écija
Grenada
Mulhacén 3478
2168
Lorca
Murcja
La Unión
Kartagena
Águilas
Almería
Málaga
Jerez de la Frontera
Kadyks
1919
Algeciras
La Línea
Gibraltar
Tanger
Ceuta
Tetuan
Melilla
Oran
Mestghanem
Relizane
Muaskar 1201
1061
1172
Sidi-bu-l-Abbas
2523
Minho
Duero
Ebro
Tag
Gwadiana
Gwadalkiwir
Júcar
Segura
m n.p.m.
3000
2000
1500
1000
500
200
100
0
200
2000
4000

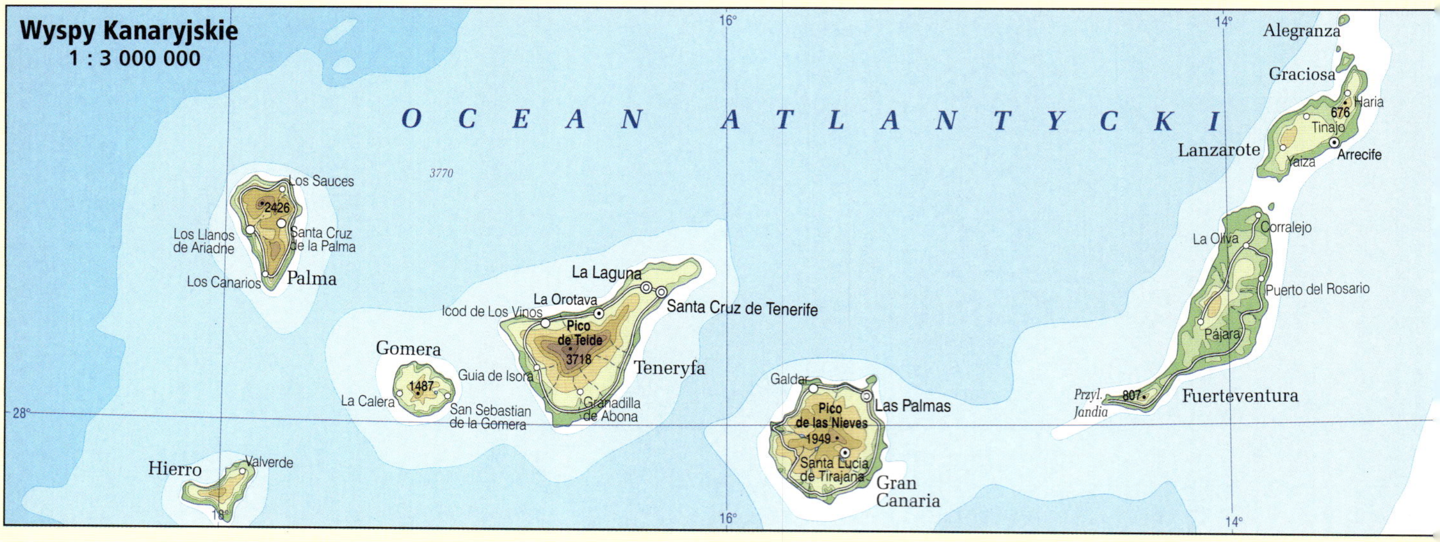

Wyspy Kanaryjskie
1 : 3 000 000
OCEAN ATLANTYCKI
Alegranza
Graciosa
Haria
676
Tinajo
Lanzarote
Yaiza
Arrecife
Corralejo
La Oliva
Puerto del Rosario
Pájara
Przyl. Jandia
807
Fuerteventura
Los Sauces
2426
Santa Cruz de la Palma
Los Llanos de Ariadne
Los Canarios
Palma
3770
La Laguna
La Orotava
Icod de Los Vinos
Santa Cruz de Tenerife
Pico de Teide 3718
Teneryfa
Guia de Isora
Granadilla de Abona
Gomera
1487
La Calera
San Sebastian de la Gomera
Galdar
Las Palmas
Pico de las Nieves 1949
Santa Lucia de Tirajana
Gran Canaria
Hierro
Valverde

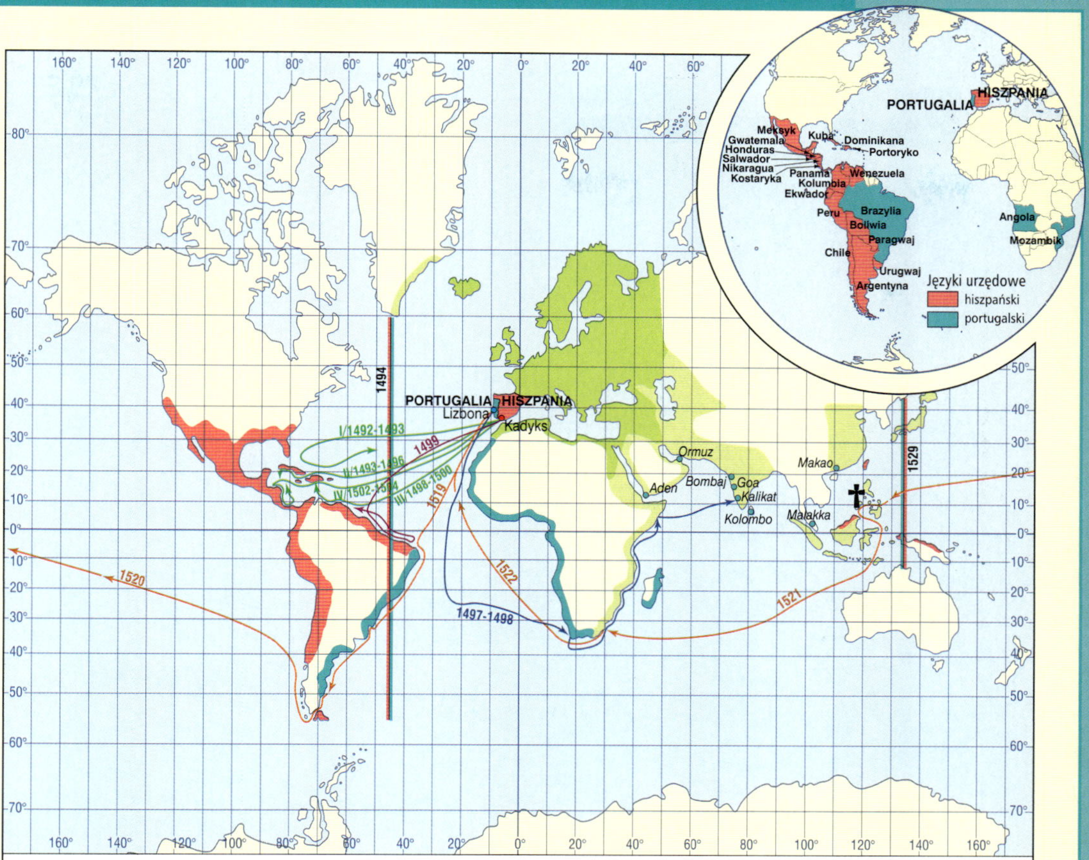

Hiszpania i Portugalia - odkrywanie świata 1 : 300 000 000

Podróże:
- Krzysztof Kolumb
- Vasco da Gama
- Amerigo Vespucci
- Ferdynand Magellan (od 1521 r. J. S. del Cano)

- obszary znane Europejczykom w XIV w.
- obszary pośrednio znane Europejczykom w XIV w.
- terytoria hiszpańskie
- terytoria portugalskie

- Goa – miasta założone przez Portugalczyków
- hiszpańsko-potugalska linia podziału świata
- † miejsce śmierci Ferdynanda Magellana

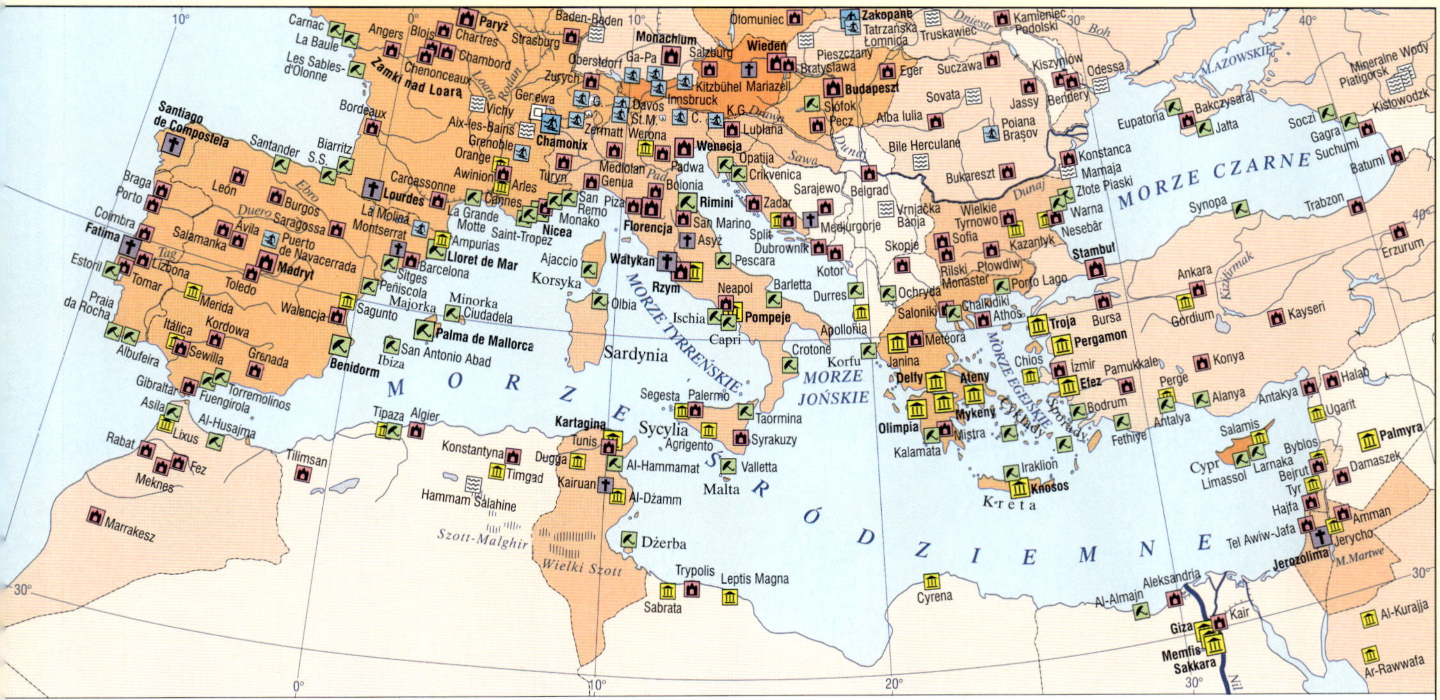

Turystyka w basenie Morza Śródziemnego 1 : 25 000 000

Miejscowości turystyczno-wypoczynkowe
- wypoczynku letniego
- sportów zimowych i turystyki górskiej
- z zabytkami antycznymi
- z licznymi dobrami kultury
- ośrodki pielgrzymkowe
- uzdrowiska
- ośrodki o innych funkcjach

Znaczenie dla turystyki
- wielkie
- duże

Liczba turystów odwiedzających rocznie dany kraj przypadająca na 100 mieszkańców
- pow. 200
- 100 – 200
- 25 – 100
- 10 – 25
- pon. 10

Skróty:
- C. – Cortina d'Ampezzo
- G. – Grindewald
- Ga-Pa – Garmisch-Partenkirchen
- K.G. – Kranjska Gora
- St.M. – Sankt Moritz
- S.S. – San Sebastian

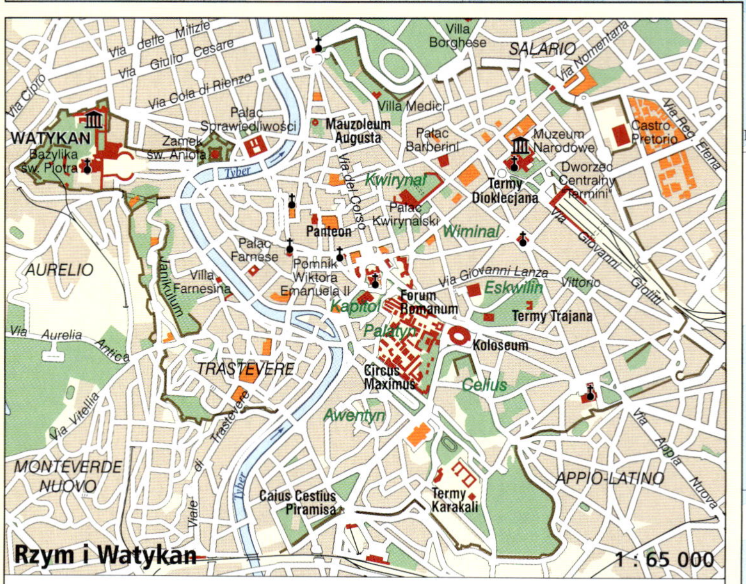

- ważniejsze zabytki
- budynki użyteczności publicznej
- kościoły
- mury Aureliana
- *Celius* wzgórza
- koleje
- tereny zabudowane
- tereny zielone

1 : 5 000 000

Hódmezővásárhely
Segedyn
Arad
Subotica
Sombor
Kikinda
Zrenjanin
Nowy Sad
Vršac
Timișoara
Lugoj
Reșița
Caransebeș
Anina
Pančevo
BELGRAD
Šabac
Valjevo
Tuzla
Kragujevac
Čačak
Kruševac
Niš
Novi Pazar
Kosovska Mitrovica
Peć
Prisztina
Prizren
Podgorica
Nikšić
Durmitor 2522
Czarnogóra
Prokletije
Jezerca 2694
Szkodra
Bar
Durrës
Tirana
Elbasan
Fieri
Berat
Korcza
Vlora
Gjirokastra
Otranto
Skopje
Titov vrh 2747
Kumanovo
Veles
Prilep
Bitola
Florina
Edesa
Kastoria
Kozani
Katerini
Olimp 2917
Saloniki
Larisa
Trikala
Janina
Arta
Préweza
Lewkás
Kefalinia
Zákinthos
Patras
Agrinion
Lamia
Wolos
Chalkis
Teby
ATENY
Pireus
Korynt
Mykeny
Argos
Tripolis
Olimpia
Pirgos
Kiparisia
Pilos
Sparta
Kalamata
Kíthira
Przyl. Matapan
Przyl. Malea
Zat. Koryncka
Zat. Patraska
Korfu
Kerkira
Wyspy Jońskie
Morze Jońskie
Cieśnina Otranto
Cieśnina Kithira
MORZE KRETEŃSKIE
Chania
Réthimno
Iraklion
Psiloritis 2456
Kreta
Sitia
Kasos
Kárpathos
Saria
Rodos
Tilos
Kos
Kálimnos
Naksos
Paros
Amorgós
Milos
Thira (Santoryn)
Siros
Tinos
Andros
Kea
Ikaria
Samos
Chios
Lesbos
Mitilini
Limnos
Skiros
Sporady Północne
Cyklady
Sporady
MORZE EGEJSKIE
M. TRACKIE
Thasos
Samotraka
Imroz
Athos 2033
Plw. Chalcydycki
Zat. Orfańska
Zat. Termajska
Seres
Drama
Kawala
Ksanthi
Komotini
Aleksandrupolis
Dardanele
Gallipoli
Gelibolu
Canakkale
Troja
Edremit
Balıkeşir
Bursa
Bandırma
M. MARMARA
Marmara
Tekirdağ
Edirne
Kırklareli
STAMBUŁ
Bosfor
Ayvalık
Manisa
IZMIR
Tire
Aydin
Nazilli
Wyżyna
Płw. Azja Mniejsza
Anatolijska
Turcja
MORZE CZARNE
Burgas
Nesebyr
Warna
Dobricz
Dewnia
Szumen
Jambol
Sliwen
Stara Zagora
Kazanłyk
Dimitrowgrad
Chaskowo
Kyrdżali
Płowdiw
Pazardżik
Blagoewgrad
Kiustendił
Pernik
Radomir
SOFIA
Botew 2376
Musala 2925
Rodopy
Pirin
Goljam Perelik 2191
Bałkany (Stara Płanina)
BUŁGARIA
Gabrowo
Wielkie Tyrnowo
Łowecz
Plewen
Ruse
Razgrad
Silistra
Nikopol
Wraca
Montana
Widin
Łom
Calafat
Midżur 2169
Pirot
Zaječar
Bor
Góry Wschodnioserbskie
Rtanj 1560
Drobeta-Turnu Severin
Orszowa
Żelazna Brama
Tîrgu Jiu
Krajowa
Petroszany
Rîmnicu Vîlcea
Piteşti
Tîrgovişte
Ploeşti
Cîmpina
Cîmpulung
BUKARESZT
Giurgiu
Roşiori de Vede
Călăraşi
Feteşti
Cernavodă
Konstanca
Mamaia
Dobrudża
Ludogorie
Nizina Wołoska
Oltenia
Muntenia
Dunaj
Karpaty Południowe
Moldoveanu 2543
Przełom Czerwonej Wieży
Karpaty Wschodnie
Goru 1784
Ciukas 1956
Braszów
Sfîntu Gheorghe
Sighișoara
Sybin
Alba Iulia
Aiud
Hunedoara
Deva
Buzău
Rîmnicu Sărat
Fokszany
Galacz
Braiła
Tulcza
Izmaił
Kilia
Reni
Bołhrad
UKRAINA
MOŁDAWIA
RUMUNIA
SERBIA
CZARNOGÓRA
ALBANIA
MACEDONIA
Góry Pindos
Parnas
Giona 2510
Wernon
Tesalia
Epir
Peloponez
Eubea
Attyka
Kilini 2376
Kopaonik 2017
Kosowo
Šumadija
m n.p.m.
3000
2000
1500
1000
500
200
100
0
200
2000
4000

1 : 40 000 000

OCEAN ATLANTYCKI
OCEAN ARKTYCZ
MORZE GRENLANDZKIE
MORZE NORWESKIE
MORZE PÓŁNOCNE
MORZE BARENTSA
MORZE KARSKIE
MORZE LAPTIEWÓW
MORZE BAŁTYCKIE
MORZE ŚRÓDZIEMNE
MORZE CZARNE
MORZE KASPIJSKIE
MORZE CZERWONE
MORZE ARABSKIE
OCEAN INDYJSKI
Zatoka Bengalska
Zatoka Perska
Zatoka Adeńska
Kanał Mozambicki
Biegun Północny
Svalbard
Ziemia Franciszka Józefa
Nowa Ziemia
Ziemia Północna
Półw. Skandynawski
Półw. Tajmyr
Półw. Jamał
Półw. Gydański
Nizina Wschodnioeuropejska
Nizina Zachodniosyberyjska
Wyżyna Środkowosyberyjska
Ural
Kaukaz
Niz. Nadkaspijska
Nizina Turańska
Pogórze Kazaskie
Ałtaj
Sajany
Kotlina Dżungarska
Tien-Szan
Kotlina Kaszgarska
Takla Makan
Kunlun
Altyn-Tag
Nanszan
Pustynia Gobi
Pustynia Ałaszan
Wyżyna Tybetańska
Himalaje
Transhimalaje
Hindukusz
Pamir
Karakorum
Wyżyna Irańska
Zagros
Elburs
Góry Pontyjskie
Taurus
Półw. Azja Mniejsza
Mezopotamia
Półwysep Arabski
Pustynia Ar-Rub al-Chali
Pustynia Libijska
Pustynia Nubijska
Pustynia Arabska
Wyżyna Abisyńska
Wyżyna Somalijska
Półw. Somalijski
Wyżyna Wschodnioafrykańska
Nizina Indusu
Nizina Gangesu
Pustynia Thar
Dekan
Ghaty Zachodnie
Ghaty Wschodnie
Półw. Indyjski
Cejlon
Malediwy
Lakadiwy
W-y Czagos
Andamany
Nikobary
Madagaskar
Sokotra
Atlas
Alpy
Apeniny
Karpaty
Bałkany
Pireneje
Czomolungma (Mount Everest) 8848
K2 8611
Pik Pobiedy 7439
Elbrus 5642
Ararat 5165
Kilimandżaro 5895
Równik

1 : 120 000 000

Cieśnina Beringa
Przyl. Dieżniewa
Płw. Czukocki
G. Czukockie
G. Kołymskie
G. Koriackie
MORZE BERINGA
Płw. Kamczatka
Kluczewska Sopka 4750
Magadan
Suntar Chajata
MORZE OCHOCKIE
Sachalin
Pasmo Stanowe
G. Burejskie
Sichote Alin
Chabarowsk
Władywostok
Sapporo
Hokkaido
Wielki Chingan
Nizina Mandżurska
Harbin
Changchun
Jilin
MORZE JAPOŃSKIE
Honsiu
TOKIO
Fudżi 3776
Nagoja
Jokohama
Kioto
Osaka
Kobe
Hiroszima
Sikoku
Kiusiu
Shenyang
Fushun
Anshan
PHENIAN
SEUL
Pusan
PEKIN
Tianjin
Dalian
MORZE ŻÓŁTE
Qingdao
Jinan
Zibo
Nizina Chińska
Nanjing
Nantong
Szanghaj
Hangzhou
Wuhan
Changsha
Nanchang
Wenzhou
Fuzhou
MORZE WSCHODNIO-CHIŃSKIE
Wyspy Riukiu
Zwrotnik Raka
Taipej
Tajwan
Południowochińskie
Kanton
Hongkong
Makau
Hajnan
W-y Paracelskie
MORZE POŁUDNIOWOCHIŃSKIE
MORZE FILIPIŃSKIE
Luzon
Quezon City
MANILA
Filipiny
Cebu
Palawan
Mindanao
Davao
Apo 2954
M. SULU
MORZE CELEBES
KOROR
W-y Palau
Mariany
OCEAN SPOKOJNY
Wyspy Japońskie
Wyspy Kurylskie
Chi Minh
BANDAR SERI BEGAWAN
Borneo
Pontianak
Balikpapan
Banjarmasin
Celebes
Manado
Halmahera
Nowa Gwinea
Puncak Jaya 5030
Seram
Buru
M. BANDA
MORZE ARAFURA
W-y Aru
W-y Tanimbar
Archipelag Malajski
Makasar
Flores
Timor
MORZE TIMOR
Darwin
DŻAKARTA
Semarang
Surabaja
Bali
Lombok
Sumbawa
Sumba
Bandung
3676 Semeru

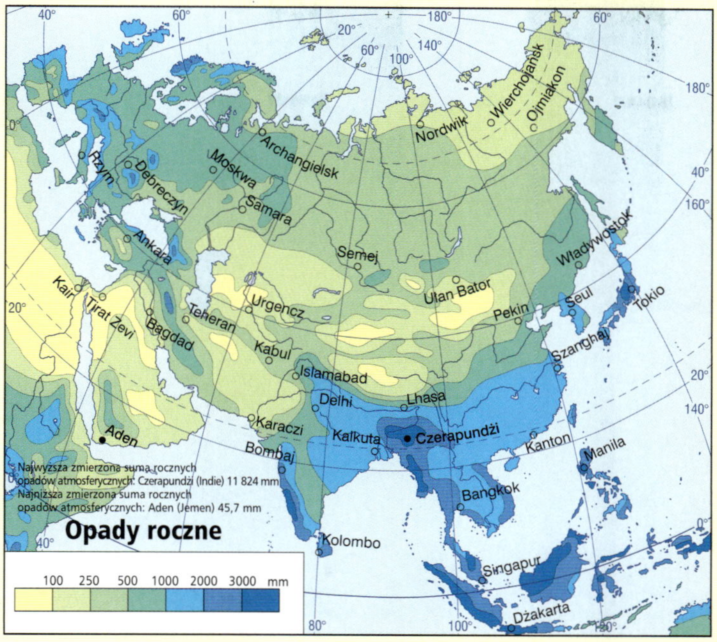
Opady roczne
Najwyższa zmierzona suma roczna opadów atmosferycznych: Czerapundżi (Indie) 11 824 mm
Najniższa zmierzona suma roczna opadów atmosferycznych: Aden (Jemen) 45,7 mm
100 250 500 1000 2000 3000 mm
Archangielsk
Moskwa
Samara
Perm
Debreczyn
Ankara
Kair
Tirat Cewi
Bagdad
Teheran
Urgencz
Kabul
Islamabad
Delhi
Karaczi
Bombaj
Aden
Kalkuta
Czerapundżi
Kolombo
Lhasa
Semej
Ułan Bator
Pekin
Seul
Tokio
Szanghaj
Kanton
Manila
Bangkok
Singapur
Dżakarta
Nordwik
Wierchojańsk
Ojmiakon
Władywostok

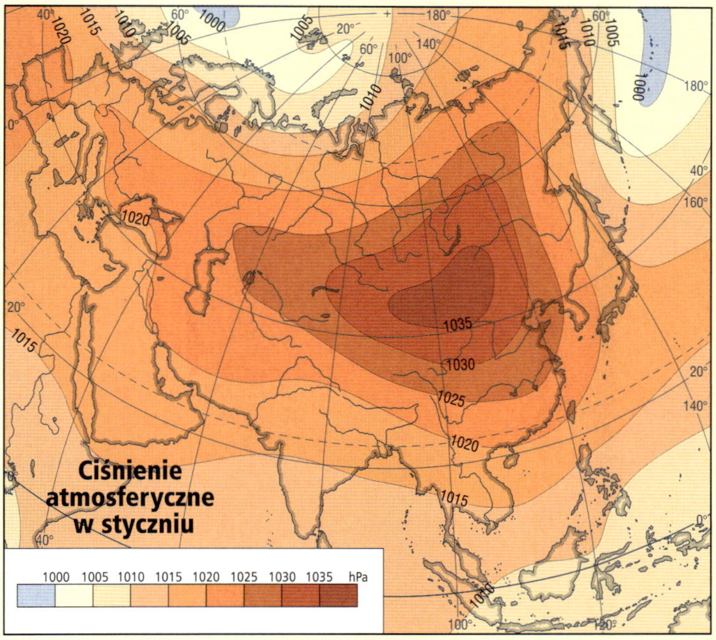
Ciśnienie atmosferyczne w styczniu
1000 1005 1010 1015 1020 1025 1030 1035 hPa

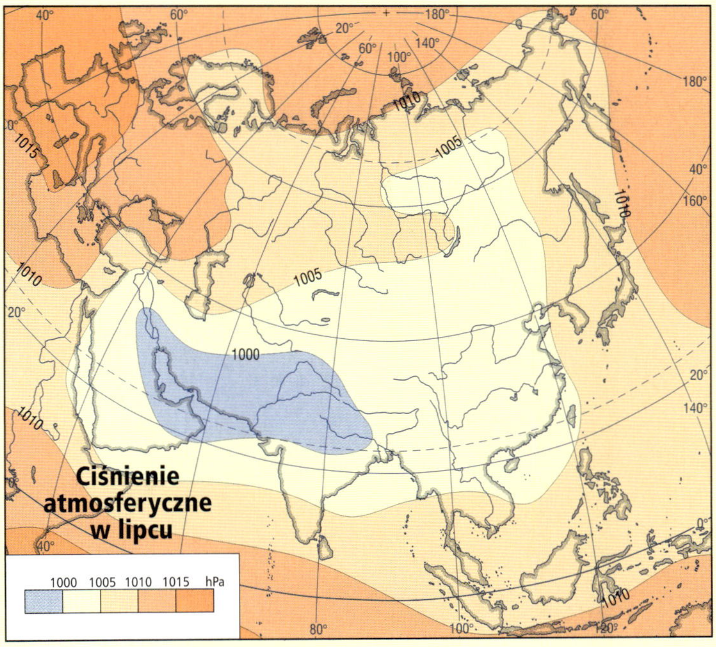
Ciśnienie atmosferyczne w lipcu
1000 1005 1010 1015 hPa

1 : 40 000 000

OCEAN ATLANTYCKI
Prąd Północnoatlantycki
MORZE GRENLANDZKIE
MORZE NORWESKIE
MORZE BARENTSA
MORZE KARSKIE
MORZE ŁAPTIEWÓW
Biegun Północny
Svalbard
Ziemia Franciszka Józefa
Nowa Ziemia
Półw. Skandynawski
Zat. Botnicka
MORZE PÓŁNOCNE
MORZE BAŁTYCKIE
Wyspy Brytyjskie
Londyn
Paryż
Berlin
Warszawa
Moskwa
Petersburg
Helsinki
Sztokholm
Oslo
Kopenhaga
Bergen
Rzym
Madryt
Lizbona
Rabat
Algier
Tunis
Trypolis
Alpy
Apeniny
Karpaty
Bałkany
Atlas
MORZE ŚRÓDZIEMNE
MORZE CZARNE
MORZE KASPIJSKIE
Nizina Wschodnioeuropejska
Ural
Nizina Zachodniosyberyjska
Wyżyna Środkowosyberyjska
Nizina Nadkaspijska
Nizina Turańska
Kaukaz
Elbrus 5642
Góry Pontyjskie
Ararat 5165
Wyżyna Irańska
Elburs
Zagros
Nizina Mezopotamska
Półwysep Arabski
Pustynia Ar-Rub al-Chali
Wielki Nefud
MORZE CZERWONE
Zat. Perska
Zat. Adeńska
Pustynia Libijska
Pustynia Nubijska
Pustynia Arabska
Wyżyna Abisyńska
Wyżyna Somalijska
Wyżyna Wschodnioafrykańska
Kilimandżaro 5895
Madagaskar
Kanał Mozambicki
Prąd Mozambicki
Prąd Somalijski (lato)
Prąd Somalijski (zima)
MORZE ARABSKIE
OCEAN INDYJSKI
Prąd Monsunowy (zima)
Prąd Monsunowy (lato)
Równikowy Prąd Wsteczny (zima)
Prąd Południoworównikowy
Zatoka Bengalska
Półwysep Indyjski
Dekan
Ghaty Zachodnie
Ghaty Wschodnie
Cejlon
Kolombo
Bombaj
Madras
Kalkuta
Dhaka
Karaczi
Delhi
Nowe Delhi
Nizina Indusu
Nizina Gangesu
Pust. Thar
Himalaje
Czomolungma (Mount Everest) 8848
Hindukusz
Pamir
Karakorum
K2 8611
Kunlun
Wyżyna Tybetańska
Transhimalaje
Tien-szan
Pik Pobiedy 7439
Kotlina Kaszgarska
Pust. Takla Makan
Kotlina Dżungarska
Ałtaj
Sajany
Pogórze Kazaskie
Astana
Ałma Ata
Taszkent
Kabul
Teheran
Bagdad
Damaszek
Jerozolima
Bejrut
Aleksandria
Kair
Mekka
Ar-Rijad
Sana
Aden
Addis Abeba
Mogadiszu
Mombasa
Dar es-Salaam
Zanzibar
Sokotra
Nowosybirsk
Jekaterynburg
Samara
Wołgograd
Archangielsk
Murmańsk
Norylsk
Półw. Tajmyr
Półw. Jamał
Koło podbiegunowe północne
Ułan Bator
W-y Czagos
Malediwy
Lakkadiwy
Andamany
Nikobary
m n.p.m.
5000
3000
1500
1000
500
200
0
200
2000
4000
6000
8000

1 : 120 000 000

Cieśnina Beringa
W. Wrangla
Plw. Czukocki
G. Czukockie
Anadyr
M O R Z E
B E R I N G A
G. Kołymskie
G. Koriackie
Plw. Kamczatka
Kluczewska Sopka
Pobieda
Suntar Chajata
M O R Z E O C H O C K I E
O C E A N
S P O K O J N Y
Prąd Północnopacyficzny
Oja-Siwo
Pasmo Stanowe
G. Burejskie
Amur
Sachalin
Sichote Alin
Chabarowsk
Cieśn. La Pérouse'a
Hokkaido
Iwate
Nizina Mandżurska
Władywostok
M O R Z E J A P O Ń S K I E
Wielki Chingan
Shenyang
Honsiu
Tokio
Fudżi
Sikoku
Kiusiu
Plw. Koreański
Seul
Pekin
M O R Z E Ż Ó Ł T E
Nizina Chińska
Wielki Kanał
M O R Z E W S C H O D N I O- C H I Ń S K I E
Szanghaj
Wyspy Riukiu
Kuro-siwo
Wyspy Japońskie
Zwrotnik Raka
Wyspy Mariany
Tajwan
Kanton
Hongkong
Makau
M O R Z E F I L I P I Ń S K I E
Prąd Północnorównikowy
Równikowy Prąd Wsteczny
Prąd Południoworównikowy
W-y Palau
Hajnan
W-y Paracelskie
Luzon
Manila
Filipiny
Ho Chi Minh
M O R Z E P O Ł U D N I O W O C H I Ń S K I E
Palawan
M. SULU
Mindanao
Apo
Równik
Nowa Gwinea
Puncak Jaya
Halmahera
M O R Z E C E L E B E S
Bandar Seri Begawan
Borneo
Celebes
Moluki
Seram
Buru
M. BANDA
W-y Aru
M O R Z E A R A F U R A
W-y Tanimbar
Archipelag Malajski
Wielkie Wyspy Sundajskie
M. W-y Sundajskie
Timor
Flores
Sumbawa
Bali
Lombok
Sumba
M O R Z E T I M O R
Dżakarta
Jawa
Semeru
D
E
F
G
H
I
J
K
15
16
17
18
19
20
21
22

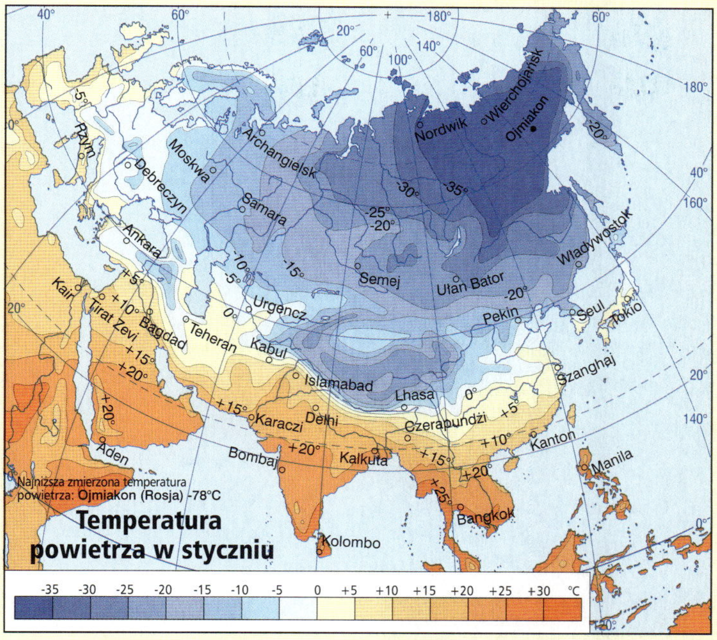
Temperatura powietrza w styczniu
Najniższa zmierzona temperatura powietrza: Ojmiakon (Rosja) -78°C
Nordwik
Wierchojańsk
Ojmiakon
Archangielsk
Moskwa
Debreczyn
Samara
Ankara
Kair
Tirat Zevi
Bagdad
Teheran
Urgencz
Kabul
Semej
Ułan Bator
Władywostok
Pekin
Seul
Tokio
Islamabad
Lhasa
Szanghaj
Karaczi
Delhi
Czerapundżi
Kanton
Bombaj
Kalkuta
Manila
Aden
Bangkok
Kolombo
-35 -30 -25 -20 -15 -10 -5 0 +5 +10 +15 +20 +25 +30 °C

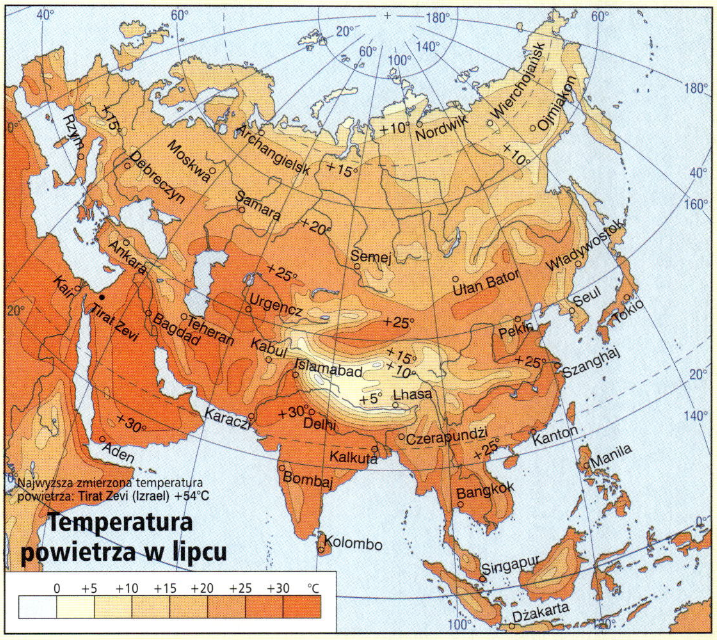
Temperatura powietrza w lipcu
Najwyższa zmierzona temperatura powietrza: Tirat Zevi (Izrael) +54°C
Nordwik
Wierchojańsk
Ojmiakon
Archangielsk
Moskwa
Debreczyn
Samara
Semej
Władywostok
Ułan Bator
Ankara
Kair
Tirat Zevi
Bagdad
Teheran
Urgencz
Kabul
Islamabad
Lhasa
Pekin
Seul
Tokio
Szanghaj
Karaczi
Delhi
Czerapundżi
Kanton
Kalkuta
Bombaj
Manila
Aden
Bangkok
Kolombo
Singapur
Dżakarta
0 +5 +10 +15 +20 +25 +30 °C

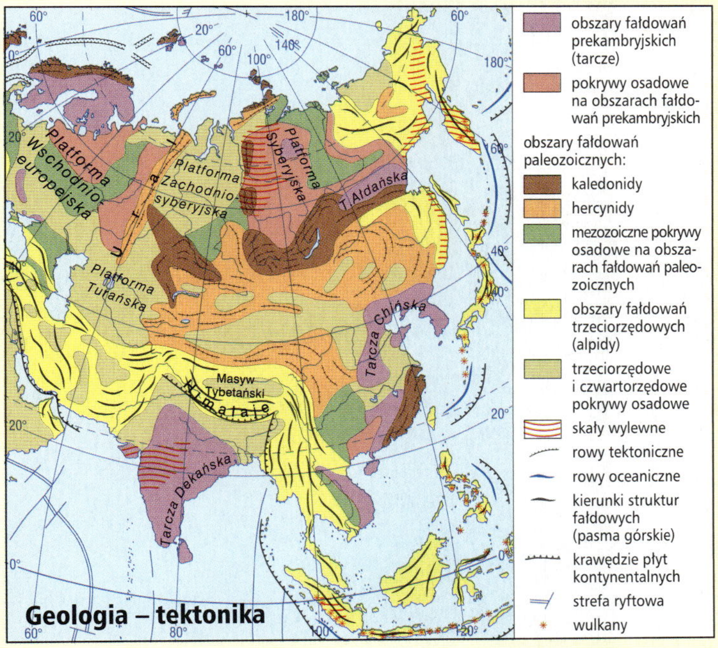
Geologia – tektonika
Platforma Wschodnioeuropejska
Platforma Zachodniosyberyjska
Platforma Syberyjska
T. Aldańska
Platforma Turańska
Tarcza Chińska
Masyw Tybetański
Himalaje
Tarcza Dekańska
obszary fałdowań prekambryjskich (tarcze)
pokrywy osadowe na obszarach fałdowań prekambryjskich
obszary fałdowań paleozoicznych:
kaledonidy
hercynidy
mezozoiczne pokrywy osadowe na obszarach fałdowań paleozoicznych
obszary fałdowań trzeciorzędowych (alpidy)
trzeciorzędowe i czwartorzędowe pokrywy osadowe
skały wylewne
rowy tektoniczne
rowy oceaniczne
kierunki struktur fałdowych (pasma górskie)
krawędzie płyt kontynentalnych
strefa ryftowa
wulkany

1 : 40 000 000

OCEAN ATLANTYCKI
OCEAN ARKTYCZNY
MORZE NORWESKIE
MORZE GRENLANDZKIE
MORZE BARENTSA
MORZE KARSKIE
MORZE ŁAPTIEWÓW
MORZE PÓŁNOCNE
MORZE BAŁTYCKIE
MORZE ŚRÓDZIEMNE
MORZE CZARNE
MORZE KASPIJSKIE
MORZE CZERWONE
MORZE ARABSKIE
MORZE ANDAMAŃSKIE
OCEAN INDYJSKI
Zatoka Perska
Zatoka Adeńska
Zatoka Bengalska
Zatoka Botnicka
Jan Mayen (norw.)
Svalbard (norw.)
Ziemia Franciszka Józefa
Nowa Ziemia
Ziemia Północna
Wyspy Nowosyberyjskie
Biegun Północny
ROSJA
KAZACHSTAN
UZBEKISTAN
TURKMENISTAN
KIRGISTAN
TADŻYKISTAN
AFGANISTAN
PAKISTAN
INDIE
CHINY
MONGOLIA
NEPAL
BHUTAN
BANGLADESZ
BIRMA (MIANMAR)
TAJLANDIA
SRI LANKA
MALEDIWY
IRAN
IRAK
SYRIA
TURCJA
ARABIA SAUDYJSKA
JEMEN
OMAN
ZJEDN. EMIRATY ARABSKIE
KATAR
KUWEJT
JORDANIA
IZRAEL
LIBAN
CYPR
GRUZJA
ARMENIA
AZERBEJDŻAN
EGIPT
LIBIA
SUDAN
ETIOPIA
ERYTREA
DŻIBUTI
SOMALIA
KENIA
UGANDA
TANZANIA
MOZAMBIK
ALGIERIA
TUNEZJA
MAROKO
HISZPANIA
PORTUGALIA
FRANCJA
NIEMCY
POLSKA
WŁOCHY
GRECJA
RUMUNIA
UKRAINA
BIAŁORUŚ
LITWA
ŁOTWA
ESTONIA
FINLANDIA
SZWECJA
NORWEGIA
DANIA
WIELKA BRYTANIA
IRLANDIA
KOMORY
SESZELE
MADAGASKAR
MOSKWA
ASTANA
TASZKENT
BISZKEK
DUSZANBE
KABUL
ISLAMABAD
NEW DELHI
KATMANDU
THIMPHU
DHAKA
RANGUN
BANGKOK
KOLOMBO
MALE
TEHERAN
BAGDAD
ASZCHABAD
AR-RIJAD
SANA
MASKAT
ABU ZABI
AD-DAUHA
AL-MANAMA
KUWEJT
AMMAN
DAMASZEK
BEJRUT
JEROZOLIMA
NIKOZJA
ANKARA
TBILISI
EREWAN
BAKU
KAIR
CHARTUM
ASMARA
DŻIBUTI
ADDIS ABEBA
MOGADISZU
NAIROBI
DODOMA
MORONI
VICTORIA
UŁAN BATOR
LIZBONA
MADRYT
RABAT
ALGIER
TUNIS
TRYPOLIS
PARYŻ
LONDYN
DUBLIN
AMSTERDAM
BRUKSELA
BERLIN
KOPENHAGA
OSLO
SZTOKHOLM
HELSINKI
TALLINN
RYGA
WILNO
MIŃSK
WARSZAWA
KIJÓW
PRAGA
WIEDEŃ
BUDAPESZT
BUKARESZT
SOFIA
BELGRAD
ZAGRZEB
TIRANA
ATENY
RZYM
Petersburg
Murmańsk
Archangielsk
Workuta
Norylsk
Niżny Nowogród
Kazań
Perm
Jekaterynburg
Samara
Ufa
Czelabińsk
Omsk
Nowosybirsk
Krasnojarsk
Barnauł
Nowokuźnieck
Irkuck
Wołgograd
Rostów nad Donem
Krasnodar
Astrachań
Saratów
Uljanowsk
Woroneż
Jarosław
Iżewsk
Charków
Donieck
Odessa
Dniepropietrowsk
Stambuł
Izmir
Karaganda
Ałma Ata
Urumczi
Kaszgar
Lhasa
Lanzhou
Chengdu
Chongqing
Kunming
Mandalaj
Mosul
Tebriz
Meszhed
Isfahan
Sziraz
Kerman
Bandar-e Abbas
Basra
Herat
Rawalpindi
Lahaur
Faisalabad
Hajdarabad
Karaczi
Ludhijana
Delhi
Dżajpur
Agra
Lakhnau
Kanpur
Patna
Allahabad
Ahmadabad
Bhopal
Indaur
Dżabalpur
Wadodra
Surat
Bombaj
Nagpur
Hajdarabad
Kalkuta
Bangalur
Madras
Kojamputtur
Maduraj
Medyna
Mekka
Dżudda
Aden
Aleksandria
Port Said
Asuan
Mombasa
Zanzibar
Dar es-Salaam
Medan
Padang
Kuala Lumpur
Londyn – Murmańsk 3150 km
Gibraltar – Port Said 3580 km
Port Said – Aden 2580 km
Aden – Karaczi 2720 km
Aden – Bombaj 3070 km
Aden – Kolombo 3880 km
Dar es-Salaam – Aden 3200 km
Kolombo – Kalkuta 2300 km
Kolombo – Rangun 2310 km
Kolombo – Singapur 2900 km
Kapsztad – Kolombo 8060 km
Kolombo – Dżakarta 3410 km
Sokotra (jem.)
Lakkadiwy (ind.)
Andamany (ind.)
Nikobary (ind.)
W-y Czagos Bryt. Teryt. Oc. Indyjskiego
W-y Agalepa (maurit.)
Majotta (fr.)
Dzaoudzi
Kanał Mozambicki
Ob
Jenisej
Lena
Irtysz
Angara
Wołga
Ural
Kama
Tobol
Syrdaria
Amudaria
Indus
Ganges
Brahmaputra
Irawadi
Mekong
Saluin
Jangcy
Nil
Eufrat
Tygrys
J. Aralskie
J. Bałchasz
J. Bajkał
Nil Błękitny
Nil Biały
J. Tana
J. Turkana
J. Wiktorii
J. Niasa
Zb. Naserа
Sycylia
Sardynia
Korsyka
Kreta
Baleary
Malta
Gibraltar (bryt.)

1 : 120 000 000

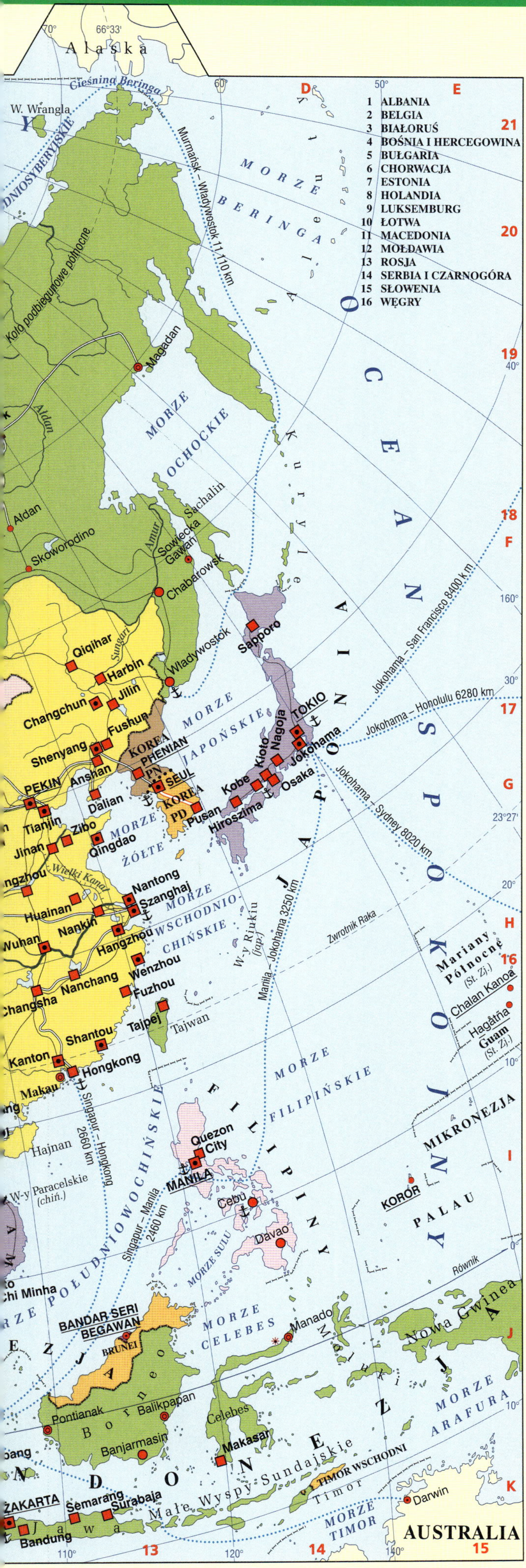

1 ALBANIA
2 BELGIA
3 BIAŁORUŚ
4 BOŚNIA I HERCEGOWINA
5 BUŁGARIA
6 CHORWACJA
7 ESTONIA
8 HOLANDIA
9 LUKSEMBURG
10 ŁOTWA
11 MACEDONIA
12 MOŁDAWIA
13 ROSJA
14 SERBIA I CZARNOGÓRA
15 SŁOWENIA
16 WĘGRY
Alaska
Cieśnina Beringa
W. Wrangla
MORZE BERINGA
Murmańsk – Władywostok 11 110 km
Koło podbiegunowe północne
Magadan
Aldan
Skoworodino
MORZE OCHOCKIE
Sachalin
Sowiecka Gawań
Chabarowsk
Amur
Kuryle
OCEAN SPOKOJNY
Jokohama – San Francisco 8400 km
Jokohama – Honolulu 6280 km
Jokohama – Sydney 8020 km
Sapporo
Władywostok
Qiqihar
Harbin
Jilin
Changchun
Fushun
Shenyang
Anshan
KOREA PHENIAN
PN
SEUL
KOREA PD
Pusan
PEKIN
Tianjin
Dalian
Zibo
Jinan
Qingdao
MORZE JAPOŃSKIE
Kobe
Kioto
Nagoja
TOKIO
Jokohama
Osaka
Hiroszima
MORZE ŻÓŁTE
Wielki Kanał
Nantong
Szanghaj
Huainan
Nankin
Wuhan
Hangzhou
Wenzhou
Fuzhou
MORZE WSCHODNIOCHIŃSKIE
W-y Riukiu (Jap.)
Manila – Jokohama 3250 km
Zwrotnik Raka
Mariany Północne (St. Zj.)
Chalan Kanoa
Hagåtña
Guam (St. Zj.)
Changsha
Nanchang
Tajpej
Tajwan
Shantou
Kanton
Hongkong
Makau
Singapur – Hongkong 2660 km
Hajnan
W-y Paracelskie (chiń.)
MORZE FILIPIŃSKIE
FILIPINY
Quezon City
MANILA
Singapur – Manila 2460 km
Cebu
Davao
MORZE SULU
MIKRONEZJA
KOROR
PALAU
Równik
MORZE POŁUDNIOWOCHIŃSKIE
Chi Minha
BANDAR SERI BEGAWAN
BRUNEI
MORZE CELEBES
Manado
Moluki
Nowa Gwinea
Borneo
Pontianak
Balikpapan
Banjarmasin
Celebes
Makasar
MORZE ARAFURA
INDONEZJA
Małe Wyspy Sundajskie
TIMOR WSCHODNI
Timor
MORZE TIMOR
Darwin
AUSTRALIA
DŻAKARTA
Semarang
Surabaja
Jawa
Bandung

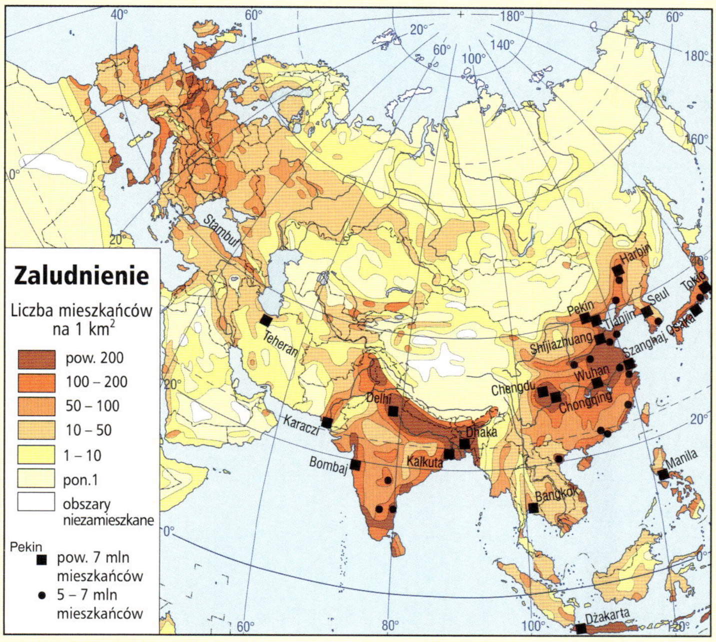

Zaludnienie
Liczba mieszkańców na 1 km²
pow. 200
100 – 200
50 – 100
10 – 50
1 – 10
pon.1
obszary niezamieszkane
Pekin
pow. 7 mln mieszkańców
5 – 7 mln mieszkańców
Stambuł
Teheran
Karaczi
Bombaj
Delhi
Kalkuta
Dhaka
Chengdu
Chongqing
Wuhan
Shijiazhuang
Pekin
Tianjin
Harbin
Seul
Szanghaj
Tokio
Osaka
Bangkok
Manila
Dżakarta

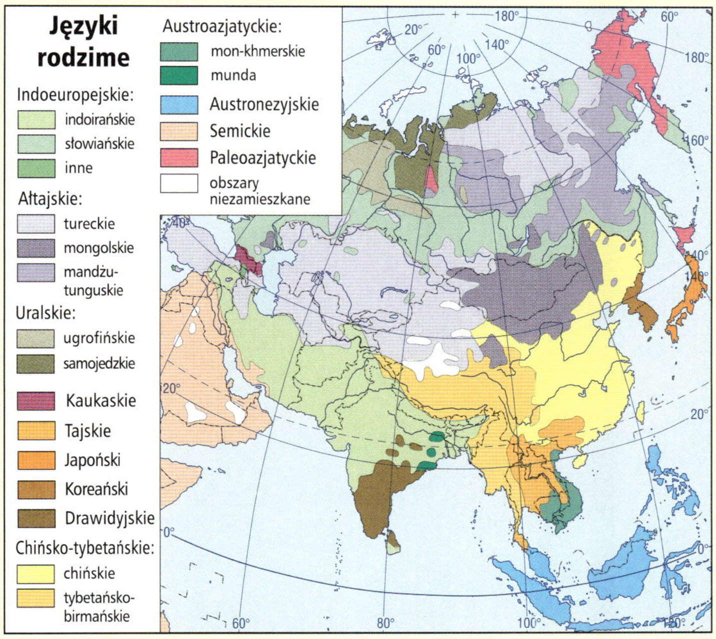

Języki rodzime
Indoeuropejskie:
indoirańskie
słowiańskie
inne
Ałtajskie:
tureckie
mongolskie
mandżu-tunguskie
Uralskie:
ugrofińskie
samojedzkie
Kaukaskie
Tajskie
Japoński
Koreański
Drawidyjskie
Chińsko-tybetańskie:
chińskie
tybetańsko-birmańskie
Austroazjatyckie:
mon-khmerskie
munda
Austronezyjskie
Semickie
Paleoazjatyckie
obszary niezamieszkane

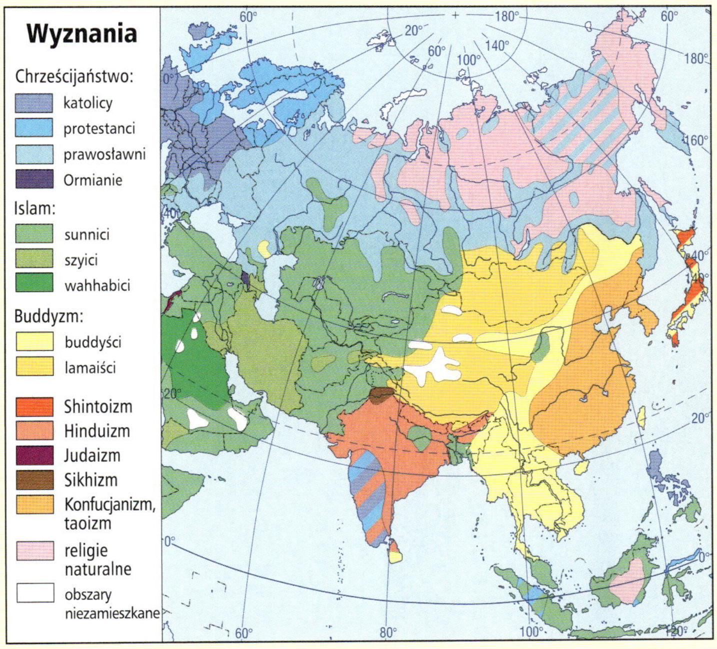

Wyznania
Chrześcijaństwo:
katolicy
protestanci
prawosławni
Ormianie
Islam:
sunnici
szyici
wahhabici
Buddyzm:
buddyści
lamaiści
Shintoizm
Hinduizm
Judaizm
Sikhizm
Konfucjanizm, taoizm
religie naturalne
obszary niezamieszkane

1 : 40 000 000

Zatrudnienie w:

rolnictwie
- wyraźna dominacja
- z udziałem przemysłu
- z udziałem usług

przemyśle
- wyraźna dominacja
- z udziałem rolnictwa
- z udziałem usług

usługach
- wyraźna dominacja
- z udziałem rolnictwa
- z udziałem przemysłu

obszary niezagospodarowane lub słabo zagospodarowane

Ośrodki gospodarcze

oddziaływanie:
- światowe
- ważniejsze regionalne
- regionalne
- lokalne

funkcje:
- wielofunkcyjne
- przemysłowe i górnicze
- innowacyjne
- transportowe
- handlowe, finansowe i administracyjne
- turystyczne i kulturalne

Górnictwo
- ropy naftowej
- gazu ziemnego
- węgla kamiennego
- węgla brunatnego
- rud uranu
- rud żelaza
- rud manganu
- rud chromu
- rud niklu
- rud miedzi
- rud cynku i ołowiu
- rud cyny
- rtęci
- boksytów
- złota
- srebra
- platyny
- diamentów
- soli potasowych
- fosforytów i apatytów
- siarki

Ośrodki wydobycia

wielkie · duże · średnie · małe

21 % udział w światowym wydobyciu (pow. 10)

- drogi główne
- ropociągi
- koleje główne
- gazociągi
- gł. porty lotnicze
- gł. porty morskie

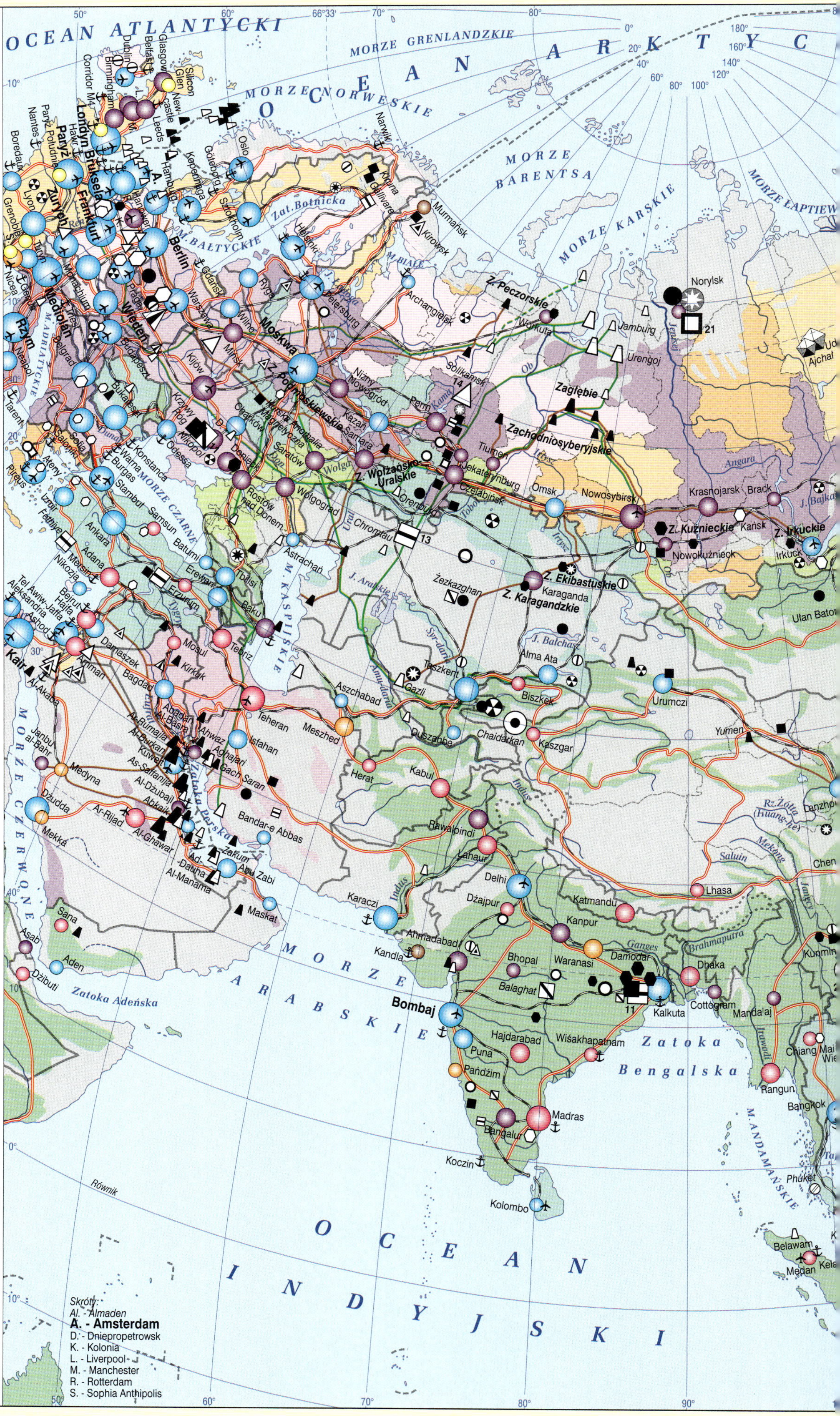

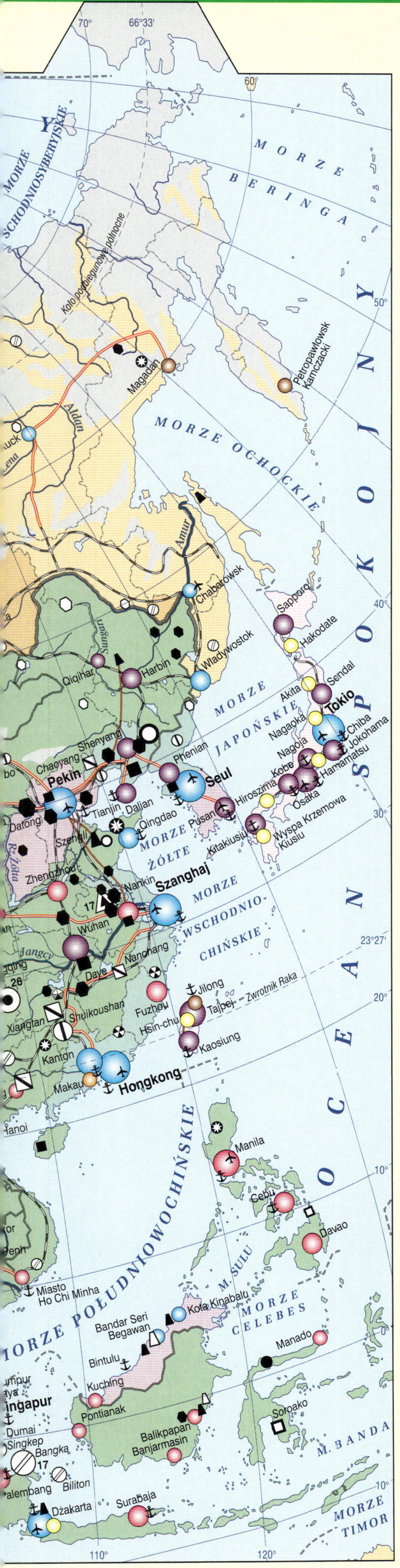

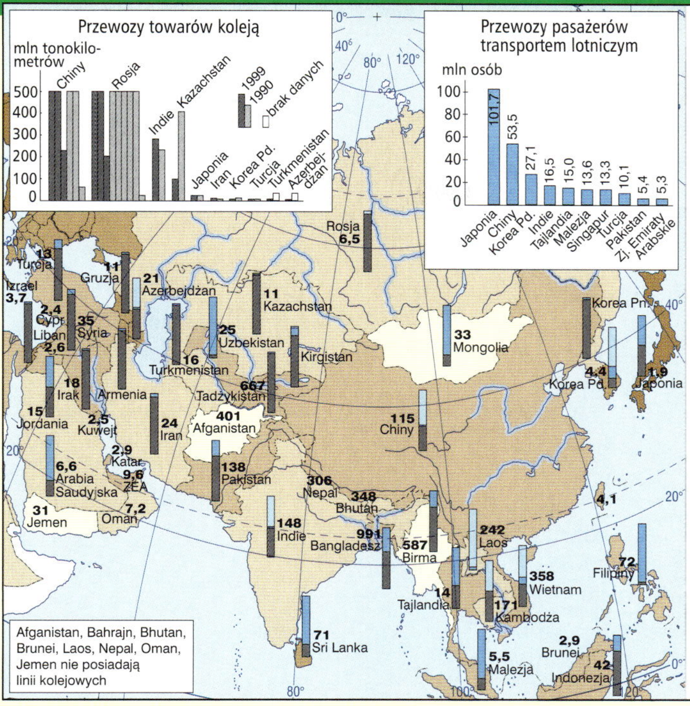

Transport

Gęstość dróg utwardzonych km/100 km²

- pow. 100
- 25 – 100
- 5 – 25
- 1 – 5
- 0 – 1

6,9 liczba osób na 1 samochód

rzeki wykorzystywane w transporcie towarów

Udział poszczególnych rodzajów transportu w przewozie towarów*

100% żegluga śródlądowa, lotniczy, kolejowy

* bez transportu samochodowego

Liczba samochodów osobowych w użyciu

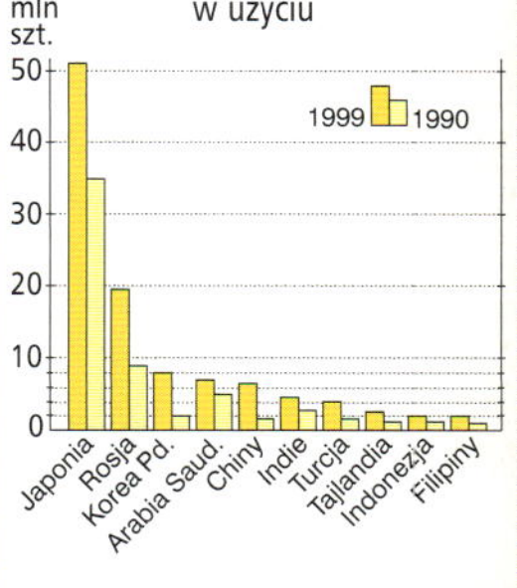

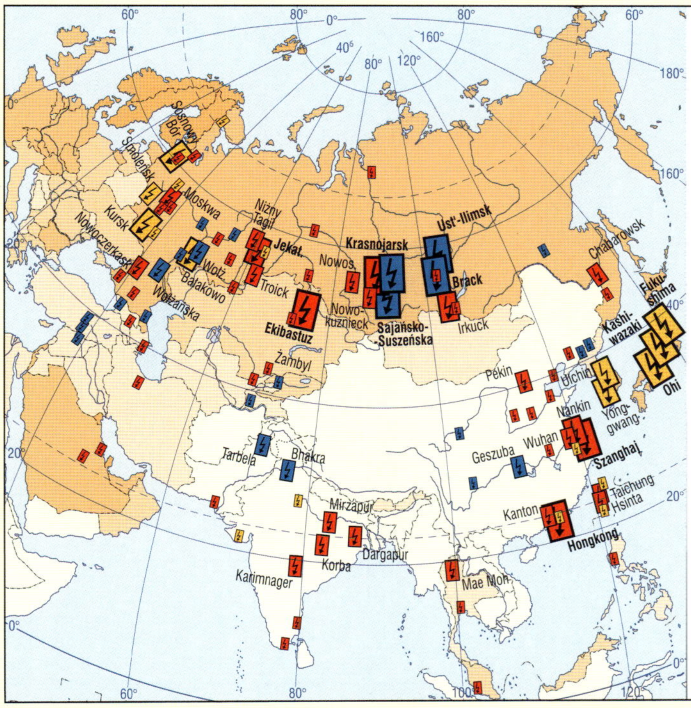

Energetyka

Produkcja energii elektrycznej na 1 mieszkańca

- pow. 10 000 kWh
- 5000 – 10 000
- 2500 – 5000
- 500 – 2500
- 0 – 500

Elektrownie o mocy:

- pow. 4000 MW
- 3000 – 4000
- 2000 – 3000
- pon. 2000

rodzaje:

- cieplne
- jądrowe
- wodne

Jekat. - Jekaterynburg
Nowos. - Nowosybirsk
Wołż. - Wołżańska

Turystyka

Dochody z turystyki na 1 mieszkańca

- powyżej 500 dolarów USA
- 100 – 500
- 50 – 100
- 20 – 50
- 5 – 20
- 0 – 5
- brak danych

Miejscowości turystyczno-wypoczynkowe

- wypoczynku letniego
- sportów zimowych i turystyki górskiej
- z licznymi dobrami kultury
- ośrodki pielgrzymkowe i ośrodki kultu religijnego
- uzdrowiska

Skróty:
C. - Cypr
Ch. - Chamonix
Cz. - Częstochowa
D. - Damaszek
K. - Kitzbühel
R. - Rimini
S. - Sporady
Z. - Zermatt
Z.P. - Złote Piaski

AZJA Rolnictwo

1 : 40 000 000

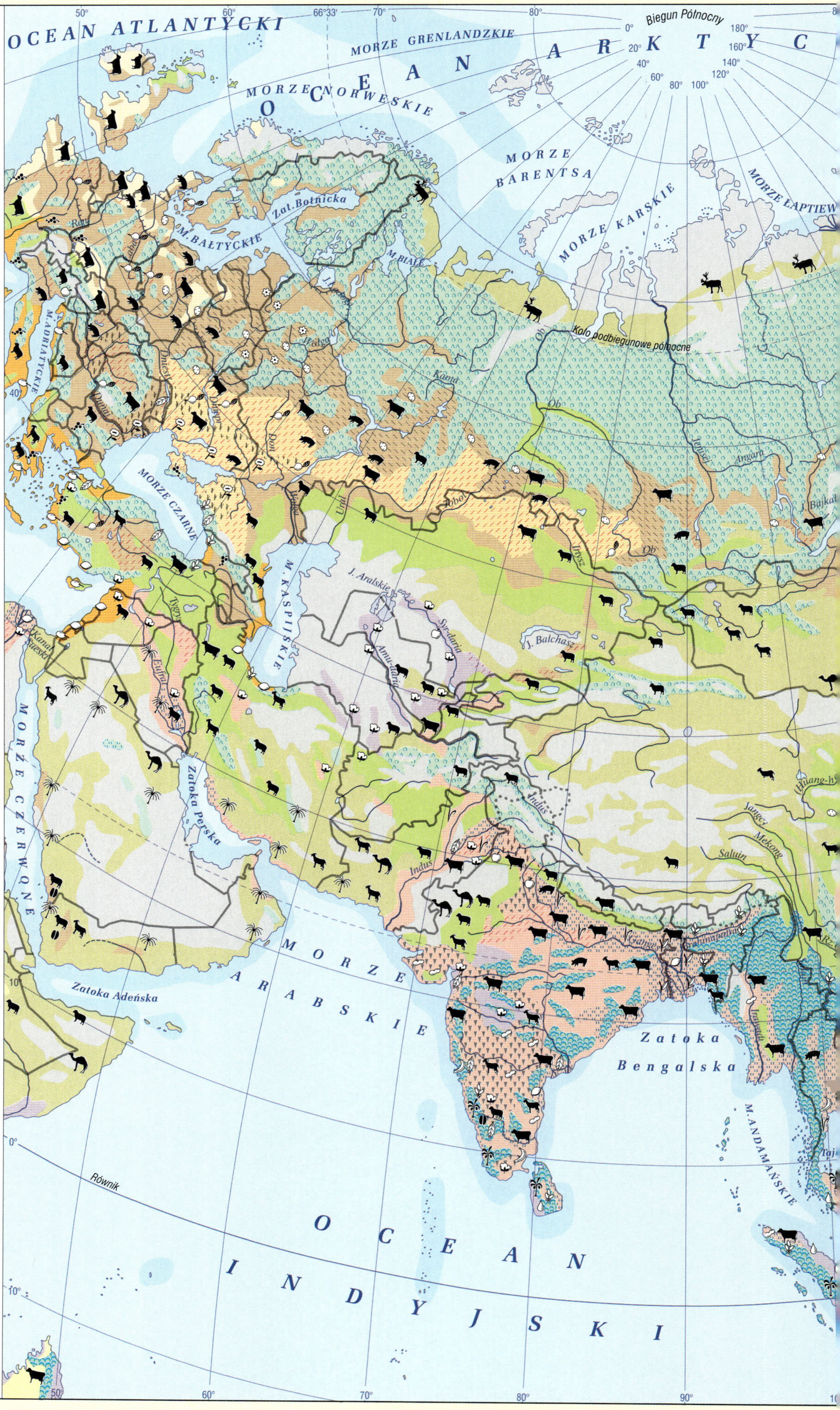

Typy gospodarki rolnej

- rolnictwo mieszane zmechanizowane (miejscami wysoko rozwinięte)
- gospodarka zbożowa wielkoobszarowa
- rolnictwo mieszane intensywne (miejscami nawadniane)
- rolnictwo śródziemnomorskie
- plantacje
- rolnictwo w oazach, wyspecjalizowane
- rolnictwo prymitywne
- gospodarka hodowlana mleczna
- hodowla pastwiskowa
- pasterstwo koczownicze
- wilgotne lasy równikowe (leśnictwo, łowiectwo, zbieractwo, rolnictwo żarowe)
- inne lasy (leśnictwo, łowiectwo, zbieractwo)
- obszary słabo lub niewykorzystane rolniczo
- obszary łowiskowe

Uprawy

- pszenica
- kukurydza
- ryż
- żyto
- proso i sorgo
- bataty
- ziemniaki
- trzcina cukrowa
- buraki cukrowe
- soja
- rzepak i rzepik
- orzeszki ziemne
- słonecznik
- oliwki
- palma oleista i kokosowa
- palma daktylowa
- owoce i warzywa
- owoce cytrusowe
- banany
- winorośl
- kawa
- kakao
- herbata
- tytoń
- bawełna
- len
- juta
- kauczuk

Hodowla

- bydło
- trzoda chlewna
- owce
- kozy
- wielbłądy
- renifery

MORZE BERINGA
MORZE OCHOCKIE
MORZE JAPOŃSKIE
MORZE ŻÓŁTE
MORZE WSCHODNIOCHIŃSKIE
MORZE POŁUDNIOWOCHIŃSKIE
M. SULU
MORZE CELEBES
M. BANDA
MORZE TIMOR
OCEAN SPOKOJNY
Zwrotnik Raka
23°27'
66°33'

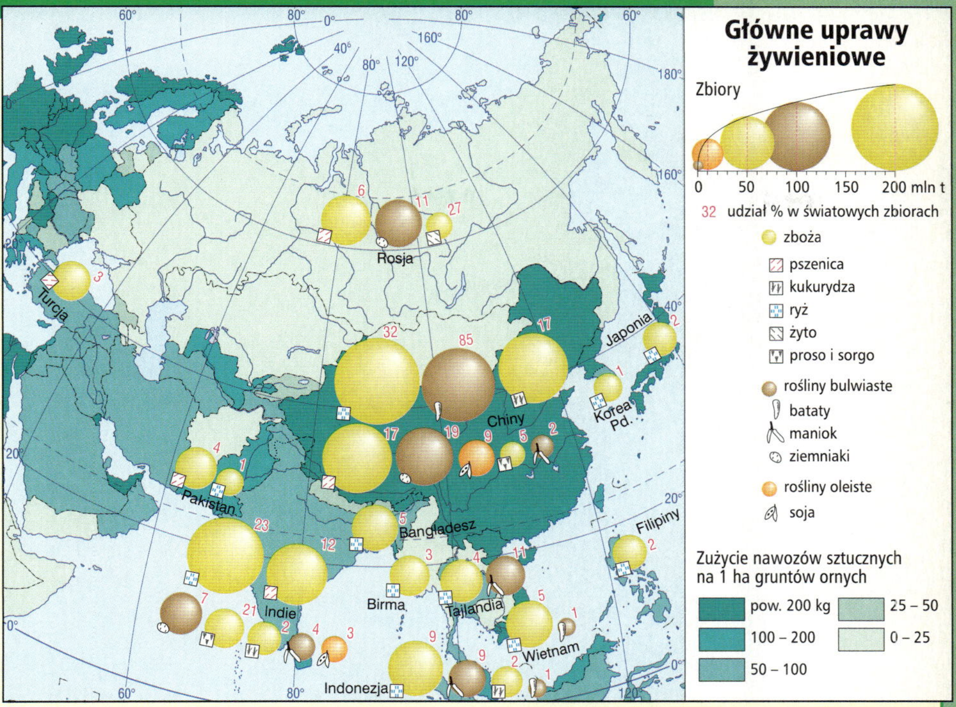
Główne uprawy żywieniowe
Zbiory
0 50 100 150 200 mln t
32 udział % w światowych zbiorach
zboża
pszenica
kukurydza
ryż
żyto
proso i sorgo
rośliny bulwiaste
bataty
maniok
ziemniaki
rośliny oleiste
soja
Zużycie nawozów sztucznych na 1 ha gruntów ornych
pow. 200 kg
100 – 200
50 – 100
25 – 50
0 – 25
Rosja
Turcja
Japonia
Korea Pd.
Chiny
Pakistan
Bangladesz
Filipiny
Indie
Birma
Tajlandia
Wietnam
Indonezja

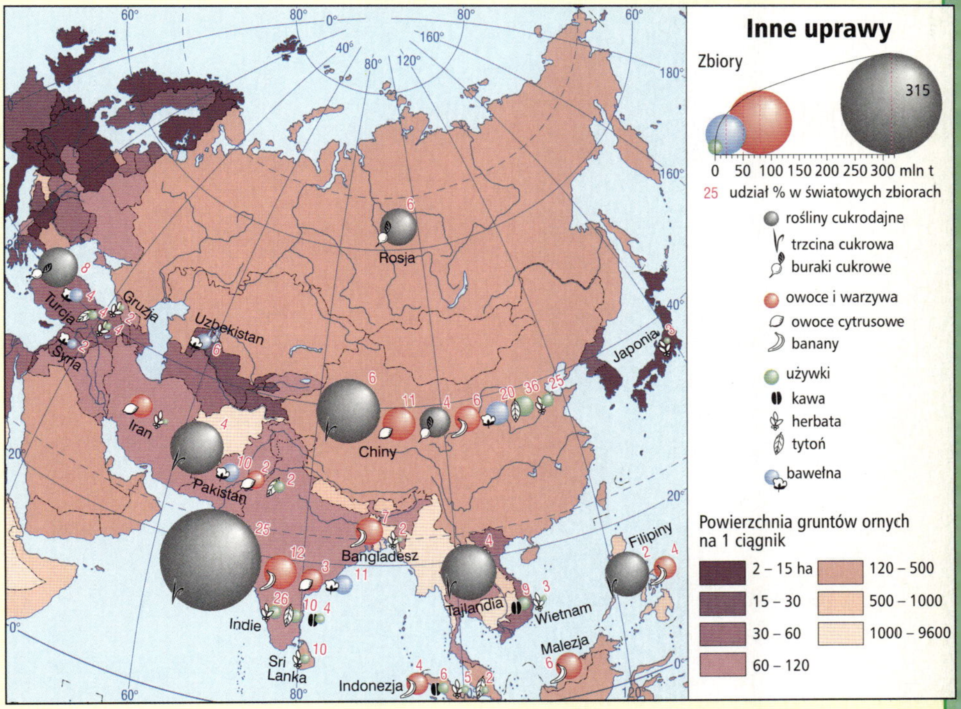
Inne uprawy
Zbiory
315
0 50 100 150 200 250 300 mln t
25 udział % w światowych zbiorach
rośliny cukrodajne
trzcina cukrowa
buraki cukrowe
owoce i warzywa
owoce cytrusowe
banany
używki
kawa
herbata
tytoń
bawełna
Powierzchnia gruntów ornych na 1 ciągnik
2 – 15 ha
15 – 30
30 – 60
60 – 120
120 – 500
500 – 1000
1000 – 9600
Rosja
Turcja
Gruzja
Syria
Uzbekistan
Iran
Pakistan
Chiny
Japonia
Indie
Sri Lanka
Bangladesz
Tajlandia
Wietnam
Filipiny
Malezja
Indonezja

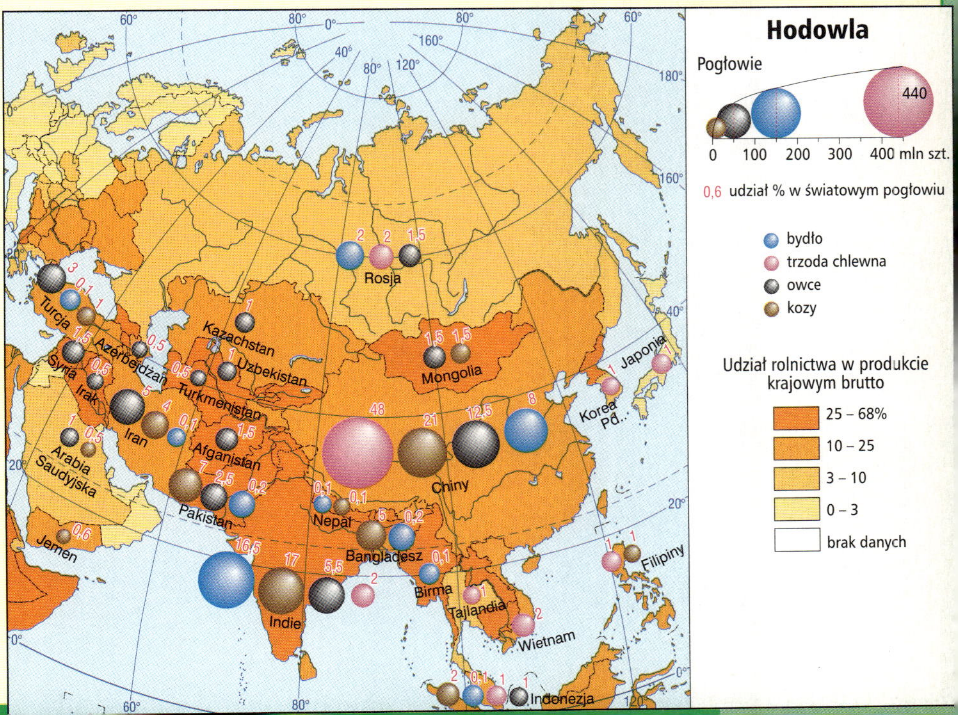
Hodowla
Pogłowie
440
0 100 200 300 400 mln szt.
0,6 udział % w światowym pogłowiu
bydło
trzoda chlewna
owce
kozy
Udział rolnictwa w produkcji krajowym brutto
25 – 68%
10 – 25
3 – 10
0 – 3
brak danych
Rosja
Turcja
Kazachstan
Azerbejdżan
Uzbekistan
Syria
Irak
Turkmenistan
Iran
Afganistan
Arabia Saudyjska
Mongolia
Chiny
Korea Pd.
Japonia
Pakistan
Nepal
Jemen
Indie
Bangladesz
Birma
Tajlandia
Filipiny
Wietnam
Indonezja

1 : 80 000 000

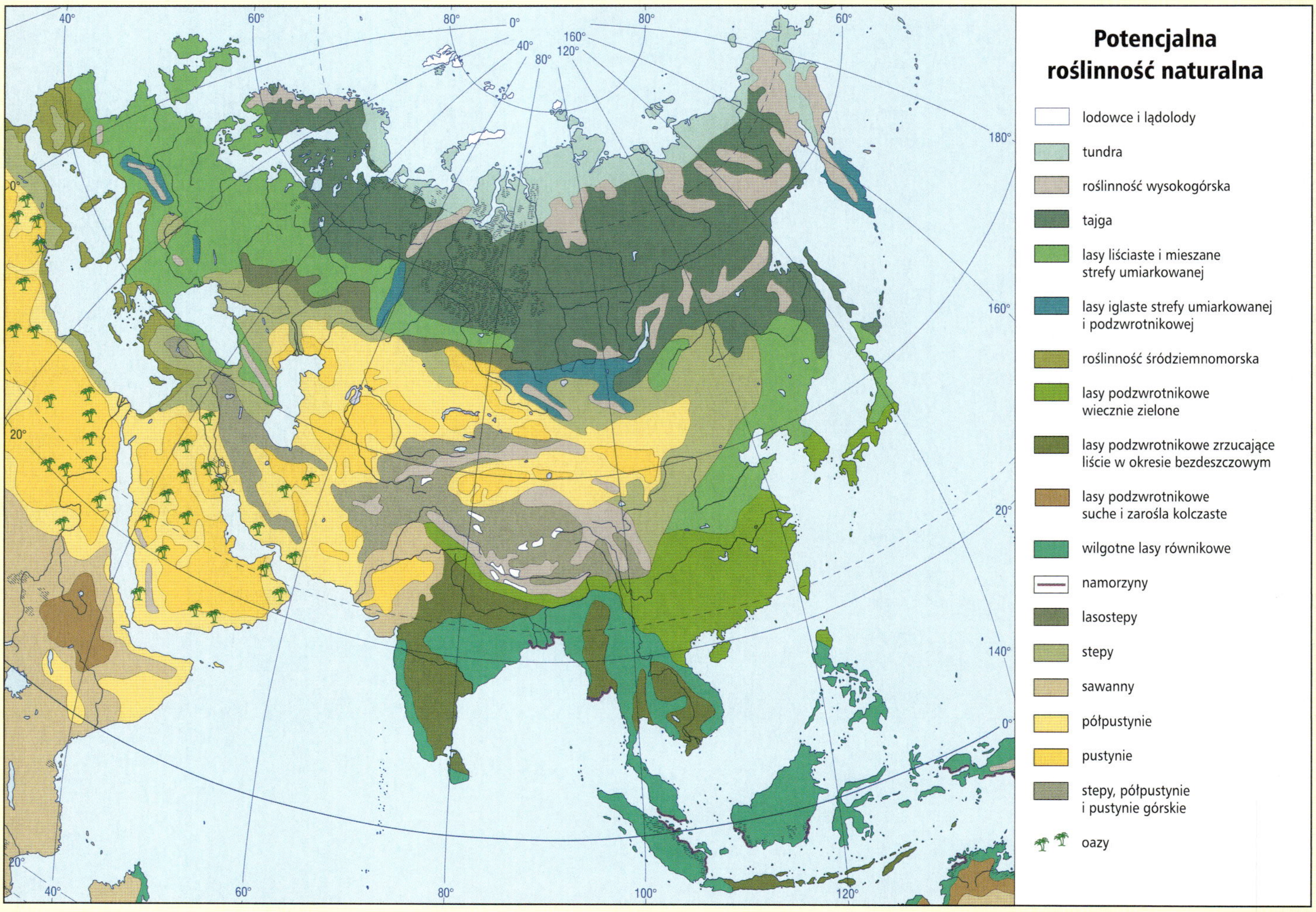
Potencjalna roślinność naturalna
lodowce i lądolody
tundra
roślinność wysokogórska
tajga
lasy liściaste i mieszane strefy umiarkowanej
lasy iglaste strefy umiarkowanej i podzwrotnikowej
roślinność śródziemnomorska
lasy podzwrotnikowe wiecznie zielone
lasy podzwrotnikowe zrzucające liście w okresie bezdeszczowym
lasy podzwrotnikowe suche i zarośla kolczaste
wilgotne lasy równikowe
namorzyny
lasostepy
stepy
sawanny
półpustynie
pustynie
stepy, półpustynie i pustynie górskie
oazy

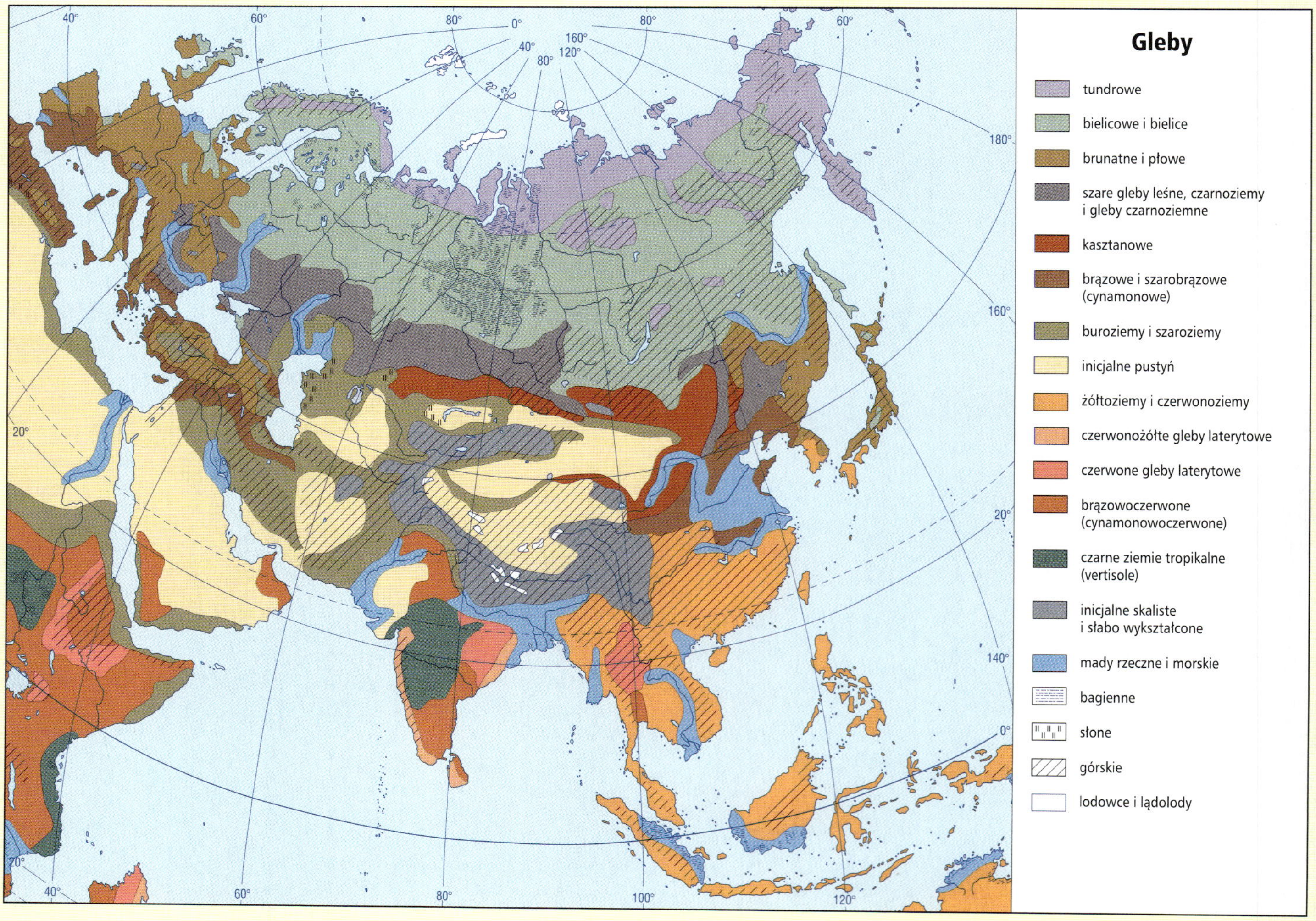
Gleby
tundrowe
bielicowe i bielice
brunatne i płowe
szare gleby leśne, czarnoziemy i gleby czarnoziemne
kasztanowe
brązowe i szarobrązowe (cynamonowe)
buroziemy i szaroziemy
inicjalne pustyń
żółtoziemy i czerwonoziemy
czerwonożółte gleby laterytowe
czerwone gleby laterytowe
brązowoczerwone (cynamonowoczerwone)
czarne ziemie tropikalne (vertisole)
inicjalne skaliste i słabo wykształcone
mady rzeczne i morskie
bagienne
słone
górskie
lodowce i lądolody

1 : 80 000 000

Degradacja środowiska

- obszary o silnym zanieczyszczeniu powietrza
- obszary występowania kwaśnych deszczów
- miasta o największym skażeniu powietrza
- skażenia radioaktywne
- obszary o znacznym stopniu degradacji gleb
- intensywny wyrąb lasu
- obszary zagrożone pustynnieniem
- obszary pustynnienia
- pierwotny zasięg lasów równikowych
- obszary porośnięte lasami równikowymi w 1992 r.
- obszary częstych powodzi
- rzeki silnie zanieczyszczone
- wody przybrzeżne silnie zanieczyszczone
- obszary mórz stale zanieczyszczone
- obszary występowania plam oleju i ropy naftowej

Zmiany powierzchni Jeziora Aralskiego

1 : 5 000 000

Zmiany ilości wody w latach 1950 – 1990

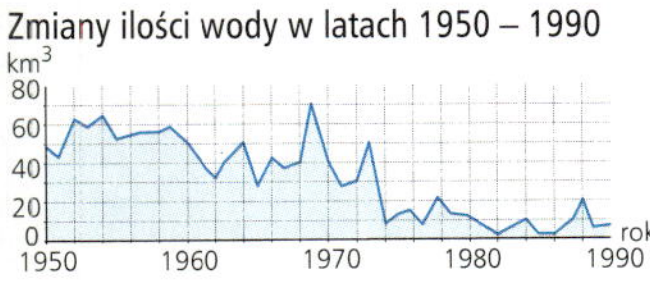

- rok 1957
- rok 1984
- rok 1990
- rok 2000
- dawne wyspy
- pustynie
- obszary silnego pustynnienia

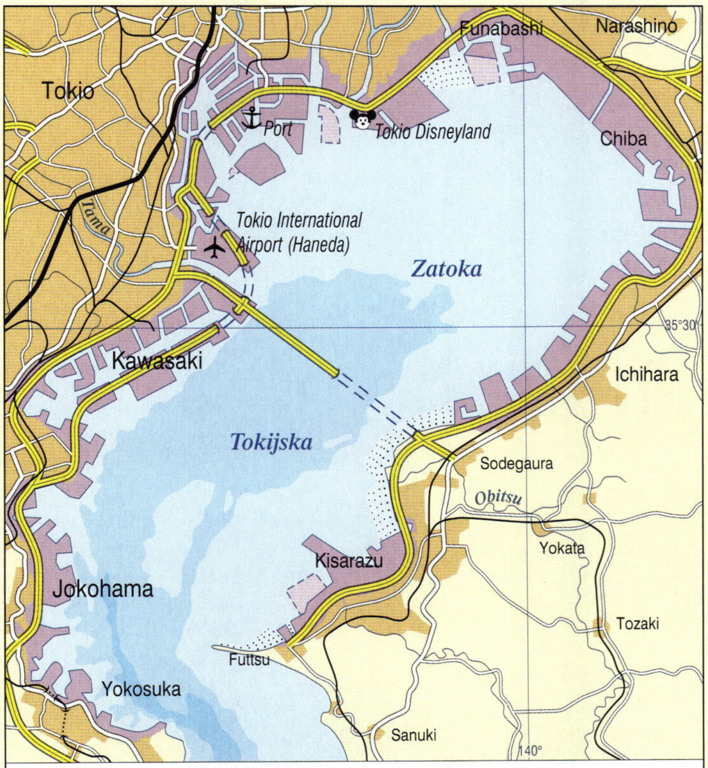

Sztuczne nabrzeża w Zatoce Tokijskiej

1 : 500 000

- zabudowa miejska
- zabudowane sztuczne nabrzeża
- planowane sztuczne nabrzeża
- watty
- autostrady
- inne drogi
- podwodne tunele drogowe
- kolej magnetyczna Shinkansen
- koleje państwowe
- tunele kolejowe

0, 20, 50 m p.p.m.

AZJA Część północna

1 ARMENIA
2 AUSTRIA
3 AZERBEJDŻAN
4 GRUZJA
5 MOŁDAWIA
MORZE NORWESKIE
MORZE PÓŁNOCNE
MORZE BARENTSA
M. BAŁTYCKIE
MORZE CZARNE
MORZE KASPIJSKIE
MORZE KARSKIE
OCEAN
Góry Skandynawskie
Nizina Wschodnioeuropejska
Nizina Zachodniosyberyjska
Nizina Nadkaspijska
Wyżyna Irańska
Pamir
Hindukusz
Kaukaz
Ural
KAZACHSTAN
UZBEKISTAN
TURKMENISTAN
KIRGISTAN
TADŻYKISTAN
IRAN
IRAK
SYRIA
TURCJA
AFGANISTAN
ARABIA SAUDYJSKA
UKRAINA
BIAŁORUŚ
POLSKA
NIEMCY
RUMUNIA
FINLANDIA
SZWECJA
NORWEGIA
WIELKA BRYTANIA
MOSKWA
PETERSBURG
WARSZAWA
KIJÓW
MIŃSK
TEHERAN
TASZKENT
AŁMA ATA
BISZKEK
DUSZANBE
ASZCHABAD
BAKU
TBILISI
EREWAN
ANKARA
BAGDAD
OMSK
NOWOSYBIRSK
JEKATERYNBURG
CZELABIŃSK
SAMARA
KAZAŃ
NIŻNY NOWOGRÓD
WOŁGOGRAD
ROSTÓW NAD DONEM
CHARKÓW
DONIECK
ODESSA
STOKHOLM
HELSINKI
OSLO
KOPENHAGA
BERLIN
HAMBURG
LONDYN
Nowa Ziemia
Ziemia Franciszka Józefa
Svalbard
Zat. Botnicka
Zatoka Obska
Jez. Bałchasz
m n.p.m.
5000
3000
2000
1000
500
200
100
0
200
2000
4000
6000
8000

1 : 22 000 000

ZSRR* w 1990 r.

1 : 100 000 000

1 Estońska SRR
2 Łotewska SRR
3 Litewska SRR
4 Rosyjska FSRR
5 Białoruska SRR
6 Mołdawska SRR
7 Gruzińska SRR
8 Armeńska SRR
9 Azerbejdżańska SRR
10 Turkmeńska SRR
11 Uzbecka SRR
12 Tadżycka SRR
13 Kirgiska SRR

*Związek Socjalistycznych Republik Radzieckich

1 : 20 000 000

MORZE CZARNE
MORZE KASPIJSKIE
MORZE ŚRÓDZIEMNE
MORZE CZERWONE
Zat. Perska
Zat. Adeńska
Zatoka Omańska
OCEAN
MORZE ARABSKIE
TURCJA
ROSJA
KAZACHSTAN
UZBEKISTAN
TURKMENISTAN
GRUZJA
SYRIA
IRAK
IRAN
Wyżyna Irańska
ARABIA SAUDYJSKA
Wielki Nefud
Pust. Syryjska
Pust. Ar-Rub al-Chali
OMAN
JEMEN
EGIPT
SUDAN
ERYTREA
ETIOPIA
Wyżyna Abisyńska
Wyżyna Somalijska
SOMALIA
KENIA
LIBIA
GRECJA
KUWEJT
KATAR
BAHRAJN
ZJEDN. EMIRATY ARABSKIE
JORDANIA
Góry Pontyjskie
Elburs
Kopet-dag
Góry Zagros
Mezopotamia
Półwysep Arabski
Pustynia Nubijska
Pustynia Arabska
STAMBUŁ
ANKARA
IZMIR
ATENY
KONYA
ADANA
HALAB
DAMASZEK
BEJRUT
TEL AWIW-JAFA
Jerozolima
AMMAN
KAIR
GIZA
ALEKSANDRIA
BAGDAD
TEHERAN
ISFAHAN
MESZHED
TEBRIZ
TBILISI
EREWAN
BAKU
Aszchabad
Astrachań
AR-RIJAD
DŻUDDA
Mekka
Sana
Aden
DŻIBUTI
ADDIS ABEBA
MOGADISZU
Basra
Kuwejt
Dubaj
Abu-Zabi
Maskat
SZIRAZ
Sokotra
ARM. – ARMENIA
AZER. – AZERBEJDŻAN
MAC. – MACEDONIA
LIBAN
SYRIA
IZRAEL
JORDANIA
EGIPT
Góry Liban
G. Antyliban
Wzgórza Golan
Galilea
Samaria
Judea
Pust. Negew
BEJRUT
DAMASZEK
TEL AWIW-JAFA
Jerozolima
AMMAN
Hajfa
Trypolis
Hims
Morze Martwe
Izrael i Liban
1 : 5 000 000

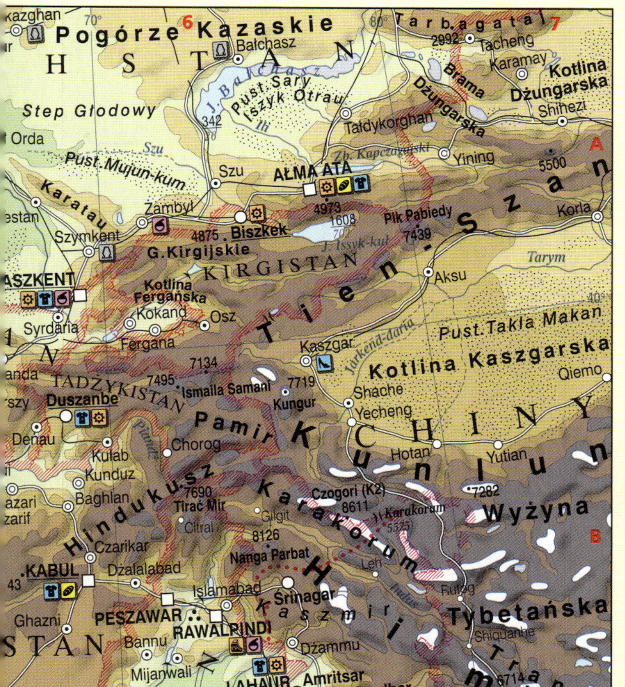

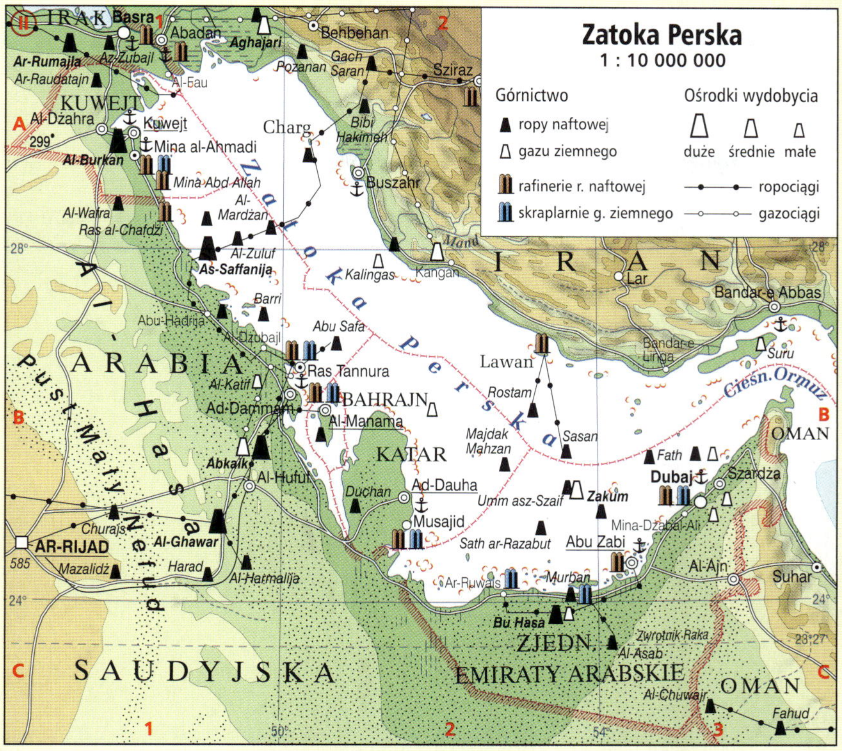
Zatoka Perska
1 : 10 000 000
Górnictwo
ropy naftowej
gazu ziemnego
rafinerie r. naftowej
skraplarnie g. ziemnego
Ośrodki wydobycia
duże
średnie
małe
ropociągi
gazociągi
IRAK
Basra
Abadan
Aghajari
Behbehan
Gach Saran
Sziraz
Ar-Rumajla
Az-Zubajr
KUWEJT
Kuwejt
Al-Dżahra
Mina al-Ahmadi
Charg
Bibi Hakimeh
Buszahr
Al-Burkan
Al-Wafra
Ras al-Chafdżi
Mina Abd Allah
Al-Zulufr
As-Saffanija
Kalingas
Kangan
I R A N
Lar
Bandar-e Abbas
Barri
Z a t o k a P e r s k a
Abu Safa
Ras Tannura
Lawan
A R A B I A
Al-Katif
Ad-Dammam
BAHRAJN
Al-Manama
Rostam
Cieśn. Ormuz
OMAN
Abkaik
Al-Hufuf
KATAR
Majdak Mahzan
Sasan
Fath
Dubaj
Szardża
Duchan
Ad-Dauha
Umm asz-Szaif
Zakum
Musajid
Mina Dżabal Ali
Al-Hasa
Pust. Mały Nefud
Churajs
Al-Ghawar
Sath ar-Razabut
Abu Zabi
Al-Ajn
Suhar
AR-RIJAD
Mazalidż
Harad
Al-Harmalija
Ar-Ruwajs
Murban
Bu Hasa
ZJEDN.
Zwrotnik Raka
Al-Asab
SAUDYJSKA
EMIRATY ARABSKIE
Al-Chuwajr
OMAN
Fahud

Pogórze Kazaskie
T a r b a g a t a j
Bałchasz
Tacheng
Karamay
Kotlina Dżungarska
Shihezi
Step Głodowy
Orda
Pust. Mujun-kum
Tałdykorghan
Yining
Szu
AŁMA ATA
Karatau
Szymkent
Żambył
Biszkek
Pik Pobiedy
G.Kirgijskie
KIRGISTAN
Aksu
Tarym
TASZKENT
Syrdaria
Kokand
Fergana
Kotlina Fergańska
Osz
Kaszgar
Pust.Takla Makan
Kotlina Kaszgarska
Qiemo
TADŻYKISTAN
Duszanbe
Pamir
Kungur
Shache
Yecheng
C H I N Y
Denau
Kulab
Kunduz
Chorog
Hotan
Yutian
Baghlan
Hindukusz
K u n l u n
Czogori (K2)
Karakorum
Wyżyna
Tybetańska
KABUL
Czarikar
Dżalalabad
Nanga Parbat
Ghazni
Islamabad
Srinagar
PESZAWAR
RAWALPINDI
Bannu
Dżammu
Mijanwali
LAHAUR
Amritsar
Dżalandhar
FAJSALABAD
LUDHIJANA
Czandigarh
Nanda Dewi
Xigazê
Sandeman
MULTAN
Bathinda
Ambala
Dhaulagiri
Annapurna
Czomolungma (Mount Everest)
Kanczendzonga
Thimphu
BHUTAN
Dibrugarh
Putao
Dukou
Huize
KUNMING
Sibi
Bahawalpur
Merath
DELHI
NEW DELHI
Bareli
Katmandu
NEPAL
Dardżyling
Siliguri
Myitkina
Baoshan
Shiping
Dżakobabad
Rhimjar Khan
Bikaner
Gorakhpur
Patan
Gauhati
Silong
G.Khasi
Jinggu
Mohendżo Daro
Agra
KANPUR
LAKHNAU
WARANASI
Muzaffarpur
Rangpur
BANGLADESZ
Imphal
Zwrotnik Raka
Nawabszah
Pust. Thar
Nagaur
DŻAJPUR
Dżodhpur
Adżmer
Gwalijar
PATNA
Gaja
Bhagalpur
DHAKA
Agartala
Phongsali
HAJDARABAD
Barmer
Kota
Dżhansi
Allahabad
Radższahi
Bardwan
Khulna
MJANMA
Mandalaj
Muang Sing
LAOS
Udajpur
Sagar
Ranći
Asansol
Palanpur
BHOPAL
Dżamszedpur
Gandhinagar
Uddżdżajn
INDAUR
Dżabalpur
Haura
KALKUTA
COTTOGRAM
Taunggyi
Mandwi
Surendranagar
AHMADABAD
Bilaspur
Rurkela
Sittwe
Czing Rai
Zat. Kaczska
Dżamnagar
Radżkot
WADODRA
Sambalpur
Magwe
Czing Maj
Bhaunagar
NAGPUR
Durg
Rajpur
Katak
Prome
Toungoo
Lampang
Kathijawar
SURAT
Dhule
Akola
Amrawati
Bhubaneśwar
Czeduba
Tak
Nasik
Malegaon
Candrapur
Berhampur
Henzada
Pegu
RANGUN
Mulmejn
Nakhon Sawan
Zatoka Kambajska
Thana
BOMBAJ
KALJAN
Aurangabad
Nanded
Ahmadnagar
Nizamabad
Dżagdalpur
Z a t o k a
B e n g a l s k a
Basejn
Zat. Martaban
PUNA
Solapur
Gulbarga
Warangal
Wiśakhapatnam
Tavoj
BANGKOK
Kolhapur
Sangli
HAJDARABAD
Kakinada
Widżajawada
Maćilipatnam
Belgaon
Hubli-Dharwar
Bellari
Guntur
Karnul
Pandżim
Mormagao
Dawangere
Nellur
Karen
MORZE
ANDAMAŃSKIE
Mergui
Port Blair
Mangalur
BANGALUR
MADRAS
Majsur
Selam
Welur
Kudalur
Nachuge
Ranong
Kalikat
KOJAMPUTTUR
Tirućirappalli
Kanał Dziesiątego Stopnia
N i k o b a r y
Surat Thani
TAJLANDIA
Phuket
Kawaratti
KOCZIN
Dindigal
Madurai
Cieśn. Palk
Dżafna
Alappula
Tutikorin
Trinkomali
Banganga
Triwandrum
Nagarkoil
Zatoka Mannar
Anuradhapura
Kandy
SRI LANKA
Weh
Lhokseumawe
Minikoj
Przyl. Komoryn
KOLOMBO
Pidurutalagala
Galla
Przyl. Dondra
Banda Aceh
Langsa
S u m a t r a
Simeulue
Bakungan
INDONEZJA
Gunungsitoli
Nias
Male
MALEDIWY
I N D Y J S K I
Równik
m n.p.m.
5000
3000
1500
1000
500
200
100
0
200
2000
4000

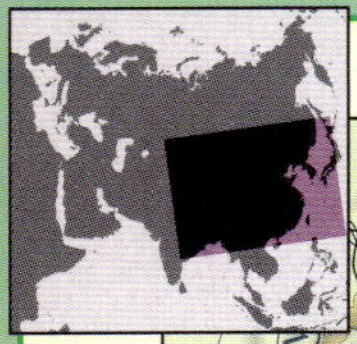

Konflikty po II wojnie światowej

1 : 60 000 000

- tereny objęte wojną koreańską w latach 1950 –1953 z udziałem wojsk amerykańskich pod egidą ONZ w celu niedopuszczenia do przejęcia kontroli nad demokratyczną Koreą Pd. przez komunistyczną Koreę Pn.
- strefa demarkacyjna rozdzielająca Koreę Pn. i Koreę Pd.
- granice Kaszmiru w 1947 r.
- część Kaszmiru pod kontrolą Pakistanu od 1947 r.
- część Kaszmiru pod kontrolą Chin od 1950 i 1962 r.
- konflikty Indie – Pakistan o Kaszmir w latach 1947 – 1948, 1965, 1971, 1999
- granice Tybetu pod kontrolą Dalajlamy do 1951 r.
- wkroczenie wojsk chińskich do Tybetu w 1950 r.
- konflikt chińsko-tybetański (1950 – 1960) zakończony aneksją Tybetu przez komunistyczne władze Chin
- tereny objęte wojną domową (1945 – 1950)
- Tajwan pod kontrolą chińskich władz antykomunistycznych od 1950 r.
- granice ZSRR do 1991 r.
- konflikt ZSRR – Afganistan w latach 1979 – 1989
- wojna indochińska w latach 1946 – 1954 o utrzymanie posiadłości kolonialnych przez Francj[...] w Indochinach
- wojna wietnamska w latach 1964 – 1975 z udziałem wojsk amerykańskich w celu niedopuszczeni[...] do rozprzestrzeniania się wpływów komunistyczn[...] w Wietnamie

1 : 20 000 000

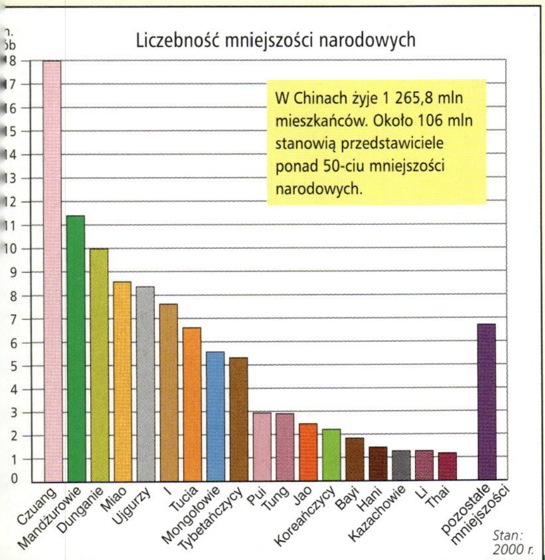

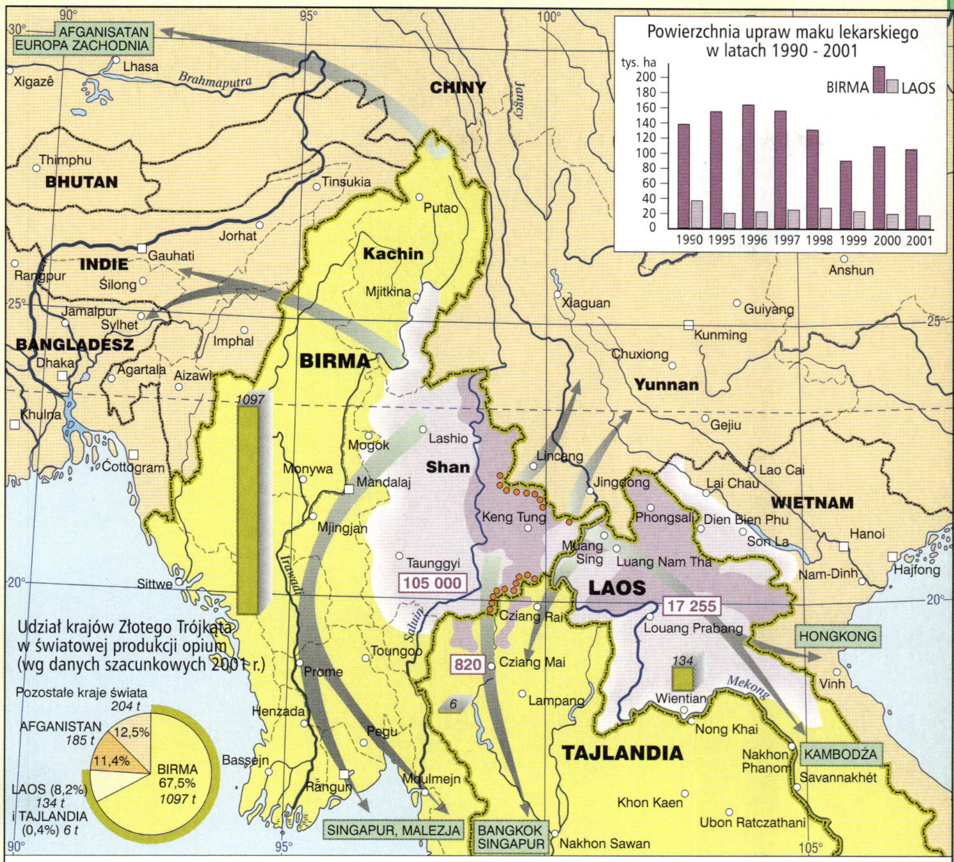

Opium

1 : 15 000 000

- kraje Złotego Trójkąta: Birma, Laos, Tajlandia
- Złoty Trójkąt - rejony nielegalnych upraw maku lekarskiego do produkcji opium
  - główne
  - inne
- 105 000 — powierzchnia upraw maku (w hektarach) w 2001 r.
- 134 — nielegalna produkcja opium (w tonach) w 2001 r.
- tereny o największej koncentracji wytwórni heroiny i amfetaminy
- główne kierunki przemytu narkotyków

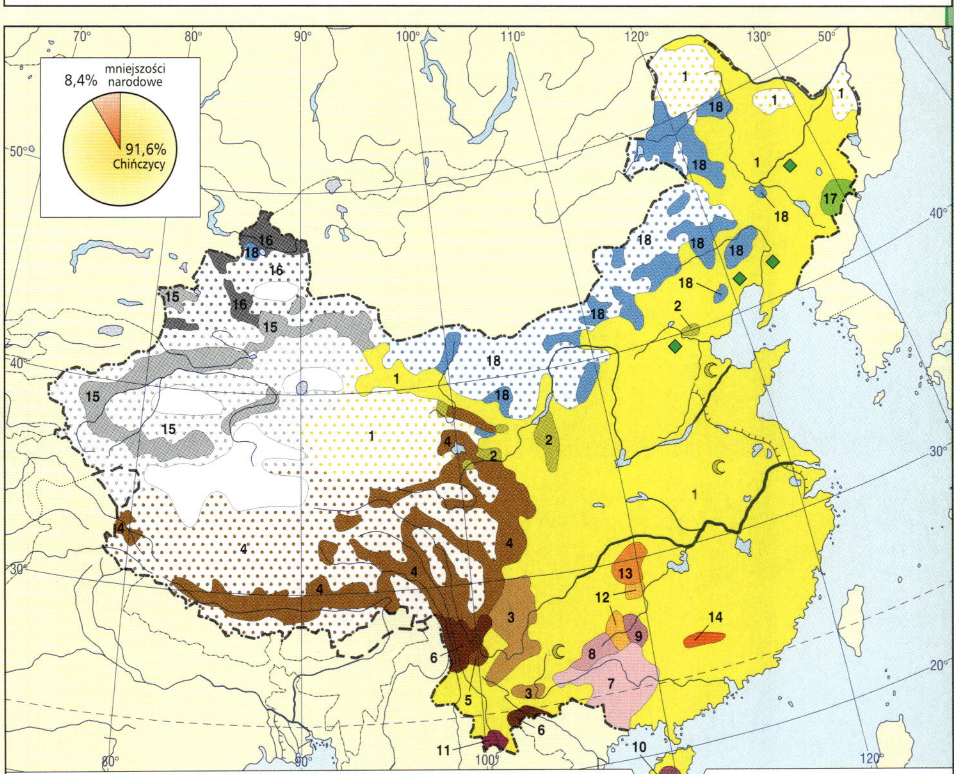

Narody Chin*

1 : 40 000 000

Rodzina chińsko-tybetańska

Grupa chińska:
- 1 Chińczycy (Han)
- 2 Dunganie (Hui)**

Grupa tybetańsko-birmańska:
- 3 I (Yi)
- 4 Tybetańczycy (Zang)
- 5 Bayi
- 6 Hani

Grupa tajsko-kadajska:
- 7 Czuang (Zhuang)
- 8 Pui (Bouyei)
- 9 Tung (Dong)
- 10 Li
- 11 Thai (Dai)

Grupa miao-jao:
- 12 Miao
- 13 Tucia (Tujia)
- 14 Jao (Yao)

Rodzina ałtajska

Grupa turecka:
- 15 Ujgurzy
- 16 Kazachowie

Grupa tungusko-mandżurska:
- Mandżurowie (Manzhou)**
- 17 Koreańczycy (Chaoxsian)

Grupa mongolska:
- 18 Mongołowie (Menggu)

- obszary słabo zaludnione
- obszary niezamieszkane
- ważniejsze skupiska Dunganów i Mandżurów wśród Chińczyków
- granice obszarów spornych Chin z Indiami

* przedstawiono mniejszości narodowe liczące powyżej 1 mln osób. Klasyfikację oparto na kryterium językowym

** obecnie posługują się jęz. chińskim

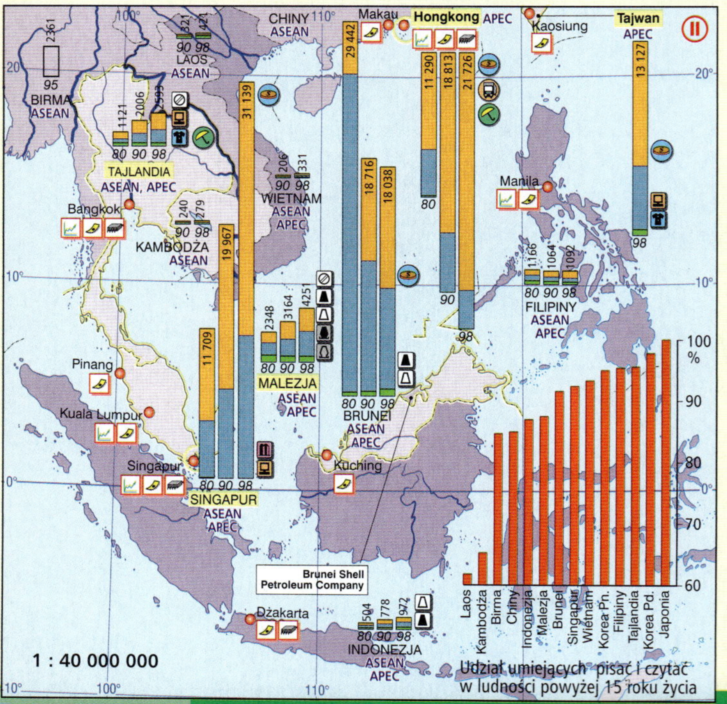

Gospodarka

Produkt krajowy brutto na 1 mieszkańca

- 15 000 dol. USA
- 12 500 (usługi)
- 10 000
- 7500 (przemysł)
- 5000
- 2500 (rolnictwo)
- 0

Udział bezrobotnych w ogólnej liczbie ludności zawodowo czynnej

- 10,0 – 25,0%
- 4,0 – 10,0
- 2,8 – 4,0
- w Korei Pn. oficjalnie zjawisko nie występuje

JAPONIA – państwa zwane tygrysami azjatyckimi

Przynależność do organizacji gospodarczych

- ASEAN – Association of South East Asian Nations (Stowarzyszenie Narodów Azji Południowo-Wschodniej)
- OECD – Organization for Economic Cooperation and Development (Organizacja Współpracy Gospodarczej i Rozwoju)
- APEC – Asia Pacific Economic Cooperation (Wspólnota Gospodarcza Azji i Pacyfiku)

Przemysł i usługi o decydującym znaczeniu dla PKB poszczególnych krajów

Górnictwo
- ropy naftowej
- gazu ziemnego
- cyny

Przemysł przetwórczy
- hutnictwo żelaza
- hutnictwo metali nieżelaznych
- maszynowy
- samochodowy
- stoczniowy
- elektroniczny i elektrotechniczny
- precyzyjny
- chemiczny
- petrochemiczny
- włókienniczy

- energetyka

Usługi
- finansowe
- transportowe
- turystyczne

- ośrodki nowoczesnych technologii
- centra giełdowe
- centra bankowe

Stan: 1998 r.

MORZE
JAPOŃSKIE
OCEAN
SPOKOJNY
MORZE
ŻÓŁTE
MORZE
WSCHODNIOCHIŃSKIE
ROSJA
CHINY
KOREA PÓŁNOCNA
KOREA POŁUDNIOWA
JAPONIA
Hokkaido
Honsiu
Sikoku
Kiusiu
Sachalin
Cieśn. La Pérouse'a
Zatoka Piotra Wielkiego
Cieśn. Koreańska
Cieśnina Cuszimska
Rów Japoński
Wyspy Izu
TOKIO
JOKOHAMA
OSAKA
KIOTO
KOBE
NAGOJA
SAPPORO
HIROSZIMA
FUKUOKA
KITAKIUSIU
PHENIAN
SEUL
PUSAN
INCZHON
TEGU
KWANGDZU
TEDZON
Władywostok
CHANGCHUN
JILIN
FUSHUN
DANDONG
1 : 10 000 000

I
Kiusiu
Kagoshima
MORZE
WSCHODNIO-
CHIŃSKIE
OCEAN SPOKOJNY
Wyspy Riukiu
W-y Amami
W-y Okinawa
Naha
Naze
Yaku
Tanega
Wyspy Riukiu
1 : 10 000 000

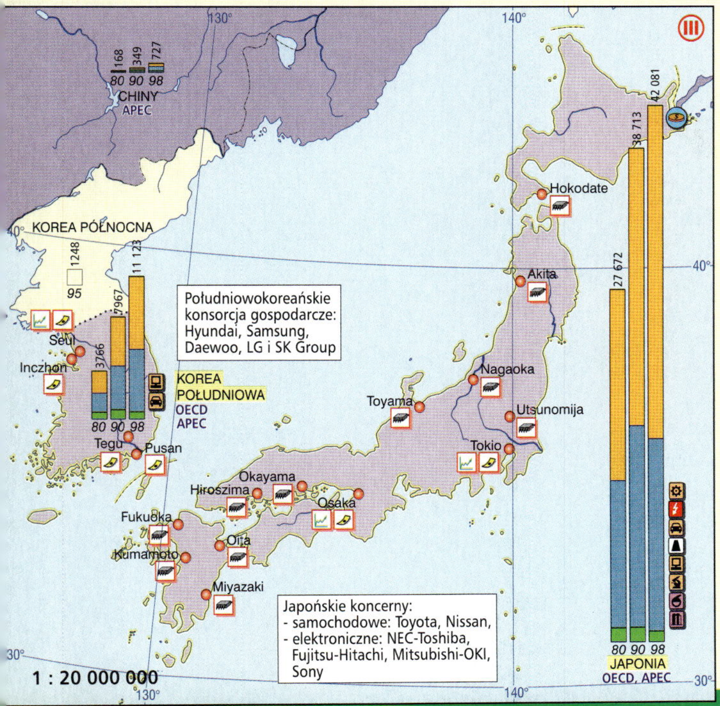
III
CHINY
APEC
KOREA PÓŁNOCNA
KOREA POŁUDNIOWA
OECD
APEC
JAPONIA
OECD, APEC
Południowokoreańskie konsorcja gospodarcze: Hyundai, Samsung, Daewoo, LG i SK Group
Japońskie koncerny:
- samochodowe: Toyota, Nissan,
- elektroniczne: NEC-Toshiba, Fujitsu-Hitachi, Mitsubishi-OKI, Sony
1 : 20 000 000

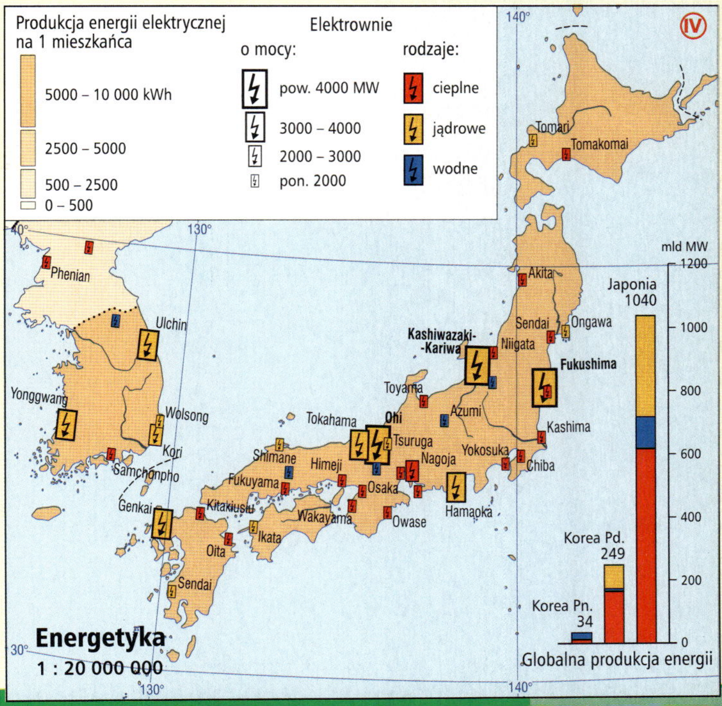
IV
Produkcja energii elektrycznej na 1 mieszkańca
5000 – 10 000 kWh
2500 – 5000
500 – 2500
0 – 500
Elektrownie
o mocy:
pow. 4000 MW
3000 – 4000
2000 – 3000
pon. 2000
rodzaje:
cieplne
jądrowe
wodne
mld MW
Japonia
1040
Korea Pd.
249
Korea Pn.
34
Globalna produkcja energii
Energetyka
1 : 20 000 000

1 : 40 000 000

Potencjalna roślinność naturalna
1 : 120 000 000

- roślinność wysokogórska
- lasy mieszane strefy umiarkowanej
- lasy liściaste strefy umiarkowanej
- roślinność śródziemnomorska
- lasy podzwrotnikowe suche i zarośla kolczaste
- wilgotne lasy równikowe
- namorzyny
- stepy
- sawanny
- półpustynie
- pustynie
- stepy, półpustynie i pustynie górskie
- oazy

1 : 90 000 000

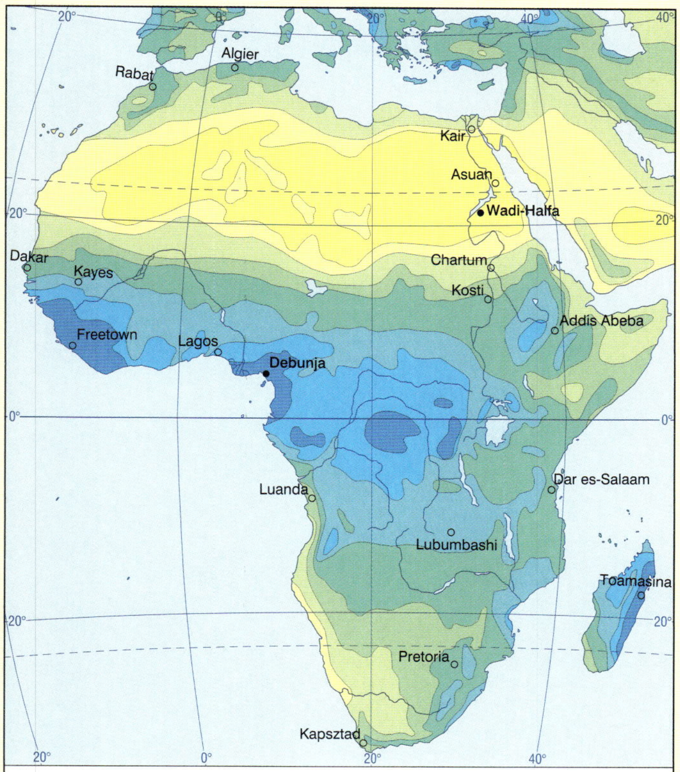

Opady roczne

20 100 250 500 1000 1500 2000 mm

Najwyższa zmierzona suma rocznych opadów atmosferycznych: Debunja (Kamerun) 10 040 mm

Najniższa zmierzona suma rocznych opadów atmosferycznych: Wadi-Halfa (Sudan) 2,5 mm

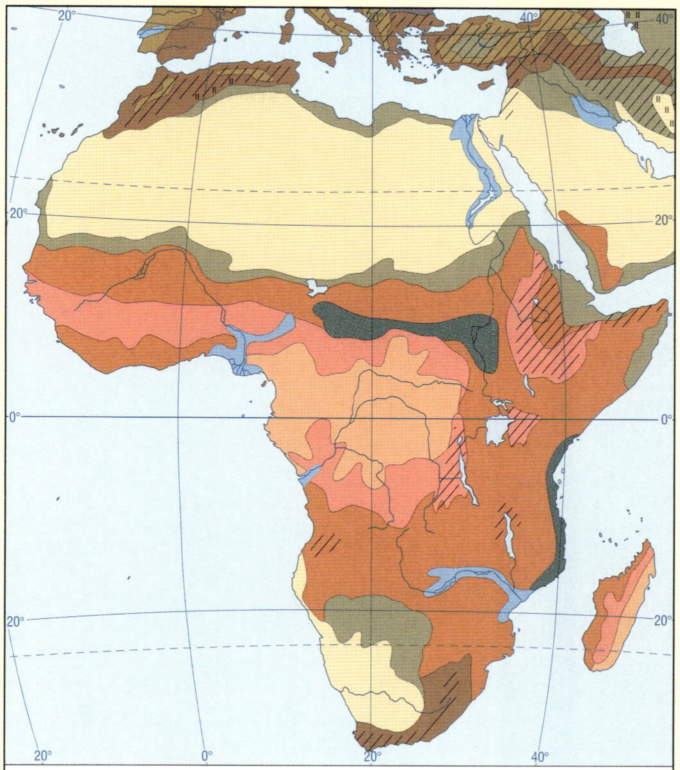

Gleby

- brunatne i płowe
- szare gleby leśne, czarnoziemy i gleby czarnoziemne
- brązowe i szarobrązowe
- buroziemy i szaroziemy
- inicjalne pustyń
- czerwonożółte gleby laterytowe
- czerwone gleby laterytowe
- brązowoczerwone
- czarne ziemie tropikalne (vertisole)
- mady rzeczne i morskie
- słone
- górskie

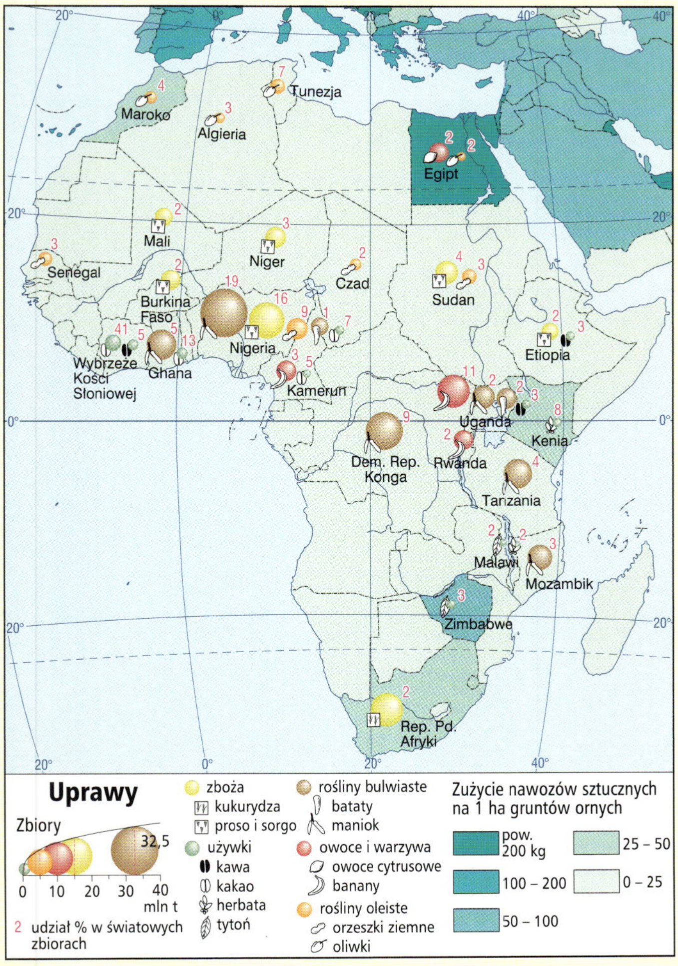

Uprawy

Zbiory

0 10 20 30 40 mln t

32,5

2 udział % w światowych zbiorach

- zboża
  - kukurydza
  - proso i sorgo
- używki
  - kawa
  - kakao
  - herbata
  - tytoń
- rośliny bulwiaste
  - bataty
  - maniok
- owoce i warzywa
  - owoce cytrusowe
  - banany
- rośliny oleiste
  - orzeszki ziemne
  - oliwki

Zużycie nawozów sztucznych na 1 ha gruntów ornych

- pow. 200 kg
- 100 – 200
- 50 – 100
- 25 – 50
- 0 – 25

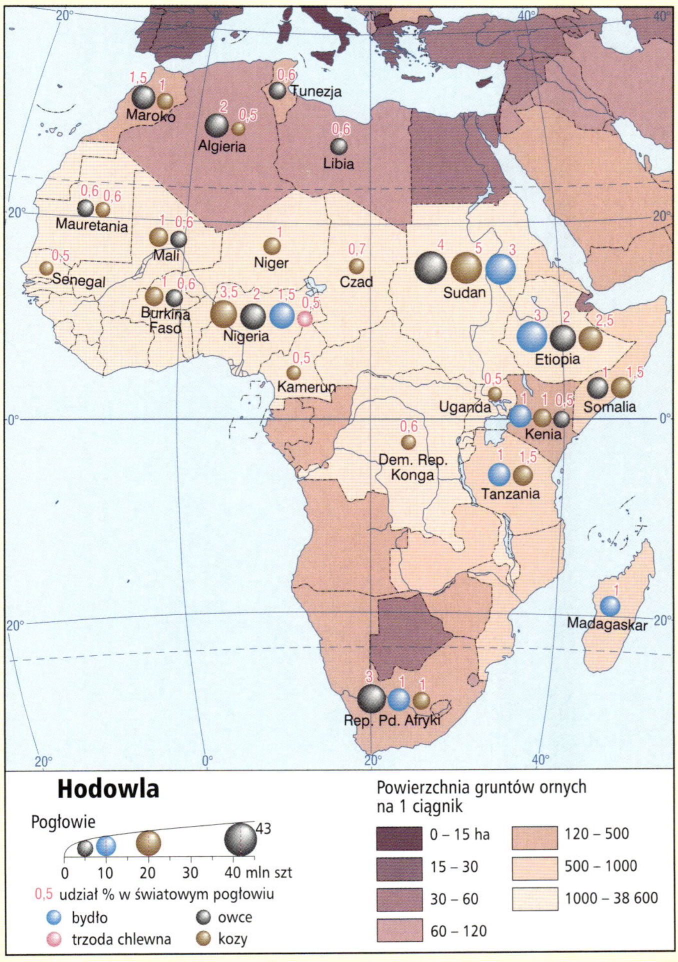

Hodowla

Pogłowie

0 10 20 30 40 mln szt

43

0,5 udział % w światowym pogłowiu

- bydło
- trzoda chlewna
- owce
- kozy

Powierzchnia gruntów ornych na 1 ciągnik

- 0 – 15 ha
- 15 – 30
- 30 – 60
- 60 – 120
- 120 – 500
- 500 – 1000
- 1000 – 38 600

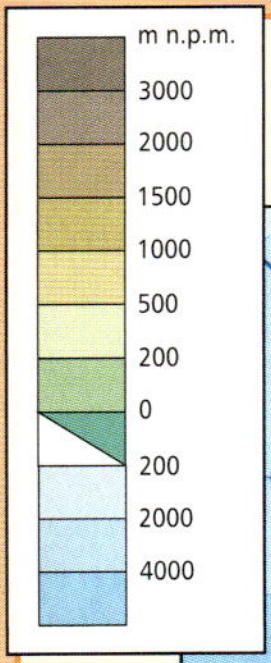

1 : 40 000 000

Geologia – tektonika

1 : 120 000 000

- obszary fałdowań prekambryjskich (tarcze)
- pokrywy osadowe na obszarach fałdowań prekambryjskich
- obszary fałdowań paleozoicznych (hercynidy)
- mezozoiczne pokrywy osadowe na obszarach fałdowań paleozoicznych
- obszary fałdowań trzeciorzędowych (alpidy)
- trzeciorzędowe i czwartorzędowe pokrywy osadowe
- skały wylewne
- rowy tektoniczne
- kierunki struktur fałdowych (pasma górskie)
- krawędzie płyt kontynentalnych
- wulkany

1 : 90 000 000

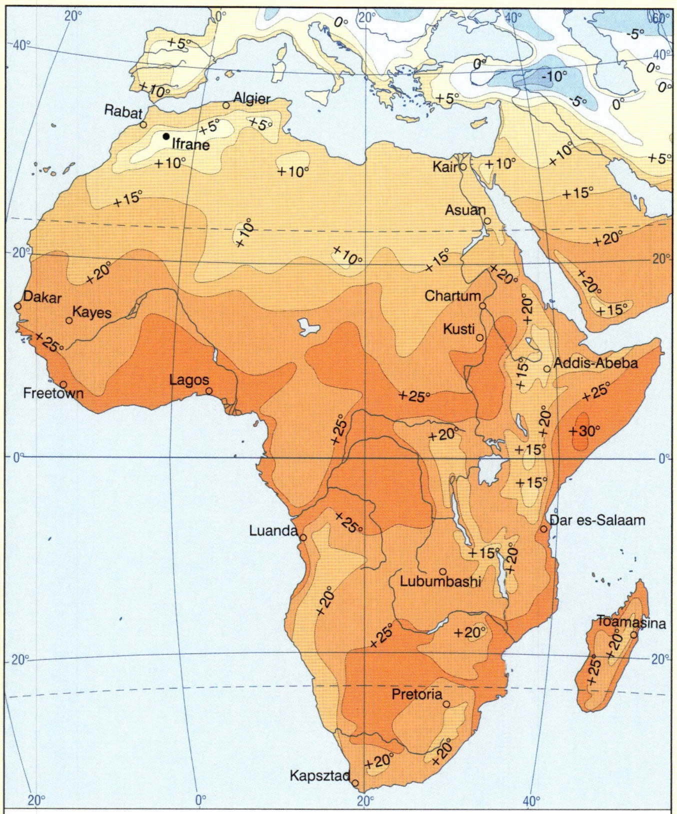

Temperatura powietrza w styczniu

-10 -5 0 +5 +10 +15 +20 +25 +30 °C

Najniższa zmierzona temperatura powietrza: Ifrane (Maroko) -24°C

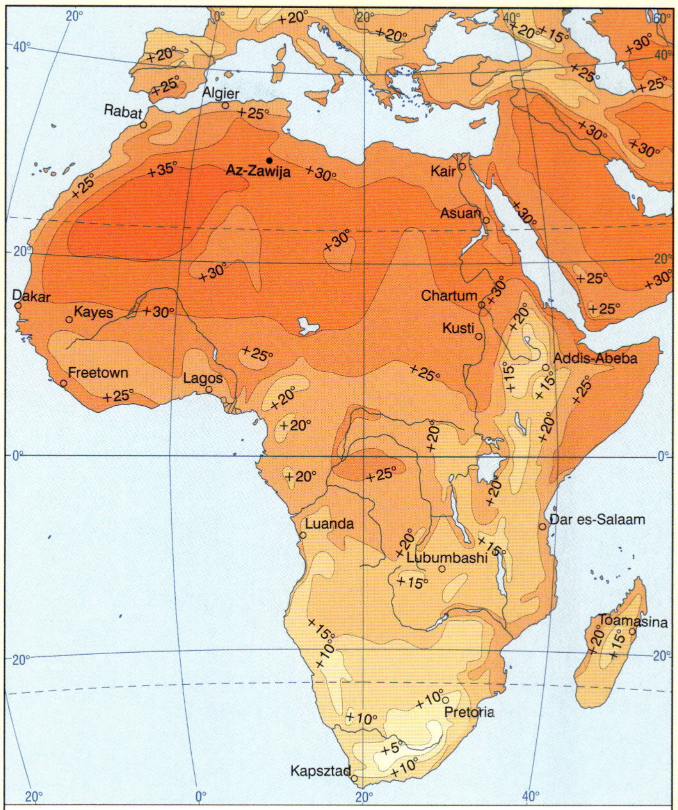

Temperatura powietrza w lipcu

+5 +10 +15 +20 +25 +30 +35 °C

Najwyższa zmierzona temperatura powietrza: Az-Zawija (Libia) +58°C

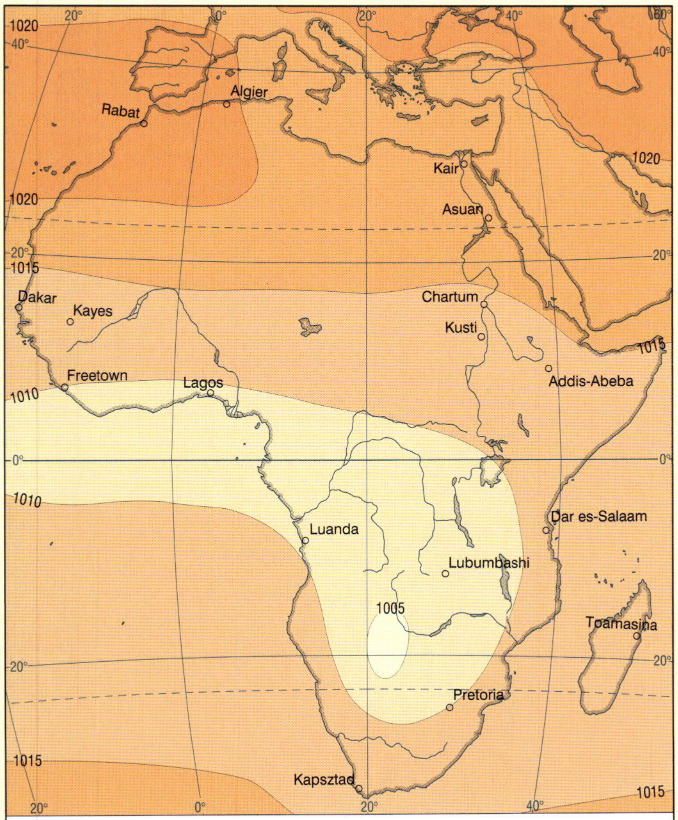

Ciśnienie atmosferyczne w styczniu

1005 1010 1015 1020 hPa

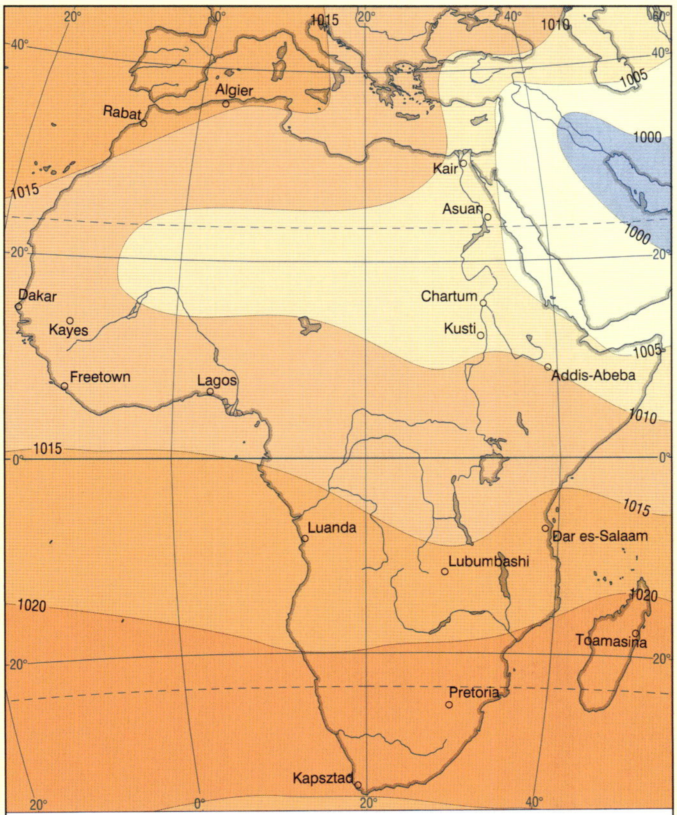

Ciśnienie atmosferyczne w lipcu

1000 1005 1010 1015 1020 hPa

1 : 40 000 000

A L G I E R I A
L I B I A
E G I P T
S U D A N
N I G E R
C Z A D
M A L I
MAURETANIA
N I G E R I A
E T I O P I A
S O M A L I A
K E N I A
DEMOKRATYCZNA
REPUBLIKA
KONGA
REPUBLIKA ŚRODKOWOAFRYKAŃSKA
A N G O L A
Z A M B I A
N A M I B I A
BOTSWANA
ZIMBABWE
REPUBLIKA POŁUDNIOWEJ AFRYKI
MADAGASKAR
MOZAMBIK
TANZANIA
UGANDA
GABON
KONGO
KAMERUN
GHANA
TOGO
BENIN
BURKINA FASO
WYBRZEŻE KOŚCI SŁONIOWEJ
LIBERIA
SIERRA LEONE
GWINEA
SENEGAL
Sahara Zachodnia
MAROKO
TUNEZJA
ERYTREA
DŻIBUTI
LESOTHO
SUAZI
MALAWI
RWANDA
BURUNDI
GWINEA RÓWNIKOWA
WYSPY ŚWIĘTEGO TOMASZA I KSIĄŻĘCA
KOMORY
SESZELE
H I S Z P A N I A
FRANCJA
W Ł O C H Y
T U R C J A
R O S J A
U K R A I N A
ARABIA SAUDYJSKA
J E M E N
I R A K
I R A N
S Y R I A
KAZACHSTAN
M O R Z E Ś R Ó D Z I E M N E
M O R Z E C Z E R W O N E
M. C Z A R N E
O C E A N A T L A N T Y C K I
O C E A N I N D Y J S K I
Zatoka Gwinejska
Zatoka Biskajska
RABAT
ALGIER
TUNIS
TRYPOLIS
KAIR
CHARTUM
NIAMEY
BAMAKO
NAWAKSZUT
DAKAR
BANDŻUL
BISSAU
KONAKRY
FREETOWN
MONROVIA
JAMUSUKRO
AKRA
LOMÉ
PORTO NOVO
ABUDŻA
NDŻAMENA
BANGI
JAUNDE
MALABO
LIBREVILLE
BRAZZAVILLE
KINSZASA
LUANDA
LUSAKA
HARARE
WINDHUK
GABORONE
PRETORIA
MAPUTO
MBABANE
MASERU
LILONGWE
DODOMA
NAIROBI
KAMPALA
KIGALI
BUŻUMBURA
ADDIS ABEBA
ASMARA
DŻIBUTI
MOGADISZU
MORONI
ANTANANARYWA
AL-UJUN
Kapsztad
Johannesburg
Casablanca
Lagos
Kano
Aleksandria
Durban
Wyspy Kanaryjskie (hiszp.)
Madera (port.)
Równik
Zwrotnik Raka
1 ALBANIA
2 ARMENIA
3 AZERBEJDŻAN
4 BOŚNIA I HERCEGOWINA
5 CHORWACJA
6 GAMBIA
7 GWINEA BISSAU
8 MACEDONIA
9 MOŁDAWIA
10 RWANDA
11 SŁOWACJA
12 SŁOWENIA
13 UZBEKISTAN
14 WĘGRY
Zadłużenie
1 : 120 000 000
Długi zagraniczne przeliczone na 1 mieszk.
1001 – 3245 dol. USA
501 – 1000
201 – 500
66 – 200
brak danych
Zadłużenie krajów
10 mld dol. USA
1 mld
Zadłużenie w % PKB
(w wybranych krajach)
% PKB
Botswana 8
RPA 18
Egipt 34
Erytrea 39
Nigeria 84
Ghana 89
Kamerun 103
Togo 107
Zambia 185
Kongo 223
Mauretania 264
Gwinea-Bissau 427
Stan: 1999 r.

1 : 90 000 000

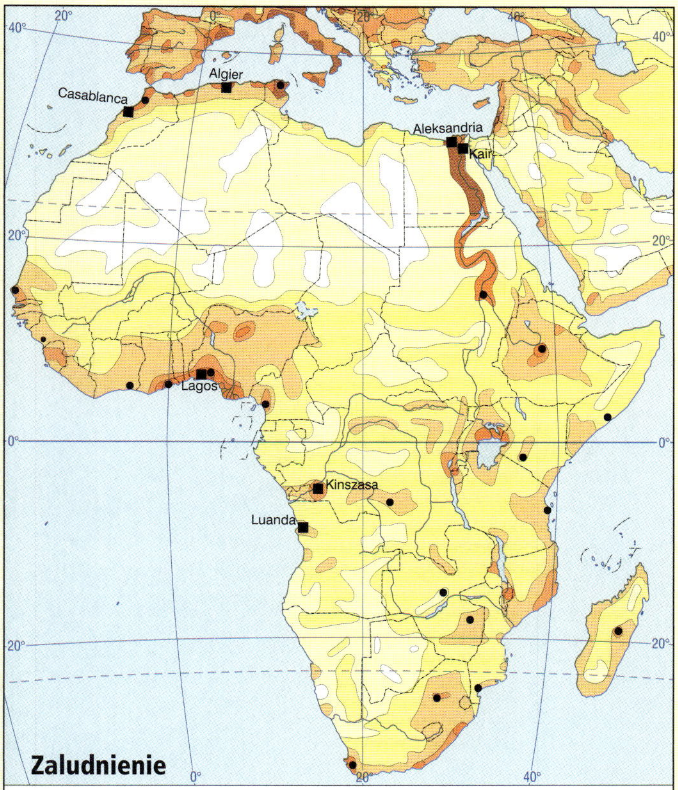

Zaludnienie

Liczba mieszkańców na 1 km²

- powyżej 200
- 100 – 200
- 50 – 100
- 10 – 50
- 1 – 10
- poniżej 1
- obszary niezamieszkane
- Kair ■ miasta pow. 3 mln mieszk.
- • miasta 1– 3 mln mieszk.

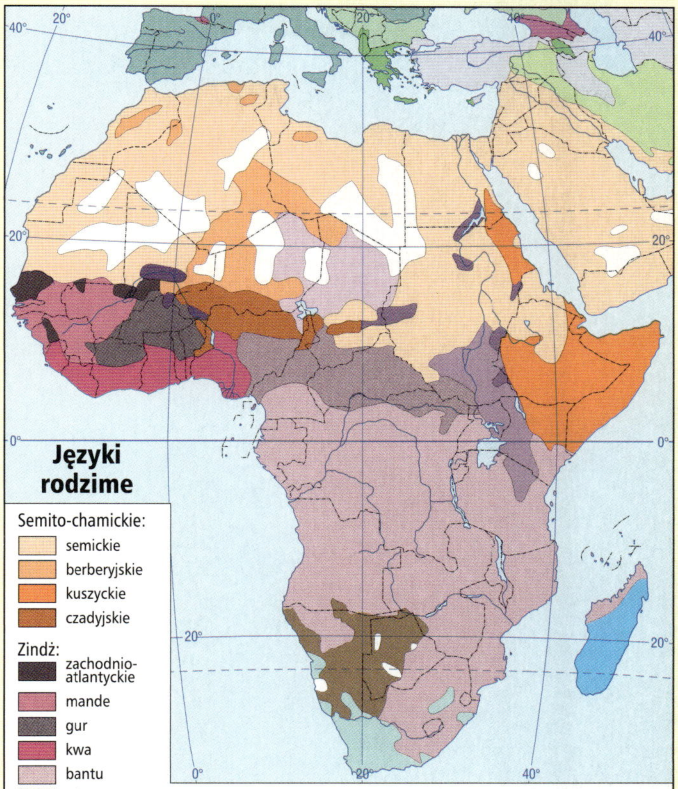

Języki rodzime

Semito-chamickie:
- semickie
- berberyjskie
- kuszyckie
- czadyjskie

Zindż:
- zachodnio-atlantyckie
- mande
- gur
- kwa
- bantu
- adamawa

Nilo-saharyjskie:
- songhai
- saharyjskie
- chari-nilowe
- nilotyckie

Indoeuropejskie:
- germańskie
- romańskie
- słowiańskie
- indoirańskie
- inne

Ałtajskie:
- tureckie
- Khoisan
- Austronezyjskie
- Kaukaskie i baskijski
- obszary niezamieszkane

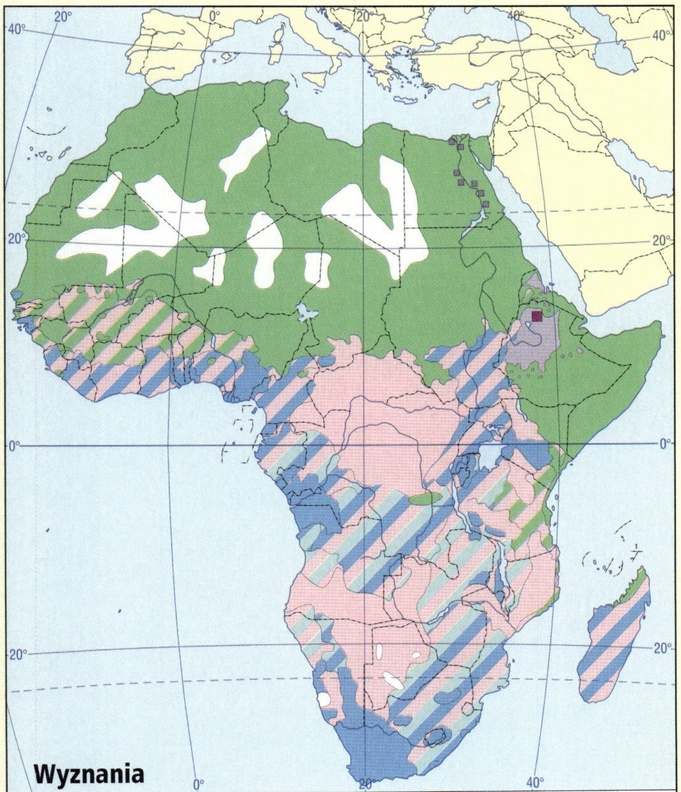

Wyznania

Chrześcijaństwo:
- etiopski kościół koptyjski
- egipski kościół koptyjski
- kościoły katolickie i protestanckie
- religie afro-chrześcijańskie (synkretyczne)
- Judaizm
- Islam
- religie naturalne
- obszary niezamieszkane

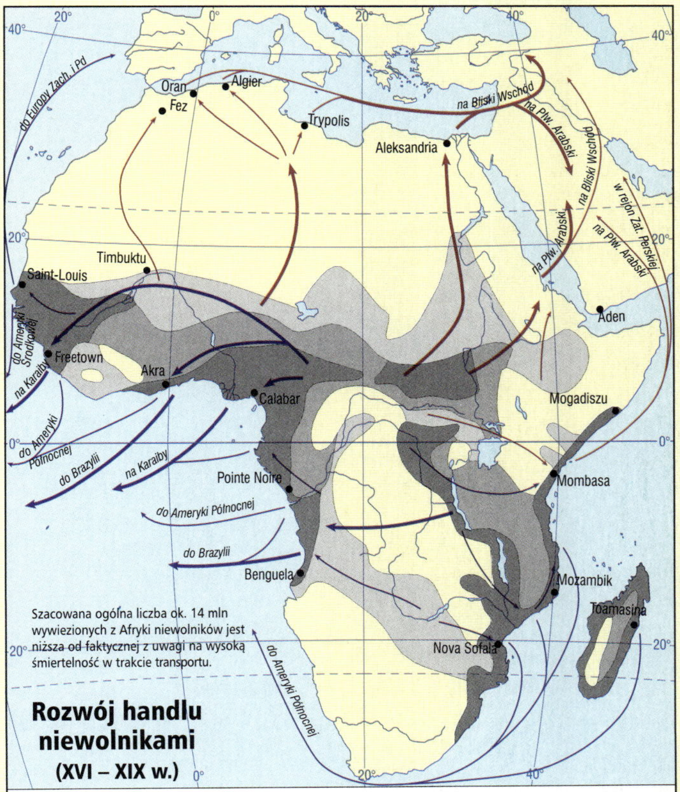

Rozwój handlu niewolnikami (XVI – XIX w.)

Natężenie wywozu niewolników:
- bardzo duże
- duże
- małe

Liczba niewolników:
- 1 mln – 2,5 mln
- 100 tys. – 1mln

Europejscy handlarze / Arabscy handlarze

Akra • porty (miasta) wywozu niewolników

AFRYKA Gospodarka

1 : 40 000 000

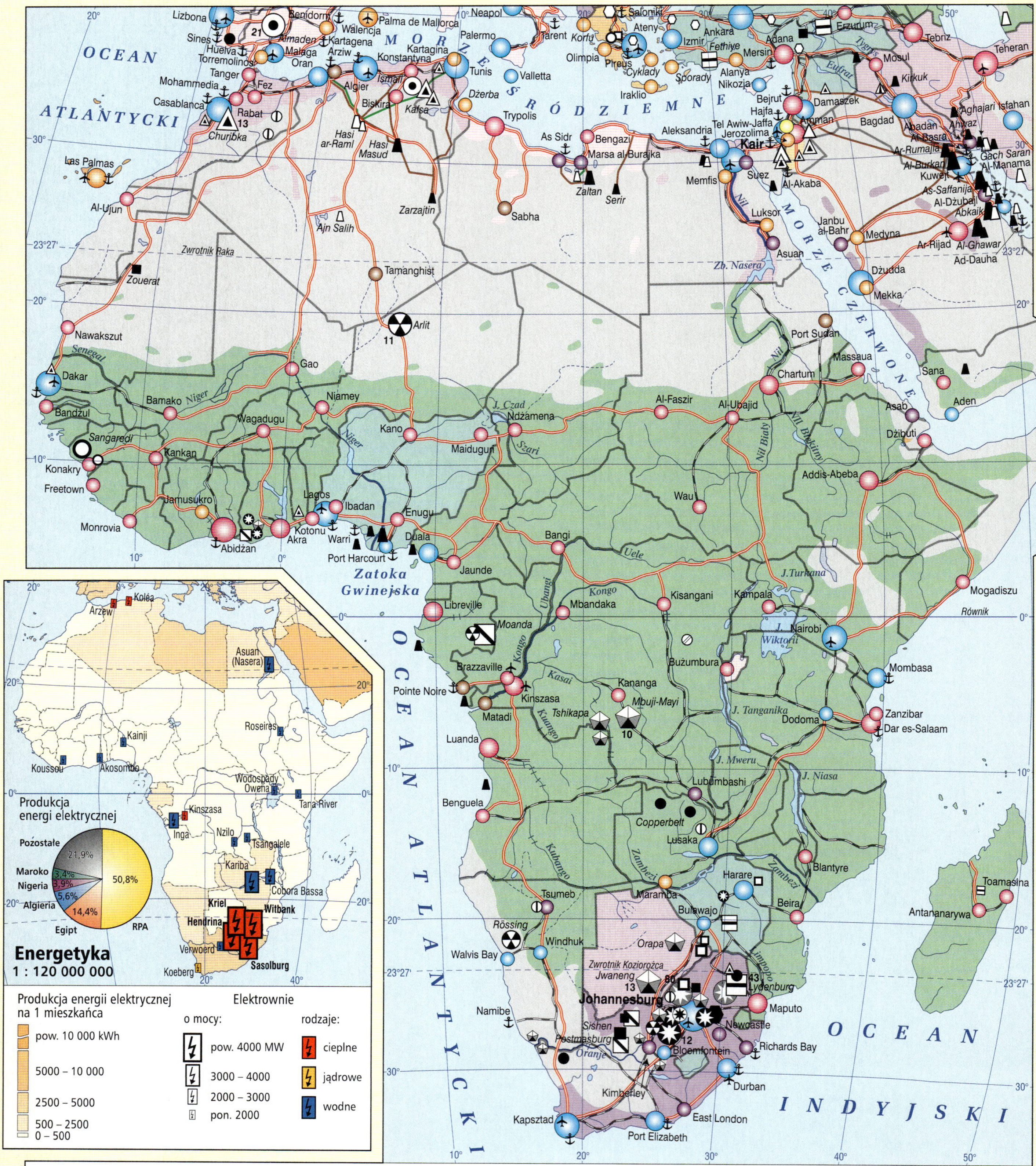

Energetyka 1 : 120 000 000

Produkcja energii elektrycznej na 1 mieszkańca
- pow. 10 000 kWh
- 5000 – 10 000
- 2500 – 5000
- 500 – 2500
- 0 – 500

Elektrownie

o mocy:
- pow. 4000 MW
- 3000 – 4000
- 2000 – 3000
- pon. 2000

rodzaje:
- cieplne
- jądrowe
- wodne

Zatrudnienie w:

rolnictwie
- wyraźna dominacja
- z udziałem przemysłu
- obszary niezagospodarowane lub słabo zagospodarowane

przemyśle
- wyraźna dominacja
- z udziałem rolnictwa
- z udziałem usług

usługach
- wyraźna dominacja
- z udziałem rolnictwa
- z udziałem przemysłu

Górnictwo
- ropy naftowej
- gazu ziemnego
- węgla kamiennego
- węgla brunatnego
- rud uranu
- rud żelaza
- rud manganu
- rud chromu
- rud niklu
- rud miedzi
- rud cynku i ołowiu
- rud cyny
- rtęci
- boksytów
- złota
- srebra
- platyny
- diamentów
- soli potasowych
- fosforytów i apatytów
- siarki

Ośrodki wydobycia
- wielkie
- duże
- średnie
- małe

21 % udział w światowym wydobyciu (pow. 10)

Ośrodki gospodarcze

oddziaływanie:
- światowe
- ważniejsze regionalne
- regionalne
- lokalne

funkcje:
- wielofunkcyjne
- przemysłowe i górnicze
- innowacyjne
- transportowe
- handlowe, finansowe i administracyjne
- turystyczne i kulturalne

- drogi główne
- koleje główne
- ropociągi
- gazociągi
- główne porty lotnicze
- główne porty morskie

1 : 40 000 000

Typy gospodarki rolnej

- rolnictwo mieszane zmechanizowane (miejscami wysoko rozwinięte)
- rolnictwo mieszane intensywne (miejscami nawadniane)
- rolnictwo śródziemnomorskie
- plantacje
- rolnictwo w oazach, wyspecjalizowane
- rolnictwo prymitywne
- hodowla pastwiskowa
- pasterstwo koczownicze
- wilgotne lasy równikowe (leśnictwo, łowiectwo, zbieractwo, rolnictwo żarowe)
- inne lasy (leśnictwo, łowiectwo, zbieractwo)
- obszary słabo lub niewykorzystane rolniczo
- obszary łowiskowe

Uprawy

- pszenica
- kukurydza
- ryż
- proso i sorgo
- bataty
- maniok
- trzcina cukrowa
- orzeszki ziemne
- oliwki
- palma oleista i kokosowa
- palma daktylowa
- owoce i warzywa
- owoce cytrusowe
- banany
- winorośl
- kawa
- kakao
- herbata
- tytoń
- bawełna
- agawa
- kauczuk

Hodowla

- bydło
- owce
- kozy
- wielbłądy

AMERYKA PÓŁNOCNA Krajobrazy

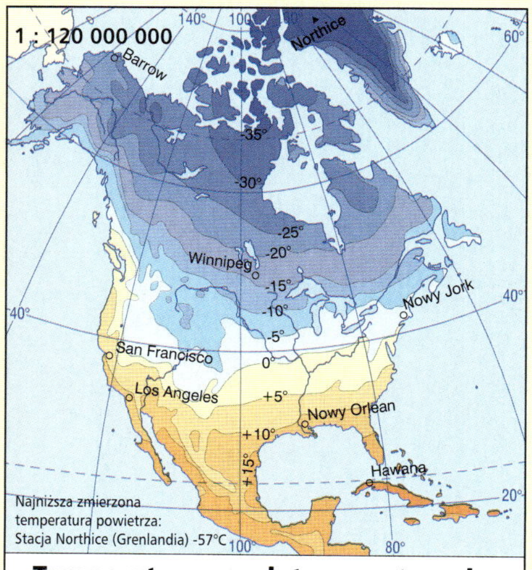

Temperatura powietrza w styczniu

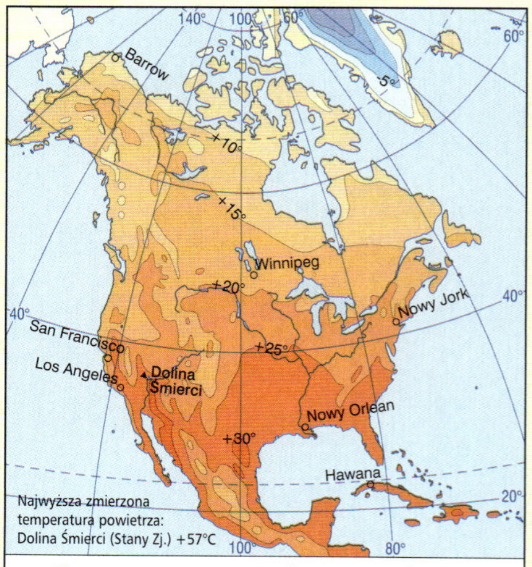

Temperatura powietrza w lipcu

Opady roczne

Geologia-tektonika

- obszary fałdowań prekambryjskich (tarcze)
- pokrywy osadowe na obszarach fałdowań prekambryjskich
- obszary fałdowań paleozoicznych:
  - kaledonidy
  - hercynidy
- mezozoiczne pokrywy osadowe na obszarach fałdowań paleozoicznych
- obszary fałdowań trzeciorzędowych (alpidy)
- trzeciorzędowe i czwartorzędowe pokrywy osadowe
- skały wylewne
- rowy oceaniczne
- kierunki struktur fałdowych (pasma górskie)
- krawędzie płyt kontynentalnych
- strefa ryftowa
- wulkany

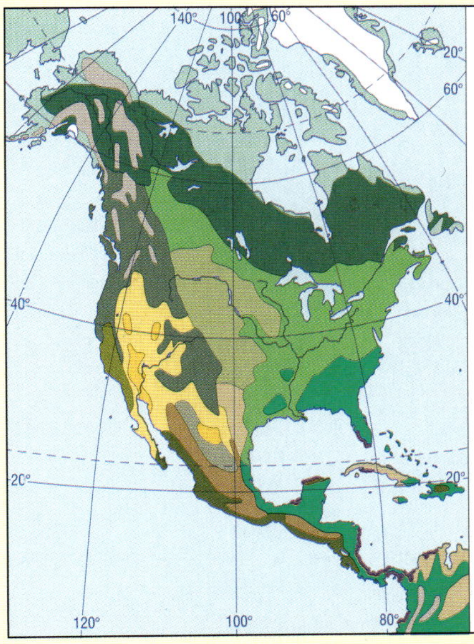

Potencjalna roślinność naturalna

- lodowce i lądolody
- tundra
- roślinność wysokogórska
- tajga
- lasy liściaste i mieszane strefy umiarkowanej
- lasy iglaste strefy umiarkowanej i podzwrotnikowej
- roślinność śródziemnomorska
- lasy podzwrotnikowe wiecznie zielone
- lasy podzwrotnikowe zrzucające liście w okresie bezdeszczowym
- lasy podzwrotnikowe suche i zarośla kolczaste
- wilgotne lasy równikowe
- namorzyny
- stepy
- sawanny
- półpustynie
- pustynie
- stepy, półpustynie i pustynie górskie

1 : 40 000 000

OCEAN ARKTYCZNY
ROSJA
Grenlandia
(duń.)
ISLANDIA
REYKJAVIK
MORZE NORWESKIE
Koło podbiegunowe północne
Cieśn. Duńska
MORZE BEAUFORTA
MORZE BAFFINA
Cieśn. Davisa
Nuuk
Alert
W. Ellesmere'a
W-y Królowej Elżbiety
Devon
Wyspa Banksa
W. Ks. Walii
Wyspa Wiktorii
Ziemia Baffina
NUNAVUT
Iqaluit
Southampton
Cieśn. Hudsona
MORZE CZUKOCKIE
Cieśn. Beringa
MORZE BERINGA
ALASKA
Fairbanks
Anchorage
Zatoka Alaska
Juneau
JUKON
Whitehorse
TERYTORIA PÓŁNOCNO-ZACHODNIE
Yellowknife
Wlk. Jez. Niedźwiedzie
Wlk. Jez. Niewolnicze
Zatoka Hudsona
Churchill
KANADA
KOLUMBIA BRYTYJSKA
ALBERTA
SASKATCHEWAN
MANITOBA
ONTARIO
QUEBEC
NOWA FUNDLANDIA
Prince Rupert
Edmonton
Calgary
Saskatoon
Regina
Winnipeg
Vancouver
Victoria
Seattle
Olimpia
St. John's
Saint Pierre i Miquelon (fr.)
WYSPA KS. EDWARDA
NOWA SZKOCJA
Fredericton
Halifax
Quebec
Montreal
OTTAWA
Toronto
Sudbury
STANY ZJEDNOCZONE
WASZYNGTON
OREGON
IDAHO
MONTANA
WYOMING
NEVADA
KALIFORNIA
UTAH
KOLORADO
ARIZONA
NOWY MEKSYK
DAKOTA PÓŁNOCNA
DAKOTA POŁUDNIOWA
NEBRASKA
KANSAS
OKLAHOMA
TEKSAS
MINNESOTA
IOWA
MISSOURI
ARKANSAS
LUIZJANA
WISCONSIN
ILLINOIS
MICHIGAN
INDIANA
OHIO
KENTUCKY
TENNESSEE
MISSISIPI
ALABAMA
GEORGIA
FLORYDA
KAROLINA PŁN.
KAROLINA PD.
WIRGINIA
NOWY JORK
Portland
Salem
Helena
Boise
Bismarck
Pierre
Sacramento
San Francisco
Reno
Carson City
Salt Lake City
Cheyenne
Denver
Los Angeles
Las Vegas
San Diego
Tijuana
Phoenix
Santa Fe
El Paso
Ciudad Juárez
Austin
San Antonio
Houston
Dallas
Oklahoma City
Topeka
Kansas City
Lincoln
Omaha
Des Moines
Minneapolis
St. Paul
Madison
Milwaukee
Chicago
Lansing
Detroit
Cleveland
Toledo
Indianapolis
Columbus
Springfield
Jefferson City
Saint Louis
Louisville
Memphis
Nashville
Little Rock
Jackson
Baton Rouge
Nowy Orlean
Birmingham
Montgomery
Atlanta
Tallahassee
Tampa
Miami
Columbia
Raleigh
Richmond
Charleston
Norfolk
WASZYNGTON
Baltimore
Harrisburg
Trenton
Filadelfia
Nowy Jork
Dover
Hartford
Providence
Boston
Concord
Montpelier
Augusta
Albany
Honolulu 4340 km
Szanghaj 10 000 km
Londyn 6 140 km
Gibraltar 5910 km
Nowy Jork – Rio de Janeiro 8780 km
Nowy Orlean – Liverpool 8770 km
Nowy Jork – Panama 3700 km
Bermudy (br.)
MORZE SARGASSOWE
BAHAMY
NASSAU
Turks i Caicos (br.)
Zwrotnik Raka
Guadelupe (meks.)
Zat. Kalifornijska
MEKSYK
Mexicali
Chihuahua
Torreón
Monterrey
San Luis Potosí
Tampico
Guadalajara
MEKSYK
Puebla
Mérida
Zatoka Meksykańska
2560 km
HAWANA
KUBA
Kajmany (br.)
JAMAJKA
KINGSTON
HAITI
PORT-AU-PRINCE
DOMINIKANA
SANTO DOMINGO
San Juan
Portoryko (St. Zj.)
MORZE KARAIBSKIE
BELIZE
BELMOPAN
GWATEMALA
HONDURAS
TEGUCIGALPA
SAN SALVADOR
SALWADOR
NIKARAGUA
MANAGUA
KOSTARYKA
SAN JOSÉ
PANAMA
San Andrés (kolumb.)
Aruba (hol.)
Antyle Holenderskie
CARACAS
WENEZUELA
BOGOTA
KOLUMBIA
Malpelo (kolumb.)
W. Kokosowa (kost.)
QUITO
EKWADOR
PERU
BRAZYLIA
Japurá
W-y Galápagos (ekw.)
W-y Revilla Gigedo (meks.)
Clipperton (fr.)
Honolulu – Panama 8670 km
Los Angeles – Panama 5390 km
San Francisco – Valparaiso 9520 km
San Francisco – Callao 7400 km
Sydney – Panama 14 210 km
Równik
OCEAN SPOKOJNY
OCEAN ATLANTYCKI
110° na zachód od Greenwich
A. – Annapolis
Jednostki podziału administracyjnego:
STANY ZJEDNOCZONE:
1 CONNECTICUT
2 DELAWARE
3 DYSTRYKT KOLUMBII
4 MAINE
5 MARYLAND
6 MASSACHUSETTS
7 NEW HAMPSHIRE
8 NEW JERSEY
9 PENSYLWANIA
10 RHODE ISLAND
11 VERMONT
12 WIRGINIA ZACHODNIA
KANADA:
13 NOWY BRUNSZWIK
OCEAN SPOKOJNY
Niihau
Kauai
Oahu
Molokai
Honolulu
Lanai
Maui
Kahoolawe
HAWAJE (St. Zj.)
Hawaii
Hilo
Hawaje
1 : 20 000 000

1 : 90 000 000

Powstawanie państw

Posiadłości kolonialne krajów europejskich
- duńskie od pocz. XVIII w.
- francuskie do końca XVII w.
- brytyjskie
- hiszpańskie do pocz. XIX w.
- hiszpańskie do końca XIX w.

Rozwój terytorialny Stanów Zjednoczonych Ameryki Północnej w XIX w.:
- tereny uzyskane od Wielkiej Brytanii
- tereny uzyskane od Meksyku
- tereny uzyskane od Hiszpanii
- tereny uzyskane od Francji
- tereny uzyskane od Rosji
- tereny odstąpione Wielkiej Brytanii

1783 rok przyłączenia obszaru do Stanów Zjednoczonych Ameryki Północnej

1931 rok proklamowania niepodległości państw

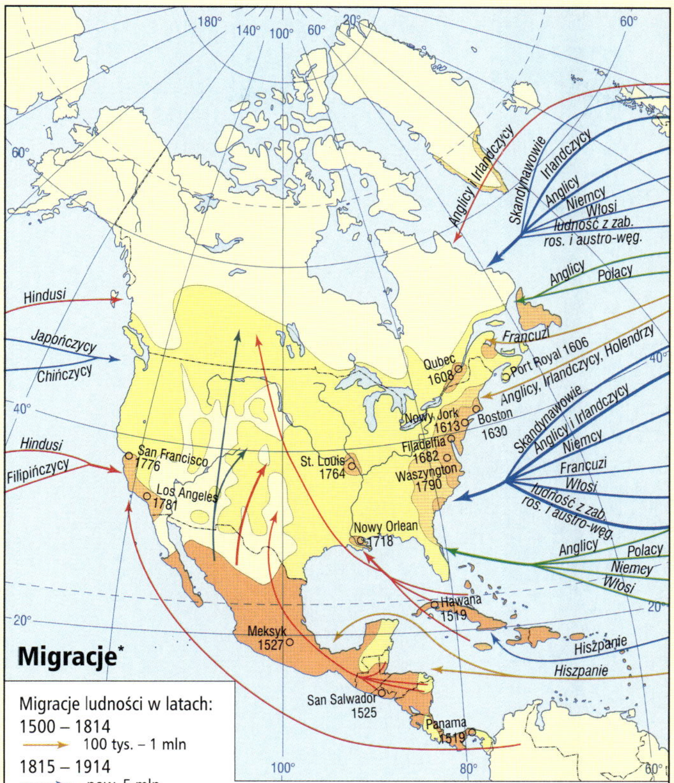

Migracje*

Migracje ludności w latach:

1500 – 1814
- 100 tys. – 1 mln

1815 – 1914
- pow. 5 mln
- 1 mln – 5 mln
- 100 tys. – 1 mln

1919 – 1939
- 1 mln – 5 mln
- 100 tys. – 1 mln

1945 – 1985
- 1 mln – 5 mln
- 100 tys. – 1 mln

Obszary zasiedlane przez Europejczyków:
- od XVI w.
- od końca XVII w.
- od końca XVIII w.
- od końca XIX w.

obszary niezaludnione lub słabo zaludnione (zamieszkane głównie przez ludność rdzenną)

Boston 1630 rok założenia miasta

*Przedstawiono długoterminowe migracje dobrowolne.

Indianie

Regiony rdzennych plemion amerykańskich (wg H.E. Driver'a)
- Eskimosi (Inuici) i Aleuci
- Indianie Alaski i Kanandy
- Indianie południowej Alaski i Kolumbii Bryt.
- tubylcze grupy Kalifornii (prawie wymarłe)
- Indianie Płaskowyżu i Wielkiej Kotliny
- Indianie Wielkich Równin
- Indianie Południowego-Zachodu
- Indianie Północnego-Wschodu
- Indianie Południowego-Wschodu
- Indianie Mezoameryki
- Indianie Ameryki Centralnej
- Indianie Basenu Morza Karaibskiego
- obszary niezamieszkane

Nawajo obszary zamieszkane przez wybrane plemiona przed osiedleniem się białych

rezerwaty indiańskie w Stanach Zjedn.

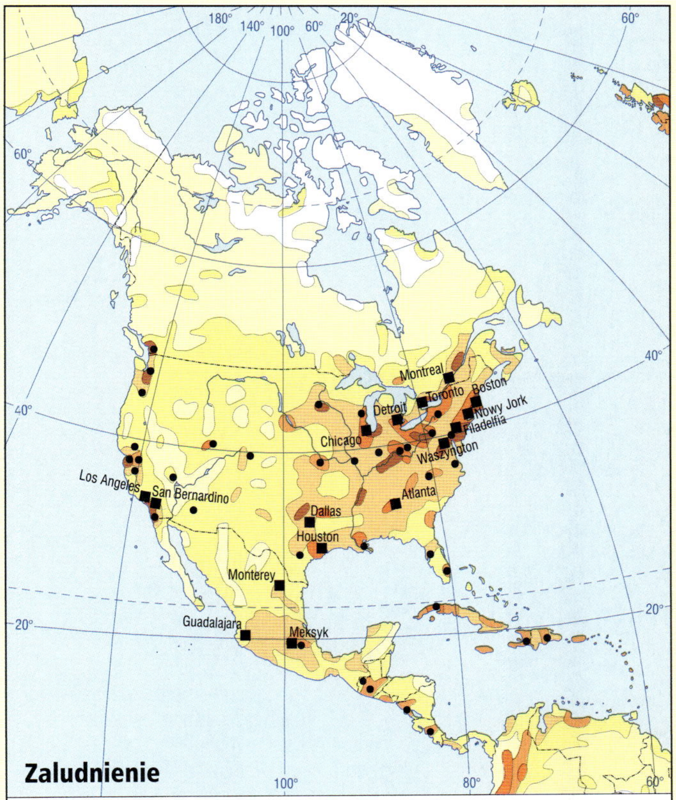

Zaludnienie

Liczba mieszkańców na 1 km²

powyżej 200	10 – 50
100 – 200	1 – 10
50 – 100	poniżej 1

- obszary niezamieszkane
- Dallas ■ miasta pow. 3 mln mieszk.
- ● miasta 1 – 3 mln mieszk.

OCEAN ARKTYCZNY
MORZE BEAUFORTA
MORZE BAFFINA
MORZE CZUKOCKIE
M. BERINGA
Zat. Alaska
Zatoka Hudsona
OCEAN SPOKOJNY
Zatoka Meksykańska
MORZE SARGASSOWE
MORZE KARAIBSKIE
Koło podbiegunowe północne
Zwrotnik Raka
1 : 40 000 000
Ośrodki gospodarcze
oddziaływanie:
światowe
ważniejsze regionalne
regionalne
lokalne
funkcje:
wielofunkcyjne
przemysłowe i górnicze
innowacyjne
transportowe
handlowe, finansowe i administracyjne
turystyczne i kulturalne
Górnictwo
ropy naftowej
gazu ziemnego
węgla kamiennego
węgla brunatnego
rud uranu
rud żelaza
rud manganu
rud niklu
rud miedzi
rud cynku i ołowiu
rtęci
boksytów
złota
srebra
platyny
soli potasowych
fosforytów i apatytów
siarki
Ośrodki wydobycia
wielkie
duże
średnie
małe
21 % udział w światowym wydobyciu (pow. 10)
drogi główne
koleje główne
ropociągi
gazociągi
główne porty lotnicze
główne porty morskie
Zatrudnienie w:
rolnictwie
wyraźna dominacja
z udziałem przemysłu
przemyśle
wyraźna dominacja
z udziałem rolnictwa
z udziałem usług
usługach
wyraźna dominacja
z udziałem przemysłu
obszary niezagospodarowane lub słabo zagospodarowane
Nowy Jork
Chicago
Los Angeles
San Francisco
Houston
Toronto
Montreal
Vancouver
Meksyk

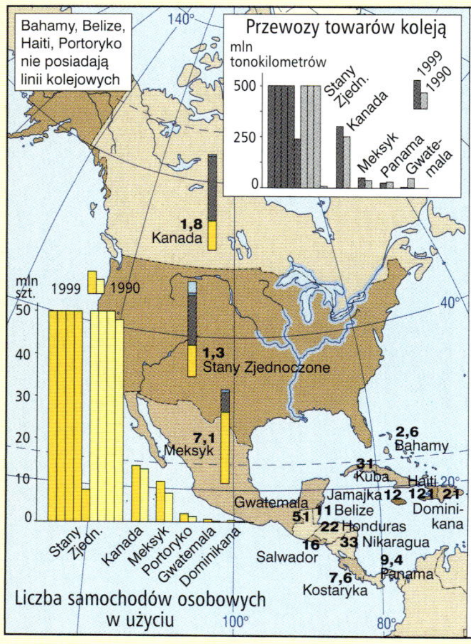
Bahamy, Belize, Haiti, Portoryko nie posiadają linii kolejowych
Przewozy towarów koleją
mln tonokilometrów
1999
1990
Stany Zjedn.
Kanada
Meksyk
Panama
Gwatemala
mln szt.
Liczba samochodów osobowych w użyciu
1,8 Kanada
1,3 Stany Zjednoczone
7,1 Meksyk
2,6 Bahamy
31 Kuba
12 Jamajka
121 Haiti
21 Dominikana
51 Gwatemala
11 Belize
22 Honduras
33 Nikaragua
16 Salwador
9,4 Panama
7,6 Kostaryka

Transport

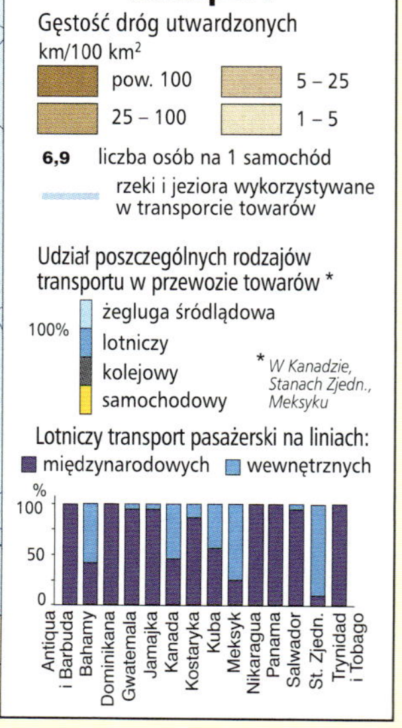
Gęstość dróg utwardzonych km/100 km²
pow. 100
25 – 100
5 – 25
1 – 5
6,9 liczba osób na 1 samochód
rzeki i jeziora wykorzystywane w transporcie towarów
Udział poszczególnych rodzajów transportu w przewozie towarów *
żegluga śródlądowa
lotniczy
kolejowy
samochodowy
* W Kanadzie, Stanach Zjedn., Meksyku
Lotniczy transport pasażerski na liniach:
międzynarodowych
wewnętrznych
Antigua i Barbuda
Bahamy
Dominikana
Gwatemala
Jamajka
Kanada
Kostaryka
Kuba
Meksyk
Nikaragua
Panama
Salwador
St. Zjedn.
Trynidad i Tobago

Energetyka

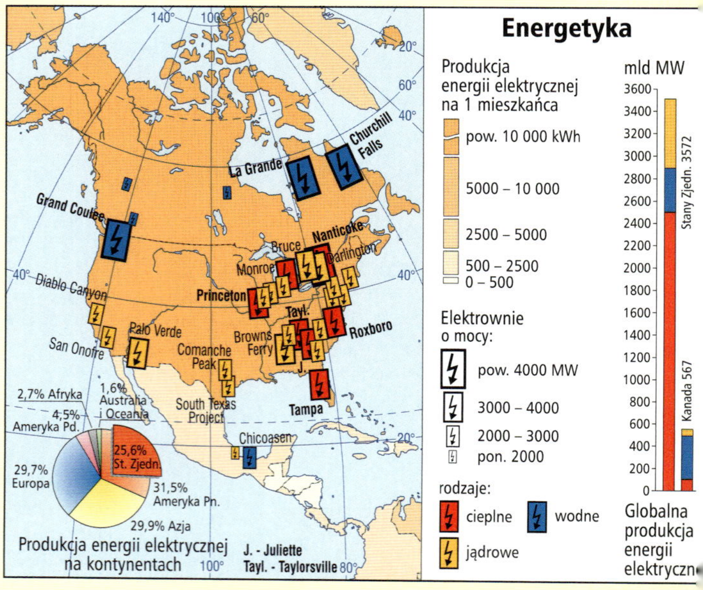
Produkcja energii elektrycznej na 1 mieszkańca
pow. 10 000 kWh
5000 – 10 000
2500 – 5000
500 – 2500
0 – 500
Elektrownie o mocy:
pow. 4000 MW
3000 – 4000
2000 – 3000
pon. 2000
rodzaje:
cieplne
wodne
jądrowe
mld MW
Stany Zjedn. 3572
Kanada 567
Globalna produkcja energii elektrycznej
Produkcja energii elektrycznej na kontynentach
25,6% St. Zjedn.
31,5% Ameryka Pn.
29,9% Azja
29,7% Europa
2,7% Afryka
4,5% Ameryka Pd.
1,6% Australia i Oceania
J. - Juliette
Tayl. - Taylorsville
Grand Coulee
La Grande
Churchill Falls
Diablo Canyon
San Onofre
Palo Verde
Comanche Peak
South Texas Project
Browns Ferry
Princeton
Monroe
Bruce
Nanticoke
Tampa
Roxboro
Chicoasen

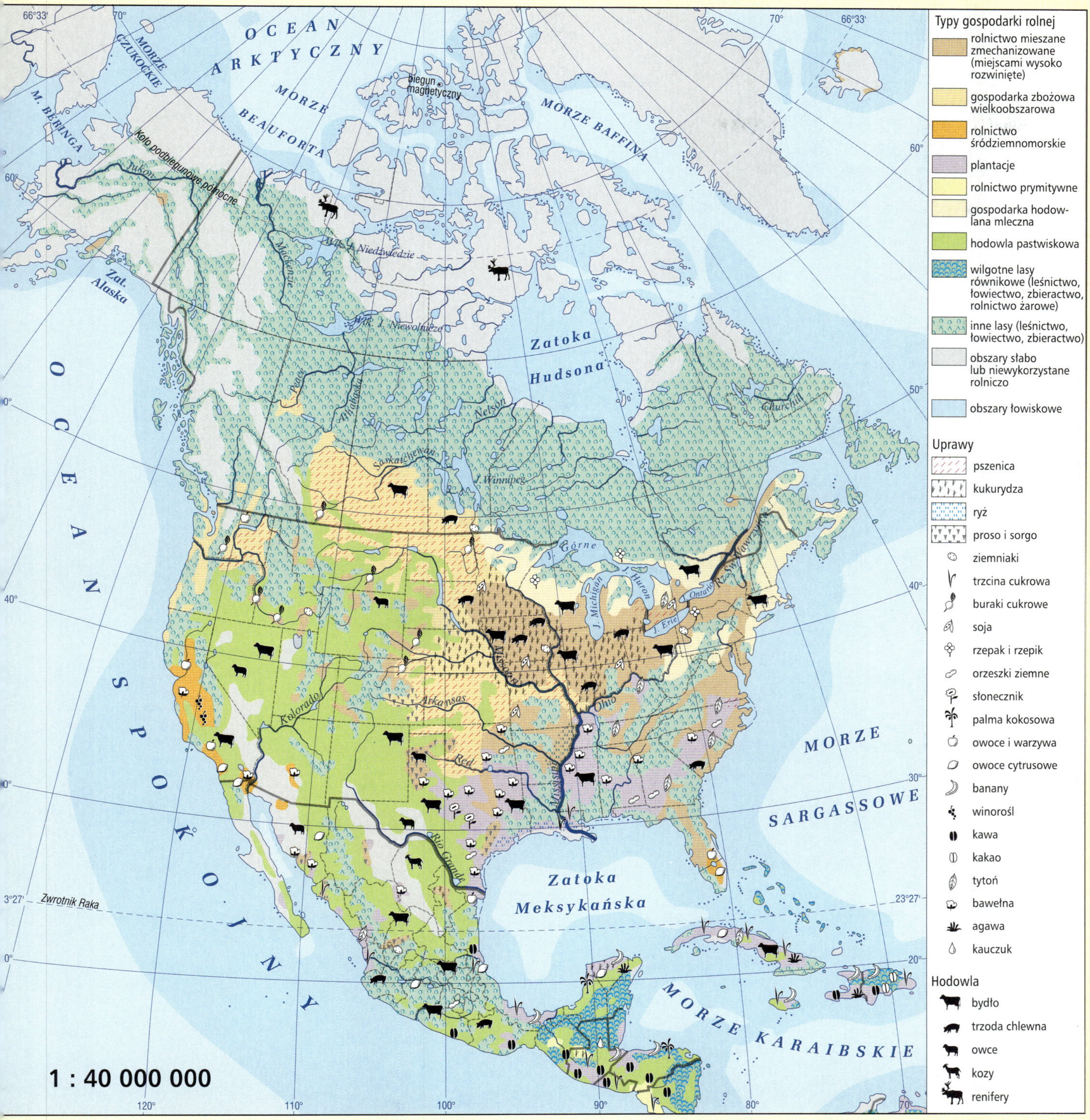

Typy gospodarki rolnej
rolnictwo mieszane zmechanizowane (miejscami wysoko rozwinięte)
gospodarka zbożowa wielkoobszarowa
rolnictwo śródziemnomorskie
plantacje
rolnictwo prymitywne
gospodarka hodowlana mleczna
hodowla pastwiskowa
wilgotne lasy równikowe (leśnictwo, łowiectwo, zbieractwo, rolnictwo żarowe)
inne lasy (leśnictwo, łowiectwo, zbieractwo)
obszary słabo lub niewykorzystane rolniczo
obszary łowiskowe
Uprawy
pszenica
kukurydza
ryż
proso i sorgo
ziemniaki
trzcina cukrowa
buraki cukrowe
soja
rzepak i rzepik
orzeszki ziemne
słonecznik
palma kokosowa
owoce i warzywa
owoce cytrusowe
banany
winorośl
kawa
kakao
tytoń
bawełna
agawa
kauczuk
Hodowla
bydło
trzoda chlewna
owce
kozy
renifery
OCEAN ARKTYCZNY
MORZE BEAUFORTA
MORZE BAFFINA
MORZE CZUKOCKIE
M. BERINGA
Biegun magnetyczny
Koło podbiegunowe północne
Zat. Alaska
OCEAN SPOKOJNY
Zatoka Hudsona
MORZE SARGASSOWE
Zatoka Meksykańska
MORZE KARAIBSKIE
Zwrotnik Raka
1 : 40 000 000

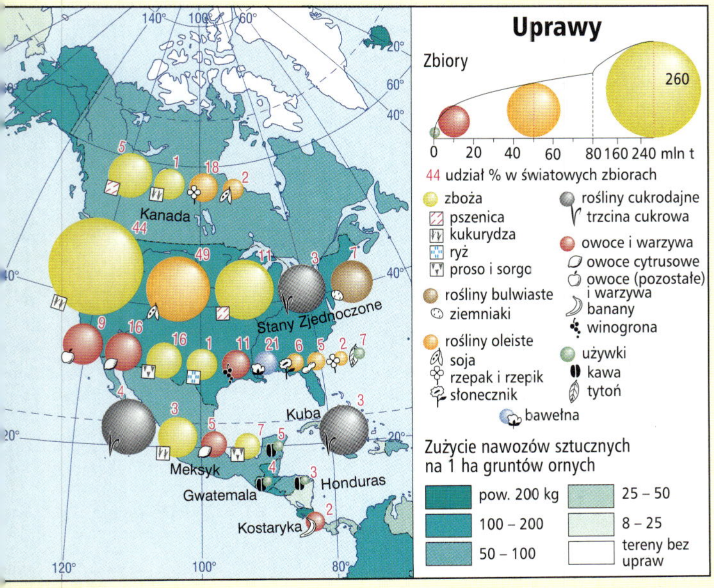

Uprawy
Zbiory
0 20 40 60 80 160 240 mln t
260
44 udział % w światowych zbiorach
zboża
pszenica
kukurydza
ryż
proso i sorgo
rośliny bulwiaste
ziemniaki
rośliny oleiste
soja
rzepak i rzepik
słonecznik
bawełna
rośliny cukrodajne
trzcina cukrowa
owoce i warzywa
owoce cytrusowe
owoce (pozostałe) i warzywa
banany
winogrona
używki
kawa
tytoń
Zużycie nawozów sztucznych na 1 ha gruntów ornych
pow. 200 kg
100 – 200
50 – 100
25 – 50
8 – 25
tereny bez upraw
Kanada
Stany Zjednoczone
Meksyk
Kuba
Gwatemala
Honduras
Kostaryka

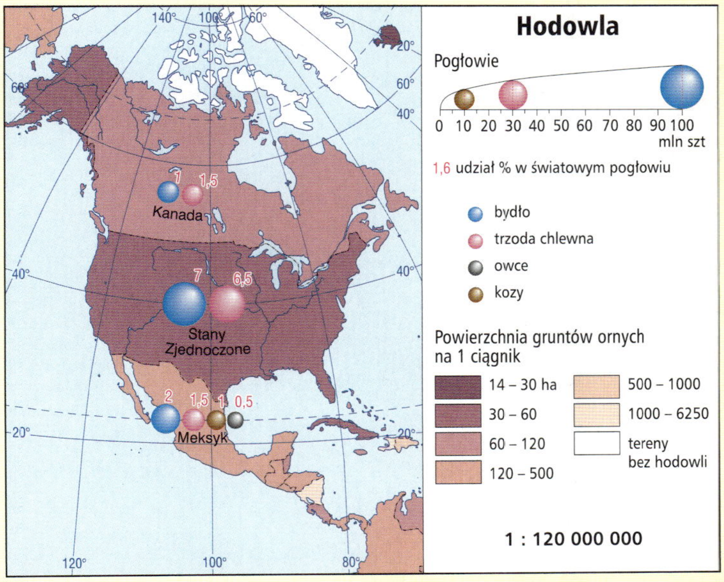

Hodowla
Pogłowie
0 10 20 30 40 50 60 70 80 90 100 mln szt
1,6 udział % w światowym pogłowiu
bydło
trzoda chlewna
owce
kozy
Powierzchnia gruntów ornych na 1 ciągnik
14 – 30 ha
30 – 60
60 – 120
120 – 500
500 – 1000
1000 – 6250
tereny bez hodowli
Kanada
Stany Zjednoczone
Meksyk
1 : 120 000 000

AMERYKA PÓŁNOCNA

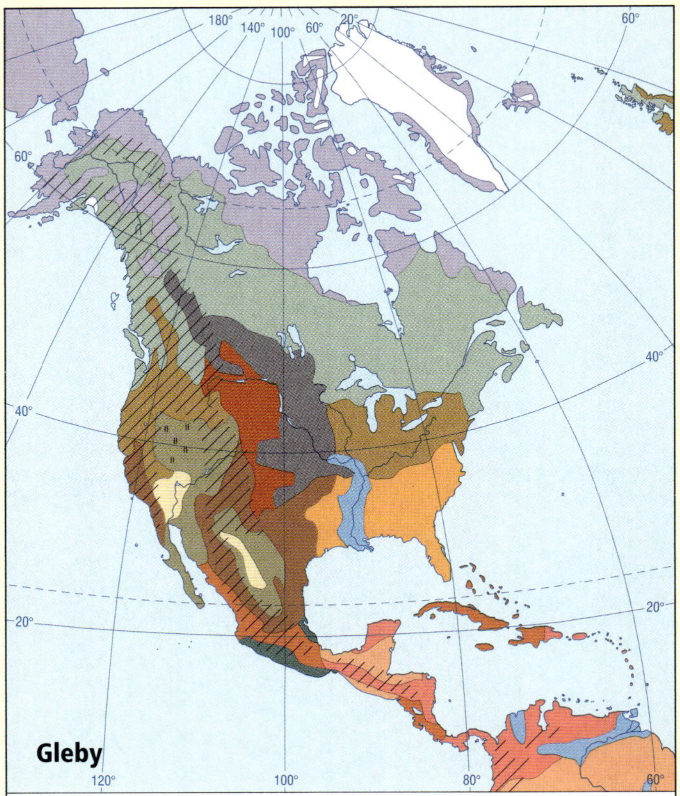

Gleby:
- tundrowe
- bielicowe i bielice
- brunatne i płowe
- szare gleby leśne, czarnoziemy i gleby czarnoziemne
- kasztanowe
- brązowe i szarobrązowe (cynamonowe)
- buroziemy i szaroziemy
- inicjalne pustyń
- żółtoziemy i czerwonoziemy
- czerwonożółte gleby laterytowe
- czerwone gleby laterytowe
- brązowoczerwone (cynamonowoczerwone)
- czarne ziemie tropikalne (vertisole)
- mady rzeczne i morskie
- słone
- górskie
- lodowce i lądolody

Typ chronionego obszaru (biomu)
- wilgotne lasy równikowe
- pustynie i półpustynie
- wiecznie zielone lasy i zarośla twardolistne
- lasy liściaste strefy umiarkowanej
- stepy strefy umiarkowanej
- wilgotne lasy iglaste strefy umiarkowanej
- lasy iglaste strefy umiarkowanej
- tundry i pustynie arktyczne
- strefy górskie
- wyspy
- bagna
- jeziora
- Maya – obiekty z listy światowego dziedzictwa UNESCO

Udział obszarów chronionych w powierzchni kraju
- pow. 20%
- 10 – 20
- 5 – 10
- 1 – 5
- 0 – 1

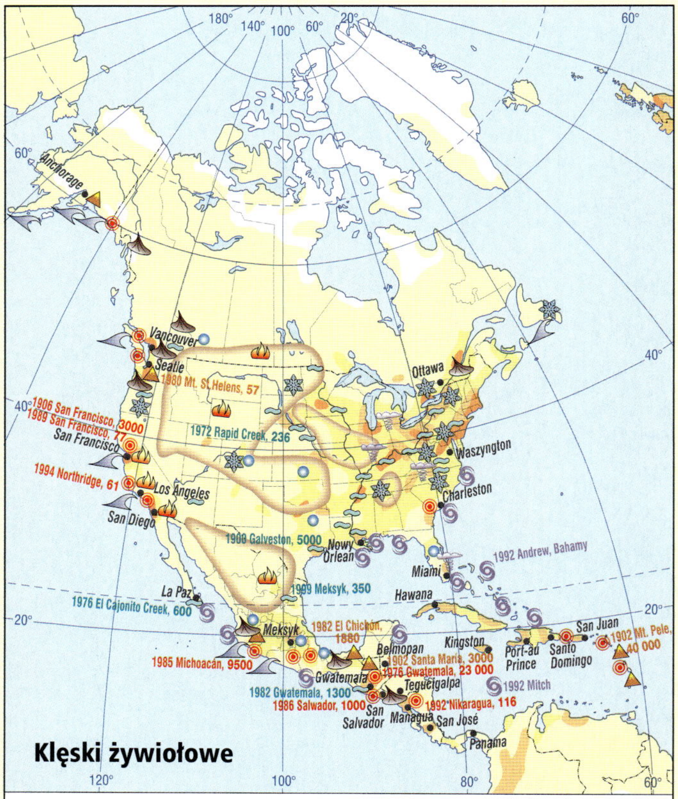

Miejsca największych klęsk żywiołowych spowodowanych:
- wulkanizmem (1980 Mt. St.Helens)
- trzęsieniami ziemi (1986 Salwador)
- pożarami
- tsunami
- huraganami (Mitch)
- tornadami
- powodziami (1999 Meksyk)
- burzami gradowymi
- burzami śnieżnymi
- osuwiskami, lawinami
- suszami
- 23 000 ofiary śmiertelne

Liczba mieszkańców na 1 km^2
- pow. 200
- 50 – 200
- 10 – 50
- pon. 10
- obszary niezamieszkane

Podpisano klęski żywiołowe, które pochłonęły największą liczbę ofiar w XX wieku.

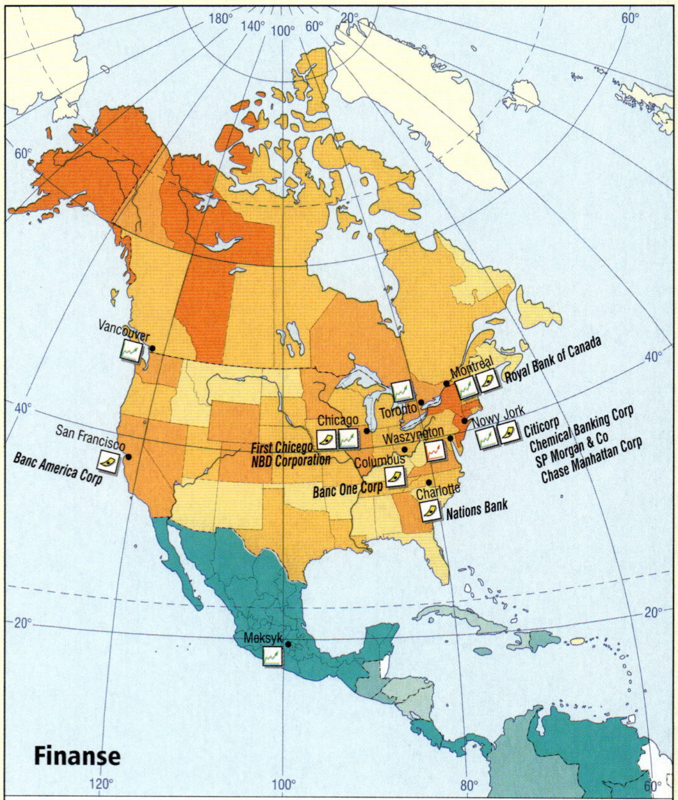

Wielkość rocznego produktu krajowego brutto na 1 mieszk.
- 40 000 – 104 000 dol. USA
- 35 000 – 40 000
- 30 000 – 35 000
- 23 500 – 30 000
- 12 309*
- 3000 – 5000
- 1000 – 3000
- 447 – 1000
- brak danych

Główne ośrodki finansowe
- giełdy
- NASDAQ (regulowany rynek pozagiełdowy)
- wielkie banki komercyjne

*Portoryko

1 : 90 000 000

1 : 30 000 000

Przemysły zaawansowanych technologii

1 : 55 000 000

Przemysły zaawansowanych technologii:
- elektronika i mikroelektronika
- przemysł lotniczy i kosmiczny
- przemysł chemiczny (biotechnologie i nowe tworzywa sztuczne
- przemysł zbrojeniowy

DROGA 128 — główne obszary koncentracji przemysłu zaawansowanych technologii (technopolie)

Berkeley — główne ośrodki badań naukowych

Nakłady na badania naukowe na 1 mieszk.
- powyżej 2000 dol. USA
- 1000 – 2000
- 500 – 1000
- 200 – 500
- poniżej 200

średnie nakłady w Stanach Zj.: 806 dol. USA

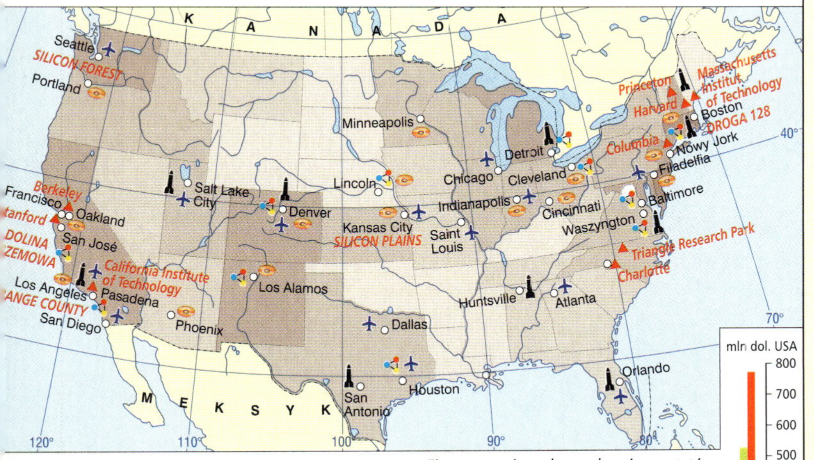

Wydatki budżetowe na prace badawczo-rozwojowe w Stanach Zjednoczonych i Unii Europejskiej

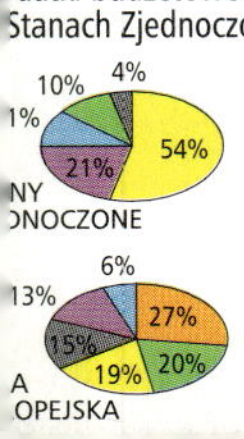

- cywilne badania kosmiczne
- rozwój gospodarczy
- badania nieukierunkowane
- zdrowie i środowisko
- obrona
- ogólne fundusze uniwersyteckie

Finansowanie wybranych uniwersytetów i instytutów naukowych

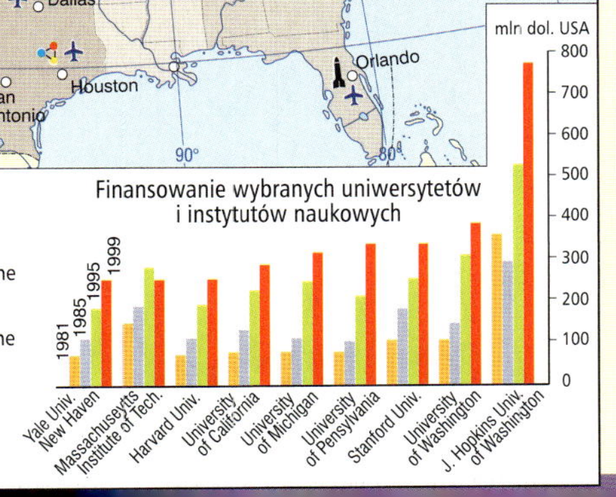

Dolina Krzemowa

1 : 1 000 000

Przemysły zaawansowanych technologii:
- biotechnologie
- internet
- komputery
- oprogramowanie
- półprzewodniki

Stanford University — uniwersytety z zapleczem naukowym

Belmont — miejscowości tworzące Dolinę Krzemową

- drogi międzystanowe
- drogi federalne
- drogi stanowe
- lotniska
- tereny zabudowane
- tereny zielone

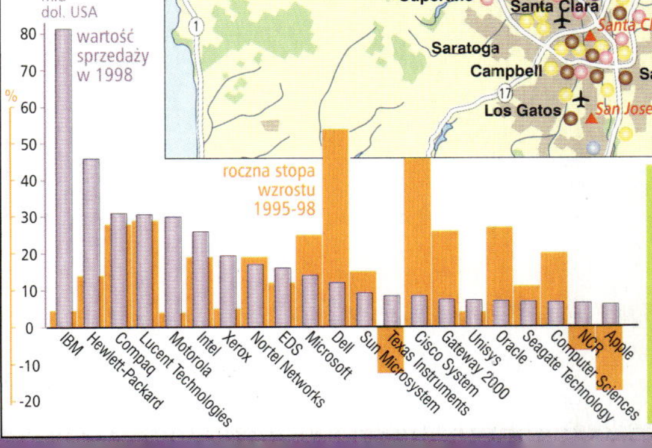

W 1946 r. powstał **Stanford Research Institute** związany z **Uniwersytetem Stanforda**, który dał początek wielkiemu rozwojowi Doliny Krzemowej.

W tym samym roku zbudowano pierwszy komputer **ENIAC**, ważący 30 ton.

Temperatura powietrza w styczniu

+5 +10 +15 +20 +25 °C

Temperatura powietrza w lipcu

-15 -10 -5 0 +5 +10 +15 +20 +25 °C

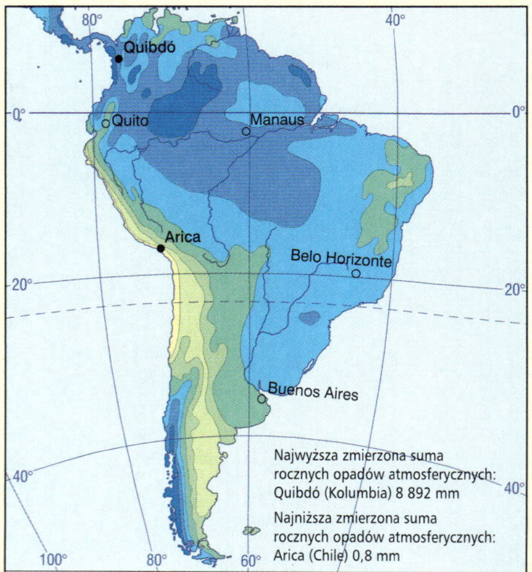

Opady roczne

100 250 500 1000 2000 3000 mm

1 : 40 000 000
Nizina Orinoko
Wyżyna Gujańska
Nizina Amazonki
Andy
Mato Grosso
Wyżyna Brazylijska
Gran Chaco
Niz. La Platy
Pampa
Patagonia
Pust. Atakama
Ocean Spokojny
Ocean Atlantycki
Równikowy Prąd Wsteczny
Prąd Południoworównikowy
Prąd Peruwiański
Prąd Gujański
Prąd Brazylijski
Prąd Falklandzki
Dryf Wiatrów Zachodnich
Zwrotnik Koziorożca
Równik
W-y Galápagos (W-y Żółwie)
W. Kokosowa
Malpelo
San Félix
San Ambrosio
W-y Juan Fernández
Chiloe
Falklandy (Malwiny)
Ziemia Ognista
Cieśn. Magellana
Przyl. Horn
Georgia Pd
Trynidad Pd
Martin Vaz
Fernando de Noronha
Rocas
Zatoka Guayaquil
Zat. Panamska
Kan. Panamski
Zat. San Matias
Zat. San Jorge
Bahia Blanca
La Plata
Amazonka
Orinoko
Rio Negro
Japurá
Madeira
Tapajós
Xingu
Ucayali
Marañon
Mamoré
Parana
Paragwaj
Urugwaj
Iguaçu
São Francisco
Tocantins
Colorado
Zb. Sobradinho
Caracas
Bogota
Quito
Lima
La Paz
Santiago
Buenos Aires
Montevideo
Asunción
Brasília
Rio de Janeiro
São Paulo
Salvador
Recife
Fortaleza
Belém
Manaus
Georgetown
Paramaribo
Kajenna
Aconcagua 6960
Ojos del Salado 6863
Huascarán 6768
Chimborazo 6310
Cotopaxi 5897
Sajama 6520
Llullaillaco 6723
Coropuna 6425
Neblina 3014
m n.p.m.
5000
3000
1500
1000
500
200
0
200
2000
4000
6000

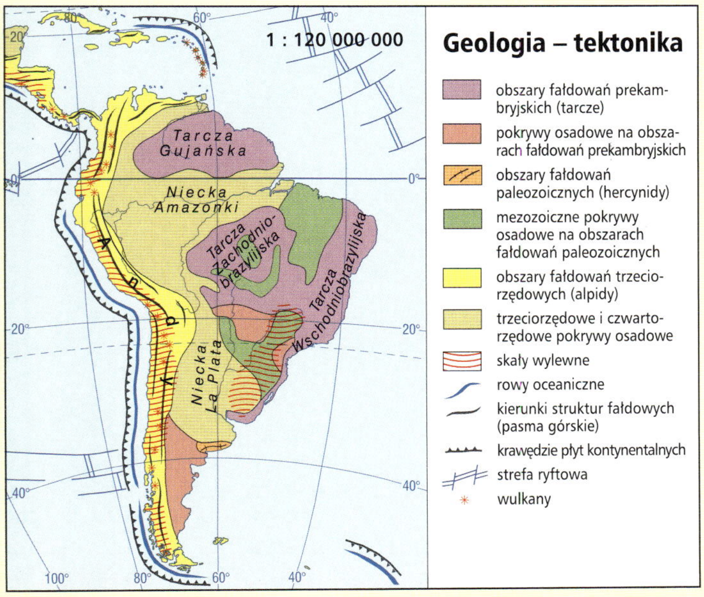
1 : 120 000 000
Geologia – tektonika
obszary fałdowań prekambryjskich (tarcze)
pokrywy osadowe na obszarach fałdowań prekambryjskich
obszary fałdowań paleozoicznych (hercynidy)
mezozoiczne pokrywy osadowe na obszarach fałdowań paleozoicznych
obszary fałdowań trzeciorzędowych (alpidy)
trzeciorzędowe i czwartorzędowe pokrywy osadowe
skały wylewne
rowy oceaniczne
kierunki struktur fałdowych (pasma górskie)
krawędzie płyt kontynentalnych
strefa ryftowa
wulkany
Tarcza Gujańska
Niecka Amazonki
Tarcza Zachodniobrazylijska
Tarcza Wschodniobrazylijska
Niecka La Plata
Andy

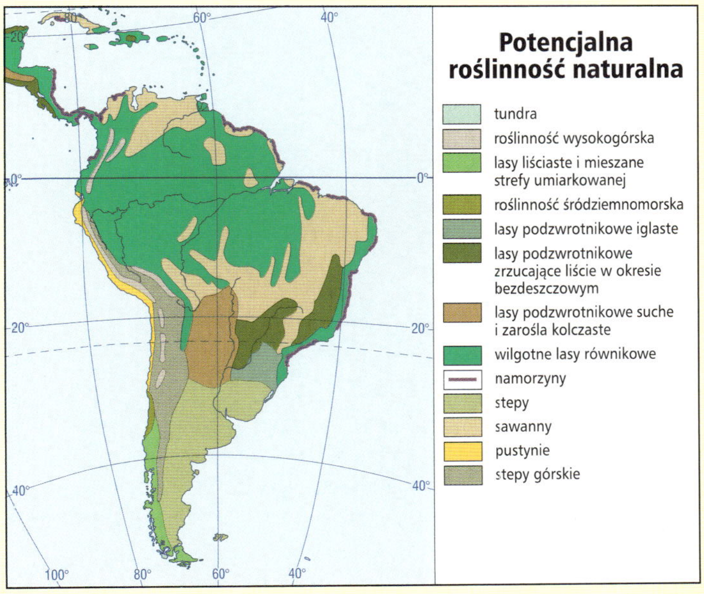
Potencjalna roślinność naturalna
tundra
roślinność wysokogórska
lasy liściaste i mieszane strefy umiarkowanej
roślinność śródziemnomorska
lasy podzwrotnikowe iglaste
lasy podzwrotnikowe zrzucające liście w okresie bezdeszczowym
lasy podzwrotnikowe suche i zarośla kolczaste
wilgotne lasy równikowe
namorzyny
stepy
sawanny
pustynie
stepy górskie

1 : 40 000 000

Terytoria niesamodzielne i zależne:
1 Antyle Holenderskie
2 Brytyjskie Wyspy Dziewicze
3 Wyspy Dziewicze Stanów Zjednoczonych
Stany Brazylii:
1 ALAGOAS
2 ESPÍRITO SANTO
3 RIO DE JANEIRO
4 RIO GRANDE DO NORTE
5 SERGIPE
STANY ZJEDNOCZONE
Houston
Nowy Orlean
Tampa
Miami
NASSAU
BAHAMY
Zatoka Meksykańska
HAWANA
KUBA
Tampico
Mérida
Puebla
MEKSYK
BELMOPAN
BELIZE
GWATEMALA
HONDURAS
TEGUCIGALPA
SALWADOR
SAN SALVADOR
NIKARAGUA
MANAGUA
KOSTARYKA
SAN JOSÉ
PANAMA
Turks i Caicos (br.)
Nicaro
Santiago de Cuba
Kajmany (br.)
KINGSTON
JAMAJKA
HAITI
PORT-AU-PRINCE
DOMINIKANA
SANTO DOMINGO
San Juan
Portoryko (St. Zj.)
Anguilla (br.)
SAINT KITTS I NEVIS
ANTIGUA I BARBUDA
Montserrat (br.)
Gwadelupa (fr.)
DOMINIKA
Martynika (fr.)
ST. LUCIA
BARBADOS
ST. VINCENT I GRENADYNY
GRENADA
TRYNIDAD I TOBAGO
MORZE KARAIBSKIE
Aruba (hol.)
San Andrés (kolumb.)
Santa Marta
Barranquilla
Cartagena
Maracaibo
Valencia
CARACAS
Carupano
Ciudad Guayana
San Cristóbal
Ciudad Bolivar
Orinoko
WENEZUELA
GEORGETOWN
GUJANA
PARAMARIBO
SURINAM
Kajenna
Gujana Francuska
Medellín
Tunja
BOGOTA
Cali
KOLUMBIA
Pasto
W. Kokosowa (kost.)
Malpelo (kolumb.)
Boa Vista
RORAIMA
AMAPÁ
Macapá
Równik
QUITO
Guayaquil
EKWADOR
Cuenca
Loja
W-y Galápagos (ekw.)
Iquitos
Marañon
Piura
Chiclayo
Trujillo
PERU
Ukajali
Cerro de Pasco
La Oroya
Callao
LIMA
Huancayo
Cuzco
J. Titicaca
Arequipa
Puno
Manaus
Amazonka
Solimões
AMAZONAS
Japurá
Rio Negro
Madeira
Tapajós
Santarém
Belém
São Luís
Fortaleza
Teresina
Natal
João Pessoa
Recife
Maceió
Aracaju
Salvador
BRAZYLIA
PARÁ
MARANHÃO
PIAUÍ
CEARÁ
PARAÍBA
PERNAMBUCO
BAHIA
TOCANTINS
Palmas
Rio Branco
Porto Velho
ACRE
RONDÔNIA
MATO GROSSO
GOIÁS
Cuiabá
BRASÍLIA
Goiânia
MINAS GERAIS
BOLIWIA
Mamoré
LA PAZ
Santa Cruz
Oruro
Sucre
Potosí
Arica
Iquique
Chuquicamata
Calama
Antofagasta
Zwrotnik Koziorożca
Zwrotnik Raka
MATO GROSSO DO SUL
Corumbá
Campo Grande
PARAGWAJ
ASUNCIÓN
SÃO PAULO
Campinas
São Paulo
Santos
Belo Horizonte
Vitória
Rio de Janeiro
Niterói
PARANÁ
Kurytyba
SANTA CATARINA
Florianópolis
RIO GRANDE DO SUL
Santa Maria
Porto Alegre
Rio Grande
URUGWAJ
MONTEVIDEO
La Plata
Salta
Formosa
Resistencia
Tucumán
Salado
Coquimbo
Córdoba
Santa Fe
Paraná
Rosario
Valparaíso
Mendoza
SANTIAGO
BUENOS AIRES
San Félix (chil.)
San Ambrosio (chil.)
W-y Juan Fernández (chil.)
Concepción
Colorado
Mar del Plata
Bahía Blanca
Valdivia
Puerto Montt
San Carlos de Bariloche
Zat. San Matías
ARGENTYNA
CHILE
Comodoro Rivadavia
Las Heras
Zat. San Jorge
Deseado
Falklandy (Malwiny) (br. sporne z Arg.)
Stanley
Cieśn. Magellana
Punta Arenas
Cieśnina Drake'a
Georgia Południowa
OCEAN SPOKOJNY
OCEAN ATLANTYCKI
Los Angeles – Panama 5390 km
Honolulu – Panama 8670 km
San Francisco – Callao 7400 km
Sydney – Panama 14 210 km
San Francisco – Valparaíso 9520 km
Honolulu – Valparaíso 10 950 km
Sydney – Valparaíso 11 820 km
2400 km
2560 km
Nowy Jork – Rio de Janeiro 8790 km
Nowy Jork – Buenos Aires 10 820 km
Lizbona – Rio de Janeiro 7820 km
Buenos Aires – Kapsztad 6890 km
Zadłużenie
Sytuacja polityczna
1 : 100 000 000
Zadłużenie krajów (dol. USA)
50 mld
10 mld
1 mld
Wewnętrzna sytuacja polityczna
stabilna
niestabilna
szczególnie niestabilna
Dominikana 25
Kostaryka 28
Haiti 28
Argentyna 52
Jamajka 56
Chile 56
Panama 77
Honduras 99
Nikaragua 308
% PKB
stan z 1999 r.
Zadłużenie w odniesieniu do PKB (w wybranych krajach)

1 : 110 000 000

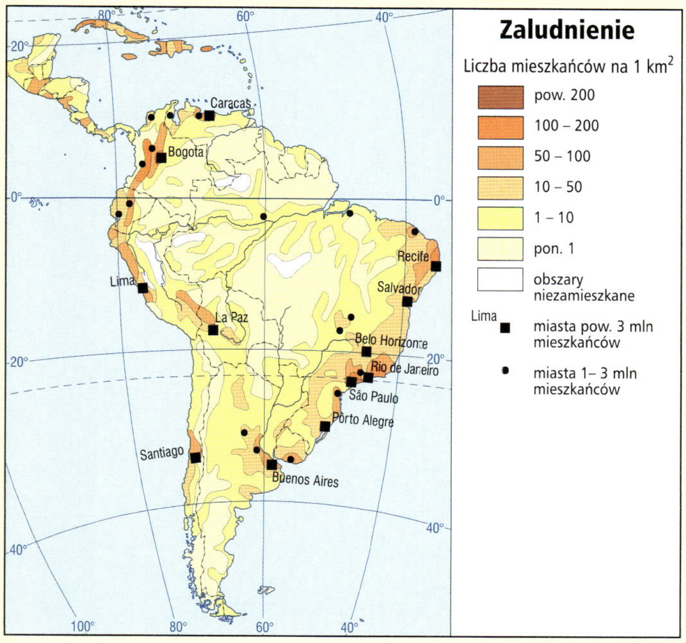
Zaludnienie
Liczba mieszkańców na 1 km²
pow. 200
100 – 200
50 – 100
10 – 50
1 – 10
pon. 1
obszary niezamieszkane
Lima miasta pow. 3 mln mieszkańców
miasta 1– 3 mln mieszkańców
Caracas
Bogota
Lima
La Paz
Recife
Salvador
Belo Horizonte
Rio de Janeiro
São Paulo
Porto Alegre
Santiago
Buenos Aires

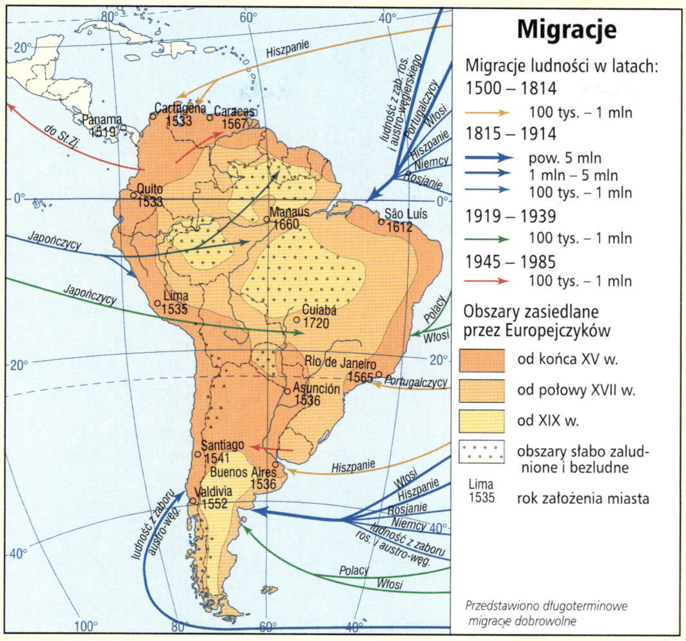
Migracje
Migracje ludności w latach:
1500 – 1814
100 tys. – 1 mln
1815 – 1914
pow. 5 mln
1 mln – 5 mln
100 tys. – 1 mln
1919 – 1939
100 tys. – 1 mln
1945 – 1985
100 tys. – 1 mln
Obszary zasiedlane przez Europejczyków
od końca XV w.
od połowy XVII w.
od XIX w.
obszary słabo zaludnione i bezludne
Lima 1535 rok założenia miasta
Przedstawiono długoterminowe migracje dobrowolne
Hiszpanie
Panama 1519
Cartagena 1533
Caracas 1567
Quito 1533
Manaus 1660
São Luis 1612
Lima 1535
Cuiabá 1720
Rio de Janeiro 1565
Asunción 1536
Santiago 1541
Buenos Aires 1536
Valdivia 1552
Japończycy
do St.Zj.
Portugalczycy
Włosi
Polacy
Niemcy
Rosjanie

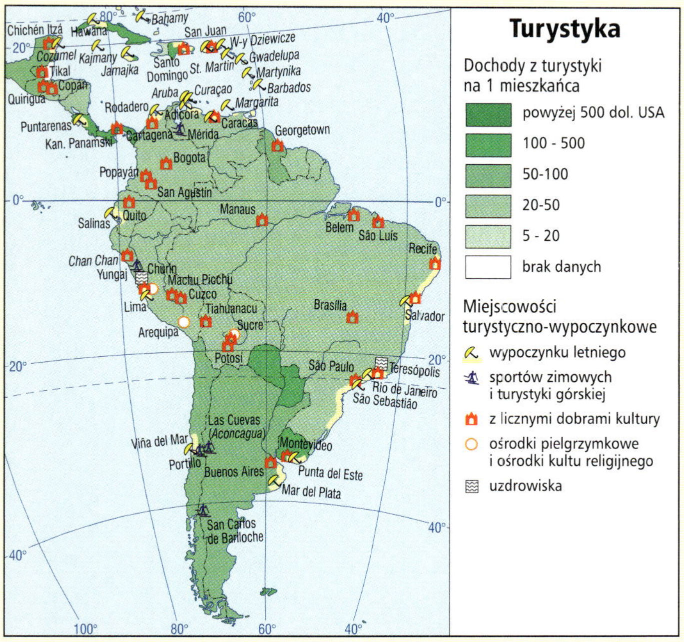
Turystyka
Dochody z turystyki na 1 mieszkańca
powyżej 500 dol. USA
100 - 500
50-100
20-50
5 - 20
brak danych
Miejscowości turystyczno-wypoczynkowe
wypoczynku letniego
sportów zimowych i turystyki górskiej
z licznymi dobrami kultury
ośrodki pielgrzymkowe i ośrodki kultu religijnego
uzdrowiska
Chichén Itzá
Hawana
Bahamy
San Juan
Santo Domingo
Jamajka
Aruba
Curaçao
Margarita
Cartagena
Mérida
Caracas
Georgetown
Bogota
San Agustin
Quito
Manaus
Belem
São Luis
Recife
Cuzco
Machu Picchu
Lima
Arequipa
Tiahuanacu
Sucre
Potosi
Brasília
Salvador
São Paulo
Rio de Janeiro
Las Cuevas (Aconcagua)
Viña del Mar
Portillo
Buenos Aires
Montevideo
Punta del Este
Mar del Plata
San Carlos de Bariloche

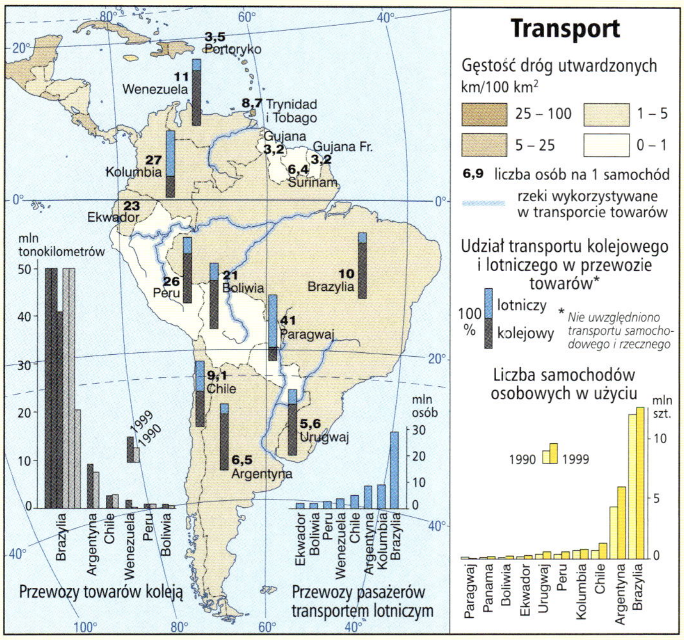
Transport
Gęstość dróg utwardzonych km/100 km²
25 – 100
1 – 5
5 – 25
0 – 1
6,9 liczba osób na 1 samochód
rzeki wykorzystywane w transporcie towarów
Udział transportu kolejowego i lotniczego w przewozie towarów*
lotniczy
kolejowy
* Nie uwzględniono transportu samochodowego i rzecznego
Liczba samochodów osobowych w użyciu
1990 1999
mln szt.
mln tonokilometrów
Przewozy towarów koleją
mln osób
Przewozy pasażerów transportem lotniczym
3,5 Portoryko
11 Wenezuela
8,7 Trynidad i Tobago
Gujana 3,2
Gujana Fr. 3,2
6,4 Surinam
27 Kolumbia
23 Ekwador
26 Peru
21 Boliwia
10 Brazylia
41 Paragwaj
9,1 Chile
5,6 Urugwaj
6,5 Argentyna
Brazylia
Argentyna
Chile
Wenezuela
Peru
Boliwia
Ekwador
Kolumbia
Paragwaj
Panama
Urugwaj

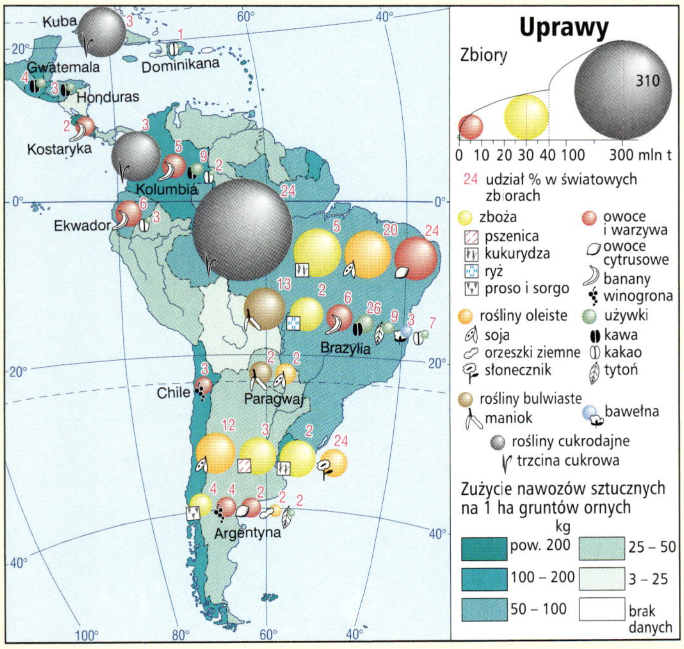
Uprawy
Zbiory
0 10 20 30 40 100 300 mln t
310
24 udział % w światowych zbiorach
zboża
pszenica
kukurydza
ryż
proso i sorgo
owoce i warzywa
owoce cytrusowe
banany
winogrona
rośliny oleiste
soja
orzeszki ziemne
słonecznik
używki
kawa
kakao
tytoń
rośliny bulwiaste
maniok
bawełna
rośliny cukrodajne
trzcina cukrowa
Zużycie nawozów sztucznych na 1 ha gruntów ornych kg
pow. 200
100 – 200
50 – 100
25 – 50
3 – 25
brak danych
Kuba
Gwatemala
Dominikana
Honduras
Kostaryka
Kolumbia
Ekwador
Brazylia
Chile
Paragwaj
Argentyna

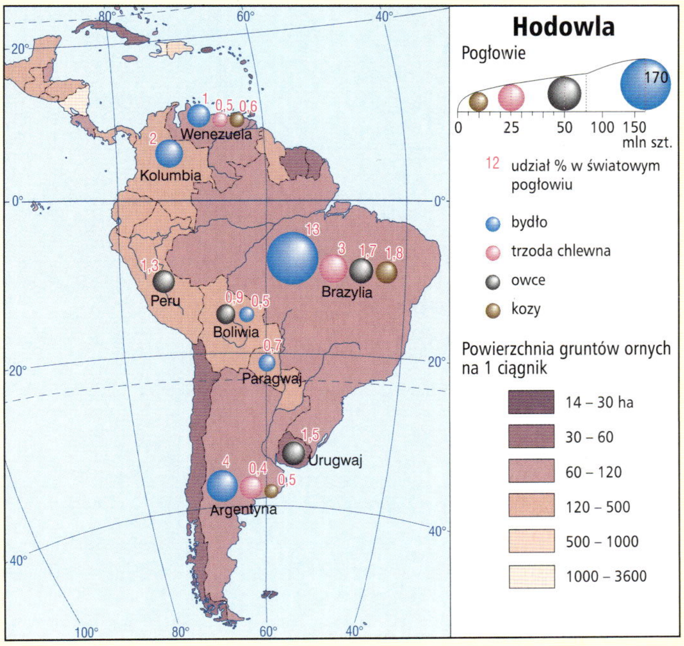
Hodowla
Pogłowie
0 25 50 100 150 mln szt.
170
12 udział % w światowym pogłowiu
bydło
trzoda chlewna
owce
kozy
Powierzchnia gruntów ornych na 1 ciągnik
14 – 30 ha
30 – 60
60 – 120
120 – 500
500 – 1000
1000 – 3600
Wenezuela
Kolumbia
Peru
Brazylia
Boliwia
Paragwaj
Urugwaj
Argentyna

AMERYKA POŁUDNIOWA Gospodarka

Zatrudnienie w:

rolnictwie
- wyraźna dominacja
- z udziałem przemysłu

przemyśle
- wyraźna dominacja
- z udziałem rolnictwa
- z udziałem usług

usługach
- wyraźna dominacja
- z udziałem przemysłu
- obszary niezagospodarowane lub słabo zagospodarowane

Górnictwo
- ropy naftowej
- gazu ziemnego
- węgla kamiennego
- rud żelaza
- rud manganu
- rud chromu
- rud niklu
- rud miedzi
- rud cynku i ołowiu
- rud cyny
- boksytów
- złota
- srebra
- diamentów
- soli potasowych
- fosforytów i apatytów
- siarki

Ośrodki wydobycia
- wielkie
- duże
- średnie
- małe

32 % udział w światowym wydobyciu (pow. 10)

Ośrodki gospodarcze

oddziaływanie:
- światowe
- ważniejsze regionalne
- regionalne
- lokalne

funkcje:
- wielofunkcyjne
- przemysłowe i górnicze
- transportowe
- handlowe, finansowe i administracyjne
- turystyczne i kulturalne

- drogi główne
- koleje główne
- ropociągi
- gazociągi
- główne porty lotnicze
- główne porty morskie

Gleby

- brunatne i płowe
- szare gleby leśne, czarnoziemy i gleby czarnoziemne
- kasztanowe
- brązowe i szarobrązowe (cynamonowe)
- buroziemy i szaroziemy
- inicjalne pustyń
- żółtoziemy i czerwonoziemy
- czerwonożółte gleby laterytowe
- czerwone gleby laterytowe
- brązowoczerwone (cynamonowoczerwone)
- inicjalne skaliste i słabo wykształcone
- mady rzeczne i morskie
- górskie

Typy gospodarki rolnej

- rolnictwo mieszane zmechanizowane
- gospodarka zbożowa wielkoobszarowa
- rolnictwo mieszane intensywne (miejscami nawadniane)
- rolnictwo śródziemnomorskie
- plantacje
- rolnictwo prymitywne
- hodowla pastwiskowa
- wilgotne lasy równikowe (leśnictwo, łowiectwo, zbieractwo, rolnictwo żarowe)
- inne lasy (leśnictwo, łowiectwo, zbieractwo)
- obszary słabo lub niewykorzystane rolniczo
- obszary łowiskowe

Uprawy

- pszenica
- kukurydza
- ryż
- proso i sorgo
- maniok
- ziemniaki
- trzcina cukrowa
- soja
- orzeszki ziemne
- słonecznik
- palma oleista i kokosowa
- owoce i warzywa
- owoce cytrusowe
- banany
- winorośl
- kawa
- kakao
- herbata
- tytoń
- bawełna
- agawa
- kauczuk

Hodowla

- bydło
- trzoda chlewna
- owce
- kozy
- lamy

1 : 40 000 000

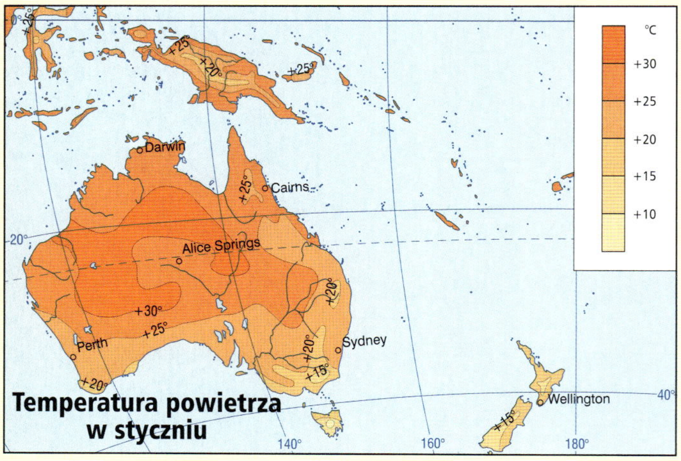

Temperatura powietrza w styczniu

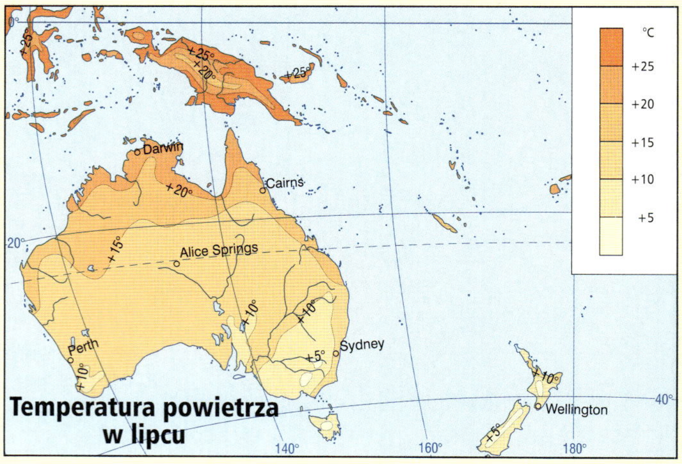

Temperatura powietrza w lipcu

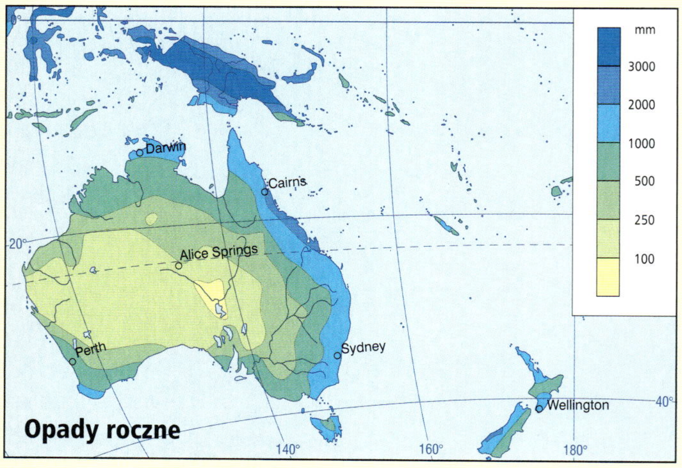

Opady roczne

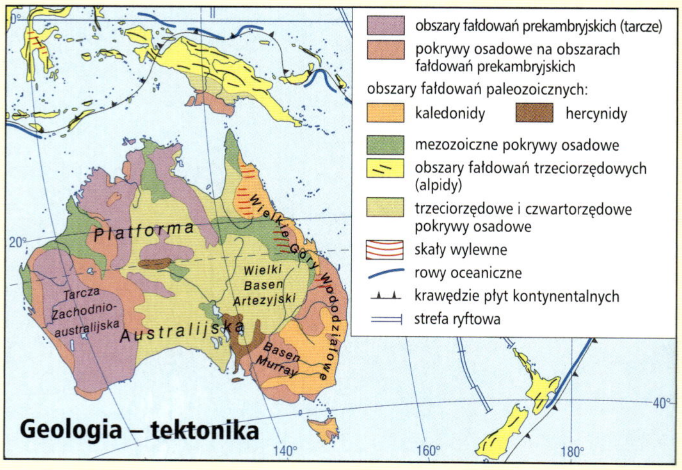

Geologia – tektonika

1 : 90 000 000

1 : 40 000 000

m n.p.m.
3000
1500
500
200
0
200
2000
4000
6000
8000
OCEAN INDYJSKI
OCEAN SPOKOJNY
MORZE ARAFURA
MORZE TIMOR
MORZE KORALOWE
MORZE FIDŻI
MORZE TASMANA
MELANEZJA
Nowa Gwinea
Wielkie Góry Wododziałowe
Wielki Basen Artezyjski
Wielka Rafa Koralowa
Nizina Nullarbor
Wielka Zatoka Australijska
Zatoka Karpentaria
Wyżyna Barkly
Kimberley
G. Hamersley
G. Macdonnella
G. Musgrave
G. Strzeleckiego
Ziemia Arnhema
Płw. Jork
Tasmania
Nowa Zelandia
W. Północna
W. Południowa
Nowa Kaledonia
Nowe Hebrydy
W-y Salomona
Arch. Bismarcka
Nw. Irlandia
Nw. Brytania
W-y Fidżi
W-y Ellice
W-y Gilberta
W-y Kermadec
W-y Chatham
Norfolk
Cieśn. Bassa
Cieśn. Cooka
Cieśn. Torresa
Prąd Zachodnioaustralijski
Prąd Wschodnioaustralijski
Prąd Południoworównikowy
Dryf Wiatrów Zachodnich
Zwrotnik Koziorożca
G. Kosciuszki 2230
G. Śnieżne
Puncak Jaya 5030
Sydney
Melbourne
Brisbane
Adelaide
Perth
Darwin
Canberra
Hobart
Alice Springs
Wellington
Auckland
Christchurch
Dunedin
Port Moresby

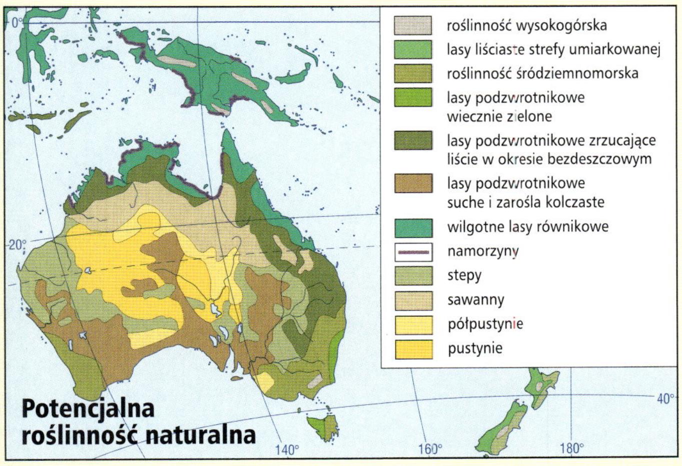
roślinność wysokogórska
lasy liściaste strefy umiarkowanej
roślinność śródziemnomorska
lasy podzwrotnikowe wiecznie zielone
lasy podzwrotnikowe zrzucające liście w okresie bezdeszczowym
lasy podzwrotnikowe suche i zarośla kolczaste
wilgotne lasy równikowe
namorzyny
stepy
sawanny
półpustynie
pustynie
Potencjalna roślinność naturalna

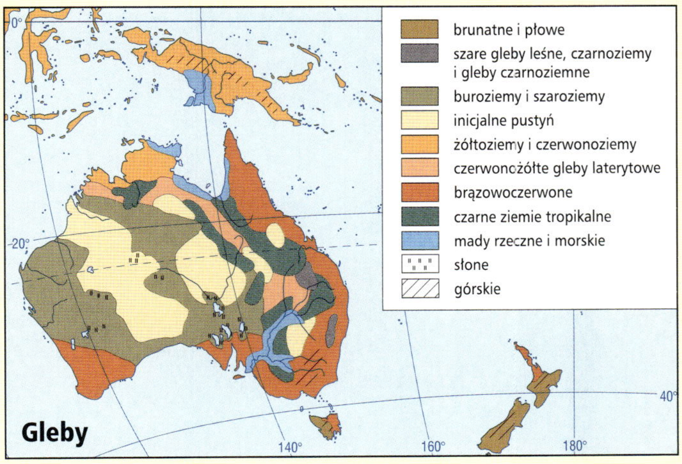
brunatne i płowe
szare gleby leśne, czarnoziemy i gleby czarnoziemne
buroziemy i szaroziemy
inicjalne pustyń
żółtoziemy i czerwonoziemy
czerwonożółte gleby laterytowe
brązowoczerwone
czarne ziemie tropikalne
mady rzeczne i morskie
słone
górskie
Gleby

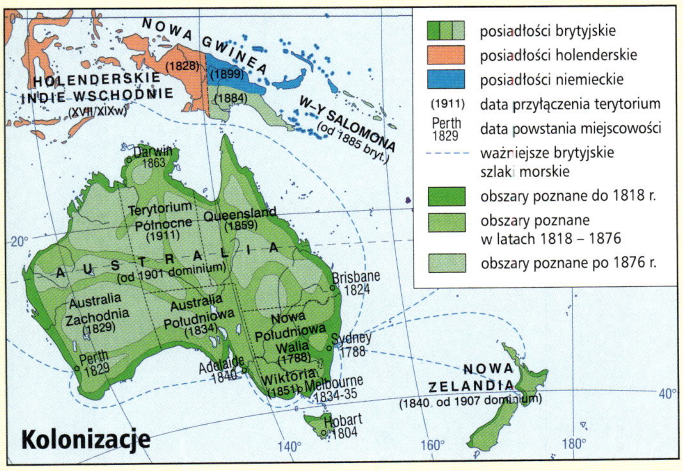
posiadłości brytyjskie
posiadłości holenderskie
posiadłości niemieckie
(1911) data przyłączenia terytorium
Perth 1829 data powstania miejscowości
ważniejsze brytyjskie szlaki morskie
obszary poznane do 1818 r.
obszary poznane w latach 1818 – 1876
obszary poznane po 1876 r.
NOWA GWINEA
HOLENDERSKIE INDIE WSCHODNIE (XVII/XIXw)
W-Y SALOMONA (od 1885 bryt.)
AUSTRALIA (od 1901 dominium)
Terytorium Północne (1911)
Queensland (1859)
Australia Zachodnia (1829)
Australia Południowa (1834)
Nowa Południowa Walia (1788)
Wiktoria (1851)
NOWA ZELANDIA (1840, od 1907 dominium)
Kolonizacje

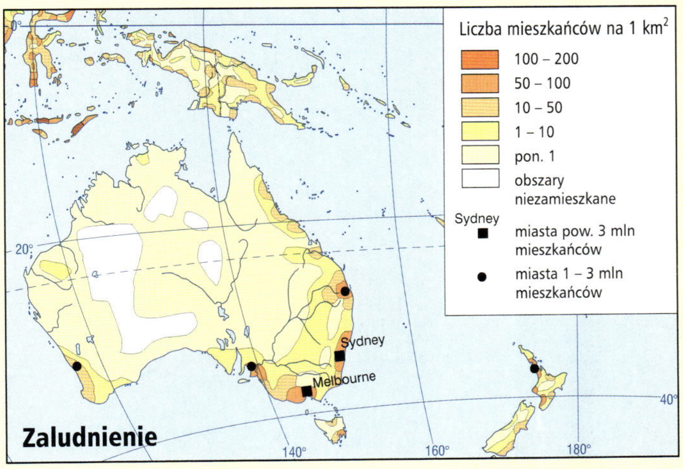
Liczba mieszkańców na 1 km²
100 – 200
50 – 100
10 – 50
1 – 10
pon. 1
obszary niezamieszkane
miasta pow. 3 mln mieszkańców
miasta 1 – 3 mln mieszkańców
Sydney
Melbourne
Zaludnienie

1 : 90 000 000

AUSTRALIA Podział polityczny

1 : 50 000 000

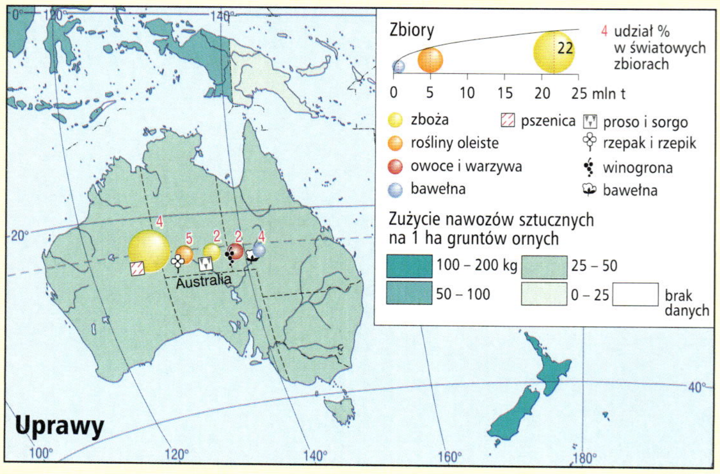

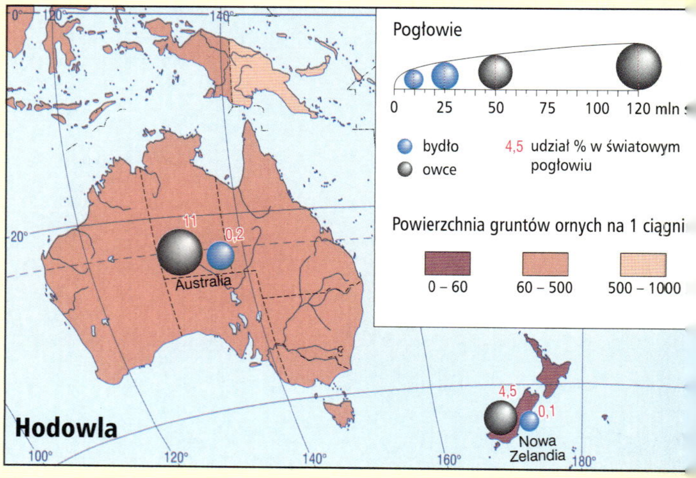

1 : 90 000 000

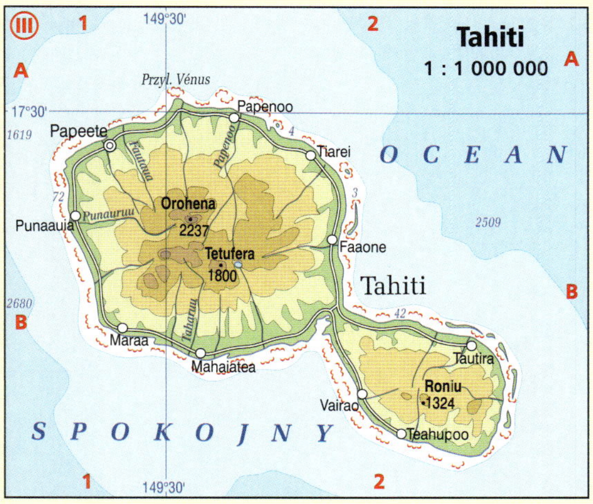
III
Tahiti
1 : 1 000 000
OCEAN SPOKOJNY
Przyl. Vénus
Papenoo
Papeete
Tiarei
Orohena
2237
Punaauia
Tetufera
1800
Faaone
Tahiti
Maraa
Mahaiatea
Tautira
Roniu
1324
Vairao
Teahupoo
149°30'
17°30'

I
Fidżi
1 : 5 000 000
OCEAN SPOKOJNY
W-y Ringgold
Przyl. Undu
Nanduri
Lambasa
Vanua Levu
Rambi
Zat. Natewa
Ciesn. Somosomo
Mbua
842
1032
Savusavu
Taveuni
Ciesn. Nanuku
Yasawa
Yandua
W-y Yasawa
Ciesn. Vatu-i-Ra
Naviti
Waya
Vanua Mbalavu
Koro
Makongai
Wakaya
Mango
Tavua
Mba
1322
Lautoka
1195
Viti Levu
Ovalau
Nairai
MORZE KORO
Thithia
Malolo
Nandi
Wailotua
Nausori
1203
Ngau
Nayau
Ciesn. Lakemba
Singatoka
Korolevu
Suva
Navua
Lakemba
Vanua Vatu
Mbengga
W-y Lau
Vatulele
Ciesn. Kandavu
Moala
Mothe
Ono
Totoya
Yangasa Levu
Kambara
665
Kandavu
Matuku
Fulanga
MORZE FIDŻI
Vatoa
178°
180°
16°
18°

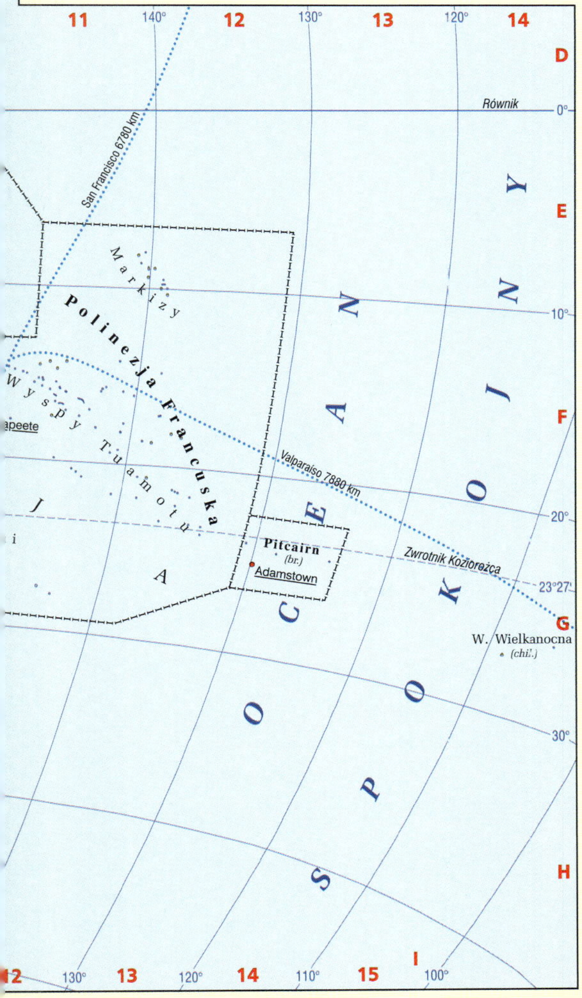
Równik
San Francisco 6780 km
Markizy
Polinezja Francuska
Wyspy Tuamotu
Valparaiso 7880 km
Pitcairn (br.)
Adamstown
Zwrotnik Koziorożca
W. Wielkanocna (chil.)
OCEAN SPOKOJNY
23°27'

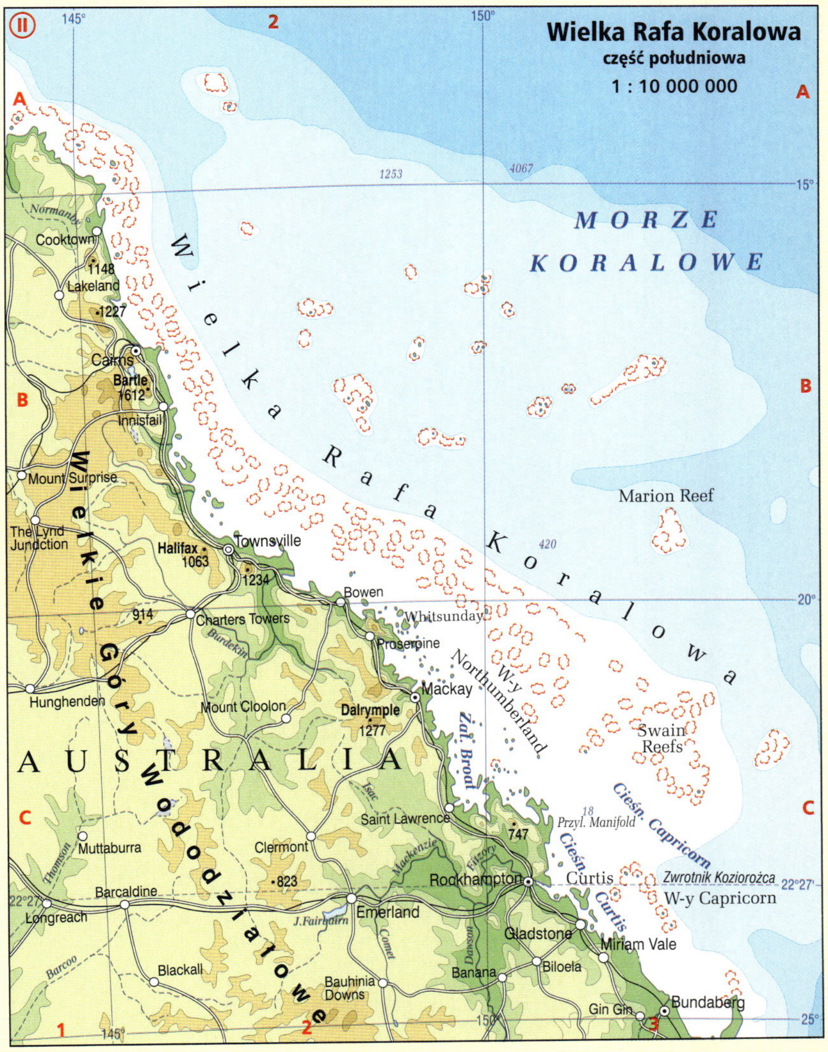
Wielka Rafa Koralowa
część południowa
1 : 10 000 000
MORZE KORALOWE
Wielka Rafa Koralowa
Cooktown
1148
Lakeland
1227
Cairns
Bartle Frere 1612
Innisfail
Mount Surprise
The Lynd Junction
Halifax 1063
Townsville
1234
Bowen
Whitsunday
914
Charters Towers
Proserpine
Mackay
W-y Northumberland
Hughenden
Mount Coolon
Dalrymple 1277
Marion Reef
Swain Reefs
AUSTRALIA
Wielkie Góry Wododziałowe
Zat. Broad
Saint Lawrence
Przyl. Manifold
Ciesn. Capricorn
Muttaburra
Clermont
747
Ciesn. Curtis
823
Rockhampton
Curtis
Zwrotnik Koziorożca
W-y Capricorn
Barcaldine
Emerland
Longreach
Gladstone
Miriam Vale
Blackall
Banana
Biloela
Bauhinia Downs
Gin Gin
Bundaberg
145°
150°
15°
20°
22°27'
25°

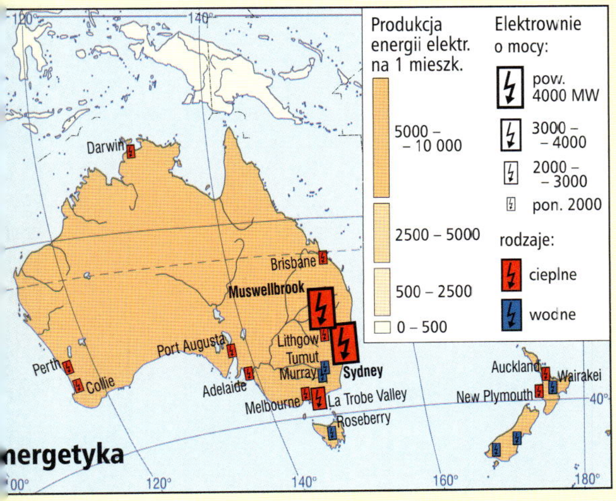
Produkcja energii elektr. na 1 mieszk.
5000 – 10 000
2500 – 5000
500 – 2500
0 – 500
Elektrownie o mocy:
pow. 4000 MW
3000 – 4000
2000 – 3000
pon. 2000
rodzaje:
cieplne
wodne
Darwin
Brisbane
Muswellbrook
Port Augusta
Lithgow
Tumut
Murray
Sydney
Perth
Collie
Adelaide
Melbourne
La Trobe Valley
Roseberry
Auckland
Wairakei
New Plymouth
Energetyka

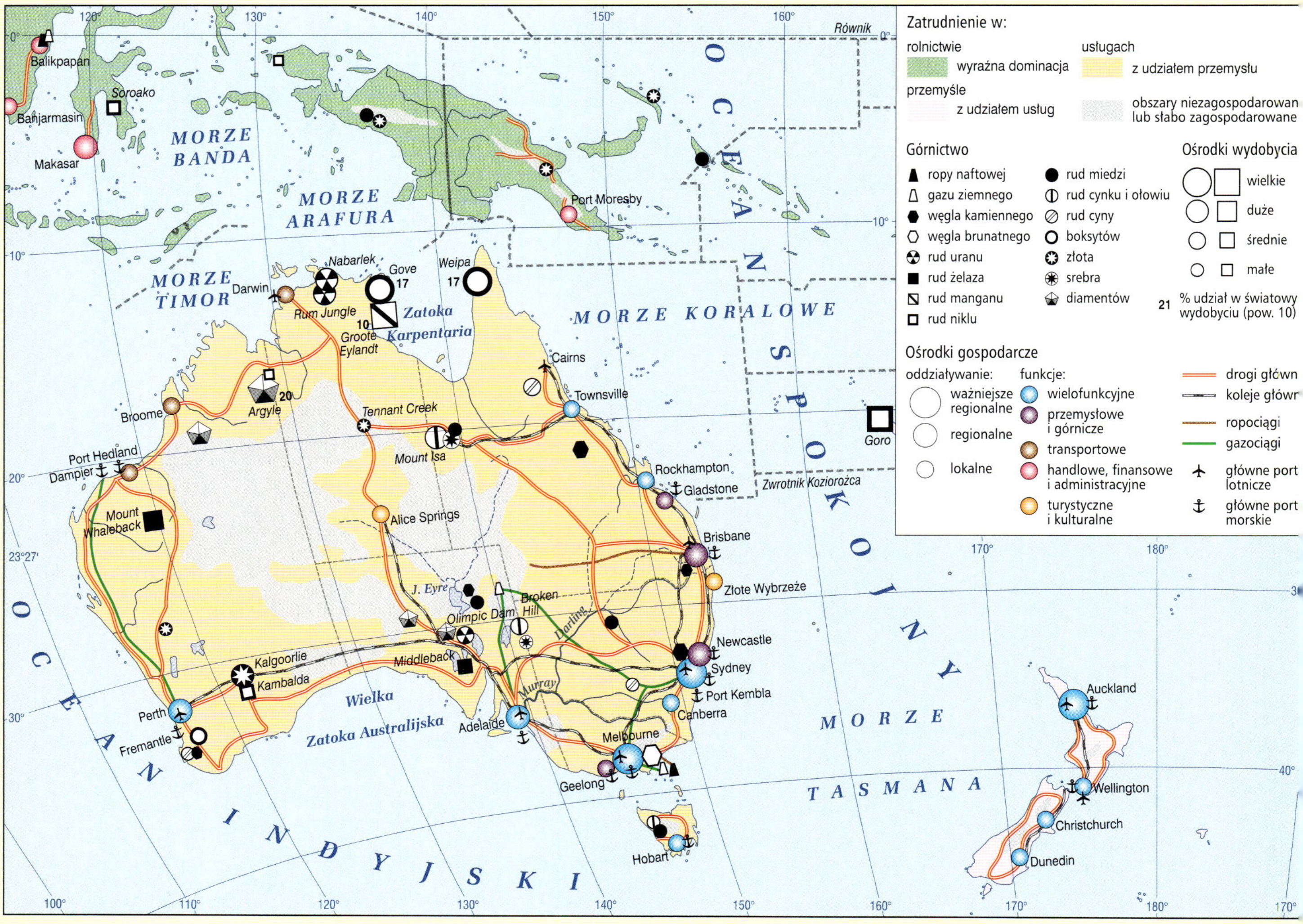
Zatrudnienie w:
rolnictwie
wyraźna dominacja
usługach
z udziałem przemysłu
przemyśle
z udziałem usług
obszary niezagospodarowan
lub słabo zagospodarowane
Górnictwo
ropy naftowej
gazu ziemnego
węgla kamiennego
węgla brunatnego
rud uranu
rud żelaza
rud manganu
rud niklu
rud miedzi
rud cynku i ołowiu
rud cyny
boksytów
złota
srebra
diamentów
Ośrodki wydobycia
wielkie
duże
średnie
małe
21 % udział w światowy wydobyciu (pow. 10)
Ośrodki gospodarcze
oddziaływanie:
ważniejsze regionalne
regionalne
lokalne
funkcje:
wielofunkcyjne
przemysłowe i górnicze
transportowe
handlowe, finansowe i administracyjne
turystyczne i kulturalne
drogi główn
koleje główr
ropociągi
gazociągi
główne port lotnicze
główne port morskie
MORZE BANDA
MORZE ARAFURA
MORZE TIMOR
MORZE KORALOWE
Zatoka Karpentaria
Wielka Zatoka Australijska
OCEAN SPOKOJNY
OCEAN INDYJSKI
MORZE TASMANA
Równik
Zwrotnik Koziorożca
Balikpapan
Banjarmasin
Makasar
Soroako
Port Moresby
Darwin
Nabarlek
Gove
Weipa
Rum Jungle
Groote Eylandt
Cairns
Townsville
Broome
Argyle
Tennant Creek
Mount Isa
Port Hedland
Dampier
Mount Whaleback
Rockhampton
Gladstone
Goro
Alice Springs
Brisbane
Złote Wybrzeże
J. Eyre
Olympic Dam
Broken Hill
Darling
Newcastle
Sydney
Port Kembla
Kalgoorlie
Kambalda
Middleback
Canberra
Murray
Perth
Fremantle
Adelaide
Melbourne
Geelong
Hobart
Auckland
Wellington
Christchurch
Dunedin

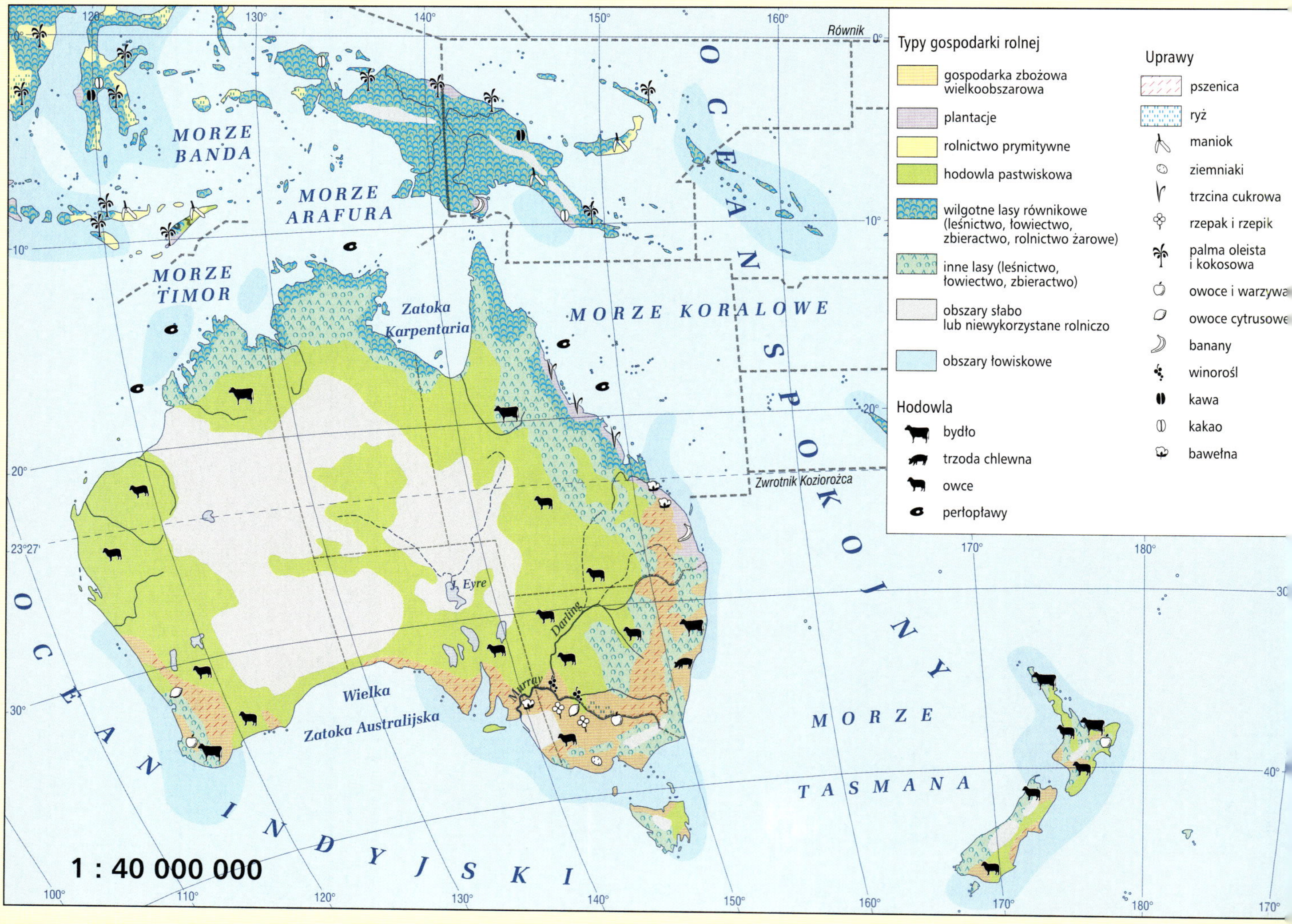
Typy gospodarki rolnej
gospodarka zbożowa wielkoobszarowa
plantacje
rolnictwo prymitywne
hodowla pastwiskowa
wilgotne lasy równikowe (leśnictwo, łowiectwo, zbieractwo, rolnictwo żarowe)
inne lasy (leśnictwo, łowiectwo, zbieractwo)
obszary słabo lub niewykorzystane rolniczo
obszary łowiskowe
Hodowla
bydło
trzoda chlewna
owce
perłopławy
Uprawy
pszenica
ryż
maniok
ziemniaki
trzcina cukrowa
rzepak i rzepik
palma oleista i kokosowa
owoce i warzywa
owoce cytrusowe
banany
winorośl
kawa
kakao
bawełna
MORZE BANDA
MORZE ARAFURA
MORZE TIMOR
Zatoka Karpentaria
MORZE KORALOWE
OCEAN SPOKOJNY
OCEAN INDYJSKI
Wielka Zatoka Australijska
MORZE TASMANA
Równik
Zwrotnik Koziorożca
J. Eyre
Darling
Murray
1 : 40 000 000

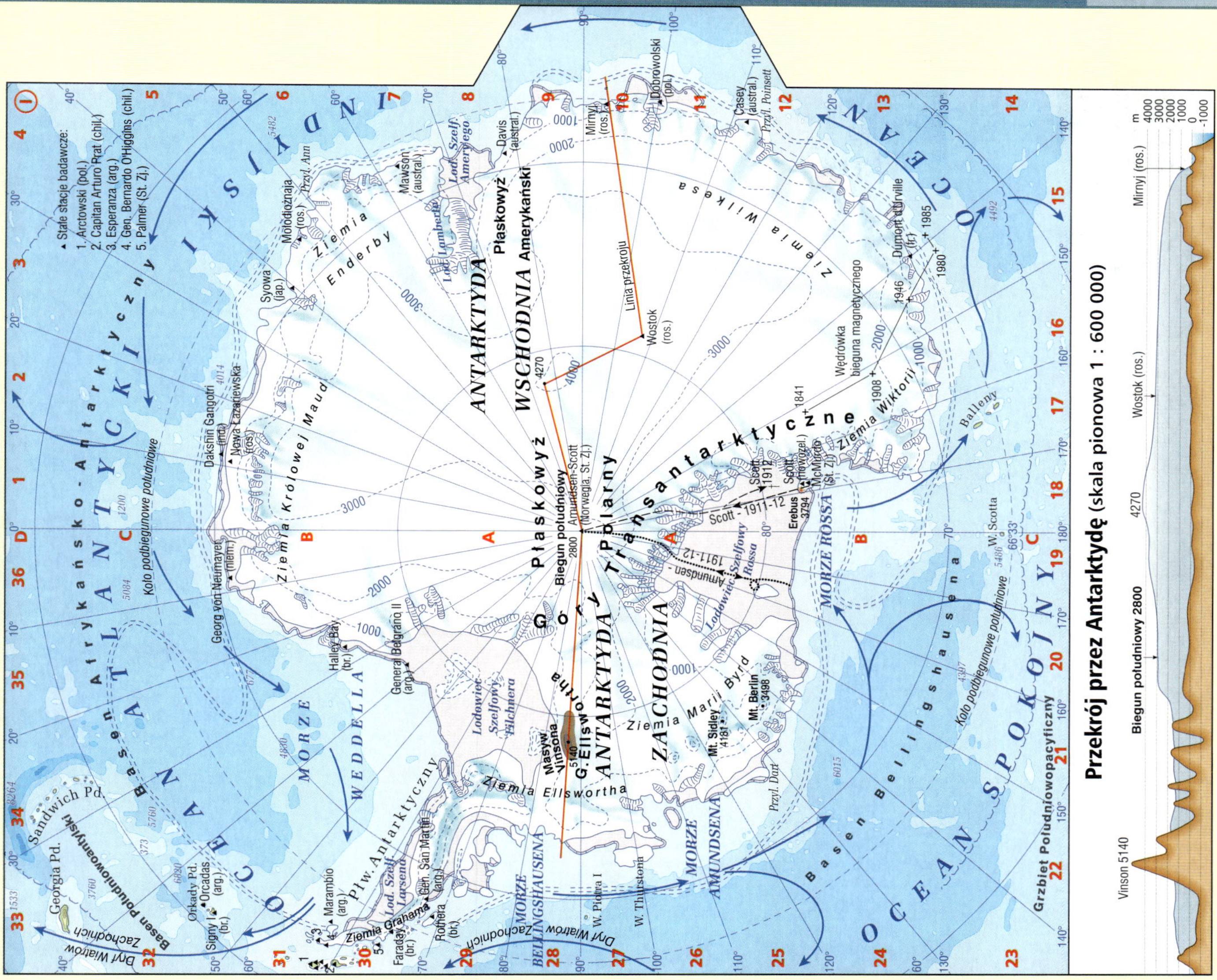
I
ANTARKTYDA
ANTARKTYDA WSCHODNIA
ANTARKTYDA ZACHODNIA
Płaskowyż Polarny
Góry Transantarktyczne
Biegun południowy
OCEAN ATLANTYCKI
OCEAN INDYJSKI
OCEAN SPOKOJNY
MORZE WEDDELLA
MORZE ROSSA
MORZE AMUNDSENA
MORZE BELLINGSHAUSENA
Ziemia Wilkesa
Ziemia Wiktorii
Ziemia Królowej Maud
Ziemia Enderby
Ziemia Marii Byrd
Ziemia Ellswortha
Lodowiec Szelfowy Rossa
Lodowiec Szelfowy Filchnera
Masyw Vinsona
Koło podbiegunowe południowe
Stałe stacje badawcze:
1. Arctowski (pol.)
2. Capitan Arturo Prat (chil.)
3. Esperanza (arg.)
4. Gen. Bernardo O'Higgins (chil.)
5. Palmer (St. Zj.)
Przekrój przez Antarktydę (skala pionowa 1 : 600 000)
1 : 40 000 000

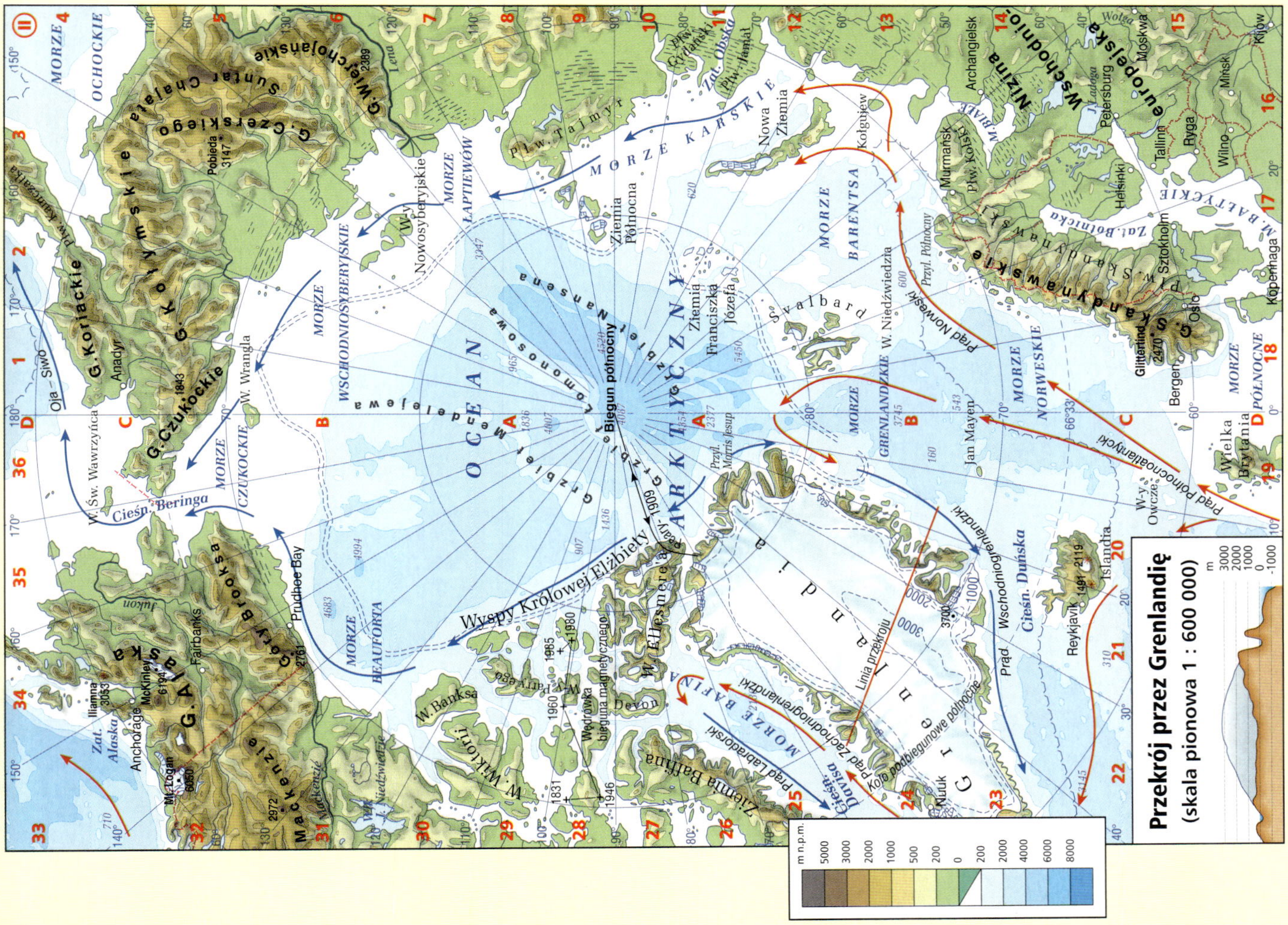
II
OCEAN ARKTYCZNY
Biegun północny
Grenlandia
MORZE BARENTSA
MORZE KARSKIE
MORZE GRENLANDZKIE
MORZE NORWESKIE
MORZE BEAUFORTA
MORZE CZUKOCKIE
MORZE WSCHODNIOSYBERYJSKIE
MORZE LAPTIEWÓW
MORZE OCHOCKIE
MORZE BAFFINA
MORZE PÓŁNOCNE
Grzbiet Łomonosowa
Grzbiet Nansena
Grzbiet Mendelejewa
Svalbard
Ziemia Franciszka Józefa
Nowa Ziemia
Ziemia Północna
Wyspy Nowosyberyjskie
Wyspy Królowej Elżbiety
Islandia
Koło podbiegunowe północne
Przekrój przez Grenlandię (skala pionowa 1 : 600 000)
1 : 40 000 000

Afganistan
Albania
Algieria
Andora
Angola
Antigua i Barbuda
Arabia Saudyjska
Argentyna
Armenia
Australia
Austria
Azerbejdżan
Bahamy
Bahrajn
Bangladesz
Barbados
Belgia
Belize
Benin
Bhutan
Białoruś
Birma
Boliwia
Bośnia i Hercegowina
Botswana
Brazylia
Brunei
Bułgaria
Burkina Faso
Burundi
Chile
Chiny
Chorwacja
Cypr
Czad
Czechy
Dania
Demokratyczna Rep. Konga
Dominika
Dominikana
Dżibuti
Egipt
Ekwador
Erytrea
Estonia
Etiopia
Fidżi
Filipiny
Finlandia
Francja
Gabon
Gambia
Ghana
Grecja
Grenada
Gruzja
Gujana
Gwatemala
Gwinea
Gwinea-Bissau
Gwinea Równikowa
Haiti
Hiszpania
Holandia
Honduras
Indie
Indonezja
Irak
Iran
Irlandia
Islandia
Izrael
Jamajka
Japonia
Jemen
Jordania
Kambodża
Kamerun
Kanada
Katar
Kazachstan
Kenia
Kirgistan
Kiribati
Kolumbia
Komory
Kongo
Korea Południowa
Korea Północna
Kostaryka
Kuba
Kuwejt
Laos
Lesotho
Liban
Liberia
Libia
Liechtenstein
Litwa
Luksemburg
Łotwa
Macedonia
Madagaskar
Malawi
Malediwy
Malezja
Mali
Malta
Maroko
Mauretania
Mauritius
Meksyk
Mikronezja
Mołdawia
Monako
Mongolia
Mozambik
Namibia
Nauru
Nepal
Niemcy
Niger
Nigeria
Nikaragua
Norwegia
Nowa Zelandia
Oman
Pakistan
Palau
Panama
Papua-Nowa Gwinea
Paragwaj
Peru
Polska
Portugalia
RPA
Rep. Środkowoafryk.
Rosja
Rumunia
Rwanda
Sahara Zachodnia
Saint Kitts i Nevis
Saint Lucia
Saint Vincent
Salwador
Samoa
San Marino
Senegal
Serbia i Czarnogóra
Seszele
Sierra Leone
Singapur
Słowacja
Słowenia
Somalia
Sri Lanka
Stany Zjednoczone
Suazi
Sudan
Surinam
Syria
Szwajcaria
Szwecja
Tadżykistan
Tanzania
Tajlandia
Timor Wschodni
Togo
Tonga
Trynidad i Tobago
Tunezja
Turcja
Turkmenistan
Tuvalu
Uganda
Ukraina
Urugwaj
Uzbekistan
Vanuatu
Watykan
Wenezuela
Węgry
Wielka Brytania
Wietnam
Włochy
Wybrzeże Kości Słoniowej
Wyspy Marshalla
Wyspy Salomona
W-y Św. Tomasza i Książęca
Zambia
Rep. Zielonego Przylądka
Zimbabwe
Zjedn. Emiraty Arabskie
ONZ
Unia Europejska

SKOROWIDZ NAZW

Skorowidz zawiera wszystkie nazwy występujące w atlasie na mapach ogólnogeograficznych i politycznych. Nazwy uporządkowane są alfabetycznie bez uwzględniania znaków diakrytycznych nie występujących w języku polskim. Obiekty mające nazwę polską i oryginalną wymienione są w skorowidzu dwukrotnie, np. *Rzeka Żółta (Huang-he)* i *Huang-he (Rzeka Żółta)*. Nazwy złożone z określenia geograficznego i nazwy własnej, np. *Morze Czarne* mają w skorowidzu na pierwszym miejscu nazwę własną – *Czarne, Morze*. Nazwy występujące na mapie tylko w postaci skróconej w skorowidzu uzupełniono rozwinięciem w nawiasie, np. *Nw. (Nowa) Irlandia*. Przy umieszczaniu nazwy w skorowidzu uwzględniono formę nieskróconą. Obiekty nie mające w nazwie określenia geograficznego (z wyjątkiem miejscowości) otrzymały je w skorowidzu, np. *Alpy – góry*.

Położenie nazwy obiektu w atlasie określają numer strony i współrzędne skorowidzowe. Literą został oznaczony pas między równoleżnikami a cyfrą arabską słup między południkami, np. *Gdańsk 74-75 A6; 76-77 A6*. W przypadku kilku map na stronie została dodatkowo wprowadzona cyfra rzymska określająca numer konkretnej mapy, np. *Reykjavík 103 I B1*.

Skróty określeń geograficznych użyte w skorowidzu:
kraina hist. – kraina historyczna
st. badawcza – stacja badawcza
teryt. zależne – terytorium zależne

POLSKA

A

Abramów 80-81 D10
Adamów 80-81 D10
Adamów 84-85 E11
Adamówka 84-85 E10
Aleksandrów 78-79 D7, 8; 80-81 D7, 8
Aleksandrów 84-85 E10
Aleksandrów Kujawski 74-75 C6; 76-77 C6
Aleksandrów Łódzki 78-79 D7; 80-81 D7
Altana – góra 80-81 D8
Alwernia 82-83 E7; 84-85 E7
Andrespol 78-79 D7; 80-81 D7
Andrychów 82-83 F7; 84-85 F7
Andrzejewo 76-77 C10
Annopol 84-85 E9
Antonin 78-79 D5
Arkadia 78-79 C7, 8; 80-81 C8
Augustowska, Puszcza 76-77 B11
Augustowski, Kan. (Kanał) 76-77 B10; B11
Augustów 76-77 B11

B

Babia Góra 82-83 F7; 84-85 D7
Babiak 78-79 C6; 80-81 C6
Babice 82-83 E7; 84-85 E7
Babimost 78-79 C3
Babiogórski P. (Park) N. (Narodowy) 82-83 F7, 84-85 F8
Baborów 82-83 E5, 6
Baboszewo 76-77 C8
Babsk 80-81 D8
Bachorze, Kan. (Kanał) 74-75 C6; 76-77 C6
Baćkowice 84-85 E9
Bakałarzewo 76-77 A10
Baligród 84-85 F10
Bałtów 84-85 D9
Banie 74-75 B2
Banie Mazurskie 76-77 A10
Barania G. (Góra) 82-83 F6, 7
Baranowo 76-77 B9
Baranów 78-79 D5
Baranów 80-81 C8
Baranów 80-81 D10
Baranów Sandomierski 84-85 E9
Barciany 76-77 A9
Barcin 74-75 C5, 6
Barczewo 76-77 B8
Bardo – góra 84-85 F9
Bardo 82-83 E4
Bargłów Kościelny 76-77 B10
Barlinecko-Gorzowski Park Krajobrazowy 74-75 C3
Barlinek 74-75 B3
Barnówko 74-75 C2
Bartoszyce 76-77 A8
Baruchowo 76-77 C7
Barwice 74-75 B4
Barycz – rzeka 78-79 D4
Barycz – rzeka 78-79 D5
Batorz 84-85 E10
Bauda – rzeka 74-75 A7; 76-77 A7
Bądkowo 74-75 C6; 76-77 C6
Bedlno 78-79 C7; 80-81 C7
Bejsce 84-85 E8
Belsk Duży 80-81 D8
Bełchatów 78-79 D7; 80-81 D7
Bełdany, J. (Jezioro) 76-77 B9
Bełżec 84-85 E11
Bełżyce 80-81 D10
Beskidu Małego, Park Krajobrazowy 82-83 F7; 84-85 F7
Beskidu Śląskiego, P. (Park) K. (Krajobrazowy) 82-83 F6
Besko 84-85 F9
Bestwina 82-83 F7
Betyń, J. (Jezioro) 74-75 B4
Będków 78-79 D7; 80-81 D7
Będomin 74-75 A6; 76-77 A6
Będzin 82-83 E7
Będzino 74-75 A3, 4
Bęsia 76-77 B9
Biała – rzeka 84-85 F9
Biała 82-83 E5
Biała II 78-79 D6; 80-81 D6
Biała Piska 76-77 B10
Biała Podlaska 80-81 C11
Biała Przemsza – rzeka 82-83 E7; 84-85 E7
Biała Rawska 80-81 D8
Białaczów 80-81 D8
Białe Błota 74-75 B5
Białe, J. (Jezioro) 76-77 B9
Białobrzegi 80-81 D8, 9
Białobrzegi 84-85 E10
Białogard 74-75 A4
Białogóra 74-75 A5; 76-77 A6
Białopole 84-85 E11
Białośliwie 74-75 B5
Białowieska, Puszcza 76-77 C11
Białowieski Park Narodowy 76-77 C11
Białowieża 76-77 C11
Biały Bór 74-75 B4
Biały Dunajec 84-85 F7
Białystok 76-77 B11
Biebrza – rzeka 76-77 B10
Biebrzański Park Narodowy 76-77 B10
Biecz 84-85 F9
Bielany-Żyłaki 80-81 C10
Bielawa 82-83 E4
Bielawy 78-79 C7; 80-81 C7
Bielice 74-75 B2
Bieliny-Kapitulne 84-85 E8, 9
Bielsk 74-75 C7; 76-77 C7
Bielsk Podlaski 76-77 C11
Bielsko-Biała 82-83 F6, 7
Bierawa 82-83 E6
Bierawka – rzeka 82-83 E6
Bieruń 82-83 E7
Bierutów 82-83 D5
Bierzwnik 74-75 B3
Biesiekierz 74-75 A3, 4
Bieszczadzki Park Narodowy 84-85 F10
Bieżuń 74-75 C7; 76-77 C7
Biłgoraj 84-85 E10
Binarowa 84-85 F9
Bircza 84-85 F10
Biskupia Kopa – góra 82-83 E5
Biskupiec 74-75 B7; 76-77 B7
Biskupiec 76-77 B8, 9
Biskupin 74-75 C5
Biszcza 84-85 E10
Bisztynek 76-77 A8, 9
Blachownia 82-83 E6, 7
Blanki, J. (Jezioro) 76-77 A8
Bledzew 78-79 C3
Bledzew, J. (Jezioro) 78-79 C3
Blizanów 78-79 D5, 6
Blizne 84-85 F10
Bliżyn 84-85 D8
Błaszki 78-79 D6; 80-81 D6
Błażowa 84-85 F10
Błędów 80-81 D8
Błonie 80-81 C8
Bnińskie, J. (Jezioro) 78-79 C5
Bobięcino Wlk. (Wielkie), J. (Jezioro) 74-75 B4
Bobolice 74-75 B4
Bobolice 82-83 E7; 84-85 E7
Bobowa 84-85 F8
Bobowo 74-75 B6; 76-77 B6
Bobrowice 78-79 D2, 3
Bobrowniki 74-75 C6, C7; 76-77 C6, C7
Bobrowniki 82-83 E6, 7
Bobrowo 74-75 B7; 76-77 B7
Bochnia 84-85 F8
Bochotnica 80-81 D10
Boćki 76-77 C11
Bodaczów 84-85 E11
Bodzanów 76-77 C7, 8
Bodzentyn 84-85 E8
Bogatynia 82-83 E2
Bogdaj 78-79 D5
Bogdaniec 74-75 C3
Bogdanka 80-81 D11
Bogoria 84-85 E9
Boguchwała 84-85 F9
Boguszów-Gorce 82-83 E4
Boguszyce 80-81 D8
Boguty-Pianki 76-77 C10
Bohoniki 76-77 B11
Bojadła 78-79 D3
Bojanowo 78-79 D4
Bojanów 84-85 E9
Bojszowy 82-83 E6, 7
Bolechowo 78-79 C4
Bolesław 82-83 E7; 84-85 E7
Bolesław 84-85 E8
Bolesławiec 78-79 D3
Bolesławiec 78-79 D6
Boleszkowice 74-75 C2
Bolewice 78-79 C4
Bolimowski P. (Park) K. (Krajobrazowy) 80-81 C8
Bolimów 80-81 C8
Bolków 82-83 E4
Boniewo 76-77 C6
Borek Wlkp. (Wielkpolski) 78-79 D5
Borki 80-81 D10
Borkowice 80-81 D8
Borne Sulinowo 74-75 B4
Boronów 82-83 E6
Borowa 84-85 E9
Borowie 80-81 D9
Borów 82-83 E4
Bory Tucholskie, P. (Park) N. (Narodowy) 74-75 B5
Borzechów 84-85 D10
Borzęcin 84-85 E8
Borzytuchom 74-75 A5
Bóbr – rzeka 78-79 D3
Bóbrka 84-85 F9
Bralin 78-79 D5
Branice 82-83 E5
Braniewo 74-75 A7; 76-77 A7
Brańsk 76-77 C10
Brańszczyk 76-77 C9
Brąszewice 78-79 D6; 80-81 D6
Brda – rzeka 74-75 B5
Brenna 82-83 F6
Breń – rzeka 84-85 E9
Brochów 80-81 C8
Brodnica 74-75 B7; 76-77 B7
Brodnica 78-79 C4
Brodnicki P. (Park) K. (Krajobrazowy) 74-75 B7; 76-77 B7
Brody 78-79 D2
Brody 84-85 D9
Brojce 74-75 B3
Brok – rzeka 76-77 C10
Brok 76-77 C9
Brójce 78-79 D7; 80-81 D7
Brudzeń Duży 74-75 C7; 76-77 C7
Brudzeński P. (Park) K. (Krajobrazowy) 74-75 C7; 76-77 C7
Brudzew 78-79 C6; 80-81 C6
Brusy 74-75 B5
Brwinów 80-81 C8
Brzeg 82-83 E5
Brzeg Dolny 78-79 D4
Brzesko 84-85 E8
Brzeszcze 82-83 F7
Brześć Kujawski 76-77 C6
Brzeziny 78-79 D6
Brzeziny 78-79 D7; 80-81 D7
Brzeźnica 78-79 D3
Brzeźnica 82-83 F7; 84-85 F7
Brzeźnio 78-79 D6; 80-81 D6
Brzeźno 74-75 B3
Brzostek 84-85 F9
Brzozie 74-75 B7; 76-77 B7
Brzozów 84-85 F10
Brzozówka – rzeka 76-77 B11
Brzuze 74-75 B7; 76-77 B7
Brzyska 84-85 F9
Buczek 78-79 D7; 80-81 D7
Buczkowice 82-83 F7
Budkowiczanka – rzeka 82-83 E5, 6
Budry 76-77 A9
Budziszewice 78-79 D7, 8; 80-81 D7, 8
Budzów 82-83 F7; 84-85 F7
Budzyń 74-75 C5
Bug – rzeka 80-81 D11; 76-77 C9
Buk 78-79 C4
Bukowa – rzeka 84-85 E10
Bukowiec – góra 74-75 B2
Bukowiec 74-75 B6; 76-77 B6
Bukowina Tatrzańska 84-85 F8
Bukowno 82-83 E7; 84-85 E7
Bukowo, J. (Jezioro) 74-75 A4
Bukowsko 84-85 F10
Bukówka – rzeka 74-75 C4
Bulkowo 76-77 C8
Burzenin 78-79 D6; 80-81 D6
Busko-Zdrój 84-85 E8
Bychawa 84-85 D10
Byczyna 82-83 D6
Bydgoski, Kan. (Kanał) 74-75 B5
Bydgoszcz 74-75 B6; 76-77 B6
Bystra – góra 84-85 F7
Bystra 82-83 F7; 84-85 F7
Bystrzyca – rzeka 80-81 D10
Bystrzyca – rzeka 82-83 D4
Bystrzyca – rzeka 84-85 D10
Bystrzyca Kłodzka 82-83 E4
Bytnica 78-79 C3
Bytom 82-83 E6
Bytom Odrzański 78-79 D3
Bytoń 76-77 C6
Bytów 74-75 A5
Bytów, J. (Jezioro) 74-75 A5
Bytyńskie, J. (Jezioro) 78-79 C4
Bzura – rzeka 80-81 D7; C8

C

Cedry Wlk. (Wielkie) 74-75 A6; 76-77 A6
Cedynia 74-75 C2
Cedyński P. (Park) K. (Krajobrazowy) 74-75 C2
Cegłów 80-81 C9
Cekcyn 74-75 B6; 76-77 B6
Ceków-Kol. (Kolonia) 78-79 D6; 80-81 D6
Celestynów 80-81 C9
Ceranów 76-77 C10
Cerkwica 74-75 A3
Cewice 74-75 A5
Charsznica 82-83 E7; 84-85 E7
Charzykowskie, J. (Jezioro) 74-75 B5
Chąśno 78-79 C7; 80-81 C7
Chełm 80-81 D11
Chełm Śl. (Śląski) 82-83 E7
Chełmek 82-83 E7
Chełmiec 84-85 F8
Chełmno 74-75 B6; 76-77 B6
Chełmo – góra 82-83 D7; 84-85 D7
Chełmski P. (Park) K. (Krajobrazowy) 80-81 D11
Chełmy, P. (Park) K. (Krajobrazowy) 82-83 D3-D4
Chełmża 74-75 B6; 76-77 B6
Chełmżyńskie, J. (Jezioro) 74-75 B6; 76-77 B6
Chęciny 84-85 E8
Chęcińsko-Kielecki P. (Park) K. (Krajobrazowy) 84-85 E8
Chlewiska 80-81 D8
Chłop, J. (Jezioro) 74-75 B2, C2
Chłopice 84-85 F10
Chmielnik 84-85 E8
Chmielnik Rzeszowski 84-85 EF10
Chmielno 74-75 A5, 6; 76-77 A6
Choceń 76-77 C6, 7
Chochołów 82-83 F7; 84-85 F7
Chocianów 78-79 D3
Chociwel 74-75 B3
Chocz 78-79 D5
Choczewo 74-75 A5
Chodecz 78-79 C6, 7; 80-81 C6, 7
Chodel 84-85 D10
Chodelka – rzeka 80-81 D9
Chodów 78-79 C7; 80-81 C7
Chodzież 74-75 C4, 5
Chojna 74-75 C2
Chojnice 74-75 B5
Chojnowski P. (Park) K. (Krajobrazowy) 80-81 D8-D9
Chojnów 78-79 D3
Chorkówka 84-85 F9
Choroszcz 76-77 B10, 11
Chorzele 76-77 B8, 9
Chorzów 82-83 E6, 7
Choszczno 74-75 B3
Chotcza-Józefów 80-81 D9
Chotel Czerwony 84-85 E8
Chrostkowo 74-75 C7; 76-77 C7
Chrzanów 82-83 E7; 84-85 E7
Chrzanów 84-85 E10
Chrząstowice 82-83 E6
Chrzypsko Wlk. (Wielkie) 78-79 C4
Chwarszczany 74-75 C2
Chwaszczyno 74-75 A6; 76-77 A6
Chybie 82-83 F6
Chynów 80-81 D9
Ciasna 82-83 E6
Ciążeń 78-79 C5
Ciechanowiec 76-77 C10
Ciechanów 76-77 C8
Ciechocin 74-75 B6, B7; 76-77 B6, B7
Ciechocinek 74-75 C6; 76-77 C6
Cielądz 80-81 D8
Ciepielów 80-81 D9
Cieplice Śl. (Śląskie)-Zdr. (Zdrój) – część Jeleniej Góry 82-83 E3
Ciepłowody 82-83 E4, 5
Cieszanów 84-85 E11
Cieszków 78-79 D5
Cieszyn 82-83 F6
Ciężkowice 84-85 F8, 9
Ciężkowicko-Rożnowski P. (Park) K. (Krajobrazowy) 84-85 F8
Cisek 82-83 E6
Cisna 84-85 F10
Cisowsko-Orłowiński Park Krajobrazowy 84-85 E8-E9
Ciśniańsko-Wetliński Park Krajobrazowy 84-85 F10
Cmolas 84-85 E9
Cybinka 78-79 C2
Cyców 80-81 D11
Cyst. (Cysterskie Kompozycje Rud Wielkich), P. (Park) K. (Krajobrazowy) 82-83 E6
Cz. (Czeladź) 82-83 E7
Czajków 78-79 D6; 80-81 D6
Czaplinek 74-75 B4
Czarna – rzeka 80-81 C9
Czarna – rzeka 84-85 D8
Czarna – rzeka 84-85 E9
Czarna 84-85 E10
Czarna 84-85 E9
Czarna Białostocka 76-77 B11
Czarna Dąbrówka 74-75 A5
Czarna Górna 84-85 F10
Czarna Hańcza – rzeka 76-77 B11
Czarna Przemsza – rzeka 82-83 E7
Czarna Woda – rzeka 78-79 D4
Czarna Woda 74-75 B6; 76-77 B6
Czarne 74-75 B4, 5
Czarne, J. (Jezioro) 76-77 A10
Czarnia 76-77 B9
Czarnków 74-75 C4
Czarnocin 78-79 D7; 80-81 D7
Czarnocin 84-85 E8
Czarnolas 80-81 D9
Czarnorzecko-Strzyżowski P. (Park) K. (Krajobrazowy) 84-85 F9
Czarnowąsy 82-83 E5, 6
Czarnożyły 78-79 D6; 80-81 D6
Czarny Bór 82-83 E4
Czarny Dunajec 82-83 F7; 84-85 F7
Czastary 78-79 D6
Czchów 84-85 F8
Czechowice-Dziedzice 82-83 F6, 7
Czemierniki 80-81 D10
Czempiń 78-79 C4
Czeremcha 76-77 C11
Czermin 78-79 D5
Czermin 84-85 E9
Czerna 82-83 E7; 84-85 E7
Czerna Wlk. (Wielka) – rzeka 78-79 D3
Czernica – rzeka 74-75 B4, 5
Czernica 82-83 D5
Czernice Borowe 76-77 B8
Czernichów 82-83 E7; 84-85 E7
Czernichów 82-83 F7
Czerniejewo 78-79 C5
Czerniewice 80-81 D8
Czernikowo 74-75 C6; 76-77 C6
Czersk 74-75 B5
Czersk 80-81 D9
Czerteż 84-85 F10
Czerwieńsk 78-79 C3
Czerwin 76-77 C9
Czerwińsk n. (nad) Wisłą 80-81 C8
Czerwionka-Leszczyny 82-83 E6
Czerwonak 78-79 C4, 5
Czerwonka 76-77 C9
Częstochowa 82-83 E7
Człopa 74-75 B4
Człuchów 74-75 B5
Czorsztyn 84-85 F8
Czorsztyńskie, J. (Jezioro) 84-85 F8
Czosnów 80-81 C8
Czudec 84-85 F9
Czyże 76-77 C11
Czyżew-Osada 76-77 C10
Ćmielów 84-85 E9

D

Dadaj, J. (Jezioro) 76-77 B8
Daleszyce 84-85 E8
Dalików 78-79 D7; 80-81 D7
Damasławek 74-75 C5
Damnica 74-75 A5
Danków 82-83 E6
Dargin, J. (Jezioro) 76-77 A9
Darłowo 74-75 A4
Daszyna 78-79 C7; 80-81 C7
Dąbie 74-75 B2
Dąbie 78-79 C3
Dąbie 78-79 C6; 80-81 C6
Dąbie, J. (Jezioro) 74-75 B2
Dąbki 74-75 A4
Dąbrowa 74-75 C5
Dąbrowa 82-83 E5
Dąbrowa Białostocka 76-77 B11
Dąbrowa Biskupia 74-75 C6; 76-77 C6
Dąbrowa Chełmińska 74-75 B6; 76-77 B6
Dąbrowa G. (Góra) 74-75 B4
Dąbrowa Górnicza 82-83 E7
Dąbrowa Tarnowska 84-85 E9
Dąbrowa Wlk. (Wielka), J. (Jezioro) 76-77 B8
Dąbrowa Zielona 82-83 E7; 84-85 E7
Dąbrowice 78-79 C7; 80-81 C7
Dąbrówka 76-77 C9
Dąbrówka, J. (Jezioro) 74-75 B7; 76-77 B7
Dąbrówno 76-77 B7, 8
Debrzno 74-75 B5
Dejguny, J. (Jezioro) 76-77 A9
Deszczno 78-79 C3
Dezyderego Chłapowskiego, Park Krajobrazowy 78-79 C4
Dębe 76-77 C8
Dębe Wlk. (Wielkie) 80-81 C9
Dębica 84-85 E9
Dębki 74-75 A6; 76-77 A6
Dęblin 80-81 D9
Dębnica Kaszubska 74-75 A5
Dębno 74-75 C2
Dębno 84-85 F8
Dębno 84-85 F8
Dębowa G. (Góra) 74-75 B5
Dębowa Kłoda 80-81 D11
Dębowa Łąka 74-75 B7; 76-77 B7
Dębowe Góry – góra 76-77 B10
Dębowe Góry – góra 76-77 B8
Dębowiec 82-83 F6
Dębowiec 84-85 F9
Dłubniański Park Krajobrazowy 82-83 E7; 84-85 E7-E8
Długie, J. (Jezioro) 74-75 B2
Długołęka 82-83 D5
Długosiodło 76-77 C9
Dłutów 78-79 D7; 80-81 D7
Dmosin 78-79 D7; 80-81 D7
Dobczyce 84-85 F8
Dobczyckie, J. (Jezioro) 84-85 F7, 8
Dobiegniew 74-75 C3
Dobra 74-75 B2
Dobra 74-75 B3
Dobra 78-79 D6; 80-81 D6
Dobra 84-85 F8
Dobrcz 74-75 B6; 76-77 B6
Dobre 74-75 C6; 76-77 C6
Dobre 80-81 C9
Dobre Miasto 76-77 AB8
Dobrodzień 82-83 E6
Dobromierz 82-83 E4
Dobroń 78-79 D7; 80-81 D7
Dobroszyce 78-79 D5
Dobrzany 74-75 B3
Dobrzelin 78-79 C7; 80-81 C7
Dobrzeń Wlk. (Wielki) 82-83 E5
Dobrzyca – rzeka 74-75 B4

Dobrzyca 78-79 D5
Dobrzyniewo Kościelne 76-77 B10, 11
Dobrzyń n. (nad) Wisłą 76-77 C7
Dobskie, J. (Jezioro) 76-77 A9
Dolice 74-75 B3
Dolina Baryczy, Park Krajobrazowy 78-79 D5
Dolina Bystrzycy, P. (Park) K. (Krajobrazowy) 82-83 D4
Dolina Jezierzycy, P. (Park) K. (Krajobrazowy) 78-79 D4
Dolina Słupi, Park Krajobrazowy 74-75 A5
Dolinki Podkrakowskie, P. (Park) K. (Krajobrazowy) 82-83 E7; 84-85 E7
Doliny Bobru, P. (Park) K. (Krajobrazowy) 82-83 D3
Doliny Dolnej Odry, P. (Park) K. (Krajobrazowy) 74-75 B2
Doliny Narwi, P. (Park) K. (Krajobrazowy) 76-77 B10
Doliny Sanu, Park Krajobrazowy 84-85 F10
Dolnośląskie, Bory 78-79 D3
Dolsk 78-79 CD5
Dołhobyczów 84-85 E11, 12
Domanice 80-81 C10
Domaniewice 78-79 D7; 80-81 D7
Domaniów 82-83 E5
Domaradz 84-85 F9, 10
Domaszowice 82-83 D5
Dominowo 78-79 C5
Dopiewo 78-79 C4
Dorohusk 80-81 D11
Doruchów 78-79 D6
Dragacz 74-75 B6; 76-77 B6
Drawa – rzeka 74-75 B4; C3
Drawieński Park Narodowy 74-75 B3-B4
Drawno 74-75 B3
Drawski Park Krajobrazowy 74-75 B4
Drawsko 74-75 C4
Drawsko Pomorskie 74-75 B3
Drawsko, J. (Jezioro) 74-75 B4
Drelów 80-81 D10
Drezdenko 74-75 C3
Drętwo, J. (Jezioro) 76-77 B10
Drobin 76-77 C7
Drogosze 76-77 A9
Drohiczyn 80-81 C10
Drozdowo 76-77 B10
Druzno, J. (Jezioro) 74-75 A7; 76-77 A7
Drużbice 78-79 D7; 80-81 D7
Drwęca – rzeka 76-77 B8; 74-75 B7
Drwęckie, J. (Jezioro) 74-75 B7; 76-77 B7
Drwinia 84-85 E8
Drzewica 80-81 D8
Drzonków 78-79 D3
Drzycim 74-75 B6; 76-77 B6
Dubeninki 76-77 A10
Dubicze Cerkiewne 76-77 C11
Dubiecko 84-85 F10
Dubienka 84-85 D11
Dukielska, Przeł. (Przełęcz) 84-85 F9
Dukla 84-85 F9
Dunajec – rzeka 84-85 F7; E8
Duszniki 78-79 C4
Duszniki-Zdrój 82-83 E4
Dwikozy 84-85 E9
Dybrzk, J. (Jezioro) 74-75 B5
Dychów 78-79 D2, 3
Dydnia 84-85 F10
Dygowo 74-75 A3
Dylewska G. (Góra) 74-75 B7; 76-77 B7
Dynów 84-85 F10
Dywity 76-77 B8
Dziadkowice 76-77 C10
Dziadowa Kłoda 78-79 D5
Działdowo 76-77 B8
Działdówka – rzeka 76-77 B8
Działoszyce 84-85 E8
Działoszyn 82-83 D6
Dziemiany 74-75 A5
Dzierzążnia 76-77 C8
Dzierzgoń 74-75 B7; 76-77 B7
Dzierzgoń, J. (Jezioro) 74-75 B7; 76-77 B7
Dzierzgowo 76-77 B8
Dzierżoniów 82-83 E4
Dziurkowiec – góra 84-85 F10
Dziwna – rzeka 74-75 B2
Dziwnów 74-75 A2
Dziwnówek 74-75 A2
Dzwola 84-85 E10
Dźwierzuty 76-77 B8
Dźwirzyno 74-75 A3

E

Elbląg 74-75 A7; 76-77 A7
Elbląski, Kan. (Kanał) 74-75 AB7; 76-77 AB7
Ełk – rzeka 76-77 B10
Ełk 76-77 B10
Ewingi, J. (Jezioro) 74-75 B7; 76-77 B7

F

Fabianki 74-75 C7; 76-77 C7
Fajsławice 84-85 D10
Fałków 84-85 D8
Fama G. (Góra) 78-79 D4, 5
Filipów 76-77 A10
Firlej 80-81 D10
Flisy 84-85 E10
Frampol 84-85 E10
Fredropol 84-85 F10
Frombork 74-75 A7; 76-77 A7
Frysztak 84-85 F9

G

Gać 84-85 E10
Galewice 78-79 D6
Galaduś, J. (Jezioro) 76-77 A11
Gałków 78-79 D7; 80-81 D7
Garbatka-Letnisko 80-81 D9
Garbów 80-81 D10
Gardeja 74-75 B6, B7; 76-77 B6, B7
Gardno, J. (Jezioro) 74-75 A5
Garwolin 80-81 D9
Gaszowice 82-83 E6
Gaszyn 78-79 D6; 80-81 D6
Gawłuszowice 84-85 E9
Gaworzyce 78-79 D3
Gąbin 78-79 C7; 80-81 C7
Gąsawa 74-75 C5
Gdańsk 74-75 A6; 76-77 A6
Gdów 84-85 F8
Gdynia 74-75 A6; 76-77 A6
Giby 76-77 A11
Gidle 82-83 E7; 84-85 E7
Giecz 78-79 C5
Gielniów 80-81 D8
Gierałtowice 82-83 E6
Gierłoż 76-77 A9
Gierzwałd 76-77 B8
Giętrzwałd 76-77 B8
Gil Wlk. (Wielki), J. (Jezioro) 74-75 B7; 76-77 B7
Gilowice 82-83 F7
Giżałki 78-79 C5
Giżycko 76-77 A9
Gliniany 84-85 E9
Glinna 74-75 B2
Glinne, Przeł. (Przełęcz) 82-83 F7; 84-85 F7
Glinojeck 76-77 C8
Gliwice 82-83 E6
Gliwicki, Kan. (Kanał) 82-83 E6
Głębinowskie, J. (Jezioro) 82-83 E5
Głogów 78-79 D4
Głogów Młp. (Małopolski) 84-85 E9
Głogówek 82-83 E5
Głomia – rzeka 74-75 B4
Głotowo 76-77 B8
Głowacz – góra 74-75 B3
Głowaczów 80-81 D9
Głowno 78-79 D7; 80-81 D7
Główczyce 74-75 A5
Głubczyce 82-83 E5
Głuchołazy 82-83 E5
Głuchów 80-81 D8
Głuszyca 82-83 E4
Głuszyńskie, J. (Jezioro) 76-77 C6
Gniew 74-75 B6; 76-77 B6
Gniewino 74-75 A6
Gniewkowo 74-75 C6; 76-77 C6
Gniewoszów 80-81 D9
Gniezno 78-79 C5
Gnojnik 84-85 F8
Gnojno 84-85 E8
Goczałkowice-Zdr. (Zdrój) 82-83 F6, 7
Goczałkowickie, J. (Jezioro) 82-83 F6
Godkowo 74-75 A7; 76-77 A7
Godów 82-83 F6
Godzianów 78-79 D7, 8; 80-81 D8
Godziesze Wlk. (Wielkie) 78-79 D6
Godziszów 84-85 E10
Gogolin 82-83 E6
Golczewo 74-75 B2
Golejewko 78-79 D4, 5
Goleniów 74-75 B2
Goleszów 82-83 F6
Golina 78-79 C6
Golub-Dobrzyń 74-75 B7; 76-77 B7
Gołańcz 74-75 C5
Gołąb 80-81 D9
Gołcza 82-83 E7; 84-85 E7
Gołdap 76-77 A10
Gołdap, J. (Jezioro) 76-77 A10
Gołdapa – rzeka 76-77 A10
Gołdopiwo, J. (Jezioro) 76-77 A9, 10
Gołotczyzna 76-77 C8
Gołuchów 78-79 D5
Gołymin-Ośrodek 76-77 C8
Gomunice 78-79 D7; 80-81 D7
Gorniądz 76-77 B10
Gopło, J. (Jezioro) 76-77 C6
Goraj 84-85 E10
Gorczański P. (Park) N. (Narodowy) 84-85 F8
Gorlice 84-85 F9
Gorzkowice 78-79 D7; 80-81 D7
Gorzków 84-85 E10, 11
Gorzów Śl. (Śląski) 82-83 D6
Gorzów Wlkp. (Wielkopolski) 74-75 C2, 3
Gorzyce 82-83 F6
Gorzyce 84-85 E9
Gostycyn 74-75 B5
Gostynin 76-77 C7
Gostynińsko-Włocławski Park Krajobrazowy 76-77 C7
Gostyń 78-79 D4, 5
Goszczanów 78-79 D6; 80-81 D6
Goszczyn 80-81 D8
Gościeradów Ukazowy 84-85 E9, 10
Gościkowo 78-79 C3
Gościno 74-75 A3
Gowarczów 80-81 D8
Gowienica – rzeka 74-75 B2
Goworowo 76-77 C9
Gozdnica 78-79 D3
Gozdowo 74-75 C7; 76-77 C7
Gór Opawskich, P. (Park) K. (Krajobrazowy) 82-83 E5
Gór Słonnych, Park Krajobrazowy 84-85 F10
Gór Sowich, P. (Park) K. (Krajobrazowy) 82-83 E4
Gór Stołowych, P. (Park) N. (Narodowy) 82-83 E4
Góra 74-75 C6; 76-77 C6
Góra 78-79 D4
Góra Kalwaria 80-81 D9
Góra Św. (Świętej) Anny 82-83 E6
Góra Św. (Świętej) Anny, P. (Park) K. (Krajobrazowy) 82-83 E6
Góra Św. (Świętej) Małgorzaty 78-79 C7; 80-81 C7
Górażdże 82-83 E6
Górecko Kośc. (Kościelne) 84-85 E10, 11
Górka Klasztorna 74-75 B5
Górno 84-85 E8
Górowo Iławeckie 76-77 A8
Górznieńsko-Lidzbarski Park Krajobrazowy 74-75 B7; 76-77 B7
Górzno 74-75 B7; 76-77 B7
Górzno 80-81 D9
Górzyca 78-79 C2
Gózd 80-81 D9
Grabarka 80-81 C11
Grabia – rzeka 78-79 D7; 80-81 D7
Grabica 78-79 D7; 80-81 D7
Grabki Duże 84-85 E8
Grabowa – rzeka 74-75 A4
Grabowiec 84-85 E11
Grabowo 76-77 B10
Grabów 78-79 C7; 80-81 C7
Grabów n. (nad) Pilicą 80-81 D9
Grabów n. (nad) Prosną 78-79 D6
Grajewo 76-77 B10
Granowo 78-79 C4
Grążawy 74-75 B7; 76-77 B7
Grębków 80-81 C9, 10
Grębocice 78-79 D4
Gręboszów 84-85 E8
Grębów 84-85 E9
Grodków 82-83 E5
Grodziczno 74-75 B7; 76-77 B7
Grodziec 78-79 C6
Grodziec 82-83 D3
Grodziec 82-83 F6
Grodzisk 76-77 C10
Grodzisk Maz. (Mazowiecki) 80-81 C8
Grodzisk Wlkp. (Wielkopolski) 78-79 C4
Grodzisko Dln. (Dolne) 84-85 E10
Gromadka 78-79 D3
Gromnik – góra 82-83 E5
Gromnik 84-85 F8
Gronowo 74-75 A7; 76-77 A7
Gródek 76-77 B11
Gródek n. (nad) Dunajcem 84-85 F8
Grójec 80-81 D8
Grudusk 76-77 B8
Grudziądz 74-75 B6; 76-77 B6
Grunwald 76-77 B8
Gruta 74-75 B6, B7; 76-77 B6, B7
Grybów 84-85 F8
Gryfice 74-75 B3
Gryfino 74-75 B2
Gryfów Śl. (Śląski) 82-83 D3
Gryżyński P. (Park) K. (Krajobrazowy) 78-79 C3
Grzegorzew 78-79 C6; 80-81 C6
Grzmiąca 74-75 B4
Guber – rzeka 76-77 A9
Gubin 78-79 D2
Guzów 80-81 C8
Gwda – rzeka 74-75 B4
Gwiazdy, J. (Jezioro) 74-75 B5
Gzy 76-77 C8

H

Haczów 84-85 F9
Hajka, J. (Jezioro) 74-75 A4
Hajnówka 76-77 C11
Halinów 80-81 C9
Hanna 80-81 D11
Hańcza, J. (Jezioro) 76-77 A10
Hańczowa 84-85 F9
Hańsk 80-81 D11
Harasiuki 84-85 E10
Hażlach 82-83 F6
Hel 74-75 A6; 76-77 A6
Helska, Mierzeja 74-75 A6; 76-77 A6
Henryków 82-83 E4
Herby 82-83 E6
Hoczewka – rzeka 84-85 F10
Horodło 84-85 E11, 12
Horyniec-Zdrój 84-85 E11
Hrebenne 84-85 E11
Hrubieszów 84-85 E11
Huczwa – rzeka 84-85 E11
Huszlew 80-81 C10
Huta Dąbrowa 80-81 D10
Hyżne 84-85 F10

I

Iganie 80-81 C10
Ilanka – rzeka 78-79 C2
Iława 74-75 B7; 76-77 B7
Iłowa 78-79 D3
Iłowo-Osada 76-77 B8
Iłów 78-79 C8; 80-81 C8
Iłża 80-81 D9
Iłżanka – rzeka 80-81 D9
Imielin 82-83 E7
Imielno 84-85 E8
Ina – rzeka 74-75 B3; B2
Inowłódz 80-81 D8
Inowrocław 74-75 C6; 76-77 C6
Iński Park Krajobrazowy 74-75 B3
Ińsko 74-75 B3
Ińsko, J. (Jezioro) 74-75 B3
Irządze 82-83 E7; 84-85 E7
Istebna 82-83 F6
Iwaniska 84-85 E9
Iwanowice Włośc. (Włościańskie) 84-85 E7, 8
Iwierzyce 84-85 E9
Iwkowa 84-85 F8
Iwonicz-Zdrój 84-85 F9
Izabelin 80-81 C8
Izbica 84-85 E11
Izbica Kujawska 76-77 C6
Izbicko 82-83 E6

J

Jabłeczna 80-81 D11
Jabłonka 82-83 F7; 84-85 F7
Jabłonna 80-81 C8
Jabłonna I 84-85 D10
Jabłonna Lacka 76-77 C10
Jabłonowo Pomorskie 74-75 B7; 76-77 B7
Jabłoń 80-81 D11
Jadów 76-77 C9
Jagodne, J. (Jezioro) 76-77 B9
Jaktorów 80-81 C8
Jakubów 80-81 C9
Jamno, J. (Jezioro) 74-75 A4
Janikowo 74-75 C6; 76-77 C6
Janowice Wlk. (Wielkie) 82-83 E3
Janowiec 80-81 D9
Janowiec Kościelny 76-77 B8
Janowiec Wlkp. (Wielkopolski) 74-75 C5
Janowo 76-77 B8
Janów 76-77 B11
Janów 82-83 E7; 84-85 E7
Janów Lubelski 84-85 E10
Janów Podlaski 80-81 C11
Jaraczewo 78-79 D5
Jarczów 84-85 E11
Jarocin 78-79 D5
Jarocin 84-85 E10
Jarosław 84-85 E10
Jasienica 82-83 F6
Jasienica Rosielna 84-85 F9
Jasieniec 80-81 D8, 9
Jasień 78-79 D3
Jasień, J. (Jezioro) 74-75 A5
Jasionówka 76-77 B11
Jasło 84-85 F9
Jasna Góra – część Częstochowy 82-83 E6, 7
Jastarnia 74-75 A6; 76-77 A6
Jastków 80-81 D10
Jastrowie 74-75 B4
Jastrowskie, J. (Jezioro) 74-75 B4, 5
Jastrząb 80-81 D8
Jastrzębia 80-81 D9
Jastrzębia Góra 74-75 A6; 76-77 A6
Jastrzębie-Zdrój 82-83 F6
Jaśliska 84-85 F9
Jaśliski Park Krajobrazowy 84-85 F9-F10
Jaświły 76-77 B10
Jawor 82-83 D4
Jawornik Polski 84-85 F10
Jaworze 82-83 F6, 7
Jaworzno 82-83 E7
Jaworzyna – góra 84-85 F8
Jaworzyna Śl. (Śląska) 82-83 E4
Jedlicze 84-85 F9
Jedlina-Zdrój 82-83 E4
Jedlińsk 80-81 D9
Jedlnia-Letnisko 80-81 D9
Jednorożec 76-77 B8, 9
Jedwabne 76-77 B10
Jedwabno 76-77 B8
Jegrznia – rzeka 76-77 B10
Jejkowice 82-83 E6
Jelcz-Laskowice 82-83 D5
Jelenia Góra 82-83 E3
Jeleniewo 76-77 A10
Jeleniowski P. (Park) K. (Krajobrazowy) 84-85 E9
Jeleśnia 82-83 F7; 84-85 F7
Jemielnica 82-83 E6
Jemielno 78-79 D4
Jerzmanowa 78-79 D4
Jerzmanowice 82-83 E7; 84-85 E7
Jeziora Wlk. (Wielka) 76-77 C6
Jeziorak, J. (Jezioro) 74-75 B7; 76-77 B7
Jeziorany 76-77 B8
Jeziorka – rzeka 80-81 D8
Jeziorsko, J. (Jezioro) 78-79 D6; 80-81 D6
Jeziorzany 80-81 D10
Jeżewo 74-75 B6; 76-77 B6
Jeżowe 84-85 E10
Jeżów 78-79 D7; 80-81 D7
Jeżów Sudecki 82-83 E3
Jędrzejów 84-85 E8
Jodłowa 84-85 F9
Jodłownik 84-85 F8
Joniec 76-77 C8
Jonkowo 76-77 B8
Jordanów 82-83 F7; 84-85 F7
Jordanów Śl. (Śląski) 82-83 E4, 5
Józefów 80-81 C9
Józefów 84-85 D9
Józefów 84-85 E10, 11
Juchnowiec Kościelny 76-77 B11
Jukšty, J. (Jezioro) 76-77 B9
Jurata 74-75 A6; 76-77 A6
Justynów 78-79 D7; 80-81 D7
Jutrosin 78-79 D5

K

Kaczawa – rzeka 82-83 D3, 4
Kaczory 74-75 B4
Kadyny 74-75 A7; 76-77 A7
Kadzidło 76-77 B9
Kalety 82-83 E6
Kalinowa 78-79 D6; 80-81 D6
Kalinowo 76-77 B10
Kaliska 74-75 B6; 76-77 B6
Kalisz 78-79 D6
Kalisz Pomorski 74-75 B3
Kalwa, J. (Jezioro) 76-77 B8
Kalwaria Pacławska 84-85 F10
Kalwaria Zebrzydowska 82-83 F7; 84-85 F7
Kałębie, J. (Jezioro) 74-75 B6; 76-77 B6
Kałków 82-83 E5
Kałków-Godów 84-85 E9
Kałuszyn 80-81 C9
Kamianna 84-85 F8, 9
Kamienica – rzeka 84-85 F8
Kamienica 84-85 F8
Kamienica Polska 82-83 E7
Kamieniec 78-79 C4
Kamieniec Ząbkowicki 82-83 E4, 5
Kamienna – rzeka 84-85 D9
Kamienna Góra 82-83 E3
Kamiennik 82-83 E5
Kamień 84-85 D11
Kamień 84-85 E10
Kamień Krajeński 74-75 B5
Kamień Pomorski 74-75 B2
Kamieńsk 78-79 D7; 80-81 D7
Kamionka 80-81 D10
Kamionka Wlk. (Wielka) 84-85 F8
Kampinos 80-81 C8
Kampinoski Park Narodowy 80-81 C8
Kańczuga 84-85 F10
Karczew 80-81 C9
Karczmiska I 80-81 D10
Kargowa 78-79 C3
Karkonoski P. (Park) N. (Narodowy) 82-83 E3
Karlino 74-75 A3
Karnice 74-75 A3
Karniewo 76-77 C8
Karpackie Góry – góra 76-77 B11
Karpacz 82-83 E3
Karsin 74-75 B5
Karsińskie, J. (Jezioro) 74-75 B5
Kartuzy 74-75 A6; 76-77 A6
Kasprowy Wierch – góra 84-85 F7, 8
Kaszubski Park Krajobrazowy 74-75 A5-A6; 76-77 A6
Katowice 82-83 E6, 7
Kawęczyn 78-79 D6; 80-81 D6
Kazanów 80-81 D9
Kazimierski Park Krajobrazowy 80-81 D9
Kazimierz Biskupi 78-79 C6
Kazimierz Dln. (Dolny) 80-81 D9, 10
Kazimierz Wielka 84-85 E8
Kaźmierz 78-79 C4
Kąkolewnica Wsch. (Wschodnia) 80-81 D10
Kąśna Dln. (Dolna) 84-85 F8
Kąty Rybackie 74-75 A7; 76-77 A7
Kąty Wrocł. (Wrocławskie) 82-83 D4
Kcynia 74-75 B5
Kędzierzyn-Koźle 82-83 E6
Kępice 74-75 A4, 5
Kępno 78-79 D6
Kęsowo 74-75 B5
Kętrzyn 76-77 A9
Kęty 82-83 F7
Kielce 84-85 E8
Kielskie, J. (Jezioro) 74-75 A5
Kiełczygłów 78-79 D6, 7; 80-81 D6, 7
Kiernozia 78-79 C7; 80-81 C7
Kietrz 82-83 E5
Kije 84-85 E8
Kijewo Królewskie 74-75 B6; 76-77 B6
Kikół 74-75 C7; 76-77 C7
Kisajno, J. (Jezioro) 76-77 A9
Kisielice 74-75 B7; 76-77 B7
Kiszkowo 78-79 C5
Kiwity 76-77 A8
Kleczew 78-79 C6
Klembów 80-81 C9
Kleszczele 76-77 C11
Kleszczewo 78-79 C5
Kleszczów 78-79 D7; 80-81 D7
Klępsk 78-79 C3
Klimkowskie, J. (Jezioro) 84-85 F9
Klimontów 84-85 E9
Klonowa 78-79 D6; 80-81 D6
Kluczbork 82-83 E6
Klucze 82-83 E7; 84-85 E7
Kluczewsko 82-83 E7; 84-85 E7
Kluki 74-75 A5
Kluki 78-79 D7; 80-81 D7
Klukowo 76-77 C10
Klwów 80-81 D8
Kłaj 84-85 F8
Kłączno, J. (Jezioro) 74-75 A5
Kłecko 78-79 C5
Kłobuck 82-83 E6, 7
Kłoczew 80-81 D9
Kłodawa 74-75 C3
Kłodawa 78-79 C6; 80-81 C6
Kłodzko 82-83 E4
Kłomnice 82-83 E7; 84-85 E7
Kłóbka 78-79 C7; 80-81 C7
Knurów 82-83 E6
Knyszyn 76-77 B10, 11
Kobiele Wlk. (Wielkie) 82-83 D7; 84-85 D7
Kobierzyce 82-83 E4
Kobiór 82-83 E6
Kobyla Góra 78-79 D5
Kobyla Góra 78-79 D5
Kobyłanka 74-75 B2
Kobylin 78-79 D5
Kobylin-Borzymy 76-77 B10
Kobylnica 74-75 A5
Kobyłka 80-81 C9
Kochanowice 82-83 E6
Kocierzew Płd. (Południowy) 78-79 C7, 8; 80-81 C8
Kock 80-81 D10
Koczała 74-75 B5
Kodeń 80-81 D11
Kodrąb 82-83 D7; 84-85 D7
Kolbudy Grn. (Górne) 74-75 A6; 76-77 A6
Kolbuszowa 84-85 E9
Kolno 76-77 A9
Kolno 76-77 B9, 10
Kolno, J. (Jezioro) 76-77 B11
Kolonowskie 82-83 E6
Kolsko 78-79 D3, 4
Koluszki 78-79 D7; 80-81 D7
Kołaczkowo 78-79 C5
Kołaczyce 84-85 F9
Kołaki Kościelne 76-77 B10
Kołbacz 74-75 B2
Kołbaskowo 74-75 B2
Kołbiel 80-81 C9
Kołczygłowy 74-75 A5
Koło 78-79 C6; 80-81 C6
Kołobrzeg 74-75 A3
Komańcza 84-85 F9, 10
Komarówka Podlaska 80-81 D10
Komarów-Osada 84-85 E11
Komorniki 78-79 C4
Komorzno 82-83 D5, 6
Komprachcice 82-83 E5
Konarzyny 74-75 B5
Kondratowice 82-83 E4, 5
Koneck 74-75 C6; 76-77 C6
Koniaków 82-83 F6
Koniecpol 82-83 E7; 84-85 E7
Konin 78-79 C6
Koniusza 84-85 E8
Konopiska 82-83 E6, 7
Konopnica 78-79 D6; 80-81 D6
Konstancin-Jeziorna 80-81 C8, 9
Konstantynów 80-81 C11
Konstantynów Łódzki 78-79 D7; 80-81 D7
Końskie 80-81 D8
Końskowola 80-81 D10
Kopań, J. (Jezioro) 74-75 A4
Koprzywianka – rzeka 84-85 E9
Koprzywnica 84-85 E9
Korbielów 82-83 F7; 84-85 F7
Korczew 80-81 C10
Korczyna 84-85 F9
Korfantów 82-83 E5
Kornowac 82-83 E6
Koronowo 74-75 B5
Koronowskie, J. (Jezioro) 74-75 B5
Korsze 76-77 A9
Korycin 76-77 B11
Korytnica 80-81 C9
Korzenna 84-85 F8
Kosakowo 74-75 A6; 76-77 A6
Kosieczyn 78-79 C3
Kosina 84-85 E10
Kosów Lacki 76-77 C10
Kostomłoty 80-81 D11
Kostomłoty 82-83 D4
Kostrzyn 78-79 C2
Kostrzyn 78-79 C5
Kostrzyń – rzeka 80-81 C9
Koszalin 74-75 A4
Koszarawa 82-83 F7; 84-85 F7
Koszęcin 82-83 E6
Koszuty 78-79 C5
Koszyce 84-85 E8
Kościan 78-79 C4
Kościelec 78-79 C6; 80-81 C6
Kościelisko 84-85 F7
Kościerzyna 74-75 A5, 6
Kośno, J. (Jezioro) 76-77 B8
Kotla 78-79 D4
Kotlin 78-79 D5
Kotuń 80-81 C10
Kowal 76-77 C7
Kowala-Stępocina 80-81 D9
Kowale Oleckie 76-77 A10
Kowalewo Pomorskie 74-75 B6; 76-77 B6
Kowary 82-83 E3
Kowiesy 80-81 D8
Koziegłowy 82-83 E7
Kozielice 74-75 B2
Kozienice 80-81 D9
Kozienicki P. (Park) K. (Krajobrazowy) 80-81 D9
Kozłowiecki P. (Park) K. (Krajobrazowy) 80-81 D10
Kozłowo 76-77 B8
Kozłów 84-85 E8
Kozłówka 80-81 D10
Kozubowski P. (Park) K. (Krajobrazowy) 84-85 E8
Kozubszczyzna 80-81 D10
Kozy 82-83 F7
Koźmin Wlkp. (Wielkopolski) 78-79 D5
Koźminek 78-79 D6; 80-81 D6
Kożuchów 78-79 D3
Kórnik 78-79 C5
Krajenka 74-75 B5
Krajeński Park Krajobrazowy 74-75 B5
Kraków 84-85 E8
Kramsk 78-79 C6; 80-81 C6
Krapkowice 82-83 E5
Krasiczyn 84-85 F10
Krasne 76-77 C8
Krasne 80-81 D10
Krasne 84-85 E10
Krasnobrodzki P. (Park) K. (Krajobrazowy) 84-85 E11
Krasnobród 84-85 E11
Krasnopol 76-77 A11
Krasnosielc 76-77 B9
Krasnystaw 84-85 E10, 11
Krasocin 84-85 E8
Kraszewice 78-79 D6
Kraśniczyn 84-85 E11
Kraśnik 84-85 E10
Krąg 74-75 A4
Krąpiel – rzeka 74-75 B3
Krempna 84-85 F9
Krępsko, J. (Jezioro) 74-75 B5
Krobia 78-79 D4, 5
Kroczyce 82-83 E7; 84-85 E7
Krokowa 74-75 A6; 76-77 A6
Krosno 76-77 A8
Krosno 84-85 F9
Krosno Odrzańskie 78-79 C3
Krościenko n. (nad) Dunajcem 84-85 F8
Krościenko Wyżne 84-85 F9
Krośnice 78-79 D5
Krośniewice 78-79 C7; 80-81 C7
Krotoszyce 82-83 D4
Krotoszyn 78-79 D5
Kruklanki 76-77 A9, 10
Krupski Młyn 82-83 E6
Kruszwica 76-77 C6
Kruszyna 82-83 E7; 84-85 E7

Kruszyniany 76-77 B11
Kruszyńskie, J. (Jeziorc) 74-75 B5
Krutynia – rzeka 76-77 B9
Krytów 84-85 E11, 12
Krynica Morska 74-75 A7; 76-77 A7
Krynica-Zdrój 84-85 F8, 9
Krynice 84-85 E11
Krynki 76-77 B11
Krypno Kość. (Kościelne) 76-77 B10
Krzanowice 82-83 E6
Krzczonowski P. (Park) K. (Krajobrazowy) 84-85 D10
Krzczonów 84-85 E10
Krzemieniewo 78-79 D4
Krzemieniucha – góra 76-77 A10
Krzemionki Opat. (Opatowskie) 84-85 E9
Krzepice 82-83 E6
Krzesiński P. (Park) K. (Krajobrazowy) 78-79 C2
Krzeszowice 82-83 E7; 84-85 E7
Krzeszów 82-83 E4
Krzeszów 84-85 E10
Krzeszyce 78-79 C3
Krzęcin 74-75 B3
Krzna – rzeka 80-81 C11
Krzna Pd. (Południowa) – rzeka 80-81 D10
Krzna Pn. (Północna) – rzeka 80-81 D10
Krzycki Rów – rzeka 78-79 D3, 4
Krzykosy 78-79 C5
Krzymów 78-79 C6; 80-81 C6
Krzynia, J. (Jezioro) 74-75 A5
Krzynowłoga Mł. (Mała) 76-77 B8
Krzywcza 84-85 F10
Krzywda 80-81 D10
Krzywiń 78-79 D4
Krzyż Wlkp. (Wielkopolski) 74-75 C4
Krzyżanowice 82-83 F6
Krzyżanów 78-79 C7; 80-81 C7
Ksawerów 78-79 D7; 80-81 D7
Książ – część Wałbrzycha 82-83 E4
Książ Wlk. (Wielki) 84-85 E8
Książ Wlkp. (Wielkopolski) 78-79 C5
Książański P. (Park) K. (Krajobrazowy) 82-83 E4
Książki 74-75 B7; 76-77 B7
Księżpol 84-85 E10
Kuczbork-Osada 76-77 B8
Kudowa-Zdrój 82-83 E4
Kulesze Kościelne 76-77 B10
Kulice 74-75 B3
Kunice 78-79 D4
Kunów 84-85 E9
Kurozwęki 84-85 E9
Kurów 80-81 D10
Kuryłówka 84-85 E10
Kurzętnik 74-75 B7; 76-77 B7
Kuślin 78-79 C4
Kutno 78-79 C7; 80-81 C7
Kuźnia Raciborska 82-83 E6
Kuźnica 76-77 B11
Kwidzyn 74-75 B6, B7; 76-77 B6, B7
Kwilcz 78-79 C4
Kwisa – rzeka 78-79 D3

L

Lackowa – góra 84-85 F9
Lanckorona 82-83 F7; 84-85 F7
Laskowa 84-85 F8
Lasocin 78-79 D3
Lasowice Mł. (Małe) 82-83 E6
Lasy Janowskie, Park Krajobrazowy 84-85 E10
Lasy nad Górną Liswartą, Park Krajobrazowy 82-83 E6
Laszki 84-85 E10
Latowicz 80-81 C9
Ląd 78-79 C5
Lądek 78-79 C5
Lądek-Zdrój 82-83 E4
Lednica, J. (Jezioro) 78-79 C5
Lednicki P. (Park) K. (Krajobrazowy) 78-79 C5
Lednogóra 78-79 C5
Lega – rzeka 76-77 B10
Legionowo 80-81 C8, 9
Legnica 78-79 D4
Legnickie Pole 82-83 D4
Lelis 76-77 B9
Lelkowo 76-77 A8
Lelów 82-83 E7; 84-85 E7
Leoncin 80-81 C8
Lesko 84-85 F10
Leszno 78-79 D4
Leszno 80-81 C8
Lesznowola 80-81 C8
Leśna 82-83 D3
Leśna Podlaska 80-81 C11
Leśnica 82-83 E6
Leśniowice 84-85 E11
Lewin Brzeski 82-83 E5
Lewin Kłodzki 82-83 E4
Lewków 78-79 D5
Leżajsk 84-85 E10
Lębork 74-75 A5
Lędziny 82-83 E7
Libiąż 82-83 E7; 84-85 E7
Lichnowy 74-75 A6; 76-77 A6
Lidzbark 74-75 B7; 76-77 B7
Lidzbark Warmiński 76-77 A8
Limanowa 84-85 F8
Linia 74-75 A5
Liniewo 74-75 A6; 76-77 A6
Lipce Reymontowskie 78-79 D7; 80-81 D7, 8
Lipiany 74-75 B2, 3
Lipie 82-83 D6
Lipinki 84-85 F9
Lipinki Łużyckie 78-79 D2, 3
Lipka 74-75 B5
Lipnica 74-75 B5
Lipnica Murowana 84-85 F8
Lipnica Wlk. (Wielka) 82-83 F7; 84-85 F7
Lipnik 84-85 E9
Lipno 74-75 C7; 76-77 C7
Lipno 78-79 D4
Lipowa 82-83 F7
Lipowa Góra 76-77 A10
Lipowiec Kościelny 76-77 B8
Lipsk 76-77 B11
Lipsko 80-81 D9
Lipusz 74-75 A5
Lisewo 74-75 B6; 76-77 B6
Lisia Góra 74-75 B4, 5
Lisia Góra 84-85 E9
Lisków 78-79 D6; 80-81 D6
Liswarta – rzeka 82-83 E6
Liszki 82-83 E7; 84-85 E7
Liw 80-81 C9
Liwa – rzeka 74-75 B7; 76-77 B7
Liwiec – rzeka 76-77 C9
Liwiec – rzeka 80-81 C10
Liwocz – góra 84-85 F9
Lniano 74-75 B6; 76-77 B6
Lubaczów 84-85 E11
Lubaczówka – rzeka 84-85 E11
Lubanie 74-75 C6; 76-77 C6
Lubań 82-83 D3
Lubartów 80-81 D10
Lubasz 74-75 C4
Lubawa 74-75 B7; 76-77 B7
Lubawka 82-83 E3
Lubawka, Przeł. (Przełęcz) 82-83 E4
Lubenia 84-85 F9, 10
Lubiąż 78-79 D4
Lubichowo 74-75 B6; 76-77 B6
Lubicz 74-75 B6; 76-77 B6
Lubie, J. (Jezioro) 74-75 B3
Lubie, J. (Jezioro) 74-75 C3
Lubień 82-83 F7; 84-85 F7
Lubień Kujawski 78-79 C7; 80-81 C7
Lubiewo 74-75 B6
Lubięcin 78-79 D3
Lubin 78-79 D4
Lubin 78-79 D4
Lubiszyn 74-75 C2
Lubkowskie, J. (Jezioro) 78-79 C3
Lublin 80-81 D10
Lubliniec 82-83 E6
Lubniewice 78-79 C3
Lubniewsko, J. (Jezioro) 78-79 C3
Lubochnia 80-81 D8
Lubomia 82-83 E6
Lubomierz 82-83 D3
Lubomino 76-77 A8
Luboń 78-79 C4
Luboń Wlk. (Wielki) – góra 82-83 F7; 84-85 F7
Luborzyca 84-85 E8
Lubostroń 74-75 C5, 6
Lubowidz 74-75 B7; 76-77 B7
Lubraniec 76-77 C6
Lubrza 78-79 C3
Lubrza 82-83 E5
Lubsko 78-79 D2, 3
Lubsza – rzeka 78-79 D2
Lubsza 82-83 E5
Lubycza Królewska 84-85 E11
Luciąża – rzeka 78-79 D7; 80-81 D7
Ludwin 80-81 D10
Ludźmierz 82-83 F7; 84-85 F7
Luterskie, J. (Jezioro) 76-77 A8
Lutocin 74-75 C7; 76-77 C7
Lutomiersk 78-79 D7; 80-81 D7
Lutowiska 84-85 F10
Lututów 78-79 D6; 80-81 D6
Lutynia – rzeka 78-79 D5
Luzino 74-75 A6; 76-77 A6
Lwówek 78-79 C4
Lwówek Śl. (Śląski) 82-83 D3
Lyski 82-83 E6

Ł

Łabędy – część Gliwic 82-83 E6
Łabiszyn 74-75 C5
Łabowa 84-85 F8
Łabunie 84-85 E11
Łada – rzeka 84-85 E10
Ładzice 82-83 D7; 84-85 D7
Łagiewniki 82-83 E4
Łagowski Park Krajobrazowy 78-79 C3
Łagów 78-79 C3
Łagów 84-85 E9
Łambinowice 82-83 E5
Łanięta 78-79 C7; 80-81 C7
Łańcut 84-85 E10
Łańskie, J. (Jezioro) 76-77 B8
Łapanów 84-85 F8
Łapsze Niżne 84-85 F8
Łapy 76-77 C10
Łasin 74-75 B7; 76-77 B7
Łask 78-79 D7; 80-81 D7
Łaskarzew 80-81 D9
Łaszczów 84-85 E11
Łaśmiady, J. (Jezioro) 76-77 B10
Łaziska 80-81 D9
Łaziska Grn. (Górne) 82-83 E6
Łazy 74-75 A4
Łazy 82-83 E7; 84-85 E7
Łażno, J. (Jezioro) 76-77 A10
Łąck 76-77 C7
Łącko 84-85 F8
Łączna 84-85 D8
Łeba – rzeka 74-75 A5
Łeba 74-75 A5
Łebsko, J. (Jezioro) 74-75 A5
Łęczna 80-81 D10
Łęczyca 78-79 C7; 80-81 C7
Łęczyce 74-75 A5
Łęg – rzeka 84-85 E9
Łęka Opatowska 78-79 D6
Łękawica 82-83 F7
Łęki Szlach. (Szlacheckie) 78-79 D7; 80-81 D7
Łęknica 78-79 D2
Łętowskie, J. (Jezioro) 74-75 A4
Łobez 74-75 B3
Łobżenica 74-75 B5
Łobżonka – rzeka 74-75 B5
Łochów 76-77 C9
Łodygowice 82-83 F7
Łomazy 80-81 D11
Łomianki 80-81 C8
Łomża 76-77 B9, 10
Łoniów 84-85 E9
Łopiennik Grn. (Górny) 84-85 D11
Łopuszna 84-85 F8
Łopuszno 84-85 E8
Łosice 80-81 C10
Łososina – rzeka 84-85 E8
Łososina – rzeka 84-85 F8
Łososina Dln. (Dolna) 84-85 F8
Łowicz 78-79 C7; 80-81 C7
Łódź 78-79 D7; 80-81 D7
Łubianka 74-75 B6; 76-77 B6
Łubniany 82-83 E6
Łubnice 82-83 D6
Łubnice 84-85 E9
Łubowo 78-79 C5
Łukowa 84-85 E10
Łukowica 84-85 F8
Łukowo 78-79 C4
Łuków 80-81 D10
Łukta 76-77 B8
Łupawa – rzeka 74-75 A5
Łupkowska, Przeł. (Przełęcz) 84-85 F9, 10
Łużna 84-85 F8, 9
Łużyca – rzeka 78-79 D6; 80-81 D6
Łydynia – rzeka 76-77 C8
Łyna – rzeka 76-77 B8; A9
Łysa Góra 78-79 C5
Łyse 76-77 B9
Łysica – góra 84-85 E8
Łysomice 74-75 B6; 76-77 B6
Łyszkowice 78-79 D7; 80-81 D7

M

Maciejowice 80-81 D9
Maciejówka – góra 84-85 F10
Magnuszew 80-81 D9
Magurski Park Narodowy 84-85 F9
Majdan Królewski 84-85 E9
Maków 78-79 D7, 8; 80-81 D8
Maków Maz. (Mazowiecki) 76-77 C8, 9
Maków Podhalański 82-83 F7; 84-85 F7
Malanów 78-79 D6; 80-81 D6
Malbork 74-75 A7; 76-77 A7
Malczyce 78-79 D4
Malechowo 74-75 A4
Maleniec 80-81 D8
Mała Ina – rzeka 74-75 B3
Mała Wełna – rzeka 78-79 C5
Małaszewicze 80-81 C11
Małdyty 74-75 B7; 76-77 B7
Małkinia Grn. (Górna) 76-77 C9, 10
Małków 78-79 D6; 80-81 D6
Małogoszcz 84-85 E8
Małomice 78-79 D3
Małujowice 82-83 E5
Mamry, J. (Jezioro) 76-77 A9
Maniowy 84-85 F8
Manowo 74-75 A4
Marcinowice 82-83 E4
Marciszów 82-83 E4
Margonin 74-75 C5
Marianowo 74-75 B3
Marki 80-81 C9
Marklowice 82-83 E6
Markowa 84-85 E10
Markusy 74-75 A7; 76-77 A7
Markuszów 80-81 D10
Martwa Wisła – rzeka 74-75 A6; 76-77 A6
Maskawa – rzeka 78-79 C5
Masłowice 82-83 D7; 84-85 D7
Masłów 84-85 E8
Maszewo 74-75 B3
Maszewo 78-79 C2
Maślana G. (Góra) 84-85 F8, 9
Mausz, J. (Jezioro) 74-75 A5
Mazowiecki P. (Park) K. (Krajobrazowy) 80-81 C9-D9
Mazurski Park Krajobrazowy 76-77 B9
Medyka 84-85 F10
Melno, J. (Jezioro) 74-75 B7; 76-77 B7
Mełgiew 80-81 D10
Męcinka 82-83 D3, 4
Mędrzechów 84-85 E8, 9
Miała – rzeka 74-75 C4
Miasteczko Krajeńskie 74-75 B4, 5
Miasteczko Śl. (Śląskie) 82-83 E6, 7
Miastko 74-75 A4, 5
Miastkowo 76-77 B9
Miastków Kościelny 80-81 D9
Miączyn 84-85 E11
Michałowice 80-81 C8
Michałowice 84-85 E7, 8
Michałowo 76-77 B11
Michałów 84-85 E8
Michów 80-81 D10
Miechów 84-85 E8
Miedniewice 80-81 C8
Miedwie, J. (Jezioro) 74-75 B2
Miedziana Góra 84-85 E8
Miedzichowo 78-79 C3, 4
Miedzna 76-77 C10
Miedźna 82-83 F7
Miedźno 82-83 E7
Miejsce Piastowe 84-85 F9
Miejska Górka 78-79 D4, 5
Mielec 84-85 E9
Mieleszyn 78-79 C5
Mielnik 80-81 C11
Mielno 74-75 A3, 4
Mień – rzeka 74-75 C7; 76-77 C7
Mieroszów 82-83 E4
Mierzawa – rzeka 84-85 E8
Mierzeja Wiślana, P. (Park) K. (Krajobrazowy) 74-75 A7; 76-77 A7
Mierzęcice 82-83 E7
Mieszkowice 74-75 C2
Mieścisko 74-75 C5
Mietkowskie, J. (Jezioro) 82-83 E4
Mietków 82-83 E4
Międzybórz 78-79 D5
Międzychód 78-79 C3
Międzygórze 82-83 E4
Międzylesie 82-83 E4
Międzyleska, Przeł. (Przełęcz) 82-83 E4
Międzyrzec Podlaski 80-81 C10
Międzyrzecz 78-79 C3
Międzyrzecze Warty i Widawki, P. (Park) K. (Krajobrazowy) 78-79 D6; 80-81 D6
Międzyzdroje 74-75 B2
Miękinia 78-79 D4
Mikołajki 76-77 B9
Mikołajki Pomorskie 74-75 B7; 76-77 B7
Mikołów 82-83 E6
Mikstat 78-79 D5
Milanów 80-81 D10
Milanówek 80-81 C8
Milejczyce 76-77 C11
Milejewo 74-75 A7; 76-77 A7
Milejów 80-81 D10
Milickie, Stawy 78-79 D5
Milicz 78-79 D5
Miłówka 82-83 F7
Miłakowo 76-77 A8
Miłki 76-77 B9
Miłkowice 78-79 D4
Miłomłyn 74-75 B7; 76-77 B7
Miłoradz 74-75 A6; 76-77 A6
Miłosław 78-79 C5
Mińsk Maz. (Mazowiecki) 80-81 C9
Mircze 84-85 E11
Mirosławiec 74-75 B4
Mirów 82-83 E7; 84-85 E7
Mirów Str. (Stary) 80-81 D8, 9
Mirsk 82-83 E3
Mirzec 84-85 D9
Mleczna – rzeka 84-85 F10
Mł. (Mała) Panew – rzeka 82-83 E6
Mł. (Mała) Wieś 76-77 C8
Mł. (Mały) Płock 76-77 B10
Mława 76-77 B8
Mławka – rzeka 76-77 B8
Młodzieszyn 80-81 C8
Młynary 74-75 A7; 76-77 A7
Młynarze 76-77 C9
Mniów 84-85 D8
Mniszków 80-81 D7, 8
Mochowo 74-75 C7; 76-77 C7
Modliborzyce 84-85 E10
Mogielica – góra 84-85 F8
Mogielnica 80-81 D8
Mogilany 82-83 F7; 84-85 F7
Mogilnica – rzeka 78-79 C4
Mogilno 78-79 C5
Mogiła – góra 84-85 F8
Mokobody 80-81 C10
Mokre, J. (Jezioro) 76-77 B9
Mokrsko 78-79 D6
Mońki 76-77 B10
Morawica 84-85 E8
Morąg 74-75 B7; 76-77 B7
Mordy 80-81 C10
Moryń 74-75 C2
Morzeszczyn 74-75 B6; 76-77 B6
Morzycko, J. (Jezioro) 74-75 C2
Mosina 78-79 C4
Moskorzew 82-83 E7; 84-85 E7
Mostowa – rzeka 74-75 B3
Moszczenica 78-79 D7; 80-81 D7
Moszczenica 84-85 F9
Moszna 82-83 E5
Motława – rzeka 74-75 A6; 76-77 A6
Mórka, J. (Jezioro) 78-79 C4, 5
Mrągowo 76-77 B9
Mrocza 74-75 B5
Mroga – rzeka 78-79 D7; 80-81 D7
Mrozy 80-81 C9
Mrzeżyno 74-75 A3
Mstów 82-83 E7; 84-85 E7
Mszana 82-83 F6
Mszana Dln. (Dolna) 84-85 F8
Mszanowo 74-75 B7; 76-77 B7
Mszczonów 80-81 D8
Mściwojów 82-83 D4
Mucharz 82-83 F7; 84-85 F7
Murowana Goślina 78-79 C4, 5
Murów 82-83 E5
Muszyna 84-85 F8, 9
Myczkowce 84-85 F10
Mykanów 82-83 E7
Mysłakowice 82-83 E3
Mysłowice 82-83 E7
Myszków 82-83 E7; 84-85 E7
Myszyniec 76-77 B9
Myśla – rzeka 74-75 C2
Myślenice 82-83 F7; 84-85 F7
Myśliborskie, J. (Jezioro) 74-75 C2
Myślibórz 74-75 C2

N

Nadarzyn 80-81 C8
Nadbużański Park Krajobrazowy 76-77 C9
Nadgopiański Park Tysiąclecia – park krajobrazowy 76-77 C6
Nadmorski Park Krajobrazowy 74-75 A6; 76-77 A6
Nadnidziański P. (Park) K. (Krajobrazowy) 84-85 E8
Nadwarciański P. (Park) K. (Krajobrazowy) 78-79 C5
Nadwieprzański P. (Park) K. (Krajobrazowy) 80-81 D10-D11
Nadwiślański Park Krajobrazowy 74-75 B6; 76-77 B6
Nagłowice 84-85 E8
Nakło n. (nad) Notecią 74-75 B5
Nałęczów 80-81 D10
Namysłów 82-83 D5
Narew – rzeka 76-77 C11; C9
Narew 76-77 C11
Narewka 76-77 C11
Narie, J. (Jezioro) 76-77 B8
Narol 84-85 E11
Naruszewo 76-77 C8
Narwiański P. (Park) K. (Krajobrazowy) 76-77 B10
Narwiański P. (Park) N. (Narodowy) 76-77 B10
Nasielsk 76-77 C8
Nawojowa 84-85 F8
Necko, J. (Jezioro) 76-77 B10
Nekla 78-79 C5
Ner – rzeka 78-79 C6; 78-79 D7
Nędza 82-83 E6
Nida – rzeka 76-77 B8
Nida – rzeka 84-85 E8
Nida Czarna – rzeka 84-85 E8
Nidzica – rzeka 84-85 E8
Nidzica 76-77 B8
Nidzkie, J. (Jezioro) 76-77 B9
Nieborów 80-81 C8
Niebylec 84-85 F9
Niechanowo 78-79 C5
Niechlów 78-79 D4
Niedomice 84-85 E8, 9
Niedrzwica Duża 84-85 D10
Niedzica 84-85 F8
Niedźwiada 80-81 D10
Niedźwiedź 84-85 F8
Niegocin, J. (Jezioro) 76-77 B9
Niegosławice 78-79 D3
Niegowa 82-83 E7; 84-85 E7
Nielisz 84-85 E10, 11
Niemce 80-81 D10
Niemcza 82-83 E4
Niemodlin 82-83 E5
Niepokalanów 80-81 C8
Niepołomice 84-85 E8
Nieporęt 80-81 C9
Niesłysz, J. (Jezioro) 78-79 C3
Nieszawa 74-75 C6; 76-77 C6
Nisko 84-85 E10
Niwiska 84-85 E9
Nogat – rzeka 74-75 B6; 76-77 B6
Notecka, Puszcza 74-75 C3-C4
Notecki, Kan. (Kanał) 74-75 BC5
Noteć – rzeka 74-75 B5; C3
Nowa Dęba 84-85 E9
Nowa Huta – część Krakowa 84-85 E8
Nowa Ruda 82-83 E4
Nowa Sól 78-79 D3
Nowe 74-75 B6; 76-77 B6
Nowe Miasteczko 78-79 D3
Nowe Ostrowy 78-79 C7; 80-81 C7
Nowe Skalmierzyce 78-79 D5
Nowe Warpno 74-75 B2
Nowęcin 74-75 A5
Nowinka 76-77 B10
Nowodwór 80-81 D10
Nowogard 74-75 B2, 3
Nowogrodziec 78-79 D3
Nowogród 76-77 B9
Nowogród Bobrzański 78-79 D3
Nowogródek Pomorski 74-75 C3
Nowowolyńsk 84-85 E11, 12
Nowy Sącz 84-85 F8
Nowy Staw 74-75 A7; 76-77 A7
Nowy Targ 84-85 F8
Nozdrzec 84-85 F10
Nur 76-77 C10
Nurzec – rzeka 76-77 C10
Nurzec-Stacja 76-77 C11
Nw. (Nowa) Brzeźnica
Nw. (Nowa) Karczma 74-75 A6; 76-77 A6
Nw. (Nowa) Sarzyna 84-85 E10
Nw. (Nowa) Słupia 84-85 E9
Nw. (Nowa) Sucha 80-81 C8
Nw. (Nowa) Wieś Lęborska 74-75 A5
Nw. (Nowa) Wieś Wlk. (Wielka) 74-75 C6; 76-77 C6
Nw. (Nowe) Brzesko 84-85 E8
Nw. (Nowe) Miasto 76-77 C8
Nw. (Nowe) Miasto Lubawskie 74-75 B7; 76-77 B7
Nw. (Nowe) Miasto n. (nad) Pilicą 80-81 D8
Nw. (Nowe) Miasto n. (nad) Wartą 78-79 C5
Nw. (Nowe) Piekuty 76-77 C10
Nw. (Nowy) Duninów 76-77 C7
Nw. (Nowy) Dwór 76-77 B11
Nw. (Nowy) Dwór Gdański 74-75 A7; 76-77 A7
Nw. (Nowy) Dwór Maz. (Mazowiecki) 76-77 C8
Nw. (Nowy) Kawęczyn 80-81 D8
Nw. (Nowy) Korczyn 84-85 E8
Nw. (Nowy) Tomyśl 78-79 C3, 4
Nw. (Nowy) Wiśnicz 84-85 F8
Nw. (Nowy) Żmigród 84-85 F9
Nysa 82-83 E5
Nysa Kłodzka – rzeka 82-83 E4; E5
Nysa Łużycka – rzeka 78-79 D2

O

Obięgorek 84-85 E8
Oborniki 78-79 C4
Oborniki Śl. (Śląskie) 78-79 D4
Obra – rzeka 78-79 D5; C3
Obra 78-79 C4
Obrazów 84-85 E9
Obrowo 74-75 C6; 76-77 C6
Obryte 76-77 C9
Obrzański Pd. (Południowy), Kan. (Kanał) 78-79 C4
Obrzański Pn. (Północny), Kan. (Kanał) 78-79 C4
Obrzyca – rzeka 78-79 D3
Obrzycko 74-75 C4
Obsza 84-85 E10
Ochla 78-79 D3
Ochnia – rzeka 78-79 C7; 80-81 C7
Ochotnica Dln. (Dolna) 84-85 F8
Ocypel 74-75 B6; 76-77 B6
Odolanów 78-79 D5
Odra – rzeka 82-83 E6; 74-75 B2
Odry 74-75 B6; 76-77 B6
Odrzykoń 84-85 F9
Odrzywół 80-81 D8
Ogrodzieniec 82-83 E7; 84-85 E7
Ojc. (Ojcowski) P. (Park) N. (Narodowy) 82-83 E7; 84-85 E8
Ojców 82-83 E7; 84-85 E7
Ojrzeń 76-77 C8
Okocim 84-85 F8
Okonek 74-75 B4
Okonin 74-75 B6; 76-77 B6
Okonińskie, J. (Jezioro) 74-75 B5, 6
Okraj, Przeł. (Przełęcz) 82-83 E3
Oksa 84-85 E8
Okuninka 80-81 D11
Olecko 76-77 A10
Olesno 82-83 E6
Olesno 84-85 E8
Oleszyce 84-85 E10, 11
Oleśnica – rzeka 78-79 D6; 80-81 D6
Oleśnica 78-79 D5
Oleśnica 84-85 E9
Olkusz 82-83 E7; 84-85 E7
Olszanica 84-85 F10
Olszanka 80-81 C10
Olszanka 82-83 E5
Olszewo-Borki 76-77 B9
Olszówka 78-79 C6; 80-81 C6
Olsztyn 76-77 B8
Olsztyn 82-83 E7; 84-85 E7
Olsztynek 76-77 B8
Olszyna 82-83 D3
Oława – rzeka 82-83 E5
Oława 82-83 E5
Ołobok 78-79 D5, 6
Omęt – rzeka 76-77 A9
Omulew – rzeka 76-77 B9
Omulew J. (Jezioro) 76-77 B8
Opactwo 80-81 D9
Opalenica 78-79 C4
Opatowiec 84-85 E8
Opatów 82-83 E6
Opatów 84-85 E9
Opatówek 78-79 D6
Opatówka – rzeka 84-85 E9
Opinogóra Grn. (Górna) 76-77 C8
Opoczno 80-81 D8
Opole 82-83 E5, 6
Opole Lubelskie 80-81 D9
Opołonek – góra 84-85 F10
Oporów 78-79 C7; 80-81 C7
Orawka 82-83 F7; 84-85 F7
Orchowo 78-79 C6
Orla – rzeka 78-79 D4
Orla 76-77 C11
Orlanka – rzeka 76-77 C11
Orlica – rzeka 82-83 E4
Orły 84-85 F10
Orneta 76-77 A8
Orontowice 82-83 E6
Orońsko 80-81 D8
Orsk 78-79 D4
Ortel Królewski 80-81 D11
Orz – rzeka 76-77 C9
Orzesze 82-83 E6
Orzyc – rzeka 76-77 B8; B9
Orzysz 76-77 B9
Orzysz, J. (Jezioro) 76-77 B10
Osa – rzeka 74-75 B7; 76-77 B7
Osie 74-75 B6; 76-77 B6
Osieck 80-81 D9
Osieczna 74-75 B6; 76-77 B6
Osieczna 78-79 D4
Osieczna 78-79 D3
Osiek 74-75 B6; 76-77 B6
Osiek 74-75 B7; 76-77 B7
Osiek 82-83 F7
Osiek 84-85 E9
Osiek Jasielski 84-85 F9
Osiek Mł. (Mały) 78-79 C6; 80-81 C6
Osiek n. (nad) Notecią 74-75 B5
Osiek, J. (Jezioro) 74-75 C3
Osielsko 74-75 B6; 76-77 B6
Osięciny 76-77 C6
Osina 74-75 B3
Osjaków 78-79 D6; 80-81 D6
Osława – rzeka 84-85 F10
Osobloga – rzeka 82-83 E5
Osowiec 76-77 B10
Ostaszewo 74-75 A6, A7; 76-77 A6, A7
Ostrołęka 76-77 B9
Ostroróg 78-79 C4
Ostrowice 74-75 B3
Ostrowiec Świętokrzyski 84-85 E9
Ostrowiec, J. (Jezioro) 74-75 B3, 4
Ostrowite 78-79 C5, 6
Ostrowskie, J. (Jezioro) 76-77 C6
Ostróda 74-75 B7; 76-77 B7, B8
Ostrów 84-85 E9
Ostrów Lubelski 80-81 D10
Ostrów Mazowiecka 76-77 C9, 10
Ostrów Wlkp. (Wielkopolski) 78-79 D5
Ostrówek 78-79 D6; 80-81 D6
Ostrówek 80-81 D10
Ostrzeszów 78-79 D5
Ostrzyca – góra 82-83 D3
Ośno Lubuskie 78-79 C2
Oświęcim 82-83 E7
Ośwín, J. (Jezioro) 76-77 A9
Otmuchowskie, J. (Jezioro) 82-83 E5
Otmuchów 82-83 E5
Otwock 80-81 C9
Otwock Wlk. (Wielki) 80-81 C9
Otyń 78-79 D3
Owczary 84-85 F9

Owińska 78-79 C4, 5
Ozimek 82-83 E6
Ozorków 78-79 D7; 80-81 D7
Ożarowice 82-83 E6, 7
Ożarów 84-85 E9
Ożarów Maz. (Mazowiecki) 80-81 C8

P

P. (Podkowa) L. (Leśna) 80-81 C8
Pabianice 78-79 D7; 80-81 D7
Pacanów 84-85 E8, 9
Pacyna 78-79 C7; 80-81 C7
Paczków 82-83 E4
Padew Narodowa 84-85 E9
Pakoskie, J. (Jezioro) 74-75 C6; 76-77 C6
Pakosław 78-79 D4, 5
Pakosławice 82-83 E5
Pakość 74-75 C6; 76-77 C6
Pałecznica 84-85 E8
Panki 82-83 E6
Papowo Biskupie 74-75 B6; 76-77 B6
Paprotnia 80-81 C10
Paradyż 80-81 D8
Parchowo 74-75 A5
Parczew 80-81 D10
Parkowa G. (Góra) 84-85 E11
Parsęta – rzeka 74-75 B4; A3
Parysów 80-81 D9
Parzęczew 78-79 D7; 80-81 D7
Pasłęk 74-75 A7; 76-77 A7
Pasłęka – rzeka 74-75 A7; 76-77 A7
Pasmo Brzanki, P. (Park) K. (Krajobrazowy) 84-85 F9
Pasym 76-77 B8
Paszowice 82-83 D4
Pawłosiów 84-85 E10
Pawłowice 78-79 D4
Pawłowice 82-83 F6
Pawłowiczki 82-83 E5, 6
Pawłów 84-85 E9
Pawonków 82-83 E6
Pcim 82-83 F7; 84-85 F7
Pelplin 74-75 B6; 76-77 B6
Pełcz, J. (Jezioro) 74-75 B3
Pełczyce 74-75 B3
Perlejewo 76-77 C10
Perzów 78-79 D5
Petrykozy 80-81 D8
Pęcław 78-79 D4
Pęczniew 78-79 D6; 80-81 D6
Pępowo 78-79 D5
Pęzino 74-75 B3
Piaseczno 74-75 B4
Piaseczno 80-81 C8, 9
Piaski 78-79 D5
Piaski 80-81 D10
Piastów 80-81 C8
Piątek 78-79 C7; 80-81 C7
Piątkowa 84-85 F10
Piątnica Poduchowna 76-77 B10
Piechowice 82-83 E3
Piecki 76-77 B9
Piekary Śl. (Śląskie) 82-83 E6, 7
Piekoszów 84-85 E8
Pielgrzymka 82-83 D3
Pieniężno 76-77 A8
Pieniński P. (Park) N. (Narodowy) 84-85 F8
Pieńsk 78-79 D3
Pierzchalskie, J. (Jezioro) 74-75 A7; 76-77 A7, 8
Pierzchnica 84-85 E8
Pieskowa Skała 82-83 E7; 84-85 E7
Pieszyce 82-83 E4
Pietrowice Wlk. (Wielkie) 82-83 E6
Piława 80-81 D9
Piławki 74-75 B7; 76-77 B7
Pilchowice 82-83 E6
Pilchowickie, J. (Jezioro) 82-83 E3
Pile, J. (Jezioro) 74-75 B4
Pilica – rzeka 82-83 E7; 80-81 D8
Pilica 82-83 E7; 84-85 E7
Pilsko – góra 82-83 F7
Pilzno 84-85 F9
Piła 74-75 B4
Piława – rzeka 74-75 B4
Piława Grn. (Górna) 82-83 E4
Pińczów 84-85 E8
Pionki 80-81 D9
Piotrawin 84-85 D9
Piotrków Kujawski 76-77 C6
Piotrków Tryb. (Trybunalski) 78-79 D7; 80-81 D7
Pisa – rzeka 76-77 B9
Pisia – rzeka 80-81 C8
Piska, Puszcza 76-77 B9
Pisz 76-77 B9
Piszczac 80-81 D11
Piwniczna-Zdrój 84-85 F8
Platerów 80-81 C10
Platerówka 82-83 D3
Pleszew 78-79 D5
Pleśna 84-85 F8
Pliszka – rzeka 78-79 C2
Pluszne, J. (Jezioro) 76-77 B8
Płaska 76-77 B11
Płociczna – rzeka 74-75 B4
Płock 76-77 C7
Płodownica – rzeka 76-77 B9
Płonia – rzeka 74-75 B2
Płoniawy-Bramura 76-77 C9
Płoń, J. (Jezioro) 74-75 B3
Płońsk 76-77 C8
Płoskinia 74-75 A7; 76-77 A7
Płośnica 76-77 B8
Płoty 74-75 B3
Płużnica 74-75 B6; 76-77 B6
Płytnica – rzeka 74-75 B4
Pniewy 78-79 C4
Pniewy 80-81 D8
Pobiedziska 78-79 C5
Pobierowo 74-75 A2
Poczesna 82-83 E7
Poddębice 78-79 D6, 7; 80-81 D6, 7
Podedwórze 80-81 D11
Podegrodzie 84-85 F8
Podgórzyn 82-83 E3
Podlaski Przełom Bugu, Park Krajobrazowy 80-81 C10-C11
Pogorzela 78-79 D5
Pogórza Przemyskiego, Park Krajobrazowy 84-85 F10
Pojezierza Iławskiego, Park Krajobrazowy 74-75 B7; 76-77 B7-B8
Pojezierze Łęczyńskie, P. (Park) K. (Krajobrazowy) 80-81 D10-D11
Pokój 82-83 E5
Pokrówka 84-85 D11
Pokrzywnica 76-77 C8, 9
Polanica-Zdrój 82-83 E4
Polanka Wlk. (Wielka) 82-83 F7; 84-85 F7
Polanów 74-75 A4
Polańczyk 84-85 F10
Poleski P. (Park) N. (Narodowy) 80-81 D11
Police 74-75 B2
Polichno 78-79 D7; 80-81 D7
Policzna 80-81 D9
Polkowice 78-79 D4
Polska Cerekiew 82-83 E6
Polska G. (Góra) 74-75 B4
Połajewo 74-75 C4
Połaniec 84-85 E9
Połczyn-Zdrój 74-75 B4
Południoworoztoczański P. (Park) K. (Krajobrazowy) 84-85 E11
Pomiechówek 76-77 C8
Pomorska, Zatoka 74-75 A2
Pomorze, J. (Jezioro) 76-77 A11
Poniatowa 80-81 D10
Poniec 78-79 D4
Popielów 82-83 E5
Popów 82-83 D6, 7
Poprad – rzeka 84-85 F8
Popradzki Park Krajobrazowy 84-85 F8
Por – rzeka 84-85 E10
Poraj 82-83 E7
Porąbka 82-83 F7
Poręba 82-83 E7; 84-85 E7
Poręba Wlk. (Wielka) 84-85 F8
Poronin 84-85 F7
Posada Rybotycka 84-85 F10
Postomino 74-75 A4
Poświętne 76-77 C10
Poświętne 80-81 C9
Poświętne 80-81 D8
Potęgowo 74-75 A5
Potok Grn. (Górny) 84-85 E10
Potok Wlk. (Wielki) 84-85 E10
Potworów 80-81 D8
Powa – rzeka 78-79 C6
Powidz 78-79 C5
Powidzki P. (Park) K. (Krajobrazowy) 78-79 C5-C6
Powidzkie, J. (Jezioro) 78-79 C5, 6
Powroźnik 84-85 F8, 9
Pozezdrze 76-77 A9
Poznań 78-79 C4
Prabuty 74-75 B7; 76-77 B7
Pradoncin 84-85 E8
Pranie 76-77 B9
Praszka 82-83 D6
Pratulin 80-81 C11
Prochowice 78-79 D4
Promna 80-81 D8
Promno, P. (Park) K. (Krajobrazowy) 78-79 C5
Prosna – rzeka 82-83 D6; 78-79 C5
Prostki 76-77 B10
Proszowice 84-85 E8
Proszówka 82-83 E3
Prószków 82-83 E5
Pruchnik 84-85 F10
Prudnik 82-83 E5
Prusice 78-79 D4, 5
Pruszcz 74-75 B6; 76-77 B6
Pruszcz Gdański 74-75 A6; 76-77 A6
Pruszków 80-81 C8
Przasnysz 76-77 B8, 9
Przechlewo 74-75 B5
Przecisżów 82-83 E7; 84-85 E7
Przecław 84-85 E9
Przedborski P. (Park) K. (Krajobrazowy) 84-85 E7-E8
Przedbórz 84-85 D7, 8
Przedecz 78-79 C6; 80-81 C6
Przelewice 74-75 B3
Przemęcki Park Krajobrazowy 78-79 D4
Przemęt 78-79 C4
Przemkowski Park Krajobrazowy 78-79 D3
Przemków 78-79 D3
Przemsza – rzeka 82-83 E7
Przemyśl 84-85 F10
Przerośl 76-77 A10
Przesmyki 80-81 C10
Przeworno 82-83 E5
Przeworsk 84-85 E10
Przewóz 78-79 D2, 3
Przodkowo 74-75 A6; 76-77 A6
Przybiernów 74-75 B2
Przygodzice 78-79 D5
Przykona 78-79 D6; 80-81 D6
Przylep 78-79 D3
Przyłęk 80-81 D9
Przyrów 82-83 E7; 84-85 E7
Przysłop, Przeł. (Przełęcz) 82-83 F6
Przystajń 82-83 E6
Przysucha 80-81 D8
Przytoczna 78-79 C3
Przytoczno, J. (Jezioro) 74-75 B3
Przytuły 76-77 B10
Przytyk 80-81 D8
Przywidz 74-75 A6; 76-77 A6
Psary 82-83 E7
Psina – rzeka 82-83 E6
Pszczew 78-79 C3
Pszczewski Park Krajobrazowy 78-79 C3
Pszczółki 74-75 A6; 76-77 A6
Pszczyna 82-83 EF6
Pszenno 82-83 E4
Pszów 82-83 E6
Ptuszowskie, J. (Jezioro) 74-75 B4
Puchaczów 80-81 D10, 11
Puck 74-75 A6; 76-77 A6
Pucka, Zatoka 74-75 A6
Pudliszki 78-79 D4
Puławy 80-81 D9, 10
Pułtusk 76-77 C8, 9
Puńsk 76-77 A11
Purda 76-77 B8
Puszcza Mariańska 80-81 D8
Puszcza Zielonka, Park Krajobrazowy 78-79 C5
Puszczy Knyszyńskiej, Park Krajobrazowy 76-77 B11
Puszczy Rominckiej, Park Krajobrazowy 76-77 A10
Puszczy Solskiej, Park Krajobrazowy 84-85 E11
Puszczykowo 78-79 C4, 5
Pyrzyce 74-75 B2, 3
Pyskowice 82-83 E6
Pyszna – rzeka 78-79 D6; 80-81 D6
Pysznica 84-85 E10
Pyzdry 78-79 C5

R

Raba – rzeka 84-85 F7; E8
Raba Wyżna 82-83 F7; 84-85 F7
Rabka-Zdrój 82-83 F7; 84-85 F7
Rabsztyn 82-83 E7; 84-85 E7
Rachanie 84-85 E11
Raciąż 76-77 C8
Raciążek 74-75 C6; 76-77 C6
Raciążnica – rzeka 76-77 C8
Racibórz 82-83 E6
Raciechowice 84-85 F8
Racławice 84-85 E8
Racot 78-79 C4
Raczki 76-77 B10
Radecznica 84-85 E10
Radew – rzeka 74-75 A4
Radgoszcz 84-85 E9
Radków 82-83 E4
Radków 82-83 E7; 84-85 E7
Radlin 82-83 E6
Radłów 82-83 E6
Radłów 84-85 E8
Radom 80-81 D9
Radomin 74-75 B7; 76-77 B7
Radomka – rzeka 80-81 D9
Radomsko 82-83 D7; 84-85 D7
Radomyśl n. (nad) Sanem 84-85 E9, 10
Radomyśl Wlk. (Wielka) 84-85 E9
Radoszyce 84-85 D8
Radowo Mł. (Małe) 74-75 B3
Radunia – rzeka 74-75 A6; 76-77 A6
Raduńskie Dln. (Dolne), J. (Jezioro) 74-75 A5
Radwanice 78-79 D3
Radymno 84-85 F10
Radzanowo76-77 C7
Radzanów 76-77 C8
Radzanów 80-81 D8
Radziejowa – góra 84-85 F8
Radziejowice 80-81 D8
Radziejów 76-77 C6
Radziemice 84-85 E8
Radziłów 76-77 B10
Radzionków 82-83 E6
Radzymin 80-81 C9
Radzyń Chełmiński 74-75 B6; 76-77 B6
Radzyń Podlaski 80-81 D10
Rajcza 82-83 F7
Rajgrodzkie, J. (Jezioro) 76-77 B10
Rajgród 76-77 B10
Rakoniewice 78-79 C4
Rakowskie, J. (Jezioro) 74-75 B4
Raków 84-85 E9
Rakszawa 84-85 E10
Rakutowskie, J. (Jezioro) 76-77 C7
Raniżów 84-85 E9
Raszków 78-79 D5
Raszyn 80-81 C8
Ratno Dolne 82-83 E4
Rawa Maz. (Mazowiecka) 80-81 D8
Rawicz 78-79 D4
Rawka – rzeka 80-81 D8; C8
Rąbino 74-75 B3
Recz 74-75 B3
Recza – góra 74-75 B4
Reda – rzeka 74-75 A6; 76-77 A6
Reda 74-75 A6; 76-77 A6
Rega – rzeka 74-75 A3
Regalna – rzeka 74-75 B3
Regimin 76-77 C8
Regnów 80-81 D8
Rejowickie, J. (Jezioro) 74-75 B3
Rejowiec 84-85 D11
Rejowiec Fabryczny 84-85 D11
Reńska Wieś 82-83 E6
Repki 80-81 C10
Resko 74-75 B3
Resko Przymorskie, J. (Jezioro) 74-75 A3
Reszel 76-77 A9
Rewal 74-75 A2, 3
Ręczno 78-79 D7; 80-81 D7
Rędziny 82-83 E7
Rogalin 78-79 C4
Rogaliński Park Krajobrazowy 78-79 C4
Rogowo 74-75 C5
Rogowo 74-75 C7; 76-77 C7
Rogoźno 74-75 C5
Rogów 78-79 D7; 80-81 D7
Rogów Opolski 82-83 E5
Rogóźno 74-75 B6, B7; 76-77 B6, B7
Rojewo 74-75 C6; 76-77 C6
Rokiciny 78-79 D7; 80-81 D7
Rokietnica 78-79 C4
Rokietnica 84-85 F10
Rokitno 80-81 C11
Romanów 80-81 D11
Ropa – rzeka 84-85 F9
Ropa 84-85 F9
Ropczyce 84-85 E9
Rosnowskie, J. (Jezioro) 74-75 A4
Rospuda – rzeka 76-77 B10
Rospuda, J. (Jezioro) 76-77 A10
Rossosz 80-81 D11
Roś, J. (Jezioro) 76-77 B9
Rościszewo 74-75 C7; 76-77 C7
Rowokół – góra 74-75 A5
Rowy 74-75 A4, 5
Rozdrażew 78-79 D5
Rozewie, Przyl. (Przylądek) 74-75 A6; 76-77 A6
Rozoga – rzeka 76-77 B9
Rozogi 76-77 B9
Rozprza 78-79 D7; 80-81 D7
Roztoczański Park Narodowy 84-85 E10-E11
Rożwienica 84-85 F10
Rożnowskie, J. (Jezioro) 84-85 F8
Rożnów 84-85 F8
Rów Polski – rzeka 78-79 D4, 5
Równia 84-85 F10
Różan 76-77 C9
Różanystok 76-77 B11
Ruciane-Nida 76-77 B9
Ruda – rzeka 82-83 E6
Ruda Maleniecka 80-81 D8
Ruda Śl. (Śląska) 82-83 E6
Ruda Woda, J. (Jezioro) 74-75 B7; 76-77 B7
Ruda-Huta 80-81 D11
Rudawski P. (Park) K. (Krajobrazowy) 82-83 E3
Rudka 76-77 C10
Rudna 78-79 D4
Rudnik 82-83 E6
Rudnik 84-85 E10, 11
Rudnik n. (nad) Sanem 84-85 E10
Rudniki 82-83 D6
Rudy 82-83 E6
Rudziniec 82-83 E6
Rudzki, Kan. (Kanał) 76-77 B10
Ruja 82-83 D4
Runia 74-75 A6; 76-77 A6
Rurzyca – rzeka 74-75 B2
Rusiec 78-79 D6, 7; 80-81 D6, 7
Rusinów 80-81 D8
Russów 78-79 D6
Rutka-Tartak 76-77 A10
Rutki-Kossaki 76-77 B10
Ruż – rzeka 76-77 B9
Rybczewice II 84-85 D10
Rybnik 82-83 E6
Rybno 74-75 B7; 76-77 B7
Rybno 80-81 C8
Rychliki 74-75 B7; 76-77 B7
Rychtal 82-83 D5
Rychwał 78-79 C6
Ryczywół 74-75 C4
Rydułtowy 82-83 E6
Rydzówka, J. (Jezioro) 76-77 A9
Rydzyna 78-79 D4
Ryglice 84-85 F9
Ryjewo 74-75 B6, B7; 76-77 B6, B7
Ryki 80-81 D9
Rymanów-Zdrój 84-85 F9
Rymań 74-75 B3
Ryn 76-77 B9
Ryńskie, J. (Jezioro) 76-77 B9
Rypin 74-75 B7; 76-77 B7
Rysy – góra 84-85 F8
Rytro 84-85 F8
Rytwiany 84-85 E9
Rząśnia 78-79 D7; 80-81 D7
Rząśnik 76-77 C9
Rzeczenica 74-75 B4, 5
Rzeczniów 84-85 D9
Rzeczyca 80-81 D8
Rzekuń 76-77 B9
Rzepiennik Strzyżewski 84-85 F9
Rzepin 78-79 C2
Rzeszów 84-85 E9
Rzewnie 76-77 C9
Rzezawa 84-85 E8
Rzgów 78-79 C6
Rzgów 78-79 D7; 80-81 D7

S

S. (Siemianowice) Śl. (Śląskie) 82-83 E6, 7
Sabnie 76-77 C10
Sadki 74-75 B5
Sadkowice 80-81 D8
Sadlinki 74-75 B6; 76-77 B6
Sadowie 84-85 E9
Sadowne 76-77 C9
Sajna – rzeka 76-77 A9
Sajno, J. (Jezioro) 76-77 B11
Sama – rzeka 78-79 C4
Samborzec 84-85 E9
Samica – rzeka 78-79 C4
Samsonów 84-85 D8
San – rzeka 84-85 E11; D10
Sandomierz 84-85 E9
Sanna – rzeka 84-85 E10
Sanniki 78-79 C7; 80-81 C7
Sanok 84-85 F10
Santok 74-75 C3
Sarbinowo 74-75 A3
Sarbsko, J. (Jezioro) 74-75 A5
Sarnaki 80-81 C10
Sasek Wlk. (Wielki), J. (Jezioro) 76-77 B8
Sawin 80-81 D11
Sąpólna – rzeka 74-75 B3
Secemin 82-83 E7; 84-85 E7
Sejny 76-77 A11
Seksty, J. (Jezioro) 76-77 B9
Selmęt Wlk. (Wielki), J. (Jezioro) 76-77 B10
Serniki 80-81 D10
Serock 76-77 C8, 9
Serokomla 80-81 D10
Serwy, J. (Jezioro) 76-77 B11
Sędziejowice 78-79 D7; 80-81 D7
Sędziszów 84-85 E8
Sędziszów Małopolski 84-85 E9
Sękowa 84-85 F9
Sępolna – rzeka 74-75 B5
Sępopol 76-77 A8
Sępólno Krajeńskie 74-75 B5
Sianów 74-75 A4
Sicienko 74-75 B5
Sidra 76-77 B11
Siechnice 82-83 D5
Siecichów 80-81 D9
Siecino, J. (Jezioro) 74-75 B4
Siedlce 80-81 C10
Siedlec 78-79 C3
Siedlęcin 82-83 E3
Siedlisko 78-79 D3
Siedliszcze 80-81 D11
Siekierczyn 82-83 D3
Siekierki 74-75 C2
Sielpia Wlk. (Wielka) 84-85 D8
Siemianice 78-79 D6
Siemianowskie, J. (Jezioro) 76-77 C11
Siemiatycze 76-77 C10
Siemiatkowo Koziebrodzkie 76-77 C7, 8
Siemień 80-81 D10
Siemkowice 78-79 D6; 80-81 D6
Siemyśl 74-75 A3
Sieniawa 84-85 E10
Siennica 80-81 C9
Siennica Różana 84-85 D11
Sienno 84-85 D9
Siepraw 84-85 F7, 8
Sieradowicki Park Krajobrazowy 84-85 D8-E9
Sieradz 78-79 D6; 80-81 D6
Sierakowice 74-75 A5
Sierakowski Park Krajobrazowy 78-79 C4
Sieraków 78-79 C4
Sieroszewice 78-79 D5, 6
Sierpc 74-75 C7; 76-77 C7
Siewierz 82-83 E7
Silnowo 74-75 B4
Sitkówka-Nowiny 84-85 E8
Sitno 84-85 E11
Skalbmierz 84-85 E8
Skała 82-83 E7; 84-85 E7
Skarszewy 74-75 A6; 76-77 A6
Skaryszew 80-81 D9
Skarżysko-Kamienna 84-85 D8
Skarżysko-Kościelne 84-85 D8, 9
Skawa – rzeka 82-83 F7
Skawina 82-83 F7; 84-85 F7
Skąpe 78-79 C3
Skępe 74-75 C7; 76-77 C7
Skierbieszowski Park Krajobrazowy 84-85 E11
Skierbieszów 84-85 E11
Skierniewice 80-81 D8
Skoczów 82-83 F6
Skoki 78-79 C5
Skołyszyn 84-85 F9
Skopiec – góra 82-83 E3
Skoroszyce 82-83 E5
Skorzęcińskie, J. (Jezioro) 78-79 C5
Skotna Góra 74-75 B4
Skórcz 74-75 B6; 76-77 B6
Skórzec 80-81 C10
Skrodzkie, J. (Jezioro) 76-77 B10
Skrwa – rzeka 74-75 C7; 76-77 C7
Skrwa – rzeka 78-79 C7; 80-81 C7
Skrwilno 74-75 B7; 76-77 B7
Skrzatusz 74-75 B4
Skrzynno 80-81 D8
Skrzyszów 84-85 F9
Skulsk 76-77 C6
Skwierzyna 78-79 C3
Słaboszów 84-85 E8
Sława 78-79 D4
Sławatycze 80-81 D11
Sławianowskie, J. (Jezioro) 74-75 B4, 5
Sławków 82-83 E7; 84-85 E7
Sławno 74-75 A4
Sławno 80-81 D8
Sławoborze 74-75 B3
Sławskie, J. (Jezioro) 78-79 D4
Słomniki 84-85 E8
Słonny – góra 84-85 F10
Słońsk 78-79 C2
Słopnice 84-85 F8
Słowiński Park Narodowy 74-75 A5
Słubice 78-79 C2
Słubice 78-79 C7; 80-81 C7
Słudwia – rzeka 78-79 C7; 80-81 C7
Słup, J. (Jezioro) 82-83 D4
Słupca 78-79 C5, 6
Słupeckie, J. (Jezioro) 78-79 C5, 6
Słupia – rzeka 74-75 A5
Słupia 78-79 D7, 8; 80-81 D7, 8
Słupia 84-85 D8
Słupia 84-85 E7
Słupowskie, J. (Jezioro) 74-75 B5
Słupsk 74-75 A4, 5
Słuszków 78-79 D6
Smardzewice 80-81 D8
Smętowo Graniczne 74-75 B6; 76-77 B6
Smolajny 76-77 A8
Smolnik 84-85 F10
Smołdzino 74-75 A5
Smrek – góra 82-83 E3
Smyków 84-85 D8
Sobiborski P. (Park) K. (Krajobrazowy) 80-81 D11
Sobibór 80-81 D11
Sobienie-Jeziory 80-81 D9
Sobień 84-85 F10
Sobków 84-85 E8
Sobolew 80-81 D9
Sobótka 82-83 E4
Sochaczew 80-81 C8
Sochocin 76-77 C8
Sokolniki 78-79 D6
Sokołda – rzeka 76-77 B11
Sokołów Młp. (Małopolski) 84-85 E10
Sokołów Podlaski 80-81 C10
Sokoły 76-77 C10
Sokółka 76-77 B11
Solec Kujawski 74-75 B6; 76-77 B6
Solec n. (nad) Wisłą 84-85 D9
Solec-Zdrój 84-85 E8
Solina 84-85 F10
Solinka – rzeka 84-85 F10
Solińskie, J. (Jezioro) 84-85 F10
Solska, Puszcza 84-85 E10
Soła – rzeka 82-83 F7
Sołokija – rzeka 84-85 E11
Somianka 76-77 C9
Somonino 74-75 A6; 76-77 A6
Sompolno 78-79 C6; 80-81 C6
Sona – rzeka 76-77 C8
Sońsk 76-77 C8
Sopot 74-75 A6; 76-77 A6
Sorkwity 76-77 B9
Sosnowica 80-81 D11
Sosnowiec 82-83 E7
Sosnówka 80-81 D11
Sośnicowice 82-83 E6
Sośnie 78-79 D5
Sośno 74-75 B5
Spalski P. (Park) K. (Krajobrazowy) 80-81 D8
Spała 80-81 D8
Spiczyn 80-81 D10
Spychowo 76-77 B9
Spytkowice 82-83 E7; 84-85 E7
Spytkowice 82-83 F7; 84-85 F7
Srebrna Góra 82-83 E4
Srokowo 76-77 A9
Stalowa Wola 84-85 E9, 10
Stanin 80-81 D10
Stanisławów 80-81 C9
Stańczyki 76-77 A10
Stara Kamienica 82-83 E3
Stara Łubianka 74-75 B4
Starachowice 84-85 D9
Starcza 82-83 E7
Stare Pole 74-75 A7; 76-77 A7
Stargard Szczeciński 74-75 B2, 3
Starogard Gdański 74-75 AB6; 76-77 AB6
Staroźreby 76-77 C7, 8
Stary Dzikowiec 84-85 E9
Stary Dzików 84-85 E10, 11
Stary Licheń 78-79 C6; 80-81 C6
Stary Sącz 84-85 F8
Staszów 84-85 E9
Stawiguda 76-77 B8
Stawiski 76-77 B10
Stawiszyn 78-79 D6
Stawki, P. (Park) K. (Krajobrazowy) 82-83 E7; 84-85 E7
Stąporków 80-81 D8
Stegna 74-75 A7; 76-77 A7
Stepnica 74-75 B2
Sterdyń-Osada 76-77 C10
Stęszew 78-79 C4
Stężyca 74-75 A5
Stężyca 80-81 D9
Stobrawa – rzeka 82-83 E5
Stoczek 76-77 C9
Stoczek Klasztorny 76-77 A8
Stoczek Łukowski 80-81 D9, 10
Stolno 74-75 B6; 76-77 B6
Stopnica 84-85 E8
Stoszowice 82-83 E4
Str. (Stara) Biała 76-77 C7
Str. (Stara) Błotnica 80-81 D8
Str. (Stara) Dąbrowa 74-75 B3
Str. (Stara) Kiszewa 74-75 A6; 76-77 A6
Str. (Stara) Kornica 80-81 C10
Str. (Stara) Wieś 76-77 C9
Str. (Stara) Wieś 84-85 F10
Str. (Stare) Babice 80-81 C8
Str. (Stare) Bogaczowice 82-83 E4
Str. (Stare) Czarnowo 74-75 B2
Str. (Stare) Drawsko 74-75 B4
Str. (Stare) Juchy 76-77 B10
Str. (Stare) Kurowo 74-75 C3
Str. (Stare) Miasto 78-79 C6
Str. (Stary) Brus 80-81 D11
Str. (Stary) Dzierzgoń 74-75 B7; 76-77 B7
Str. (Stary) Lubotyń 76-77 C9
Str. (Stary) Targ 74-75 B7; 76-77 B7
Str. (Stary) Zamość 84-85 E11
Strabla 76-77 C11
Strachówka 80-81 C9
Stradomka – rzeka 84-85 F8
Strawczyn 84-85 E8
Stromiec 80-81 D9
Stronie Śl. (Śląskie) 82-83 E4
Strońsko 78-79 D6; 80-81 D6
Strumień 82-83 F6
Stryjewo, J. (Jezioro) 74-75 B5
Strykowskie, J. (Jezioro) 78-79 C4
Stryków 78-79 D7; 80-81 D7
Stryszawa 82-83 F7; 84-85 F7
Stryszów 82-83 F7; 84-85 F7
Strzałkowo 78-79 C5
Strzegom 82-83 E4
Strzegomino, J. (Jezioro) 74-75 A5
Strzegomka – rzeka 82-83 E4
Strzegowo-Osada 76-77 C8
Strzelce 78-79 C7; 80-81 C7
Strzelce Krajeńskie 74-75 C3
Strzelce Opolskie 82-83 E6
Strzelecki Park Krajobrazowy 84-85 E11
Strzeleczki 82-83 E5
Strzelin 82-83 E5

Strzelno 76-77 C6
Strzyżów 84-85 E12
Strzyżewice 84-85 D10
Strzyżów 84-85 F9
Stubno 84-85 F10, 11
Studzianki Panc. (Pancerne) 80-81 D9
Studzienice 74-75 A5
Stupsk 76-77 B8
Subkowy 74-75 B6; 76-77 B6
Sucha Beskidzka 82-83 F7; 84-85 F7
Suchań 74-75 B3
Suchedniowsko-Oblęgorski P. (Park) K. (Krajobrazowy) 84-85 D8
Suchedniów 84-85 D8
Suchowola 76-77 B11
Suchożebry 80-81 C10
Suchy Dąb 74-75 A6; 76-77 A6
Suchy Las 78-79 C4
Suchy Obycz – góra 84-85 F10
Sudetów Wałbrzyskich, P. (Park) K. (Krajobrazowy) 82-83 E4
Sulechów 78-79 C3
Sulejowski, P. (Park) K. (Krajobrazowy) 78-79 D7; 80-81 D7-D8
Sulejowskie, J. (Jezioro) 78-79 D7; 80-81 D7
Sulejów 78-79 D7; 80-81 D7
Sulejówek 80-81 C9
Sulęcin 78-79 C2, 3
Sulęczyno 74-75 A5
Sulików 82-83 D3
Sulmierzyce 78-79 D5
Sulmierzyce 78-79 D7; 80-81 D7
Sułkowice 82-83 F7; 84-85 F7
Sułoszowa 82-83 E7; 84-85 E7
Sułów 84-85 E10
Supraśl – rzeka 76-77 B11
Supraśl 76-77 B11
Suraż 76-77 C10, 11
Susiec 84-85 E11
Susz 74-75 B7; 76-77 B7
Suszec 82-83 E6
Suwalski Park Krajobrazowy 76-77 A10
Suwałki 76-77 A10
Swarzewo 74-75 A6; 76-77 A6
Swarzędz 78-79 C5
Swobnica 74-75 B2
Syców 78-79 D5
Sypniewo 76-77 C9
Szadek 78-79 D6, 7; 80-81 D6, 7
Szaflary 84-85 F8
Szamocin 74-75 B5
Szamotuły 78-79 C4
Szaniecki P. (Park) K. (Krajobrazowy) 84-85 E8
Szastarka 84-85 E10
Szczaniec 78-79 C3
Szczawin Kościelny 78-79 C7; 80-81 C7
Szczawnica 84-85 F8
Szczawno-Zdrój 82-83 E4
Szczebrzeszyn 84-85 E10
Szczebrzeszyński P. (Park) K. (Krajobrazowy) 84-85 E10
Szczecin 74-75 B2
Szczecinek 74-75 B4
Szczeciński P. (Park) K. (Krajobrazowy) 74-75 B2
Szczeciński, Zalew 74-75 B2
Szczekociny 82-83 E7; 84-85 E7
Szczeliniec Wlk. (Wielki) – góra 82-83 E4
Szczerców 78-79 D7; 80-81 D7
Szczucin 84-85 E9
Szczuczyn 76-77 B10
Szczurowa 84-85 E8
Szczutowo 74-75 C7; 76-77 C7
Szczyrk 82-83 F6, 7
Szczyrzyc 84-85 F8
Szczytna 82-83 E4
Szczytniki 78-79 D6; 80-81 D6
Szczytno 76-77 B8, 9
Szczytno, J. (Jezioro) 74-75 B5
Szeląg Wlk. (Wielki), J. (Jezioro) 76-77 B8
Szelków 76-77 C9
Szelment Wlk. (Wielki), J. (Jezioro) 76-77 A11
Szemud 74-75 A6; 76-77 A6
Szepietowo 76-77 C10
Szerzyny 84-85 F9
Szeska Góra 76-77 A10
Szkarpawa – rzeka 74-75 A6, 7; 76-77 A6, 7
Szklarska Poręba 82-83 E3
Szklarska, Przeł. (Przełęcz) 82-83 E3
Szkło – rzeka 84-85 F11
Szkwa – rzeka 76-77 B9
Szlichtyngowa 78-79 D4
Szóstak, J. (Jezioro) 76-77 B10
Szprotawa – rzeka 78-79 D4
Szprotawa 78-79 D3
Szreniawa – rzeka 84-85 E8
Szreniawa 78-79 C4
Szreńsk 76-77 B8
Sztabin 76-77 B11
Sztum 74-75 B7; 76-77 B7
Sztutowo 74-75 A7; 76-77 A7
Sztynort 76-77 A9
Szubin 74-75 B5
Szudziałowo 76-77 B11
Szulborze Wlk. (Wielkie) 76-77 C10
Szumowo 76-77 C10
Szwedzka G. (Góra) 74-75 B6; 76-77 B6
Szydłowiec 80-81 D8
Szydłowo 74-75 B4
Szydłowo 76-77 B8
Szydłów 84-85 E9
Szymany 76-77 B8
Szymbark 74-75 A5, 6; 76-77 A6
Szymbark 74-75 B7; 76-77 B7
Szymbark 84-85 F9
Szypliszki 76-77 A10, 11

Ś

Ś. (Świętochłowice) 82-83 E6, 7
Ścibórz 82-83 E5
Ścinawa 78-79 D4
Ślemień 82-83 F7; 84-85 F7
Ślesin 78-79 C6; 80-81 C6
Ślęza – rzeka 82-83 E4
Ślęża – góra 82-83 E4
Ślężański P. (Park) K. (Krajobrazowy) 82-83 E4
Śliwice 74-75 B6; 76-77 B6
Śmiełów 78-79 C5
Śmigiel 78-79 D4
Śniadowo 76-77 B9
Śniardwy, J. (Jezioro) 76-77 B9
Śnieżka – góra 82-83 E3
Śnieżnicki P. (Park) K. (Krajobrazowy) 82-83 E4
Śnieżnik – góra 82-83 E4
Śpierewnik, J. (Jezioro) 74-75 B5
Śrem 78-79 C5
Środa Śl. (Śląska) 82-83 D4
Środa Wlkp. (Wielkopolska) 78-79 C5
Św. (Święta) Anna 82-83 E7; 84-85 E7
Św. (Święta) Katarzyna 84-85 E8, 9
św. (świętego) Jana, G. (Góra) 76-77 B11
Św. (Święty) Krzyż 84-85 E8, 9
Świątki 76-77 B8
Świątniki Grn. (Górne) 84-85 F7, 8
Świder – rzeka 80-81 C9
Świdnica 78-79 D3
Świdnica 82-83 E4
Świdnik 80-81 D10
Świdwin 74-75 B3
Świebodzice 82-83 E4
Świebodzin 78-79 C3
Świecie 74-75 B6; 76-77 B6
Świecie n. (nad) Osą 74-75 B7; 76-77 B7
Świedziebnia 74-75 B7; 76-77 B7
Świekatowo 74-75 B5, 6
Świeradów-Zdr. (Zdrój) 82-83 E3
Świercze 76-77 C8
Świerczów 82-83 E5
Świerklaniec 82-83 E6, 7
Świerklany Grn. (Górne) 82-83 E6
Świerzawa 82-83 D3
Świerzno 74-75 B2, 3
Świeszyno 74-75 A4
Święciechowa 78-79 D4
Święta Lipka 76-77 A9
Świętajno 76-77 A10
Świętajno 76-77 B9
Świętokrzyski P. (Park) N. (Narodowy) 84-85 E8-E9
Święty Gaj 74-75 B7; 76-77 B7
Świlcza 84-85 E9
Świnica – góra 84-85 F8
Świnice Warckie 78-79 C6, 7; 80-81 C6, 7
Świnna 82-83 F7
Świnoujście 74-75 B2

T

Tafty, J. (Jezioro) 76-77 B9
Tanew – rzeka 84-85 E11; D10
Tarczyn 80-81 D8
Tarłów 84-85 D9
Tarnawatka 84-85 E11
Tarnica – góra 84-85 F10
Tarnobrzeg 84-85 E9
Tarnogród 84-85 E10
Tarnowiec 84-85 F9
Tarnowo Podgórne 78-79 C4
Tarnowskie Góry 82-83 E6
Tarnów 84-85 E8
Tarnów Opolski 82-83 E5, 6
Tarnówka 74-75 B4
Tatrzański P. (Park) N. (Narodowy) 84-85 F7-F8
Tczew 74-75 A6; 76-77 A6
Tczów 80-81 D9
Telatyn 84-85 E11
Teresin 80-81 C8
Terespol 80-81 C11
Terespol-Zaorenda 84-85 E10
Terpentyna 84-85 E9, 10
Tleń 74-75 B6; 76-77 B6
Tłokowo 76-77 B8
Tłuchowo 74-75 C7; 76-77 C7
Tłuszcz 76-77 C9
Tokarnia – góra 84-85 F10
Tokarnia 82-83 F7; 84-85 F7
Tokarnia 84-85 E8
Tolkmicko 74-75 A7; 76-77 A7
Tomanowa Przeł. (Przełęcz) 84-85 F7
Tomaszów Lubelski 84-85 E11
Tomaszów Maz. (Mazowiecki) 78-79 D7; 80-81 D7
Tomice 82-83 F7; 84-85 F7
Topólka 76-77 C6
Toruń 74-75 B6; 76-77 B6
Torzym 78-79 C3
Toszek 82-83 E6
Trawniki 80-81 D11
Trąbki 80-81 D9
Trąbki 84-85 F8
Trąbki Wlk. (Wielkie) 74-75 A6; 76-77 A6
Treblinka 76-77 C10
Trojanów 80-81 D9
Tropie 84-85 F8
Troszyn 76-77 B9
Trójmiejski P. (Park) K. (Krajobrazowy) 74-75 A6; 76-77 A6
Trupel, J. (Jezioro) 74-75 B7; 76-77 B7
Tryńcza 84-85 E10
Trzciana 84-85 F8
Trzcianka 74-75 B4
Trzcianne 76-77 B10
Trzciel 78-79 C3
Trzcinica 82-83 D5, 6
Trzcińsko-Zdrój 74-75 C2
Trzebiatów 74-75 A3
Trzebiechów 78-79 C3
Trzebiel 78-79 D2
Trzebielino 74-75 A5
Trzebieszów 80-81 D10
Trzebież 74-75 B2
Trzebinia 82-83 E7; 84-85 E7
Trzebnica 78-79 D4, 5
Trzebośnica – rzeka 84-85 E10
Trzebownisko 84-85 E9, 10
Trzemeszno 78-79 C5
Trzeszczany 84-85 E11
Trzęsacz 74-75 A2
Trzyciąż 82-83 E7; 84-85 E7
Trzydnik Duży 84-85 E10
Tuchola 74-75 B5, 6
Tucholski Park Krajobrazowy 74-75 B5-B6
Tucholskie, Bory 74-75 B6; 76-77 B6
Tuchomie 74-75 A5
Tuchów 84-85 F9
Tuczępy 84-85 E9
Tuczna 80-81 D11
Tuczno 74-75 B4
Tuliszków 78-79 C6; 80-81 C6
Tułowice 80-81 C8
Tułowice 82-83 E5
Tum 78-79 C7; 80-81 C7
Tuplice 78-79 D2
Turawa 82-83 E6
Turawskie, J. (Jezioro) 82-83 E6
Turbacz – góra 84-85 F8
Turek 78-79 C6; 80-81 C6
Turew 78-79 C4
Turobin 84-85 E10
Turoszów – część Bogatyn 82-83 E2, 3
Turośl 76-77 B9
Turośń Kościelna 76-77 B11
Tuszów Narodowy 84-85 E9
Tuszyn 78-79 D7; 80-81 D7
Twardogóra 78-79 D5
Tworóg 82-83 E6
Tychowo 74-75 B4
Tychy 82-83 E6, 7
Tyczyn 84-85 F10
Tykocin 76-77 B10
Tylicka, Przeł. (Przełęcz) 84-85 F9
Tymbark 84-85 F8
Tyniec – część Krakowa 82-83 E7
Tyrawa Wołoska 84-85 F10
Tyszowce 84-85 E11
Tyśmienica – rzeka 80-81 D10
Tywa – rzeka 74-75 B2

U

Uchanie 84-85 E11
Udanin 82-83 D4
Uherka – rzeka 80-81 D11
Ujazd 78-79 D7; 80-81 D7
Ujazd 82-83 E6
Ujazd 84-85 E9
Ujsoły 82-83 F7
Ujście 74-75 B4
Ujście Warty, P. (Park) K. (Krajobrazowy) 78-79 C2
Ujście Warty, P. (Park) N. (Narodowy) 78-79 C2
Ukleja – rzeka 74-75 B3
Ulan-Majorat 80-81 D10
Ulanów 84-85 E10
Ulhówek 84-85 E11
Ulucz 84-85 F10
Ułęż 80-81 D10
Uniejów 78-79 D6; 80-81 D6
Unieście 74-75 A4
Unisław 74-75 B6; 76-77 B6
Urle 76-77 C9
Urszulin 80-81 D11
Urzędów 84-85 D10
Ustianowa 84-85 F10
Ustka 74-75 A4
Ustronie Morskie 74-75 A3
Ustroń 82-83 F6
Ustrzyki Dolne 84-85 F10
Ustrzyki Grn. (Górne) 84-85 F10
Uszeczna, G. (Góra) 80-81 C11
Uszwica – rzeka 84-85 E8
Uście Gorlickie 84-85 F9
Uścimów Str. (Stary) 80-81 D10
Utrata – rzeka 80-81 C8

W

Wadąg, J. (Jezioro) 76-77 B8
Wadowice 82-83 F7; 84-85 F7
Wadowice Grn. (Górne) 84-85 E9
Waganiec 74-75 C6; 76-77 C6
Walce 82-83 E6
Walewice 78-79 C7; 80-81 C7
Walichnowy Wlk. (Wielkie) 74-75 B6; 76-77 B6
Walim 82-83 E4
Wałbrzych 82-83 E4
Wałcz 74-75 B4
Wałpusz, J. (Jezioro) 76-77 B9
Wałpusza – rzeka 76-77 B9
Wałsza – rzeka 76-77 A8
Wambierzyce 82-83 E4
Wancerzów 82-83 E7; 84-85 E7
Wapno 74-75 C5
Warcino 74-75 A4
Warka 80-81 D9
Warlubie 74-75 B6; 76-77 B6
Warmątowice Sienk. (Sienkiewiczowskie) 82-83 D4
Warnice 74-75 B3
Warszawa 80-81 C9
Warta – rzeka 82-83 E7; 78-79 C3
Warta 78-79 D6; 80-81 D6
Warta Bolesławiecka 78-79 D3
Wartkowice 78-79 D6, 7; 80-81 D6, 7
Wasilków 76-77 B11
Waśniów 84-85 E9
Wawrzeńczyce 84-85 E8
Wąbrzeźno 74-75 B6; 76-77 B6
Wąchock 84-85 D9
Wądroże Wlk. (Wielkie) 82-83 D4
Wągrowiec 74-75 C5
Wąpielsk 74-75 B7; 76-77 B7
Wąsewo 76-77 C9
Wąsosz 76-77 B10
Wąsosz 78-79 D4
Wątkowa – góra 84-85 F9
Wąwolnica 80-81 D10
Wda – rzeka 74-75 B5; 76-77 B6
Wdecki P. (Park) K. (Krajobrazowy) 74-75 B6; 76-77 B6
Wdzydze 74-75 A5
Wdzydze, J. (Jezioro) 74-75 B5, 6
Wdzydzki P. (Park) K. (Krajobrazowy) 74-75 A5
Wejherowo 74-75 A6; 76-77 A6
Wel – rzeka 74-75 B7; 76-77 B7
Welski Park Krajobrazowy 74-75 B7; 76-77 B7
Wełna – rzeka 74-75 C4
Wełna – rzeka 78-79 C5
Wenecja 74-75 C5
Werbkowice 84-85 E11
Wetlina 84-85 F10
Węgierska Górka 82-83 F7
Węgliniec 78-79 D3
Węgorapa – rzeka 76-77 A9
Węgorzewo 76-77 A9
Węgorzyno 74-75 B3
Węgrów 80-81 C9
Wiar – 84-85 F10
Wiązowna 80-81 C9
Wiązownica 84-85 E10
Wiązów 82-83 E5
Wicko 74-75 A5
Wicko, J. (Jezioro) 74-75 A4
Widawa – rzeka 82-83 D5
Widawa 78-79 D6; 80-81 D6
Widawka – rzeka 78-79 D7; 80-81 D7
Widuchowa 74-75 B2
Wieczfnia Kościelna 76-77 B8
Wieczno, J. (Jezioro) 74-75 B6; 76-77 B6
Wielbark 76-77 B8, 9
Wieleń 74-75 C4
Wielgie 74-75 C7; 76-77 C7
Wielgomłyny 82-83 D7; 84-85 D7
Wielichowo 78-79 C4
Wieliczka 84-85 F8
Wieliczki 76-77 B10
Wielimie, J. (Jezioro) 74-75 B4
Wieliszew 76-77 C8
Wielkie, J. (Jezioro) 78-79 C3
Wielkopolski P. (Park) N. (Narodowy) 78-79 C4
Wielopole Skrzyńskie 84-85 F9
Wielowieś 82-83 E6
Wieluń 78-79 D6; 80-81 D6
Wieniawa 80-81 D8
Wieprz – rzeka 84-85 E11; 80-81 D10
Wieprz 82-83 F7
Wieprz 82-83 F7; 84-85 F7
Wieprza – rzeka 74-75 A5; A4
Wieprz-Krzna, Kan. (Kanał) 80-81 D10, 11
Wieruszów 78-79 D6
Wierzbica 80-81 D11
Wierzbica 80-81 D9
Wierzbinek 76-77 C6
Wierzbno 80-81 C9
Wierzchlas 78-79 D6; 80-81 D6
Wierzchosławice 84-85 E8
Wierzchowo 74-75 B3, 4
Wierzchowo, J. (Jezioro) 74-75 B4
Wierzyca – rzeka 74-75 A6; 76-77 A6
Wietcisa – rzeka 74-75 A6; 76-77 A6
Wietrzychowice 84-85 E8
Wieżyca – góra 74-75 A6; 76-77 A6
Więcbork 74-75 B5
Wigierski Park Narodowy 76-77 A10-A11
Wigry 76-77 A11
Wigry, J. (Jezioro) 76-77 A11
Wijewo 78-79 D4
Wilamowice 82-83 F7
Wilcze – góra 84-85 F10
Wilczęta 74-75 A7; 76-77 A7
Wilczyce 84-85 E9
Wilczyn 76-77 C6
Wilga – rzeka 80-81 D9
Wilga 80-81 D9
Wilkasy 76-77 AB9
Wilkołaz I 84-85 D10
Wilkowice 82-83 F6, 7
Wilków 80-81 D9
Wilków 82-83 D5
Winna Góra 78-79 C5
Winnica 76-77 C8
Wińsko 78-79 D4
Wirowa – rzeka 84-85 E10
Wiskitki 80-81 C8
Wisła – rzeka 82-83 E7; 74-75 B6
Wisła 82-83 F6
Wisłok – rzeka 84-85 F9; E10
Wisłoka – rzeka 84-85 F9
Wissa – rzeka 76-77 B10
Wisznia – rzeka 84-85 F10
Wisznia Ml. (Mała) 78-79 D4, 5
Wisznice 80-81 D11
Wiślana, Mierzeja 74-75 A7; 76-77 A7
Wiślica 84-85 E8
Wiśnicko-Lipnicki P. (Park) K. (Krajobrazowy) 84-85 F8
Wiśniew 80-81 C10
Wiśniewo 76-77 B8
Wiśniowa 84-85 F8
Wiśniowa 84-85 F9
Witaszyce 78-79 D5
Witkowo 78-79 C5
Witnica 74-75 C2
Witonia 78-79 C7; 80-81 C7
Witów 78-79 D7; 80-81 D7
Wizna 76-77 B10
Wiżajny 76-77 A10
Wiżajny, J. (Jezioro) 76-77 A10
Wkra – rzeka 76-77 C7; C8
Wleń 82-83 D3
Wlk. (Wielka) Czantoria – góra 82-83 F6
Wlk. (Wielka) Nieszawka 74-75 C6; 76-77 C6
Wlk. (Wielka) Racza – góra 82-83 F6
Wlk. (Wielka) Rawka – góra 84-85 F10
Wlk. (Wielka) Sowa – góra 82-83 E4
Wlk. (Wielka) Wieś 82-83 E7; 84-85 E7
Wlk. (Wielki) Dział – góra 84-85 E11
Wlk. (Wielki) Szyszak – góra 82-83 E3
Wlk. (Wielkie) Oczy 84-85 E11
Wlk. (Wielkie) Partęczyny, J. (Jezioro) 74-75 B7; 76-77 B7
Władysławowo 74-75 A6; 76-77 A6
Władysławów 78-79 C6; 80-81 C6
Włocławek 76-77 C7
Włocławskie, J. (Jezioro) 76-77 C7
Włodawa 80-81 D11
Włodawka – rzeka 80-81 D11
Włodowice 82-83 E7; 84-85 E7
Włoszakowice 78-79 D4
Włoszczowa 84-85 E7, 8
Wodynie 80-81 C9
Wodzierady 78-79 D7; 80-81 D7
Wodzisław 84-85 E8
Wodzisław Śl. (Śląski) 82-83 F6
Wohyń 80-81 D10
Wojaszówka 84-85 F9
Wojciechowice 84-85 E9
Wojciechów 80-81 D10
Wojcieszków 80-81 D10
Wojcieszów 82-83 E3, 4
Wojkowice 82-83 E6, 7
Wojnicz 84-85 F8
Wojnowo 76-77 B9
Wojnowska, G. (Góra) 76-77 B11
Wojnowskie, J. (Jezioro) 78-79 C3
Wojsławice 84-85 E11
Wola 82-83 E7
Wola Gułowska 80-81 D10
Wola Krzysztoporska 78-79 D7; 80-81 D7
Wola Mysłowska 80-81 D9, 10
Wola Okrzejska 80-81 D10
Wola Prażmowska 80-81 D8, 9
Wola Uhruska 80-81 D11
Wolanów 80-81 D8
Wolbórz 78-79 D7; 80-81 D7
Wolbrom 82-83 E7; 84-85 E7
Wolin – wyspa 74-75 B2
Wolin 74-75 B2
Woliński Park Narodowy 74-75 B2
Wolsztyn 78-79 C4
Wołczenica – rzeka 74-75 B2
Wołczyn 82-83 D6
Wołomin 80-81 C9
Wołów 78-79 D4
Wośwín, J. (Jezioro) 74-75 B3
Woźniki 82-83 E6, 7
Wożuczyn 84-85 E11
Wólka 80-81 D10
Wręczyca Wlk. (Wielka) 82-83 E6, 7
Wrocław 82-83 D4, 5
Wronki 74-75 C4
Wróblew 78-79 D6; 80-81 D6
Wrzelowiecki P. (Park) K. (Krajobrazowy) 84-85 D9-D10
Września 78-79 C5
Wrześnica – rzeka 78-79 C5
Wschodnia – rzeka 84-85 E9
Wschowa 78-79 D4
Wulpińskie, J. (Jezioro) 76-77 B8
Wydminy 76-77 B9, 10
Wygiełzów 82-83 E7; 84-85 E7
Wymiarki 78-79 D3
Wyry 82-83 E6
Wyryki-Połód 80-81 D11
Wyrzysk 74-75 B5
Wysoczyzny Elbląskiej, P. (Park) K. (Krajobrazowy) 74-75 A7; 76-77 A7
Wysoka 74-75 B5
Wysoka Kopa – góra 82-83 E3
Wysokie 84-85 E10
Wysokie Maz. (Mazowieckie) 76-77 C10
Wysowa 84-85 F9
Wyszki 76-77 C10
Wyszków 76-77 C9
Wyszogród 80-81 C8
Wyśmierzyce 80-81 D8
Wyżnica – rzeka 84-85 D9
Wzgórz Dylewskich, P. (Park) K. (Krajobrazowy) 74-75 B7
Wzniesień Łódzkich, P. (Park) K. (Krajobrazowy) 78-79 D7; 80-81 D7

Z

Zabierzów 82-83 E7; 84-85 E7
Zabłudów 76-77 B11
Zaborski Park Krajobrazowy 74-75 B5
Zabór 78-79 D3
Zabrodzie 76-77 C9
Zabrze 82-83 E6
Zadzim 78-79 D6; 80-81 D6
Zagnańsk 84-85 E8
Zagórów 78-79 C5
Zagórz 84-85 F10
Zagrodno 78-79 D3
Zakliczyn 84-85 F8
Zaklików 84-85 E10
Zakopane 84-85 F7, 8
Zakroczym 76-77 C8
Zakrzew 80-81 D8
Zakrzew 84-85 E10
Zakrzewo 74-75 B5
Zakrzewo 74-75 C6; 76-77 C6
Zakrzówek-Osada 84-85 E10
Zalesie 80-81 C11
Zalesie Górne 80-81 D8, 9
Zaleszany 84-85 E9, 10
Zalewo 74-75 B7; 76-77 B7
Zalipie 84-85 E8
Załęczański P. (Park) K. (Krajobrazowy) 82-83 D6
Załuski 76-77 C8
Zambrów 76-77 C10
Zamek Bierzgłowski 74-75 B6; 76-77 B6
Zamkowa Góra 76-77 A8
Zamość 84-85 E11
Zaniemyśl 78-79 C5
Zapolice 78-79 D6; 80-81 D6
Zaręby Kościelne 76-77 C10
Zarszyn 84-85 F10
Zarzecze 84-85 F10
Zator 82-83 F7; 84-85 F7
Zatory 76-77 C9
Zawady 76-77 B10
Zawadzkie 82-83 E6
Zawichost 84-85 E9
Zawidów 82-83 D3
Zawidz Kościelny 74-75 C7; 76-77 C7
Zawiercie 82-83 E7; 84-85 E7
Zawoja 82-83 F7; 84-85 F7
Zawonia 78-79 D5
Ząbki 80-81 C9
Ząbkowice Śląskie 82-83 E4
Zbąszynek 78-79 C3
Zbąszyń 78-79 C3
Zbąszyńskie, J. (Jezioro) 78-79 C3, 4
Zbiczno 74-75 B7; 76-77 B7
Zbiersk 78-79 D6
Zblewo 74-75 B6; 76-77 B6
Zbójna 76-77 B9
Zbójnik – góra 78-79 D5
Zbójno 74-75 B7; 76-77 B7
Zbrosławice 82-83 E6
Zbuczyn Poduchowny 80-81 C10
Zdbice 74-75 B4
Zdbiczno, J. (Jezioro) 74-75 B4
Zduny 78-79 C7; 80-81 C7
Zduny 78-79 D5
Zduńska Wola 78-79 D6; 80-81 D6
Zdzieszowice 82-83 E5, 6
Zebrzydowice Dln. (Dolne) 82-83 F6
Zegrze 76-77 C9
Zegrzyńskie, J. (Jezioro) 76-77 C9
Zelów 78-79 D7; 80-81 D7
Zembrzyce 82-83 F7; 84-85 F7
Zespół Jurajskich Parków Krajobrazowych 82-83 E7 84-85 E7
Zębowice 82-83 E6
Zgierz 78-79 D7; 80-81 D7
Zgłowiączka – rzeka 76-77 C6
Zgorzelec 82-83 D3
Zielawa – rzeka 80-81 D11
Zielona Góra 78-79 D3
Zielonka 80-81 C9
Zielonki 82-83 E7; 84-85 E7
Ziębice 82-83 E5
Zioło, J. (Jezioro) 74-75 C5
Złaków Borowy 78-79 C7; 80-81 C7
Zławieś Wlk. (Wielka) 74-75 B6; 76-77 B6
Złocieniec 74-75 B3, 4
Złoczew 78-79 D6; 80-81 D6
Złota 84-85 E8
Złota Góra 78-79 C6; 80-81 C6
Złote Góry – góra 76-77 B8
Złotniki Kujawskie 74-75 C6; 76-77 C6
Złotoryja 82-83 D3
Złotów 74-75 B5
Złoty Potok 82-83 E7; 84-85 E7
Złoty Stok 82-83 E4
Zubrzyca Grn. (Górna) 82-83 F7; 84-85 F7
Zwardoń 82-83 F6, 7
Zwierzyn 74-75 C3
Zwierzyniec 84-85 E10
Zwolenka – rzeka 80-81 D9
Zwoleń 80-81 D9
Zygmunta Augusta, J. (Jezioro) 76-77 B10
Zyndranowa 84-85 F9

Ż

Żabia Wola 80-81 CD8
Żabno 84-85 E8
Żagań 78-79 D3
Żarki 82-83 E7; 84-85 E7
Żarnowiec 74-75 A6; 76-77 A6
Żarnowiec 82-83 E7; 84-85 E7
Żarnowieckie, J. (Jezioro) 74-75 A6; 76-77 A6
Żarnów 80-81 D8
Żarów 82-83 E4
Żary 78-79 D3
Żdżary 80-81 D10
Żegiestów-Zdr. (Zdrój) 84-85 F8
Żegocina 84-85 F8
Żelazków 78-79 D6
Żelazowa Wola 80-81 C8
Żelechlinek 78-79 D7, 8; 80-81 D8
Żelechów 80-81 D9
Żerkowsko-Czeszewski P. (Park) K. (Krajobrazowy) 78-79 C5
Żerków 78-79 C5
Żmigród 78-79 D4
Żmudź 84-85 D11
Żnin 74-75 C5
Żołynia 84-85 E10
Żory 82-83 E6
Żółkiewka 84-85 E10
Żórawina 82-83 E5
Żukowice 78-79 D3
Żukowo 74-75 A6; 76-77 A6
Żur, J. (Jezioro) 74-75 B6; 76-77 B6
Żurawica 84-85 F10
Żuromin 74-75 B7; 76-77 B7, B8
Żychlin 78-79 C7; 80-81 C7
Żydowo 74-75 A4
Żyraków 84-85 E9
Żyrardów 80-81 C8
Żyrzyn 80-81 D10
Żytno 82-83 E7; 84-85 E7
Żywiec 82-83 F7; 84-85 F7
Żywiecki Park Krajobrazowy 82-83 F7
Żywieckie, J. (Jezioro) 82-83 F7

ŚWIAT

A

Aare – rzeka 98-99 E3
Abadan 124-125 B3, 4
Abakan 122-123 D11
Abashiri 129 B5, 6
Abéché 134 D4, 5
Aberdeen 104 C5, 6
Abha 124-125 D3
Abidżan 134 E2
Abisyńska, Wyżyna 132 E6-E7
Abu Hadrija 124-125 C3
Abu Simbel – ruiny 124-125 C2
Abu Zabi 124-125 C4
Abudża 134 E3
Aconcagua – góra 147 F3, 4
Acre – stan 148 C3-D4
Aczyńsk 122-123 D10, 11
Adamawa – góry 132 E3-E4
Adamstown 154-155 G13
Adana 124-125 B2
Adda – rzeka 108-109 A3; B2
Ad-Dammam 124-125 C3
Ad-Dauha 124-125 C4
Addis Abeba 134 E6, 7
Adelaide 154-155 H3
Aden 124-125 D3
Adeńska, Zat. (Zatoka) 112-113 H7-H8; 132 D7-D8; 124-125 D3-D4
Adigrat 124-125 D2, 3
Adour – rzeka 105 F4
Adria 108-109 B3, 4
Adriatyckie, Morze 88-89 D6; 108-109 B4-D7
Adyga – rzeka 108-109 A3; B3
Adżmer 124-125 C6
Ærø – wyspa 98-99 A5
Afar – kraina hist. 124-125 D2-D3
Afganistan – państwo 114-115 F8
Afrykańsko-Antarktyczny, Basen 6-7 O18-O22; 157 I C33-C4
Afrykańsko-Antarktyczny, Grzbiet 6-7 O17-O21
Afyon 101 F4
Agades 134 D3, 4
Agadir 134 AB1, 2
Agartala 124-125 C8
Agen 105 E4
Agra 124-125 C6
Agrigento 108-109 F4
Agrinion 108-109 E8
Aguilas 106-107 D6
Agulhas (Igielny), Przyl. (Przylądek) 132 I5
Agung – góra 128 G6
Ahaggar – góry 132 C3
Ahmadabad 124-125 C6
Ahmadnagar 124-125 D6
Ahwar 124-125 D3
Ahwaz 124-125 B3, 4
Air – góry 132 C3-D3
Aisne – rzeka 105 C5
Aiud 98-99 E11
Ajaccio 108-109 CD2
Ajaguz 122-123 E9
Ajan 122-123 D15
Ajchał 122-123 C13
Ajn Salih 134 C3
Akaba 124-125 C2
Akita 129 C4
Akka 124 I B1
Akola 124-125 C6
Akordet 124-125 D2
Akra 134 E2, 3
Aksu 126-127 C3
Aksum 124-125 D2
Aktau 122-123 E7
Aktobe 122-123 D7
Akureyri 103 I A2
Akwitański, Basen – kraina 105 E3-E4
Akwizgran 98-99 C3
Alabama – stan 140 F10
Alagoas – stan 148 C7
Al-Ajn 124-125 C4
Al-Alamajn 124-125 B1
Alandzkie, W-y (Wyspy) 103 C5-D5
Alappula 124-125 E6
Alaska, G. (Góry) 139 C4-C5
Alaska, Płw. (Półwysep) 139 D3-D4
Alaska – stan 140 C3-C4
Alaska, Zat. (Zatoka) 139 D5
Alba Iulia 98-99 E11, 12
Albacete 106-107 C6
Albania – państwo 90-91 D6-D7
Albany 140 E11; 145 B7
Albany 154-155 H1, 2
Alberta – prowincja 140 D7
Albi 105 EF5
Alborán – wyspa 106-107 E5
Ålborg 103 D3
Albuquerque 145 C4
Alcoy 106-107 C6
Al-Charidża 124-125 C1, 2
Al-Dżahra 125 II A1
Al-Dżauf 124-125 C2
Al-Dżubajl 124-125 C3, 4
Al-Dżuf, Pust. (Pustynia) 132 D1-C2
Alegranza – wyspa 106-107 I A4
Aleksandra, Arch. (Archipelag) 139 D6
Aleksandria 134 B5, 6
Aleksandrowsk Sachaliński 122-123 D16
Aleksandrupolis 108-109 D10
Alentejo – kraina hist. 106-107 C3
Alessandria 108-109 B2
Ålesund 103 C2
Aleucki, Rów 6-7 D1-D2
Aleuty – wyspy 6-7 D1, D35-36; 112-113 D20-D22
Al-Faszir 134 D5
Al-Fau 124-125 C3
Algeciras 106-107 D4
Algier 134 B3
Algieria – państwo 134 C2-C3
Al-Hadisa 124-125 B3
Al-Hasa – kraina hist. 124-125 C3
Alhucemas, W-y (Wyspy) 106-107 E5
Al-Hudajda 124-125 D3
Al-Hufuf 124-125 C3, 4
Alicante 106-107 C6
Alice Springs 154-155 G3
Al-Kattara – depresja 132 C5, 6
Al-Kunajtira 124 I B1, 2
Al-Kut 124-125 B3
Allahabad 124-125 C6, 7
Aller – rzeka 98-99 B4, 5
Allier – rzeka 105 E5; D5
Al-Lis 124-125 C2, 3
Almadén 106-107 C4
Al-Manama 124-125 C3, 4
Almanzor – góra 106-107 B4
Almenaras – góra 106-107 C5
Almería 106-107 D5
Al-Minja 124-125 C1, 2
Al-Muwejh 124-125 C3
Alofi 154-155 F9
Alor Setar 128 D2, 3
Alor, W-y (Wyspy) 128 G7, 8
Alpy – góry 88-89 D5-6; 98-99 F3-E7
Alpy Delfinackie – góry 105 E7
Alpy Wschodnie – góry 98-99 E5-E7
Alpy Zachodnie – góry 98-99 F3-E4
Als – wyspa 98-99 A4, 5
Alès 105 E6
Ałaszan, Pust. (Pustynia) 112-113 EF13; 126-127 C7-D8
Alta 103 B5
Altaj 126-127 B6
Altenburg 98-99 C6
Al-Ubajid 134 D5, 6
Al-Ujun 134 C1
Aluta – rzeka 98-99 F12; G12
Al-Wadżh 124-125 C2
Alzacja – kraina hist. 105 D7-C7
Ałdan 122-123 D14
Ałdan – rzeka 112-113 C16; 122-123 D14; C14, 15
Ałma Ata 122-123 E9, 10
Ałtaj – góry 112-113 D11-E12; 122-123 D10
Ałtaj Gobijski – góry 126-127 C6-C7
Ałtaj Mongolski – góry 126-127 B4-B6
Ałtyn-Tag – góry 112-113 F11-F12; 126-127 D4-D5
Amakusa, W-y 129 D2
Amami, W-y (Wyspy) 126-127 F12-F13; 129 I B1
Amapá – stan 148 B5
Amarillo 145 C4
Amazonas – stan 148 C4
Amazonka – rzeka 147 C5
Amazonki, Nizina 147 C3-C5
Ambala 124-125 B6
Ambarczyk 122-123 C18
Amberg 98-99 D5, 6
Ambon 128 F8
Ambre, Przyl. (Przylądek) 132 G7
Amery'ego, Lod. (Lodowiec) Szelf. (Sz.) 157 I B7-C8
Amerykański, Płaskowyż 157 I B8-B9
Amfisa 108-109 E9
Amiens 105 C4, 5
Amlwich 102 C2
Amman 124-125 B2
Amorgós – wyspa 108-109 F10, 11
Amrawati 124-125 C6
Amritsar 124-125 B6
Amsterdam 98-99 B2
Amu-daria – rzeka 112-113 EF9; 122-123 F8
Amundsena, Morze 157 I C25-B24
Amur – rzeka 112-113 D16; 122-123 F8
Anadyr 122-123 C19
Anadyr – rzeka 122-123 C19
Anadyrska, Zat. 122-123 C20
Anai Mudi – góra 124-125 DE6
Anambas, W-y (Wyspy) 128 E4
Anatolijska, Wyżyna 88-89 E8; 101 E4-F5
Anchorage 140 C3, 4
Andaluzja – kraina hist. 106-107 D3-D4
Andamany – wyspy 112-113 H12; 124-125 D8
Andamańskie, Morze 112-113 H12-I12; 124-125 D8
Andegawenia – kraina hist. 105 D3
Andkhui 124-125 B5
Andong 129 C2
Andora 106-107 A7
Andora – państwo 90-91 D5
Andria 108-109 D6
Andros – wyspa 108-109 EF10
Andros – wyspa 145 D7
Andy – góry 147 B3-D3; E4-G3
Angara – rzeka 112-113 D12, 13; 122-123 D11
Angarsk 122-123 D12
Ångerman – rzeka 103 C4
Angers 105 D3
Angielska, Niz. (Nizina) 88-89 C4-C5; 104 E6-E7
Angkor – ruiny 128 C3
Anglesey – wyspa 104 E4, 5
Anglia – kraina hist. 104 D5-F7
Angola – państwo 134 G4-G5
Angolski, Basen 6-7 K17-K18
Angoulême 105 E4
Anguilla – teryt. zależne 148 A4
Anina 98-99 F10
Aniza – rzeka 98-99 E7
Anjou, W-y (Wyspy) 122-123 B15-B17
Ankang 126-127 E8, 9
Ankara 124-125 A2
Ankona 108-109 C4
Ann, Przyl. (Przylądek) 157 I C6
Annaba 134 B3
Annaberg-Buchholz 98-99 C6
An-Nadżaf 124-125 B3
Annamskie, Góry 112-113 G13-H13; 128 B3-C4
Annapolis 140 F11; 145 C7
Annapurna – góra 124-125 C7; 126-127 F3
Annecy 105 E6
Anqing 126-127 E10
Ansbach 98-99 D5
Anshan 126-127 C11
Antalya 124-125 B1, 2
Antananarywa 134 G6, 7
Antarktyczny, Płw. (Półwysep) 157 I C31-B31
Antarktyda Wschodnia – region 157 I A5-B8
Antarktyda Zachodnia – region 157 I B27-A23
Anticosti – wyspa 145 B8, 9
Antigua i Barbuda – państwo 148 A4, 5
Antofagasta 148 E3
Antwerpia 105 B6
Antyle Holenderskie – teryt. zależne 148 A4
Antyle Hol. (Holenderskie) – wyspy 6-7 H11
Antyliban, G. (Góry) 124 I B2-A2
Antypodów, W-y (Wyspy) 6-7 N35-36; 154-155 I7, 8
Anuradhapura 124-125 E7
Anxi 126-127 C6
Anyang 126-127 D9
Aodzi 129 B2, 3
Aomori 129 B5
Aosta 108-109 B1
Apeniny – góry 88-89 D5-D6; 108-109 B2-D6
Apeniński, Płw. (Półwysep) 88-89 D6
Apia 154-155 F8
Apo – góra 112-113 I 15; 128 D7
Appalachy – góry 139 F11-E13; 145 C6-B7
Apulia – kraina hist. 108-109 D5-D6
Arabia Saudyjska – państwo 114-115 G6-G7
Arabska, Pustynia 132 C6
Arabski, Półwysep 112-113 G6-G8; 124-125 C2-D4
Arabskie, Morze 112-113 H8-H10; 124-125 D4-D6
Aracaju 148 D7
Arad 98-99 E10
Arafura, Morze 112-113 J16; 153 A3
Aragonia – kraina hist. 106-107 B6-A6
Aragońska, Kotlina 106-107 A6-B7
Arak 124-125 B3, 4
Arakańskie, G. (Góry) 124-125 C8-D8
Aralskie, J. (Jezioro) 112-113 E8, 9; 122-123 E7, 8
Arał 122-123 E8
Ararat – góra 112-113 E-F7; 101 F6
Arawali – góry 124-125 C6
Archangielsk 122-123 C6
Arctowski – st. badawcza 157 I C31
Arda – rzeka 108-109 D10
Ardal 103 D2
Ardebil 124-125 B3
Ardeny – góry 105 C6-B7
Ardrossan 102 B1, 2
Ardżesz – rzeka 98-99 F12; F13
Arequipa 148 D3
Arezzo 108-109 C3
Argenta 108-109 B3, 4
Argentera – góra 108-109 B1
Argentyna – państwo 148 G3-E4
Argentyński, Basen 6-7 M13-N15
Argonny – góry 105 C6
Argos 108-109 F9
Argun – rzeka 122-123 ED13; 126-127 A10, 11
Argyll – pole ropy naftowej 102 B3
Århus 103 D3
Arica 148 D3
Arizona – stan 140 F7-F8
Arkansas – rzeka 139 F9; 145 C4, 5
Arkansas – stan 140 F9
Arktyczny, Ocean 6-7 A5-A31; 157 II A34-A12
Arles 105 F6
Arlon 105 C6
Armawir 101 D6
Armenia – państwo 114-115 E6
Armeńska SRR 123 I
Arnhem 98-99 B2, 3
Arnhem, Przyl. (Przylądek) 153 B3
Arno – rzeka 108-109 C3
Arrecife 106-107 I A4
Ar-Rijad 124-125 C3
Ar-Rub al-Chali, Pustynia 112-113 H7-G8; 124-125 D3-C4
Ar-Rutba 124-125 B3
Ar-Ruwais 125 II B2
Arsenjew 129 B3
Arta 108-109 E8
Arta – rzeka 108-109 E8
Artois – kraina hist. 105 B4-B5
Artvin 101 E6
Aru, W-y (Wyspy) 112-113 J16
Aruba – teryt. zależne 148 A3, 4
Arwajcheer 126-127 B7, 8
Arxan 126-127 B11
Asab 124-125 D3
Asahikawa 129 B5
Asansol 124-125 C7
Ascoli Piceno 108-109 C4
Ashikaga 129 C4
Asjut 134 C5, 6
Asmara 134 D6, 7
Aspromonte – góra 108-109 E5, 6
Aspropotamos – rzeka 108-109 E8
As-Sallum 124-125 B1
Astana 122-123 D9
Asti 108-109 B2
Astrachań 122-123 E6, 7
Asturia – kraina hist. 106-107 A3-A4
Asuan 134 C6
Asunción 148 E5
Aszchabad 122-123 F7, 8
Asz-Szarkat 124-125 B3
Aszur – ruiny 124-125 B3
Atakama, Pust. (Pustynia) 147 E3-E4
Atatürk, Zb. (Zbiornik) 101 F5
Ateny 108-109 E9, 10
Athabaska, J. (Jezioro) 145 A4
Athabaska – rzeka 139 D8
Athos – góra 108-109 D10
Atlanta 140 F10; 145 C6
Atlantycka, Niz. (Nizina) 139 F11-F12; 145 C6-C7
Atlantycki, Ocean 6-7 D14-P16
Atlas – góry 132 C2-B3
Atlas Saharyjski – góry 88-89 E5
Atlas Tellski – góry 88-89 E5
At-Taif 124-125 C3
Attyka – kraina hist. 108-109 E9
Åtvidaberg 103 D4
Atyrau 122-123 E7
Auasz – rzeka 124-125 D3
Auckland 154-155 H7
Auckland – wyspy 6-7 O 34, 35; 154-155 J6
Augsburg 98-99 D5
Augusta 108-109 F5
Augusta 140 E12; 145 B8
Augusta 145 C6
Aurangabad 124-125 CD6
Austin 140 F9; 145 C5
Australia – państwo 154-155 G1-G4
Australia Południowa – stan 154-155 G3-G4
Australia Zachodnia – stan 154-155 G1-G2
Australijsko-Antarktyczny, Basen 6-7 O27-O31
Australijsko-Antarktyczny, Grzbiet 6-7 M26-O31
Austria – kraina hist. 98-99 D7-D8
Austria – państwo 90-91 D6
Avarua 154-155 G10
Ávila 106-107 B4
Awinion 105 EF6
Aydın 108-109 F11, 12
Ayvalik 108-109 E11
Azerbejdżan – państwo 114-115 E6, 7
Azerbejdżańska SRR 123 I
Azja Mniejsza, Płw. (Półwysep) 112-113 F5-F6; 124-125 A2-B2
Azowskie, M. (Morze) 88-89 D8; 101 D5
Azrak – ruiny 124 I C2

B

Bab al-Mandab – cieśnina 112-113 H7; 132 D7
Babilon – ruiny 124-125 B3
Babol 124-125 B4
Babuyan, W-y (Wyspy) 128 B7
Bacan, W-y (Wyspy) 128 F8
Bacau 98-99 E13
Bachtaran 124-125 B3
Bacolod 128 C7
Bacton 102 C3
Baczka – kraina hist. 108-109 B7-B8
Badajoz 106-107 C3
Badalona 106-107 B8
Baden-Baden 98-99 D3, 4
Badr Hunajn 124-125 C2, 3
Baffina, Morze 139 B12-C13
Bagdad 124-125 B3
Baghlan 124-125 B5, 6
Baguio 128 B7
Bahamy – państwo 140 G11
Bahamy – wyspy 145 D7; 139 G12
Bahawalpur 124-125 C6
Bahia – stan 148 D6-D7
Bahía Blanca 148 F4, 5
Bahía Blanca – zatoka 147 FG4, 5
Bahr al-Arab – rzeka 132 DE5
Bahrajn – państwo 114-115 G6, 7
Bahyr Dar 134 D6
Baia Mare 98-99 E11, 12
Baicheng 126-127 B11
Baile Átha Cliath (Dublin) 104 E3, 4
Bairiki 154-155 D7
Baja 98-99 E9
Bajanchongor 126-127 B7
Bajdaracka, Zat. (Zatoka) 122-123 B8-C8
Bajkał, J. (Jezioro) 112-113 D13; 122-123 D12
Bajkonur 122-123 E8
Bajonna 105 F3
Baker – wyspa 154-155 D8
Baku 124-125 AB3, 4
Bakuba 124-125 B3
Bakungan 128 E2
Balabac, Cieśn. (Cieśnina) 128 D6
Balaton, J. (Jezioro) (Błotne, Jezioro) 98-99 E8, 9
Baleary – wyspy 88-89 E5-D5; 106-107 C7-B9
Bali – wyspa 112-113 J14; 128 G5
Balıkeşir 108-109 E11, 12
Balikpapan 128 F6
Balleny – wyspy 157 I C17
Baltimore 140 F10, 11; 145 C7
Bałakowo 101 C7
Bałchasz 122-123 E9
Bałchasz, J. (Jezioro) 112-113 E10; 122-123 E9
Bałkany (Stara Płanina) – góry 88-89 D7; 108-109 C9-C11
Bałkański, Płw. (Półwysep) 88-89 D7
Bałtyckie, Morze 88-89 C6-C7; 103 E4-D5
Bam 124-125 C4
Bamako 134 D1, 2
Bamberg 98-99 D5
Bampur 124-125 C4, 5
Banaba, W. (Wyspa) 153 A6, 7; 154-155 E6, 7
Banana 155 II C2,3
Bananga 124-125 E8
Banas, Przyl. (Przylądek) 124-125 C2
Banat – kraina hist. 108-109 B8
Banda Aceh 128 D2
Banda, Morze 112-113 J15; 128 G7-G8
Bandar Lampung 128 G3, 4
Bandar Seri Begawan 128 E5
Bandar-e Abbas 124-125 C4
Bandar-e Beheshti 124-125 C5
Bandar-e Linga 124-125 C4
Bandeira – góra 147 E6
Bandırma 108-109 D11
Bandung 128 G4
Bandżul 134 D1
Bangalur 124-125 D6
Banggai, W-y (Wyspy) 128 F7
Bangi 134 E4
Bangkok 128 C2, 3
Bangladesz – państwo 114-115 G10, 11
Banja Luka 108-109 B6
Banjarmasin 128 F5, 6
Banka – wyspa 128 F4
Banksa, W. (Wyspa) 139 B7, 8
Bannu 124-125 B6
Bañuela – góra 106-107 C4
Banyuwangi 128 G5
Bańska Bystrzyca 98-99 D9, 10
Baoi 126-127 DE8
Baoshan 126-127 FG6, 7
Baotou 126-127 C8, 9
Bar 108-109 CD7
Baranowicze 98-99 B13
Barbados – państwo 148 A5
Barcaldine 155 II C1,2
Barcelona 106-107 B8
Barcoo – rzeka 155 II C1
Barcs 98-99 E8
Bardheere 124-125 E3
Bardwan 124-125 C7
Bareli 124-125 C6, 7
Barentsa, Morze 112-113 B6-B8; 122-123 B5-B6
Bari 108-109 D6
Baris 124-125 C2
Barito – rzeka 128 F5
Barka, Płw. (Półwysep) 88-89 E7
Barkly, Wyżyna 153 B3
Barletta 108-109 D6
Barmer 124-125 C6
Barnauł 122-123 D10
Barranquilla 148 A3
Barre des Ecrins – góra 105 E7
Barreiro 106-107 C2
Barrow, Przyl. (Przylądek) 139 B4
Bartle – góra 155 II B2
Baruun-Urt 126-127 B9
Barycz – rzeka 98-99 C8
Basejn 124-125 D8
Bashi, Cieśn. (Cieśnina) 126-127 G11; 128 A7
Baskonia – kraina hist. 106-107 A5-A6
Basra 124-125 B3
Bassa, Cieśn. 153 E4-D4
Bastia 108-109 C2
Baszszar 134 B2, 3
Batajsk 101 D5
Batamaj 122-123 C14, 15
Batan, W-y (Wyspy) 126-127 G11; 128 A7
Batang 126-127 E6
Batangas 128 C7
Bathinda 124-125 C6
Baton Rouge 140 F9; 145 C5, 6
Battambang 128 C3
Batu – góra 132 E6, 7
Batu, W-y (Wyspy)128 EF2
Batumi 101 E6
Bauhinia Downs 155 II C2
Bawaria – kraina hist. 98-99 E5-D6
Bawarska, Wyżyna 98-99 E4-D6
Bawean – wyspa 128 G5
Baydhabo 124-125 E3
Bazylea 98-99 E3
Béal an Átha 104 D2
Beauforta, Morze 139 B5-B7
Beaumont 145 C5
Beer Szewa 124 I C1
Behbehan 125 II A2
Bei'an 126-127 B12
Beihai 126-127 G8, 9
Beira 134 G6
Beja 106-107 C2, 3
Bejrut 124-125 B2
Békéscsaba 98-99 E10
Bela 124-125 C5
Beled Weyne 124-125 E3
Belém 148 C6
Belfast 104 D4
Belfort 105 D7
Belgaon 124-125 D6
Belgia – państwo 90-91 C5
Belgrad 108-109 B8
Belitung – wyspa 128 F4
Belize – państwo 140 H10
Bellari 124-125 D6
Belle-Île – wyspa 105 D2
Bellingshausena, Basen 6-7 O7-P9; 157 I C28-B28
Belluno 98-99 E6
Belmopan 140 H10
Belo Horizonte 148 D6, 7
Beludżystan – kraina hist. 124-125 C5-B5
Ben Nevis – góra 88-89 C4; 104 C4
Bendery 98-99 E14
Benewent 108-109 D5
Bengal – kraina hist. 112-113 G11-G12
Bengalska, Zatoka 112-113 H11-H12; 124-125 D7-D8
Bengazi 134 B5
Bengkulu 128 F3
Benguela 134 G3, 4
Benin – państwo 134 E3-D3
Benue – rzeka 132 E3
Benxi 126-127 C11, 12
Berat 108-109 D8
Berbera 134 D7
Berdiańsk 101 D5
Berdyczów 98-99 D14
Berehowo 98-99 D11
Berettyó – rzeka 98-99 E10
Berezyna – rzeka 98-99 AB14
Bergamo 108-109 B2, 3
Bergen 103 C2
Berhampur 124-125 D7
Beringa, Cieśnina 112-113 C22; 139 C2, 3; 157 I C35
Beringa, Morze 112-113 C21-D20; 122-123 C19-D20
Berlin 98-99 B6, 7
Bermudy – teryt. zależne 140 F12
Bermudy – wyspy 145 C8; 139 F13
Bernina – góra 98-99 E4
Berno 98-99 E3
Beryl A – pole ropy naftowej 102 B3
Beryl B – pole ropy naftowej 102 B3
Besançon 105 D6, 7
Beskidy Wschodnie – góry 98-99 D11-D12
Beskidy Zachodnie – góry 98-99 D9-D10
Betlejem 124 I C1
Betyckie, Góry 88-89 E4; 106-107 D4-D6
Béziers 105 F5
Bhagalpur 124-125 C7
Bhauanagar 124-125 C6
Bhopal 124-125 C6
Bhubaneśwar 124-125 CD7
Bhutan – państwo 114-115 G10-G11
Biała Cerkiew 98-99 D14, 15
Biała, W. (Wyspa) 122-123 B8, 9
Białe, J. (Jezioro) 122-123 D5
Białe, M. (Morze) 88-89 B8-B9; 122-123 C5
Białoruska SRR 123 I
Białoruska, Wyżyna 88-89 C7; 98-99 B12-A14
Białoruś – państwo 90-91 C7-C8
Biały, Przyl. (Przylądek) 132 B3
Białystok 98-99 B11
Biarritz 105 F3
Bibai 129 B5
Biebrza – rzeka 98-99 B11
Biel 98-99 E3
Bielce 98-99 E13
Bielefeld 98-99 B4
Biella 108-109 B2
Bielsko-Biała 98-99 D9
Biełgorod 101 C5
Biełucha – góra 112-113 D11; 122-123 DE10
Bihać 108-109 B6
Bihorskie, G. (Góry) 98-99 E11
Bija – rzeka 122-123 D10
Bije, Wyżyna 132 G4
Bijsk 122-123 D10
Bikaner 124-125 C6
Bikini – wyspa 154-155 C6
Bilaspur 124-125 C7
Bilbao 106-107 A5
Billingham 102 B2
Billings 145 B4
Biloela 155 II C3
Bintulu 128 E5
Biograd 108-109 C5
Bioko – wyspa 132 E3
Birdum 154-155 F3
Birdżand 124-125 B4
Bîrlad 98-99 E13
Birma (Mianmar) – państwo 114-115 G11-H11
Birmingham 104 E5, 6
Birmingham 140 F10; 145 C5, 6
Birobidżan 122-123 E15
Bischofshofen 98-99 E6
Biskajska, Zatoka 88-89 D4; 105 E2-F3
Biskira 134 B3
Bismarck 140 E9; 145 B4, 5
Bismarcka, Arch. (Archipelag) 153 A4-A5
Bissau 134 D1
Bistrita 98-99 E12
Biszkek 122-123 E9
Bitola 108-109 D8
Biwa, J. (Jezioro) 129 C4
Blackall 155 II C2
Blackpool 104 E5
Blagoewgrad 108-109 D9, 10
Bloemfontein 134 H5
Błagowieszczeńsk 122-123 D14, 15
Błotne, J. (Jezioro) (Balaton, Jezioro) 98-99 E8, 9
Boa Vista 148 B4
Bobrujsk 98-99 B14
Bochum 98-99 C3
Bodajbo 122-123 D13
Bodélé – kotlina 132 D4
Boden 103 B5
Bodeńskie, J. (Jezioro) 98-99 E4
Bodø 103 B3
Bodrog – rzeka 98-99 D10
Bodżnurd 124-125 B4
Bogor 128 G4
Bogota 148 B3
Boh – rzeka 88-89 D7; 101 D4
Bohol – wyspa 128 D7
Boise 140 E7; 145 B3
Bojeador, Przyl. (Przylądek) 128 B7
Boknafjorden – zatoka 103 D2
Boksitogorsk 101 B4, 5
Bolangir 124-125 C7
Boliwia – państwo 148 D4-E4
Bolonia 108-109 B3
Bolsena, J. (Jezioro) 108-109 C3, 4
Bolszewik – wyspa 122-123 B11, 12
Bolzano 108-109 A3
Bołhrad 98-99 F14
Bombaj 124-125 D6
Bone, Zat. (Zatoka) 128 F7

Bonifacio 108-109 D2
Bonifacio, Cieśn. (Cieśnina) 108-109 D2
Bonn 98-99 C3
Boosaaso 124-125 D3
Bor 108-109 B9
Borås 103 D3
Bordeaux 105 E3
Borneo (Kalimantan) – wyspa 112-113 I 14; 128 F5-E6
Bornholm – wyspa 98-99 A7; 103 DE3
Borudżerd 124-125 B3, 4
Borysów 98-99 A13, 14
Borysław 98-99 D11
Borzia 122-123 D13
Bosanski Brod 108-109 B6
Bosfor – cieśnina 88-89 D7, 8; 112-113 E5, 6; 101 E3
Bosna – rzeka 108-109 B7
Boston 140 E11, 12; 145 B7, 8
Bośnia i Hercegowina – państwo 90-91 D6-D7
Botew – góra 108-109 C10
Botnicka, Zatoka 88-89 B6-B7; 103 C4-B5
Botoszany 98-99 E13
Botswana – państwo 134 H5
Bounty – wyspy 154-155 I7
Bourg en-Bresse 105 D6
Bournemouth 104 F5, 6
Bouveta, W. (Wyspa) 6-7 O18
Bowen 155 II B2
Bożego Narodzenia, W. (Wyspa) 128 G3, 4
Bożego Narodzenia, W. (Wyspa) (Kirimati) 6-7 I2, J3; 154-155 D10
Bóbr – rzeka 98-99 C7
Brabancja – kraina hist. 105 B6
Brač – wyspa 108-109 C6
Brack 122-123 D12
Bracki, Zb. (Zbiornik) 122-123 D12
Bradford 104 E6
Braga 106-107 B2
Bragança 106-107 B3
Brahmaputra – rzeka 112-113 G12; 124-125 C8
Braiła 98-99 F13
Brama Dżungarska – kraina 122-123 E10; 124-125 A7
Branco, Przyl. (Przylądek) 147 C7
Brandenburg 98-99 B5, 6
Brandenburgia – kraina hist. 98-99 B6-B7
Brasilia 148 D6
Braszów 98-99 F12, 13
Bratysława 98-99 D8
Brazylia – państwo 148 C3-C6
Brazylijska, Wyżyna 147 E5-C7
Brazylijski, Basen 6-7 K14-K16
Brazzaville 134 F4
Brda – rzeka 98-99 B8, 9
Breda 98-99 C2
Bregencja 98-99 E4, 5
Breidhafjördhur, Zat. (Zatoka) 103 I A1
Brema 98-99 B4
Bremerhaven 98-99 B4
Brenner, Przel. (Przełęcz) 98-99 E5
Brent – pole gazu ziemnego 102 A3
Brenta – rzeka 108-109 B3
Brescia 108-109 B3
Brest 105 C1
Bretania – kraina hist. 105 C1-D2
Bretoński, Płw. (Półwysep) 88-89 D4; 105 C2
Briańsk 101 C4
Brig 98-99 E3
Brighton 104 F6, 7
Brindisi 108-109 D7
Briońskie, W-y (Wyspy) 108-109 B4
Brisbane 154-155 G5
Bristol 104 F5
Bristolski, Kanał – zatoka 104 F4-F5
Brive la-Gaillarde 105 E4, 5
Brno 98-99 D8
Broat, Zat. (Zatoka) 155 II C2
Brocken – góra 98-99 C5
Broken Hill 154-155 H3, 4
Brooksa, G. (Góry) 139 C3-C5
Broome 154-155 F1, 2
Brugia 105 B5
Bruksela 105 B6
Brunei – państwo 114-115 I13
Brunszwik 98-99 B5
Brytyjskie, Wyspy 88-89 C3-C4
Brytyjskie Wyspy Dziewicze – teryt. zależne 148 A4
Brzeciaw 98-99 D8
Brześć 98-99 B11, 12
Buchara 122-123 E8
Budapeszt 98-99 E9
Budziszyn 98-99 C7
Buenos Aires 148 F4, 5
Buffalo 145 B7
Bug – rzeka 88-89 C7; 98-99 C12, B11
Bukareszt 98-99 F13
Bukittinggi 128 F2, 3
Bukowina – kraina hist. 98-99 E12-D13
Bulawayo 134 H5, 6
Bułgaria – państwo 90-91 D7
Bundaberg 155 II C3
Bungo, Cieśn. (Cieśnina) 129 D3
Burajda 124-125 C3
Burao 124-125 E3
Burbonia – kraina hist. 105 D5-D6
Burdekin – rzeka 155 II C2
Burejskie, Góry 112-113 D16; 122-123 E15-D15
Burg 98-99 B5
Burgas 108-109 C11
Burgos 106-107 A4, 5
Burgundia – kraina hist. 105 D5-D6
Buriacja – kraina hist. 122-123 D12-D13
Burkina Faso – państwo 134 D2-E3
Bursa 124-125 A1
Buru – wyspa 112-113 J15; 128 F3
Burundi – państwo 134 F6
Buszahr 124-125 C4
Butte 145 B3
Butterworth 128 D2, 3
Butung – wyspa 128 G7
Buzău 98-99 F13
Buzău – rzeka 98-99 F13
Bużumbura 134 F5, 6
Bydgoszcz 98-99 B9
Byrranga, Góry 122-123 B11-B13
Bystrzyca – rzeka 98-99 E12
Bytom 98-99 C9

C

Cabrera – wyspa 106-107 C8
Cabriel – rzeka 106-107 C6
Čačak 108-109 C7, 8
Cáceres 106-107 C3, 4
Caen 105 C3
Cagayan de Oro 128 D7, 8
Cagliari 108-109 E2
Cairns 154-155 F4
Cajdamska, Kotl. (Kotlina) 126-127 D5-D6
Calafat 98-99 FG11
Calais 105 B4
Calama 148 E4
Calamian, W-y (Wyspy) 128 C6
Calarasi 98-99 F13
Calgary 140 D7, 8; 145 A3
Cali 148 B3
Callao 148 D3
Caltanissetta 108-109 F4
Caluula 124-125 D4
Caman 124-125 B5
Cambridge 104 E6, 7
Campbella, W-y (Wyspy) 154-155 J6, 7
Campinas 148 E5, 6
Campo Grande 148 E5
Campobasso 108-109 D5
Çanakkale 108-109 D11
Canaveral, Przyl. (Przylądek) 139 G11, 12; 145 D6, 7
Canberra 154-155 H4, 5
Cannes 105 F7
Cantal – góra 105 E5
Cape Breton – wyspa 145 B8, 9
Capitan Arturo Prat – st. badawcza 157 I C30, 31
Capri – wyspa 108-109 D5
Capricorn, Cieśn. (Cieśnina) 155 II C3
Capricorn, W-y (Wyspy) 155 II C3
Caracas 148 B4
Caransebes 98-99 F10
Carbon, Przyl. (Przylądek) 106-107 E6
Carcassonne 105 F4, 5
Cardiff 104 F5
Carei 98-99 E11
Carlisle 104 D5
Carson City 140 F7; 145 C3
Cartagena 148 A3
Carupano 148 A4
Casablanca 134 B1, 2
Casey – st. badawcza 157 I B12, 11
Castellón de la Plana 106-107 BC7
Castelo Branco 106-107 C3
Catanzaro 108-109 E6
Ceará – stan 148 C6-C7
Cebu 128 C7
Cebu – wyspa 128 C7
Cecerleg 126-127 B7
Ceerigaabo 124-125 DE3
Cegléd 98-99 E9
Cejlon – wyspa 112-113 I11
Celebes, Morze 112-113 I15; 128 E7
Celebes (Sulawesi) – wyspa 112-113 J14, 15; 128 F6-F7
Celje 98-99 E7
Celle 98-99 B5
Celtyckie, Morze 104 F2-F4
Cernavoda 98-99 F13, 14
Cerro De Pasco 148 CD3
Cesena 108-109 B3, 4
Ceuta 106-107 E4
Chabarowsk 122-123 E15
Chafarinas, W-y (Wyspy) 106-107 E5, 6
Chakasja – kraina hist. 122-123 D10
Chalan Kanoa 154-155 C4, 5
Chalcydycki, Płw. (Półwysep) 108-109 D9
Chalkis 108-109 E9, 10
Châlon sur-Saône 105 D6
Châlons sur-Marne 105 C5, 6
Chambéry 105 E6
Changaj – góry 112-113 E12-E13; 126-127 B6-B7
Changchun 126-127 C11
Changde 126-127 F8, 9
Changsha 126-127 F9
Chania 108-109 G10
Chanka, J. (Jezioro) 126-127 C13
Chanty Mansyjsk 122-123 C8
Charg – wyspa 124-125 C3, 4
Charków 101 C5
Charleroi 105 B6
Charleston 140 F10; 145 C6, 7
Charleville 154-155 G4
Charleville-Mézières 105 C6
Charlottetown 145 B8, 9
Charters Towers 155 II C2
Chartum 134 D6
Chaskowo 108-109 D10
Chatanga 122-123 B12
Chatanga – rzeka 122-123 B11, 12
Chatham 104 F7
Chatham, W-y (Wyspy) 154-155 I8; 153 E7, 8
Chattanooga 145 C6
Chaves 106-107 B3
Cheb 98-99 C6
Chełm 98-99 C11
Chemnitz 98-99 C6
Chengdu 126-127 E7
Chentej – góry 126-127 B8
Cher – rzeka 105 D4
Cherbourg 105 C3
Chersoń 101 D4
Cheviot – góry 104 D5
Cheyenne 140 E8; 145 B4
Chiba 129 C5
Chibiny – góra 122-123 C5
Chicago 140 E9, 10; 145 B6
Chiclayo 148 C2, 3
Chihuahua 140 G8; 145 D4
Chile – państwo 148 G3-E4
Chiloé – wyspa 147 G3
Chimborazo – góra 147 C3
Chimki 101 B5
Chiny – państwo 114-115 F10-F12
Chioggia 108-109 B4
Chios – wyspa 108-109 E10
Chirripo – góra 147 B2
Chińska, Nizina 112-113 F14; 126-127 D9-E10
Chjargas-nuur, J. (Jezioro) 122-123 E11; 126-127 B5, 6
Chmielnicki 98-99 D13
Chociebuż 98-99 C6, 7
Chōkai – góra 129 C5
Chongqing 126-127 F8
Chorog 122-123 F9
Chorramabad 124-125 B3
Chorwacja – państwo 90-91 D6
Chorzów 98-99 C9
Chōshi 129 C5
Christchurch 154-155 I7
Chubsuguł, J. (Jezioro) 122-123 D11, 12; 126-127 A7
Chuquicamata 148 E3, 4
Chur 98-99 E4
Churchill 140 D9, 10; 145 A5
Churchill – rzeka 139 D13, 14; 145 A8
Chust 98-99 D11
Ciechanów 98-99 B10
Cimpina 98-99 F12
Cimpulung 98-99 F12
Cimpulung Moldovenesc 98-99 E12, 13
Cinca – rzeka 106-107 B7
Cincinnati 145 C6
Cinlingszan – góry 112-113 F13-F14; 126-127 E8-E9
Cinto – góra 108-109 C2
Cirebon 128 G4
Cisa – rzeka 88-89 D6, 7; 98-99 D11; D10; F10
Ciudad Bolivar 148 B4
Ciudad Guayana 148 B4, 5
Ciudad Juárez 140 FG8; 145 C4
Ciudad Real 106-107 C5
Ciukas – góra 98-99 F13
Civitavecchia 108-109 C3
Clair – pole gazu ziemnego 102 A2
Clermont 155 II C2
Clermont-Ferrand 105 E5
Cleveland 140 E10, 11; 145 B6, 7
Clipperton – wyspa 6-7 H7
Coimbra 106-107 B2
Colorado – rzeka 147 F4
Columbia 140 F10, 11; 145 C6, 7
Columbretes, W-y (Wyspy) 106-107 C7
Columbus 140 F10, 11; 145 B6
Comet – rzeka 155 II C2
Como 108-109 B2
Como, J. (Jezioro) 108-109 AB2
Comodoro Rivadavia 148 G4
Concepción 148 F3
Concord 140 E11, 12; 145 B7, 8
Connecticut – stan 140 E11
Cooka, Cieśn. 153 E7
Cooka, G. (Góra) 153 E6, 7
Cooka, Wyspy – teryt. zależne 154-155 F9-G10
Cooktown 155 II B1,2
Coquimbo 148 E3
Corcaigh 104 F2
Córdoba 148 F4
Corno Grande – góra 108-109 C4
Coropuna – góra 147 D3
Corpus Christi 145 D5
Corralejo 106-107 I A4
Corse, Przyl. (Przylądek) 108-109 C2
Cortina d'Ampezzo 108-109 A4
Corumbá 148 D5
Corund 98-99 E12
Coryton 102 C3
Cosenza 108-109 E5, 6
Cotentin, Płw. (Półwysep) 105 C3
Cotopaxi – góra 147 C3
Coventry 104 E6
Covilhã 106-107 B3
Cremona 108-109 B2, 3
Cres – wyspa 108-109 B5
Crêt de la Neige – góra 105 D6
Creus, Przyl. (Przylądek) 106-107 A8
Creuse – rzeka 105 D4
Crocker – góry 128 E6-D6
Croker, Przyl. (Przylądek) 153 B3
Cross Fell – góra 104 D5
Crotone 108-109 E6
Crozeta, W-y (Wyspy) 6-7 N23
Cruden Bay 102 B2
Cuenca 106-107 B5, 6
Cuenca 148 C3
Cuiabá 148 D5
Culiacán 145 D4
Cuneo 108-109 B1
Curtis – wyspa 155 II C3
Curtis, Cieśn. (Cieśnina) 155 II C3
Cuszima, W-y 129 D2
Cuszimska, Cieśnina 129 D2-C3
Cuxhaven 98-99 B4
Cuzco 148 D3, 4
Cyklady – wyspy 108-109 F10-F11
Cymlański, Zb. (Zbiornik) 122-123 E6; 101 D6
Cypr – wyspa 88-89 E8
Cyrenajka – kraina hist. 132 B5
Czad, J. (Jezioro) 132 D4
Czad – państwo 134 D4-D5
Czadu, Kotlina 132 D4
Czagos, W-y (Wyspy) 6-7 J24, 25; 112-113 J10
Czambal – rzeka 124-125 C6
Czandigarh 124-125 B6
Czany, J. (Jezioro) 122-123 D9
Czarikar 124-125 B5, 6
Czarna, Rzeka 128 A3
Czarne, Morze 88-89 D7-D8; 112-113 E5-E7; 101 E4-E5
Czarnobyl 98-99 C14, 15
Czarnogóra – kraina hist. 108-109 C7
Czarnohora – góra 98-99 E12
Czarnomorska, Nizina 101 D3-D4
Czeboksarski, Zb. (Zbiornik) 101 B7
Czeboksary 101 B7
Czechy – kraina hist. 98-99 D6-D7
Czechy – państwo 90-91 D6
Czelabińsk 122-123 D8
Czeluskin, Przyl. (Przylądek) 112-113 B12, 13; 122-123 B12, 13
Czerepowiec 101 B5
Czerkasy 101 D4
Czerkiesk 122-123 E6
Czerniachowsk 98-99 A10, 11
Czernihów 98-99 C15
Czerniowce 98-99 D12
Czerskiego, Góry 112-113 C16-C17; 122-123 C15-C16
Czerwona, Rzeka 112-113 G13; 126-127 G7
Czerwone, Morze 112-113 G6-H7; 132 C6-D7; 124-125 C2-D3
Czeskie Budziejowice 98-99 D6, 7
Czesko-Morawska, Wyż. (Wyżyna) 98-99 D7-D8
Częstochowa 98-99 C9, 10
Czhongdzin 129 B3
Czhongdzu 129 C2
Czhunczhon 129 C2
Cziang Maj 128 B2, 3
Cziang Raj 128 AB2
Czidu ba – wyspa 124-125 D8
Czii-san – góra 129 C2
Czinduin – rzeka 124-125 C8
Czogori (K2) – góra 124-125 B6
Czojbalsan 126-127 B9, 10
Czomolungma (Mount Everest) – góra 112-113 G11; 126-127 F4
Czukocki, Płw. (Półwysep) 112-113 C21; 122-123 C20
Czukocki, Przyl. (Przylądek) 122-123 C20
Czukockie, Góry 112-113 C20-C21; 122-123 C19-C20
Czukockie, Morze 122-123 B20-C20 139 B2-C3
Czulman 122-123 D14
Czyta 122-123 D13
Čaman 124-125 B5
Čandrapur 124-125 CD6, 7
Čitral 124-125 B6
Čottogram 124-125 C8

D

Da Lat 128 C4
Da Nang 128 B4
Dahlak, W-y (Wyspy) 124-125 D2, 3
Daito – wyspy 126-127 F13
Dajr az-Zaur 124-125 B2, 3
Dakar 134 D1
Dhaka 124-125 C7, 8
Dakota Południowa – stan 140 E8-E9
Dakota Północna – stan 140 E8-E9
Dakshin Gangotri – st. badawcza 157 I C1, 2, 3
Dal – rzeka 88-89 B6; 103 C4
Dalandzadgad 126-127 C7, 8
Dalap-Uliga-Darrit 154-155 D6, 7
Dalbandin 124-125 C5
Dali 126-127 F7
Dalian 126-127 D11
Dallas 140 F9; 145 C5
Dalmacja – kraina hist. 108-109 B5-C7
Dalniegorsk 122-123 E15
Dalnieriecześk 122-123 E15
Dalrymple – góra 155 II C2
Damar, W-y (Wyspy) 128 G8
Damaszek 124-125 B2
Dandong 126-127 D11
Dania – państwo 90-91 C5-C6
Daqing 126-127 B11
Dar Fur – góry 132 D5
Dar es-Salaam 134 F6, 7
Darchan 126-127 B8
Dardanele – cieśnina 88-89 ED7; 112-113 EF5; 101 FE3
Dardżyling 124-125 C7
Darling – rzeka 153 D4
Darmstadt 98-99 D4
Dart, Przyl. (Przylądek) 157 I B24
Darwin 154-155 F3
Darwin – góra 147 H3, 4
Datong 126-127 CD9
Datuk, Przyl. (Przylądek) 128 E4, 5
Davao 128 D7, 8
Davis – st. badawcza 157 I C8
Davisa, Cieśn. (Cieśnina) 139 C13-C14
Davos 98-99 E4, 5
Dawangere 124-125 D6
Dawson – rzeka 155 II C2
Debreczyn 98-99 E10
Degeh Bur 124-125 E3
Dehui 129 B2
Dej 98-99 E11, 12
Dekan – wyżyna 112-113 H10-G10; 124-125 D6-C7
Delaware – stan 140 F11
Delfinat – kraina hist. 105 E6
Delfy 108-109 E9
Delhi 124-125 C6
Delmenhorst 98-99 B3, 4
Demokratyczna Republika Konga – państwo 134 F4-F5
Dempo – góra 128 F3
Den Helder 98-99 B1, 2
Denau 122-123 F8
Denizli 101 F3
Denpasar 128 G5, 6
Denver 140 F8; 145 B4
Derby 104 E6
Des Moines 140 E9; 145 B5
Deseado 148 G4
Desje 124-125 D2
Desna – rzeka 101 C4
Dessau 98-99 C6
Detroit 140 E10, 11; 145 B6
Deva 98-99 F11
Devodi – góra 124-125 D7
Devon – wyspa 139 B11
Dewnia 108-109 C11
Dezful 124-125 B3
Dębica 98-99 CD10
Dhaulagiri – góra 124-125 C7
Dhule 124-125 C6
Dibrugarh 124-125 C8
Dien Bien Phu 128 A3
Dieppe 105 C4
Dieżniewa, Przyl. (Przylądek) 112-113 C22; 122-123 C21
Dijon 105 D6
Dikson 122-123 B9, 10
Dili 128 G8
Dimitrowgrad 108-109 C10, 11
Dindigal 124-125 DE6
Dire Daua 134 E7
Disu 124-125 B5
Diyarbakir 124-125 B3
Dniepr – rzeka 88-89 C8; D8; 101 C4
Dniepropetrowsk 101 D5
Dniestr – rzeka 88-89 D7; 98-99 D12; E14
Dobrej Nadziei, Przyl. (Przylądek) 132 I4
Dobricz 108-109 C11, 12
Dobrowolski – st. badawcza 157 I C10
Dobrudża – kraina hist. 108-109 C11-B12
Dobszyna 98-99 D9, 10
Dodoma 134 F6
Dogger Bank – ławica 102 C3-B3
Doi Inthanon – góra 128 B2
Dolna Gwinea – kraina 132 E3, 4-G4
Dolna Saksonia – kraina hist. 98-99 B3-B5
Dolna Tunguzka – rzeka 122-123 CD12; C11
Dolo 124-125 E3
Dolomity – góry 98-99 E5-E6
Dominika – państwo 148 A4
Dominikana – państwo 140 GH11-GH12
Don – rzeka 88-89 C8-D9; 101 C5-D6
Dondra, Przyl. (Przylądek) 112-113 I11; 124-125 E7
Donegal, Zat. (Zatoka) 104 D2
Dong – rzeka 128 C4
Doniec – rzeka 88-89 D8; 101 D5
Donieck 101 D5
Dordogne – rzeka 105 E4
Dortmund 98-99 C3, 4
Douai 105 B5
Doubs – rzeka 105 D6
Dover 104 F7
Dover 140 F11; 145 C7
Drama 108-109 D10
Drammen 103 D2, 3
Drawa – rzeka 88-89 D6; 98-99 E6; E8; F9
Drawa – rzeka 98-99 B7, 8
Drezno 98-99 C6, 7
Drin – rzeka 108-109 C8
Drina – rzeka 108-109 C7-B7
Drobeta-Turnu Severin 98-99 F11
Drohobycz 98-99 D11
Drwęca – rzeka 98-99 B9
Duala 134 E3, 4
Dubaj 124-125 C4
Dublin (Baile Átha Cliath) 104 E3, 4
Dubna 101 B5
Dubrownik 108-109 C7
Dudinka 122-123 C10
Duero – rzeka 88-89 D4; 106-107 B5; B2
Dugi Otok – wyspa 108-109 B5-C5
Duisburg 98-99 C3
Dukm 124-125 D4
Dukou 126-127 F7
Duluth 145 B5
Dumai 128 E3
Dumont d'Urville – st. badawcza 157 I C14
Dunaj – rzeka 88-89 D5, 6; D6; D7; 46-99 D4; D6, 7, E9; F9; F11; F14
Dunajec – rzeka 98-99 D9, 10
Dunaújváros 98-99 E9
Duncansby, Przyl. (Przylądek) 104 B5, 6
Dundee 104 C5
Dunedin 154-155 I7
Dunhua 129 B2
Dunkierka 105 B4, 5
Duńska, Cieśn. (Cieśnina) 88-89 B2-B3; 139 C17-C16
Durance – rzeka 105 F6
Durban 134 H6
Durg 124-125 C7
Durmitor – góra 108-109 C7
Durrës 108-109 D7
Düsseldorf 98-99 C3
Duszanbe 122-123 F8, 9
Dwina – rzeka 88-89 B9; 122-123 C6
Dyja – rzeka 98-99 D7
Dymbowica – rzeka 98-99 F12
Dynarskie, Góry 88-89 D6; 108-109 B6-C7
Dyneburg 101 B3
Dystrykt Kolumbii – stan 140 F11
Dzawchan – rzeka 126-127 B5, 6
Dzedzu 129 D2
Dzedzu-do – wyspa 126-127 E11, 12; 129 D2
Dzierżyńsk 101 B6
Dzondzu 129 C2
Dzun-Mod 126-127 B8
Dżabalpur 124-125 C7
Dżagdalpur 126-127 H3
Dżajpur 124-125 C6
Dżakobabad 124-125 C5
Dżalandhar 124-125 B6
Dżalgaon 124-125 C6
Dżammu 124-125 B6
Dżamnagar 124-125 C5, 6
Dżamśedpur 124-125 C7
Dżhansi 124-125 C6, 7
Dżodhpur 124-125 C6
Dźwina – rzeka 88-89 C7; 101 B3
Dżabal Marra – góra 132 D5
Dżabal Tuwajk – góry 124-125 D3-C3
Dżabal-Hidżaz – góry 124-125 C3-D3
Dżafna 124-125 E7
Dżagdalpur 124-125 D7
Dżahrom 124-125 C4
Dżakarta 128 G4
Dżalalabad 124-125 B5, 6
Dżibuti 134 D7
Dżibuti – państwo 134 D7
Dżimma 134 E6
Dżizan 124-125 D3
Dżos 134 E3, 4
Dżuba 134 E5, 6
Dżuba – rzeka 124-125 E3
Dżudda 124-125 C2
Dżugdżur – góry 122-123 D15-D16
Dżungaria – kraina hist. 126-127 B3-C5
Dżungarska, Kotlina 112-113 E11-E12; 126-127 B4

E

Easington 102 C3
East London 134 I5, 6
Eberswalde 98-99 B6
Ebro – rzeka 88-89 D4; 105 F2
Écija 106-107 D4
Edam 98-99 B2
Edesa 108-109 D9
Edgéa, W. (Wyspa) 122-123 B4, 5
Edirne 108-109 D11
Edmonton 140 D7; 145 A3, 4
Edremit 108-109 E11
Edynburg 104 D5
Egadi, W-y (Wyspy) 108-109 E4
Egejskie, Morze 88-89 E7; 108-109 E10-F11
Eger 98-99 DE10
Egipt – państwo 134 C5-C6
Eifel – góry 98-99 C3
Eindhoven 98-99 C2
Eisenach 98-99 C4, 5
Eisenerz 98-99 E7
Eisenhüttenstadt 98-99 BC6, 7
Eisleben 98-99 C5
Ejlat 124-125 BC2
Ekibastuz 122-123 D9
Ekofisk – pole ropy naftowej 102 B3
Ekwador – państwo 148 C3
El Ferrol 106-107 A2
El Paso 140 F8; 145 C4
El Wak 124-125 E2, 3
Elâzığ 124-125 B2
Elba – wyspa 88-89 D6; 108-109 C3
Elbasan 108-109 D7
Elbląg 98-99 A9
Elbrus – góra 88-89 D9; 101 E6
Elburs – góry 112-113 F8; 124-125 B4
Elche 106-107 C6
Elista 101 D6
Ellesmere'a, W. (Wyspa) 139 B11-A12
Ellice, W-y (Wyspy) 153 A7-A8
Ellswortha, G. (Góry) 157 I B27-A29
Ellswortha, Ziemia – kraina 157 I B30-B27
Elur 124-125 D7
Ełk 98-99 B11
Emamshahr 124-125 B4
Emba – rzeka 88-89 D10; 122-123 E7
Emden 98-99 B3
Emerland 155 II C2
Emi Kussi – góra 132 C4
Emilia-Romania – kraina hist. 108-109 B2-B3
Ems – rzeka 98-99 B3
En Hazewa 124 I C1
Ende 128 G7
Enderby, Ziemia – kraina 157 I C5-B6
Engels 101 C7
Enggano – wyspa 128 FG3
Enna 108-109 F5
Enschede 98-99 B3
Enugu 134 E3
Épinal 105 C7
Epir – kraina hist. 108-109 E8
Erdenet 126-127 B7, 8
Erebus – góra 157 I B18
Erenhot 126-127 C9
Erewan 124-125 A3
Erfurt 98-99 C5
Erg Igidi – pustynia 132 C2
Erg Rabiana – pustynia 132 C4-C5
Erg Szesz – pustynia 132 C2
Erg Ténéré – pustynia 132 D4
Erie, J. (Jezioro) 139 E11; 145 B6
Erimo, Przyl. (Przylądek) 129 B5
Erlangen 98-99 D5
Erytrea – państwo 134 D6-D7
Erzurum 124-125 B3
Esbjerg 103 D2
Escarpada, Przyl. (Przylądek) 126-127 H11
Eskilstuna 103 D4
Eskisehir 101 EF4
Esla – rzeka 106-107 A4;B4
Esperanza – st. badawcza 157 I C31
Espírito Santo – stan 148 D6
Espoo 103 C5
Essen 98-99 C3
Esslingen 98-99 D4
Estonia – państwo 90-91 C7
Estońska SRR 123 I
Estrela – góra 106-107 B3
Estrela – góry 106-107 C2-B3
Estremadura – kraina hist. 106-107 C3
Estremadura – kraina hist. 106-107 C2-B2
Etiopia – państwo 134 E6-E7
Etna – góra 88-89 E6; 108-109 F5
Eubea – wyspa 108-109 E9-E10
Eufrat – rzeka 112-113 F7; 124-125 B2, 3; B3
Eugene 145 B2
Eupatoria 101 D4
Évora 106-107 C2, 3
Exeter 104 F5
Eyl 124-125 E3
Eyre, J. (Jezioro) 153 C3, 4

F

Faaone 155 III B2
Fagernes 103 C2
Fairbairn, J. (Jezioro) 155 II C2
Fairbanks 140 C3, 4
Fajsalabad 124-125 B6
Fajum 124-125 C1, 2
Fakaofo 154-155 E8, 9
Falklandy (Malwiny) – teryt. zależne 148 H5, 6
Falklandy (Malwiny) – wyspy 147 H4, 5
Falso, Przyl. (Przylądek) 139 G8; 145 E3
Falster – wyspa 103 E3
Falun 103 C4
Fan Si Pan – góra 128 A3
Faraday – st. badawcza 157 I C30
Farah 124-125 B5
Farasan, W-y (Wyspy) 124-125 D3
Faro 106-107 D3
Farsala 108-109 E9
Farvel, Przyl. (Przylądek) 139 D15, 16
Fautaua – rzeka 155 III B1
Fawley 102 C2
Faxaflói, Zat. (Zatoka) 103 I B1
Fazzan – kraina 132 C4
Fdajrik 134 C1, 2
Feerfeer 124-125 E3
Fehmarn – wyspa 98-99 A5
Feniks, W-y (Wyspy) 154-155 E8
Fergańska, Kotlina 122-123 E9; 124-125 A6
Fernando de Noronha – wyspa 147 C7
Ferrara 108-109 B3, 4
Fetesti 98-99 F13, 14
Fez 134 B2
Fidżi – państwo 154-155 FG7,8
Fidżi, Morze 153 C7-D7
Fidżi, W-y (Wyspy) 153 B7
Fieri 108-109 D7
Filadelfia 140 F11; 145 BC7
Filchnera, Lodowiec Szelfowy 157 I B30-A30
Filipiny – państwo 114-115 H14-I14
Filipiński, Rów 6-7 H30-I31; 128 C8-E8
Filipińskie, Morze 112-113 H15-H16
Finisterre, Przyl. (Przylądek) 106-107 A2
Finlandia – państwo 90-91 B7
Finnart 102 B1, 2
Fionia – wyspa 103 D3
Firth of Clyde – zatoka 104 D4
Firth of Forth – zatoka 104 C5-C6
Fishguard 104 F4
Fińska, Zatoka 88-89 C7-B7; 103 D5-C6
Fińskie, Pojezierze 88-89 B7; 103 C5-C6
Fitzory – rzeka 155 II C2,3
Flandria – kraina hist. 105 B5
Flensburg 98-99 A4, 5
Florencja 108-109 C3
Flores – wyspa 112-113 J15; 128 G7
Flores, Morze 128 G6-G7
Florianópolis 148 E6
Flórina 108-109 D8
Floryda – stan 140 F10-G10
Floryda, Pł. (Półwysep) 139 F11-G11; 145 D6
Florydzka, Cieśn. (Cieśnina) 145 D6-D7
Flotta 102 B2
Foggia 108-109 D5
Fokszany 98-99 F13
Foldfjorden – zatoka 103 C2, 3
Foligno 108-109 C4
Fontainebleau 105 C5
Forli 108-109 B3
Formentera – wyspa 106-107 C7
Formosa 148 E4, 5
Fort Albany 145 A6
Fort Rupert 145 A7
Fort Sandeman 124-125 B5
Fortaleza 148 C7
Forties – pole ropy naftowej 102 B3
Francja – państwo 90-91 D4-D5
Francuska, Nizina 88-89 D4-D5; 105 F3-C5
Frankfort 145 C6
Frankfurt 98-99 B6, 7
Frankfurt n. (nad) M. (Menem) 98-99 C4
Frankońska, Wyżyna 98-99 D5
Fraserburgh 102 B2
Fredericia 102 B4
Fredericton 140 E12; 145 B8
Frederikshavn 103 D3
Freetown 134 E1
Fresno 145 C3
Frigg – pole gazu ziemnego 102 B3
Fryburg 98-99 D3, 4
Fryburg 98-99 E3
Fryzja – kraina hist. 98-99 B3
Fudżi – góra 112-113 F16; 129 C4
Fuerteventura – wyspa 106-107 I A3, 4
Fuji 129 CD4
Fukui 129 C4
Fukuoka 129 D2, 3
Fukushima 129 C5
Fulanga – wyspa 155 I C3
Fulda 98-99 C4
Fulda – rzeka 98-99 C4
Fürth 98-99 D5
Fushun 126-127 C11, 12
Fuxin 126-127 C11
Fuyu 129 A1, 2
Fuzhou 126-127 F10, 11

G

Gabon – państwo 134 F3-F4
Gaborone 134 H5
Gabrowo 108-109 C10
Gaeta 108-109 D4
Gaillimh 104 E2
Gaja 124-125 C7
Galápagos, W-y (Wyspy) (Żółwie, W-y) 147 B1, 2
Galdar 106-107 I A3
Galicja – kraina hist. 106-107 A2-A3
Galilea – kraina hist. 124 I B1
Galla 124-125 E6
Gallinas, Przyl. (Przylądek) 147 H4
Gällivare 103 B5
Gallo, Przyl. (Przylądek) 108-109 E4
Gałacz 98-99 F13
Gambia – państwo 134 D1
Gandawa 105 B5, 6
Gandhinagar 124-125 C6
Ganges – rzeka 112-113 G11; 124-125 C6
Gangesu, Nizina 112-113 G10-G11; 124-125 C6-C7
Ganzhou 126-127 F9, 10
Gao 134 D3
Garda, J. (Jezioro) 108-109 B3
Gargano, Pł. (Półwysep) 108-109 D5-D6
Garmisch-Partenkirchen 98-99 E5
Garonna – rzeka 88-89 D5; 105 F4; E4
Garoowe 124-125 E3
Garoua 134 E4
Gaskonia – kraina hist. 105 F3-F4
Gata, Przyl. (Przylądek) 106-107 D5, 6
Gauhati 124-125 C8
Gävle 103 C4
Gaza 124-125 B2
Gaziantep 124-125 B2
Gbely 98-99 D8
Gdańsk 98-99 A9
Gdańska, Zat. (Zatoka) 98-99 A9
Gdynia 98-99 A9
Gediz – rzeka 108-109 E11
Gedser 98-99 A6
Geelong 154-155 H3, 4
Gejiu 126-127 G7
Geladi 124-125 E3
Gelibolu 108-109 D11
Gelibolu, Pł. (Półwysep) 108-109 D11
Gelsenkirchen 98-99 C3
General Belgrano II – st. badawcza 157 I B32, 33, 34
Gen. (General) Bernardo O'Higgins – st. badawcza 157 I C31
Gen. (General) San Martin – st. badawcza 157 I CB30
Genewa 98-99 E3
Genewskie, J. (Jezioro) 98-99 E3
Genezaret, J. (Jezioro) 124 I B1, 2
Genil – rzeka 106-107 D4
Genua 108-109 B2
Genueńska, Zat. (Zatoka) 108-109 B2-C2
Georg von Neumayer – st. badawcza 157 I CB35, 88
Georgetown 148 B5
Georgia – stan 140 F10
Georgia Pd. (Południowa) – wyspa 6-7 O14; 147 H7
Gera 98-99 C6
Gerlach – góra 88-89 D7; 98-99 D10
Gerona 106-107 AB8
Getynga 98-99 C5
Gevgelija 108-109 D9
Ghana – państwo 134 E2-E3
Ghaty Wschodnie – góry 112-113 H10-H11; 124-125 D6-C7
Ghaty Zachodnie – góry 112-113 H10; 124-125 C6-D6
Ghazni 124-125 B5
Gheorgheni 98-99 E12
Giandża 124-125 A3
Gibraltar 106-107 D4
Gibraltarska, Cieśnina 88-89 E4; 106-107 E3-D4
Giessen 98-99 C4
Gifu 129 C4
Gijón 106-107 A4
Gilberta, W-y (Wyspy) 154-155 D7-E7
Gilgit 124-125 B6
Gillam 145 A5
Gin Gin 155 II C3
Giona – góra 108-109 E9
Giurgiu 98-99 G12
Giza 134 C5
Gjirokastra 108-109 DE7, 8
Gjøvik 103 C2, 3
Gladstone 155 II C3
Glasgow 104 D4
Glittertind – góra 103 C2
Gliwice 98-99 C9
Glomma – rzeka 103 C3
Gmünd 98-99 D7
Gniezno 98-99 B8
Goba 124-125 E3
Gobi – pustynia 112-113 E12-E14; 126-127 C6-C9
Godaweri – rzeka 124-125 D6
Goiânia 148 D5, 6
Goiás – stan 148 D5, 6
Gol 103 C2
Golan, Wzgórza 124 I B1, 2
Goljam Perelik – góra 108-109 D10
Golmud 126-127 D6
Gomera – wyspa 106-107 I A2
Gomera, W-y (Wyspy) 106-107 E4
Gorakhpur 124-125 C7
Gorgan 124-125 B4
Gorkowski, Zb. (Zbiornik) 101 B6
Görlitz 98-99 C7
Gornoałtajsk 122-123 D10
Gorontalo 128 E7
Goru – góra 98-99 F13
Gorycja 108-109 B4
Gorzów Wielkopolski 98-99 B7, 8
Göteborg 103 D3
Gotha 98-99 C5
Gotlandia – wyspa 88-89 C6; 103 D4
Gotlandzka, Głębia 103 D5
Gotō, W-y 129 D2
Gozo – wyspa 108-109 F5
Górna Gwinea – kraina 132 E2-E3
Górne, J. (Jezioro) 139 E10, 11; 145 B5, 6
Górnego Nilu, Kotlina 132 D6-E6
Górnośląski Okręg Przemysłowy (GOP) 98-99 CD9
Graciosa – wyspa 106-107 I A4
Grahama, Ziemia – kraina hist. 157 I C30
Grampiany – góry 88-89 C4; 104 C4-C5
Gran Canaria – wyspa 106-107 I B3
Gran Chaco – region 147 E4-E5
Gran Paradiso – góra 108-109 B1
Granadilla de Abona 106-107 I A2
Grangemouth 102 B2
Graz 98-99 E7
Grecja – państwo 90-91 E7
Greenock 104 D4
Greenwich 104 F6, 7
Grenada 106-107 D4, 5
Grenada – państwo 148 A4, 5
Grenlandia – teryt. zależne 140 B14-C14
Grenlandia – wyspa 6-7 C13-B14; 139 B15-C15
Grenlandzkie, Morze 112-113 C2-B3
Grenoble 105 E6
Grimsby 104 E6, 7
Grisk 124-125 B5
Grodno 98-99 B11, 12
Groningen 98-99 B3
Grosseto 108-109 C3
Grossglockner – góra 98-99 E6
Grozny 101 E7
Grudziądz 98-99 B9
Gruzińska SRR 123 I
Gruzja – państwo 114-115 E6
Guadalajara 106-107 B5
Guadalajara 140 G8; 145 D4
Guadalete – rzeka 106-107 D4
Guadalupe – wyspa 139 G7, 8; 145 D3
Guam – teryt. zależne 154-155 C4
Guangyuan 126-127 E8
Guardafui, Przyl. (Przylądek) 132 D7, 8; 124-125 D4
Guayaquil 148 C2
Guayaquil, Zatoka 147 C2
Guernsey – wyspa 104 G5
Guia de Isora 106-107 I A2
Guilin 126-127 F9
Guiyang 126-127 F8
Gujana – państwo 148 B4-B5
Gujana Francuska – teryt. zależne 148 B5, 6
Gujańska, Wyżyna 147 B4-B5
Gujenna – kraina hist. 105 E4
Gulbarga 124-125 D6
Gullfaks – pole ropy naftowej 102 A3
Guntur 124-125 D6, 7
Gunungsitoli 128 E2
Guszgy 122-123 F8
Gwadalkiwir – rzeka 88-89 E4; 106-107 D4
Gwadar 124-125 C5
Gwadelupa – teryt. zależne 148 A4, 5
Gwadiana – rzeka 106-107 C5;C3, 4; D3
Gwalijar 124-125 C6
Gwatemala 140 H9
Gwatemala – państwo 140 H9-H10
Gwen – pole gazu ziemnego 102 B3
Gwinea – państwo 134 D1-E2
Gwinea Bissau – państwo 134 D1
Gwinea Równikowa – państwo 134 E3, 4
Gwinejska, Zatoka 132 E2-E3
Gydański, Pł. (Półwysep) 112-113 BC10, 11; 122-123 B9-C10
Györ 98-99 E8

H

Haarlem 98-99 B2
Hachinohe 129 B5
Hadd, Przyl. (Przylądek) 124-125 C4, 5
Hadramaut – kraina hist. 124-125 D3-D4
Hadżar – góry 124-125 C4
Hafun, Przyl. (Przylądek) 132 DE8; 124-125 D4
Haga 98-99 B1, 2
Hagåtna 154-155 C4
Hagen 98-99 C3
Haikou 128 B5
Hail 124-125 C3
Hailar 126-127 B10, 11
Hailin 129 B2
Hailong 129 B2
Haiti – państwo 140 G11
Haiti – wyspa 6-7 H10; 139 H13
Hajdarabad 124-125 C5, 6
Hajdarabad 124-125 D6
Hajfa 124-125 B2
Hajfong 128 A4
Hajnan – wyspa 112-113 H14; 128 B5
Hajnańska, Cieśn. (Cieśnina) 126-127 G8-G9
Hakodate 129 B5
Halab 124-125 B2
Halaib 124-125 C2
Halberstadt 98-99 C5
Halifax 104 E5
Halifax 140 E12; 145 B8
Halifax – góra 155 II B2
Halle 98-99 C5
Halley Bay – st. badawcza 157 I B34
Halmahera – wyspa 112-113 I15; 128 F8
Hamadan 124-125 B3
Hamamatsu 129 D4
Hamar 103 C3
Hamburg 98-99 B5
Hamersley, G. (Góry) 153 C1-C2
Hamhyng 129 B2
Hami 126-127 C5
Hamilton 145 B7
Hamm 98-99 C3, 4
Hammerfest 103 A5
Han Szuej – rzeka 126-127 E9
Handan 126-127 D9
Hangzhou 126-127 EF10
Hanko 103 D5
Hanoi 128 A4
Hanower 98-99 B4
Harare 134 G6
Harbin 126-127 B11, 12
Hardangerfjorden – zatoka 103 D1, 2
Hardangervidda – góry 103 C2
Harer 124-125 E3
Hargejsa 134 E7
Hari – rzeka 128 F3
Haria 106-107 I A4
Harirud – rzeka 124-125 B5
Härnösand 103 C4
Harrisburg 140 E10, 11; 145 B7
Hartford 140 E11, 12; 145 B7
Harz – góry 98-99 C5
Hastings 104 F7
Hatteras, Przyl. (Przylądek) 139 F12; 145 C7
Haugesund 103 D2
Haukivesi, J. (Jezioro) 103 C6
Haura 124-125 C7
Hawaii – wyspa 154-155 C10; 140 I A2, 3
Hawaje – stan 140 I A2
Hawaje – wyspy 6-7 G1-G2; 154-155 B8-B10; 140 I A1-A3
Hawana 140 G10; 145 D6
Hawela – rzeka 98-99 B6
Hawr 105 C4
Hebrydy – wyspa 88-89 C4; 104 C3-B3
Hebrydzkie, M. (Morze) 104 C3
Hedzu 129 C2
Hefei 126-127 E10
Hegang 126-127 B13
Heidelberg 98-99 D4
Heilbronn 98-99 D4
Heimdal – pole gazu ziemnego 102 B3
Hekla – góra 88-89 B3; 103 I B2
Hel 98-99 A9
Helena 140 E7, 8; 145 B3, 4
Helgoland – wyspa 98-99 A3
Helgolandzka, Zat. (Zatoka) 98-99 A3-A4
Helmand – rzeka 124-125 B5
Helsingborg 103 D3
Helsinki 103 C5, 6
Heluan 124-125 C2
Hengyang 126-127 F9
Henzada 124-125 D8
Herat 124-125 B5
Hermosillo 145 D3, 4
Heysham 102 C2
Hidżaz – kraina hist. 124-125 C2-C3
Hierro – wyspa 106-107 I B1
Hildesheim 98-99 B4, 5
Hilo 140 I B2
Himalaje – góry 112-113 F10-G12; 126-127 E2-F5
Hims 124-125 B2
Hindukusz – góry 112-113 F9-F10; 124-125 B5-B6
Hinnøy – wyspa 103 B4
Hirakud, Zb. (Zbiornik) 124-125 C7
Hiretoko, Przyl. (Przylądek) 129 B5, 6
Hiroszima 129 D3
Hirtshals 103 D3
Hiszpania – państwo 90-91 E4-D5
Hitachi 129 C5
Hiuma – wyspa 88-89 C7; 103 D5
Hjesan 129 B2
Hjørring 103 D2
Hkakabo Razi – góra 126-127 F6
Hobart 154-155 I4
Hódmezővásárhely 98-99 E10
Hofsjökull – lodowiec 103 I B2
Hohhot 126-127 C9
Hokkaido – wyspa 112-113 E17; 129 B5
Holandia – państwo 90-91 C5
Homel 98-99 B15
Honduras – państwo 140 H10
Hongkong 126-127 G9, 10
Honiara 154-155 E5
Honolulu 140 I A2
Honsiu – wyspa 112-113 F16; 129 C3-B4
Horn, Przyl. (Przylądek) 88-89 B2; 103 I A1
Hornad – rzeka 98-99 D10
Horyń – rzeka 98-99 CD13; C13
Hośab 124-125 C5
Hotan 126-127 D2, 3
Houston 140 G9; 145 D5
Howland – wyspa 154-155 D8
Hradec Králové 98-99 C7, 8
Hron – rzeka 98-99 D9
Huainan 126-127 E9, 10
Huambo 134 G4
Huancayo 148 D3
Huang-he (Rzeka Żółta) – rzeka 112-113 F13; F14; 126-127 E6, 7; D9
Huangshi 126-127 F9
Huascarán – góra 147 C3
Hubli-Dharwar 124-125 D6
Hudsona, Cieśn. (Cieśnina) 139 C12-C13
Hudsona, Zatoka 139 C11-D11
Hudsońska, Nizina 139 D10-D11; 145 A5-A6
Hue 128 B4
Huelva 106-107 D3
Huize 126-127 F7
Hull 102 C2, 3
Hulun-Nur, J. (Jezioro) 126-127 B10
Humenné 98-99 D10, 11
Húna, Zat. (Zatoka) 103 I A1
Hunedoara 98-99 F11
Hunghenden 155 II C1,2
Hunsrück – góry 98-99 D3-C3
Huron, J. (Jezioro) 139 E11; 145 B6
Hvannadalshnúkur – góra 103 I B2
Hvar – wyspa 108-109 C6
Hyiczhon 129 B2
Hyngnam 129 C2
Hyéres, W-y (Wyspy) 105 F7

I

Ibadan 134 E3
Iberyjski, Pł. (Półwysep) 88-89 D4-E4
Iberyjskie, Góry 88-89 D4; 106-107 A5-B6
Ibiza 106-107 C7
Ibiza – wyspa 88-89 E5; 106-107 C7
Icod de Los Vinos 106-107 I A2
Idaho – stan 140 E7
Idfu 124-125 C2
Igarka 122-123 C10
Igielny (Agulhas), Przyl. (Przylądek) 132 I5
Iglesias 108-109 E2
Iguaçu – rzeka 147 E5
Iguaçu, Wdp. (Wodospad) 147 E5
Igława 98-99 D7, 8
Iiu – rzeka 98-99 F11; G11
IJselmeer – jezioro 98-99 B2
Ikaria – wyspa 108-109 F11
Ili – rzeka 122-123 E9; 124-125 A6
Iliamna – góra 139 C4
Iligan 128 D7
Illinois – stan 140 E9-E10
Ilmen, J. (Jezioro) 101 B4
Iloilo 128 C7
Iława 98-99 B9
Imandra, J. (Jezioro) 103 B7
Imatra 103 C6
Imatra, Wdp. (Wodospad) 103 C6
Immingham 102 C3
Imperia 108-109 C2
Imphal 124-125 C8
Imroz – wyspa 108-109 D10
In Amenes 134 C3
Inari 103 B6
Inari, J. (Jezioro) 88-89 B7; 103 B6
Inczhon 129 C2
Indaur 124-125 C6
Indefatigable – pole gazu ziemnego 102 C3
Indiana – stan 140 E10
Indianapolis 140 EF10; 145 B5, 6
Indie – państwo 114-115 H9-H10
Indochiński, Pł. (Półwysep) 112-113 H12-H13; 128 B2-C4
Indoga – rzeka 126-127 A9
Indonezja – państwo 114-115 J12-J15
Indre – rzeka 105 D4
Indusu, Nizina 112-113 G9-F10; 124-125 C5-B6
Indus – rzeka 112-113 F10; G9; 124-125 B6; C6; C5
Indygirka – rzeka 122-123 BC16
Indyjski, Ocean 6-7 J23-M28
Indyjski, Półwysep 112-113 G10-H11; 124-125 D6
Ingolstadt 98-99 D5
Inn – rzeka 88-89 D6; 98-99 E5
Innisfail 155 II B2
Innsbruck 98-99 E5
Interlaken 98-99 E3
Invergordon 102 B1, 2
Iowa – stan 140 E9
Ipoh 128 E3
Ipola – rzeka 98-99 D9
Ipswich 104 E7
Iqaluit 140 C12
Iquique 148 DE3
Iquitos 148 C3
Irak – państwo 114-115 F6
Iraklion 108-109 G10
Iran – państwo 114-115 F6-F7
Iran, G. (Góry) 128 E5-E6
Irawadi – rzeka 112-113 GH12; 124-125 C8; D8
Irańska, Wyżyna 112-113 F8; 124-125 B4
Irbid 124 I B1
Irkuck 122-123 D12
Irlandia Pn. (Północna) – kraina hist. 104 D3
Irlandia – państwo 90-91 C4
Irlandia – wyspa 88-89 C4
Irlandzkie, Morze 88-89 C4; 104 D4-E5
Iroise – zatoka 105 C1
Irtysz – rzeka 112-113 D10; D9, 10; 122-123 E10; D9; CD8
Is – rzeka 105 E6
Isac – rzeka 155 II C2
Isafjördur 103 I A1
Iseo, J. (Jezioro) 108-109 B3
Isernia 108-109 D4, 5
Isfahan 124-125 B4
Ishinomaki 129 C5
Iskyr – rzeka 108-109 C10
Islamabad 124-125 B6
Islandia – państwo 90-91 B2-B3
Islandia – wyspa 88-89 B2-B3
Ismaila Samani – góra 112-113 F9, 10; 122-123 F9
Isna 124-125 C2
Isparta 124-125 B1, 2
Issyk-kul, J. (Jezioro) 122-123 E9; 126-127 C2
Istria, Pł. (Półwysep) 108-109 B4-B5
Iszym – rzeka 122-123 D8
Ivalo 103 B6
Ivrea 108-109 B1
Iwaki 129 C5
Iwano-Frankowsk 98-99 D12
Iwanowo 101 B5, 6
Iwate – góra 112-113 E17; 129 BC5
Izera – rzeka 98-99 D5
Izmaił 98-99 F14
Izmir 124-125 B1
Izrael – państwo 114-115 F5
Izu, W-y 129 D4
Iżewsk 122-123 D7

J

Jablonec n. (nad) N. (Nisou) 98-99 C7
Jabłonowe, Góry 112-113 D13-D14; 122-123 D12-D13
Jackson 140 F10; 145 C5, 6
Jaén 106-107 D4, 5
Jajce 108-109 B6
Jakucja – kraina hist. 122-123 C13-C16
Jakuck 122-123 C14
Jalu – rzeka 129 B2
Jalu Ciang – rzeka 126-127 C12
Jałomica – rzeka 98-99 F13
Jałta 101 E4
Jamajka – państwo 140 G11
Jamajka – wyspa 139 H11, 12
Jamantau – góra 112-113 D8; 122-123 D7
Jamał, Pł. (Półwysep) 112-113 CB9, 10; 122-123 C9-B9
Jambi 128 F3
Jamboł 108-109 C11
Jamusukro 134 E2
Jan Mayen – wyspa 88-89 A4
Jana – rzeka 122-123 C15
Janbie – wyspa 124-125 D8
Janbu al-Bahr 124-125 C2
Jandia, Przyl. (Przylądek) 106-107 I A3
Jangcy – rzeka 112-113 F12; FG12; F13, 14; 126-127 E6; E8, 9; E10
Jangjang 129 C2
Janina 108-109 E8
Janów 103 DE5
Japonia – państwo 114-115 G15-E16
Japoński, Rów 6-7 E32-F32
Japońskie, Morze 112-113 E16-F16; 129 B3-C4
Japońskie, Wyspy 112-113 F16-E17
Japurá – rzeka 147 C4
Jarkend-daria – rzeka 126-127 D2, 3
Jarosław 101 B5
Jarvis – wyspa 154-155 E9
Jasło 98-99 D10
Jassy 98-99 E13
Jaunde 134 E4
Javalambre – góra 106-107 B6
Jawa – wyspa 112-113 J13-J14; 128 G4-G5
Jawajski, Rów 128 G3-G4
Jawajskie, Morze 128 F4-F5
Jaworniki – góry 98-99 D8-D9
Jefferson City 140 F9; 145 C5
Jekaterynburg 122-123 D7, 8
Jelec 101 C5
Jelenia Góra 98-99 C7, 8
Jemen – państwo 114-115 H6-H7
Jena 98-99 C5
Jenisej – rzeka 112-113 C11; 122-123 C10
Jenisejsk 122-123 D10, 11
Jerez de la Frontera 106-107 D3
Jerozolima 124-125 B2
Jersey – wyspa 104 G5, 6
Jerycho – ruiny 124 I C1
Jesiołda – rzeka 98-99 B12
Jesioniki – góry 98-99 CD8
Jezd 124-125 B4
Jezerca – góra 108-109 C7, 8
Jełgawa 101 B2
Jiamusi 126-127 B13
Jiaohe 129 B2
Jiapigou 129 B2
Jiayuguan 126-127 D6, 7
Jilin 126-127 C12
Jilong 126-127 F11
Jinan 126-127 D10
Jinggu 126-127 G7
Jinzhou 126-127 C11
Jixi 129 A3
João Pessoa 148 C7
Joensuu 103 C7
Johannesburg 134 H5
Johnston – wyspa 154-155 C9
Johor Baharu 128 E3
Jokohama 129 C4, 5
Jönköping 103 D3, 4
Jonquière 145 B7
Jońskie, Morze 88-89 E6; 108-109 E6-F7
Jońskie, Wyspy 88-89 E6-E7; 108-109 E7-F8
Jordan – rzeka 124 I BC1
Jordania – państwo 114-115 F5
Jork, Pł. (Półwysep) 153 B4
Jork, Przyl. (Przylądek) 153 B4
Josu 129 D2
Joszkar Oła 101 B7
Jotunheimen – góry 103 C2
Juan Fernández, W-y (Wyspy) 147 F2, 3
Júcar – rzeka 106-107 C5;C6
Judea – kraina hist. 124 I C1
Judenburg 98-99 E7
Jugosławia – państwo 90-91 D6-D7
Jukatan, Pł. (Półwysep) 139 GH11-H10, 11; 145 E5-D6
Jukon – prowincja 140 C5
Jukon – rzeka 139 C3, 4
Juneau 140 D5
Jungfrau – góra 98-99 E3, 4
Jura – góry 88-89 D5; 105 D7
Jutlandzki, Pł. (Półwysep) 88-89 C5-C6; 103 E2-D2
Jużnosachalińsk 122-123 E16
Jyväskylä 103 C6

K

K2 (Czogori) – góra 112-113 F10; 124-125 B6
Kabaena – wyspa 128 G7
Kabinda – region 134 F3, 4
Kabis 134 B3
Kabis, Zat. (Zatoka) 132 B4
Kabul 124-125 B5
Kachowka 101 D4
Kachowski, Zb. (Zbiornik) 101 D4
Kaczska, Zat. (Zatoka) 124-125 C5
Kadima 124-125 C2, 3
Kadyks 106-107 D3
Kadyksu, Zatoka 106-107 D3
Kærgård 102 B4
Kagoshima 129 D3
Kahoolowe – wyspa 140 I A2
Kaifeng 126-127 E9, 10
Kair 134 C6
Kaiserslautern 98-99 D3
Kajaani 103 C6
Kajenna 148 B5, 6
Kajmany – teryt. zależne 140 GH10, 11
Kajmany – wyspy 145 DE6, 7
Kakinada 124-125 D7
Kalabria – kraina hist. 108-109 E6
Kalahari, Kotlina 132 H4-H5
Kalamata 108-109 F8, 9
Kalat 124-125 C5
Kalat Bisza 124-125 C3
Kaledoński, Kanał 104 C4
Kaledońskie, Góry 104 C4-B4
Kalemie 134 F5
Kaletańska, Cieśnina 88-89 D4-C5; 104 F7
Kalgoorlie 154-155 GH2
Kalifornia – stan 140 E6-F7

Kalifornijska, Zatoka 139 F8-G9; 145 C3-D4
Kalifornijski, Płw. (Półwysep) 139 F8-G8; 145 C3-D3
Kalikat 124-125 D6
Kalimantan (Borneo) – wyspa 128 F5-E6
Kálimnos – wyspa 108-109 F11
Kaliningrad 98-99 A10
Kalinkowicze 98-99 B14, 15
Kalisz 98-99 C9
Kaljan 124-125 D6
Kalkuta 124-125 C7, 8
Kallavesi, J. (Jezioro) 103 C6i
Kalmar 103 D4
Kalmarska, Cieśn. (Cieśnina) 103 D4
Kaługa 101 C5
Kama – rzeka 88-89 C10
Kamaishi 129 C5
Kamaran – wyspa 124-125 D3
Kamau, Przyl. (Przylądek) 112-113 I13; 128 D3, 4
Kambajska, Zatoka 124-125 C6-D5
Kambara – wyspa 155 I C3
Kambodża – państwo 114-115 H12
Kambryjskie, Góry 104 E4-E5
Kamczatka, Płw. (Półwysep) 112-113 D19-D18; 122-123 D17
Kamenjak, Przyl. (Przylądek) 108-109 B4, 5
Kamerun – góra 132 E3, 4
Kamerun – państwo 134 E3-E4
Kamieniec Podolski 98-99 D13
Kamień – góra 122-123 C11
Kamieńsk Uralski 122-123 D8
Kampala 134 E6
Kampania – kraina hist. 108-109 D5
Kampot 128 C3
Kamyszyn 101 C6, 7
Kanada – państwo 140 D6-D11
Kanał Dziesiątego Stopnia – cieśnina 124-125 D8-E8
Kananga 134 F5
Kanaryjski, Basen 6-7 G14-F15
Kanaryjskie, W-y. (Wyspy) 132 C1
Kanazawa 129 C4
Kanczendzonga – góra 126-127 F4
Kandahar 124-125 B5
Kandałaksza 103 B7
Kandavu – wyspa 155 I C2
Kandavu, Cieśn. (Cieśnina) 155 I C1-C2
Kandy 124-125 E7
Kangan 125 II B2
Kangean, W-y (Wyspy) 128 G6
Kanggje 129 B2
Kangnyng 129 C2
Kanin Nos, Przyl. (Przylądek) 122-123 C6
Kanin, Płw. (Półwysep) 88-89 B9
Kano 134 D3
Kanpur 124-125 C6, 7
Kansas – stan 140 F8-F9
Kansas City 140 F9; 145 BC5
Kantabryjskie, Góry 88-89 D4; 106-107 A3-A5
Kanton 126-127 G9, 10
Kańsk 122-123 D11
Kaosiung 126-127 G11
Kapczagajski, Zbiornik 122-123 E9, 10; 126-127 C2
Kaposvár 98-99 E8, 9
Kapsztad 134 I4
Kapua 108-109 D5
Kapuas – rzeka 128 E5
Kara-Kum, Pust. (Pustynia) 112-113 E8-F9; 122-123 F7-F8
Karaczi 124-125 C5
Karaganda 122-123 D9
Karagińska, W. (Wyspa) D18
Karaibskie, Morze 139 H11-H13
Karakorum – góry 112-113 F10; 124-125 B6
Karakorum – ruiny 126-127 B7, 8
Karakumski, Kanał 122-123 F8
Karamay 126-127 B3, 4
Karatau – góry 122-123 E8-E9
Karawanki – góry 98-99 E7
Karbala 124-125 B3
Kardamonowe, G. (Góry) 128 C3
Karditsa 108-109 E8, 9
Karelia – kraina hist. 122-123 C5
Karen 124-125 D8
Kariba, Zb. (Zbiornik) 132 G5, 6
Karimata, Cieśn. (Cieśnina) 128 F4
Karimata, W-y (Wyspy) 128 F4
Karimunjaw, W-y (Wyspy)128 G5
Karlovac 108-109 B5
Karlowe Wary 98-99 C6
Karlskrona 103 D4
Karlsruhe 98-99 D3, 4
Karlstad 103 D3
Karnul 124-125 D6
Karolina Pd. (Południowa) – stan 140 F10-F11
Karolina Pn. (Północna) – stan 140 F10-F11
Karoliny – wyspy 154-155 D3-D6
Kárpathos – wyspa 108-109 G11
Karpaty – góry 88-89 D6-D7; 98-99 D9-F13
Karpaty Mołdawskie – góry 98-99 E13-F13
Karpaty Południowe – góry 88-89 D7; 98-99 F11-F12
Karpaty Wschodnie – góry 98-99 D11-F13
Karpaty Zachodnie – góry 98-99 D8-D10
Karpentaria, Zatoka 153 D3-D4
Karskie, Morze 112-113 B9-B11; 122-123 B8-B11
Karskie Wrota, Cieśn. (Cieśnina) 122-123 C7-B8
Kårstö 102 B4
Kartagena 106-107 D6
Karyntia – kraina hist. 98-99 E6-E7
Kasai – rzeka 132 F4
Kashima 129 D2, 3
Kaskadowe, Góry 145 B2
Kasos – wyspa 108-109 G11
Kaspijskie, Morze 112-113 EF8; 122-123 E6-F7; 88-89 D9-E10
Kassel 98-99 C4
Kastoria 108-109 D8
Kaszan 124-125 B4
Kaszgar 126-127 D1, 2
Kaszgarska, Kotlina 112-113 EF10, 11; 126-127 C3-D4
Kaszmir – kraina hist. 124-125 B6
Katak 124-125 C7
Katalonia – kraina hist. 106-107 B6-A7
Katalońskie, Góry 106-107 B7-A8
Katanga (Shaba) – kraina 132 F5
Katania 108-109 F5
Katar – państwo 114-115 G7
Katerini 108-109 D9
Katha 124-125 C8
Kathijawar, Płw. (Półwysep) 124-125 C6
Katingan – rzeka 128 F5
Katmandu 126-127 F3
Katowice 98-99 C9
Kattegat – cieśnina 88-89 C6; 103 D3
Katun – rzeka 126-127 A4
Kauai – wyspa 140 I A2
Kaukaz – góry 88-89 D9; 112-113 E6-E7; 122-123 E6
Kaula – wyspa 140 I A1
Kawala 108-109 D10
Kawaratti 124-125 D6
Kawasaki 129 C4
Kayan – rzeka 128 E6
Kayseri 124-125 B2
Kazachska SRR 123 I
Kazachstan – państwo 114-115 E7-E10
Kazaczie 122-123 B15
Kazanłyk 108-109 C10
Kazań 101 B7
Kazaskie, Pogórze 122-123 E9
Kazbek – góra 88-89 D9; 101 E6, 7
Kazerun 124-125 BC4
Kazwin 124-125 B3, 4
Kea – wyspa 108-109 F10
Kebnekaise – góra 103 B4
Kecskemét 98-99 E9, 10
Kefalinia – wyspa 108-109 E8
Keila 103 D5
Kemerowo 122-123 D10
Kemi 103 B5, 6
Kemi – rzeka 103 B6
Kemijärvi 103 B6
Kempendiaj 122-123 C13, 14
Kempten 98-99 E5
Kenia – góra 132 E6
Kenia – państwo 134 E6-E7
Kentucky – stan 140 F10
Kercz 101 D5
Kerczeńska, Cieśn. (Cieśnina) 101 ED5
Keresz – rzeka 98-99 E10
Keresz Biały – rzeka 98-99 E10, 11
Keresz Czarny – rzeka 98-99 E11
Keresz Szybki – rzeka 98-99 E10
Kerguelena, W-y (Wyspy) 6-7 N25
Kerinci – góra 112-113 J13; 128 F3
Kerkira 108-109 E7, 8
Kermadec, Rów 6-7 M36-L36
Kermadec, W-y (Wyspy) 153 D7, 8
Kerman 124-125 B4
Kerulen – rzeka 112-113 E13, 14; 126-127 B9
Kesong 129 C2
Khasi, G. (Góry) 124-125 C8
Khon Kaen 128 B3
Khulna 124-125 C7, 8
Kiejdany 103 D5
Kielce 98-99 C10
Kigali 134 F5
Kigoma 134 F6
Kii, Cieśn. (Cieśnina) 129 D3-D4
Kii, Płw. Półwysep 129 D4
Kijowski, Zb. (Zbiornik) 122-123 D5; 98-99 C14, 15
Kijów 98-99 C15
Kikinda 108-109 B8
Kilia 98-99 F14
Kilimandżaro – góra 132 F6, 7
Kilini – góra 108-109 EF9
Killingholme 102 C2
Kilonia 98-99 A5
Kilońska, Zat. (Zatoka) 98-99 A5
Kiloński, Kan. (Kanał) 98-99 A4
Kim Czak 129 B2, 3
Kimberley 134 H5
Kimberley – góry 153 B2
Kina 124-125 C2
Kinabalu – góra 128 D6
Kindu 134 F5
Kineszma 101 B6
Kingston 140 H11; 145 E7
Kingston 154-155 G6, 7
Kingston-upon-Hull 104 E6, 7
Kinnairds, Przyl. (Przylądek) 104 C5, 6
Kinsale Head – pole gazu ziemnego 102 C1
Kinszasa 134 F4
Kioto 129 C4
Kiparisia 108-109 F8
Kirgiska SRR 123 I
Kirgiskie, G. (Góry) 122-123 E9
Kirgistan – państwo 114-115 F9-E9
Kiribati – państwo 154-155 E7-E10
Kirkenes 103 B6, 7
Kirklareli 108-109 D11
Kirkuk 124-125 B3
Kirow 101 B7
Kirowsk 103 B7
Kiruna 103 B5
Kisangani 134 E5
Kiskörei, Zb. (Zbiornik) 98-99 E10
Kiskunság – kraina hist. 98-99 E9
Kisłowodzk 101 E6
Kisumu 134 E6
Kiszyniów 98-99 E14
Kitakiusiu 129 D3
Kithira – wyspa 108-109 F9
Kithira, Cieśnina 108-109 GF9
Kitimat 145 A2
Kittilä 103 B6
Kitzbühel 98-99 E6
Kiusiu – wyspa 112-113 F15, 16; 129 D3
Kiustendił 108-109 C9
Kiwu, J. (Jezioro) 132 F5
Kizilirmak – rzeka 101 E4
Kladno 98-99 C6, 7
Klagenfurt 98-99 E7
Klar – rzeka 88-89 B6; 103 C3
Kluczewska Sopka – góra 112-113 D19; 122-123 D17, 18
Kluż-Napoka 98-99 E11
Kłajpeda 101 B2
Kłodzko 98-99 C8
Knin 108-109 B5, 6
Kobdo 126-127 B5
Kobe 129 D3, 4
Koblencja 98-99 C3
Kobryń 98-99 B12
Koburg 98-99 C5
Kocaeli 101 E3
Ko-chi 126-127 E13
Kōchi 129 D3
Koczin 124-125 DE6
Kodjak – wyspa 139 D4, 5
Kohtla-Järve 103 D6
Kojamputtur 124-125 D6
Kokczetaw 122-123 D8, 9
Kokkola 103 C5
Kokosowa, W. (Wyspa) 147 B2
Kolari 103 B5
Kolding 103 D2
Kolhapur 124-125 D6
Kolombo 124-125 E6
Kolonia 98-99 C3
Kolorado – rzeka 139 F8
Kolorado – stan 140 E8
Kolorado, Wyżyna 139 F8-F9; 145 C3-C4
Kolski, Płw. (Półwysep) 88-89 B8
Kolumbia – państwo 148 B3-B4
Kolumbia – rzeka 139 E7, 8; 145 B2, 3
Kolumbia Brytyjska – prowincja 140 D5-D6
Kolumbii, Wyżyna 145 B2-B3
Kołgujew – wyspa 88-89 B9
Kołobrzeg 98-99 A7
Kołomyja 98-99 D12
Kołpino 101 B4
Kołyma – rzeka 112-113 C18; 122-123 C17
Kołymska, Nizina 122-123 C17
Kołymskie, Góry 112-113 C20-C18; 122-123 C17-C18
Kom 124-125 B4
Komandorskie, W-y (Wyspy) 122-123 D18
Komárno 98-99 E8, 9
Komory – państwo 134 G7
Komory – wyspy 132 G7
Komoryn, Przyl. (Przylądek) 112-113 I10; 124-125 E6
Komotini 108-109 D10
Komsomolec – wyspa 122-123 A10, 11
Komsomolsk nad Amurem 122-123 D15
Konakry 134 D1
Kongo – państwo 134 F4-E4
Kongo – rzeka 132 F5; E5; F4
Kongo, Kotlina 132 E4-F5
Kongur – góra 126-127 D1, 2
Konjic 108-109 C6
Konosza 101 A6
Konstanca 98-99 F14
Konstancja 98-99 E4
Konya 124-125 B2
Konżakowski Kamień – góra 122-123 D7
Kopaonik – góry 108-109 C8
Kopenhaga 103 D3
Kopet-dag – góry 124-125 B4
Koralowe, Morze 153 B5-B6
Korčula – wyspa 108-109 C6
Korcza 108-109 D8
Kordowa 106-107 D4
Kordyliera Centralna – góry 88-89 D4; 106-107 B3-B5
Kordyliery – góry 139 C6-G9; 145 A2-D4
Korea Pd. (Południowa) – państwo 114-115 F14
Korea Pn. (Północna) – państwo 114-115 E14-F14
Koreańska, Cieśnina 129 D2-C3
Koreański, Arch. 129 D2
Koreański, Płw. (Półwysep) 112-113 F15; 129 C2
Korfu – wyspa 108-109 E7
Koriackie, G. (Góry) 112-113 C20-C19; 122-123 C18-C19
Korla 126-127 C4
Kornwalijski, Płw. (Półwysep) 104 F4
Koro – wyspa 155 I B2
Koro, Morze 155 I B2-B3
Korolevu 155 I C1
Koror 154-155 D3
Korsyka – wyspa 88-89 D5; 108-109 D2-C2
Korsykańska, Cieśnina 108-109 C2
Koryncka, Zat. (Zatoka) 108-109 E9
Korynt 108-109 EF9
Kos – wyspa 108-109 F11
Koshiki – wyspa 129 D2
Ko-shima – wyspa 129 B4
Kosong 129 C2
Kosowska Mitrovica 108-109 C8
Kosowo – kraina hist. 108-109 C8
Kostaryka – państwo 140 H10
Kostroma 101 B6
Koszalin 98-99 A7, 8
Koszyce 98-99 D10
Kościuszki, G. (Góra) 153 D4, 5
Kota 124-125 C6
Kota Baharu 128 D3
Kota Kinabalu 128 D5, 6
Kotielnyj – wyspa 122-123 B15
Kotka 103 C6
Kotor 108-109 C7
Kotowsk 98-99 E14, 15
Kotłas 122-123 C6
Kowel 98-99 C12
Kowno 98-99 A11
Kowrow 101 B6
Kozani 108-109 D8, 9
Koziatyn 98-99 D14
Kragujevac 108-109 B8
Krajowa 98-99 F11, 12
Krakatau – góra 112-113 J13; 128 G3, 4
Kraków 98-99 C10
Kranj 98-99 E7
Kras – góry 88-89 D6; 98-99 F6-F7
Krasnodar 101 D5, 6
Krasnojarsk 122-123 D11
Krasnojarski, Zb. (Zbiornik) 122-123 D11
Krefeld 98-99 C3
Kremikowci 108-109 C9, 10
Krems 98-99 D7
Kreta – wyspa 88-89 E7; 108-109 G9-G10
Kreteńskie, Morze 108-109 F10-G10
Kristiansand 103 D2
Kristiansund 103 C2
Kriszna – rzeka 124-125 D6
Krk – wyspa 108-109 B5
Krosno 98-99 D10, 11
Królowej Charlotty, W-y (Wyspy) 139 D6, 7
Królowej Elżbiety, W-y (Wyspy) 139 B7-A10; 157 II B31-A26
Królowej Maud, Ziemia – kraina 157 I B36-B3
Kruševac 108-109 C8
Krym – półwysep 88-89 D8; 101 D4
Krynica 98-99 D10
Krzemieńczucki, Zb. (Zbiornik) 101 D4
Krzemieńczuk 101 D4
Krzywy Róg 101 D4
Ksanthi 108-109 D10
Książęca, W. (Wyspa) 132 E3
Ks. (Księcia) Edwarda, W. (Wyspa) – prowincja 140 E12-E13
Ks. (Księcia) Edwarda, W-y (Wyspy) 6-7 N20, 21
Ks. (Księcia) Walii, Przyl. (Przylądek) 122-123 C21
Ks. (Księcia) Walii, W. (Wyspa) 139 B9, 10
Kuala Lumpur 128 E3
Kuala Terengganu 128 DE3, 4
Kuango – rzeka 132 F4
Kuba – państwo 140 G10-G11
Kuba – wyspa 139 G11, 12
Kubango (Okawango) – rzeka 132 G4
Kubańska, Nizina 101 D5-D6
Kuching 128 E5
Kuczan 124-125 B4
Kudalur 124-125 D6, 7
Kudymkar 122-123 D7
Kujawy – kraina hist. 98-99 B9
Kuku-nor, J. (Jezioro) 126-127 D6, 7
Kulab 124-125 B5, 6
Kumajri 101 E6
Kumamoto 129 D3
Kumanovo 108-109 C8, 9
Kumasi 134 E2
Kumdah 124-125 CD3
Kunduz 124-125 B5, 6
Kungur – góra 112-113 F10
Kunlun – góry 112-113 F10-F12; 126-127 D2-D6
Kunming 126-127 F7
Kunsan 129 C2
Kuopio 103 C6
Kupa – rzeka 98-99 F7
Kupang 128 H7
Kura – rzeka 122-123 F6; 124-125 B3
Kurdystan – kraina hist. 124-125 B3
Kure 129 D3
Kurgan 122-123 D8
Kuria-Muria – wyspa 124-125 D4
Kursk 101 C5
Kuruktag – góry 126-127 C4-C5
Kuryle (Kurylskie Wyspy) 112-113 E17-E18; 122-123 E16-D17
Kurylska, Cieśn. (Cieśnina) 122-123 D17-E17
Kurylskie Wyspy (Kuryle) 112-113 E17-E18; 122-123 E16-D17
Kurytyba 148 E6
Kushiro 129 B5, 6
Kütahya 124-125 B1, 2
Kutaisi 101 E6
Kuwejt 124-125 C3
Kuwejt – państwo 114-115 G6
Kvarner, Zat. (Zatoka) 108-109 B5
Kwangdzu 129 C2
Kwanmo – góra 129 B2
Kwekwe 134 G5
Kweta 124-125 B5
Kwidzyn 98-99 B9
Kyrdżali 108-109 D10
Kyzył 122-123 D11
Kyzył Orda 122-123 E8
Kyzył-Kum, Pust. (Pustynia) 112-113 E9-F9; 122-123 E8

L

La Calera 106-107 I A2
La Chaux-de-Fonds 98-99 E3
La Coruña 106-107 A2
La Hague, Przyl. (Przylądek) 105 C2, 3
La Laguna 106-107 I A2
La Linea 106-107 D4
La Manche – cieśnina 88-89 D4-C4; 105 C2-B4
La Mancha – kraina hist. 106-107 C5
La Oliva 106-107 I A3, 4
La Orotava 106-107 I A2
La Oroya 148 D3
La Paz 148 D4
La Plata 148 F5
La Plata – zatoka 147 F5
La Platy, Niz. (Nizina) 147 F4-D5
La Pérouse'a, Cieśn. (Cieśnina) 112-113 E17; 129 A5
La Rochelle 105 D3
La Ronge 145 A4
La Sila – góra 108-109 E6
La Spezia 108-109 B2, 3
La Unión 106-107 D6
Labrador, Półwysep 139 D12-D13
Laç 108-109 D7
Lachowskie, W-y (Wyspy) 122-123 B15-B16
Lacq 105 F3
Lagos 106-107 D2
Lagos 134 E3
Lahaur 124-125 B6
Lahti 103 C6
Lakeland 155 II B1,2
Lakemba – wyspa 155 I C3
Lakemba, Cieśn. (Cieśnina) 155 I C3-B3
Lakhnau 124-125 C7
Lakkadiwy – wyspy 112-113 H10-I10; 124-125 D6-E6
Lakselfjorden – zatoka 103 A6
Lakselv 103 AB5
Lalibela – ruiny 124-125 D2
Lambasa 155 I B2
Lamberta, Lod. (Lodowiec) 157 I B7
Lamia 108-109 E9
Lampang 128 B2
Lanai – wyspa 140 I A2
Lancaster 104 D5
Landeck 98-99 E5
Land's End – przylądek 104 F3, 4
Landshut 98-99 D6
Landsort, Głębia 103 D4
Langeland – wyspa 98-99 A5
Langres 105 D6
Langsa 128 E2
Langwedocja – kraina hist. 105 F5-E6
Lansing 140 E10; 145 B6
Lanzarote – wyspa 106-107 I A3, 4
Lanzhou 126-127 D7, 8
Lao Cai 128 A3, 4
Laoag 128 B6, 7
Laohekou 126-127 E9
Laos – państwo 114-115 G12-H12
Laponia – kraina hist. 103 B4-B7
Lapońska, Wyżyna 88-89 B7; 103 B5-B6
L'Aquila 108-109 C4
Lar 124-125 C4
Lárisa 108-109 E9
Larnaka 124-125 B2
Larsena, Lod. (Lodowiec) Szelf. (Szelfowy) 157 I C30-B30
Larvik 103 D2, 3
Las Bakońskie – góry 98-99 E8-E9
Las Bawarski – góry 98-99 D6
Las Czeski – góry 98-99 D6
Las Heras 148 G3, 4
Las Palmas 106-107 I A3; 134 C1
Las Turyński – góry 98-99 C5
Las Vegas 140 F7; 145 C3
Lashio 124-125 C8
Lastovo – wyspa 108-109 C6
Latakia 124-125 B2
Lau, Wyspy 155 I B3-C3
Laut – wyspa 128 F6
Lautoka 155 I B1
Lawan – wyspa 125 II B2
Le Creusot 105 D5, 6
Le Mans 105 D4
Lecce 108-109 D7
Leeds 104 E6
Leeuwarden 98-99 B2, 3
Leeuwin, Przyl. (Przylądek) 153 D1
Legaspi 128 C7
Legnica 98-99 C8
Leh 124-125 B6
Leicester 104 E6
Leman Bank – pole gazu ziemnego 102 C3
Lena – rzeka 112-113 D13; C15; 122-123 D12; C14; B14
Leoben 98-99 E7
León 106-107 A4
Lérida 106-107 B7
Les Baux-de-Provence 105 F6
Lesbos – wyspa 108-109 E10
Leshan 126-127 F7
Leskovac 108-109 C8
Lesotho – państwo 134 H5
Lesozawodsk 129 A3
Leszno 98-99 C8
Leśne, J. (Jezioro) 145 B5
Leuser – góra 128 E2
Leverkusen 98-99 C3
Levkás – wyspa 108-109 E8
Leyte – wyspa 128 C8
Lhasa 126-127 E5
Lhokseumawe 128 D2
L'Hospitalet 106-107 B7
Liangpran – góra 128 E5, 6
Lianyungang 126-127 E10, 11
Liao-he – rzeka 126-127 C11
Liaoyang 126-127 C11
Liaoyuan 129 B1, 2
Liban – państwo 114-115 F5
Liban, Góry 124 I B1-A2
Liberec 98-99 C7
Liberia – państwo 134 E1-E2
Libia – państwo 134 C4-C5
Libijska, Pustynia 132 C5
Libreville 134 E4
Licata 108-109 F4
Liechtenstein – państwo 90-91 D6
Liège 105 B6
Lienz 98-99 E6
Liguria – kraina hist. 108-109 B2
Liguryjskie, Morze 88-89 D5-D6; 108-109 C2
Lille 105 B5
Lille Thorup 102 B4, 5
Lilongwe 134 G6
Lima 148 D3
Limfjorden – cieśnina 103 D2
Limnos – wyspa 108-109 E10
Limoges 105 E4
Limpopo – rzeka 132 H6
Linares 106-107 C4, 5
Lincoln 140 E9; 145 B5
Line, Wyspy 6-7 I1-K2; 154-155 D9-F11
Lingen 102 C4
Lingga W-y (Wyspy) 128 F4
Linköping 103 D4
Linkou 129 A2, 3
Linosa – wyspa 108-109 G4
Linxia 126-127 D7
Linz 98-99 D7
Liparyjskie, W-y (Wyspy) 88-89 E6; 108-109 E5
Lipawa 101 B2
Lipieck 101 C5, 6
Lipsk 98-99 C6
Lisiczańsk 101 D5
Litawa – rzeka 98-99 E8
Litewska SRR 123 I
Little Rock 140 F9; 145 C5
Litwa – państwo 90-91 C7
Liupanshui 126-127 F7, 8
Liuzhou 126-127 G8
Liverpool 104 E5
Livorno 108-109 C2, 3
Lizbona 106-107 C2
Ljungan – rzeka 103 C4
Llullaillaco – góra 147 E4
Loara – rzeka 88-89 D5; 105 E6; D5; D3
Lobito 134 G4
Locarno 98-99 E4
Loch Coirib, J. (Jezioro) 104 E2
Loch Ness, J. (Jezioro) 104 C4, 5
Lodi 108-109 B2
Lofoty – wyspy 88-89 B6
Logroño 106-107 A5, 6
Loja 148 C3
Lojalności, W-y (Wyspy) 153 B6-C6
Lolland – wyspa 103 E3
Loma – góra 132 E1, 2
Lombardia – kraina hist. 108-109 B2-B3
Lombok – wyspa 112-113 J14; 128 G6
Lombok, Cieśn. (Cieśnina) 128 G5, 6
Lomé 134 E3
Londonderry 104 D3
Londyn 104 F6
Londyński, Basen – kraina 104 F6
Long – wyspa 128 D3
Longjökull – lodowiec 103 I B1-B2
Longreach 155 II C1
Lønsdal 103 B3, 4
Lorca 106-107 D6
Lorient 105 D2
Los Angeles 140 F6, 7; 145 C2
Los Canarios 106-107 I A1, 2
Los Llanos de Ariadne 106-107 I A1, 2
Los Sauces 106-107 I A2
Lošinj – wyspa 108-109 B5
Lot – rzeka 105 E4
Lota, Pust. (Pustynia) 124-125 B4
Lotaryngia – kraina hist. 105 C6-C7
Louisville 140 F10
Lourdes 105 F4
Luanda 134 F4
Luang Prabang 128 AB3
Lubango 134 G4
Lubbock 145 C4
Lubeka 98-99 B5
Lubelska, Wyżyna 98-99 C11
Lublana 98-99 E7
Lublin 98-99 C11
Lubumbashi 134 G5, 6
Lucerna 98-99 E3, 4
Lüderitz 134 H4
Ludhijana 124-125 B6
Ludwigshafen 98-99 D4
Lugano 98-99 E4
Lugo 106-107 A3
Lugoj 98-99 F10
Luhajja 124-125 D3
Luimneach 104 E2
Luisville 145 C6
Luizjana – stan 140 F9
Lukka 108-109 C3
Luksemburg 105 C6
Luksemburg – państwo 90-91 CD5
Luksor 124-125 C2
Lule – rzeka 103 B5
Luleå 103 B5
Lund 103 D3
Lüneburg 98-99 B5
Luoyang 126-127 DE9
Lusaka 134 G5
Luuq 124-125 E3
Luzhou 126-127 F8
Luzon – wyspa 112-113 H15; 128 B7
Luzon, Cieśn. (Cieśnina) 128 B7
Lwia, Zatoka 88-89 D5; 105 F5-F6
Lwów 98-99 D12
Lyme, Zat. (Zatoka) 104 F5
Lynn Lake 145 A4, 5
Lyon 105 E6

Ł

Łaba – rzeka 88-89 C6; 98-99 B5-C6, 7
Ładoga, J. (Jezioro) 88-89 B8; 101 A4
Łaptiewa D., Cieśn. (Cieśnina) 122-123 B15-B16
Łaptiewów, Morze 112-113 B14-B16; 122-123 B13-B14
Łob-nor – jezioro 126-127 C5
Łom 108-109 C9
Łomonosowa, Grzbiet 157 II A24-A4
Łomża 98-99 B10, 11
Łopatina – góra 122-123 DE16
Łopatka, Przyl. (Przylądek) 122-123 D17
Łotewska SRR 123 I
Łotwa – państwo 90-91 C7
Łowecz 108-109 C10
Łódź 98-99 C9
Łuck 98-99 C12
Łuczeniec 98-99 D9
Łudogorie – kraina hist. 108-109 C11
Ługa – rzeka 103 D6
Ługańsk 101 D5
Łupkowska, Przeł. (Przełęcz) 98-99 D10
Łużyce – kraina hist. 98-99 C7
Łyna – rzeka 98-99 A10
Łysica – góra 98-99 C10

M

Maan 124-125 B2
Maastricht 98-99 C2
Macapá 148 B5, 6
Macdonnella, G. (Góry) 153 C3

Macedonia – kraina hist. 108-109 D8-D9
Macedonia – państwo 90-91 D7
Maceió 148 C7
Macerata 108-109 C4
Machaczkała 122-123 E6
Mackay 155 II C2
Mackenzie – góry 139 C6-C7
Mackenzie – rzeka 139 C7
Mackenzie – rzeka 155 II C2
Maćilipatnam 124-125 D7
Madagaskar – państwo 134 H7-G7
Madagaskar – wyspa 132 H7-G7
Madang 154-155 E4
Madeira – rzeka 147 C4
Madera – wyspa 132 B1
Madison 140 E9, 10; 145 B5, 6
Madiun 128 G5
Madras 124-125 D7
Madryt 106-107 B4, 5
Madura – wyspa 128 G5
Maduraj 124-125 E6
Maebashi 129 C4
Magadan 122-123 CD17
Magdeburg 98-99 B5, 6
Magellana, Cieśn. (Cieśnina) 147 H4, 5
Maggiore, J. (Jezioro) 108-109 A2
Magnitaja, G. (Góra) 122-123 D7
Magnitogorsk 122-123 D7, 8
Magnus – pole ropy naftowej 102 A2, 3
Magwe 124-125 CD8
Mahaiatea 155 III B2
Mahajanga 134 G7
Mahakam – rzeka 128 EF6
Mahanadi – rzeka 124-125 C7
Mahón 106-107 BC9
Maine – kraina hist. 105 C3
Maine – stan 140 E12
Majkop 101 E6
Majmana 124-125 B5
Majorka – wyspa 88-89 E5; 106-107 C8, 9
Majotta – teryt. zależne 134 G7
Majsur 124-125 D6
Makasar, Cieśnina 128 F6-E7
Makasar (Ujung Pandang) 128 FG6
Makau 126-127 G9
Makau – terytorium zależne 114-115 G13
Makiejewka 101 D5
Makongai – wyspa 155 I B2
Makurazaki 129 D2, 3
Malabo 134 E3
Maladeta – góry 106-107 A7
Málaga 106-107 D4
Malajski, Archipelag 112-113 J13-J15; 128 F4-F6
Malajski, Płw. (Półwysep) 112-113 I12-I13; 128 D2-E3
Malakka, Cieśn. (Cieśnina) 112-113 I12-I13; 128 E3
Melanezja – archipelag 6-7 J35-L35
Malang 128 G5
Malange 134 F4
Malatya 124-125 B2
Malawi – państwo 134 G6
Malawi, J. (Jezioro) (Niasa, J.) 132 G6
Malbork 98-99 B9
Male 124-125 E6
Malea, Przyl. (Przylądek) 108-109 F9
Malediwy – państwo 124-125 E6
Malediwy – wyspy 112-113 I10-J10
Malegaon 124-125 C6
Malezja – państwo 114-115 I12-I13
Malghir, Szott 88-89 E5
Mali – państwo 134 D2-D3
Malin, Przyl. (Przylądek) 104 D3
Malmö 103 D3
Malolo – wyspa 155 I B1
Malpelo – wyspa 147 B2
Malta – państwo 90-91 E6
Malta – wyspa 88-89 E6
Malwiny (Falklandy) – wyspy 147 H4, 5
Malwiny (Falklandy) – teryt. zależne 148 H5, 6
Mł. (Mała) Niz. (Nizina) Węgierska 98-99 E8-E9
Małe Antyle – wyspy 139 H13; 128 G6-G7
Małe Wyspy Sundajskie 128 G6-G7; 112-113 J14-15
Małopolska – kraina hist. 98-99 D10-D11
Małopolska, Wyżyna 98-99 C9-C10
Mł. (Mały) Bełt – cieśnina 103 DE2, 3
Mały Chingan – góry 122-123 D14-E14; 126-127 A12-B12
Mały Kaukaz – góry 88-89 E9; 98 E6
Mały Nefud – pustynia 124-125 C3
Małyje Karmakuły 122-123 B7
Mamaja 98-99 F14
Mamry, J. (Jezioro) 98-99 A10, 11
Mamuju 128 F6
Man – wyspa 104 D4
Manado 128 E7
Managua 140 H9, 10
Manaus 148 C4, 5
Manchester 104 E5, 6
Mand – rzeka 125 II A2
Mandalaj 124-125 C8
Mandalgowi 126-127 B8
Mandera 124-125 E3
Mandwi 124-125 C5
Mandżuria – kraina hist. 126-127 B11-B13
Mandżurska, Nizina 112-113 E13
Manfredonia 108-109 D5, 6
Manfredonia, Zat. (Zatoka) 108-109 D6
Mangalur 124-125 D6
Mango – wyspa 155 I B3
Manifold, Przyl. (Przylądek) 155 II C3
Manila 128 B6, 7
Manisa 108-109 E11
Manitoba – prowincja 140 D8-D9
Manitoba, J. (Jezioro) 145 A4, 5
Mannar, Zatoka 124-125 E6
Mannheim 98-99 D4
Manresa 106-107 B7
Mantua 108-109 B3
Manzhouli 126-127 B10, 11
Maputo 134 H6
Mar Del Plata 148 F5
Maraa 155 III B1
Maracaibo 148 AB3
Maragheh 124-125 B3
Marajó, W. (Wyspa) 147 C5, 6
Marambio – st. badawcza 157 I C31
Maranhão – stan 148 C6
Marañon – rzeka 147 C3
Marburg 98-99 C4
Marche – kraina hist. 108-109 C4
Mariany – wyspy 112-113 H17; 154-155 B4-C4
Mariany Północne – teryt. zależne 154-155 C4
Mariański, Rów 6-7 H32
Marib 124-125 D3
Maribor 98-99 E7, 8
Marica – rzeka 108-109 C10; D11
Marii Byrd, Ziemia – kraina hist. 157 I B26-B22
Marion Reef – wyspa 155 II B3
Mariupol 101 D5
Markizy – wyspy 6-7 J3-K4; 154-155 E11-F12
Marmara – wyspa 108-109 D11, 12
Marmara, M. (Morze) 88-89 D7; 108-109 D11-D12
Marmolada – góra 108-109 A3, 4
Marna – rzeka 105 C5
Maroko – państwo 134 C2-B2
Marowa 134 D4
Marrakesz 134 BC1, 2
Marroqui, Przyl. (Przylądek) 88-89 E4; 106-107 D3, 4
Marsala 108-109 F4
Marshalla, Wyspy – państwo 154-155 C6-D7
Marsylia 105 F6, 7
Martaban, Zat. (Zatoka) 124-125 D8
Martin Vaz – wyspa 147 E8
Martwe, M. (Morze) – jezioro 124-125 B2
Martynika – teryt. zależne 148 A4, 5
Marusza – rzeka 88-89 D7; 98-99 E12; EF11
Marw Dasht 124-125 B4
Mary 122-123 F8
Maryland – stan 140 F11
Masan 129 CD2
Masbate – wyspa 128 C7
Maseru 134 I5
Masira – wyspa 124-125 C4
Maskareny – wyspy 6-7 L23-K24
Maskat 124-125 C4
Massachusetts – stan 140 E11
Massaua 124-125 D2, 3
Masyw Centralny – wyżyna 88-89 D5; 105 E5-E6
Mata Utu 154-155 F8
Matagami 145 AB7
Matamoros 145 D5
Matapan, Przyl. (Przylądek) 88-89 E7; 108-109 F9
Mataram 128 G6
Mati 128 D8
Mato Grosso – stan 148 D5
Mato Grosso – wyżyna 147 D5
Mato Grosso do Sul – stan 148 D5
Mátra – góry 98-99 E9-E10
Matsue 129 C3
Matsumoto 129 C4
Matsushima 129 C5
Matsuyama 129 D3
Matterhorn – góra 98-99 EF3
Matuku – wyspa 155 I C2,3
Maui – wyspa 140 I A2
Mauna Kea – góra 145 I A1, 2
Mauna Loa – 145 I A2
Mauretania – państwo 134 D1-D2
Mauritius – wyspa 6-7 L23; 24
Mawson – st. badawcza 157 I C7
Mazari Szarif 124-125 B5
Mazatlán 145 D4
Mazowiecka, Nizina 98-99 B10-C11
Mazowsze – kraina hist. 98-99 B9-B11
Mazurskie, Pojezierze 98-99 B9-A11
Mazury – kraina hist. 98-99 B10-B11
Mba 155 I B1
Mbabane 134 H6
Mbandaka 134 E4, 5
Mbengga – wyspa 155 I C2
Mbua 155 I B2
Mbuji-Mayi 134 F5
McDonalda, W-y (Wyspy) 6-7 O24, 25
McKinley – góra 139 C5
McMurdo – st. badawcza 157 I B17, 16
Medan 128 E2, 3
Medellín 148 B3
Mediolan 108-109 B2
Medyna 124-125 C3
Mekelie 134 D6
Mekka 124-125 C2, 3
Meklemburgia – kraina hist. 98-99 B5-B6
Meklemburska, Zat. (Zatoka) 98-99 A5-A6
Mekong – rzeka 112-113 F12; H13; 128 B3; CD4
Mekran – góry 124-125 C4-C5
Meksyk 140 H8, 9; 145 DE4, 5
Meksyk – państwo 140 G7-J9
Meksykańska, Wyżyna 139 G9-G10; 145 D4-D5
Meksykańska, Zatoka 139 G10-G11; 145 D5-D6
Mela, J. (Jezioro) 103 D4
Melanezja – wyspy 6-7 J33-L35; 153 A5-B7
Melbourne 145 D6, 7
Melbourne 154-155 H4, 5
Melilla 106-107 E5
Melville, W. (Wyspa) 153 B2, 3
Memfis – ruiny 124-125 C1, 2
Memoré – rzeka 147 D4
Memphis 140 F9, 10; 145 C6
Men – rzeka 98-99 C5; D4
Mendelejewa, Grzbiet 157 II A29-B1
Menderes – rzeka 108-109 F12
Mendocino, Przyl. (Przylądek) 139 EF7
Mendoza 148 F4
Mentawai, W-y (Wyspy)128 F2-F3
Merano 108-109 A3
Merath 124-125 C6
Mergui 124-125 D8
Mergui, Arch. (Archipelag) 124-125 D8
Mérida 106-107 C3, 4
Mérida 140 G10; 145 D5, 6
Meru – góra 132 F6
Mesta – rzeka 108-109 D9
Mesyna 108-109 E5
Mesyńska, Cieśn. (Cieśnina) 88-89 E6; 108-109 EF5
Meszhed 124-125 B4, 5
Metz 105 C7
Mexicali 140 F7; 145 C3
Mezopotamia – kraina hist. 124-125 B3
Mezopotamska, Niz. (Nizina) 112-113 F7
Miami 140 G11; 145 D6, 7
Mianeh 124-125 B3
Mianmar (Birma) – państwo 114-115 G11-H11
Mianyang 126-127 E7
Miasto Ho Chi Minha 128 C4
Michigan, J. (Jezioro) 139 E11; 145 B6
Michigan – stan 140 E10
Miczuryńsk 101 C6
Middlesbrough 104 D6
Midway – teryt. zależne 154-155 A8
Midżur – góra 108-109 C9
Miercurea Ciuc 98-99 E12, 13
Mijanwali 124-125 B6
Mikołajów 101 D4
Mikronezja – państwo 154-155 D4-D6
Mikronezja – wyspy 6-7 I31-I34; 154-155 C3-D7
Milet – ruiny 124-125 B1
Milford Haven 102 C1
Milos – wyspa 108-109 F10
Miluza 105 D7
Milwaukee 140 E9, 10; 145 B5, 6
Mina al-Ahmadi 124-125 C3
Mina-Dżabal-Ali 125 II B3
Minami-Tori – wyspa 154-155 B5
Minas Gerais – stan 148 D6
Minas de Riotinto 106-107 D3
Mindanao – wyspa 112-113 I15; 128 D7
Mindoro – wyspa 128 C6, 7
Mindoro, Cieśn. (Cieśnina) 128 C6-C7
Minho – rzeka 106-107 A3; A2
Minikoj – wyspa 124-125 E6
Minja Gonkar – góra 112-113 F13
Minneapolis 140 E9; 145 B5
Minnesota – stan 140 E9
Minorka – wyspa 88-89 D5; 106-107 B9
Minusińsk 122-123 D11
Mińsk 98-99 B13, 14
Miri 128 E5
Miriam Vale 155 II C3
Mirny 122-123 C13
Mirnyj – st. badawcza 157 I C10
Missisipi – rzeka 139 F10, 11; 145 C5, 6
Missisipi – stan 140 F10
Missouri – rzeka 139 EF10; 145 B5
Missouri – stan 140 E9
Miszkolc 98-99 D10
Miśnia 98-99 C6
Mitilini 108-109 E11
Miyazaki 129 D3
Mizen, Przyl. (Przylądek) 104 F1, 2
Mjingjan 126-127 C8
Mjitkina 124-125 C8
Mjøsa, J. (Jezioro) 103 C3
Mladá Boleslav 98-99 C7
Mljet – wyspa 108-109 C6
Mo i Rana 103 B3, 4
Moala – wyspa 155 I C2,3
Mobile 145 C6
Modena 108-109 B3
Mogadiszu 134 E7
Mogocza 122-123 D13, 14
Mogok 124-125 C8
Moguncja 98-99 D3, 4
Mohe 126-127 A11
Mohendżo Daro – ruiny 124-125 C5
Mohylew 98-99 AB14, 15
Mohylów Podolski 98-99 D13, 14
Mokka 124-125 D3, 4
Mokpho 129 D2
Molde 103 C2
Moldoveanu – góra 88-89 D7; 98-99 F12
Molfetta 108-109 D6
Molise – kraina hist. 108-109 D5
Molokai – wyspa 140 I A2
Moluckie, Morze 128 F7-E8
Moluki – wyspy 112-113 I15-J16; 128 E8-G8
Mołdawa – rzeka 98-99 E12, 13
Mołdawia – kraina hist. 98-99 E13-F13
Mołdawia – państwo 90-91 D7
Mołdawska SRR 123 I
Mołodeczno 98-99 A13
Mołodiożnaja – st. badawcza 157 I C5
Mombasa 134 F6, 7
Mombetsu 129 B5
Møn – wyspa 103 E3
Monachium 98-99 D5, 6
Monako 105 F7
Monako – państwo 90-91 D5
Mönchengladbach 98-99 C2, 3
Mondego – rzeka 106-107 B2, 3
Mongolia – państwo 114-115 E11-E13
Mongolska, Wyżyna 112-113 E13-E14; 126-127 B8-C9
Mongomery 140 F10
Mongstad 102 A4
Monrovia 134 E1
Mont Blanc – góra 88-89 D5; 105 E7
Mont Cenis, Przeł. (Przełęcz) 105 E7
Mont Pelat – góra 105 E7
Montana 108-109 C9
Montana – stan 140 E7-E8
Montauban 105 E4, 5
Monte Rosa – góra 108-109 B1, 2
Monterrey 140 G9; 145 D5
Montevideo 148 F5, 6
Montgomery 145 C6
Montpelier 140 E11, 12; 145 B7
Montpellier 105 F5, 6
Montreal 140 E11; 145 B7, 8
Montreux 98-99 E3
Montserrat – teryt. zależne 148 A4
Monza 108-109 B2
Morawa – rzeka 98-99 D8
Morawa – rzeka 108-109 B8
Morawa Pd. (Południowa) – rzeka 108-109 C9
Morawa Zach. (Zachodnia) – rzeka 108-109 C8
Morawy – kraina hist. 98-99 D7-D8
Moray Firth – zatoka 104 C5-B5
Morecambe – pole gazu ziemnego 102 C1, 2
Morioka 129 C5
Mormagao 124-125 D6
Mörön 126-127 B7
Moroni 134 G7
Morotai – wyspa 128 E8
Morris Jesup, Przyl. (Przylądek) 157 II A21-A19
Morvan – góry 105 D5, 6
Mosjøen 103 B3
Moskwa 101 B5
Moskwa – rzeka 122-123 D5, 6
Mossmorran 102 B2
Most 98-99 C6
Mostar 108-109 C6
Mosul 124-125 B3
Motala 103 D3
Motoczkin Szar, Cieśn. (Cieśnina) 122-123 B7-B8
Mount Everest (Czomolungma) – góra 112-113 G11; 126-127 F4
Mount Isa 154-155 G3, 4
Moza – rzeka 88-89 C5; 105 C6; B6
Mozambicki, Kanał – cieśnina 132 H6-G7
Mozambik 134 G6, 7
Mozambik – państwo 134 H6-G6
Mozela – rzeka 105 C7; BC7
Mozyrz 98-99 B14
Mt. (Mont) Aigóual – góra 105 E5
Mt. (Mont) Mézenc – góra 105 E6
Mte (Monte) Amiata – góra 108-109 C3
Mte (Monte) Argentario – góra 108-109 C3
Mt. (Mount) Berlin – góra 157 I B23, 22
Mount Cloolon 155 II C2
Mt. (Mount) Elbert – góra 139 F9; 145 C4
Mt. (Mount) Gannet – góra 145 A8
Mt. (Mount) Logan – góra 139 C5, 6
Mt. (Mount) Mitchel – góra 139 F11; 145 C6
Mt. (Mount) Mohinora – góra 145 D4
Mt. (Mount) Rainier – góra 139 E7; 145 B2, 3
Mt. (Mount) Robson – góra 139 D7, 8; 145 A2, 3
Mt. (Mount) Shasta – góra 139 E7, 8; 145 B2, 3
Mt. (Mount) Sidley – góra 157 I B24
Mount Surprise 155 II B1,2
Mt. (Mount) Whitney – góra 139 F8; 145 C3
Muang Khoua 128 A3
Muang Sing 128 A3
Mudanjiang 126-127 BC12, 13
Mugodżary – góry 122-123 E7
Muhammad, Przyl. (Przylądek) 124-125 C2
Muhammad-Kawl 124-125 C2
Mühlhausen 98-99 C5
Mukaczewo 98-99 D11
Mulhacén – góra 88-89 E4; 106-107 D5
Müller, G. (Góry) 128 E5
Mulmejn 124-125 D8
Multan 124-125 C6
Mun – rzeka 128 B3
Muna – wyspa 128 FG7
Munczhon 129 C2
Munku Sardyk – góra 122-123 D11, 12; 126-127 A6, 7
Münster 98-99 C3, 4
Muntenia – kraina hist. 98-99 F12-F13
Mura – rzeka 98-99 E7; E8
Muradabad 124-125 C6, 7
Murat – rzeka 101 F6
Murcja 106-107 C6
Murcja – kraina hist. 106-107 C5-D6
Müritz, J. (Jezioro) 98-99 B6
Murmańsk 122-123 C5
Murom 101 B6
Muroran 129 B5
Murray – rzeka 153 D3, 4
Musajid 125 II B2
Musan 129 B2
Musała – góra 88-89 D7; 108-109 C9
Musgrave, G. (Góry) 153 C2-C3
Musi – rzeka 128 F3
Mutis – góra 128 G7
Muttaburra 155 II C1,2
Muzaffarpur 124-125 C7
Muztag – góra 126-127 D4
Mwanza 134 F6
Mweru, J. (Jezioro) 132 F5, 6
Mykeny – ruiny 108-109 F9

N

Naab – rzeka 98-99 D6
Nachiczewan 124-125 B3
Nachodka 122-123 E15
Nachuge 124-125 D8
Nadbrzeżne, Góry 139 D6-F7; 145 B2-C3
Naddnieprzańska, Nizina 101 C4-D4
Naddnieprzańska, Wyż. (Wyżyna) 101 D3-D4
Nadkaspijska, Nizina 88-89 D9-D10; 112-113 E7-E8
Nadrenia-Palatynat – kraina hist. 98-99 C3-C4
Nadwołżańska, Wyżyna 88-89 C9; 101 C6-C7
Nadzin 129 B3
Nadżran 124-125 D3
Nagano 129 C4
Nagaoka 129 C4
Nagarkoil 124-125 E6
Nagasaki 129 D2
Nagaur 124-125 C6
Nagoja 129 C4
Nagpur 124-125 C6
Nagqu 126-127 E5
Nagykanizsa 98-99 E8
Naha 126-127 F12; 129 I B1
Nairai – wyspa 155 I B2
Nairobi 134 F6, 7
Nakhon Phanom 128 B3
Nakhon Ratczasima 128 BC3
Nakhon Sawan 128 BC2
Naksos – wyspa 108-109 F10
Nakuru 134 EF6
Nalczyk 101 E6
Nam Dinh 128 AB4
Namcza Barwa – góra 126-127 F5, 6
Namib, Pustynia 132 G4-H4
Namibe 134 G3, 4
Namibia – państwo 134 H4-H5
Nampho 129 C1, 2
Namsos 103 C3
Namur 105 B6
Nanchang 126-127 F9, 10
Nancy 105 C7
Nanda Dewi – góra 124-125 B6, 7
Nander 124-125 D6
Nandi 155 I B1
Nanduri 155 I B2
Nanga Parbat – góra 124-125 B6
Nankin 126-127 E10, 11
Nanning 126-127 G8
Nanping 126-127 F10
Nansena, Grzbiet 157 II A17-A6
Nanszan – góry 112-113 F12-F13; 126-127 D6-D7
Nantes 105 D3
Nantong 126-127 E11
Nanuku, Cieśn. (Cieśnina) 155 I B3
Nao, Przyl. (Przylądek) 106-107 C7
Narbada – rzeka 124-125 C6
Narbonne 105 F5
Narew – rzeka 98-99 B11; B10
Narjan Mar 122-123 C7
Narodnaja – góra 112-113 C8, 9; 88-89 B11
Narwa 103 D6
Narwik 103 B4
Nasera, Zb. (Zbiornik) 132 C6; 124-125 C2
Nashville 140 F10; 145 C6
Näsi, J. (Jezioro) 103 C5
Nasik 124-125 C6
Nassau 140 G11; 145 D7
Natal 148 C7
Natewa, Zat. (Zatoka) 155 I B2
Natuna, W-y (Wyspy) 128 E4
Nauru – państwo 154-155 E6
Nausori 155 I B2
Naviti – wyspa 155 I B1
Navua 155 I C2
Nawabśah 124-125 C5, 6
Nawakszut 134 D1
Nawarin, Przyl. (Przylądek) 122-123 C19, 20
Nawarra – kraina hist. 106-107 A6
Nawazibu 134 C1
Nawoi 122-123 E8
Nayau – wyspa 155 I C3
Nazaret 124 I B1
Naze 129 I B1, 2
Nazilli 108-109 EF12
Nazriet 124-125 E2, 3
Ndżamena 134 D4
Neagh, J. (Jezioro) 104 D3
Neapol 108-109 D4, 5
Neapolitańska, Zat. (Zatoka) 108-109 D4, 5
Neblina – góra 147 B4
Nebraska – stan 140 E8-E9
Nébrodi – góry 108-109 F5-E5
Neckar – rzeka 98-99 D4
Negele 124-125 E2
Negew, Pust. (Pustynia) 124 I C1
Negros – wyspa 128 D7
Neijiang 126-127 E8
Nellur 124-125 D7
Nelson – rzeka 139 D10; 145 A5
Nemira – góra 98-99 E13
Nemuro 129 B6
Nepal – państwo 114-115 G10
Neretwa – rzeka 108-109 C7
Nesebyr 108-109 C11, 12
Neubrandenburg 98-99 B6, 7
Neuchâtel 98-99 E3
Neumünster 98-99 A5
Neustrelitz 98-99 B6
Nevada – stan 140 E7
Nevers 105 D5
New Delhi 124-125 C6
New Hampshire – stan 140 E11
New Jersey – stan 140 E11
Newcastle 134 H5, 6
Newcastle 154-155 H5
Newcastle-upon-Tyne 104 D5, 6
Newport 104 F5
Ngau – wyspa 155 I BC2
Ngoc Linh – góra 128 B4
Niagara, Wdp. (Wodospad) 139 E12
Niamey 134 D3
Nias – wyspa 128 E2
Niasa, J. (Jezioro) (Malawi, J.) 132 G6
Nicea 105 F7
Niedźwiedzia, W. (Wyspa) 112-113 B3-B5; 122-123 B3, 4
Niedźwiedzie, W-y (Wyspy) 122-123 B17, 18
Niemcy – państwo 90-91 C5-C6
Niemen – rzeka 88-89 C7; 101 B2
Niemiecka, Nizina 88-89 C5-C6; 98-99 B3-B6
Niewinnomysk 101 E6
Niger – państwo 134 D3-D4
Niger – rzeka 132 D2; E3
Nigeria – państwo 134 DE3-DE4
Niigata 129 C4
Niihama 129 D3
Niihau – wyspa 140 I A1
Nijmegen 98-99 C2
Nikaragua – państwo 140 H10
Nikiel 103 B6, 7
Nikobary – wyspy 112-113 I12; 124-125 E8
Nikolaos 108-109 D9, 10
Nikołajewsk nad Amurem 122-123 D15, 16
Nikopol 101 D4, 5
Nikopol 108-109 C10
Nikozja 124-125 B2
Nikšić 108-109 C7
Nil – rzeka 132 D6; C6
Nil Biały – rzeka 132 D6
Nil Błękitny – rzeka 132 D6
Nîmes 105 F5, 6
Nimrud – ruiny 124-125 B3
Ningbo 126-127 F11
Ninian – pole ropy naftowej 102 A3
Niniwa – ruiny 124-125 B3
Nipigon, J. (Jezioro) 145 B5, 6
Nisz 108-109 C8
Niszapur 124-125 B4
Niterói 148 E6, 7
Nitra 98-99 D9
Nitra – rzeka 98-99 D9
Niue – teryt. zależne 154-155 F9
Nizamabad 124-125 D6
Niżniewartowsk 122-123 C9, 10
Niżny Nowogród 101 B6, 7
Niżny Tagił 122-123 D8
Nobeoka 129 D3
Noirmoutier – wyspa 105 D2
Nojima, Przyl. (Przylądek) 129 D4, 5
Nok Kundi 124-125 C5
Nong Khai 128 B3
Nong'an 129 B1
Nordfjorden – zatoka 103 C1, 2
Nordhausen 98-99 C5
Nordwik 122-123 B13
Norfolk 140 F11; 145 C7
Norfolk – teryt. zależne 154-155 G6
Norfolk – wyspa 153 C6, 7
Normanby – rzeka 155 II B1,2
Normandia – kraina hist. 105 C3-C4
Normandzkie, W-y (Wyspy) 104 G5
Norrköping 103 D4
Nort Cormorant – pole ropy naftowej 102 A2, 3
Northampton 104 E6
Northumberland, W-y (Wyspy) 155 II C2-C3
Norwegia – państwo 90-91 C5-A7
Norweskie, Morze 88-89 B4-B5; 103 C1-B3
Norwich 104 E7
Norylsk 122-123 C10
Norymberga 98-99 D5
Noteć – rzeka 98-99 B9; B8
Noto, Płw. Półwysep 129 C4
Notodden 103 D2, 3
Nottingham 104 E6
Novara 108-109 B2
Novi Pazar 108-109 C7, 8
Nw. (Nowa) Brytania – wyspa 153 A5
Nowa Fundlandia – prowincja 140 D12-E13
Nowa Fundlandia – wyspa 139 DE14, 15; 145 A9
Nowa Gwinea – wyspa 6-7 J31, 32; 153 A3-A4
Nw. (Nowa) Irlandia – wyspa 153 A4, 5
Nowa Kaledonia – teryt. zależne 154-155 G6
Nowa Kaledonia – wyspa 153 C6
Nowa Kastylia – kraina hist. 106-107 C4-B5
Nowa Łazariewska – st. badawcza 157 I BC2, 3
Nowa Południowa Walia – stan 154-155 G4-H4
Nw. (Nowa) Syberia – wyspa 122-123 B16, 17
Nowa Szkocja – prowincja 140 E12-E13
Nowa Wieś Spiska 98-99 D10
Nowa Zelandia – państwo 154-155 H6-H7
Nowa Zelandia – wyspy 153 E6-D7
Nowa Ziemia – wyspy 112-113 B7-B9; 122-123 B7-B8
Nowe Hebrydy – wyspy 153 B6-B7
Nowogród Wielki 101 B4
Nowogród Wołyński 98-99 C13, 14
Nowokazalińsk 122-123 E8
Nowokujbyszewsk 101 C7
Nowokuźnieck 122-123 D10
Nowomoskowsk 101 C5, 6
Nowomoskowsk 101 D5
Nowopołock 101 B3
Noworosyjsk 101 E5
Nowosyberyjskie, W-y (Wyspy) 112-113 B15-B18; 122-123 B15-B17
Nowosybirsk 122-123 D9, 10
Nowy Amsterdam – wyspa 6-7 M25, 26
Nowy Brunszwik – prowincja 140 E12
Nowy Jork 140 E11, 12; 145 B7, 8
Nowy Jork – stan 140 E11
Nowy Meksyk – stan 140 F8
Nowy Orlean 140 G10; 145 D5, 6
Nowy Port 122-123 C8, 9
Nowy Sad 108-109 B7
Nowy Sącz 98-99 D10
Nubijska, Pust. (Pustynia) 132 C6-D6
Nuku'alofa 154-155 G8
Nukus 122-123 E8
Nullarbor, Nizina 153 D2-D3
Numea 154-155 G6
Nunavut – prowincja 140 C7-C12
Nuoro 108-109 D2
Nura – rzeka 122-123 DE9
Nuuk 140 C14
Nyala 134 D5
Nyíregyháza 98-99 E10
Nysa – rzeka 98-99 C8
Nysa Łużycka – rzeka 98-99 C7

O

Oahu – wyspa 140 I A2
Oakland 145 C2, 3
Ob – rzeka 112-113 D11; C10; C9; 122-123 D10; C8
Obi – wyspa 128 F8
Obihiro 129 B5
Oblaczaja – góra 129 B3
Obska, Zatoka 112-113 C10-B10; 122-123 C9-B9
Ocha 122-123 D16
Ochock 122-123 D16
Ochockie, Morze 112-113 D17-E18; 122-123 D16-D17
Ochrydzkie, J. (Jezioro) 108-109 D8
Odense 103 D2, 3
Odessa 101 D4
Odin – pole gazu ziemnego 102 B3
Odra – rzeka 88-89 C6; 98-99 B7-C7, 8, 9

Ofanto – rzeka 108-109 D5
Offenbach am Main 98-99 C4
Ogaden – kraina hist. 124-125 E3
Oglio – rzeka 106-107 B4
Ohio – rzeka 139 F11; 145 C6
Ohio – stan 140 E10
Ohrza – rzeka 98-99 C6, 7
Öita 129 D3
Ojmiakon 122-123 C16
Ojos del Salado – góra 147 E4
Oka – rzeka 88-89 C9; 101 C5; B6
Okawango (Kubango) – rzeka 132 G4
Okayama 129 D3
Okha 124-125 C5
Oki, W-y 129 C3
Okinawa, W-y (Wyspy) 126-127 F12, 13; 129 I B1
Oklahoma – stan 140 F9
Oklahoma City 140 F9; 145 C4, 5
Oksford 104 F6
Okushiri – wyspa 129 B4
Ólafsvík 103 I B1
Olaine 103 D5
Olandia – wyspa 88-89 C6; 103 D4
Olbia 108-109 D2
Oldenburg 98-99 B3, 4
Oleniok 122-123 C13
Oléron – wyspa 105 E3
Olga 129 B4
Ölgij 126-127 B5
Olimp – góra 88-89 D7; 108-109 D9
Olimpia 140 E6
Olimpia – ruiny 108-109 F8
Olita 98-99 A12
Olokmińsk 122-123 C13
Olsztyn 98-99 B10
Oltenia – kraina hist. 98-99 F11
Olutorski, Przyl. (Przylądek) 122-123 C18, 19
Olympia 145 B2
Ołomuniec 98-99 D8
Ołowiannaja 122-123 D13
Ōma, Przyl. (Przylądek) 129 B5
Omaha 140 E9; 145 B5
Oman – państwo 114-115 H7-G7
Omańska, Zatoka 124-125 C4-C5
Ombrone – rzeka 108-109 C3
Omdurman 134 D5, 6
Omsk 122-123 D9
Omulew – rzeka 98-99 B10
Ōmuta 129 D3
Öndörchaan 126-127 B9
Onega, J. (Jezioro) 88-89 B8
Ono – wyspa 155 I C2
Onon – rzeka 122-123 D13; 126-127 A9
Ontario – prowincja 140 D9-D10
Ontario, J. (Jezioro) 139 E12; 145 B7
Opatija 108-109 B4, 5
Opole 98-99 C9
Oradea 98-99 E11
Orał 122-123 D7
Oran 134 B2, 3
Oranje – rzeka 132 H4
Orcadas – st. badawcza 157 I C32
Orchon – rzeka 126-127 B7
Ordos – wyżyna 126-127 D8-D9
Örebro 103 D3
Oregon – stan 140 E6-E7
Orenburg 122-123 D7
Orense 106-107 A3
Orfańska, Zat. (Zatoka) 108-109 D9, 10
Orgiejów 98-99 E14
Orihuela 106-107 C6
Orinoko – rzeka 147 B4
Orinoko, Nizina 147 B3-B4
Oristano 108-109 E2
Orizaba – góra 139 H10; 145 E5
Orkady – wyspy 88-89 C4, 5; 104 B5
Orkady Pd. (Południowe) – wyspy 6-7 P13, 14; 157 I DC32
Orlando 145 D6, 7
Orlean 105 CD4, 5
Orleania – kraina hist. 105 D4-D5
Ormuz, Cieśn. (Cieśnina) 124-125 C4
Örnsköldsvik 103 C4
Orohena – góra 155 III B1,2
Orsk 122-123 D7, 8
Orsza 101 C4
Orszowa 98-99 F10
Ortles – góra 108-109 A3
Oruro 148 D4
Orvieto 108-109 C3, 4
Orzeł 101 C5
Osaka 129 D4
Oseberg – pole gazu ziemnego 102 A3
Ōshima – wyspa 129 B4
Osijek 108-109 B7
Oskemen 122-123 D10
Oslo 103 D3
Oslofjorden – zatoka 103 D3
Osnabrück 98-99 B4
Ostenda 105 B5
Östersund 103 C3, 4
Ostia 108-109 D4
Ostiglia 108-109 B3
Ostrawa 98-99 D9
Ostróg 98-99 C13
Ostrów Wielkopolski 98-99 C8, 9
Osumi, W-y (Wyspy) 129 D3
Otaru 129 B5
Otranto 108-109 D7
Otranto, Cieśnina 108-109 D7-E7
Ottawa 140 E10, 11; 145 B7
Ou – rzeka 128 A3
Ouessant 105 C1
Oulu 103 B6
Oulu – rzeka 103 C6
Oulu, J. (Jezioro) 103 C6
Ovalau – wyspa 155 I B2
Oviedo 106-107 A3, 4
Owcze, W-y (Wyspy) 88-89 B4
Owernia – kraina hist. 105 E5
Oxelösund 103 D4

P

Pad – rzeka 88-89 D5, 6; 108-109 B1; B2; B3
Padang 128 F2, 3
Padańska, Nizina 88-89 D5-D6; 108-109 B2-B4
Paderborn 98-99 C4
Padwa 108-109 B3, 4
Pag – wyspa 108-109 B5
Pagai, W-y (Wyspy)128 F2, 3
Pagalu – wyspa 132 F3
Pago Pago 154-155 F8,9
Päijänne, J. (Jezioro) 103 C6
Paitou – kraina hist. 105 D3
Pájara 106-107 I A3, 4
Pakanbaru 128 E3
Pakistan – państwo 114-115 G8-F9
Pakokku 124-125 C8
Palagruža – wyspa 108-109 C6
Palanpur 124-125 C6
Palau – państwo 154-155 D3
Palau, W-y (Wyspy) 112-113 I16
Palawan – wyspa 112-113 IH14; 128 D6-C6
Palembang 128 F3, 4
Palencia 106-107 B4
Palermo 108-109 E4
Palikir 154-155 D6
Palk, Cieśn. (Cieśnina) 124-125 E6-D7
Palma – wyspa 106-107 I A2
Palma de Mallorca 106-107 C8
Palmas 148 CD6
Palmer – st. badawcza 157 I C30
Palmyra – ruiny 124-125 B2
Palmyra – wyspa 154-155 D9
Palopo 128 F6, 7
Palos, Przyl. (Przylądek) 106-107 D6
Palos de la Frontera 106-107 D3
Palu 128 F7
Pałana 122-123 D18
Pamir – góry 112-113 F10
Pampa – region 147 F4-F5
Pampeluna 106-107 A5, 6
Panama 140 I11
Panama – państwo 140 I10-I11
Panamska, Zat. (Zatoka) 147 B2, 3
Panamski, Kan. (Kanał) 147 AB2, 3
Panay – wyspa 128 C7
Pančevo 108-109 B8
Pandżim 124-125 D6
Pangkalpinang 128 F4
Panshi 129 B2
Paola 108-109 E5, 6
Papeete 154-155 F11
Papenoo 155 III A2
Papenoo – rzeka 155 III B2
Papua Nowa Gwinea – państwo 154-155 E4
Papuk – góry 98-99 F8
Pará – stan 148 C5-C6
Paracelskie, W-y (Wyspy) 112-113 H14; 128 B5
Paragwaj – państwo 148 E4-E5
Paraíba – stan 148 C7
Paramaribo 148 B5, 6
Paraná 148 F4, 5
Parana – rzeka 147 E5; E4, 5
Parana – stan 148 E5-E6
Pardubice 98-99 C7, 8
Parepare 128 F6
Pariñas, Przyl. (Przylądek) 147 C2
Parma 108-109 B2, 3
Parnas – góry 108-109 E9
Parnawa 103 D5
Paros – wyspa 108-109 F10
Parryego, W-y (Wyspy) 139 B7-B10
Partyzańsk 129 B3
Paryski, Basen – kraina 105 C4-C5
Paryż 105 C5
Pasawa 98-99 D6
Pascani 98-99 E13
Pasmo Stanowe – góry 112-113 D15-D16; 122-123 D14-D15
Pasni 124-125 C5
Passero, Przyl. (Przylądek) 108-109 F5
Pasto 148 B3
Patagonia – region 147 H3-GF4
Patan 126-127 F4
Patkaj – góry 124-125 C8
Patna 126-127 F3, 4
Patras 108-109 E8
Patraska, Zat. (Zatoka) 108-109 E8
Pau 105 F3
Pawłodar 122-123 D9
Pazardżik 108-109 C9, 10
Peace – rzeka 139 D8; 145 A3
Pecz 98-99 EF9
Peczora – rzeka 88-89 B10
Peć 108-109 C8
Pegu 124-125 D8
Pejpus, J. (Jezioro) 88-89 C7; 101 B3
Pekin 126-127 C9, 10
Pektu-san – góra 129 B2
Peleng – wyspa 128 F7
Pelješac – wyspa 108-109 C6
Peloponez – półwysep 88-89 E7; 108-109 E8-F9
Pematangsiantar 128 E2, 3
Pembroke 102 C1, 2
Peña Nevada – góra 145 D5
Peñalara – góra 106-107 B5
Peñarroya – góra 106-107 B6
Peñarroya-Pueblonuevo 106-107 C4
Peñas, Przyl. (Przylądek) 105-107 A3, 4
Pendżab – kraina hist. 124-125 B6
Pennińskie, Góry 88-89 C4; 104 D5-E6
Pensylwania – stan 140 E11
Penza 101 C7
Perdu – góra 106-107 A6, 7
Pergamon – ruiny 124-125 B1
Périgueux 105 E4
Perm 122-123 D7
Pernambuco – stan 148 C6-C7
Pernik 108-109 C9
Perpignan 105 F5
Persepolis – ruiny 124-125 C4
Perska, Zat. (Zatoka) 112-113 G7-G8; 124-125 C4
Perth 154-155 H1
Peru – państwo 148 C3-D3
Perugia 108-109 C4
Peruwiański, Basen 6-7 K7-K9
Pesaro 108-109 C4
Pescara 108-109 C5
Peskadory – wyspy 126-127 G10-G11
Peszawar 124-125 B5, 6
Petersburg 101 AB4
Petra – ruiny 124-125 B2
Petricz 108-109 D9
Petropawłowsk Kamczacki 122-123 D17
Petroszany 98-99 F11
Pietrozawodzk 122-123 C5
Pewek 122-123 C18
Phan Rang 128 C4, 5
Phan Thiet 128 C4
Phenian 129 C1, 2
Phnom Penh 128 C3, 4
Phoenix 140 F7, 8; 145 C3, 4
Phohang 129 C2, 3
Phongsali 128 A3
Phou Bia – góra 128 B3
Phuket 128 D2
Piacenza 108-109 B2
Piandż – rzeka 124-125 B6
Piaoziero, J. (Jezioro) 103 B7
Piatigorsk 101 E6
Piatra-Neamt 98-99 E13
Piauí – stan 148 C6
Piawa – rzeka 108-109 A4
Pic de'Anie – góra 105 F3
Pico de Aneto – góra 88-89 D5; 106-107 A7
Pico de las Nieves – góra 106-107 I AB3
Pico de Teide – góra 132 C1; 106-107 I A2
Pidurutalagala 124-125 E7
Pieczenga 103 B7
Pielinen, J. (Jezioro) 103 C6
Piemont – kraina hist. 108-109 B1
Pierre 140 E9; 145 B5
Pieszczany 98-99 D8, 9
Pietarsaari 103 C5
Pik Lenina – góra 122-123 F9
Pik Pobiedy – góra 112-113 E10, 11; 122-123 E9, 10
Pikardia – kraina hist. 105 C4-B5
Pilica – rzeka 98-99 C10
Pilos 108-109 F8
Pilzno 98-99 D6
Piła 98-99 B8
Pinang 128 D2
Pindos – góry 88-89 E7; 108-109 D8-E8
Pingxiang 126-127 F9, 10
Pingxiang 126-127 G8
Pińsk 98-99 B12
Piombino 108-109 C2, 3
Piotra I, W. (Wyspa) 157 I C27
Piotra Wielkiego, Zatoka 129 B3
Piotrków Trybunalski 98-99 C9
Piper – pole gazu ziemnego 102 B2, 3
Pirdop 108-109 C10
Pireneje – góry 88-89 D4-D5; 105 F3-F5; 106-107 A6-A8
Pireus 108-109 E9
Pirgos 108-109 F8
Pirin – góry 108-109 D9
Pirot 108-109 C9
Pistoia 108-109 B3
Pitcairn – teryt. zależne 154-155 G13
Pitesti 98-99 F12
Pithio 108-109 D11
Pittsburgh 145 C6, 7
Piura 148 C2
Piza 108-109 C3
Pizzo 108-109 E5, 6
Placid – pole gazu ziemnego 102 C3
Plauen 98-99 C5, 6
Plewen 108-109 C10
Ploče 108-109 C6
Ploeszti 98-99 F13
Plymouth 104 F5
Płock 98-99 B9, 10
Płowdiw 108-109 C10
Płycz – rzeka 98-99 B14
Pobieda – góra 112-113 C17, 18; 122-123 C16
Poczdam 98-99 B6
Podgorica 108-109 C7
Podkamienna Tunguzka – rzeka 122-123 CD11
Podlasie – kraina hist. 98-99 B11
Podole – wyżyna 88-89 D7; 98-99 D11-D14
Pogórze Kazaskie 112-113 E10-E11
Pohaj, Zat. (Zatoka) 126-127 D10-D11
Poinsett, Przyl. (Przylądek) 157 I C12
Pointe Noire 134 F3, 4
Poitiers 105 D3, 4
Pojang, J. (Jezioro) 126-127 F9, 10
Polarny, Płaskowyż 157 I A32-A11
Polesie – nizina 88-89 C7-C8; 98-99 B12-B14
Polesie Wołyńskie – nizina 98-99 C12-C13
Polesie Żytomierskie – nizina 98-99 C14
Polinezja – wyspy 6-7 H1-L4, I36-K36; 154-155 B8-G12
Polinezja Francuska – teryt. zależne 154-155 F11-G12
Pollino – góra 108-109 E6
Polska – państwo 90-91 C6-C7
Polska, Nizina 88-89 C6-C7; 98-99 B7-B11
Połabska, Nizina 98-99 C6-C7
Połtawa 101 D4
Południowa, W. (Wyspa) 153 E5, 6
Południowoantylski, Basen 157 I D32-D33
Południowoatlantycki, Grzbiet 6-7 J16-O17
Południowochińskie, Góry 112-113 G13-G14; 126-127 G8-F11
Południowochińskie, Morze 112-113 I13-G14; 129 D4-B6
Południowopacyficzny, Basen 6-7 L3-N5
Południowo-Wschodni, Przyl. (Przylądek) 153 E4
Pd.-Zach. (Południowo-Zachodnie), W-y (Wyspy) 128 G8
Południowy, Kanał 105 F4, 5
Południowy, Przyl. (Przylądek) 153 E6
Pomorska, Zat. (Zatoka) 98-99 A7
Pomorskie, Pojezierze 98-99 B7-A8
Pomorze – kraina hist. 98-99 B7-A8
Pompeje – ruiny 108-109 D5
Poniewież 103 D5, 6
Pontevedra 106-107 A2
Pontianak 128 E4
Pontyjskie, Góry 112-113 E6-E7; 101 E4-E6
Popocatépetl – góra 139 H9, 10; 145 D5
Poprad – rzeka 98-99 D10
Pori 103 C5
Porsangen – zatoka 103 A6
Port Augusta 153 D3, 4, H3
Port-Au-Prince 140 H11; 145 E7
Port Blair 124-125 D8
Port Elizabeth 134 I5
Port Harcourt 134 E3
Port Hedland 154-155 FG1
Port Moresby 154-155 E4, 5
Port Said 134 B6
Port Sudan 134 D6
Port Vila 154-155 F6
Portland 140 E6, 7; 145 B2
Portland 145 B8
Porto 106-107 B2
Porto Alegre 148 EF5, 6
Porto Novo 134 E3
Porto-Vecchio 108-109 D2
Porto Velho 148 C4
Portoryko – teryt. zależne 140 H11
Portoryko – wyspa 139 H13; 145 E8
Portsmouth 104 F6
Portugalia – państwo 90-91 E4-D4
Porvoo 103 C6
Postojna 98-99 F7
Potenza 108-109 D5, 6
Potosí 148 E4
Poznań 98-99 B8
Północna, W. (Wyspa) 153 D7, 8
Północne, Morze 88-89 C5; 102 B3-B4
Północnoamerykański, Basen 6-7 F11-F13
Północnoatlantycki, Grzbiet 6-7 D15-I14
Północnofryzyjskie, W-y (Wyspy) 98-99 A4
Północnopacyficzny, Basen 6-7 F2-H4
Północnosyberyjska, Nizina 122-123 B10-B14
Północno-Zachodni, Basen 6-7 E33-F34
Północny, Kanał – cieśnina 104 D3-D4
Północny, Przyl. (Przylądek) 88-89 B7, 8; 103 A6
Północny, Przyl. (Przylądek) 153 D7
Praga 98-99 C7
Pratas, W-y (Wyspy) 126-127 G10
Prato 108-109 C3
Prespa, J. (Jezioro) 108-109 D8
Preston 104 E5
Preszów 98-99 D10
Pretoria 134 H5, 6
Préweza 108-109 E8
Prilep 108-109 D8
Prince Rupert 140 D5; 145 A1
Prisztina 108-109 C8
Prizren 108-109 C8
Prokletije – góry 108-109 C7-C8
Prome 124-125 D8
Proserpine 155 II C2
Prosna – rzeka 98-99 BC8, 9
Providence 140 E11, 12; 145 B7, 8
Prowansja – kraina hist. 105 F6-F7
Prowidienija 122-123 C20
Prut – rzeka 88-89 D7; 98-99 D12; E13; F14
Prypeć – rzeka 88-89 C7; 98-99 C12; B13; B14; C14
Przemyśl 98-99 D11
Przylądkowe, G. (Góry) 132 I4-I5
Psiloritis – góra 108-109 G10
Pskowskie, J. (Jezioro) 103 D6
Psków 101 B3
Puebla 140 G9; 145 E5
Pueblo 145 C4
Puerto Montt 148 G3
Puerto Princesa 128 D6, 7
Puerto del Rosario 106-107 I A4
Puigmal – góra 105 F5
Pukhan – rzeka 129 C2
Pula 108-109 B4
Pulog – góra 128 B7
Puna 124-125 D6
Punaauia 155 III B1
Punaruu – rzeka 155 III B1
Puncak Jaya – góra 153 A3
Puno 148 D3, 4
Punta Arenas 148 H3
Pusan 129 C2
Puszkin 101 B3, 4
Putao 124-125 C8
Puting, Przyl. (Przylądek) 128 F5
Puy de Dôme – góra 105 E5
Puy de Sancy – góra 105 E5
Pyhäselkä, J. (Jezioro) 103 C6, 7

Q

Qamdo 126-127 E6
Qiemo 126-127 D4
Qingdao 126-127 D11
Qiqihar 126-127 B11, 12
Quebec 140 E11; 145 B7
Quebec – prowincja 140 D11-D12
Queensland – stan 154-155 F4-G5
Quelimane 134 G6, 7
Quezon City 128 B7
Qui Nhon 128 C4, 5
Quimper 105 C1
Quito 148 BC2, 3

R

Raahe 103 C5
Rab – wyspa 108-109 B5
Raba – rzeka 98-99 E8
Rabat 134 B1, 2
Race, Przyl. (Przylądek) 139 E14, 15; 145 B9
Racibórz 98-99 CD8, 9
Radom 98-99 C10
Radomir 108-109 C9
Radowce 98-99 E12, 13
Radżkot 124-125 C6
Radższahi 124-125 C7
Radżang – rzeka 128 E5
Ragusa 108-109 F5
Rajpur 124-125 C7
Raleigh 140 F11
Rambi – wyspa 155 I B2,3
Ramelau – góra 128 G8
Rańći 124-125 C7
Rangpur 124-125 C7
Rangun 124-125 D8
Ranong 128 CD2, 3
Rantekombola – góra 128 F6, 7
Rapallo 108-109 B2
Ras Daszan – góra 132 D6
Ras Tanura 125 II B2
Rathenow 98-99 B5, 6
Ratyzbona 98-99 D5
Rauma 103 C5
Rawalpindi 124-125 B6
Rawenna 108-109 B4
Raya – góra 128 F5
Razgrad 108-109 C10, 11
Ré – wyspa 105 D3
Rebun – wyspa 129 A5
Recife 148 C7
Recklinghausen 98-99 C3
Red – rzeka 139 F10
Reggio di Calabria 108-109 E5, 6
Reggio nell'Emilia 108-109 B3
Regina 140 D8; 145 A4
Reims 105 C6
Ren – rzeka 88-89 D5 C5; 98-99 E4, D4, C2
Reni 98-99 F14
Reniferowe. J. (Jezioro) 145 A4
Rennes 105 C3
Reno 140 E6, 7; 145 C3
Reno – rzeka 108-109 B3
Republika Południowej Afryki – państwo 134 HI4-I5
Republika Środkowoafrykańska – państwo 134 E4-E5
Resistencia 148 E4, 5
Reşiţa 98-99 F10
Reszt 124-125 B3, 4
Réthimno 108-109 G10
Reunion – wyspa 6-7 L23
Reus 106-107 B7
Revilla Gigedo, W-y (Wyspy) 139 GH8, 9; 145 E3, 4
Rewa – rzeka 155 I B2
Rewolucji Październikowej, W. (Wyspa) B10, 11
Reykjavík 103 I B1
Rezaije 124-125 B3
Rhimjar Khan 124-125 C6
Rhode Island – stan 140 E11
Riau, W-y (Wyspy) 128 E3, 4
Riazań 101 C5, 6
Richards Bay 134 H6
Richmond 140 F10, 11; 145 C7
Ridżan 134 C2
Riesa 98-99 C6
Rieti 108-109 C4
Rif – góry 88-89 E4
Rihand – rzeka 126-127 G3
Rijeka 108-109 B5
Riła – góry 108-109 D9-C9
Rimini 108-109 B4
Rîmnicu Srat 98-99 F13
Rîmnicu Vîlcea 98-99 F11, 12
Ringgold, W-y (Wyspy) 155 I A3-B3
Rio Branco 148 C4
Rio Bravo del Norte (Rio Grande) – rzeka 139 FG9; 145 CD4
Rio de Janeiro 148 E6, 7
Rio de Janeiro – stan 148 E6
Rio Grande 148 F5, 6
Rio Grande (Rio Bravo del Norte) – rzeka 139 FG9; 145 CD4
Rio Grande do Norte – stan 148 C7
Rio Grande do Sul – stan 148 E5-F5
Rio Negro – rzeka 147 BC4
Rishiri – wyspa 129 A5
Riukiu, Wyspy 112-113 G15-G16; 126-127 F11-E12; 129 I B1-A1
Rize 101 E6
Rjukan 103 CD2
Roca, Przyl. (Przylądek) 88-89 E3, 4; 106-107 C2
Rocas – wyspa 147 C7
Rochefort 105 DE3
Rockall – wyspa 88-89 C3
Rockhampton 154-155 G5
Rodan – rzeka 88-89 D5; 105 D7; E6
Rodanu, Rów – kraina 105 E6
Rodopy – góry 88-89 D7; 108-109 D9-D10
Rodos 108-109 F12
Rodos – wyspa 88-89 E7; 108-109 F11
Roman 98-99 E13
Rondônia – stan 148 D4
Roniu – góra 155 III B2
Rønne 98-99 A7
Roraima – stan 148 B4-B5
Rosario 148 F4
Rosenheim 98-99 E6
Rosiori de Vede 98-99 F12
Rosja – państwo 90-91 C8-C12; 114-115 C8-C14
Rossa, Lodowiec Szelfowy 157 I A22-A18
Rossa, Morze 157 I C20-B18
Rostock 98-99 A6
Rostów nad Donem 101 D5, 6
Rosyjska FSRR 123 I
Rothera – st. badawcza 157 I C29, 30
Rotterdam 98-99 C2
Roubaix 105 B5
Rouen 105 C4
Rovaniemi 103 B5, 6
Rožňava 98-99 D9, 10
Roztocze – wyżyna 98-99 CD11
Równe 98-99 C13
Równiny Centralne 139 E10-F11; 145 B5-C6
Rtanj – góra 108-109 C8
Rudawy – góry 98-99 C6
Rudnaja Pristań 129 B4
Rudolfa, J. (Jezioro) (Turkana, J.) 132 E6
Rugia – wyspa 98-99 A6, 7
Ruhra – rzeka 98-99 C3, 4
Ruhry, Z. (Zagłębie) 98-99 C3
Rumunia – państwo 90-91 D7
Ruoqiang 126-127 D4
Rurkela 124-125 C7
Ruse 108-109 C11
Rustawi 101 E6, 7
Ruwenzori – góra 132 E5
Rwanda – państwo 134 F6
Rybacki, Płw. (Półwysep) 103 B7
Rybińsk 101 B5, 6
Rybińskie, Zb. (Zbiornik) 122-123 D5; 101 B5
Rybnica 98-99 E14
Ryga 101 B2, 3
Ryska, Zatoka 103 D5
Rz. (Rzeka) Czerwona – rzeka 112-113 G13; 126-127 G7
Rzeka Żółta (Huang-he) – rzeka 112-113 F14; 126-127 E6, 7 D9
Rzeszów 98-99 C11
Rzeżyca 103 D6
Rzym 108-109 D4
Rżew 101 B4

S

Saalfeld 98-99 C5
Saara – kraina hist. 98-99 D3
Saarbrücken 98-99 D3
Saary, Zagłębie 105 C7
Saba – ruiny 124-125 D3
Šabac 108-109 B7
Sabadell 106-107 B8
Sabaudia – kraina hist. 105 E7
Sabha 134 C4
Sabja 124-125 D3
Sachalin – wyspa 112-113 E17; 122-123 E16
Sacramento 140 F6; 145 C2, 3
Sada 124-125 D3
Sadija 124-125 C8
Sado – wyspa 129 C4
Safadża 124-125 C2
Safakis 134 B4
Sagami, Zat. (Zatoka) 129 CD4
Sagar 124-125 C6
Sagra – góra 106-107 D5
Sagunto 106-107 C6, 7
Sahara – pustynia 132 C1-C5
Sahara Zachodnia – państwo 134 C1
Sahel – kraina 132 D2-D5
Saimaa, J. (Jezioro) 103 C6
St (Saint)-Brieuc 105 C2
St. (Saint) Kitts i Nevis – państwo 148 A4, 5
St. (Saint)-Étienne 105 E5, 6
St. (Saint) John 145 B8
St. (Saint) John's 140 E13, 14; 145 B9
Saint Lawrence 155 II C2
Saint Louis 140 F9, 10; 145 C5, 6
St. (Saint) Lucia – państwo 148 A4, 5
St (Saint)-Malo 105 C3
St (Saint)-Malo, Zat. (Zatoka) 105 C2, 3
St (Saint)-Nazaire 105 D2
St. (Saint) Paul 140 E9; 145 B5
St. (Saint) Paul – wyspa 6-7 M25
St (Saint)-Pierre 145 B9
Saint Pierre i Miquelon – teryt. zależne 140 E13
St (Saint)-Pierre i Miquelon – wyspy 145 B9
St (Saint)-Quentin 105 C5
St. (Saint) Vincent i Grenadyny – państwo 148 A4
Sainte Marie, Przyl. (Przylądek) 132 H7
Sajama – góra 147 D4
Sajany – góry 112-113 D11-D13; 122-123 D11
Sajda 124 I B1
Sajhut 124-125 D4
Sajnszand 126-127 C8
Sakarya 101 E4
Sakarya – rzeka 101 E4
Sakata 129 C4
Sakishima, W-y (Wyspy) 126-127 G11-G12
Saksonia – kraina hist. 98-99 C6
Sala y Gómez – wyspa 6-7 L7, 8
Salala 124-125 D4
Salamanka 106-107 B3, 4
Salechard 122-123 C8, 9
Salem 140 E6, 7; 145 B2
Salentyński, Płw. (Półwysep) 108-109 D6-E7
Salerno 108-109 D5
Salgótarján 98-99 D9, 10
Salomona, W-y (Wyspy) 153 A5-A6
Salomona, W-y (Wyspy) – państwo 154-155 E5-F6
Saloniki 108-109 D9
Salonta 98-99 E10
Salt Lake City 140 E7, 8; 145 B3, 4
Salta 148 E4
Saluin – rzeka 112-113 F12; 126-127 E5; G6
Salvador 148 D7
Salwador – państwo 140 H9-H10
Salzach – rzeka 98-99 E6; DE6
Salzburg 98-99 E6
Salzgitter 98-99 B5
Salzwedel 98-99 B5
Sama de Langreo 106-107 A4
Samar – wyspa 128 C8
Samara 122-123 D7
Samaria – kraina hist. 124 I B1

Samarinda 128 F6
Samarkanda 122-123 F8
Samarra 124-125 B3
Samarski, Zb. (Zbiornik) 88-89 C9, 10; 101 C7
Sambalpur 124-125 C7
Sambor 98-99 D11
Samburg 122-123 C9, 10
Samczhok 129 C2, 3
Samoa Amerykańskie – teryt. zależne 154-155 F8, 9
Samoa – państwo 154-155 F8
Samoa – wyspy 154-155 F8
Samos – wyspa 108-109 F11
Samosz – rzeka 98-99 DE11
Samoszu, Wyż. (Wyżyna) 98-99 E11
Samotraka – wyspa 108-109 D10
Sampit 128 F5
Samsun 124-125 A2
San Ambrosio – wyspa 147 E3
San Antonio 140 G8, 9; 145 CD4, 5
San Bernardino 145 C3
San Carlos De Bariloche 148 G3, 4
San Cristóbal 148 B3, 4
San Diego 140 F6, 7; 145 C2, 3
San Félix – wyspa 147 E2
San Fernando 128 B6, 7
San Francisco 140 F6; 145 C2
San Jorge, Zat. (Zatoka) 147 G4
San José 140 I10; 145 C2
San Juan 140 H12
San Luis Potosí 140 G8, 9; 145 D4
San Marino 108-109 C4
San Marino – państwo 90-91 D6
San Matias, Zat. (Zatoka) 147 G4, 5
San Remo 108-109 C1, 2
San Salvador 140 H9, 10
San Sebastian 106-107 A5
San Sebastian de la Gomera 106-107 I AB2
San Severo 108-109 D5
San Valentín – góra 147 G3
Sana 124-125 D3
Sanandadż 124-125 B3
Sandakan 128 D6
Sandomierska, Kotlina 98-99 C10-C11
Sandwich Pd. (Południowy) – wyspy 6-7 O14, 15; 157 I D34
Sangihe, W-y (Wyspy) 128 E8
Sangli 124-125 D6
St. (Sankt) Gallen 98-99 E4
St. (Sankt) Moritz 98-99 E4
St. (Sankt) Pölten 98-99 D7
Sanok 98-99 D11
Santa Catarina – stan 148 E5-E6
Santa Cruz 148 D4, 5
St. (Santa) Cruz, W-y (Wyspy) 153 B6
Santa Cruz de la Palma 106-107 I A2
Santa Cruz de Tenerife 106-107 I A2, 3
Santa Fe 140 F8; 145 C4
Santa Fe 148 F4, 5
Santa Lucia de Tirajana I 106-107 B3
Santa Maria 148 E5
Santa Maria di Leuca, Przyl. (Przylądek) 108-109 E7
Santa Marta 148 A3
Santander 106-107 A4, 5
Santar Chajata – góry 122-123 C15-C16
Santarém 106-107 C2
Santarém 148 C5
Santiago 148 F3
Santiago de Compostela 106-107 A2
Säntis – góra 98-99 E4
Santo Domingo 140 H11, 12; 145 E8
Santoryn (Thira) – wyspa 108-109 F10
Santos 148 E6
São Francisco – rzeka 147 C6, 7
São Luís 148 C6
São Paulo 148 E5, 6
São Paulo – stan 148 E5-E6
São Tomé 134 E3
Saona – rzeka 105 D6
Sapporo 129 B5
Saragossa 106-107 B6
Sarajewo 108-109 C7
Sarańsk 101 C7
Saratowski, Zb. (Zbiornik) 101 C7
Saratów 101 C6, 7
Sarawan 124-125 C5
Sardynia – wyspa 88-89 E5; 108-109 E2-D2
Sarema – wyspa 88-89 C7; 103 D5
Sargassowe, Morze 139 F13-G12, 13
Sari 124-125 B4
Saria – wyspa 108-109 G11
Sarpsborg 103 D3
Sary Iszyk Otrau, Pust. (Pustynia) 122-123 E9
Sasebo 129 D2
Saskatchewan – prowincja 140 D7-D8
Saskatchewan – rzeka 139 D9
Saskatoon 140 D8; 145 A4
Sassari 108-109 D2
Sassnitz 98-99 A6, 7
Sata, Przyl. (Przylądek) 129 D2, 3
Satpura – góry 124-125 C6
Satu Mare 98-99 E11
Sauhadż 124-125 C1, 2
Sault Ste (Saint) Marie 145 B6
Savannah 145 C6, 7
Savona 108-109 B2
Savusavu 155 I B2
Sawa – rzeka 88-89 D6; 98-99 EF7; F8; F9, 10
Sawannakhet 128 B3, 4
Sawu, W-y (Wyspy) 128 H7
Schouwen – wyspa 105 B5
Schwanera, G. (Góry) 128 F5
Schwarzwald – góry 98-99 E3-D4
Schwechat 98-99 D8
Schwedt 98-99 B6, 7
Schweinfurt 98-99 C5
Schwerin 98-99 B5
Scilly, W-y (Wyspy) 104 G3
Scott – st. badawcza 157 I B17
Scotta, W. (Wyspa) 157 I C19, 18
Seattle 140 E6; 145 B2
Segedyn 98-99 E10
Segovia 106-107 B4, 5
Segre – rzeka 106-107 B7
Segura – rzeka 106-107 C6
Seikan, Tunel 129 B4, 5
Seila 124-125 D3
Sekwana – rzeka 88-89 D5; 105 C5; C4
Sekwany, Zatoka 105 C3
Selam 124-125 D6
Selatan, Przyl. (Przylądek) 128 F5
Selayar – wyspa 128 G7
Sele – rzeka 108-109 D5
Selenga – rzeka 122-123 E12; D12; 126-127 B7
Selenica 108-109 D7, 8
Sellafield 104 D5
Semani – rzeka 108-109 D7
Semarang 128 G4, 5
Semej 122-123 D9
Semeru – góra 112-113 J14
Semmering, Przeł. (Przełęcz) 98-99 E7
Semnan 124-125 B4
Sendai 129 C5
Senegal – państwo 134 D1
Senegal – rzeka 132 D1
Senj 108-109 B5
Sept-Îles 145 A8
Seram – wyspa 112-113 J15; 128 F8
Serbia – kraina hist. 108-109 B7-C8
Seres 108-109 D9
Seret – rzeka 98-99 D12
Seret – rzeka 101 D3; 98-99 D12; E13; F13
Sergipe – stan 148 D7
Seszele – państwo 134 G7-F7
Seszele – wyspy 6-7 J23
Sète 105 F5
Setúbal 106-107 C2
Seul 129 C2
Severn – rzeka 104 F5
Sewan, J. (Jezioro) 124-125 A3
Sewastopol 101 E4
Sewenny – góry 105 F5-E5
Sewilla 106-107 D3
Sfîntu Gheorghe 98-99 F12
Shaba (Katanga) – kraina 132 F5
Shache 126-127 D2
Shantou 126-127 G10
Shaoyang 126-127 F8, 9
Sheffield 104 E6
Shell Haven 102 C3
Shenyang 126-127 C11
Shijazhuang 126-127 D9, 10
Shimonoseki 129 D2, 3
Shiono, Przyl. (Przylądek) 129 D4
Shiping 126-127 G7
Shiquanhe 126-127 E3
Shizuoka 129 C4
Shreveport 145 C5
Shrewsbury 104 E5
Shuangcheng 129 A2
Siberut – wyspa 128 F2
Sibi 124-125 C5
Sibolga 128 E2
Sibu 128 E5
Sichote Aliń – góry 112-113 E16; 122-123 D15-E15
Si-ciang – rzeka 126-127 G8, 9
Sidi-bu-l-Abbas 106-107 E6
Siedlce 98-99 B10, 11
Siedmiogród – kraina hist. 98-99 E11-E12
Siegen 98-99 C4
Siena 108-109 C3
Siergijew 101 B5
Sierow 122-123 CD8
Sierpuchow 101 BC5
Sierra Leone – państwo 134 E1
Sierra Madre Wsch. (Wschodnia) – góry 145 D4-D5
Sierra Madre Zachodnia – góry 145 D4
Sierra Morena – góry 106-107 C3-C5
Sierra Nevada – góry 106-107 D5
Siewierodonieck 101 D5, 6
Siewierodwińsk 122-123 C5
Sighisoara 98-99 E
Siglufjördur 103 I A2
Signy I – st. badawcza 157 I DC32
Sikoku – wyspa 112-113 F16; 129 D3
Sil – rzeka 106-107 A3
Silistra 108-109 BC11
Siljan, J. (Jezioro) 103 C3, 4
Simeulue – wyspa 128 E2
Simplon, Przeł. (Przełęcz) 98-99 E4
Sinczhang 129 B2
Sindi 103 D5, 6
Sines 106-107 CD2
Singapur 128 E3, 4
Singapur – państwo 128 E3, 4
Singatoka 155 I C1
Sinop 101 E5
Sinyidzu 129 B1, 2
Sionna – rzeka 104 E2
Siping 126-127 C11, 12
Sipora – wyspa 128 F2
Sirino – góra 108-109 D5
Siros – wyspa 108-109 F10
Sisak 108-109 B6
Sitia 108-109 G11
Sittwe 124-125 C8
Sivas 124-125 B2
Sjó – rzeka 98-99 E9
Skagerrak – cieśnina 88-89 C5; 103 D2-D3
Skaliste, Góry 139 D7-F9; 145 A2-C4
Skandynawski, Półwysep 88-89 C6-B7
Skandynawskie, Góry 88-89 C5-B7; 103 C2-B5
Skellefte – rzeka 103 B4
Skellefteå 103 C4, 5
Skiros – wyspa 108-109 E10
Skopje 108-109 D8
Skoworodino 122-123 D14
Skye – wyspa 104 C3
Slavonski Brod 108-109 B6
Slawonia – kraina hist. 108-109 B6-B7
Sliwen 108-109 C11
Słowacja – państwo 90-91 D6-D7
Słowenia – państwo 90-91 D6
Słowiańsk 101 D5
Słucz – rzeka 98-99 C13
Słupsk 98-99 A8
Smallwood, Zb. (Zbiornik) 145 A8, 9
Smocze, G. (Góry) 132 I5-H6
Smoleńsk 101 BC4
Smoleńsko-Moskiewska, Grzęda – wyżyna 101 C4-B5
Smolikas – góra 108-109 DE8
Snøhetta – góra 103 C2
Snorre – pole ropy naftowej 102 A3
Snowdon – góra 104 E4, 5
Sobradinho, Zb. (Zbiornik) 147 C6
Socza – rzeka 98-99 E6
Soczi 101 E5
Södertälje 103 D4
Sofia 108-109 C9
Sognefjorden – zatoka 103 C1, 2
Sokotra – wyspa 112-113 H8; 124-125 D4
Soligorsk 98-99 B13
Solingen 98-99 C3
Solo – rzeka 128 G5
Soława – rzeka 98-99 C5
Somalia – państwo 134 E7-D8
Somalijska, Wyżyna 132 E7-D7; 124-125 D3-E3, 4
Somalijski, Płw. (Półwysep) 124-125 E3; 132 E7-D8
Sombor 108-109 B7
Somerset – wyspa 139 B10, 11
Somma – rzeka 105 C5
Somosomo, Cieśn. (Cieśnina) 155 I B2-B3
Somport, Przeł. (Przełęcz) 105 F3
Sondrio 108-109 A2, 3
Songkhla 128 D3
Songnim 129 C2
Sopron 98-99 E8
Sorak-san – góra 129 C2
Soria 106-107 B5
Soroki 98-99 D13, 14
Sørøy – wyspa 103 A5
Sorsele 103 B4
Sortawala 103 C6, 7
Sosan 129 C2
Southampton 104 F5, 6
Southampton – wyspa 139 C11, 12
Southend-on-Sea 104 F7
Sovata 98-99 E12
Sowieck 98-99 A10, 11
Sowiecka Gawań 122-123 E15, 16
Soya, Przyl. (Przylądek) 129 A5
Sparta 108-109 F9
Spartly, W-y (Wyspy) 128 D5
Spassk-Dalnyj 129 B3
Spitsbergen, Zach. (Zachodni) – wyspa 122-123 B2-B3
Spittal 98-99 E6
Split 108-109 C6
Splügen, Przeł. (Przełęcz) 98-99 E4
Spokane 145 B3
Spokojny, Ocean 6-7 F4-O6; D34-O36
Sporady – wyspy 108-109 F11
Sporady Północne – wyspy 108-109 E9-E10
Sprewa – rzeka 98-99 C6, 7
Springfield 140 F10; 145 C5, 6
Springfield 145 C5
Sri Lanka – państwo 114-115 I10
Stambuł 124-125 A1, 2; 101 E3, 4
Stanley 148 H5
Stanley'a, Wdp. (Wodospad) 132 F5
Stanlow 102 C2
Stanowe, Góry 112-113 D14; 122-123 D13
Stany Zjednoczone – państwo 140 E7-F9
Stara Kastylia – kraina hist. 106-107 B4-A5
Stara Płanina (Bałkany) – góry 108-109 C9-C11
Stara Zagora 108-109 C10
Stary Oskoł 101 C5
Stassfurt 98-99 C5
Statfjord – pole gazu ziemnego 102 A3
Stavanger 103 D2
Stawropol 101 D6
Stawropolska, Wyżyna 101 D6-E7
Steep, Przyl. (Przylądek) 153 C1
Steinkjer 103 C3
Stendal 98-99 B5
Step Głodowy – pustynia 122-123 E8-E9
Steward – wyspa 153 E6, 7
Steyr 98-99 DE7
Stoke-on-Trent 104 E5
Stor, J. (Jezioro) 103 C3
Stora Lule, J. (Jezioro) 103 B4
Stralsund 98-99 A6
Strandża – góry 108-109 C11-D11
Strasburg 105 C7
Strefa Gazy – region 124 I C1
Stromboli – góra 88-89 E6; 108-109 E5
Struma – rzeka 108-109 D9
Stryj 98-99 D12
Strzeleckiego, G. (Góra) 153 C3
Stuttgart 98-99 D4
Styr – rzeka 98-99 C12
Suazi – państwo 134 H6
Subotica 108-109 A7, 8
Suche Bator 126-127 AB7, 8
Suchona – rzeka 88-89 BC9; 101 A6
Suchumi 101 E6
Sucre 148 D4
Sudan – kraina 132 D2-D5
Sudan – państwo 134 D5-D6
Sudbury 140 E10; 145 B6, 7
Sudety – góry 88-89 C6; 98-99 C7-C8
Sueska, Zat. (Zatoka) 124-125 C2
Sueski, Kanał 132 B6; 112-113 F6; 124-125 B2
Suez 134 B6
Suhar 124-125 C4
Suhl 98-99 C5
Sukkur 124-125 C5, 6
Sula, W-y (Wyspy) 128 F7, 8
Sulawesi (Celebes) – wyspa 128 F6-F7
Sulejmańskie, Góry 112-113 G9-F9, 10; 124-125 C5-B6
Sulina 98-99 F14
Sullom Voe 102 A2
Sulmona 108-109 CD4, 5
Sulu, Arch. (Archipelag) 128 E6-D7
Sulu, Morze 112-113 I14-I15; 128 D6-D7
Sumatra – wyspa 112-113 I12-J13; 128 E2-G3
Sumba – wyspa 112-113 K14; 128 GH6
Sumbawa – wyspa 112-113 J14; 128 G6
Sumi, Cieśn. (Cieśnina) 129 D3
Sumy 101 C4
Sund – cieśnina 103 D3
Sunda, Cieśn. (Cieśnina) 128 G3
Sunderland 104 D6
Sundsvall 103 C4
Sungari – rzeka 112-113 E15; 126-127 B12
Suntar 122-123 C13
Suntar Chajata – góry 112-113 C16-C17
Sur 124-125 C4
Surabaja 128 G5
Surakarta 128 G5
Surat 124-125 C6
Surat Thani 128 D2, 3
Surendranagar 124-125 C5, 6
Surgut 122-123 C9
Surinam – państwo 148 B5
Suva 154-155 F7
Suwałki 98-99 A11
Suwon 129 C2
Suza – ruiny 124-125 B3
Suzu, Przyl. (Przylądek) 129 C4
Suzuka 129 D4
Svalbard – wyspy 112-113 B4-B6; 122-123 B2-A5
Swain Reefs – wyspa 155 II C3
Swansea 104 F4
Syberia – kraina 122-123 C9-C16
Sybin 98-99 F11, 12
Sycylia – wyspa 88-89 E6; 108-109 F4-F5
Syczuańska, Kotlina 126-127 E7-E8
Sydney 154-155 H5
Syhot 98-99 E11, 12
Syktywkar 122-123 C6, 7
Symferopol 101 D4
Synaj, Płw. (Półwysep) 112-113 G6; 124-125 B2-C2
Syowa – st. badawcza 157 I B4
Syrakuzy 108-109 F5
Syr-daria – rzeka 112-113 E9; 122-123 E8
Syria – państwo 114-115 F5-F6
Syryjska, Pust. (Pustynia) 124-125 B2
Syzrań 101 C7
Szafuza 98-99 E4
Szampania – kraina hist. 105 C5-C6
Szanghaj 126-127 E11
Szantarskie, W-y (Wyspy) 122-123 D15, 16
Szardża 124-125 C4
Szari – rzeka 132 D4
Szawle 101 B2
Százhalombatta 98-99 E9
Szczara – rzeka 98-99 B12
Szczecin 98-99 B7
Székesfehérvár 98-99 E9
Szelichowa, Zat. 122-123 C17-D17
Szetlandy – wyspy 88-89 C4, 5; 104 B6-A6
Szihezi 126-127 C4
Sziraz 124-125 C4
Sziwta – ruiny 124 I C1
Szkocja – kraina hist. 104 C4-D5
Szkockie, M. (Morze) 104 C3-B4
Szkoderskie, J. (Jezioro) 108-109 C7
Szkodra 108-109 C7
Szlezwik-Holsztyn – kraina hist. 98-99 A4-B5
Szolnok 98-99 E10
Szombathely 98-99 E8
Sztokholm 103 D4
Szu 122-123 E9
Szu – rzeka 122-123 E9
Szumadia – kraina hist. 108-109 B8-C8
Szumawa – góry 98-99 D6
Szumen 108-109 C11
Szwabska, Wyżyna 98-99 D4-D5
Szwajcaria – państwo 90-91 D5
Szwecja – państwo 90-91 C6-B7
Szybenik 108-109 C5
Szylka – rzeka 126-127 A10
Szyłka – rzeka 122-123 D13
Szymkent 122-123 E8

Ś

Śiliguri 124-125 C7
Śilong 124-125 C8
Śiwalik – góry 124-125 B6-C6
Śląsk – kraina hist. 98-99 C7-C9
Śląska, Niz. (Nizina) 98-99 C7-C8
Śląska, Wyżyna 98-99 C9-C8
Śniardwy, J. (Jezioro) 98-99 B10, 11
Śnieżka – góra 98-99 C7, 8
Śnieżne, G. (Góry) 153 A2-A3
Śolapur 124-125 D6
Śrinagar 124-125 B6
Środkowe, Góry 122-123 C18-D17
Środkowoindyjski, Basen 6-7 J25-K26
Środkowoindyjski, Grzbiet 6-7 M25-J25
Środkowoirlandzka, Nizina 104 E2-E3
Środkowopacyficzny, Basen 6-7 H35-I36
Środkoworosyjska, Wyżyna 88-89 C8; 101 C5
Środkowosyberyjska, Wyżyna 112-113 C12-C14; 122-123 C11-C13
Śródlądowy, Kanał 98-99 B4
Śródziemne, Morze 88-89 E4-E7; 132 B3-B6
Świecie 98-99 B8, 9
Św. (Święta) Helena – teryt. zależne 134 G2
Św. (Świętego) Bernarda, Mała Przeł. (Przełęcz) 98-99 F3
Św. (Świętego) Bernarda, Wielka Przeł. (Przełęcz) 98-99 EF3
Św. (Świętego) Gotharda, Przeł. (Przełęcz) 98-99 E4
Św. (Świętego) Jerzego, Kanał – cieśnina 88-89 C4; 104 F3-E4
Św. (Świętego) Mateusza, Przyl. (Przylądek) 88-89 D4
Świętego Piotra i Pawła, W-y (Wyspy) 6-7 J14, 15
Św. (Świętego) Tomasza, W. (Wyspa) 132 F3
Św. (Świętego) Wawrzyńca, Rzeka 139 E12, 13; 145 B8
Św. (Świętego) Wawrzyńca, W. (Wyspa) C20, 21
Św. (Świętego) Wawrzyńca, Zat. (Zatoka) 139 E13-D14; 145 B8-B9
Św. (Świętego) Wincentego, Przyl. (Przylądek) 106-107 D2
Św. (Świętej) Heleny, W. (Wyspa) 6-7 K17
Świnoujście 98-99 B7

T

Tabor 98-99 D7
Tabuk 124-125 C2
Tacheng 126-127 B3, 4
Tacloban 128 C8
Tacoma 145 B2, 3
Tadżycka SRR 123 I
Tadżykistan – państwo 114-115 F8-F9
Tag – rzeka 88-89 E4; 106-107 B5, C2; C4
Taganrog 101 D5
Taganroska, Zat. (Zatoka) 101 D5
Tagliamento – rzeka 108-109 AB4
Taharuu – rzeka 155 III B2
Tahat – góra 132 C3
Tahiti – wyspa 155 III B2
Tainan 126-127 G10, 11
Taiyuan 126-127 D9
Taizz 124-125 D3
Tajlandia – państwo 114-115 H11-H12
Tajlandzka, Zatoka 112-113 H13-I13; 128 C3
Tajma 124-125 C2
Tajmyr, J. (Jezioro) 122-123 B12
Tajmyr, Płw. (Półwysep) 112-113 B11-B13; 122-123 B10-A12
Tajpej 126-127 G11
Tajszet 122-123 D11
Tajuña – rzeka 106-107 B5
Tajwan – państwo 114-115 G14
Tajwan – wyspa 112-113 G15; 126-127 G11
Tajwańska, Cieśn. (Cieśnina) 126-127 G10-F11
Tajzhong 126-127 G10, 11
Tak 128 B2
Takamatsu 129 D3
Takaoka 129 C4
Takla Makan, Pust. (Pustynia) 112-113 F10-F11; 126-127 C3-D4
Talaud, W-y (Wyspy) 128 E8
Talbota, Przyl. (Przylądek) 153 B2
Tallahassee 140 G10; 145 CD6
Tallinn 101 B2, 3
Tałdykorghan 122-123 E9
Tamanghist 134 C3
Tambow 101 C6
Tamiza – rzeka 88-89 C4; 104 F6
Tampa 140 G10; 145 D6
Tampere 103 C5
Tampico 140 G9; 145 D5
Tana, J. (Jezioro) 132 D6
Tanega – wyspa 129 D3
Tanganika, J. (Jezioro) 132 F5, 6
Tanger 106-107 E3, 4
Tangla, G. (Góry) 126-127 E4-E5
Tangla, Przełęcz 126-127 E5
Tangshan 126-127 CD10
Tanimbar, W-y (Wyspy) 112-113 J6
Tannu-Oła – góry 122-123 D11; 126-127 A5-A6
Tanzania – państwo 134 F6-G6
Tapajós – rzeka 147 C5
Tarakan 128 E6
Tarbagataj – góry 122-123 E10; 126-127 B3-B4
Tarbes 105 F4
Tarencka, Zat. (Zatoka) 108-109 D6-E6
Tarent 108-109 D6
Tarim 124-125 D3
Tarnobrzeg 98-99 C10, 11
Tarnopol 98-99 D12, 13
Tarnów 98-99 C10
Tarragona 106-107 B7
Tartu 101 B3
Tarym – rzeka 122-123 E10; 126-127 C4
Tasil – góry 132 C3
Tasmana, Morze 153 D5-E6
Tasmania – stan 154-155 I4, 5
Tasmania – wyspa 153 E4, 5
Taszauz 122-123 E7
Taszkent 122-123 E8
Tatabánya 98-99 E9
Tatarska, Cieśn. (Cieśnina) 122-123 D16-E16
Tatry – góry 98-99 D9-D10
Taukar 124-125 D2
Taungdżi 124-125 C8
Taurus – góry 112-113 F6-F7; 124-125 B2-B3
Taurus Środkowy – góry 101 F4-F5
Tautira 155 III B2
Taveuni – wyspa 155 I B2,3
Tavoj 124-125 D8
Tavua 155 I B1,2
Tawau 128 E6
Taz – rzeka 122-123 C10
Tbilisi 101 E6
Teahupoo 155 III B2
Tebriz 124-125 B3
Teby 108-109 E9
Teby – ruiny 124-125 C2
Tecuci 98-99 F13
Tedong – rzeka 129 BC2
Tedzon 129 C2
Tedżen 122-123 F8
Tedżen – rzeka 122-123 F8
Teesport 102 C2
Tegu 129 C2
Tegucigalpa 140 H10
Teheran 124-125 B3, 4
Tekirdağ 108-109 D11
Teksas – stan 140 F8-F9
Tel Awiw-Jafa 124-125 B2
Teleki – góra 132 E6
Teleno – góra 106-107 A3
Temesz – rzeka 98-99 F10
Tenda, Przeł. (Przełęcz) 108-109 B1
Teneryfa – wyspa 106-107 I A2
Tengiz, J. (Jezioro) 122-123 D8
Tennant Creek 154-155 FG2, 3
Tennessee – rzeka 139 F11
Tennessee – stan 140 F10
Teplice 98-99 C6, 7
Teramo 108-109 C4
Teresina 148 C6
Termajska, Zat. (Zatoka) 108-109 DE9
Termoli 108-109 C5
Ternej 129 AB4
Terni 108-109 C4
Terrassa 106-107 B7
Terytoria Północno-Zachodnie – prowincja 140 C5-C8
Terytorium Północne – stan 154-155 F2-G3
Tesalia – kraina hist. 108-109 E8-E9
Teterow 98-99 B6
Tetuan 134 B2
Tetufera – góra 155 III B2
Texel – wyspa 98-99 B2
Thana 124-125 CD6
Thar, Pust. (Pustynia) 112-113 G10; 124-125 C6
Thasos – wyspa 108-109 D10
The Lynd Jundction 155 II B1
The Wash – zatoka 104 E7
Theddlethorpe 102 C2, 3
Thimphu 124-125 C7, 8
Thionville 105 C7
Thira (Santoryn) – wyspa 108-109 F10
Thithia – wyspa 155 I B3
Thjórsá 103 I B2
Thomson – rzeka 155 II C1
Thorshöfn 103 I A2, 3
Thun 98-99 E3
Thunder Bay 145 B5, 6
Thurso 104 B5
Thurstona, W. (Wyspa) 157 I CB27, 26
Tianjin 126-127 D10
Tiarei 155 III B2
Tiatia – góra 129 B6
Tibesti – góry 132 C4
Tien-Szan – góry 112-113 E10-E12; 126-127 C1-C5
Tijuana 140 F7; 145 C3
Tiksi 122-123 B14, 15
Tilburg 98-99 C2
Tilos – wyspa 108-109 F11
Timan – góry 122-123 C6-C7
Timbuktu 134 D2
Timok – rzeka 108-109 C9
Timor – wyspa 112-113 J15; 128 G8
Timor, Morze 153 B2; 112-113 K15
Timor Wschodni – państwo 114-115 J14-J15
Tinaca, Przyl. (Przylądek) 128 D7, 8
Tinajo 106-107 I A4
Tinos – wyspa 108-109 F10
Tirać Mir – góra 124-125 B6
Tirana 108-109 D7, 8
Tire 108-109 E11
Tîrgoviste 98-99 F12
Tîrgu Jiu 98-99 F11
Tîrgu Mures 98-99 E12
Tirso – rzeka 108-109 D2
Tiruććirappalli 124-125 D6, 7
Tiszántúl – góry 98-99 E10-E11
Titicaca, J. (Jezioro) 147 D3, 4
Titov vrh – góra 108-109 CD8
Titovo 98-99 E7
Tiumeń 122-123 D8
Tivoli 108-109 D4
Toaca – góra 98-99 E12, 13
Toamasina 134 G7
Toba, J. (Jezioro) 128 E2
Tobi – wyspa 129 C4
Tobolsk 122-123 D8, 9
Toboł – rzeka 112-113 D9; 88-89 C11
Tobruk 134 B5
Tocantins – rzeka 147 CD6
Tocantins – stan 148 D5, 6-C6
Tödi – góra 98-99 E4
Togliatti 101 C7
Togo – państwo 134 D3-E3
Tokaj 98-99 D10
Tokara, Cieśn. (Cieśnina) 129 D2-E3
Tokara, W-y (Wyspy) 126-127 F12-F13; 129 E2, 3
Tokat 101 E5
Tokelau – teryt. zależne 154-155 E8
Tokio 129 C5
Toledańskie, G. (Góry) 106-107 C4-C5
Toledo 106-107 C4
Toledo 140 E10
Tolo, Zat. (Zatoka) 128 F7
Tomakomai 129 B5
Tomini, Zatoka 128 EF7
Tomsk 122-123 D10
Tonga – państwo 154-155 F8
Tonga, Rów 6-7 L36-K36
Tonghua 129 B2
Tonkińska, Zatoka 128 B4
Tonle Sap, J. (Jezioro) 128 C3, 4
Topeka 140 F9; 145 C5
Topoziero, J. (Jezioro) 103 B7
Tor – pole ropy i gazu 102 B3
Tormes – rzeka 106-107 B4
Torne – rzeka 88-89 B7; 103 B5
Torne, J. (Jezioro) 103 B5
Tornio 103 B5
Toronto 140 E10, 11; 145 B7
Torre Cerredo – góra 106-107 A4
Torreón 140 G8; 145 D4
Tortellas – góra 106-107 C8
Tortosa 106-107 B7
Tortosa, Przyl. (Przylądek) 106-107 B7
Toruń 98-99 B9
Tosa, Zat. (Zatoka) 129 D3
Toskania – kraina hist. 108-109 C3
Toskańskie, W-y (Wyspy) 108-109 C2-C3

Totoya – wyspa 155 I C3
Tottori 129 C3
Toungoo 124-125 D8
Tours 105 D4
Towarzystwa, W-y (Wyspy) 6-7 K2-L3; 154-155 F10-F11
Townsville 154-155 F4, 5
Toyama 129 C4
Toyama, Zat. (Zatoka) 129 C4
Toyota 129 CD4
Trabzon 124-125 A2, 3
Tracja – kraina hist. 108-109 D10-D11
Trackie, M. (Morze) 108-109 D10
Trail 145 B3
Transantarktyczne, Góry 157 I A30-B16
Transhimalaje – góry 112-113 F11-F12; 126-127 E3-E5
Transylwańska, Wyż. (Wyżyna) 98-99 E12
Trapani 108-109 E4
Trazymeńskie, J. (Jezioro) 108-109 C3, 4
Trelleborg 103 D3
Tremiti, W-y (Wyspy) 108-109 C5
Trenton 140 E11; 145 B7
Trepča 108-109 C8
Treviso 108-109 B4
Trewir 98-99 D3
Triest 108-109 B4
Triglav – góra 98-99 E6
Trikala 108-109 E8
Trinkomali 124-125 E7
Tripolis 108-109 F9
Tristan da Cunha, W-y (Wyspy) 6-7 M16, 17
Triwandrum 124-125 E6
Trnava 98-99 D8
Troglav – góra 108-109 B6
Trois Fourches, Przyl. (Przylądek) 106-107 E5
Troja – ruiny 108-109 E11
Troll – pole gazu ziemnego 102 A3
Trollhättan 103 D3
Tromsø 103 B4
Trondheim 103 C3
Trondheimsfjorden – zatoka 103 C2
Troyes 105 C6
Trujillo 148 C2, 3
Trydent 98-99 E5
Trynidad i Tobago – państwo 148 A4, 5
Trynidad Pd. (Południowy) – wyspa 147 E7
Trypolis 134 B4
Trypolis 124-125 B2
Tsugaru, Cieśn. (Cieśnina) 129 B5
Tsumeb 134 G4, 5
Tuamotu, Wyspy 6-7 K3-L4; 154-155 F11-G12
Tuapse 101 E5
Tubkal – góra 132 B2
Tubuai, W-y (Wyspy) 154-155 G10, 11
Tucson 145 C3
Tucumán 148 E4
Tughghurt 134 B3
Tukangbesi, W-y (Wyspy) 128 G7, 8
Tulcza 98-99 F14
Tulon 105 F7
Tulsa 145 C5
Tuluza 105 F4
Tuła 101 C5
Tuman – rzeka 129 B2, 3
Tundża – rzeka 108-109 C11
Tunezja – państwo 134 B3-B4
Tungting, J. (Jezioro) 126-127 F9
Tunis 134 B3, 4
Tunja 148 B3
Turańska, Nizina 112-113 E8-D9; 122-123 E8
Turbat 124-125 C5
Turcja – państwo 114-115 F4-F6
Turda 98-99 E11, 12
Turfan 126-127 C4, 5
Turfańska, Kotlina 122-123 E10-E11; 126-127 C4-C5
Turgajska Brama – kraina 122-123 D8
Turia – rzeka 98-99 C12
Turia – rzeka 106-107 C6
Turkana, J. (Jezioro) (Rudolfa, J.) 132 E6
Turkmenabat 122-123 F8
Turkmenbaszy 122-123 E7
Turkmenistan – państwo 114-115 E7-F8
Turkmeńska SRR 123 I
Turks i Caicos – teryt. zależne 140 G11, 12
Turks i Caicos, W-y (Wyspy) 145 D7, 8
Turku 103 C5
Turuchańsk 122-123 C10, 11
Turyn 108-109 B1, 2
Tutikorim 124-125 E6
Tuttlingen 98-99 E4
Tuvalu – państwo 154-155 E7
Tuwa – kraina hist. 122-123 D11
Tuz, J. (Jezioro) 124-125 B2
Tuzla 108-109 B7
Twer 101 B5
Tyber – rzeka 108-109 C4
Tybetańska, Wyżyna 112-113 F11-F12; 126-127 E3-E5
Tybinga 98-99 D4
Tygrys – rzeka 112-113 F7; 124-125 B3
Tynda 122-123 D14
Tyraspol 98-99 E14, 15
Tyrreńskie, Morze 88-89 D6-E6; 108-109 D3-E5

U

Ubangi – rzeka 132 E4, 5
Ubeda 106-107 C5
Ubon Ratczathani 128 B3, 4
Uchta 122-123 C7
Uciura, Zat. (Zatoka) 129 B5
Udajpur 124-125 C6
Uddjaur, J. (Jezioro) 103 B4
Udine 108-109 A4
Udździajn 124-125 C6
Uele – rzeka 132 E5
Uelen 122-123 C20
Uelzen 98-99 B5
Ufa 122-123 D7
Uganda – państwo 134 E6
Uji – wyspa 129 D2
Ujung Pandang (Makasar) 128 FG6
Ukajali – rzeka 147 C3
Ukraina – państwo 90-91 D7-D8
Ukraińska SRR 123 I
Ulaangom 126-127 B5, 6
Uliastaj 126-127 B6
Uljanowsk 101 C7
Ullyng – wyspa 129 C3
Ulm 98-99 D4
Ulsan 129 C2, 3
Ułan Bator 126-127 B8
Ułan Ude 122-123 D12, 13
Ume – rzeka 103 C4
Umeå 103 C5
Una – rzeka 108-109 B6
Unajza 124-125 C3
Undu, Przyl. (Przylądek) 155 I B3
Uppsala 103 D4
Ur – ruiny 124-125 B3
Ural – góry 112-113 D8-C9; 122-123 D7-C8
Ural – rzeka 88-89 C10; 112-113 DE8
Urbión – góra 106-107 B5
Urgencz 122-123 E8
Urmia, J. (Jezioro) 124-125 B3
Urugwaj – państwo 148 F5
Urugwaj – rzeka 147 FE5
Uruk – ruiny 124-125 B3
Urumczi 126-127 C4
Ussuri – rzeka 122-123 E15; 126-127 B13
Ussuryjsk 126-127 C13
Ústica – wyspa 108-109 E4
Ust'-Ilimsk 122-123 D12
Ust'-Ilimski, Zb. (Zbiornik) 122-123 D12
Ust-Kamczack 122-123 D18
Ust'-Kut 122-123 D12
Ust-Maja 122-123 C15
Ust Ordyński 122-123 D12
Ustiurt – wyżyna 122-123 E7
Uście n. (nad) Ł. (Łabą) 98-99 C7
Utah – stan 140 F7-F8
Utrecht 98-99 B2
Utsunomiya 129 C4, 5
Uusikaupunki 103 C4, 5
Uwały Północne – wyżyna 88-89 C9-B10
Uws-nuur, J. (Jezioro) 126-127 A5, 6
Uzbecka SRR 123 I
Uzbekistan – państwo 114-115 E7-F8
Uznam – wyspa 98-99 A6, 7
Użhorod 98-99 D11

V

Vaal – rzeka 132 H5
Vaasa 103 C5
Vaduz 98-99 E4
Vaiaku 154-155 E7
Vairao 155 III B2
Valdivia 148 F3
Valence 105 E6
Valencia 148 A3, 4
Valenciennes
Vali di Comacchio – jezioro 108-109 B4
Valjevo 108-109 B7
Valladolid 106-107 B4
Vallecas 106-107 B5
Valletta 108-109 G5
Valli di Comacchio – jezioro 98-99 F6
Valmiera 103 D5, 6
Valparaíso 148 F3
Valverde 106-107 I B2
Vancouver 140 D6; 145 AB3
Vancouver – wyspa 139 E6, 7; 145 A1, 2
Vanua Levu – wyspa 155 I B2
Vanua Mbalavu – wyspa 155 I B3
Vanua Vatu – wyspa 155 I C3
Vanuatu – państwo 154-155 F6
Varanger, Płw. (Półwysep) 103 A6-A7
Varangerfjorden – zatoka 103 A6-B7
Varaždin 108-109 A6
Vardø 103 A7
Varese 108-109 B2
Vareś 108-109 B7
Västerås 103 D4
Vatnajökull – lodowiec 103 I B2
Vatneyri 103 I A1
Vatoa – wyspa 155 I C3
Vatra Dornei 98-99 E12
Vatu-i-Ra, Cieśn. (Cieśnina) 155 I B2
Vatulele – wyspa 155 I C1
Vedea – rzeka 98-99 FG12
Vejle 103 D2
Veles 108-109 D8, 9
Vénus, Przyl. (Przylądek) 155 III A1,2
Veracruz 145 E5
Vermont – stan 140 E11
Vernon – góry 108-109 D8
Vesterålen – wyspy 88-89 B6-A6; 103 B3-B4
Vestfjorden – zatoka 103 B3-B4
Veszprém 98-99 E8, 9
Viareggio 108-109 C2, 3
Vicenza 108-109 B3
Vichy 105 D5
Victoria 140 E6; 145 B2
Vienne 105 E6
Vienne – rzeka 105 D4
Vierzon 105 D5
Vigo 106-107 A2
Viking – pole gazu ziemnego 102 C3
Vila Real 106-107 B3
Villach 98-99 E6
Vinh 128 B4
Vinkovci 108-109 B7
Vinsona, Masyw – góry 157 I B28-B29
Virovitica 108-109 B6
Vis – wyspa 108-109 C6
Visby 103 D4
Viseu 106-107 B2, 3
Viti Levu – wyspa 155 I B1,2
Vitoria 106-107 A5
Vitória 148 DE7
Vjosa – rzeka 108-109 D8
Vlissingen 105 B5
Vlorë 108-109 D7
Volturno – rzeka 108-109 D5
Vrbas – rzeka 108-109 B6
Vršac 108-109 B8

W

Waco 145 C5
Wadi Halfa 134 C6
Wadodra 124-125 C6
Wadżda 134 B2
Wag – rzeka 98-99 D9
Wagadugu 134 D2
Wailotua 155 I B2
Waingapu 128 GH7
Wajgacz – wyspa 122-123 B7, 8
Wakasa, Zat. (Zatoka) 129 C4
Wakaya – wyspa 155 I B2
Wakayama 129 D4
Wake – teryt. zależne 154-155 C6
Wakkanai 129 A5
Walcheren 105 B5
Walencja 106-107 C6, 7
Walencja – kraina hist. 106-107 C6-B6
Walencka, Zatoka 106-107 C7
Walia – kraina hist. 104 F5-E5
Wallis i Futuna – teryt. zależne 154-155 F7,8
Walvis Bay 134 H4
Wałbrzych 98-99 C8
Wałdaj – góry 88-89 C8
Wałdaj – wyżyna 101 B4
Wan 124-125 B3
Wan, J. (Jezioro) 124-125 B3; 101 F6
Wanawara 122-123 C12
Wandea – kraina hist. 105 D3
Wanxian 126-127 E8, 9
Waranasi 124-125 C7
Warangal 124-125 D6, 7
Wardar – rzeka 108-109 D9
Warmia – kraina hist. 98-99 A9-B10
Warna 108-109 C11, 12
Warnemünde 98-99 A5
Warszawa 98-99 B10
Warta – rzeka 98-99 C9; B8; B7
Waszyngton 140 F11; 145 C7
Waszyngton – stan 140 E6-E7
Wattów, M. (Morze) 98-99 B2
Watykan – państwo 90-91 D6
Wau 134 E5
Waya – wyspa 155 I B1
Weddella, Morze 157 I C32-B33
Weiden 98-99 D5, 6
Weifang 126-127 D10, 11
Weimar 98-99 C5
Weipa 154-155 F3, 4
Welebit – góry 108-109 B5
Wellington 154-155 I7, 8
Wels 98-99 D6
Welur 124-125 D6
Wełtawa – rzeka 98-99 D7
Wenecja 108-109 B4
Wenecja – kraina hist. 108-109 B4
Wenecka, Zatoka 108-109 B4
Wener, J. (Jezioro) 88-89 C6; 103 D3
Wenezuela – państwo 148 B4
Wenzhou 126-127 F11
Werona 108-109 B3
Werra – rzeka 98-99 C5
Wersal 105 C4, 5
Westerland 98-99 A4
Westfalia – kraina hist. 98-99 B3-C4
Wetar – wyspa 128 G8
Wetter, J. (Jezioro) 88-89 C6; 103 D3
Wewn. (Wewnętrzne) M. (Morze) Japońskie 129 D3
Wezera – rzeka 98-99 C4; B4
Wezuwiusz – góra 88-89 D6; 108-109 D5
Węgry – państwo 90-91 D6-D7
Whitegate 102 C1
Whitehorse 140 C5
Whitsunday – wyspa 155 II C2
Wiatka – rzeka 122-123 D7
Wichita 145 C5
Wichita Falls 145 C5
Wick 104 B5
Wicklow, G. (Góry) 104 E3
Widin 108-109 BC9
Widźajawada 124-125 D7
Wiedeń 98-99 D7, 8
Wielikaja – rzeka 103 D6
Wielka Brytania – państwo 90-91 C4
Wielka Brytania – wyspa 88-89 C4, 5
Wielka Kotlina 139 E8-F8; 145 B3-C3
Wielka Nizina Węgierska 88-89 D6-D7;
98-99 E9-D11
Wielka Pustynia Słona 139 E8; 145 B3
Wlk. (Wielka) Pustynia Słona 112-113 F8; 124-125 B4
Wielka Rafa Koralowa 153 B4-C5
Wielka Tama 124-125 C2
Wielka Zatoka Australijska 153 D2-D3
Wielkanocna, W. (Wyspa) 6-7 L7, 8; 154-155 G14, 15
Wielki Basen Artezyjski – kraina 153 C4
Wlk. (Wielki) Bełt – cieśnina 103 D3
Wielki Chingan – góry 112-113 E14-D15; 126-127 C10-B11
Wielki Erg Wschodni – pustynia 132 C3-B4
Wielki Erg Zachodni – pustynia 132 C2-B3
Wielki, Kanał 112-113 F14; 126-127 E10
Wielki Mur Chiński 126-127 D8
Wielki Nefud – pustynia 112-113 G6-G7; 124-125 C3
Wielki Syrt – wyżyna 101 C7
Wielki Szott 88-89 E5, 6
Wielkie Antyle – wyspy 6-7 G9-H11; 139 G11-H13
Wielkie Góry Wododziałowe 153 B4-D4
Wlk. (Wielkie) Niedźwiedzie, J. (Jezioro) 139 C8, 9
Wlk. (Wielkie) Niewolnicze, J. (Jezioro) 139 C8, 9
Wielkie Równiny 139 D8-F10; 145 A3-C4
Wlk. (Wielkie) Słone, J. (Jezioro) 139 E8; 145 B3
Wlk. (Wielka) Syrta, Zat. (Zatoka) 132 B4
Wielkie Łuki 101 B4
Wielkie Tyrnowo 108-109 C10, 11
Wielkie Wyspy Sundajskie 112-113 J13-15; 128 F3-F7
Wielkopolska – kraina hist. 98-99 B7-B9
Wielkopolska, Niz. (Nizina) 98-99 C7-C9
Wiener Neustadt 98-99 E7, 8
Wientian 128 B3
Wieprz – rzeka 98-99 C11
Wierchojańsk 122-123 C15
Wierchojańskie, Góry 112-113 B16-C16; 122-123 B14-C15
Wiesbaden 98-99 C3, 4
Wietnam – państwo 114-115 G12-H12
Wight – wyspa 104 F6
Wiktoria – stan 154-155 H4
Wiktorii, J. (Jezioro) 132 F6
Wiktorii, Wdp. (Wodospad) 132 G5
Wiktorii, Wyspa 139 B8-B9
Wiktorii, Ziemia – kraina 157 I B17-B16
Wilejka 98-99 A13
Wilhelmshaven 98-99 B3, 4
Wilia – rzeka 101 C3; 98-99 A13
Wilkesa, Ziemia – kraina 157 I B14-B11
Wilkickiego, Cieśn. (Cieśnina) 122-123 B11-B13
Wilno 98-99 A12
Wilsona, Przyl. (Przylądek) 153 D4
Wiluj – rzeka 122-123 C12; C14
Wilujsk 122-123 C14
Windawa 103 D5
Windhaja – góry 124-125 C6
Windhuk 134 H4
Winnica 98-99 D14
Winnipeg 140 D8, 9; 145 A4, 5
Winnipeg, J. (Jezioro) 139 D10; 145 A5
Winnipegosis, J. (Jezioro) 145 A4
Winterthur 98-99 E4
Wirginia – stan 140 F10-F11
Wirginia Zachodnia – stan 140 F10
Wisconsin – stan 140 E9-E10
Wisła – rzeka 88-89 C6; 98-99 C9; C10; AB9
Wisłok – rzeka 98-99 D10
Wiśakhapatnam 124-125 D7
Wiślany, Zalew 98-99 A9-A10
Witebsk 101 B3
Witim – rzeka 122-123 D13
Wittenberga 98-99 C6
Wittenberge 98-99 B5, 6
Wkra – rzeka 98-99 B10
Władykaukaz 101 E6, 7
Władywostok 122-123 E15
Włochy – państwo 90-91 D5-D6
Włocławek 98-99 B9
Włodzimierz 101 B6
Wniebowstąpienia, W. (Wyspa) 6-7 J16, 17
Wogezy – góry 105 C7
Wojwodina – kraina hist. 108-109 B8
Wolfen 98-99 C6
Wolfsburg 98-99 B5
Wolos 108-109 E9
Wolta Czarna – rzeka 132 DE2
Wolta, Zb. (Zbiornik) 132 E3
Wolverhampton 104 E5
Wołga – rzeka 88-89 C8; D9; 101 B4, 5; B6; C7; D7
Wołgodońsk 101 D6
Wołgograd 101 D6
Wołgogradzki, Zb. (Zbiornik) 101 C7
Wołogda 101 B6
Wołoska, Nizina 88-89 D7; 98-99 F11-F13
Wołyńska, Wyżyna 88-89 C7; 98-99 C12-D13
Wołżski 101 D6, 7
Wonsan 129 C2
Woodroffe – góra 153 C2, 3
Workuta 122-123 C8
Woroneż 101 C5, 6
Wostok – st. badawcza 157 I B12, 11
Wraca 108-109 C9
Wrangla, W. (Wyspa) 112-113 BC21; 122-123 B19
Wrath, Przyl. (Przylądek) 104 B4
Wrocław 98-99 C8
Wschodnioafrykańska, Wyżyna 132 E6-F6
Wschodniochińskie, Morze 112-113 F15-G15;
126-127 E11-F12
Wschodnioeuropejska, Nizina 88-89 B8-C9;
122-123 C6-D6
Wschodniofryzyjskie, W-y (Wyspy) 98-99 B3
Wschodniokoreańska, Zat. (Zatoka) 129 C2
Wschodniopacyficzne, Wzniesienie 6-7 J7-O6
Wschodnioserbskie, Góry 108-109 B8-C9
Wschodniosyberyjskie, Morze 112-113 B18-B21;
122-123 B17-B19
Wuhan 126-127 E9
Wuhu 126-127 E10
Wuntho 124-125 C8
Wuppertal 98-99 C3
Würzburg 98-99 D4, 5
Wuzhou 126-127 G9
Wyborg 101 A3, 4
Wybrzeże Kości Słoniowej – państwo 134 E2
Wyczegda – rzeka 88-89 B9
Wyoming – stan 140 E7-E8
Wyspy Dziewicze Stanów Zjednoczonych – teryt. zależne
148 A4
Wyspy Świętego Tomasza i Książęca – państwo
134 E2, 3

X

Xaafuun 124-125 D4
Xiamen 126-127 FG10
Xi'an 126-127 E8, 9
Xichang 126-127 F7
Xigazê 126-127 F4, 5
Xingu – rzeka 147 C5
Xining 126-127 D7
Xinxiang 126-127 D9
Xuzhou 126-127 E10

Y

Ya'an 126-127 F7
Yabuli 129 B2
Yaiza 106-107 I A4
Yaizu 129 D4
Yaku – wyspa 129 D3
Yamagata 129 C4, 5
Yamaguchi 129 D3
Yan'an 126-127 D8, 9
Yandua – wyspa 155 I B2
Yangasa Levu – wyspa 155 I C3
Yanji 129 B2
Yantai 126-127 D11
Yaren 154-155 E6
Yasawa – wyspa 155 I B1
Yasawa, W-y (Wyspy) 155 I B1
Ye 124-125 D8
Yecheng 126-127 D2
Yellowknife 140 C6, 7
Yibin 126-127 F7
Yichang 126-127 E9
Yichun 126-127 B12, 13
Yinchuan 126-127 D7, 8
Yingkou 126-127 C11
Yining 126-127 C3
Yitulihe 126-127 A11
Ymi 124-125 E3
Yogyakarta 128 G4, 5
Yonne – rzeka 105 D5; C5
York 104 DE6
Yubari 129 B5
Yulin 126-127 D8, 9
Yumen 126-127 D6
Yushu 129 A2
Yutian 126-127 D3

Z

Zabol 124-125 B5
Zach. (Zachodni) Brzeg Jordanu – region
124 I BC1
Zachodnioaustralijski, Basen 6-7 K27-L28
Zachodniofryzyjskie, W-y (Wyspy) 98-99 B2-B3
Zachodnioindyjski, Grzbiet 6-7 N22-L23
Zachodniosyberyjska, Nizina 112-113 C10-D11;
122-123 C9-D10
Zadar 108-109 B5
Zagros – góry 112-113 F7-G8; 124-125 B3-C4
Zagrzeb 108-109 B6
Zagyva – rzeka 98-99 E10
Zahedan 124-125 C4, 5
Zaječar 108-109 C8, 9
Zajsan, J. (Jezioro) 122-123 E10
Zákinthos – wyspa 108-109 F8
Zakopane 98-99 D9, 10
Zala – rzeka 98-99 E8
Zalaegerszeg 98-99 E8
Zambezi – rzeka 132 G5; G6
Zambia – państwo 134 G5-G6
Zamboanga 128 D7
Zamora 106-107 B4
Zamość 98-99 C11
Zanzibar 134 F7
Zanzibar – wyspa 132 F6, 7
Zaozhuang 126-127 D10
Zaporoże 101 D5
Zaranj 124-125 B5
Zard Kuh – góra 124-125 B3, 4
Zatokowa, Nizina 139 G10-F11; 145 D5-C6
Zb. (Zbiornik) Smallwood 145 A8, 9
Zeebrugge 102 C3
Zegrzyńskie, J. (Jezioro) 98-99 B10
Zelandia – wyspa 88-89 C6; 98-99 A6
Zenica 108-109 B6
Žep – góra 108-109 B7
Zhangjiakou 126-127 C9, 10
Zhangye 126-127 D7
Zhanjiang 126-127 G9
Zhaotong 126-127 F7, 8
Zhengzhou 126-127 E9
Zibo 126-127 D10
Zielona Góra 98-99 BC7
Zielonego Przylądka, Basen 6-7 H14-I15
Zielonego Przylądka, W-y (Wyspy) 6-7 H14-15
Zielony, Przyl. (Przylądek) 132 D1
Ziemia Arnhema – półwysep 153 B3
Ziemia Baffina – wyspa 139 B11-C13
Ziemia Franciszka Józefa – wyspy 112-113 B7-B10;
122-123 B6-A8
Ziemia Ognista – wyspa 147 H4, 5
Ziemia Pn.-Wsch. (Północno-Wschodnia) – wyspa
122-123 B4-B5
Ziemia Północna – wyspy 112-113 A12-B13; 122-123
A11-B12
Zigong 126-127 F7, 8
Zimbabwe – państwo 134 G5-G6
Zinder 134 D3, 4
Zjedn. (Zjednoczone) Emiraty Arabskie – państwo
114-115 G7
Zlín 98-99 D8
Złatoust 122-123 D7, 8
Złoczów 98-99 D12
Znojmo 98-99 D8
Zonguldak 101 E4
Zrenjanin 108-109 B8
Zugspitze – góra 98-99 E5
Zurych 98-99 E4
Zwickau 98-99 C5, 6
Zwolle 98-99 B2, 3

Ż

Żangaozen 122-123 E7
Żar n. (nad) Hronem 98-99 D9
Żelazna Brama – przełom rzeki 98-99 F11
Żełanija, Przyl. (Przylądek) 122-123 B8, 9
Żezkazghan 122-123 E8, 9
Żłobin 98-99 B14
Żółte, Morze 112-113 F15; 126-127 D11-E11
Żygańsk 122-123 C13, 14
Żylina 98-99 D9
Żyronda – ujście rzeki 105 E3
Żytomierz 98-99 C14

SPIS TREŚCI

2-3 Planeta Ziemia

ŚWIAT

4-5 Krajobrazy 1:100 000 000
6-7 Ukształtowanie powierzchni 1:100 000 000
Przekrój wzdłuż równika
8-9 Klimaty Ziemi 1:100 000 000
10 Temperatura powietrza w styczniu 1:300 000 000
Temperatura powietrza w lipcu 1:300 000 000
Opady roczne 1:300 000 000
11 Ciśnienie atmosferyczne w styczniu 1:300 000 000
Ciśnienie atmosferyczne w lipcu 1:300 000 000
Pory opadów 1:300 000 000
12 Oceany 1:220 000 000
Leśnictwo 1:220 000 000
13 Ochrona przyrody 1:220 000 000
Degradacja środowiska 1:220 000 000
14 Produkcja roślinna I 1:220 000 000
Produkcja roślinna II 1:220 000 000
15 Produkcja zwierzęca 1:220 000 000
Zatrudnienie. Produktywność 1:220 000 000
16-17 Geologia.
Surowce mineralne 1:100 000 000
17 Tektonika płyt litosfery 1:300 000 000
18 Ropa naftowa i gaz ziemny 1:220 000 000
Węgiel kamienny i brunatny 1:220 000 000
19 Metale 1:220 000 000
19 Hutnictwo 1:220 000 000
20-21 Zróżnicowanie społeczno-gospodarcze 1:100 000 000
20 Transport 1:300 000 000
21 Energetyka 1:300 000 000
22-23 Liczba ludności i przyrost naturalny
Produkt krajowy brutto
22 Urbanizacja 1:300 000 000
24 Wyżywienie 1:220 000 000
Długość życia 1:220 000 000
25 Analfabetyzm. Studenci 1:220 000 000
AIDS 1:220 000 000
26 Rasy 1:220 000 000
Języki rodzime 1:220 000 000
27 Wyznania 1:220 000 000
Zaludnienie 1:220 000 000
28 Internet 1:220 000 000
Telefony 1:220 000 000
29 Turystyka 1:220 000 000
Strefy czasowe 1:220 000 000
30-31 Podział polityczny 1:100 000 000
30 Organizacje polityczne 1:300 000 000
31 Konflikty po 1945 r. Zbrojenia 1:300 000 000
32-33 Świat – eksport towarów
Świat – import towarów
32 Organizacje gospodarcze na świecie 1:300 000 000
Organizacje gospodarcze w Europie 1:40 000 000

POLSKA

34 Polacy za granicą 1:210 000 000
Stosunki dyplomatyczne 1:210 000 000
35 Handel zagraniczny Polski 1:210 000 000
36-37 Województwa i powiaty 1:2 500 000
37 Zmiany terytorialne województw
1946 r. 1:8 000 000
1950 r. 1:8 000 000
1975 r. 1:8 000 000
38-39 Ukształtowanie powierzchni 1:2 500 000
39 Pasy rzeźby 1:6 000 000
Różnice wysokości 1:6 000 000
40 Zlewiska i dorzecza 1:5 000 000
Wody podziemne 1:8 000 000
Wody mineralne i termalne 1:8 000 000
41 Klimat 1:35 000 000
Temperatura powietrza w styczniu 1:12 000 000
Temperatura powietrza w lipcu 1:12 000 000
Opady roczne 1:12 000 000
Pokrywa śnieżna 1:12 000 000
Burze i gradobicia 1:12 000 000
Rekordy meteorologiczne 1:12 000 000
42 Rzeźba 1:5 000 000
Zasięgi zlodowaceń 1:15 000 000
Gleby 1:5 000 000
43 Tektonika 1:5 000 000
Surowce mineralne 1:5 000 000
44 Drzewostany 1:4 000 000
Zasięgi wybranych gatunków drzew 1:8 000 000
Lesistość 1:8 000 000
45 Obszary chronione 1:4 000 000
45 Białowieski Park Narodowy 1:150 000
46 Przepływ związków siarki w powietrzu 1:8 000 000
Przepływ tlenków azotu w powietrzu 1:8 000 000
Oczyszczalnie ścieków 1:8 000 000
Ścieki przemysłowe i komunalne 1:8 000 000
Odpady komunalne 1:8 000 000
Odpady przemysłowe 1:8 000 000
47 Zanieczyszczenie środowiska 1:4 000 000
Górny Śląsk 1:500 000
48-49 Gospodarka 1:2 500 000
50 Transport kolejowy 1:5 000 000
Transport drogowy 1:5 000 000
Drogi wodne 1:15 000 000
Połączenia lotnicze z portów krajowych 1:15 000 000
51 Ośrodki przemysłowe 1:5 000 000
Zatrudnienie w przemyśle 1:12 000 000
Przemysł wydobywczy 1:5 000 000
52 Elektrownie, rafinerie 1:8 000 000
Huty metali 1:8 000 000
Wytwórnie środków transportu 1:8 000 000
Fabryki maszyn, urządzeń
i wyrobów precyzyjnych 1:8 000 000
Zakłady chemiczne I 1:8 000 000
Zakłady chemiczne II 1:8 000 000
53 Cementownie, huty szkła
i zakłady ceramiczne 1:8 000 000
Fabryki mebli, celulozy i papieru 1:8 000 000
Zakłady włókiennicze i odzieżowe 1:8 000 000
Zakłady mięsne i rybne 1:8 000 000
Cukrownie i zakłady wyrobów cukierniczych 1:8 000 000

53 Browary i fabryki papierosów 1:8 000 000
54 Rolnicza przydatność gleb 1:5 000 000
Okres wegetacji roślin 1:12 000 000
Zatrudnienie w rolnictwie 1:12 000 000
Wielkość gospodarstw rolnych 1:12 000 000
Nawozy sztuczne i wapniowe 1:12 000 000
Mechanizacja 1:12 000 000
Produktywność 1:12 000 000
Stopień towarowości 1:12 000 000
55 4 zboża 1:12 000 000
Pszenica 1:12 000 000
Żyto 1:12 000 000
Jęczmień 1:12 000 000
Owies 1:12 000 000
Warzywa i owoce 1:12 000 000
Ziemniaki 1:12 000 000
Buraki cukrowe 1:12 000 000
Bydło 1:12 000 000
Trzoda chlewna 1:12 000 000
Żywiec 1:12 000 000
Mleko 1:12 000 000
56 Największe firmy 1:4 000 000
Największe spółki giełdowe 1:8 000 000
Największe banki
57 Walory przyrodnicze 1:4 000 000
Sezonowa baza noclegowa 1:8 000 000
Całoroczna baza noclegowa 1:8 000 000
58-59 Walory kulturowe 1:2 500 000
59 Przyjazdy do Polski 1:40 000 000
Wyjazdy z Polski 1:40 000 000
60 Zakopane 1:40 000
Tatry 1:150 000
61 Beskid Śląski i Żywiecki 1:500 000
Źródła Wisły 1:250 000
Gorce i Beskid Sądecki 1:500 000
62 Karkonosze 1:250 000
Jura Krakowsko-Częstochowska 1:500 000
Góry Świętokrzyskie 1:500 000
Roztocze Środkowe 1:500 000
63 Wyspa Wolin 1:500 000
Wybrzeże Słowińskie 1:500 000
Pojezierze Drawskie 1:500 000
Pobrzeże Kaszubskie 1:500 000
Szwajcaria Kaszubska 1:500 000
Pojezierze Iławskie 1:500 000
Kraina Wielkich Jezior 1:500 000
64 Trójmiasto 1:200 000
Szczecin 1:200 000
Poznań 1:200 000
Bydgoszcz 1:200 000
Białystok 1:200 000
65 Wrocław 1:200 000
Lublin 1:200 000
Jasna Góra 1:7 000
Częstochowa 1:200 000
Łódź 1:200 000
Konurbacja Górnośląska 1:250 000
66 Warszawa 1:200 000
Rozwój terytorialny do 1939 r. 1:200 000
66 Zniszczenia zabudowy w latach 1939-1944 . . . 1:200 000
67 Śródmieście 1:35 000
Centrum w 1938 r. 1:15 000
Centrum w 2003 r. 1:15 000
Rozmieszczenie ludności
w Warszawie w 1935 r. i 1988 r. 1:300 000
68 Kraków 1:200 000
Śródmieście 1:20 000
Rozwój terytorialny 1:200 000
Wawel 1:7 000
69 Druga Rzeczpospolita –
narodowości ok. 1930 r. 1:11 000 000
Przemieszczenia ludności
w latach 1939-1945 . . . . 1:11 000 000
Przemieszczenia ludności
w latach 1945-1959 . . . . 1:11 000 000
Ludność ziem zachodnich
i północnych, 1950 r. 1:8 000 000
70 Gęstość zaludnienia i miasta 1:5 000 000
Urbanizacja 1:15 000 000
Mniejszości narodowe
i grupy etnograficzne 1:5 000 000
Dialekty polskie 1:15 000 000
71 Zmiany w zaludnieniu
miast i wsi w latach 1988-1998 . . . . 1:8 000 000
Ruch naturalny ludności 1:8 000 000
Migracje krajowe i zagraniczne 1:8 000 000
72 Produkt krajowy brutto 1:12 000 000
Dochody 1:12 000 000
Bezrobocie 1:12 000 000
Bezrobocie młodzieży 1:12 000 000
Szkoły wyższe 1:12 000 000
Liczba studentów
Działalność gospodarcza 1:12 000 000
Warunki mieszkaniowe 1:12 000 000
Budownictwo mieszkaniowe 1:12 000 000
Centra usług rynkowych 1:12 000 000
Motoryzacja 1:12 000 000
Gospodarstwa domowe 1:12 000 000
73 Telefony 1:12 000 000
Komputeryzacja 1:12 000 000
Służba zdrowia 1:12 000 000
Główne przyczyny zgonów 1:12 000 000
Przeciętna długość życia
Czytelnicy bibliotek publicznych 1:12 000 000
Kultura 1:12 000 000
Wybory do Sejmu 23 IX 2001 r. 1:12 000 000
Wybory prezydenckie 8 X 2000 r. 1:12 000 000
Wyznania religijne
Kościół Rzymskokatolicki 1:12 000 000
74-75 Pomorze 1:1 000 000
76-77 Warmia, Mazury i Suwalszczyzna 1:1 000 000
78-79 Wielkopolska i Kujawy 1:1 000 000
80-81 Mazowsze i Podlasie 1:1 000 000
82-83 Śląsk 1:1 000 000
82 Kotlina Kłodzka 1:500 000
82-83 Okolice Wałbrzycha 1:500 000
84-85 Małopolska 1:1 000 000
85 Bieszczady 1:500 000

EUROPA

86-87 Krajobrazy . . . 1:20 000 000
87 Opady roczne . . . 1:60 000 000
Gleby . . . 1:60 000 000
Potencjalna roślinność naturalna . . . 1:60 000 000
88-89 Ukształtowanie powierzchni . . . 1:20 000 000
89 Temperatura powietrza w styczniu . . . 1:60 000 000
Temperatura powietrza w lipcu . . . 1:60 000 000
Geologia – tektonika . . . 1:60 000 000
90-91 Podział polityczny . . . 1:20 000 000
91 Zaludnienie . . . 1:60 000 000
Języki rodzime . . . 1:60 000 000
Wyznania . . . 1:60 000 000
92-93 Gospodarka . . . 1:20 000 000
92 Transport . . . 1:40 000 000
Energetyka . . . 1:40 000 000
Turystyka . . . 1:40 000 000
94-95 Rolnictwo . . . 1:20 000 000
95 Główne uprawy żywieniowe . . . 1:40 000 000
Inne uprawy . . . 1:40 000 000
Hodowla . . . 1:40 000 000
96 Komunikacja . . . 1:35 000 000
Telekomunikacja . . . 1:80 000 000
Migracje . . . 1:55 000 000
Zmiany polityczne w Europie po 1989 r. . . . 1:55 000 000
97 Integracja europejska . . . 1:40 000 000
97 Produkt krajowy brutto . . . 1:40 000 000
Bezrobocie . . . 1:40 000 000
Rolnictwo . . . 1:40 000 000
98-99 Kraje Europy Środkowej . . . 1:5 000 000
100 Charakterystyka hydrologiczna
Morza Bałtyckiego . . . 1:14 000 000
Zanieczyszczenie Morza Bałtyckiego . . . 1:14 000 000
Zanieczyszczenie wód . . . 1:50 000 000
Zanieczyszczenie powietrza . . . 1:50 000 000
101 Kraje Europy Wschodniej . . . 1:10 000 000
102 Morze Północne. Przemysł naftowy . . . 1:8 000 000
Rotterdam – Europort . . . 1:300 000
103 Skandynawia . . . 1:8 000 000
Islandia . . . 1:8 000 000
104 Wielka Brytania . . . 1:5 000 000
Posiadłości brytyjskie w 1920 r.
105 Francja . . . 1:5 000 000
Posiadłości francuskie w 1920 r.
106-107 Półwysep Iberyjski . . . 1 : 5 000 000
106 Wyspy Kanaryjskie . . . 1 : 3 000 000
107 Hiszpania i Portugalia –
odkrywanie świata . . . 1 : 300 000 000
Turystyka w basenie Morza Śródziemnego . . 1 : 25 000 000
108-109 Kraje Europy Południowej . . . 1 : 5 000 000
108 Rzym i Watykan . . . 1 : 65 000

AZJA

110-111 Krajobrazy . . . 1 : 40 000 000
111 Opady roczne . . . 1 : 120 000 000
Ciśnienie atmosferyczne w styczniu . . . 1 : 120 000 000
Ciśnienie atmosferyczne w lipcu . . . 1 : 120 000 000
112-113 Ukształtowanie powierzchni . . . 1 : 40 000 000
113 Temperatura powietrza w styczniu . . . 1 : 120 000 000
Temperatura powietrza w lipcu . . . 1 : 120 000 000
Geologia – tektonika . . . 1 : 120 000 000
114-115 Podział polityczny . . . 1 : 40 000 000
115 Zaludnienie . . . 1 : 120 000 000
Języki rodzime . . . 1 : 120 000 000
Wyznania . . . 1 : 120 000 000
116-117 Gospodarka . . . 1 : 40 000 000
117 Transport . . . 1 : 100 000 000
Energetyka . . . 1 : 100 000 000
Turystyka . . . 1 : 100 000 000
118-119 Rolnictwo . . . 1 : 40 000 000
119 Główne uprawy żywieniowe . . . 1 : 100 000 000
Inne uprawy . . . 1 : 100 000 000
Hodowla . . . 1 : 100 000 000
120 Potencjana roślinność naturalna . . . 1 : 80 000 000
Gleby . . . 1 : 80 000 000
121 Degradacja środowiska . . . 1 : 80 000 000
Zmiany powierzchni Jeziora Aralskiego . . . 1 : 5 000 000
Sztuczne nabrzeża w Zatoce Tokijskiej . . . 1 : 500 000
122-123 Kraje Azji Północnej . . . 1 : 22 000 000
123 ZSRR w 1990 r. . . . 1 : 100 000 000
124-125 Kraje Azji Południowo-Zachodniej . . . 1 : 20 000 000
124 Izrael i Liban . . . 1 : 5 000 000
125 Zatoka Perska . . . 1 : 10 000 000
126-127 Chiny . . . 1 : 20 000 000
126 Konflikty po II wojnie światowej . . . 1 : 60 000 000
127 Opium . . . 1 : 15 000 000
127 Narody Chin . . . 1 : 40 000 000
128 Kraje Azji Południowo-Wschodniej . . . 1 : 20 000 000
Gospodarka . . . 1 : 40 000 000
129 Japonia, Korea Północna, Korea Południowa 1 : 10 000 000
Wyspy Riukiu . . . 1 : 10 000 000
Gospodarka . . . 1 : 20 000 000
Energetyka . . . 1 : 20 000 000

AFRYKA

130 Krajobrazy . . . 1 : 40 000 000
Potencjalna roślinność naturalna . . . 1 : 120 000 000
131 Opady roczne . . . 1 : 90 000 000
Gleby . . . 1 : 90 000 000
Uprawy . . . 1 : 90 000 000
Hodowla . . . 1 : 90 000 000
132 Ukształtowanie powierzchni . . . 1 : 40 000 000
Geologia – tektonika . . . 1 : 120 000 000
133 Temperatura powietrza w styczniu . . . 1 : 90 000 000
Temperatura powietrza w lipcu . . . 1 : 90 000 000
Ciśnienie atmosferyczne w styczniu . . . 1 : 90 000 000
133 Ciśnienie atmosferyczne w lipcu . . . 1 : 90 000 000
134 Podział polityczny . . . 1 : 40 000 000
Zadłużenie . . . 1 : 120 000 000
135 Zaludnienie . . . 1 : 90 000 000
Języki rodzime . . . 1 : 90 000 000
Wyznania . . . 1 : 90 000 000
Rozwój handlu
niewolnikami (XVI-XIX w.) . . . 1 : 90 000 000
136 Gospodarka . . . 1 : 40 000 000
Energetyka . . . 1 : 120 000 000
137 Rolnictwo . . . 1 : 40 000 000

AMERYKA PÓŁNOCNA

138 Krajobrazy . . . 1 : 40 000 000
Temperatura powietrza w styczniu . . . 1 : 120 000 000
Temperatura powietrza w lipcu . . . 1 : 120 000 000
Opady roczne . . . 1 : 120 000 000
139 Ukształtowanie powierzchni . . . 1 : 40 000 000
Geologia – tektonika . . . 1 : 120 000 000
Potencjalna roślinność naturalna . . . 1 : 120 000 000
140 Podział polityczny . . . 1 : 40 000 000
Hawaje . . . 1 : 20 000 000
141 Powstawanie państw . . . 1 : 90 000 000
Migracje . . . 1 : 90 000 000
Indianie . . . 1 : 90 000 000
Zaludnienie . . . 1 : 90 000 000
142 Gospodarka . . . 1 : 40 000 000
142 Transport . . . 1 : 120 000 000
Energetyka . . . 1 : 120 000 000
143 Rolnictwo . . . 1 : 40 000 000
Uprawy . . . 1 : 120 000 000
Hodowla . . . 1 : 120 000 000
144 Gleby . . . 1 : 90 000 000
Rezerwaty biosfery UNESCO . . . 1 : 90 000 000
Klęski żywiołowe . . . 1 : 90 000 000
Finanse . . . 1 : 90 000 000
145 Stany Zjednoczone . . . 1 : 30 000 000
Hawaje . . . 1 : 30 000 000
Przemysły zaawansowanych technologii . . . 1 : 55 000 000
Dolina Krzemowa . . . 1 : 1 000 000

AMERYKA POŁUDNIOWA

146 Krajobrazy . . . 1 : 40 000 000
Temperatura powietrza w styczniu . . . 1 : 120 000 000
Temperatura powietrza w lipcu . . . 1 : 120 000 000
Opady roczne . . . 1 : 120 000 000
147 Ukształtowanie powierzchni . . . 1 : 40 000 000
Geologia – tektonika . . . 1 : 120 000 000
Potencjalna roślinność naturalna . . . 1 : 120 000 000
148 Podział polityczny . . . 1 : 40 000 000
Zadłużenie. Sytuacja polityczna . . . 1 : 100 000 000
149 Zaludnienie . . . 1 : 110 000 000
149 Migracje . . . 1 : 110 000 000
Turystyka . . . 1 : 110 000 000
Transport . . . 1 : 110 000 000
Uprawy . . . 1 : 110 000 000
Hodowla . . . 1 : 110 000 000
150 Gospodarka . . . 1 : 40 000 000
Energetyka . . . 1 : 100 000 000
151 Rolnictwo . . . 1 : 40 000 000
Gleby . . . 1 : 100 000 000

AUSTRALIA

152 Krajobrazy . . . 1 : 40 000 000
Temperatura powietrza w styczniu . . . 1 : 90 000 000
Temperatura powietrza w lipcu . . . 1 : 90 000 000
Opady roczne . . . 1 : 90 000 000
Geologia – tektonika . . . 1 : 90 000 000
153 Ukształtowanie powierzchni . . . 1 : 40 000 000
Potencjalna roślinność naturalna . . . 1 : 90 000 000
Gleby . . . 1 : 90 000 000
Kolonizacje . . . 1 : 90 000 000
Zaludnienie . . . 1 : 90 000 000
154-155 Podział polityczny . . . 1 : 50 000 000
154 Uprawy . . . 1 : 90 000 000
Hodowla . . . 1 : 90 000 000
155 Tahiti . . . 1 : 1 000 000
Fidżi . . . 1 : 5 000 000
Wielka Rafa Koralowa . . . 1 : 10 000 000
Energetyka . . . 1 : 90 000 000
156 Gospodarka . . . 1 : 40 000 000
Rolnictwo . . . 1 : 40 000 000

BIEGUNY

157 Arktyka . . . 1 : 40 000 000
Przekrój przez Grenlandię
157 Antarktyka . . . 1 : 40 000 000
Przekrój przez Antarktydę

158 Flagi
159-163 Skorowidz nazw – Polska
164-171 Skorowidz nazw – Świat
176 Odwzorowanie kartograficzne

Rodzaje odwzorowań

walcowe (na powierzchnię boczną walca)	stożkowe (na powierzchnię boczną stożka)	płaszczyznowe czyli azymutalne (na płaszczyznę)	płaszczyznowe czyli azymutalne (na płaszczyznę)	płaszczyznowe czyli azymutalne (na płaszczyznę)

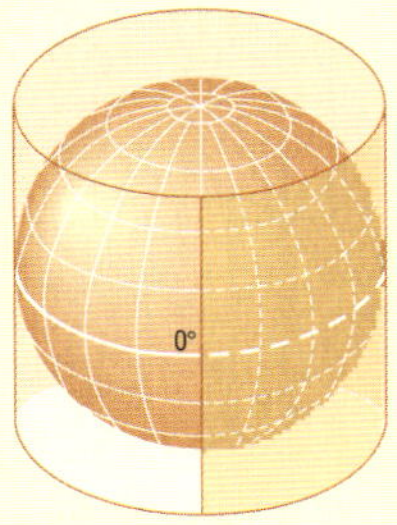

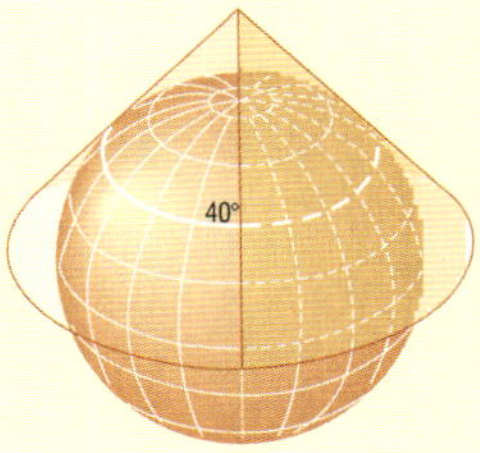

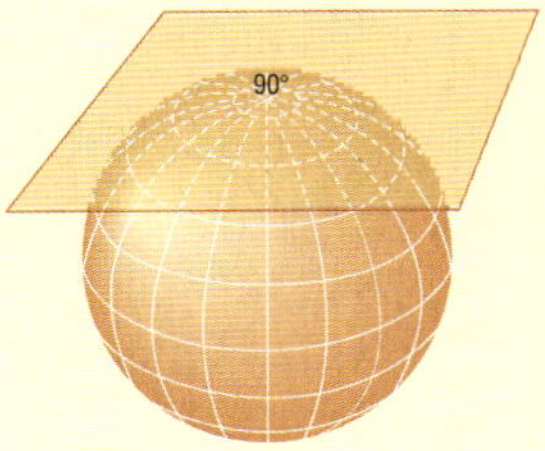

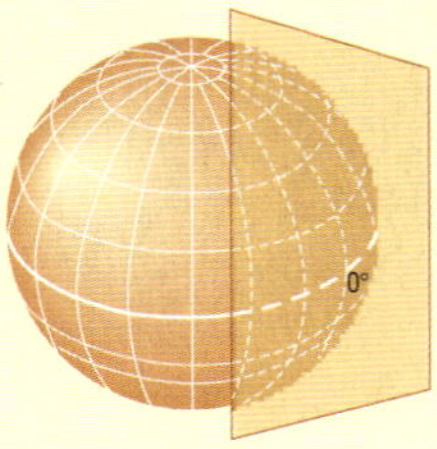

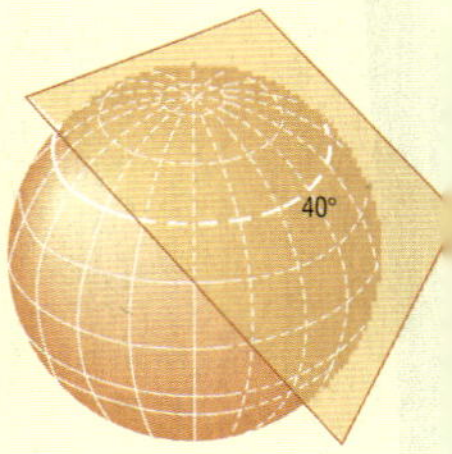

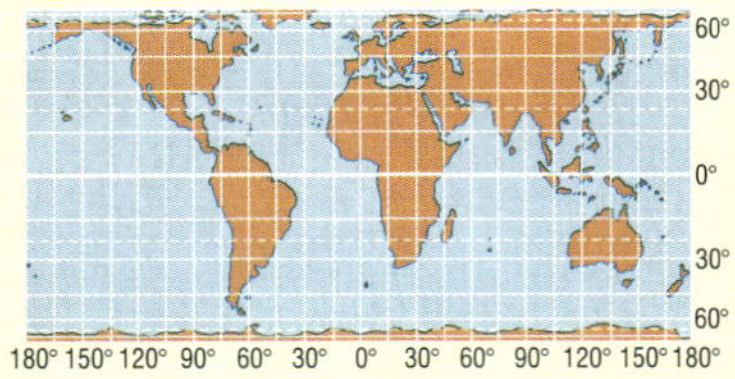

Odwzorowanie walcowe, styczne na równiku. W położeniu normalnym – oś Ziemi i walca pokrywają się.

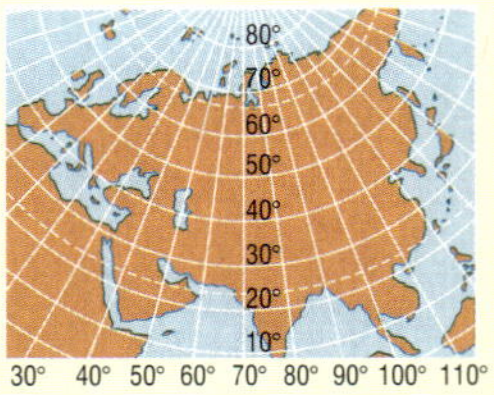

Odwzorowanie stożkowe, styczne na równoleżniku 40°N. W położeniu normalnym – oś Ziemi i stożka pokrywają się.

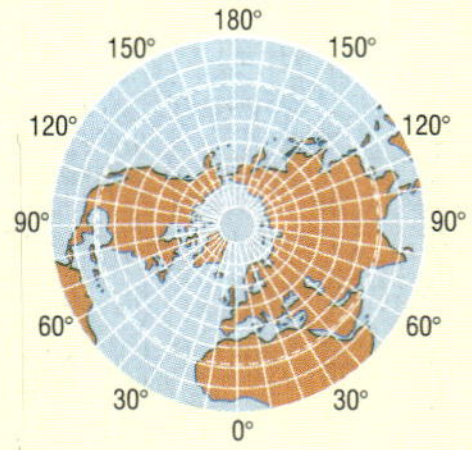

Odwzorowanie płaszczyznowe (azymutalne), styczne na biegunie północnym. W **położeniu normalnym** – płaszczyzna jest prostopadła do osi ziemskiej.

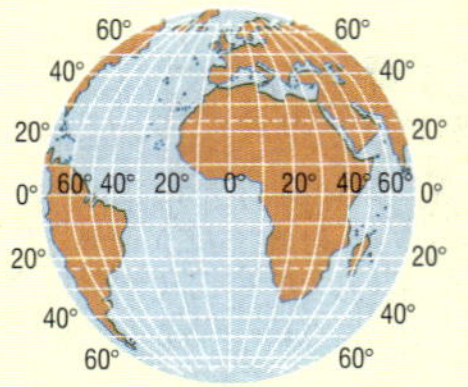

Odwzorowanie płaszczyznowe (azymutalne), styczne do równika. W **położeniu poprzecznym** – płaszczyzna jest równoległa do osi ziemskiej.

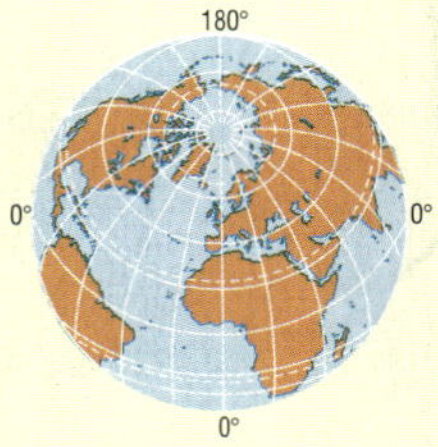

Odwzorowanie płaszczyznowe (azymutalne), styczne do równoleżnika 40°N. W **położeniu ukośnym** – płaszczyzna tworzy z osią Ziemi kąt ostry. Jest to położenie pośrednie między normalnym, a poprzecznym.

Odwzorowania umowne

(do map świata)

Powierzchnia globusa pocięta wzdłuż południków i rozciągnięta wzdłuż równika

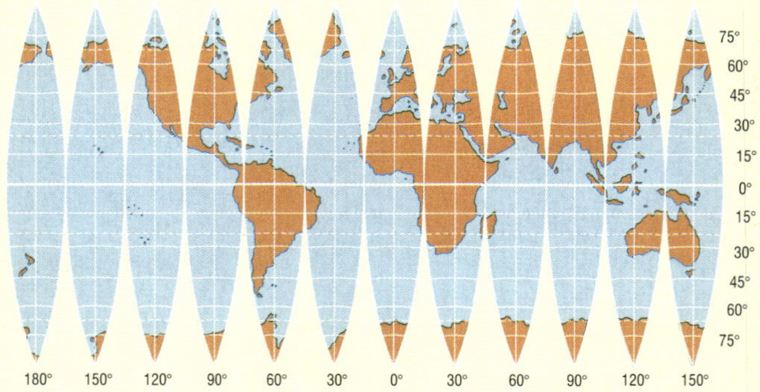

Jedynym wiernym obrazem Ziemi jest globus. Nie można przedstawić powierzchni Ziemi na płaszczyźnie bez zniekształceń. Zniekształceniom podlegają odległości, powierzchnie i kąty. Niektóre odwzorowania umowne są tak skonstruowane, że wiernie zachowują jeden z tych elementów. Mówimy wtedy, że są wiernokątne lub wiernopowierzchniowe lub wiernoodległościowe. Są też odwzorowania, które nie spełniają żadnego z tych warunków.

Mercatora
(wiernokątne)

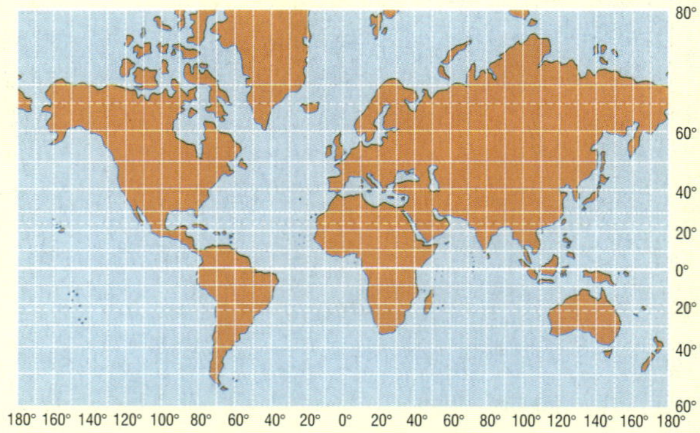

Wiernokątne odwzorowanie walcowe w położeniu normalnym stworzone w 1569 r. przez Gerharda Mercatora stosowano głównie do map morskich. Wiernokątność uzyskuje się kosztem dużych zniekształceń odległości i powierzchni zwłaszcza na obszarach podbiegunowych. Samych biegunów w ogóle nie można odwzorować. Odległość zgodna ze skalą zachowana jest tylko na równiku.

Mollweidego
(wiernopowierzchniowe)

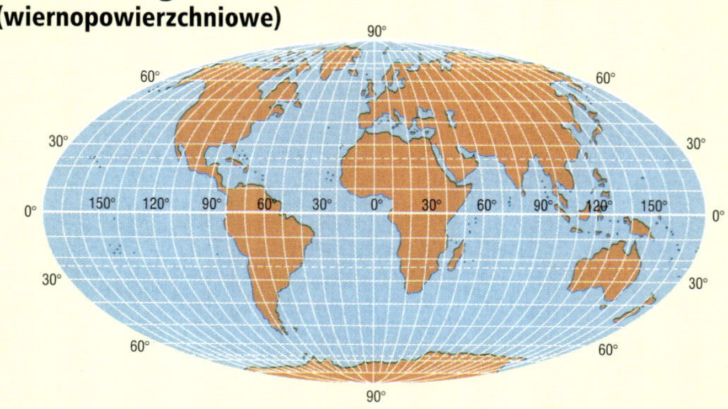

W wiernopowierzchniowej siatce stworzonej w 1805 r. przez niemieckiego matematyka Mollweidego Ziemia ma kształt elipsy. Stosunek długości równika do południka środkowego (osie elipsy) wynosi 2 : 1. Wraz z oddalaniem się od południka środkowego, długość południków znacznie wzrasta co powoduje też poważne zniekształcenia kątów.

Baranyiego

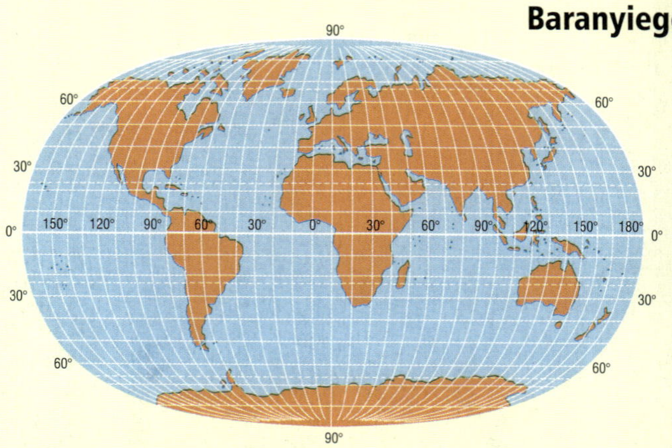

W atlasie zastosowano odwzorowanie Baranyiego, które zniekształca odległości, powierzchnie i kąty. Jednak jego podstawową zaletą jest przewiększenie obszarów średnich szerokości geograficznych. Znajdują się tam wysoko rozwinięte gospodarczo państwa, zwłaszcza europejskie i północnoamerykańskie. W związku z tym ilość lub wielkość znaków na terenie tych krajów jest większa niż na okołorównikowych obszarach mapy. Siatka Baranyiego nadaje się nie tylko do ilustrowania zagadnień społeczno-gospodarczych ale również do przedstawiania strefowości cechującej środowisko Ziemi. Zapewniają to równoleżniki odwzorowane w postaci równoległych odcinków.